한국의 현대시와 시론

Modern Poetry and The Criticism

지은이 허윤회(許允會, Heo Yuhn-Hoi)는 1966년 경기도 김포에서 태어났다. 성균관대 국어국문학과 및 동 대학원을 졸업했다. 김기림을 대상으로 하여 석사학위와, 서정주를 대상으로 하여 박사학위논문을 제출했다. 이즈음 민족문학사연구소와 상허학회에서 좋은 선생님들과 함께 시 공부를 즐겁게 했다. 그리고 한 10년 동안 광운대·상명대·성균관대·천안대·충북대·인하대·호서대 등에서 강의를 했다. 현재는 성균관대 강사이다. 공부를 하면서 한국 현대시의 언어에 대하여 관심을 많이 갖게 되었으며, 앞으로 한국 현대시의 지평에 대한 철학적 모색을 해 보려고 한다. 시는 삶과의 일치로 수렴되는 블랙홀. 요즈음 그가 가지고 있는 시에 대한 생각이다. 주요 논문으로는 「서정주의 시 연구」, 「언어의 물질성과 초월의 가능성」 등이 있다.

한국의 현대시와 시론

1판 1쇄 발행 2007년 2월 10일
1판 2쇄 발행 2008년 10월 10일

지은이 / 허윤회
펴낸이 / 박성모
펴낸곳 / 소명출판
등록 / 제13-522호
주소 / 137-878 서울시 서초구 서초동 1621-18 (란빌딩 1층)
대표전화 / (02) 585-7840
팩시밀리 / (02) 585-7848
somyong@korea.com / www.somyong.co.kr

ⓒ 2007, 허윤회

값 25,000원

ISBN 89-5626-237-3 93810

한국의 현대시와 시론

Modern Poetry and The Criticism

허윤회

소명출판

 대학에 갓 입학한 후에 김기림의 『시론』이라는 책을 읽었다. 수업이 끝나고 인사동을 어슬렁거리다가 구한 책이었는데 그때의 느낌으로는 글자 그대로 놀라웠다. 이유인즉슨 김수영이나 김춘수를 옆구리에 끼고서 돌아다녔지만 그분들의 '특별한' 뜻을 이해하기가 실로 난망하기 그지없었기 때문이었다. 옆의 친구들이 『노동의 역사』나 니체를 따라서 읽고 있었을 때, 나는 그때만 해도 손바닥만한 『시론』이 좋았다. 시에 대한 글의 서술이 이렇게 분명할 수 있다면, 분명 나의 시 공부에 선생될 자격이 충분한 것처럼 여겨졌다. 그리고 이어서 정지용을 읽어 나갔다. 정지용의 「시계를 죽임」이나 「비극」을 내 딴에는 좋은 작품으로 생각했다. 화사한 햇발이 인사동의 골목을 구석구석 환하게 비치던 그런 시절이 있었다.

 웬 회고취미냐고 물을 테지만 나의 시에 대한 생각은 정지용이나 김기림 같은 이른바 모더니스트들에 기원을 두고 있다. 정지용의 시를 밤

새워 읽고 또 읽고 했던 시간을 나는 기억한다. 청산에서 군복무를 마치고 제대를 하였을 때, 김기림과 정지용은 더 이상 '비밀의 화원'이 아니었다. 사람들은 이용악·오장환·백석의 시를 쉽게 찾아 읽을 수 있었을 뿐만 아니라 이른바 경향파 시인들에 대한 연구도 자못 활성화된 시기였다. 사실 나를 더욱 놀라게 했던 건 주변 사람들의 변모였다. 어느 영역을 막론하고 극에서 극으로의 변화가 심심지 않게 일어나고 있었다. 불가능할 것처럼 여겨졌던 일들이 현실에서 실제로 일어나기도 하였다. 정권의 변화나 문학의 상업적 성공이 그런 예라고 할 수 있다. 이념이 아니라 사람이 역사를 만든다는 생각을 하게 됐던 것도 그 즈음이라고 생각된다. 결국 역사는 사람이 만드는 것이다. 그렇지만 세상이 그런 것이라 해도, 나조차 때때로 휩쓸리면서도, 거기서 어떤 위안을 찾기는 힘들었다. 그 해 겨울 골목의 가로등 아래로 하염없이 쏟아지는 눈발을 보면서 나는 밤새 뒤척거렸다.

저 혼자 훌쩍 자라버린 생각의 덩치는 끝까지 나를 괴롭혔다. 혼자서 아나키즘 공부를 했던 것도 '자주인'으로서의 지식인을 꿈꾸었던 것도 자신을 지키기 위한 방편이라고 할 수 있겠다. 그런 측면에서 문학은 마땅히 스스로 갱신이 가능한 그 무엇이어야 한다. 문학의 새로움은 항상 기존의 틀을 넘어서는 고통과 희열을 동시에 의미한다. 그리고 자신의 위치가 항상 뒤미처 있을 때에도 그 기준은 나의 벗이 되어 주었다. 그 벗은 도처에 있어서 또한 즐겁기도 했는데 나의 책읽기는 그런 순간들에 대한 갈망으로 이루어진다. 갈망들이 모이면 이슬처럼 방울지기도 해서 한땀 한땀 채우다보니 책 한 권 문량이 되었다. 그래서 『한국의 현대시와 시론』이라는 이름으로 세상에 내놓는다. 시 공부를 해갈수록 정지용이나 김기림으로부터 멀어져 갔던 나는 최근에 들어서야 그들과 다시 조우하였다. 먼 길을 돌아 기억 속에서 오만과 치기로 얼룩진 나를 다시 만난다는 건 쑥스럽지만 행복한 일이기도 하다.

1부에서는 근대시의 '틀(flame)'에 대한 논의를 해보았다. 근대의 시작과 함께 시에 대한 생각도 이론화된다. 자유시라고 하는 새로운 문학의 양식이 어떻게 가닥을 잡아가는가에 대해서 이론적인 측면을 우선 다루어 보았다. 그리고 시에 대한 생각은 시대에 따라서 변화를 겪기도 한다. 하지만 시의 보편성이 지향하는 일정한 수준은 존재한다는 것이 나의 견해이다. 이장희·김영랑·서정주의 경우는 시적 우수성을 인정받으면서도 독자들에게 '의도적인 외면'에 처해지기도 한다. 이들을 시세계를 상징의 맥락에서 다루어 보았다. 한국 현대시의 수준이 어디까지 육박할 수 있는가에 대한 점검이라고 할 수 있다.

2부에서는 현대시에서의 '언어'를 문제삼아 고찰한 글들을 묶었다. 시적 언술이란 고도한 인간 언어의 사용을 의미한다. 하지만 이러한 시적 언술은 일상적 언어의 용법과는 많은 차이를 갖는다. 현대시의 출발에 있어 이러한 차이에 대한 문제의식은 이병기나 정지용 등의 시인들에게서 엿볼 수 있다. 정지용의 '언어미술'에 대한 생각은 현대시가 언어와 긴밀한 관계가 있으면서 이를 초월해야 한다는 이중성에서 자유롭지 못함을 지적한 경우이다. 정지용의 추천을 받아 등장한 조지훈은 정지용의 이중성을 간단하게 넘어서서 문학의 본질주의를 제시하였다. 한편 김춘수는 시적 언술의 언어적 긴박성 그 자체를 괄호에 넣은 상태에서 다양한 이미지 효과의 관념적 조작과 해방을 현대시의 정체성이라고 파악하였다. 아무튼 이른바 모더니즘의 전개 과정에서 언어의 문제는 한국 현대시의 특성을 이해하는 데 있어서 중요한 문제임에 틀림없다.

3부에서는 김수영을 집중적으로 다루고 있다. 김수영에 대한 네 편의 글을 한 자리에 묶었다. '김수영 신화'라고 일컬어질 만큼 시간이 지날수록 김수영에 대한 관심이 증폭되는 건 놀라운 현상이다. 그만큼 김수영이라는 존재가 현대시에서 값하는 바가 크다는 것을 의미한다. 김수영에 대한 논의는 기존에 알고 있는 김수영이 아닌, 우리가 알지 못하는 다른 김수영에서 출발해야 한다. 김수영의 시를 처음 보면 매우 난해하지만, 그 암호를 풀 수 없는 건 아니다. 김수영은 자신의 시에 대한

'암호풀이책'을 따로 마련해 두었는데 그의 산문이 그 역할을 맡고 있다. 김수영의 매력은 자신의 문학을 외상값 치부책(置簿冊) 적듯이 꼼꼼히 기록했다는 데 있다. 문제는 김수영의 면모를 외면적으로 파악할 것이 아니라 내부의 고통에서 체감해야 된다는 것이다. 체감된 고통과 희열의 함량이 같다는 점에서 김수영 문학의 정직성은 계측 가능하며, 묘한 매력을 발휘한다. 김수영은 현대시가 처한 언어의 문제를 누구보다도 깊이 인식하였으며, 이를 자신의 시에서 삶과 밀접한 표현으로 드러내었다. 그것은 '환유와 진공의 언어'라고 이름지을 수 있을 것이다.

4부에서는 모더니즘·순수문학·참여문학의 개념을 따져보았다. 순수와 참여의 길항 작용은 비단 1960~70년대뿐만이 아니라 한국 근대문학의 전 시기에 걸쳐서 명칭을 달리하여 나타나는 문제이다. 특히 1960 ~70년대 순수·참여 논쟁은 이후 문학의 지형을 만들어낸 움직임이었다. 하지만 순수에 대한 참여의 일방적인 정당성이나 참여에 대한 순수의 우선적인 인정이 양자에 이득이 되어 준 것이 아니라면 그 양상에 대한 접근은 필연적이다. 모더니즘·순수문학·참여문학으로 열거되는 개별적 항목들은 그 자체로는 함량 미달임을 보여 준다. 그 이유는 해방 이후의 현실과 긴밀한 관련을 맺고 있다. 현실과의 관련 양상을 비쳐 보았을 때 나타나는 문학의 불모성은 순수문학과 참여문학 혹은 민족문학과 세계문학의 관련 양상 속에서 결핍된 항목으로 나타날 수밖에 없다. 그 이후의 문학적 행정(行程)이 그 빈자리를 채우는데 힘을 쓰게 되지만 그 결핍의 기호를 확인한다는 차원에서 4부의 글들을 읽어 주기를 바란다.

마지막으로 5부에서는 1970년대의 여성시, 1980년대의 노동시 그리고 1990년대의 김지하의 변모에 대하여 살펴보았다. 시의 역사적인 전개 과정에서 시인들이 보여 주는 어떤 분투의 모습을 발견하게 되면 고개가 숙여진다. 소수문학으로서의 여성시가 이제는 시단의 전면에서 활동하는가 하면, 1980년대를 고비로 독자의 시야에서 사라진 노동시가 빈

들판에서 성장을 하고 현대시의 시적 수준을 육박하고 그것도 모자라 경신하는 모양새를 보면 경이롭다. 내가 보기엔 시인 박영근의 면모가 그렇다. 그리고 김지하의 문학은 한두 편의 글로 정리할 수 없겠지만 현대시의 문제점을 스스로 보듬어 마금질하려는 아름다운 행위로 보고 싶다. 그의 시 속에서 김소월·정지용·서정주·김수영의 편린을 발견할 수 있다는 것은 아주 소중한 기억의 재생을 의미한다.

　책을 펴내면서 여러 사람의 얼굴이 떠오른다. 오래 전 검은 셔츠 검은 바지 치렁치렁한 긴 머리에 맨발로 와서 자장면같이 먹으며 포복절도하는 농담을 해 가며 문학을 처음 가르쳐 준 한근수 형과 맑은 봄날 다산 묘소가 있는 양수리 근처에서 기찻길을 걸으며 즐거워했던 박명기·정하섭·전상기 친구들과 누르고 낡은 바지에 색 바랜 재킷을 걸치고서 아이처럼 맑고 깊은 눈으로 나타나셨던 강우식 선생님과 항상 삶의 경계를 실감케 해주면서도 늘 같은 웅덩이에 머물러 있었건만 이제는 훌륭한 학자가 된 박헌호 형과 베토벤과 브르흐와 장 레드파스를 통해 소리를 알게 해준 손광식 형과 언제든 무슨 일이 있으면 기꺼운 마음으로 항상 상의해 주는 구자황과 이 책은 자네보다 나이가 많아하면서 몰래 책을 건네주시던 전순인 선생님과 대학원의 여러 선후배와 민족문학사연구소의 현대시분과 회원들과 상허학회 회원들과 어려운 사정임에도 개의치 않고 선뜻 책의 출간을 허락해 주신 소명출판의 박성모 사장님께 감사의 말을 전하고 싶다. 낡은 책꽂이를 새틀하게 비우는 느낌이다.

　큰 비가 지나고 나면 꽃그늘에 새들도 찾아와 주겠지. 이 책을 허인행에게 주고 싶다.

2007년 1월
허 윤 회

차례

한국의 현대시와 시론

1부

근대시의 지향

한국 근대시의 양식론적 접근

1. 시대와 양식

한국 근대시의 중심이 되는 흐름은 서정시이다. 그렇다면 '이러한 시의 개념을 한국의 근대시는 언제부터 체득하게 되었는가? 그 시기와 함께 다른 가능성에 대한 선택과 배제의 과정은 없었는가? 그리고 그 선택의 과정에서 지배적인 양식화의 과정이 갖는 의미는 무엇인가?'라는 질문이 주어질 수 있다.

일반적으로 문학론에서 시문학은 내용(장르)적인 측면과 형식적인 측면을 분리하여 살피고 있다. 이때 전자에서는 서정시・서사시・극시의 구분이, 후자에서는 정형시・자유시・산문시의 분류가 정식화되어 있다. 일반적인 경우에 있어서 '시'라고 지칭했을 때에는 서사시나 극시보다는 서정시를, 정형시나 산문시보다는 자유시를 떠올린다. 만약에 시의 개념적 정의를 '개인의 정서와 감정을 자유스러운 상상과 리듬(운율)에 맞추어 표현하는 문학의 한 형식(양식)'이라고 하는데 크게 이의가 없다면, 그 이유는 서정시의 내포적 의미가 시문학 일반을 대표하고 있기 때문일 것이다.

한국의 근대시는, 최남선의 「해에게서 소년에게」(『소년』 창간호, 1908.2)를 염두에 둔다면, 이제 거의 백 년의 역사를 갖고 있다. 새로운 시의 역사에서 시의 장르적 측면이 서정시의 내포적 개념으로 일반화되었다면 형식적인 측면에서는 자유시의 형식이 시의 주도적인 틀(frame)로서 인정되어 왔다. 다시 말하자면 자유시라는 시의 형식적 측면이 시대를 대표하는 시적인 규범으로서 여겨져 왔다. 그렇다면 자유시가 동시대의 대표적인 시적 형식으로 양식화할 수 있는가의 문제가 자연스럽게 거론될 수 있다. 왜냐하면 자유시 이외에도 어떤 정형성을 지향한 정형시(시조·현대시조)와 시의 형식적인 제약을 일탈하려는 산문시·서술시·해체시 등으로 불리는 실제의 현상 혹은 명칭과 쉽게 마주치기 때문이다. 자유시라는 시적인 표현 양식이 갖는 시대적인 의미에 대한 점검이 필요한 까닭이 여기에 있다. 그렇지만 정형시나 그 밖의 형식 혹은 해체에 대한 문학적 질서가 주류가 아니란 점에 수긍을 한다면 근대시의 주된 흐름을 자유시에 두지 않을 수 없다. 이것은 현재의 시문학을 대하는 현실적인 태도에서 그 기원을 찾을 수 있다. 즉 서정시와 자유시라는 하나의 쌍은 내용과 형식적인 측면에서 두드러지게 나타나는 우리 시문학 일반의 주된 흐름이라고 볼 수 있다.

문학에서 양식(style)을 말할 때 시대와의 관련성을 떠올리지 않을 수 없다. 양식이란 해당 시기 혹은 시대의 문학이 표현하고 있는 총체적인 양상 혹은 흐름을 뜻한다. 그런데 이 양식 속에는 동시대의 문학적 산물이 모두 포괄되지 않는다는 의미에서 제한적이다. 이 제한적인 성격은 해당 시기의 양식이 이전과 이후의 시기에 맺고 있는 변화와 지속의 관계를 통해서 살펴질 수밖에 없기 때문이다. 변화에 대한 요구와 실현

그리고 또 다른 양상으로의 전이(轉移)라는 순환의 형식이 문학의 양식
에는 그 자체의 특성으로서 내재해 있다고 보아야 한다. 이때 양식은
다시 역사라는 통시적인 관점과 결합이 된다. 이러한 관점에서의 문학
사 기술이 가능한데 이를 '양식사'라고 한다. 그렇다면 해당 시기의 양
식에 대한 탐구는 역사의 진화 과정에 대한 해당 시기의 단면을 공시적
인 관점에서 점검하는 작업이라고 할 수 있을 것이다. 이 글에서는 서
정시-자유시라는 문학 일반론적인 결합이 갖는 의미를 양식론적인 차
원에서 검토하고자 한다.

2. 문학사에서의 양식적 접근

한국 근대시에 대한 양식적인 고찰에 있어서 첫 번째로 고려되어야 할
인물은 임화이다. 임화는 양식을 "비평의 최후의 과제이면서 문학사의
최초의 과제"라고 전제한 뒤 "시대의 양식이란 것은 단순히 그것이 하나
의 특이한 양식에 그치는 것이 아니라, 그 시대인의 고유한 체험과 생활
에서 형성된 시대정신이 자기를 표현하는 형식"[1]이라고 정의하였다. 그
리고 그 과제로서 장르의 형성을 양식사적 관점을 통해 문제를 환기시킨
바 있다.

주지하는 바와 같이 이식문학사를 전제한 임화에게 있어서 새로운
문학 양식이란 신문학이 이입되기 이전과 이후의 시기에 나타난 문학
현상의 차이를 의미한다. 그에게 있어서 새로운 시의 첫 번째 작품은
최남선의 「해에게서 소년에게」이다.[2] 이전에도 찬송가나 창가와 같은

---

1) 임화, 「조선문학 연구의 일 과제」, 『임화 신문학사』(임규찬·한진일 편), 한길사,
   1993, 383~384면.

외래의 시가가 유입되어 있었지만 근대적 의미에서 자유시의 시작으로
서 최남선의 「해에게서 소년에게」는 재래의 시가와는 다른 시의 양식을
'새롭게' 선보인 선구적인 작품이라고 할 수 있다. 아쉽게도 이후의 근
대시 일반에 대한 그의 기술이 없어서 확언할 수는 없지만, 최남선의
신체시는 시문학이 전개되어 나갈 하나의 방향타와 같은 역할을 담당하
고 있다는 점에서 그 의의가 인정된다.

　물론 최남선이 "받아들인 '새로운 시'가 시간적으로 너무 늦었"[3])던
점을 지적하지 않을 수 없다. 최남선의 신체시가 갖는 선구적인 위치에
도 불구하고 근대시의 전개 과정에서 이입되는 시간의 격차는 메울 수
없는 공백으로 남아 있다. 최초의 근대시를 어느 작품으로 볼 것인가에
대해서는 다양한 견해들이 피력되었다. 이에 따라 최남선의 「해에게서
소년에게」가 아닌 「꽃두고」와 같은 작품으로 보는 견해, 주요한의 「불
노리」 혹은 그의 일본 유학시절 『학우』지에 발표된 작품으로 보는 견해,
유암 김여제의 「만만파파식적」으로 보는 견해 등이 있다. 이렇듯 근대
시의 시작을 여타의 작품에서 찾으려는 시도는 근대시의 실제적 의미와
의 차이를 좁히려는 의도의 소산이다. 한발 더 나아가서 정지용의 초기
시작 활동을 탐구하려는 연구 경향도 근대시의 시작이라고 일컬어지는
출발선에서 나타나는 일종의 결여된 모습을 메우려는 모양새처럼 비쳐
진다. 어떤 의미에서 이러한 논의들은 근대시의 정체성에 대한 원형을
찾으려는 노력이라고 풀이될 수 있을 것이다.

　논자들마다 타당성이 없는 것은 아니지만 이런 식의 접근은 그렇게
생산성이 있어 보이지 않는다. 20세기에 접어들면서 나타나기 시작한
새로운 시가의 양식적 출발을 어디에 둘 것인가 하는 문제는 결국 시사
를 바라보는 입장의 차이를 전제한 것인데 이것은 쉽사리 판결이 나지
않을 것이기 때문이다. 그보다는 오히려 이 과정에서 시에 대한 인식이

---

2) 위의 책, 108면.
3) 정한모, 『한국현대시문학사』, 일지사, 1974, 180면.

어떻게 표출되었는가를 검토하는 것이 근대시의 형성 과정을 이해하는데 있어서 좀 더 바람직한 태도라고 판단된다.

그런데 임화가 앞서 제기한 문제의식을 충실히 따르고 있는 연구의 경향을 발견하기란 쉽지 않다. 우선 지적되어야 할 사항은 임화의 문제제기가 많은 문제점을 포함하고 있기 때문이다. 그리하여 서구 혹은 일본을 통해서 유입된 근대문예에 대한 대타적인 의식이 이후의 연구에 있어서 상당 부분 영향을 미치게 된다. 이른바 내재적 발전론에 대한 1970년대의 연구 시각이 임화의 문학사를 보정(補整)하는 지렛대의 역할을 하고 있다. 문제는 임화 자신조차도 문학사에 대한 양식적인 고찰을 완결시키지 못했다는 점이다. 이것은 임화 자신의 문제만이 아니라, 이런 문제의식을 가지고 있을 때조차도, 한국의 근대시는 형성 과정에 있었기 때문이 아닐까 판단된다. 이를 완성하려는 노력들이 문학사 일반의 양식화에 대한 가능성의 타진으로 이어지기도 했다.[4]

> 우리의 경우 서구 사상의 移入期와 그 土着化 과정은 그것이 비록 새로운 植民地論을 일으키는 歷史展開法을 안고 있는 것이라 하더라도 客觀性 구축의 한 내용을 만들고 있음이 엄연한 현실이다. 만일 이것이 부정된다면 文學史는 따로 기술될 필요 없이 韓國史의 일반에 귀속될 것이며, 보편적 時代認識이란 거추장스러운 용어에 지나지 않을 것이다. 결국 新文學에서부터 새로운 시대 개념을 볼 것이냐 하는 문제는 서구의 문학 이념의 土着化가 성공하고 있느냐 하는 현실의 반성이며 文學理論의 재점검이다. 판소리와 辭說時調 등은 그러므로 自己 傳統이 단절된 것이냐, 확산된 것이냐는 관점에서 살펴져야 할 것인데, 이것은 결국 우리 문학의 樣式 改編 문제를 몰고 온다. (…중략…) 文體와 樣式의 變異를 발견해 내고 그 集合에서 한국 문학의 숙명을 규정할 理念과 그 理念의 개선을 가능케 하는 異論을 찾아낸다면 우리 시대의 한 評價는 끝나는 것이다.[5]

---

4) 김현, 「한국문학의 양식화에 대한 고찰」, 『현대한국문학의 이론』, 민음사, 1972, 33~34면.
5) 김주연, 「문학사와 문학비평」, 위의 책, 22~23면.

김주연의 위의 글은 역사와는 다른 문학에 내재된 고유한 대상과 그에 대한 인식의 변화를 촉구하고 있다. 그는 문학사란 객관적 대상인 작품의 축적과 이 작품에 대한 시대적인 인식과 평가를 떠나서는 이루어질 수 없다는 점을 강조하고 있다. 이러한 인식은 "문학에서의 영향이란 그렇게 직선적이 아니다. 그것은 마치 빛과 같아서 그 빛을 받아들이는 물체에 따라 굴절된다. 그 굴절은 한 문화를 수용하는 토양의 성질에 따른다"[6]는 인식으로 발전하고, 작품(텍스트)에 대한 주체적인 창조자로서의 영역을 마련하게 된다. 그러나 이러한 영향의 평가는 상대적이라는데 그 특성이 있다. 시간의 흐름에 따라 작품 인식의 변화뿐만이 아니라 그 지향점도 변화한다. 김현이 "한국문학은 그 나름의 신성한 것을 찾아내야 한다"라고 문학사의 한 목표를 설정하였을 때 그 신성한 것의 실체에 대한 접근은 어느 만치 이루어졌는지에 대하여 이제는 물을 때가 되었다고 생각한다.

지금까지 근대시에 대한 연구는 다각도로 이루어져 왔다. 근대시의 형성 과정에 대한 연구를 비롯하여, 근대시가 지향한 시대의식, 전통과의 관련성, 동시대의 장르 현상에 대한 비교 고찰, 형식적(운율적) 고찰, 타 문화적 현상과의 관련성, 개별 시인의 활동 양상에 대한 점검, 매체에 대한 고찰 등을 열거할 수 있다. 그러나 이러한 근대시에 대한 연구는 양식적인 차원에서의 논의로 진전되지는 않고 있다. 근대시의 전개 과정에 대한 객관적인 실체의 파악에 그 주안점이 주어졌다고 보아야 할 것이다. 그 가운데에서 근대시를 양식적으로 파악하려는 연구의 경향이 전혀 없었던 것은 아닌데 다음의 경우를 참고할 수 있다.

김춘수는 근대시의 형태(form)에 관심을 갖고 근대시를 일별한 바 있다. 그에게 있어 양식이란 너무 큰 범주이기 때문에 형태에 국한하여 고찰함이 적절하다는 전제를 바탕으로 하고 있다.[7] 김춘수의 관점은 한

---

6) 김현·김윤식, 『한국문학사』, 민음사, 1973, 17면.
7) 김춘수, 『한국현대시형태론』, 해동문화사, 1959, 15~16면.

국 근대시사에서 근대시의 형태, 이른바 자유시가 어떠한 과정을 거쳐 정착하게 되었는가에 초점이 맞추고 있다는 것이 가장 큰 특색일 것이다. 시의 형식적 특성을 고찰한다는 것은 시의 물질적 조건을 통하여 작품에 표현된 궁극적 의미를 발견할 수 있다는 의미이기도 하다. 다만 임화처럼 양식을 통한 직접적인 접근을 시도하지 않은 점은 양식을 해명하기 위해 수반되어야 할 정신의 문제가 시의 본질을 해명하는 데 있어서 불가능한 것처럼 비쳐졌기 때문일 것이다.

문학을 '시대정신이 자기를 표현하는 하나의 형식'이라고 할 때 자기의 표현이 완결되지 않은 형상에 대한 인식은 선(先) 이해를 낳을 수밖에 없다. 또한 이때 시대의 정신은 추상적인 영역에 머물게 된다. 그것을 포착한다는 것은 불가능할뿐더러 시 창작의 실제에도 도움이 되지 않으리라는 판단을 미루어 짐작할 수 있다. 한편 양식이라는 항목은 문학사와 긴밀한 관계에 놓여 있다. 이는 문학사에 대한 전체적인 이해의 차원 위에서 논의가 가능하다는 것을 의미한다. 근대시 연구는 개별적인 장르사의 기술이 시도되고 그 나름의 성과를 이루었으나 시인별·시기별·주제별 고찰에서 머물고 있는 실정이다. 근대시라는 단위 시대의 장르로서의 시에 대한 전체적인 논의는 이와는 별도로 이루어져야 한다. 즉 근대시의 양식에 대한 개념 부재는 근대시에 대한 반성의 결여라는 양상을 보여 주고 있다. 이론과 실제의 결합에 대한 모색이 있었지만 이에 대한 합의가 이루어지지 않은 상태에서 양식에 대한 논의는 공소해질 가능성이 많다.

이승훈은 한국의 모더니즘시를 일별하면서 모더니즘과 모더니티를 표나게 구별하고 있다. 그 이유는 모더니즘의 시사적 전개 과정에 있어서 모더니티의 포착이 무엇보다도 중요하다는 점을 강조하기 위해서이다.[8] 이러한 시각의 전환을 위해서는 첫째로 연구의 대상이 포착되어야 하며,

---

8) 이승훈, 『한국모더니즘시사』, 문예출판사, 2000, 400면.

둘째는 대상의 전개 과정이 일정한 생명력을 갖고 자기 운동해야 한다는 것이 전제되어야 한다. 모더니티란 모더니즘을 가능케 하는 본질적인 측면을 의미한다. 한국의 모더니즘시가 나름의 형태를 갖고 있다면 그것은 모더니티를 통해서 새로운 모습으로 끊임없이 자기 운동해왔다는 점을 인정한 결과이다. 이를 통해서 모더니즘시의 형태(양식)적인 접근을 시도했다. 그렇다면 근대시 일반에 대한 양식적인 접근도 가능할 수 있을 것이다. 문제는 이승훈 자신이 이전의 시, 특히 1920년대의 시와 1930년대 모더니즘시를 변별적으로 파악하고 있는데 이러한 구분을 넘어서는 시각이 필요하다. 그리고 이러한 변화의 시기에 공통적 자질 혹은 성격을 추출하는 것이 필요하다.

김춘수와 비교해 본다면 상대적으로 형식적인 고찰이 줄어든 데 반해서 시대와의 관련 양상이 많은 부분 포함되어 있다. 문학사는 시대에 따라서 변화된다. 그 변화되는 길목에서 모더니즘시는 출현하였다. 그리고 모더니즘시는 그 시사적 의미를 모더니티에서 찾을 수 있을 것이다. 이때 모더니티는 단위 시대의 개념으로 포착될 수 있어야 한다. 전시대의 양식과 구별된다는 의미에서의 모더니티는 다음 시대와 구별된다는 의미에서 이미 닫힌 항목이 되었다는 것이 이승훈의 판단이다. 이것이 바로 양식과 문학사가 맺는 관계일 것이다.[9] 그런데 이승훈의 경우 모더니즘시라는 개념을 1920년대의 시문학과 변별하여 다루고 있다. 모더니즘시를 양식화할 수 있는가의 문제와 함께, 서정시 혹은 자유시의 양식과 모더니즘시의 차이를 전제한다면 양자의 유사성과 계기성의 문제 또한 다루어져야 할 과제라고 볼 수 있다.

---

9) 티니야노프는 「문학의 발전에 관하여」에서 "여러 체계의 대체의 개념과 전통의 문제"(츠베탕 토도로프, 김치수 역, 『러시아 형식주의』, 이화여대 출판부, 1981, 129면)를 제기하고 있다. 앞으로 시문학사에서 양식사적 논의가 가능하려면 양식의 '대체' 양상과 변화가 판별되어야 할 것이다. 이러한 모듈적 인식은 문학사의 양식적인 접근을 통한 해당 장르의 정신적 지향을 살피는 데도 도움이 될 것이다.

3. 근대시론의 형성과 인식

양식적으로 새로운 시라고 했을 때 그것은 서구의 시를 의미한다. 그 가운데에서도 프랑스의 상징주의는 근대시를 인식하는 과정에서 많은 영향을 준 것으로 알려져 있다. 이른바 1910년대 자유시론에 대한 논의는 프랑스 상징주의와 밀접한 관련을 맺고 있다. 이에 대한 관심은 최남선의 신체시와는 그 질적인 차이를 보여 주고 있거니와 근대시의 본격적인 진입을 알리고 있다. 한계전은 자유시론의 수용 과정을 ① 1916년 상징주의 시인에 대한 소개, ② 1918년 상징주의 시론에 대한 소개, ③ 1919년 자유시론으로의 발전 등으로 항목화하여 그 과정을 기술한 바 있다.[10] 첫 번째와 두 번째 시기에 상징주의 시인과 시론의 소개에 주력한 이로는 백대진과 김억을 손에 꼽을 수 있으며, 세 번째 시기에 이르러서는 김억과 황석우의 활동을 주목하게 된다. 이후에도 시의 번역을 둘러싸고 김억과 논쟁을 벌였던 양주동의 활동이 있었다.

이 과정에서 특기할 만한 사항은 한국에서의 산문시 수용은 자유시의 경우와 달리 산문시론이 수립되지 못했고, 프랑스 상징주의 이론의 수용과 아무런 직접적인 관련이 없었다는 점이다. 또한 『태서문예신보』를 살펴보면 "산문시의 구조가 자유시 구조로 변환되고, 자유시론의 소개와 더불어 산문시 장르는 자유시와 장르상의 격심한 혼란을 초래"[11]한다. 이것은 서구시의 수용이 일방적으로 이루어지는 것이 아니라 어느 정도의 변형을 거칠 수밖에 없다는 것을 의미한다. 하지만 왜 이러한 과정이 일어나게 되었는가에 대한 의문은 쉽게 사라지지 않는다.

산문시의 수용은 상징주의의 대표적 시인 보들레르와 깊은 관련이 있다. 보들레르는 그의 산문시집을 통해서 현대성을 표현하려고 하였다.

---

10) 한계전, 『한국현대시론연구』, 일지사, 1983, 13면.
11) 위의 글, 36면.

고답파의 율격을 파괴하면서 자유시로 나아간 상징주의 시인들은 자유시의 이른바 '내재율'까지를 거부하기에 이르러 '산문시'에 도달한 것이다.12) 산문시보다는 자유시의 수용이 훨씬 용이한 측면이 있었다는 것을 의미하지만 자유시로의 일반화가 훨씬 더 심하게 나타났다는 점은 근대시의 한 특성을 이루게 된다. 임화는 이상화의 시에 대하여 다음과 같이 지적한 바 있다. 그는 "긴 시를 리듬의 저조·이완에 빠뜨림이 없이 조선어를 강한 열정의 표현에 조금도 부족함이 없는 시어로 창조"13) 하고 있다. 즉 이상화의 시는 조선어로 시적 메시지를 표현함에 있어 내용뿐만이 아니라 리듬의 저조와 이완이 없이 질적으로 우수한 시를 제작했다는 것이다. 형식적인 측면에서 리듬이란 '호흡'처럼 중시된 자유시론의 핵심이라는 점을 감안한다면 이상화에 이르러 자유시의 정착이 이루어졌다고 봐도 될 것이다.

시조나 가사 등의 전통적인 시가 양식과 창가 혹은 찬송가 등의 외래적인 시가 길항하는 가운데 최남선이 신체시가 등장하고, 신체시의 정형률이 변화를 겪으면서 자유시와 산문시로 확대되었다는 것이 이 시기의 일반적인 흐름으로 간주되어 왔다. 한계전은 이 과정에서 자유시의 정착과정에서 가장 대표적인 시인으로서 이상화와 한용운을 들고 있다.14) 물론 자유시가 우세하게 일반화되었다는 점이 전제된 지적이다. 이미 조동일은 김소월과 이상화 그리고 한용운의 시를 통해서 운율의 문제를 검토한 바 있다.15) 이 운율의 문제는 그들의 시에서 공통되는 '님'이라는 대상과 관련을 맺고 있다. 시인들의 시대정신이 운율을 통하여 어떻게 형상화되고 있는가 하는 문제가 가장 큰 관심사였다고 볼 수 있다.

---

12) 김현, 「산문시소고」, 『상상력과 인간』, 일지사, 1973, 89~91면.
13) 임화, 「조선신문학사론 서설」, 앞의 책, 348면.
14) 한계전, 「자유시론의 수용과 그 형성」, 『한국현대시론사연구』, 문학과지성사, 1998, 56~61면.
15) 조동일, 「김소월·이상화·한용운의 님」, 『우리문학과의 만남』, 홍성사, 1978, 268~269면.

김억은 근대문학의 초기에 상징주의를 이 땅에 소개한 대표적 인물이다. 그는 이를 체계화시킬 필요성을 느꼈는데 그 결과 「근대문예」(『개벽』 15~21호, 1921.9~12.3)를 연재하기에 이른다. 「근대문예」는 구리야가와 하쿠손(廚川白村)의 『근대문학십강(近代文學十講)』에서 많은 부분을 요약하여 소개하였다.16) 대표적으로 상징주의를 '신낭만주의'의 범주에 넣어 설명하는 방식이 그러하다. 구리야가와는 낭만주의의 반동으로 자연주의가 등장하고, 다시 자연주의의 반동으로 신낭만주의가 출현하였는데, 상징주의는 이에 속한다. 아울러 신낭만주의는 '비현실성'을 그 특징으로 한다.

이 대목을 김억은 다음과 같이 기술하고 있다. "과학적 방법으로는 인생의 알 수 없는 영적 방면의 썩깊히 숨어있는 신비적 진실을 알 수 없습니다. 하기 때문에 분방적 분자(奔放的 分子)가 적고, 어디까지든지 진정한 태도로 온건하게 인생을 관찰하며, 인생을 사랑합니다. 정적인 듯하여도 그 실은 가장 힘있는 동적이며, 조는 듯하여도 그 영은 항상 깨(어) 있습니다."17) 김억의 주관적인 관점이 여실히 투영된 경우라고 할 수 있다. 그리고 안서는 「근대문예」의 말미에서 '시가에 대하여는 단독으로 긴 글'을 쓰겠다고 언급하였는데 「작시법」(『조선문단』 7~12호, 1925.4~10)이 이에 해당된다. 「작시법」은 「예술적 생활」(『학지광』 6호, 1915.7) 이래 김억의 문학관을 중간 결산한다는 의미를 갖고 있다.

> 詩歌의 本職을 밝히는 近代의 詩歌에는 어데까지든지 主觀의 意義를 높힌 것으로 이 主觀의 意義가 높하지면 높하질사록 그 權威는 强固케 됨에 따라 近代詩歌의 特色이라할만한 個人的과 個性的이 舊詩歌의 그것과는 엄청나게 다른 것입니다.
> 이 점입니다. 近代詩歌가 個性的인건만큼 舊詩歌의 機械的에서 버서나온

---

16) 구리야가와 하쿠손(廚川白村), 『근대문예십강』, 대일본도서주식회사, 1912.
17) 김억, 「근대문예 8」, 『개벽』 21호, 1922.3.1.

것을 볼 수 잇음에 따라서 이 합호로의 純實한 詩歌의 커렌트는 더욱 個性的
傾向을 가지게될 것이니 詩歌답은 詩歌는 오직 이곳에서 그 意義와 價値가
잇음이라 합니다. 舊詩歌에서 新詩歌로 끌어온 功德은 프랑스의 象徵派詩歌
도 그들의 運動에 對하야는 實로 特筆大書할 만합니다. 해가 여러番 밧구인
今日와서는 비록 그 詩歌를 돌아보는 사람이 업다하더라도 까닭스럽고 拘束
만흔 어둡은 房안에 잠기어 窒息하라든 詩歌를 救해내왓다는 事實 하나만은
否認할 수 없는 것입니다. 이러한 意味에서 象徵詩는 個人의 感覺과 情緒에
게 새롭은 解放과 價値잇는 自由를 위하야 勇敢하게 싸혼 가장 尊敬밧을만한
희생된 先驅者란 感을 禁할 수가 업습니다.[18]

　　김억이 위의 글을 쓰면서 강조하고 있는 것은 구시가와 신시가의 차
이점이다. 구시가가 기계적이라면 신시가의 특징은 개성적인 것에 있다.
신시가가 주도하는 흐름은 이후에도 주관적이면서, 개성적이고, 개인적
인 특성을 유지해나갈 것임을 분명히 하고 있다. 이것을 가능케 한 연
원을 김억은 프랑스의 상징시에서 찾고 있다. 이미 이러한 근대시의 흐
름은 바꿀 수 없다는 것이 김억의 판단이라고 보여진다. 그리고 이러한
관점은 현재의 시에 대한 일반적인 관념과도 거의 일치한다는 점에서
그 시사적 의의가 있다.

　　그런데 김억은 「작시법」을 집필할 무렵에 조선의 문학이 나아가야
할 방향을 '조선심(朝鮮心)'에서 찾고 있다. 그 이유는 "외래의 사상과 감
정을 그대로 삼키고 그대로 토(吐)하지 않도록 하여야 진정한 우리 시가
가 생기게 될"[19] 터인데, "우리의 주위의 시작에는 우리의 주위를 배경
산은 사상과 감정은 하나도 없고, 남의 주위를 배경으로 삼은 사상과
감정을 빌어다가 우리의 시작을 삼는 경향이 있음에 따라 진정한 '조선
현대의 시가'를 얻어볼 수가 없"[20]다는 판단에 연유한다.

---

18) 김억, 「작시법」, 『조선문단』 12호, 1925.10, 145면.
19) 김억, 「조선심을 배경삼아」, 『동아일보』, 1924.1.1.
20) 위의 글.

김억은 외래의 사상과 감정을 '우리 주위의 사상과 감정'과 비교하고 있다. 근대시 유입의 초기에 나타난 이러한 발상은 지극히 정당한 사고로 받아들여진다. 아직 외래의 근대시가 주체적으로 흡수되지 않았다면 외적인 영향뿐만이 아니라 내부적인 요건, 이를테면 시인의 사고나 감정의 조정은 반드시 필요한 사항이다. 「작시법」은 서언, ① 시란 무엇이냐(시의 정의), ② 운문과 산문, ③ 서시(서양시)와 한시의 운율, ④ 조선시, ⑤ 새로운 시가와 그 역사, ⑥ 시가의 종류(장르갈래론) 등의 소제목과 체제를 갖고 있다. '작시법'이라기보다는 개괄적인 '시이론'에 가깝다. 그리고 형식적인 시작의 틀로서 동서양의 운율에 대하여 상당히 심도 깊은 설명을 하고 있지만, 김억 자신이 이를 실제적인 시작에 적용함에 있어서는 거리를 두는 이중적 태도를 취하고 있다. 그 이유는 앞에서 지적한 '조선심'의 문제와 관련이 있을 것으로 판단된다. 다만 근대시를 둘러싼 다양한 문제들을 체계화시키고 싶다는 의욕이 「작시법」을 시도케 하였다고 볼 수 있다.

내용을 잠시 살펴보면 김억은 시의 정의를 "감정의 고조된 것에게 음악적 표현을 주되, 상상적인 것을 잃지"[21] 않는 것이라고 말한다. '리듬'은 시의 본질을 의미하는데, 김억은 이를 퍽 광의적으로 해석하기도 한다. "예술가의 손을 거쳐 조절되야 예술가가 자기 식으로 만든 우주, 다시 말하면 대우주에 대한 자기의 조화시킨 소우주라고 할 만한 것입니다. 이 때문에 예술이란 인생의 표현이요, 작품이란 개성의 표현이라고 합니다."[22] 이 대목에서는 그의 초기 시론인 「요구와 회한」(『학지광』 6호, 1915.7)을 다시 보는 것 같으며, 그의 「플로베르론」(『폐허』 2호, 1921.1)을 다시 보는 것 같으며, 또한 구리야가와의 『근대문학십강』을 떠올리지 않을 수 없다. 김억의 문학관이 문제가 된다는 것인데 그는 문학에서 개성의 표현은 인간과 인생의 자각으로 수렴된다. 결과적으로 김억의 시론에서는

---

21) 김억, 「작시법」, 『조선문단』 12호, 1925.10, 289면.
22) 위의 글, 292면.

추상적으로 '리듬'의 개념만이 시의 특성으로서 남게 된다. 이러한 논의의 혼란은 근대적인 시론의 체계화와 조선에서의 새로운 시가의 출현과 정착이라는 과제의 두 논지가 착종(錯綜)된 결과라고 볼 수 있다.

그럼에도 불구하고 김억은 왜 '시'라는 문학적 장르에 집착하는지에 대한 설명이 부족하다. 「작시법」이 건조하게 읽힌다면 그러한 육성이 부족한 까닭은 아닐까 추측해본다. 그나마 그의 심정을 엿볼 수 있는 대목은 다음과 같다. "날마다 늘어가는 소설과 희곡의 세력은 서사시가의 영토를 점차 잠식하여 시가의 영토는 순정한 감정을 표함으로서 생명삼는 서정시로 한정되고 말았으니, 이것을 가르쳐 …… '근대적'이라는 삼자(三字)로 덮허버리는 것"23)이라는 표현에 이르러서는 근대시에 대한 고뇌 어린 표정을 읽을 수 있다. 김억은 상징주의 소개를 통해서 근대시를 본격적으로 소개한 장본인이면서도 이것의 실현이라는 문제에 대해서는 그것이 꼭 바람직하다고 보지는 않은 듯하다. '조선심'의 강조는 경우에 따라서는 근대시의 표현을 잠시 유보할 수도 있다는 것을 의미하기 때문이다. 김억은 짧은 근대시가의 역사에 있어서 상징시가 갖고 있는 의미를 '개성'에서 찾고 있음과 동시에 이것의 조선적 표현을 위해서는 다른 모색을 시도하기에 이른다. 그는 외래의 사조와 어떤 경향을 추수하는 것에 대해서 상당한 경계를 표시하였는데 이러한 불안이 가중될수록 '조선심'에 대한 강조는 굳어지게 되었다. 이른바 '격조시'라는 형식의 안출이 그 증거이다.

비슷한 시기에 쓰여진 김억과 주요한의 글들을 살펴보면 공통점과 차이섬이 있나. 주요한은 『노래를 지으시려는 이에게』(『조선문단』 1~3호, 1924.10~12)를 통해서 자신의 신시에 대한 생각을 피력한 바 있다. 이때 주요한은 '창작의 대상을 시'라고 하지 않고 '노래'라고 하였다. 앞으로 지어져야 할 시의 가능성을 '노래'에서 찾고 있는 것이다. 근대자유시의

<hr />

23) 위의 글, 312면.

첫 제작자로 볼 수도 있는 주요한의 이러한 입장은 약간의 의문을 낳게한다. 그의 대체적인 시작 경향이라고 일컬어지는 이상주의를 염두에 둔다 하더라도 의문점을 쉽게 지울 수 없다.

주요한의 입장은 살펴보면 다음과 같은 것이다. 현재는 '국민적 동창 문학을 건설'해야 할 시기인데 과거의 시가에는 한시·시조·민요·동요와 같은 형식이 있지만 민족혼을 담기에는 한시나 시조보다는 민요와 동요에서 그 출발점을 찾는 것이 바람직하다는 것이다. 그리하여 재래의 시가에 남아 있는 민족 정서의 발견을 위해서는 민요와 동요에 대한 탐구가 필요하다. 그리고 자유시는 이제 막 시작된 새로운 시적 형식이지만 그 형식은 외래적인 요소가 강하고 이입된 역사가 극히 적고 따라서 형성중인 시가 형식이므로 유보할 수밖에 없다[24]는 것이다.

주요한도 민족혼을 내세우면서 시적인 개성을 개인이 아닌 민족과 사회라는 전체적인 입장에서 고려하고 있다. 1920년대 김억과 주요한은 근대시의 방향을 설정하게 되는 데 중요한 역할을 담당하고 있다. 이들의 공통점은 개인의식의 표현이 근대시의 가장 큰 특징이지만 이것은 사회와 민족의 공익에 수렴되는 한에서 수용되어야 한다는 이중적인 잣대이다. 이러한 이중적 기준은 근대시의 속박으로 작용하는바, 근대시의 양식적 특성으로 지적할 수도 있다.

물론 김억 자신이 『태서문예신보』를 통하여 상징시의 수용에 일정한 역할을 한 것은 잘 알려진 사실이다. 문제는 주요한과 김억의 고찰만으로는 분명하게 말할 수 없겠지만, 근대시의 특성이 '개성의 표현'이라는 정도의 인식 수준에서 크게 진전시키지 않았다는 사실이다. 따라서 김억의 경우 그의 상징주의 소개는 그 자신의 문학적 입장에 따른 제한된 혹은 걸러진 수용이라고 볼 수 있다. 이를테면 김억의 「근대문예」에서 알

---

24) 주요한은 그 이유를 "첫째는 민족적 정조와 사상을 바로 해석하고 표현하는 것. 둘째는 조선말의 미와 힘을 새로 차져내고 지어내는 것"(『조선문단』 창간호, 1924.10, 50면)에서 찾고 있다.

수 있듯이 그는 낭만주의 혹은 신낭만주의에 대한 문학적 흐름을 소개하면서 상징주의 역시 이러한 측면에서 받아들이고 있다. 일견 주요한과의 차이에도 불구하고 형식적 운율을 간직한 격조시로 나아가는 것은 그의 시사적 특성이자 한계로 지적될 수 있다. 그렇다면 상징주의시가 굴절되어 수용된 까닭은 어디에서 연유하는 것일까? 이것은 아마도 근대시 혹은 자유시의 양식적 특성을 규정하는 가장 큰 원인일 것이다.

최남선과 이광수를 거쳐 주요한에 이르러 재래의 시는 새로운 모습으로 탈바꿈하게 되었다. 이 즈음에 오면 최남선은 역사 쪽으로 기울고 이광수는 소설 쪽으로 자리를 옮긴다. 그리하여 근대시에서 주요한은 근대시의 '실질적인' 선구의 자리에 서게 된다. 이런 그의 위상이 「노래를 지으시려는 이에게」라는 글을 생산케 한 요인이라고 할 수 있을 것이다. 그럼에도 불구하고 지도비평이라고 할 만한 그의 글에서 '노래'를 강조한 것은 문제적이라고 할 수 있다. 일본에서 낭만주의와 상징주의의 영향은 물론 이미지즘의 영향까지 받고 온 그의 발언으로는 조금 기대에 못 미치는 것이 사실이다. 아마도 당시의 조선 현실에 대한 인식이 그에게 이런 시관을 갖게 한 중요한 요인이라고 추측할 수 있다. 이미 1920년대 중반이 되면 신경향파시에 시단에 확산되고 새로운 양식에 대한 모색이 시도된다. 이를테면 김기진이 제기한 '단편서사시'의 시적 형식이 그것이다.[25]

---

25) 김기진, 「단편서사시의 길로—우리 시의 양식 문제에 대하여」, 『조선문예』 창간호, 1929.5.

4. 근대시의 정신 분석

1910~20년대에 산문시가 도입된 사실은 다수 발견된다. 대표적인 경우가 투르게네프의 산문시가 수용된 사실이다. 엄격한 의미에서 자유시임에도 산문시라는 명칭을 붙인 경우를 발견할 수 있다. 또한 주요한의 「불놀이」를 형식적인 측면에서 산문시로 볼 수도 있지만 시에서 발견되는 리듬과 개인정서의 표현 등은 시인 자신이 산문시가 아닌 자유시를 의도했음을 알 수 있다. 그밖에도 시인들 자신이 의식하지는 못했다 하더라도 자유시의 형태에 대한 노력은 다양한 실험을 유도하였는데 이 과정에서 이미지즘의 창작이 시도되기도 한다. 이미지즘의 영향은 이미 주요한의 시에서 발견된다. 그는 예이츠의 시를 소개하면서 사상파(이미지즘)의 영향을 받고 있었던 것으로 보인다.26)

이 대목에서 근대 시인들의 일본 체험을 문제 삼지 않을 수 없다. 일본에서의 근대시 전개 과정은 한국의 근대시 전개 과정과 매우 흡사한 경로를 갖고 있다. 신체시와 상징시의 소개와 영향 등이 그러하며, 이에 따라 상징시·자유시·산문시·민요시 등의 명칭과 부여 방식은 한국 근대시사의 명명법이 어디에 근거하는가를 가늠케 한다.27) 이때 동시대에 이미 '사상시' 혹은 '철학시'의 명칭도 보이는데 이러한 다양한 명칭들이 '새로운 시' 혹은 '근대시'의 가능성으로 탐색되고 있었다. 그 가운데 주요한 자신이 새로운 시작 경향과 이론을 수용하고자 했을 것으로 볼 수 있다. 그런데 주요한은 이 '새로운 시'의 과도한 압박에서 비교적 자유스러운 행보를 취하고 있다는 점은 앞에서 살펴본 그대로이다. 이른바 '시적 근대'의 마루에서 그는 한발쯤 거리를 두고 있었는데, 그가 근대시의 새로운 시작을 알렸음에도, 김소월과 한용운·이상화의 시작품

---

26) 심원섭, 『한·일 문학의 관계론적 연구』, 국학자료원, 1998, 291면.
27) 이쿠다 슌게쓰(生田春月), 『新らしき詩の作り方』, 新潮社, 1918 참조.

이 시적 전통의 주류로서 이해되는 결과를 낳았다. 마찬가지로 김소월·한용운·이상화 등의 작품이 '시적 근대'의 구경에 진정 부합하는가 하는 질문에 대해서도 숙고할 수 있는 여지가 있다면, 독자적인 한국의 '시적 근대'의 모습은 유보되지 않을 수 없다.

가와지 류코(川路柳虹)는 「사상파의 태도」에서 이미지즘을 요약적으로 제시하고 있다.28) 내용적인 면에서 '실재에 대한 강력한 요구의 표현'이라는 항목은 '이미지로 된 회화'라는 항목에 수렴된다. 이 수렴처의 반대편에는 상징주의가 놓여져 있다. 상징주의는 상투적인 이론과 개념에 대한 반항의 성격에서는 이미지즘과 같지만 몽롱·환상·암시를 강조하기보다는 정확한 세계의 지향과 추상적이 아닌 구상적인 세계를 표현한다는 측면에서 차이가 있다. 이때 문제가 되는 것은 이러한 회화적인 시가 형식적인 측면에서는, 상징주의의 앞선 노력이 있었지만, '자유시'의 맥락에서 다루어지고 있다는 점이다.

형식적인 측면에서만 살펴본다면, 상징주의와 입각점을 달리한다 하더라도, 이미지즘 역시 자유시라고 하는 현대시의 형식적 흐름에 대해서는 부정하지 않는다. 새로운 시적 형식으로서의 자유시는 이제 시대의 '새로운 시' 형식으로 자리를 잡아가게 된다. 자유시가 갖고 있는 시

---

28) ① 이미지스트는 두 가지 새로운 요구사항을 내걸고 있다. 첫째, 재래 시에 대한 반항으로써 자유로운 신시형을 요구한다. 이는 자유시로 발전하였다. 둘째, 실재에 대한 강력한 요구의 표현이다. 근대회화의 표현과 같이 생 혹은 실재에 직면, 육박해 가는 경향이다. ② 형식적인 외형률을 피하며, 대상을 대하는 작자의 내적 호흡을 중시한다. ③ 최신의 수사법을 쓴다. 비사시구를 쓰지 않고 솔직한 표현을 쓴다. ④ 이미지를 존중한다. 즉 감각을 존중한다. 상투적인 이지(理智) 관념에 대한 반항의 성격을 지니고 있다. 이 면에서는 상징주의와 상통한다. ⑤ 이미지의 발랄성이나 리얼한 면을 보면, 이미지즘은 몽롱주의가 아니라 적확한 세계를 지향하는 것을 알 수 있다. ⑥ 재래 시인과 같은 관념이나 환상, 암시보다는 생생한 직접성을 지향한다. 한마디로 이미지로 된 회화를 그려내는 것이다. ⑦ 상징파의 음악과 색깔에 대해 새로운 회화, 형태를 존중한다. ⑧ 과거의 추상을 벗어나 구상을 지향한다. ⑨ 일상적이고 평범한 제재를 취급한다. 가와지 류코(川路柳虹), 「사상파의 태도」, 『현대시가』, 1918.3, 11~12면(심원섭, 『한·일 문학의 관계론적 연구』, 국학자료원, 1998, 276~277면 재인용).

대적인 함의는 여기에서 찾아질 수 있을 것이다. 아울러 이것의 실질적인 내용을 채우는 일은 그 층위를 달리하는데 내용상에서 민족주의·자유주의·계급주의를 포괄하는 것이면서도 동시에 형식적으로 언어에 대한 세심한 표현과 주의는 물론 이에 대한 극단적인 부정까지를 내포하게 되었던 측면을 간과할 수 없다.

그 가운데서도 상징시의 도입 같은 경우에는 현실적인 제약이 있었기도 하지만 상당히 선택적으로 받아들여졌다고 할 수 있다. 그것은 상징주의시의 시적 지향이 시의 본질주의적 지향과 많이도 흡사하다는 점뿐만이 아니라 자유시형의 부족한 측면에 대한 갈증과 뒤늦은 자각으로 나타난다. 시의 본질을 운율·형식적인 측면에서 받아들인 결과 시의 궁극적인 지향에는 시간적인 편차와 지연을 드러냈다고 할 수 있다. 상징시에 대한 소개가 1930년대에도 발견된다거나 서정주의 초기작이 서구의 시, 프랑스의 보들레르에 대한 반응이었다는 측면은 형식적인 한계에도 불구하고 시적 질서에 대한 지연된 탐색의 과정이라고 할 수 있다. 그리고 이상과 정지용의 산문시도 그러한 연장선상에서 이해할 수 있으며, 이른바 1930년대의 〈시문학파〉로 대표되는 순수서정시의 그룹은 그러한 서정에 대한 뒤늦은 자각을 표현한 것은 아닌가 되묻게 한다.

주요한을 통하여 상징주의와 이미지즘의 관계를 살펴보듯이 이 양자의 관계는 현대시의 시작을 알렸다는 측면에서 그 시기의 선후와 상관없이 그 의미는 매우 크다. 그 공통항은 기존의 것에 대한 반항·혁신·부정의 개념으로 묶일 수 있을 것이다. 이른바 모더니즘의 내재적인 메커니즘으로서 부정을 떠올릴 때 상징주의가 그 첫머리에 오고 그 다음에 이미지즘에서 비롯된 주지주의의 고전적 지향을 발견할 수 있다. 이러한 메커니즘이 산출하는 것은 '새로운 것'에 대한 관심으로 모아진다. 기존의 것과는 다르다는 측면에서 '생산된 것'은 현대시의 생산물인 것이다. 그리고 이러한 생산의 질료는 '언어'이다. 언어는 따라서 모든 표현되어 생산되는 것의 중심에서 작용한다. 하나의 실체로서 언어가 현대시에 받아들여진 것은 근대시의 형성 과정에서 가장 특기할 만한 사항이라고 할 수 있다.

김기림이 전시대의 센티멘탈 로맨티시즘과 프롤레타리아시를 지칭한 편내용주의의 극복을 당시 시의 과제로 설정하였을 때 그 터전은 '이미지즘'에 근거하고 있다. 그런데 그가 설정한 두 가지의 극복 대상 가운데 전자는 문학을 바라보는 태도의 차이에 따른 포착이었지만 후자의 경우는 시대적인 문학의 과제가 고려된 결과이다. 편내용주의에 대한 반대항으로서 '편형식주의'가 설정되었다고 볼 수 있다. 즉 그의 '전체시론'까지도 형식 논리적인 비판의 대상이 되었던 것은 그가 내세운 '편내용주의'의 함의가 시대적인 변화의 상대성에서 비롯된 것이기 때문이다. 이후에 김기림 자신이 '내용과 형식의 결합'을 이야기하였을 때, 이를 '과학적 시학'이라는 명칭으로 포장했을 때조차도 시대의 요구에서 자유로울 수 없었던 김기림 시론의 특성을 엿볼 수 있다.

반면에 김기림의 문학론에서 근본적인 반대항은 '상징주의'에 있을 것이다. 그의 비평에서 '상징주의'에 대한 비판이 첫머리를 장식하는 것만으로도 알 수 있다.[29] 주류 시론에서 상징주의가 극복의 대상이 되는 것을 발견하는 것 또한 특이한 현상이라고 할 수 있는데 그것의 가장 큰 특징은 암시적인 언어 표현과 시대적인 변화에 대한 둔감에 있다. 비현실의 강조에 따른 현실의 몰이해는 당시의 식민지 현실에서 '도피적인 시'로 보여질 수밖에 없다. 이때 남는 것은 표현의 수단으로서의 언어 혹은 언어 그 자체이다. 정지용이 '시의 주는 언어'라고 말했을 때 언어의 상징적 의미는 반소되어 버린다. 그리고 이와 함께 한국의 현대시는 본격적인 시작을 이룬다. 근대시의 막이 내리고, 현대시의 새 장이 열리는 역설의 순간은 이렇게 탄생했다.

이때 언어는 표현의 새로움뿐만이 아니라 그 실체의 혁신까지를 강

---

29) 김기림, 「상아탑의 비극」, 『동아일보』 1931.7.30~8.9.

요받게 된다. 언어라는 실체의 너머에 있는 언어를 관장하는, 즉 언어주체에 대한 관심(언어를 언어이게 하는 실체의 문제)이 일어나게 되는 것도 이 대목에서이다. 언어의 물질성과 언어의 초월성이 대립적으로 보이는 때이기도 한데 이를 우리는 서정주에서 발견할 수 있다. 그의 『화사집』은 관능성과 육체의 시적 표현으로 다루어지고 있다. 이는 정지용과 김영랑의 『시문학』과는 다른 의미에서 근대시의 새로운 장면을 연출하기에 이른다. 『화사집』의 첫 장을 장식하고 있는 『자화상』은 '시인 자신이 상징계 / 상상계 안에 극심하게 분열된 주체'로서 정체성의 모색을 겨냥한 작품으로 그 시사적 의의가 있다.30) 주요한과 김억의 이중성이 내면화된 양상은 온전히 서정주에게서 나타난다.

마찬가지로 『화사집』의 마지막 작품은 「부활」이 장식하고 있다. 기독의 부활을 연상시킬 수 있는 이 작품은 『귀촉도』와 같은 이후의 시작 과정을 가늠하는 데 있어서 중요한 지표의 역할을 하고 있다. 이를테면 「부활」은 화사집의 세계가 '개(個)의 입장으로부터 전(全)의 입장으로 변신'하는 데 있어서 하나의 분기점이 되는 작품으로 볼 수 있다.31) 그런데 『화사집』은 형상적인 측면에서 프랑스 상징주의의 영향을 받고 있는 것처럼 보이지만 「부활」에서 보이는 영향 관계는 괴테에서 찾을 수 있다. 괴테의 『파우스트』 서장은 『화사집』의 마지막 작품에 중요한 기여를 하고 있는 것으로 판단된다.

이른바 서정주의 주된 시론의 요체를 '개념의 시'가 아닌 '예지의 시'라고 했을 때, 그 예지의 영향 관계는 보들레르에서 괴테로 이어지고 있는 것이다. 괴테의 『파우스트』와 『빌헬름 마이스터의 수업시대』와 『방랑시대』에 대한 그의 애착은 그의 산문들에서 발견된다. 모더니즘시의 메커니즘을 부정과 새로운 것에서 찾는다면, 근대시의 전개 과정에서 노

---

30) 김승희, 「정신분석적 기호학으로 본 서정주와 오장환의 시세계」, 『현대시 텍스트 읽기』, 태학사, 2001, 114면.
31) 고석규, 「서정주 언어서설」, 『초극』, 1954(『시인의 역설』, 지평, 1990, 190면).

정된 현실적 측면은 비현실적인 것으로의 방향선회를 취하지 않을 수 없다. 물론 이러한 사태를 바라보는, 수용자의 태도에 따른 시각의 편차를 무시할 수는 없다. 하지만 서정주에 이르러 이른바 '시적인 것'에 대한 영토의 재확인이 이루어지고 있다는 점만을 기억하기로 한다.

서정주는『작고시인선』(정음사, 1950)을 출간한 바 있다. 여기에는 만해와 소월, 고월과 상화, 용아와 영랑 그리고 이상과 석정의 시가 실려 있다. 이 시기에 근대시에 대한 앤솔로지의 형태가 다수 출간되는데 이봉래와 유정이 엮은『한국시인전집』1(학우사, 1955) 등을 들 수 있다. 그런데도 서정주의『작고시인선』을 다시 살펴보는 이유는 서정주의 시를 바라보는 시선이 어디에 놓여져 있는가의 문제이다. 모더니즘 계열 가운데 이상의 경우를 살펴본다면 그의「역단(易斷)」계열의 작품이 실려 있다. 지금은 다소 시사적인 맥락에서 논의가 뒤쳐지고 있는 이장희의 경우를 보아도 '상징주의'의 맥락에서 살펴지고 있다. 물론 이것은 상대적인 평가에 따른 것이지만 다른 근대시의 수준작과 포개어지는 것을 발견할 수 있다. 이른바 '개념적인 표현'과는 다른 실존의 체감을 다룬 작품을 기준으로 서정주는 작품을 선별하고 있다.

이때 그 작품들이 보여 주는 세계는 현실에 실재하고 있으나 일상적으로는 포착되지 않는 '비현실적인 대상'의 포착이라고 보아야 할 것이다. 이를 표현한 시인의 입장에서 살펴보자면 경제적인 교환의 관념으로는 무용한 것이지만 그렇다고 현실에서 없다고 할 수 없는 실재의 반경제적인 실상의 표현이라고 볼 수 있다. 이를 바타이유는 '저주의 몫'이라고 언표하였으며 이를 에로티즘을 경유하서 '신성의 포착'으로도 유도하고 있다. 하지만 이를 문학적 표현의 맥락에서 살펴본다면 언어의 물질성을 초월할 수 없다는 한계가 동시에 나타난다. 이를 줄리아 크리스테바는 '말하는 주체'의, 기표/기의의 미끄러짐이라는 자크 라캉의 도움을 얻어 이를 언표하고자 하는, '기호적/욕동적 코라'를 통해서 설명하고자 하였다. 이 욕동적 코라가 산출하는 잉여의 표현은 초월적 대상을 지시하고, 일상적인 경제의 관념을 넘어서게 한다. 그 잉여의 표현을 다른 말로 하자면 아브젝시옹(Abjection)이라고 한다.32) 실상 우리가 보게 되는 시적인 것 혹은 시성(poeticity)이란 언어적 표현의 잔존물 내지는 잔해라고 해야 할 것이다. 우리는 이러한 시적 모색을 서정주 이후에도 김춘수·김수영 등에게서 발견할 수 있다.33)

5. 부정—근대시의 기반

한국 근대시에 대한 양식론적 접근을 시도하려고 했을 경우에 부딪히는 문제는 여러 층위에서 제기될 수 있다. 고전주의와 낭만주의·리얼리즘과 모더니즘, 전통 지향과 근대 지향 등의 대립되는 사조나 유형은 어렵지 않게 한국의 근대시문학사에서 발견할 수 있다. 양식론적 접근이란 이러한 대립뿐만이 아니라 이를 관통하는 공통분모의 추출에 있다고 할 것이다. 또한 이것은 이러한 대립에 포함되는 작가와 작품뿐만이 아니라 외국의 작가와 작품 그리고 영향 관계를 추적한다는 의미에서 양식의 개념에 이르는 지난한 과정을 예상하기는 어렵지 않다. 이것은 어쩌면 가능하지 않은 과제이면서 그것이 문학 연구의 대상이라고 말할 수 있는가라고 『문학의 이론』을 집필한 필자들은 묻고 있는 듯하다.34)

---

32) 줄리아 크리스테바, 서민원 역,『공포의 권력』, 동문선, 2001, 26~36면.

33) 허윤회,「언어의 물질성과 초월의 가능성」,『민족문학사연구』16호, 2000.6, 76면.

34) "어떤 시대 전체의, 또는 고전주의와 낭만주의라고 하는 문학운동 전체의 형을 기술하려고 하면 그것은 극복하기 곤란한 난관에 봉착하게 된다. 그 까닭은, 우리들은 그 성격이 가장 다른 작가들, 때로는 많은 국가의 작가들 상호간에 공분모를 발견하지 않으면 안 되기 때문이다. (…중략…) 그러나 그렇게 할 때에 우리들은 예술과 문학과의 관계, 모든 예술간의 병행관계, 또는 인류문명의 위대한 시기가 계속해서 다가온다는 사실 등의 문제로 다시 되돌아와 있는 것이다." 르네 웰렉·오스틴 워렌, 김병철 역,

그럼에도 불구하고 양식론적 접근이라는 제목을 달고서 이 글을 시도한 이유를 밝혀야 할 단계에 도달하게 되었다. 양식이란 작품의 형식과 내용을 포괄하는 시대와 정신의 상위 개념인 것이다. 어떤 시대의 양식으로 해당 작품을 지칭할 때 그 작품이 그 양식을 온전히 대표할 수 없다는 어려움은 그대로 남아 있다. 이를테면 폐허 위에 있는 도리안 식의 신전 기둥이 있다고 할 때 그 신전의 기둥이 그 신전의 원래모습과 그 신전에서 제의를 하면서 기도를 바치던 사람들의 정신까지를 모두 보여주는 것은 아니라는 말이다. 하지만 그 신전의 기둥을 통해서 후세의 사람들은 상상의 나래를 펼쳐서 그 유형무형의 양식에 근접할 수 있게 되는 것이다.

양식론적 접근이란 달리 말하면 현재의 관점에서 지난 시기의 시문학이 보여 준 양상을 점검하는 반성의 개념 그 이상도 이하도 아니다. 현재 우리가 양식이란 말을 사용하고 있다면 그리고 양식이라는 말에 담고자 하는 함의는 이것이라고 할 수 있다. 이때 근대시에 대한 다양한 접근들 이를테면 시대 상황과의 관련성이나 근대시의 형성과 인식의 문제, 이후의 모더니즘의 시사적인 전개에서 나타나는 문제 등은 어떤 고정점도 형성해 주지 않고 있다. 그러한 개념들이나 지표들은 문학작품의 표상들처럼 시사에서 부유하고 있다고 해도 과언이 아니다. 가장 일차적인 문제점은 이러한 지표들에 대한 실질적이고 형식적인 접근이 비교적 미흡하게 이루어졌기 때문이다. 이것은 문학 연구에 있어서 방법론의 수용이라는 명목으로 작품을 해석하는 관행을 떠올린다면 쉽게 알 수 있는 내용들이다.

다른 한편 지금까지 검토한 것을 토대로 살펴본다면 제반 논의들은 그 시대와 문학이 요구하는 최소의 공통분모에서 개념화되고 있다는 것이다. 이것을 양식론의 물질적 기반이라고 볼 수 있다. 형식적인 것보다

『문학의 이론』, 을유문화사, 1982, 289면.

는 시대의 유의미성에서 물질적 기반을 확보하려는 이러한 노력은 형식적인 것을 부수적인 자리에 위치시키고 있다. 본질주의적인 측면에서의 시와 시성 그리고 시 본위주의는 이런 면에서 형식적인 범주에 머물게 된다. 이러한 형식적인 범주에 있어서의 근대시는 내용성을 갖지 못하는 것으로 인하여 결핍을 갖게 되고 이것을 부정하는 방식을 택하게 된다. 이러한 부정의 계기가 바로 한국 근대시 전개 과정의 메커니즘으로 작용하고 있다는 것이 주지의 사실이라면 이 부정성은 근대적 시문학에 있어서 양식을 산출하는 하나의 양상, 혹은 형식적 기반임을 의미한다.

그렇다면 이 부정성의 기반은 무엇인가? 모순적이게도 이 부정성은 언어에 기반하고 있다. 작품이 언어를 떠나서는 이루어질 수 없다는 것은 근대문학에서 있어서 하나의 불문율이다. 언어는 이중적인 양상을 띠고 있는데 이른바 기표와 기의의 양상이 그것이다. 그런데 언어에 기반하고 있는 부정성은 기표의 부정에 대해서는 인정하면서도 기의에 의한 부정에 대해서는 반쯤 눈감고 있다. 그 이유란 시대정신의 표현인 양식을 지탱하는 '정신'의 중심에는 이성이 위치하고 있기 때문이다. 다시 양식론의 물질적 기반이 내용 중심적이라면 그것은 이성 중심적이라는 것이며 시대의 타자로서 시는 현상된다. 그리고 시의 명칭으로서 '비현실'과 '비이성'이라는 특성이 부여된다. 이 비현실과 비이성이 이성의 시야에서 화해할 때 한국 근대시의 양식은 마감되고 하나의 명칭을 부여받게 될 것이다. 그러나 비현실과 비이성이 타자로 존재하고 언어가 현실과 이성을 표상하는 기능에 만족할 때 한국 근대시의 양식은 유예된다.

김영랑 시의 계보 1

고월 이장희를 중심으로

1. 시와 인식

1920~30년대 시문학은 소월과 만해, 그리고 상화의 시대에서 영랑과 지용, 그리고 여타의 모더니즘시로 전이되는 양상을 보이고 있다. 이 가운데 이장희라는 존재는 분명코 돋보이는 시적 존재임에 틀림없다. 하지만 이장희에 대한 관심은 시간이 지날수록 옅어지는 것이 사실이다. 이른바 시문학사의 주류적인 흐름에서 이장희는 부정할 수는 없지만, 특별한 존재로서 각인되어 있을 뿐이다. 김인환은 이장희에 대하여 "우리가 소월과 만해와 상화를 거쳐 영랑과 지용과 기림과 김광균으로 넘어가는 사이에 주목하지 않을 수 없는 시인이다"라고 전제한 뒤에 이장희 시의 특성을 "상화의 난삽함이 없고, 소월의 청승맞음과 만해의 모호함이 없으며, 지용의 재승과 영랑의 섬약의 혐(嫌)이 없어 오히려 그 나름의 특

색을 지니고 있다"[1]라고 평한 바 있다.

이장희의 시적 위상은 1920년대와 1930년대의 연계를 가능케 하는 존재로서 인식된다. 이장희의 시적 표현을 이미지즘의 관점에서 고찰하는 것은 그 단적인 예이다. 하지만 그의 문학적 실상을 잘 보여 주는 것은 상징주의적 관점에서 바라보았을 때이다. 양주동이 주도한 『금성』은 상징주의를 문학적 기준으로 삼아서 활동한 문학동인지이다. 『금성』 3호에 이장희는 자신의 작품 「실바람 지나간 뒤」 등 5편의 시를 발표하면서 시인으로서의 첫발을 내딛게 된다. 이 가운데에는 이장희의 대표작으로 알려져 있는 「봄은 고양이로다」가 포함되어 있다. 이장희와 상징주의의 관련은 『금성』이라는 문학동인지를 통하여 확인할 수 있다.

아울러 『금성』에는 양주동 이외에 유춘섭·이상백·백기만·손진태 등이 동인으로서 활동하였는데, 그 가운데에서 이장희의 작품이 가장 시적 완성을 보여 주었다는 점이다. 일반적으로 1920년대 시문학의 일반적 경향은 낭만주의의 범주에서 자유롭지 못하다.[2] 이러한 낭만주의적 경향이 보여 주고 있는 '퇴폐성'은 당시의 시적 한계로서 자주 거론되고 있다. 당시의 시인들은 시대적 제한 속에서 낭만주의 쪽으로 자의든 타의든 경사를 보이기도 하였다. 이러한 모습은 그들의 문학적 숙성의 부족에서 찾을 수도 있을 것이다. 당시에 그들은 밀려오는 서구적 문학의 세례 속에서 '낭만'과 '상징'의 분명한 변별 능력을 갖고 있지 못했다. 이 과정에서 1925년 이후 "백조파의 영탄과 카프의 고함이 휩쓸던 시대의 한 기적으로 시인 이장희의 불행한 생애"[3]는 '상징화'된다. 다시 말하면 기존의 시문학사에서 낭만주의적인 혐의를 통해 포섭될 수 있는 여지를 이장희는 보여 주지 못했다. 상징주의적인 맥락이 낭만주

---

1) 김인환, 「주관의 명징성」, 『문학사상』, 1973.9(김재홍 편, 『이장희』, 문학세계사, 1993, 275면).
2) 오세영, 『한국낭만주의시연구』, 일지사, 1980.
3) 김인환, 앞의 글.

의적 진전에 차단하면서(?) 시적인 '상징'은 다른 방법을 모색하게 된다. 그것은 작품을 통한 시적 가치의 실현이다. 일반적으로 이러한 시적 인식에 대한 진전은 김영랑과 서정주를 통하여 이루어졌다고 판단되는데, 이장희를 이러한 관점에서 독해하는 것은 시적 가치의 실현으로서 '상징'의 조작이 어떻게 이루어졌는가를 살피는 일이기도 하다.

2. 상징의 맥락

상징주의의 소개 과정에서 빼놓을 수 없는 인물이 안서 김억이다. 김억은 『학지광』, 『태서문예신보』, 『개벽』 그리고 『동아일보』 지면을 통하여 상징주의에 대한 소개를 활발히 펼친 바 있다. 김억이 서구 문예를 소개하는 과정에서 그 첫 대상이 상징주의였다는 것은 의미 있는 일이다. 그는 상징을 정의하여 "현실의 음, 색향, 형 —이들은 영혼을 무한세계에 잇쓸어가는 상징이 아니고 그것들 자신이, 곳 영혼이며, 그것들 자신이 곳 무한"(「요구와 회한」, 『학지광』 10호, 1916.9)이라고 말하였다. 현실과 영혼 혹은 무한과의 대비는 상징주의의 가장 큰 특징이라고 할 때, 김억의 첫 발언은 실로 대담한 것이었다. 김억에 대한 연구는 이 관점에 초점이 맞추어져 있다고 해도 과언이 아니다.4)

하지만 시담에서 김억의 보여 준 활동과 그의 문학적 태도와의 일치 여부에 대해서는 많은 논란이 있다. 상징주의적 시각에서 김억의 활동이 모두 해명되지 않는 것이 가장 큰 문제점으로 지적된다. 『오뇌의 무

---

4) 김억에 대한 연구로는 박노균, 「안서 김억 연구」, 서울대 석사논문, 1982; 김은전, 「한국 근대시의 상징주의 수용연구」, 『한국상징주의시연구』 1부, 한샘, 1991; 김학동 외, 『김안서 연구』, 새문사, 1996 참조.

도』(광익서관, 1921)와 같은 역시집에서 상징주의적 경향의 작품을 다수 소개하였음에도 불구하고, 정작 자신의 시는 낭만주의적 경향에 머물러 있다거나, 격조시에서 다시 조선심을 강조하는 민족주의적 경향으로 문학적 진전이 이루어지고 있다는 점은 문제적이다. 김억의 문학적 편력은 서구 상징주의에 기울어진 외래 지향적 태도로부터 시작하여 전통적인 국민문학수립운동으로 끝맺고 있다.5)

이러한 김억의 활동에 대하여 시비를 건 사람은 다름 아닌 양주동이다. 양주동은 김억의 번역시에 대하여 문제를 제기하고 있다. 김억의 번역은 '의역'에 치중하고 있는데 아직 서구의 문학이 제대로 수용 정착되지 않은 상태에서 지나친 의역은 바람직하지 않다는 것이다. 양주동의 입장에서는 서구의 문학을 본격적으로 수용하는 과정에서 '직역'이 우선되어야 함을 강조하고 있다. 이것이 김억과 양주동의 번역 논쟁이며, 김억의 의역과 양주동의 직역 논쟁은 김억이 '시의 번역은 창작이다'라는 관점으로 이동하면서 문제의 쟁점을 잃어버리게 되었다.6) 하지만 김억과 양주동은 실제 번역의 과정에서는 의역과 직역의 절충을 피할 수 없음을 시인하기도 하였다. 이들은 표면적으로는 문학작품 번역의 문제를 갖고서 실랑이를 벌이고 있지만, 문제의 실상은 서구 문예의 수용 과정에서 어떠한 태도와 방법을 취해야 하는가에 대한 암중모색이었던 것이다.

양주동은『금성』창간호에서 보들레르의 작품을 번역한다. 보들레르의 작품을 번역하면서 충실한 '충실한 직역'을 강조하였다.7) 이는 양주동이 감상적으로 보들레르를 소개하여 상징주의의 본의를 감추는 것보다는 상징주의의 본의를 충실히 소개하는 것이 무엇보다도 당시에 시급

---

5) 이수정, 「안서의 시에 미친 타고르의 영향」,『김안서 연구』(김학동 외), 새문사, 1996, 227면.
6) 이에 대해서는 김장호, 「무애 양주동의 시와 역시」,『양주동 연구』, 민음사, 1991 참조.
7) 양주동, 「근대불란서시초(1)」,『금성』 1호, 1923.11, 15면.

한 과제였음을 표현한 예라고 할 수 있다. 다시 말하면 김억이 자신의 취향에 맞는 작가와 작품을 선별하고 있음에 반하여, 양주동은 해당 작가의 본령이라고 알려진 작품의 본격적인 번역을 시도하고 있다. 그렇다면 이렇게 상징의 수용 맥락에서 편차가 보인 이유를 살펴보아야 할 것이다.

1920년대 『창조』와 함께 동인지시대를 알린 『폐허』에는 오상순의 「시대고와 희생」(『폐허』 창간호, 1920.7)이라는 글이 실려 있다. 개인과 사회의 고통이 있듯이 시대의 고통이 있으며, 이를 극복하는 방법으로 오상순은 '희생'을 말하고 있다. 오상순은 말하기를 "우리는 우리 이상의 것 즉 영원한 생명을 사랑하기 때문에 그리고 그곳에 가장 자유와 정열이 충만한 생활의 영원미에 투철하려 원하는 고로 시대 속에 시대를 위하여 우리를 고뇌케 하는 것이 아닌가"[8]라는 물음을 던진다. 그렇다면 생명과 생활의 미에 대한 희생은 무의미한 것이 아니라는 말이다. 이때의 희생이란 '사랑과 동경'의 다른 이름이기도 하다.

> 우리는 時代의 犧牲이 되는 것을 두려워할 必要는 없다. 쏘굿태여, 남으로 하여곰 避하게 할 것도 없다. 犧牲은 本來부터 悲劇일다. 그러나 永遠한 內的 世界에서는, 그것은 가장 숭고하고 장엄한 부활이다. 그러나 영원한 내적 세계에서는 그것은 가장 崇高하고 莊嚴한 復活이다. 아모리 적은 犧牲이라도, 아모리 靜謐한 沈默에 파뭇친 犧牲일지라도 永生의 빗속에 들어오지 않을 것은 없다. 그는 우리의 時代를 惱케하고 있는 永遠한 生命의 世界에서는 如何한 存在라도 祝福 아니되며, 永生化되지 안코 消滅하는 것은 절대로 업슬것임으로 이섯이 우리 성년의 情熱的 信仰일다.
> 우리의 生存하는 時代의 懊惱는 永遠한 意味를 가지고 잇다. 그는 貪慾的인 無數한 젊은 悲劇을 要求하나, 그 中에 한아라도 無意味하게 忘却裡에 葬事될 것은 업슬것이다. 그러한 犧牲은 하나도 없을 것이다. 그는 卽 永遠에서 사는 고로[9]

---

8) 오상순, 「시대고와 희생」, 『폐허』 창간호, 1920.7.

오상순이 강조하고 있는 것은 '영원'의 관점이다. 영원의 관점에서 현실은 제한적이고 우연적이며 모순적인 것이다. 하지만 상징주의에서 말하고 있는 현실과 이상의 괴리와 극복의 방향을 이보다 잘 말하고 있는 글을 당시에 찾기는 어렵다. 『폐허』 창간호에 실린 글 가운데 오상순의 글이 가장 높은 수준을 보여 주고 있음은 우연이 아니다.[10] 종교학을 전공한 오상순은 예술과 종교의 공통점과 차이점을 구별하면서 예술이 나아가야 할 방향성을 제시하고 있다. 「종교와 예술」(『폐허』, 1921.2)이 그것인데 이는 오상순이 "미와 예술 속에서 절대성·무한성 등 모든 초월적인 가치들을 포착하고자 했던 기획"의 시도라고 볼 수 있다.[11] 다만 오상순의 이러한 시각이 문학의 범위를 넘어서는 형이상학적 지향이 강한 연유로 그 의미를 되새기는데 지금까지 게을렀다는 것이다. 오상순은 말한다. 우리를 고통으로 몰아넣고 있는 것은 우리에게 이상이 있다는 것이며, 이 영원의 이상이 있는 한 우리의 삶이 무의미한 것은 아니라고. 이러한 표현을 당시에 경험적 사실로서 확인할 수 없었다는 것은 문제적이다. 그의 전언은 공소하게 느껴지기에 충분한 것이었다. 적어도 당시의 시대적 상황에서 이러한 오상순의 전언을 수용할 만한 문학의 영역(field)은 이제 시작의 단계였기 때문이다. 외래적 문학인식과 정착화 과정에서의 시간적 차이는 엄연히 존재하고 있었던 것이다.

이렇게 공소한 느낌의 문학적 사실을 경험하기 위한 기획은 최초의 시전문 동인지라는 『장미촌』(장미촌사, 1921.5)의 출현으로 이어진다. 여기에는 황석우·박종화·노자영·박영희·변영로·오상순·정태신·이훈·신태악 등이 참가한다. 이른바 '퇴폐적 낭만주의'를 보여 주었다고 평가되는 이들의 활동에 있어서 중심이 된 상징은 '장미'이다.

9) 위의 글.
10) 조영복, 「동인지 시대의 담론과 '내면·예술'의 계단」, 『한국문학의 계몽담론』, 새미, 1999, 163면.
11) 차승기, 「폐허의 시간」, 『1920년대 동인지 문학과 근대성 연구』(『상허학보』 6집), 상허학회, 2000, 73면.

우리들은 人間으로의 참된 苦惱의 村에 들어왔다 우리들의 밟어 나가는 길은 孤獨의 옷업시 渺漠한 雪原일다, 우리는 이곳을 開拓하여 우리의 靈의 永遠한 平和와 安息을 엇을 村, 薔薇의 香薰 높흔 神과 人間과의 慶賀로운 花婚의 饗宴의 엵니는 村을 세우려한다, 우리는 이곳을 다못 우리들의 젊의 靈의 熱湯갓치 쓰거운 괴로운 쌈과 또는 鐵火갓흔 高度의 淨한 情熱노써 開拓하여 나갈쑨일다, 薔薇, 薔薇, 우리들의 손에 依하여 싹나고, 길니고, 또한 옷피려는 薔薇.[12]

'장미'는 고뇌와 고독을 의미하면서 동시에 영혼의 "永遠한 平和와 安息"을 의미한다. '장미촌'의 영역은 물질과 향락에 물든 현실을 의미하며 거기에서는 "神과 人間과의 慶賀로운 花婚의 饗宴"이 불가능함을 말하고 있다. 황석우가 주간한 『장미촌』의 출현을 통하여 그 동인의 면면을 살펴보면 일정한 문학적 태도의 공통점이 발견된다. 그것은 다름 아닌 문학적 가치의 절대성을 주장한 이들이라는 점이다. 『장미촌』의 문학적 지향을 논리적으로 설명하고 있는 사람은 변영로이다.

物質界난 有限하나 精神界난 無限하야, 언제인지난 모르나, 이 世界에난 大變化―안니 最後의 來日이 오리라! 모든 團結은 朽繩과 갓치 쓴어지고, 모든 組織은 砂丘와 갓치 무너지며, 모든 道德, 流儀난 煤烟과 갓치 스러지고 말니라. 하나 精神界의 生命은 久遠하다. ―精神界의 住民은 過去의 追憶에 살며, 現在의 愛에 살며, 來日의 豫感에 산다. 그러한 過去, 現在, 未來를 通하야 살 수 있는 生命이야말노, 우리가 살녀하고, 또사라야하만 할 宿命的 生命이다.[13]

변영로는 당시에 새로운 가치관의 지향이 무엇인가에 대한 가장 분명한 자각을 하고 있었던 사람이다. 「상징적으로 살자」라는 글에서 다음과 같이 말한다.

---

12) 「선언」, 『장미촌』 표지, 장미촌사, 1921.5.
13) 변영로, 「장미촌」, 『장미촌』, 1921.5, 1면.

여긔엔 象徵的으로사는 수밧게 업다— 밤길에채인 花甁이 채다쓰지기前에
七天七海를 단여오는 象徵的神秘生活들 하여야할 것이다.

또그러면 엇더케하여야 象徵的으로 살수잇게될가?

陶醉하여야한다. '生의 聖杯'를 마시고 쯧업시 陶醉하여야한단말이다!

도취하지안은 生活은 乾燥, 平凡, 單調, 支離, 還滅의 生活이다!

벗들이여! 詩에 취하고 愛에 취하며 진리와 놉흔 이상에 취하여 하로 동안에
億年을 사는 象徵的의 生活을 살자!

여긔에 '죽음'은 비로소 '머인 어둔굴 속에' 自己의 미운 그림자를 감출 것이
다.14)

변영로의 문학관은 유한한 인간의 시간을 어떻게 유의미하게 바꿀
것인가에 초점을 맞추고 있다. 변영로가 방법으로 말하고 있는 도취는
일면 퇴폐적인 생활의 모습으로 비쳐질 수 있다. 하지만 이것의 한계를
의식하지 않을 수도 없는 일이다. 분명한 것은 변영로가 삶과 죽음의
이분법적인 경계를 넘어서는 새로운 차원의 비전을 말하고자 하였다는
점이다. 김억이 발간한 『오뇌의 무도』에는 김유방・장도빈・염상섭과
함께 변영로의 서문이 실려 있다.

좀 仔細하게 말하면 近代詩歌―特히 佛蘭西의 것은 過去半萬年 동안 集
積한 '文化文明'의 重荷에 눌니워 疲困한 人生 ― 卽 모든 道德, 倫理, 儀式,
宗敎, 科學의 囹圄와 桎梏을 버서나서 '情緖'와 '官能'을 通하여 推知한 엇더
한 새 自由天地에 '探索'과 '憧憬'과 '사랑'과 '꿈'의 고흔 깃(羽)을 폐고 飛翔
하려하는 近代詩人―의 胸奧에서 흘너나오는 가는 힘업는 反響이다. 그러케
近代詩人의 '靈의 飛躍'은 모든 桎梏을 버서나 '香'과 '色'과 '리슴'의 別世界
에 逍遙하나 彼等의 肉은 如前히 이 苦海에서 모든 矛盾, 幻滅, 葛藤, 爭鬪,
忿怒, 悲哀, 貧乏 等의 '두러운' 現實의 도간이(坩堝)속에 끌치안을수업다. 그
럼으로 彼等은 이러한 '肉의 懊惱'를 刹那間이라도 닛기 爲하야 할일업시 피

14) 변영로, 「상징적으로 살자」, 『개벽』, 1922.11(변영로, 『조선의 마음』, 평문관, 1924, 64
~65면).

빗갓흔 葡萄酒와 罌粟精과 Hashish(印度에서 産하는 一種催眠藥)을 마시는 것이다.[15]

변영로는 상징주의와 보들레르의 시세계를 압축적이고 개략적으로 설명하고 있다. 주지하는 바와 같이 영(靈)의 비약과 관능의 표현 그리고 도취는 보들레르의 시세계를 지시하고 있는 것이다. 정작 『오뇌의 무도』를 펴낸 김억은 『잃어진 진주』(평문관, 1924)를 펴내면서 조선의 상징시에 대한 일정한 비판을 가한다. 김억은 아서 시몬즈의 '상징암시'를 적극적으로 수용하면서도, 이것의 해석에 있어서는 일정한 거리를 두고 있음을 알 수 있다. 이른바 '스위트 소로우(sweet sorrow)', 애상적 감상을 강조하고 있다. 이러한 김억의 상징주의에 대한 시각은 양주동과의 번역 논쟁을 통하여 확인되는 바이다. 오상순·변영로 등의 활동을 통하여 양주동의 『금성』이 출현하기 위한 지반이 형성되었음을 알 수 있다. 반면에 김억의 활동이 상징주의를 경유하여 일정한 형식주의적 문학으로 기울어 간 것은 상징주의적 지향이 가져올 수밖에 없는 사회와 정신의 병리적인 현상 때문이다. 그밖에도 초기 상징주의의 소개자로서 박영희 등을 떠올리게 되지만 이들은 1925년 이후 경향문학으로 급격히 기울어진다.

『금성』 창간호에 유엽(춘섭)은 「시와 만유」라는 글을 싣고 있다. 이 글에서 유엽은 다음과 같은 말을 남기고 있다.

아모리 複雜하고 浮浪한 짓을 하다가도 自己홀노 안젓슬 때는 自省하고 孤獨한 中에서 閑雅幽寂한 詩境을 꿈구며 過去를 瞑想할 때 비로소 모든 雜念이 사라지고 몸이 다시금 깨끗하여지는 同時에 淸淨한 美를 맛볼 수가 잇슴니다. 그리하야 비로소 詩人다운 生活이 始作될 것이올시다. 만흔 詩人들이 孤獨을 즐김은 孤獨한 때에야 비로소 美의 眞에 接할 수가 잇섯기 때문이겟지오[16]

---

15) 변영로, 「『오뇌의 무도』의 머리에」, 『오뇌의 무도』(김억 편역), 광익서관, 1921, 8~9면.
16) 유엽, 「시와 만유」, 『금성』 1호, 1923.11, 47면.

『금성』에 발표된 단 하나의 시론에서 유엽이 이야기하고 있는 것은 고독 속에서 성찰한 자신의 모습을 통해 시와 미를 발견할 수 있다는 것이다. 시와 미의 절대성에 대한 추구가 그들을 그 어떤 다른 외부의 영향과도 그들을 차단시키는 강력한 기제로 작용하였던 것이다. 이렇듯 일상과의 구별을 통한 시적 세계의 발견을 유엽은 말하고 있다.

> 다만 내의 幸福은 모든 制裁와 拘束을 잇고 恍惚히 詩想에 陶醉하야 無我夢中의 玄妙한 美境에서 自由로히 彷徨할 때 내가슴에 밀녀오는 delicate한 pain (고통?)을 感하는 이것이 곳 나의 幸福이외다. 올소이다. 이 pain과 pain을 感하는 그 瞬間 이것 둘만은 나의 生命이외다.[17]

다시 말하면 유엽은 '고통'에 대하여 말하고 있다. 고통은 '물리적 고통'과 '창조적 고통'으로 나누어질 수 있다. 전자가 물리적인 지각에 의하여 인식될 수 있는 것이라면, 후자의 것은 지각을 통한 인식의 수용이라는 측면에서 생산적인 측면이 있다. 이 둘은 분리될 수 있는 것은 아니지만 이 양자의 연결 혹은 반응을 통하여 생명의 인식과 균형적인 인식이 가능하게 된다. 다시 말하자면 살아 있다는 개체의 자각이 가능하게 되는 것이다. 유엽이 말하고 있는 '행복'이란 고통이 수반되는 불균형한 상태에서, 균형적인 인식의 획득을 통한, 새로운 시적 인식의 가능함을 의미한다. '델리케이트한 고통'이란 역설적인 말처럼 들리지만 이 속에서 "모든 制裁와 拘束을 잇고 恍惚히 詩想에 陶醉하야 無我夢中의 玄妙한 美境에서 自由로히 彷徨"할 수 있음을 강조하고 있다. 현실의 고통 너머에 있는 "無我夢中의 玄妙한 美境"에 도달하는 매개의 역할로서 "詩想에 陶醉"는 유엽이 말하고자 한 시론의 핵심인 것이다.

유엽이 말하고 있는 시적 태도는 다분히 루소적인 것이다. 자연으로의 회귀를 강조한 루소는 『고독한 산책자의 몽상』에서 "이러한 고독과

---

17) 위의 글, 43면.

명상의 시간이야말로, 하루 중에서 내가 마음이 딴 데로 쏠리거나 방해 받는 일없이 온전히 나 자신이고 나 자신의 것일뿐더러, 자연이 바란 그대로의 나라고 진정 말할 수 있는 유일한 시간"[18]이라고 말한 바 있다. 고독한 몽상으로서의 시간을 안내한 루소의 길을 유엽은 말하고 있는 것이다. 근대적인 문학관의 단초를 마련한 루소의 생각은 『금성』의 출발에서 그 전제가 무엇이어야 함을 되새기게 하는 역할을 하고 있다. 그런데 그 '델리케이트한 고통'이 어떻게 시적인 표현으로 전화(轉化)되 는가에 대해서 유엽의 생각은 별다른 진전이 없다. 아마도 이러한 생각 은 김소월의 「시혼(詩魂)」이라는 글에서 찾을 수 있을 것이다.

> 詩魂은 直接 詩作品에 移植되는 것이 안이라. 그 陰影으로써 顯現된다는 것과, 또는 顯現된 陰影의 價値에 對한 優劣은, 적어도 其 顯現된 程度及態 度如何와 形狀如何에 따라 創造되는 各自 特有한 美的 價値에 依하여 判定 할것임을 말하고 인제는, 이 부쓰럽을 만큼이나 족으만 論文은 이로써 쓰를 짓 기로 합니다.[19]

김소월은 시혼이 직접 시에 표현되는 것은 아니다라고 전제한 뒤에 '음영(陰影)의 현현(顯現)'을 대신 내세우고 있다. 음영을 '그림자'라고 보 든 '무의식'이라고 보든 간에, 현현(나타남)의 실재를 통하여, 다시 말하 면 표현의 정도·태도·형상을 통한 '미적 가치'의 우열을 통하여 알 수 있는 것이다. 역설적이지만 시혼이 시의 제작에서 중요하지만, 시혼 은 시의 전면에 나타나지 않는다. 다만 '음영'으로서 나타날 뿐이다. 이 음영을 '델리케이트한 고통'이라고 풀이한다면, 고통의 심층에 있는 시 적 인식의 원천은 대단히 모순적이다. 고통을 자아내기도 하는 시혼이 고통을 분비하기도 하면서 행복감과 생명의 인식을 산출해 내기도 하기

---

18) 루소, 박은수 역, 『외로운 산책객의 몽상』, 성문각, 1976, 15면.
19) 김소월, 「시혼」, 『개벽』 59호, 1925.5, 17면.

때문이다. 적어도 1925년 무렵 분열된 개인의 의식에 대한 자각은 일정한 수준에서 검토되고 있었다.

김억의 제자이자 시우(詩友)로서 김소월과의 관계는 각별한 것이다. 하지만 김억이 제시한 틀에 김소월은 안주하지 않고 자신의 문학관을 말하곤 하였다.[20] 본격적으로 자신의 문학관을 내비친 것이 그의 시론인 「시혼」이라는 글인 것이다. 예이츠와 아서 시몬즈를 경유하여, '시혼'에 도달한 김소월은 영혼의 접근 불가능성과 '음영'의 표현 가능성이라는 문제 앞에서 갈등하고 있다. 즉 비가시적인 세계의 가시적 표현이라는 상징의 정의에 대한 자신의 입장을 말하고 있는 것이다. 김소월의 진실성 여부를 차치하고서라도 상징의 표현 가능성에 대한 모색이 이 시기에 시도되고 있었다는 것은 하나의 획기적인 사실이다. '고독한 영혼이 갈구하는 미의 추구'란 1920년대 전반기 이래 일군의 시인들이 추구한 근대시의 구경이라고 할 수 있을 것이며, 그것의 명칭은 '우울(spleen)'인 것이다.[21]

오상순은 이장희의 7주기를 맞이하여 발표한 글에서 다음과 같이 말하고 있다

> 그의 시는 근본적으로 개성적이요, 귀족적이요, 미학적이요, 고답적이다. 그의 시는 그의 음닉한 개성과 절대로 타협을 불응하는 철저한 고독과 그 고독한 영혼이 갈구하는 미의 추구와 동경의 소산인 것이다.[22]

『금성』동인은 아니었지만, 오상순이 이장희에게 느끼는 친연성은 시대의 희생양으로서의 시인이라는 존재일 것이다. 『장미촌』과 『금성』을 통하여 공통된 문학적 지향을 보여 주었던 시인들이 각자의 문학적 영

20) 오장환, 「소월시의 특성」, 『조선춘추』, 1947.12(『오장환 전집』 2, 창작과비평사, 1989, 109면).
21) 정우택, 「고월 이장희 시 연구」, 『민족문학사연구』 21호, 2002, 194면.
22) 오상순, 「고월 이장희군―자결7주기를 제하여」, 『동아일보』, 1935.12.3~11.

역으로 자리를 바꾸면서 문학의 절대성은 구체성을 상실하는 듯 보였다. 그럼에도 불구하고 그 자리를 지키려고 했던 인물로서 기억되는 사람들은 오상순·변영로 등이 있다. 후대에 기인으로 알려진 이들의 행적은 그들의 문학적 지향이 현실과의 불협화에 기인한 것이었으며, 그 이면에는 문학적 절대성과 보편성의 추구가 감추어져 있음을 동시에 살펴야 할 것이다.

3. 푸른 고양이

셋가루와가티 부드러운 고양이의털에
고흔봄의 香氣가 어리우도다.

금방울과가티 호동그란 고양이의눈에
밋친봄의 불길이 흐르도다.

고요히 다물은 고양이의입술에
폭은한 봄졸음이 쩌돌아라.

날카롭게 쭉쩌든 고양이의수염에
푸른봄의 生氣가 쩌놀아라.[23]

「봄은 고양이로다」는 이장희의 대표작이다. 이 작품은 '봄'과 '고양이'의 이미지를 대비적으로 사용하여, 주관적인 감정을 배제한 채로 밀도 있게 표현한 가편(佳篇)이다.

---

23) 이장희, 「봄은 고양이로다」, 『금성』 3호, 1924.5.

이 시는 표면적으로는 고양이의 털·눈·입술·수염에 대한 비유적인 표현으로 이루어져 있다. 이는 '꽃가루와 같은' 고양이의 털이라든지, '금방울과 같은' 고양이의 눈이라는 표현을 통하여 알 수 있다. '부드러움'과 무엇인가를 경계하는 듯하면서 놀라움을 표현하고 있는 "호동그란"이라는 수식어가 고양이의 모양을 분명하게 묘사하고 있다. 하지만 1연과 2연의 2행을 각각 살펴보면 "고흔봄의 香氣가 어리우도다"라는 표현이 매우 자연스러운 표현임에 반하여, "밋친봄의 불길이 흐르도다"라는 표현은 매우 격정적이다. '미친'이라는 단어가 정상의 범위를 넘어선 대상을 지시하는 수식어라고 보았을 때, 이를 '봄'이라는 계절과 연결시키는 것은 '봄'을 하나의 대상으로 인식한다는 것을 의미한다. 미친 "봄의 불길"이 흐른다고 했을 때, '봄'은 더 이상 계절의 시간적 구분을 넘어선 어떤 대상의 비유로서 존재한다.

3연과 4연을 살펴보면 고양이의 '입술'과 '수염'을 대상으로 하여 그 주위의 분위기를 서술하고 있다. 먼저 고양이의 입술과 수염을 묘사한 대목을 살펴보면 입술에 대해서는 "고요히 다물은"이라는, 수염에 대해서는 "날카롭게 쭉쌔든"이라는 수식 어구를 사용하고 있다. 일단은 입술에 대해서는 정적인 표현을, 수염에 대해서는 동적인 표현을 쓰고 있음을 알 수 있다. 1·2·3·4연을 비교해 보면 털·눈·입술에 대해서는 정적인 표현을 써오다가 4연의 수염에 가서는 동적인 표현으로 비약하고 있음을 알 수 있다. 각설하고 고양이의 입술에는 "폭은한 봄졸음"이 떠도는데, 수염에는 "푸른봄의 生氣"가 뛰놀고 있다. 이 시를 순차적으로 읽으면 1·2·3연의 순탄한 서술이 4연에서는 급격하게 고양(高揚)됨을 알 수 있다. 하지만 4연의 급격한 고양이 무엇을 의미하는지에 대한 정확한 정보를 이 시의 표현만으로는 찾을 수 없다. 고양된 표현에 어울리는 정서의 환기가 방해되면서 이 시는 무언가 신비한 분위기를 연출하고 있다. 하지만 그것의 정체를 표면화시키지 않는다는 점에서 객관적인 이미지의 제시에 그치고 있다는 인상과 평가를 부정할 수도 없다.

문제는 "푸른봄의 生氣"라는 표현의 구체화를 어떻게 이룩할 것인가에 있을 것이다. "푸른봄의 生氣"는 2연의 "밋친봄의 불길"과 조응하고 있다. 앞에서 살펴본 것처럼 '봄'은 자연적 시간의 구분을 넘어선 존재의 비유적 표현이다. 4연의 '봄'을 자연적 시간의 구분으로 보지 않는다면 "밋친봄"과 "푸른봄"은 일정한 관련성이 있을 것으로 추측된다. 봄의 '불길'이 일정한 형상으로 제어되지 않는 특성을 갖고 있다면, 봄의 '생기'는 무언가 질감으로 감촉되는 듯하다. 고양이의 눈에서 봄의 불길을 느꼈다면, 고양이의 수염에서는 '봄의 생기'를 느끼고 있는 것이다. 다만 수염이라는 반(半) 생명체에서 '생기'를 발견한다는 것은 일종의 아이러니다. '봄'은 온전한 생명체에서가 아니라 반 생명체에서 '생기'를 느끼고 있다. 따라서 '푸른'이라는 수식어의 함의는 '온―생명이 아닌 반―생명에게서 느껴지는 삶의 기운'이라고 정의할 수 있겠다. 이것은 1연 2행의 "고흔봄의 香氣"와 비교해서 가져올 수 있는 거리감의 표현이기도 하다. 아니 이 시 전반부의 고양이에 대한 묘사에서 미처 발견하지 못한 고양이의 본질에 대한 표현이라는 점에서 "푸른봄의 生氣"는 존재자로서의 '봄'이 파악한 이성적 판단이기도 하다. 여전히 '봄'은 미쳐서 자기 안의 불을 제어할 수 없는데, 고양이를 통하여 '봄'은 그 마음속의 불[心火]이 사그러지는 '저쪽'을 응시하고 있는 것이다. 일종의 하이포그램(hypogram)으로서 통사적인 표현에서는 알 수 없지만, 독자의 심미적 기대를 통하여 도달할 수 있는 세계를 이 시는 보여 주고 있다.[24] 이를 도식화하면 다음과 같다.

    Ⅰ : 꽃가루=고양이의 털 / 향기=고운 봄
    Ⅱ : 금방울=고양이의 눈 / 불길=미친 봄

---

24) 미카엘 리파떼르, 유재천 역, 『시의 기호학』, 민음사, 1989, 77면.

III : X=고양이의 입술 / x=봄졸음

(iii) : (Y=(Y) / y=(y))

IV : Z=고양이의 수염 / 푸른 봄=생기(z)

(iv) : (A=α / B=β)

표면적으로 이장희의 「봄은 고양이로다」는 비유적인 표현을 쓰고 있다. 고양이의 신체를 통한 일정한 비유의 진전을 통해 시인의 심상을 표현하는 방식이다. 하지만 3연의 "고양이의입술"과 "봄졸음"의 직접적인 연결은 비유의 기대를 의아스럽게 한다. 이러한 의아스러움은 비유적 표현의 불연속적 연결에 기인하고 있는 것인데 이러한 모순어법을 4연의 2행은 가장 압축적으로 보여 주고 있다. 이장희가 "파라케 여윈 손가락"(「불노리」)이나 "푸른달빗과가튼 애처러은 꿈이아니뇨"(「무대」)라는 표현을 비슷한 시기에 쓰고 있는 것을 보면 '푸른' 색채의 의미는 '붉은' 색채가 보여 주는 현실 혹은 생명의 반대 영역을 제시한다. 따라서 '푸른 봄'이란 만물이 생동하는 현실적 '봄'과 다시금 사라질 운명의 '봄'을 양가적으로 표현하고 있다. 이러한 양가성이 보여 주는 '생기'란 유한적인 존재의 자각을 의미한다. 하지만 그 운명의 자각을 직접적으로 제시하지 않고 있다는 점에서 「봄은 고양이로다」는 시적 우수성을 획득하고 있다. (iv)에서 유추할 수 있는 표현의 가능성은 무한대이다. 아주 낮은 차원에서 가장 높은 차원까지 무수한 대입이 가능함에도 불구하고, 표현의 현실적 제시는 불가능하다. 하이포그램으로서 역할을 충실히 하고 있음에도 불구하고, 제시된 시적 표현과 긴밀한 관계를 맺고 있음을 통하여 시적인 명상은 끊임없이 계속되는 하나의 패턴을 보여 주고 있다.

이장희와 고양이의 관련성에 대해서는 많은 사람들이 이미 언급한 바 있다. 오상순은 이장희의 시는 "고양이 속에서 완전히 살았고, 고양이는 봄 속에서 자기의 생을 완전히 발휘하였다"라고 말하였다. 이장희 이전에도 황석우는 「벽모의 묘」에서 고양이를 다룬 바 있다. 고양이는 일종의 상징주의의 표상으로서 기능하였는데, 보들레르는 자신의 시에서 고양이를 몇 차례에 걸쳐서 묘사한 바 있다. 보들레르는 에드가 알란 포우의 작품을 번역하여 출간하였는데 이때 포우의 작품에서 영감을 받아 고양이 시편을 제작하게 되었다는 것이 일반적인 통설이다. 상징주의와 고양이의 친연성은 일본에서도 유입되어 키타하라 하큐슈(北原白秋)나 하기와라 사쿠타로오(萩原朔太朗)의 작품에서 '고양이'를 다룬 작품들을 발견할 수 있다. 특히 하기와라 사쿠타로오의 경우 이장희 자신이 사숙한 흔적인 있어서 서구 상징주의의 유입경로 과정에서 하나의 전범이 되었음을 알 수 있다. 사쿠타로오의 시세계는 시집 『청묘(青猫)』이전과 이후로 나눌 만큼 『청묘』는 사쿠타로오의 상징주의적 경향을 대변하는 시집이다.[25]

한편 상징주의적 경향에서 '고양이'뿐만이 아니라 색채어로서의 '푸른'이라는 형용사는 중요한 역할을 한다. 황석우가 '벽묘'를 말하듯이 사쿠타로오는 '청묘'를 말하고 있다. 상징주의에서 '푸르다'는 현실과는 다른 이상적 세계를 지시하는 색채어이다. 이른바 현실계가 아닌 이상계 혹은 영계를 지시하는 비유적 표현이라고 할 수 있다. 물론 시인이 '푸르다'는 단어를 사용할 수 있지만 상징주의적 입장에서 '푸르다'라는 단어를 사용할 때의 뉘앙스는 사뭇 달라지게 된다. 하나의 사물을 수식하는 형용사를 넘어서서, 형용사 안에 또 다른 지식의 체계가 구성되는 경우라고 할 수 있다. 이장희의 경우에 "푸른봄"이란 "고은봄"이 "미친봄"의 매개를 통해 '푸른' 봄을 곁눈질하고 있음을 살펴야 한다. 이때 "푸른봄의 生氣가 쒸놀아라"라는 표현은 역설적인 표현으로서 기능하게 되는 것이다.

---

25) 고영자, 「李章熙と萩原朔太郎」, 『비교문학』 15집, 한국비교문학회, 1990.12, 80~81면 참조

멀니서 검은 그림자가 움즉이고,
칼날이 銀가티 번쩍이더니
푸른 고양이도 볼수업고,
꽃다운 소리도 들을수업고
그저 쓸쓸한 모래우에 鮮血이 흘러잇소26)

이무심한食慾
이복스러운乳房……
쓸쓸한 심령이어 쏜살가티날러지어다
푸른하눌에날러지어다27)

새악시는 달콤한 꿈을 마시는듯
그얼골은 푸른 입사귀가티 빗나고
코ㅅ마루의 水銀가튼 쌈은 발서 사라젓다.
그것은 밝은 한울을 비최인 적은 못가운대서
거울가티 피여난 연꽃의 이슬을
휘염치는 白鳥가 삼티는듯하다.28)

　첫 번째 시는 「고양이의 꿈」이라는 작품의 후반부이다. 「봄은 고양이
로다」와 함께 '고양이'를 다룬 작품이다. 이 작품에서는 '푸른 고양이'가
주된 대상으로 다루어지고 있다. 1연에서 '푸른 고양이'는 봄 안개 어린
시냇가에 곱게 단장하고 울고 있는 모습으로 묘사되어 있고, 2연에서는
물이 오른 버드나무에 올라가서, 버들가지를 안고서 흔들며 울기도 하고
또 노래를 부르기도 한다. '푸른 고양이'라는 상상의 동물을 통하여 시인
자신의 감정을 토로하고 있는 듯이 보인다. 이 시에서 특이한 점은 푸른
고양이가 위치하고 있는 '버들가지'이다. 「봄은 고양이로다」에서 봄과

---

26) 이장희, 「고양이의 꿈」, 『생장』 5호, 1925.5.
27) 이장희, 「청천의 유방」, 『여명』 1호, 1925.6.
28) 이장희, 「하일소경(夏日小景)」, 『신민』 16호, 1926.8.

고양이의 대비는 낯설지만, 작품의 구조적인 면에서 짜임새를 갖고 있다. 반면에 「고양이의 꿈」에서 고양이와 버들가지는 낯선 설정이기도 하려니와 그 의미 파악에 있어서 장애로 느껴지기도 한다. 분명 고양이와 버들가지는 우리네 정서에서는 낯선 심상임에 분명하다. 앞에서 살펴본 사쿠타오로의 작품에는 「묘류(猫柳)」라는 작품이 있다. '고양이 버드나무'라는 뜻일텐데, 정욕을 못 이겨 피를 흘리며 죽은 고양이의 넋을 "그 푸르른 사령[この靑ざめた死靈]"29)이라고 표현하고 있다. 고양이와 버드나무라는 심상의 묘한 결합이 느껴지는 작품에서 이장희와의 상관성을 느낄 수 있다. 뿐만 아니라 '푸른 고양이'란 상상의 혹은 꿈의 동물이면서 동시에 "현실에서는 스러진 푸르른 영혼을 간직한 존재"로서의 대상이라는 것을 유추해 볼 수 있다. 사쿠타오로와 비교한다면 이장희의 작품에서는 감정의 과잉과 의미의 과도한 응축을 엿볼 수 있다.

그런데 이장희의 「고양이의 꿈」에서 강조되고 있는 것은 그림자의 동적 제스추어와 순간적으로 번쩍이는 칼날에 사라진 '푸른 고양이'의 모습이다. 종적을 감춘 '푸른 고양이'는 보이지 않고, "그저 쓸쓸한 모래우에 鮮血이 흘러잇"을 뿐이다. 푸른 색과 붉은 색의 대비를 통한 극적인 장면의 연상은 일종의 그로테스크함을 연출하고 있지만, 사건의 알리바이를 묻어둔 채, 알 수 없는 미궁을 헤매는 듯한 방황의 흔적을 이 작품은 보여 주고 있다.

「청천의 유방」은 이장희의 작품 가운데에서 시인의 감정을 드러내면서도 이를 적절히 제어하여 일종의 균형감을 갖춘 작품이다. '고양이'를 나룬 작품에서 보듯 감성의 과잉은 그의 시에서 금기시된 사항이나. 이 시에서는 자신의 불행한 처지와 감정을 낭만적으로 그리고 있다. 푸른 하늘에 달려 있는 유방이 무엇의 비유인지는 정확하지 않다. 하지만 푸른 하늘의 유방을 통하여 어머니에 대한 그리움을 가식 없이 표현하고

---

29) 西脇順三朗 編, 『萩原朔太朗詩集』, 白凰社, 1965, 77면.

60   한국의 현대시와 시론

있는 것만큼은 사실이다. "달콤한 젓이 방울지려" 할 때 젓에 눈물지으며 식욕을 탐하고자 하는 것은 분명 잃어버린 모정에 대한 그리움의 표현이다. 하지만 현실에서 이루어질 수 없는 환상에서 깨어난 시인은 '쓸쓸한' 영혼을 자각한다. 이내 그는 "푸른하눌에날러지어다"라는 반강제적인 바람을 표현한다. 그 푸른 하늘은 어머니가 계신 곳이고, 불룩한 유방에서 젓을 마음껏 먹을 수 있는 곳이기도 한 것이다.

「하일소경」에서는 일상의 한 장면이 연출되고 있다. 어떤 "새악시"(여성)와의 만남이 테이블을 사이에 두고 이루어진다. 시인의 시각에서 이끌어지고 있는 이 시에서 시인은 애써 침묵하고 젊은 여성의 행동만을 바라보고 있다. 상대방인 여성의 희망과는 대조적으로 시인은 전혀 무관심하다. 그리고 "푸른 입사귀가티" 싱싱하게 빛나는 얼굴에 "코ㅅ마루의 水銀가튼 쌈"을 바라보고 있다. 이내 그 수은 같은 땀은 사라지고 없다. 이장희는 이러한 정황을 "그것은 밝은 한울을 비최인 적은 못가운대서 / 거울가티 피여난 연꽃의 이슬을 / 휘염치는 白鳥가 삼티는듯하다"라고 표현한다. 작은 못 위의 연꽃을 백조가 삼키는 일이 가능하지 않겠지만, 일상적 만남과 욕망의 무의미성을 최대한 표현한 예라고 볼 수 있다.

다만 여기에서 종래의 '푸른 색'의 심상이 '흰색'의 심상으로 전이되고 있다. 시인의 짙은 염세주의와 현실도피의식은 이제 '푸른' 색의 생기어린 심상을 유지하는 것조차 힘들다는 것을 말하고 싶은 것은 아닐까? 아무튼 새로운 비유적 표현을 시도하려는 역력한 노력에도 불구하고 시적인 표현의 경제성에는 도달하지 못하고 있다. 시인 자신의 깊은 허무감은 시적인 표현의 균제를 어지럽혔던 것이다. 이 시의 전반부에서는 "피보다 무르녹은 쌀기를 담은 유리잔"이라는 표현이 있다. 이 표현의 감각성은 당시의 어떤 시인에게서도 발견하기 어려운 놀라운 재능이다. 테이블 앞의 여성은 유리잔에 놓여 있는 딸기를 은사시(銀沙匙)로 잘라서 "달콤한 꿈"처럼 먹는다. 시인은 그 꿈의 경계를 '피-딸기-

(붉다)'의 색채와 '얼굴-잎사귀-(푸르다)'의 스펙트럼에 대비적으로 놓고 있다. '땀'의 기화는 상승 이미지를 유도하여 푸른 하늘의 이미지와 조우하게 된다. "푸른하늘에날러지어다"의 반강제적 주문과 만나는 지점이기도 하다.

4. 성과와 그 의미

이 글에서는 상징의 맥락에서 이장희의 시적 위상을 살펴보고자 하였다. 문학적 상징은 신문학의 초기에 유입되었다. 하지만 시대적 현실의 제한 속에서 상징의 구현이란 또 다른 문제를 야기하였다. 이 때문에 상징에 대한 문학적 입장의 편차와 문학적 현실의 변화를 겪게 되었다. 그 가운데에서 오상순·변영로 등의 활동은 상징의 진정한 의미에 대한 두드러진 천착을 보여 주고 있다. 이를 기틀로 하여 양주동의 『금성』과 같은 활동이 가능했다. 특히 이장희는 『금성』이 추구한 문학적 이상을 가장 잘 보여 준 대표적인 시인이다. 이러한 맥락에서 보았을 때 이장희의 시적 성과는 그 의미망에 들어올 수 있다. 특히 이장희의 작품에서 보이는 '푸르다'의 색채어와 '고양이'의 심상은 상징주의의 하이포그램으로서 그 기능을 하고 있다. 한 발 더 나아가 시인 자신의 문학적 재능을 심미화·구조화하고 있는데, 이러한 인식을 전제해야만 이장희의 시적 위상은 물론 시적 우수성에 대한 공정한 시각을 갖게 된다고 필자는 판단하고 있다.

김영랑 시의 계보 2

1. 찬란한 슬픔의 봄

1930년대는 시문학에 있어서 새로운 장을 열었던 시대로 기억되고 있다. 그 가운데에서 빠뜨릴 수 없는 존재가 김영랑이다. 김영랑은 1930년에 간행된 『시문학』을 통해서 시단에 등장하였다. 박용철과 김영랑의 노력으로 빛을 보게 된 『시문학』은 당시에 시전문지라는 고유한 성격으로 출발하였다. 동인으로서는 박용철·김영랑과 함께, 정인보·변영로·정지용·이하윤을 들 수 있다. 그밖에도 김현구·신석정·허보 등이 참가하게 된다. 『시문학』은 3호라는 짧은 수명을 유지했지만 시사적 의의는 자못 크다. 김용직은 "시문학파에 이르러 (카프의 시가) 비시적 태도, 불순한 것으로 단정되고 시적인 것, 시 본연의 자세가 추구되기 시작했다"[1]라고 그 시사적 의의를 밝힌 바 있다. 1930년대 순수문학과 본격문학의 시작을 알리는 그 단초로서 〈시문학파〉를 중시하는 것은 이러한 평가와 깊은 관련이 있다. 〈시문학파〉 동인들 가운데에서도 김영랑은 〈시문학파〉를 대표하는 시인으로 인식되어지곤 한다. 시론에서 돋보인 박용철과의 비교에서는 물론, 초기 모더니즘적 경향에서 〈시문학파〉에 합류한 정지용과의 비교에서도 김영랑은 단연 돋보이는 시적 능력를 발휘하였다. 김영랑 개인에게도 『시문학』은 중요한 의미를 갖는데 「동백 닢에 빗나는 마음」을 비롯해서 13편을 『시문학』 1호에 실었으며, 『시문학』 2호에는 9편, 『시문학』 3호에는 7편을 발표하고 있다. 김영랑의 작품 수는 모두 87편인데 『시문학』에 실린 작품만도 29편이나 된다. 『영랑시집』(시문학사, 1935)은 이 시기의 작품을 중심으로 엮은 김영랑의 첫 시집이다.[2]

그런데 작금의 연구 경향을 살펴보면 김영랑에 대한 언급은 다분히 소홀히 다루어지고 있는 듯하다. 김영랑에 대한 연구서지를 통해서도 그에 대한 평가의 추이를 쉽게 알 수 있다. 김영랑에 대한 평가는 그가 활동하던 1930년대에서 1950년까지 정지용·서정주 등에 의해서 언급되었을 뿐이다.[3] 1960년대 이후에는 김영랑에 대한 분석적 혹은 이론적 접근이 시도되었는데 문덕수·정한모·송영목·김용직·강우식 등을 열거

---

1) 김용직, 「시문학파연구」, 『한국근대문학연구』, 서강대 인문과학연구소, 1969, 230면.
2) 『시문학』 이외에도 박용철이 주재한 『문학』(1~3호)에 모두 8편을 발표하고 있으며, 『영랑시집』에 수록되었으나 발표지면을 알 수 없는 작품은 17편이다. 그리고 『영랑시집』에 실린 작품 수는 모두 53편이다.
   김영랑 시집의 간행에 대해서 살펴보면 다음과 같다. 그의 생전에 발간된 시집은 『영랑시집』(시문학사, 1935)과 『영랑시선』(중앙문화협회, 1949)이다. 그밖에 주목되는 시집으로서는 『현대시집』 I(정음사, 1950), 『영랑·용아 시선』(세운문화사, 1970), 『김영랑·박용철 외』(지식산업사, 1981), 『모란이 피기까지는』(『김영랑 전집·평전』, 문학세계사, 1981) 등이 있다. 이 글에서 작품의 인용은 『모란이 피기까지는』(문학세계사, 1981)을 주로 따르기로 한다. 아울러 김영랑 시집의 서지사항에 관한 연구로는 정숙희, 「영랑시집의 판본연구」, 『관악어문연구』 9집, 1984; 허형만, 『영랑 김윤식 연구』, 국학자료원, 1996 참조.
3) 정지용, 「시와 감상 ― 영랑과 그의 시」, 『여성』, 1938.9; 서정주, 「영랑의 서정시」, 『문예』, 1950.3.

할 수 있다.[4] 그리고 1970년대에 이루어진 김영랑에 대한 접근은 다소 문제적이다. 이를테면 김영랑의 문학사적 비중을 중시하면서도 그의 문학이 갖고 있는 한계에 대한 지적이 상당히 영향력을 발휘하였다. 그리하여 김흥규·김종철·김준오·김종의 글들은 김영랑의 시세계가 당시 일제라는 사회 현실을 감안하였을 때, 자아의 정조를 음악적 운율에 실어 표현한 것에 시사적 의미를 두면서도, 유폐적 자아의 고독감을 지나치게 표현한 것을 시적 한계로 지적하였다.[5]

아마도 요즘에 김영랑에 대한 관심이 소홀하다면 1970년대로 이르러 활성화된 김영랑에 대한 비판적 시각이 보편화된 탓이라고 해야 할 것이다.[6] 논자들의 글들을 읽다보면 김영랑의 시에 나타나는 표현적·형식상의 서정시적 특질과는 다른 의미론적 탐색의 여지를 남겨놓고 있는 구절들이 발견된다. 김영랑의 시에 나타난 상징주의적 측면과 함께, 유미주의 내지는 신비주의적 측면이라거나, 김영랑의 「춘향」과 서정주 시와의 관련성에 대한 언급 등이 그러하다.[7] 그런데 이러한 접근은 지금까지 유보된 채 오늘에 이르고 있다. 김영랑의 개별적인 작품에 대한 구조

4) 정한모, 「조밀한 서정의 탄주―김영랑론」, 『문학춘추』, 1964.12; 송영목, 「한국시 분석의 가능성―특히 김영랑 시 분석을 중심으로」, 『현대문학』, 1966.2; 김용직, 「남도가락의 순수열정, 김영랑의 시어」, 『문학사상』, 1974.7; 강우식, 「김영랑의 4행시―형태와 운율을 중심으로」, 『심상』, 1974.12.
5) 김흥규, 「영랑의 시와 세계인식」, 『세계의 문학』, 1977년 가을; 김종철, 「1930년대의 시인들」, 『한국근대문학사론』, 한길사, 1982; 김준오, 「비가적 세계와 순수자아」, 『한국현대시사연구』, 일지사, 1983; 김종, 「영랑시의 저항문학적 위상」, 『식민지시대의 시인 연구』, 시인사, 1986.
6) 물론 이러한 시각이 1970년대에 돌출된 것은 아니다. 김영랑에 대한 비판적 시각은 정태용의 「김영랑론」(『현대문학』, 1967.1)에서도 있었으며, 1970년대의 비판적 시각에 대한 재비판은 간헐적으로 이루어진다(정효구, 「영랑시의 서정시적 특질재고」, 『관악어문연구』 9집, 1984 참조).
7) 상징주의에 대한 지적은 서정주의 앞의 글(『한국의 현대시』, 일지사, 1969, 182면)이 있으며, 신비주의에 대한 언급은 김준오의 앞의 글과 「영랑시의 접근방법」(『김영랑』, 서강대 출판부, 1997, 11면)에서 산견되며, 김영랑과 서정주 시의 관련성에 대한 언급은 김윤식, 「영랑시의 행방」(『한국현대시론비판』, 일지사, 1975, 44면)에서 찾을 수 있다.

적 분석이 시도되었음에도 잘 알려진 몇몇 작품에 국한되거나 그것의 시사적 의미와 영향에 대해서는 평가의 미진함을 느끼지 않을 수 없다.

이러한 곡절을 "영랑의 시적 영향은 서정주의 압도적 영향이 어느 정도 쇠퇴하고, 김춘수 · 김수영 등의 영향력이 서서히 커지기 시작한 1960년대 후반부터 반비례적으로 쇠퇴해 간다"[8]라고 보는 것이 가능한 터이다. 김영랑에 대한 평가는 시를 바라보는 시각에 상대적으로 영향을 받고 부침되어 왔음을 알 수 있다. 김현은 이러한 판단을 했음인지 다음과 같이 말하고 있다. "그러나 획일적 모습을 띤, 경계가 분명한 도시인이 점점 압도적으로 많아질 때, 경계가 불분명한 그의 시는 새로운 각광을 받을지 모른다. 찬란한 슬픔의 봄이 우리의 가슴을 두드릴 때"[9]라고 적고 있다. 이 글은 그 새로운 각광이 어느 지점에서 이루어질지를 가늠하기 위해서 시도된다.

2. 내면적 자아의 지향—푸른, 하늘, 바다의 의미를 중심으로

김영랑의 시에서 가장 많이 사용되는 시적 어구(poetic diction)는 '나'(내) 혹은 '마음'이다. '나'와 '마음'은 결합되어 '내 마음'이라는 표현으로 이어진다. 정한모는 이러한 김영랑의 시세계를 "'내 · 마음'의 세계"라고 일컬었으며, 김영랑의 시는 '내 · 마음'의 세계 이외의 외계에 대해서는 거의 눈감았거나 맹목이었다고 지적한 바 있다.[10] 이것은 김영랑의 시세계가 내향성을 중심으로 전개되었으며, 현실 혹은 세계에 대해서는

---

8) 김현, 「찬란한 슬픔의 봄」, 『책읽기의 괴로움』, 민음사, 73면.
9) 위의 글, 같은 면.
10) 정한모, 「김영랑론」, 『현대시론』, 보성문화사, 1988, 265면.

도외시하였음을 의미한다. 동시에 이는 동일성의 자기 표현을 자기 한
계로 가질 수밖에 없었음을 또한 의미한다.

송영목의 조사에 의하면 김영랑의 시에서 '내'와 관계가 있는 '나'가
25회, 마음과 관계가 있는 '가슴'이 21회, '속'이 15회의 빈도수로 나타
나고 있다. 이러한 빈도수는 김영랑의 다른 시어들과 비교해 보았을 때
에도 출현의 빈도가 높다는 측면에서 정한모의 주장에 타당성이 있음을
입증해 주고 있다. 다만 송영목은 정한모의 주장이 다른 시어는 어떻게
되었는가 하는 독자의 궁금증을 유발시킬 수 있으며, 이 때문에 좀 더
많은 시어통계 숫자가 절실히 표현되어져야 할 것이다라는 문제를 제기
하고 있다.[11] 이어서 그는 몇 가지의 통계표를 작성하였다. 그 가운데
김영랑이 애용한 시어 빈도수를 표로 작성 제시한 바 있다. 표에 의하
면 '나' 이외에도 꿈(13회), 날[日](28회), 눈[眼](13회), 노래(12회), 달(11회),
바람(20회), 밤(29회), 바다(20회), 봄(13회), 별(13회), 소리(18회), 설움(16회), 죽
음(11회), 하늘(28회), 해(10회), 이슬(10회) 등이 10회 이상 출현한 시어들이
다. 송영목은 이 시어들이 대개는 자연의 명칭들이다[12]라고 지적하였다.
이에 대한 해석은 그의 글에서는 더 이상의 진전을 보이고 있지 않다.

이러한 연구를 참조해서 20회 이상의 빈도수를 보인 시어들은 날·
밤·바람·바다·하늘 등임을 알 수 있다. 김영랑의 시에서 다수 사용
되는 '내·마음'이 김영랑 시의 특성을 지시한다면, 날·밤·바람·바
다·하늘의 시어들이 자주 사용되는 것을 통해서도 시인의 시적 특질을
추출해 볼 수 있지 않을까 판단된다. 그 가운데 우선 '하늘'이 사용된
시구들을 추려보면 다음과 같다.

---

11) 송영목, 「한국시분석의 가능성」, 『비평의 진실』, 현대문학사, 1976, 217면.
12) 위의 책, 208면. 아울러 송영목은 통계작성의 대상 시집으로 『한국시인전집』 5(신구
문화사, 1959)를 사용하였다. 다른 판본으로 조사했을 경우에 빈도수가 차이가 있을 수
있는바, 제시된 빈도수가 절대적인 기준이 되지는 못한다. 추후의 조사를 요한다.

- 그하날 아슬하야 너무도 아슬하여(「어덕에 바로누어」, 12면)
- 아슬한 하날아래 귀여운 맘 질기운 맘(「어덕에 바로누어」, 12면)
- 하날을 우러르고 십다(「내마음 고요히 고흔봄 길우에」, 17면)
- 실비단 하날을 바라보고 십다(「내마음 고요히 고흔봄 길우에」, 17면)
- 하날갓 닷는데 깃븜이 사신가(「하날갓 다은데」, (20면)[13]
- 왼통 수집어진 저 하날빛(「뉘 눈결에 쏘이엿소」, 23면)
- 간밤에 하날을 쫓긴 별쌀의흐름이 저러헸다(「청명」, 35면)
- 새파란 하날 끝에 오름과 가치(「사행소곡」, 39면)
- 하날갓을 스치고 휘도는 바람(「사행소곡」, 39면)
- 가을 하날가에 도는 바람슷긴 구름조각(「사행소곡」, 42면)
- 사랑은 기프기 푸른 하날(「사행소곡」, 45면)
- 하늘과 맛이흔 저 水平線 뚜르리라(「바다로 가자」, 65면)
- 자랑찬 새 하늘 사치스래 만드오(「오월아츰」, 78면)
- 언제나 흰구름 떠가는 높은하늘만 내어다보는(「수풀 아래 작은 샘」, 81면)
- 넓은 하늘의 수만별을 그대로 총총 가슴에 박은 작은 샘(「수풀 아래 작은 샘」, 81면)

  '하늘'이라는 시어가 사용된 구절들을 추려서 살펴보면 하늘과 같이 사용된 시어들에는 앞서 빈도수가 높은 날[日]·밤·바람·바다와 비교적 긴밀한 관계가 있으며 그밖에도 마음·기쁨·별(쌀)·가을·구름·파란(푸른) 등이 함께 사용되고 있다. 이러한 시어들은 꿈·달·죽음의 시어군을 쉽게 연상시킨다. 여기에서 모란의 시인으로 알려진 김영랑에게 봄(13회), 모란(6회) 등의 빈도수가 상대적으로 적은 것은 눈여겨볼 만한 사항이다. 이러한 시어의 통계가 반드시 시인의 시적 경향과 일치한다고 주장할 수는 없으나 김영랑 시의 심층적 의미에 대한 파악을 위해선 한번쯤 검토의 대상이 되어야 할 것이다.
  그렇다면 김영랑의 시에서 '하늘'은 어떻게 다루어지고 있는가를 살

---

13) 작품 중에서 중복.

펴보기로 한다. 우선 「어덕에 바로누어」에 보이는 "아슬한" 하늘은 대상에 대한 경계와 거리감을 전제하고 있다. 그런 하늘을 김영랑은 우러르거나 바라본다. 본다(우러른다)라는 동사는 거리를 전제한 것으로서 "아슬한"이라는 형용사와 같이 사용되고 있다. 거리를 전제하고 바라보지만 어떤 대상과의 감정의 미약한 일치감이 발생할 때 '아슬하다'라는 말을 쓰는데 김영랑은 그 대상으로 '하늘'을 위치시키고 있다. 그런 하늘은 일면 매력적인 대상으로 다가오기도 하는데 '실비단' 하늘이거나, 하늘(가)에 눈길이 닿을 때 '기쁨'을 발견하기도 한다. 그리하여 시선이 머문 하늘은 수줍어하기조차 한다. 하늘은 밤·별·바람·가을·구름과 함께 보다 더 친숙하게 표현되어 있다. 이것은 김영랑의 상실감이 극대화된 양상에서 비롯되었을 것으로 유추해 볼 수 있다. 그리고 그 하늘이 간직한 색채는 푸른 색이다.

가스통 바슐라르는 '푸른 하늘'에 대하여 다음과 같이 말하고 있다. 그에 의하면 "푸른 하늘은 작가에게 있어서는 하나의 단순한 배경이 될 수 없고, 그것 자체가 하나의 시적 오브제이며, 그 하늘은 은유 속에서만 활기를 가지는 것이다"[14]라고 전제한 뒤에 "우주적 척도로 볼 때 하늘의 푸르름은 온 언덕에 형태를 부여하는 바탕 배경이다. 자기 자신이 지니는 균일성 때문에 그 하늘은 우선 대지적 상상력 속에서 사는[生] 모든 몽상들로부터 분리된다. (그때) 하늘의 푸르름은 우선, 상상할 수 있는 아무 것도 그 속에 존재하지 않는 공간이다. 하지만 공기의 상상력이 활성화되면 (그때는) 그 배경이 능동적이 된다. 그 배경은 공기를 꿈꾸는 몽상가에게 대지의 프로필을 재조직할 것을 부추기고, 대지가 하늘과 교통하는 부분(지대)에 대한 관심을 가질 것을 부추긴다"[15]라고 말한 바 있다.

가스통 바슐라르는 이러한 분석의 경향을 자신 스스로 극소 형이상학(metaphysique minima)이라고 이름지었다. 김영랑의 시에는 이러한 형이상

---

14) 가스통 바슐라르, 정영란 역, 『공기와 꿈』, 민음사, 1993, 322면.
15) 위의 책, 344면.

학적 요소가 내재하고 있었으며, 이러한 측면이 그의 시에서 나타나는 세련된 시적 표현, 음악성과 함께 시적 경험을 배가시키는데 일조를 하고 있는 것으로 볼 수 있지 않을까? 하늘에 대한 매력적인 감정은 다음과 같이 표현된다.

돌담에 소색이는 햇발가치
풀아래 우슴짓는 샘물가치
내마음 고요히 고흔봄 길우에
오날하로 하날을 우러르고십다

새악시볼에 떠오는 붓그럼가치
詩의가슴을 살프시 젓는 물결가치
보드레한 에메랄드 얄게 흐르는
실비단 하날을 바라보고십다.

— 「내마음 고요히 고흔봄 길우에」 전문

위의 시에서 "실비단 하날"을 수식하는 색채의 감각은 "보드레한 에메랄드"에 모아져 있다. 에메랄드의 색채어는 "봄 우주의 삼라만상 전체의 푸른 시상의 상징어"16)로 보는 것에 무리가 없지만 한 발 더 나가면 위의 시에서 에메랄드의 색채는 얇게 흐르면서 희소화 혹은 극소화를 지향하고 있다. 파란 색채의 감각이 희미해지고, 푸른 색이 결정화된 에메랄드를 거쳐 그 색채를 지시할 수 없는 더욱 희박한 상태의 색채를 지향하고 있다. 동시에 운동감만 느껴지는 상태를 시인은 겨냥하고 있다. 최소한의 물질적인 운동만이 감지되는 "새악시볼에 떠오는 붓그럼"이나 "詩의가슴을 살프시 젓는 물결"에서는 쉽게 '파아란'과 대비되는 색채를 명명할 수 없다. 물론 "돌담에 소색이는 햇발"이나 "풀아래 우슴짓는 샘물" 역시 극소화된 운동감만을 갖고 있는 상태를 지시하고 있다.

---

16) 김남석, 『시심리학』, 현대문학사, 1972, 90면.

이러한 운동감과 비교될 수 있는 것은 아마도 음악성이라고 할 수 있을 것이다. 시인의 시적 자아가 바라보는 것은 주로 하늘인데 그 하늘의 색채는 푸른 색의 계열과 동일 계열을 이루고 있다. 그리고 푸른 색이 희박화된 절대의 색채는 운동감만으로 표현된다. 여기에서 시인의 '마음'과의 일치가 드러난다. "詩의가슴을 살프시 젓는 물결"은 시인이 도달하고픈 시적 이상의 한 표현이라고 볼 수 있기 때문이다. 그렇다면 푸른 색의 변주에 대하여 좀 더 살펴보기로 한다.

- 허공은 저리도 한업시 푸르름을(「하날갓 다은데」, 20면)
- 푸른 밤 고히맺는 이슬가튼 보람을(「내마음을 아실이」, 21면)
- 향물 흘러버린 어덕우에(「사행소곡」, 40면)
- 들길은 마음에 들자 붉어지고, 마을 골목은 들로 내려서자 푸르러졌다 (「오월」, 52면)
- 안개 자욱히 푸른 골을 다 덥혔네(「호젓한 노래」, 58면)
- 왼몸 푸른 脈도 홱 풀려 버렸을 법(「춘향」, 61면)
- 파아란 하날 만히 아슬하다(「집」, 63면)
- 대 죽고난 이 三月 파르스름히(「언-땅 한길」, 82면)
- 엷은 안개 그밑에 묵은 이끼와 푸른 松柏(「천리에 올라온다」, 84면)

하늘의 푸르름과 파아란 하늘은 색채의 지시적 의미가 강하지만 그 색채의 지시적 한정에만 머물 수 없다. '푸른' 혹은 '파아란' 색은 밤・향・들・골・맥・송백・이슬과 연결된다. 여기에서의 푸르름이란 명도의 차이는 있겠지만 "푸르름이란 가시적으로 되어가는 어두움"을 의미한다.[17] 그 지향의 방향을 좇아서 희박화의 방식을 따랐을 때 그 존재적 의미는 점점 자유로워진다. 그것은 '푸른 하늘'이 담고 있는 이미지이다. 반대로

---

17) 가스통 바슐라르, 정영란 역, 앞의 책, 340면. 이것은 푸른 색이 희박화되는 것과 달리 유채색으로서의 푸른 색은 그 자체로서 죽음의 관념을 떠올리는 것과 관련이 있다 (Jean Chevalier and Alain Gheerbrant, *A Dictionary of Symbols*, Blackwell, p.103).

'푸르름'의 명도가 낮을수록 장애와 대결의 양상으로 이어진다.[18]

물론 푸른 색을 단순히 지시적 의미로 받아들일 수 있다. "들로 내려서자 푸르러졌다"라는 표현이나, "삼월 파르스름히", "이끼와 푸른 송백도" 등의 표현을 단순히 지시적 의미로 한정해서 바라볼 수도 있다. 이때의 색채는 푸른 색이 아니라 녹색이다. 그런데 녹색을 시어로 사용하지 않고 푸른 색을 사용했을 때의 차이는 시상의 차이와 일치한다. 이에 대해서 좀 더 적극적인 해석을 시도하면, 다시 말해서 푸른 하늘을 배경으로 하고 파생되어진 푸른 색의 이미지를 통해 살펴보자면 그 어떤 손으로도 쓰다듬어 볼 수 없는 옆모습, 욕망의 법칙에 더 이상 복종치 않는 그런 프로필로 비쳐진다.[19]

지금까지 김영랑의 시는 순수시 혹은 유미주의의 관점에서 이해되었으나 순수시와 유미주의의 한 가운데에는 본질론적이고 존재론적인 시관이 자리하고 있다고 보아야 할 것이며, 김영랑은 시와 시인의 일치에서 비롯되는 쾌감을 시의 본령으로 삼았던 것이다. 그러한 시인의 면모

---

18) 오규원, 「색채어의 공간」, 『현실과 극기』, 문학과지성사, 1976, 140면 참조.
19) 이상화는 「빼앗긴 들에도 봄은 오는가」에서 "나는 온 몸에 풋내를 띠고 / 푸른 웃음 푸른 설움이 어울어진 사이로 / 다리를 절며 하로를 걷는다. 아마도 봄 신명이 접혔나 보다. / 그러나 지금은 들을 빼앗겨 봄조차 빼앗기겠네"라고 표현했는데, 같은 의미 맥락으로 볼 수 있다. 다만 차이가 있다면 이상화의 경우는 시어의 색채에 감정을 이입하는 경우이고, 김영랑의 경우는 그 색채에 독자적인 의미를 부여하면서 거리를 두고 있다는 점에서 찾을 수 있을 것이다.
    일반적으로 색채의 상징에서는 붉은 색과 녹색은 육체적이고 악마적인 색으로 볼 수 있으며, 푸른 색과 흰색은 정신적이면서 초월적인 색으로 볼 수 있다(각주 17)의 상징사전 참조). 김영랑의 경우에는 녹색을 푸는 색(파랗나)으로 표현하고 있다. 아울러 에메랄드는 정확히 녹색을 띠고 있으며, 에메랄드같이 맑은 녹색을 에메랄드-그린(emerald-green)이라고 부른다. 우리의 경우에 옥색이나 고려청자의 빛깔도 녹색 계열의 색채이다. 그렇지만 그 빛깔을 표현할 때 '파랗다' 혹은 '파르스름하다'라고 말한다. 또 들판의 잔디가 자라는 모습을 '파릇파릇하다'고 말한다. 그렇다면 김영랑이 '푸르다'라는 색채어를 사용하는 데 있어서 대상의 분명한 색채를 명명하였다기보다는 대상을 바라보는 시인의 주관을 우선시하였다고 보아야 할 것이다. 그리고 이집트에서는 파라오들의 사후에 미이라를 만드는 과정에서 파라오의 심장을 떼어내고 그 안을 채우는 것은 '에메랄드'라는 보석이었다고 한다.

를 잘 보여 주는 예가 바로 그의 초기작 가운데서도 「사행소곡」이라고
할 수 있다.

> 뵈지도 안는 입김의 가는실마리
> 새파란 하날끝에 오름과 가치
> 대숲의 숨은마음 기혀 차즈려
> 삶은 오로지 바늘끝 가치
>
> ——「사행소곡 25」

> 향내 업다고 버리실나면
> 내목숨 꺽지나 마르시오
> 외로운 들꼿은 들가에 시들어
> 철업는 그이의 발끝에 조을걸
>
> ——「사행소곡 32」

> 푸른향물 흘러버린 어덕우에
> 내마음 하루살이 나래로다
> 보실보실 가을눈(眼)이 그나래를 치며
> 허공의 소색임을 드르라 한다.
>
> ——「사행소곡 34」

> 왼몸을 감도는 붉은 피ㅅ줄
> 꼭 감긴 눈속에 뭉치여 잇네
> 날낸소리 한마듸 날낸 칼하나
> 그 피ㅅ줄 딱끈어 버릴수읍나
>
> ——「사행소곡 37」[20]

김영랑은 『시문학』에 그의 시를 발표하기 시작할 때부터 사행시를

---

20) 「사행소곡」의 번호는 『영랑시집』(시문학사, 1935)의 작품번호임.

발표해 왔다. 그런데 그의 사행시에 대해서는 여타의 작품들과는 달리 별반 주목의 대상이 되지 못했다. 시형의 독특함에도 불구하고 시의 구조적 의미망을 접근하기가 쉽지 않은 결과라고 판단된다. 우선 그의 사행시들은 시인의 심리상태가 곧바로 표현된 듯하다. 아주 작고 미약한 시인의 입김(숨)이 궁극적으로 도달하는 곳이 하늘이라는 「사행소곡」의 첫 구절은 인간적 유한성의 궁극적 지향을 암시하고 있다. 아울러 "대숲의 숨은마음"은 김영랑의 시에서 빈번히 등장하는 '마음'의 함의를 지시한다. 여기에서 주목하고자 하는 것은 시인의 인생관이다. "삶은 오로지 바늘끝 가치"에서 보듯이 그의 문학과 인생에 대한 태도는 백척간두에서 용맹정진하는 선승의 그것이다. 이러한 대결의식의 일단이 그의 초기 시부터 유지되고 있다는 것은 김영랑의 시를 보다 풍부하게 이해하는 데 도움이 된다.

그밤 가득한 山정기는 기척업시소슨 하얀달빛에 모다쓸리우고
한낮을 향미로우라 울리든 시내ㅅ물소리 마저 멀고그윽하야
衆香의 맑은돌에 맺은 금이슬 구을러흐르듯
아담한 꿈하나 여승의 호젓한품을 애끈히 사라젓느니

千年옛날 쫓기어간 新羅의아들이냐 그빛은 청초한 수미山나리꽃
정녕 지름길 섯드른 힌옷입은 고흔少年이
흡사 그바다에서 이바다로 고요히 떠러지는 별ㅅ살가치
옆山모롱이에 언듯 나타나 앞골시내로 삼분 사라지심

승은 아까워 못견듸는양 희미해지는 꿈만 뒤조찻스나
끝업는지라 돌여 밝는날의 남모를 귀한보람을 품엇슬뿐
톳기라 사슴만 뛰여보여도 반듯이 그려지는사나이 지낫섯느니

고흔輦의 거동이 잇슴즉한 맑고트인날 해는기우는제
승의보람은 이루윗느냐 가엽서라 미목청수한 젊은선비

앞시내ㅅ물 모히는 새파란 쏘에 몸을 던시시니라

"새파란 쏘"는 파란 색이 극단으로 가서 도달할 수 있는 어떤 한계를 보여 준다. 그런 대결의식에서 김영랑은 서정의 순간을 엿보고 있는 것이다. 이런 의식이 "나는 독을 품고 선선히 가리라, 마금날 내 깨끗한 마음 건지기 위하야"라고 표현한 「독(毒)을 차고」와 같은 후기 시편을 가능케 하였다.

"흡사 그바다에서 이바다로 고요히 떠러지는 별ㅅ살가치"에서는 절명의 한 순간을 표현하고 있다. 그렇지만 그 비애의 순간에도 감정은 절제되어 있다. "새파란 쏘"는 존재와의 막다른 대결의 장이기도 하지만 공명하는 또 다른 우주이기도 하다. "새파란 쏘"가 존재(인간)에게는 생을 달리할 수 있는 허무의 극대치라고 할 수 있다. 그리하여 "새파란 쏘"는 "이바다"의 은유이다. 그 바다에서 이 바다로 별과 같이 떨어졌다는 것은 만물의 운명을 탄생케 하고 주재하는 '바다'에서 그 생을 저해한 난 바다로 추락했음을 의미한다. 그리고 그 바다는 '하늘'과 환유적인 관계에 놓여져 있다. 모순어법의 시적 표현은 그 관계의 의미망 속에서 살아 숨쉬고 있는데 "새파란 쏘"는 일종의 '거울'로서 나르시즘적인 기능을 하고 있다. 그 나르시즘의 주체는 그 하늘인바, 여기에서 하늘의 색은 본래 희박화의 경향과 달리 매우 집적도가 강하다고 할 때, 「불지암서정」의 서정적 색채는 더욱 강화된다.22)

---

21) 이 시에는 "불지암은 내금강 유적(幽寂)한 곳에 허무러져가는 고찰. 두 젊은 승이 그의 스님을 뫼시고 잇다"라는 내용이 부기되어 있다.

22) 그 서정의 '조매로운' 길을 통과하면서 김영랑은 그 과정을 '인생'이라고 명명한다. 그의 후기 시에서 '인생'이라는 비교적 추상적인 시어가 사용되는 것도 하나의 특징이다. 김영랑은 비교적 사회적 색채가 강한 것으로 알려진 후기 시에서 "그 하늘과 맛이 흔 저 水平線 뚜르리라"(「바다로 가자」)는 표현을 사용한 바 있다. 다분히 낭만적이고 전기 시와 비교했을 때 거친 표현이지만, 그 '조매로운 시의 길'에서 닦은 수련의 결과라고 보아야 할 것이다. 김영랑의 시작 과정에서 푸른 색의 상승 과정에 대한 천착 과

3. 모란의 행방

김영랑의 시적 의미망에 대해서는 이미 서정주에 의하여 전언된 바 있다. 서정주는 김영랑과 우연히 이화중선의 동생 이중선의 소리를 듣게 되었는데 서정주가 생기가 있다고 하자 김영랑은 '촉기(燭氣)'라고 고쳐서 불렀다는 것이다.[23] 서정주는 촉기란 "어린 애기나 젊은 연인들의 눈 속의 기름기와 밝음이 합해진 것을 흔히 뜻하는 이 촉기, '촉기 번질번질한 눈'이니, '그 애는 눈에 촉기가 유난히 많다' 하는 식으로 우리가 늘 써 오고 있는"[24] 말이라고 설명하고 있다. 김영랑의 말뜻대로라면 그것은 살아 있는 생명체가 발하는 생기에서 비롯된 것이며, 서정주에 따르자면 생리적인 것인데, 여기에서 시도 살아 있는 하나의 유기체가 되어야 한다는 것이 김영랑이 평소에 갖고 있었던 시에 대한 생각이라고 할 수 있다.

> 가 I A 1 모란이 피기까지는
>   2 나는 아즉 나의봄을 기둘리고 잇슬테요
>   B 3 모란이 뚝뚝 떠러져버린날
>   4 나는 비로소 봄을 여흰 서름에 잠길테요
>   II C 5 五月 어느날 그하로 무덥든날
>   6 떠러져누은 꼿닙마져 시드러버리고는
> 나   C' 7 천지에 모란은 자최도 업서지고
>   8 뻐처오르든 내보람 시운케 문허졌느니
>   III D 9 모란은 지고말면 그뿐 내 한해는 다 가고말아

정이 없었다면 단번에 일어나는 수직상승의 파열은 분명히 낯선 것이기 때문이다.
23) 서정주는 촉기를 한문으로 '燭氣'라 표기했는데 바른 표기는 '峭氣'가 아닌가 한다. 촉기(峭氣)의 사전적 의미는 "생기있고 재치있는 기상"이다(한글학회, 『큰사전』, 을유문화사, 1957, 3024면).
24) 서정주, 「김영랑과 박용철」, 『서정주 문학전집』 5권, 일지사, 1972, 119면.

10 三百예순날 하냥 섭섭해 우웁내다
E 11 모란이 피기까지는
12 나는 아즉 기둘리고잇슬테요 찰란한슬픔의 봄을
—「모란이 피기까지는」 전문

김영랑의 대표작 가운데 하나인 「모란이 피기까지는」이다. 이 작품은 "모란이 피기까지는"이라는 시적 어구가 반복되는 가운데 리듬감이 잘 나타나 있다. 3음보를 바탕으로 하여 4음보·5음보의 변화를 통해 의미 전달의 강조점이 부여되고 있다. 또한 이 작품은 역설적 표현을 통한 의미상의 전달이 비교적 잘 된다는 점 때문에 그의 시들 가운데에서도 자주 인용되고 있다. 이를테면 "찰란한슬픔의 봄"이라는 일종의 형용모순을 통해 "찰란한"이 갖는 황홀의 극적 감정과 "슬픔"이라는 일상적 서러움의 감정을 동시에 제시하고 있다. 이러한 배리된 감정이 모종의 정서적 작용을 일으키는 것은 이 시의 구조적 안정성과도 연관이 깊다. 그리고 감정의 유발을 김영랑은 '모란'이라는 매개물을 통해서 찾고 있다.

「모란이 피기까지는」은 A(1, 2)−B(3, 4)−C(5, 6, 7, 8)−D(9, 10)−E(11, 12)의 구조를 취하고 있다. A−B−C−D−E의 다섯 단락으로 나뉘어지는 것은 일차적으로 통사적인 구분에 의한 것이라고 볼 수 있다. 시간적으로는 미래(A, B)−과거(C, C′)−현재(D)−미래(E)의 시제를 갖고 있다.25) A와 B를 묶고 D와 E를 묶는다면 I(A, B), II(C, C′), III(D, E)의 세 단락으로 나뉘어지며, 각 단락은 4행으로 구성된 의미구성 단락이 3번 반복되는 형식을 취하고 있다. 주지하는 바와 같이 4행시를 김영랑 시의 기본 구조로서 애용했다는 점을 참고한다면 「모란이 피기까지는」은 김영랑의 시적인 발상과 구성 간에 긴밀한 연결을 모색한 결과라고 볼 수 있다.

먼저 I 단락을 보면 1~2행과 3~4행이 제시되고 있는데 1~2행은 모

_____

25) 이승훈, 「모란이 피기까지는」, 『현대시의 이해』(박철희·김시태 편), 문학과비평사, 1990, 94면.

란(나의 봄)에 대한 기다림을 표현하고 있으며 3~4행에서는 모란(봄)을 잃어버린 것에 대한 상실감을 표현하고 있다. 기다림과 상실감이라는 대칭적 표현은 "뚝뚝 떠러져버린날"이라는 표현을 통해 시인의 "서름"을 강조하는데 사용되고 있다. I 단락은 기다림과 상실감이 동서(同棲)하는 감정적 양상의 제시에 그 일차적인 목적이 있다고 볼 수 있다.

이어서 II 단락의 5·6·7·8행은 5월의 어느 날 모란이 질 때의 정황과 감정을 묘사하고 있다. 모란은 꽃잎이 땅위에 떨어지고, 시들고, 이내 "자최도" 없이 사라지는 정황을 순차적으로 다루고 있다. 모란이 지는 과정이 하강적인 이미지를 통해서 표현되었다면, 그 모란을 완상하던 시인의 "뻐처오르든 내보람"은 상승적인 이미지로 구분해 볼 수 있다. 이 상충적인 이미지의 제시는 기다림과 상실감의 대립이 해소되지 않아서 설움 혹은 서운함의 감정을 갖게 되었다는 심경의 진술이라고 할 수 있다.

III 단락의 8~9행에서 시인은 그런 모란과의 인연을 과장하고 있다. 모란이 지는 과정을 돌이킬 수 없다면 다시 모란이 피기까지의 시간은 무의미한 것이며, 따라서 삼백예순날을 섭섭해하면서 설움에 잠길 수밖에 없다는 것이다. 그 슬픔을 시인은 "우옵내다"라고 표현한다. 하지만 그럼에도 불구하고 시인은 모란이 피기까지는 기다리겠다는 다짐을 빼놓지는 않는다. 그것이 비록 "찰란한슬픔의 봄"이라 할지라도 11행과 12행은 「모란이 피기까지는」의 시적 묘미를 가장 극명하게 드러내는 대목이라고 할 수 있다.

한편 시인은 모란이 피기까지는 기다리고 있섰나는 나심의 표현을 반복해서 표현하고 있다. 하지만 이때의 반복은 의미의 차이를 수반한 '차이 속의 반복'이다. 또한 시인이 말하고자 하는 함축적인 의미는 '아직'이라는 부사의 표현에 숨겨져 있는 듯하다. 아직이란 '때가 되지 못한, 미처 이르러 오지 못함'의 뜻으로 쓰인다. 소치는 아해는 상긔도 아직 안 일어났느냐의 '상긔'에 해당된다. '아직'이란 말을 쓰는 것은 모란의 개화라는 상황의 제시와 모순을 일으킨다. 그것이 아니라면 시의 전반부에서 제시한 모란의 개화에 대한 기다림과 상실감이 아닌 '다른 모란'이 제시되어야 한다. 그 '다른 모란'이란 구체적으로 사물로서의 모란을 제시하는 것이 아니라 모란이 비유적으로 지시하는 바의 그 어떤 것이 되어야 한다. 바로 그 비유의 대상은 "찰란한슬픔의 봄"과 일치한다.

정지용은 김영랑의 시에 대하여 "보다 더 시의 생리적인 부면(部面)을 통하여 독자는 시의 생리적 공명을 얻는 것이니 시의 생리적인 점에서 시의 파악은 더 직적접이요, 불용간위적(不容間位的)이요, 문장의 이해보다는 체온의 전도인 것이다"26)라고 말했다. "찰란한슬픔"이란 서로 위계가 틀려 맞지 않지만 시의 생리적인 부면과 공명을 통해서는 충분히 체온의 전도처럼 전달되어지는 측면이 있다는 말이다. 모란의 완상을 통해서 시인은 자신의 심중에 모란을 키우게 되었으며, 그 마음속의 모란이 개화가 불가능하더라도, 그래서 눈앞의 모란을 완상하는 기대감과 상실함을 잃어버린다고 하더라도, 그 마음속의 모란이 피는 날에 갖게 될 "찰란한슬픔의 봄"을 위하여 자신의 처지를 비관하지는 않겠다는 것이다. 따라서 「모란이 피기까지는」이라는 시에서는 김영랑의 시를 대하는 존재론적인 성찰이 깃들어 있다고 볼 수 있다. 다시 「모란을 피기까지는」을 읽어 보면 이미 뜰 앞에 피고 지던 모란은 "자최도" 없이 사라지고 없다.

이 시는 다시 가(전반부, 1~6행)와 나(후반부, 7~12행)로 나뉘어 볼 수 있는데 전반부는 완상하는 대상으로서의 모란이 제시되어 있으며, 후반부에서는 '마음속의 모란'이 투영되어 있는 것으로 볼 수 있다. 물론 그 구분이 선명하게 이루어지지는 않는다. 전반부와 후반부의 상호연관 속에서 보자면 그렇게 볼 수도 있다는 것이다. 「모란이 피기까지는」은 5단락·4단락·3단락·2단락으로 나누어서 읽게 됨에 따라 의미상의 변

---

26) 정지용, 「시와 감상」, 『정지용 전집』 2, 민음사, 1988, 259면.

화를 가져오는데, 시의 이러한 다면적이고 다층적인 구조가 시 전체의 의미를 풍부하게 하는 요건으로 작용한다. 그 다층적인 구조를 연결하는 키워드는 물론 "찬란한슬픔의 봄"이다. 모란은 결국 시적 대상으로서의 '모란'에서 시적 자아의 '마음' 혹은 '영혼'으로까지 점차 현상하게 된다.

김영랑은 「모란이 피기까지는」 이전에 발표한 작품에서 "오 그수심뜬 보랏빛 / 내가 일흔 마음의 그림자 / 한이틀 정녈에 뚝뚝 떨어진 모란의 / 깃든 향취가 이가슴노코 갓슬줄이야"(「가늘한 내음」, 2연)라고 노래한 바 있다. 시적 대상으로서의 모란이 지고 나서 시인에게 남긴 것은 시인의 마음속에 있는 '그림자'를 다시 일깨우게 한 것이다. 이러한 시인의 음영이 더 한층 세련된 표현과 구조로서 표현된 것이 「모란이 피기까지는」이라고 할 수 있다. 이러한 측면에서 김영랑의 시에 드러난 시적 기교를 살펴보기로 한다.

> 「오─매 단풍들것네」
> 장광에 골불은 감닙 날러오아
> 누이는 놀란 듯이 치어다보며
> 「오─매 단풍들것네」
>
> 추석이 내일모레 기둘니리
> 바람이 자지어서 걱정이리
> 누이의 마음아 나를 보아라
> 「오─매 단풍들것네」
>
> —「누이의 마음아 나를 보아라」 전문

또 다른 김영랑의 대표작 가운데 하나인 「누이의 마음아 나를 보아라」이다. 이 시를 산문어투로 재해석하면 다음과 같다. 첫 연은 "「오─매 단풍들것네」"라고 누이가 말했는데, 장광[장독대]에 두터워진 감잎이 날러

오고 하니, 누이는 감나무를 놀란 듯이 쳐다보며 "「오-매 단풍들것네」"라고 말한다는 장면의 묘사이다. 둘째 연에서는 누이의 감탄을 듣고 있던 시인의 마음이 표현되어 있다. 시적 화자는 추석이 지나면 바람이 잦아져 추워질 날씨를 걱정하고 있다. 그런데 "누이의 마음아 나를 보아라"의 구절 이후는 돌연한 진술과 압축으로 산문적인 재진술이 불가능하다. "「오-매 단풍들것네」"는 시인 자신이 누이의 감탄에 동조한 말일 수도 있고, 누이의 그런 모습을 보고 표현한 것일 수도 있고, 시인이 자기 자신을 보고 말한 것일 수도 있다. 특히 마지막의 경우 '나는 누이의 모습을 보며 이런 생각을 했는데 이런 생각을 하는 나의 마음이 '단풍'이 드는 것은 아닐까?'라는 시적 전언으로 이해될 수도 있다.

이제 바람이 불고 추워지면 한 해가 가듯이 나의 인생도 저물 것이다. 이런 다양한 시적 의미를 함축하고 있는 "누이의 마음아 나를 보아라"는 김영랑이 자신의 시적 감정을 절제하고 시적 언어로 표현하기 위해서 세심한 배려를 한 결과라고 보여진다. 시어의 생략과 암시를 통해 시적 전언을 가능케 하였다는 점에서 김영랑의 시적인 성취는 그의 시가 갖고 있는 현대적인 측면이라고 말할 수 있다. 이러한 시적인 경향은 「그대는 호령도 하실 만하다」, 「오월」, 「오월아츰」 등으로 이어진다.

김영랑의 시에서 보이는 시적 태도와 시적 기교가 잘 접합된 작품으로는 다음의 작품을 들 수 있을 것이다.

1.
큰칼 쓰고 獄에 든 春香이는
제마음이 그리고 독했든가 놀래었다
성문이 부서저도 이 악물고
사또를 노려보든 교만한 눈
그는 옛날 成學士 朴彭年이
불지짐에도 泰然하였음을 알었었니라
오! 一片丹心

2.

원통코 독한마음 잠과꿈을 이뤘으랴
獄房 첫날밤은 길고도 무서워라
서름이 사모치고 지처 쓰러지면
南江의 외론魂은 불리어 나왔느니
論介! 어린春香을 꼭 안어
밤새워 마음과 살을 어루만지다.
오! 一片丹心

3.

사랑이 무엇이기
貞節이 무엇이기
그때문에 꽃의春香 그만 獄死하단말가
지네 구렁이 같은 卞學徒의
흉칙한 얼굴에 까물어처도
어린가슴 달큼히 지켜주는 도련님생각
오! 一片丹心

4.

상하고 멍든자리 마듸마듸 문지르며
눈물은 타고남은 간을 젖어 내렸다
버들닢이 창살에 선뜻 스치는 날도
도련님 말방울 소리는 아니들렸다
三更을 세오다가 그는 고만 斷腸하다
두견이 울어 두견이 울어 南原 고올도 꼐이지고
오! 一片丹心

5.

깊은 겨울밤 비ㅅ바람은 우루루루
피칠해논 獄窓살을 드리 치는대

獄죽엄한 冤鬼들이 구석구석에 휙휙 울어
淸節春香도 魂을 잃고 몸을 버려 버렸다
밤 새도록 까무러치고
해 도들녘 깨어나다
오! 一片丹心

6.
믿고 바라고 눈앞으게 보고싶든 도련님이
죽기前에 와 주셨다 春香은 살었구나
쑥대머리 귀신얼굴된 春香이 보고
李도령은 殘忍스레 우섰다 저때문의 貞節이 자랑스러워
「우리집이 팍 亡해서 上거지가 되었지야」
틀림없는 도련님 春香은 원망도 않했니라
오! 一片丹心

7.
모진 春香이 그밤새벽에 또 까무러처서는
영 다시 깨어나진 못했었다. 두견은 우렀건만
도련님 다시뵈어 限을 풀었으나 살아날 가망은 아조 끈끼고
왼몸 푸른 脈도 핵 풀려 버렸을 법
出道 끝에 御使는 春香의몸을 거두며 울다
「내 卞苛보다 殘忍無智하여 春香을 죽였구나」
오! 一片丹心

—「춘향」 전문[27]

　이 시의 시적 소재는 '춘향'이다. 춘향은 『춘향전』을 통해서 널리 알려진 인물형상이다. 김영랑의 시 「춘향」의 문제적 성격은 판소리의 주인공인 춘향을 자신의 시에 들여왔다는 전통주의적 관점과 함께 누구나

---

27) 이 시는 『문장』(1940.7)에 발표되고, 『영랑시선』(중앙문화협회, 1949)에 수록되는 과정에서 내용의 증편과 보완이 이루어진다.

다 알고 있는 춘향의 성격을 일변하여 보여 주고 있다는 점이다. 먼저 『춘향전』과의 비교가 되는 대목은 『춘향전』의 절정 부분이라고 할 수 있는 춘향이 변사또의 수청을 거부하여 옥에 갇히는 대목과 이도령이 거지행색으로 춘향과 옥사에서 상면하고 다음날 어사출도하는 대목이다. 춘향전의 결말은 이도령의 어사출도로 옥의 문이 열리고 춘향이 자유로운 몸으로 풀려난다. 숨막히는 긴장을 경유하여 대단원에서 이루어지는 기대의 성취는 『춘향전』의 백미이다.

그런데 김영랑은 그런 『춘향전』의 기대를 살짝 비켜서 그 기대에 대한 모종의 배반을 시도하고 있다. 「춘향」이라는 시를 찬찬히 읽어 보면 춘향을 허구 속의 인물이 아닌 사육신의 하나인 박팽년이나 논개와 같은 역사적 인물로 다루고 있다. 충성과 절의(節義) 속에서 이루어지는 공통된 감정은 "오! 一片丹心"이라는 시구의 반복으로 표현되어 있다. 일편단심의 시적 의미가 어떻게 구체화될 수 있는가 하는 점이 「춘향」을 읽은 묘미의 하나라고 할 수 있다.

「춘향」에서 『춘향전』의 춘향에 대한 기대를 변화시키는 데 사용된 장면은 이도령과의 옥사에서의 상봉장면이다. 이도령은 "「우리집이 팍 亡해서 上거지가 되었지야.」"라고 말한다. 그리고 그 앞의 구절은 "李道령은 殘忍스레 우섰다 저때문의 貞節이 자랑스러워"라고 이도령의 속마음을 제시하고 있다. 이 시를 읽어 나가면서 앞의 구절과 이도령의 속마음과 진술 사이에서는 깊은 휴지를 읽을 수 있다. 때문에 쉽게 다음의 구절이 의미상 연결되지 않는다. 이도령이 취하고 있는 이중성은 과연 올바른 것인가라는 질문을 김영랑은 작품에서 시도하고 있는 것이다. 김상일은 춘향의 이러한 결말은 춘향을 '제물'로서 파악한 결과라고 분석하였다. 춘향이 제물이 되고 있는 상황은 『춘향전』에서 보이는 "춘향의 승리는 항용 로망스에서나 읽을 수 있는, 그래서 피가 통하지 않은 비인간적인 인물"[28]이라는 판단과 대비적으로 읽힌다. 「춘향」에서 '춘향의 죽음'은 춘향이 인간적인 모습을 유지하면서 이도령(독자들)에게 일말의 반성을 유도케 한다.

　김영랑은 이에 대해서 구체적으로 언급을 하고 있지는 않고 있다. 다만 두견·한(限) 등의 시어와 "「내 卜苪보다 殘忍無智하여 春香을 죽였구나.」"라는 절규만을 오롯이 남겨두고 있다. 『춘향전』에서 보이는 승리의 환희보다는 『심청전』에서 보이는 비장미가 김영랑의 취향 속에는 보다 더 절실하게 남아 있다. 르네 지라르는 신화를 분석하면서 신화에는 박해의 대상인 희생자만이 아니라 그 박해자의 정신 구조도 같이 투영되어 있다고 말한다. 이를테면 오이디푸스 신화에서 오이디푸스는 엄연히 희생자이지만 당시에 페스트가 만연한 테베의 정치·사회 문제를 떠맡고 그 사회에서 방출된다. 방출되는 것은 오이디푸스이지만 그것을 가능케 하는 것은 박해자로서의 사회의 모습이 엄연히 존재한다는 논의를 이끈 바 있다.[29]

　김영랑의 「춘향」에서는 희생양으로서의 '춘향'이 등장한다. 이것은 우리가 익히 알고 있는 『춘향전』의 주인공과 다르다는 의미에서 기대의 배반으로 읽히는 새로운 미적 경험의 문제에 한정되지 않는다. 희생양으로서의 '춘향'과 '춘향'이 자신의 목숨을 저버리게 된 직접적인 원인제공자로서의 '이도령'을 부각시키고 있다. 표면적으로는 '춘향'의 죽음을 통해 뉘우치고 있지만 '춘향'의 또 다른 결말에 가장 큰 원인은 '이도령'의 강한 현실욕이 직접적인 원인임을 제시하고 있다. 김영랑은 그런 문제에 대한 해결책을 제시하고 있지는 않다. 하지만 르네 지라르의 해석을 거꾸로 추적하면 김영랑 자신이 '춘향'을 통해 '현대의 신화'를 기도하고 있음을 알 수 있다.[30] 판소리의 서사에 따른 기대와는 다른 차원에서 『춘향전』의 「쑥대머리」의 단락이 주는 심미효과는 다분히 시

---

28) 김상일, 「영랑시와 그 교환의 구조」, 『김영랑』(김준오 편), 서강대 출판부, 1997, 60~61면.
29) 르네 지라르, 김진식·박무호 역, 「희생 위기」, 『폭력과 성스러움』, 민음사, 1997 참조
30) 이러한 춘향의 모습은 다시 서정주에게서 보인다. 「추천사―춘향의 말(1)」과 「다시 밝는 날에―춘향의 말(2)」(『서정주 시선』, 1956)에 나타난 춘향의 형상이 바로 그것이다.

적인 것이다. 김영랑은 이를 정서적으로 재구축하는데 상당한 노력을 기울였다. 그 결과가 바로 「춘향」이다.

4. 삶과 시의 일치

김영랑에 대한 기존의 평가는 근대시의 면모와는 다른 현대시의 궤도에 본격적으로 진입한 시인이었다는 점에 놓여져 있다. 이른바 1930년대 모더니즘의 영향권 속에서 이미지즘의 시적 성과를 이룩한 시인으로 평가되고 있다. 그렇지만 정지용이나 김기림과는 또 다른 시세계를 이루고 있다는 점 또한 간과할 수 없다. 김소월이 도달한 전통적 서정의 세계와는 다른 남도의 전통적 면모를 보여 주고 있는데 그 안에는 애이불비의 감정적 절제가 놓여져 있다. 감정이 현실과 거리를 두었을 때 시적 표현 또한 객관적 이미지의 서술로 비쳐질 수 있다. 지금까지 김영랑에 대한 시사적 평가가 이미지즘에 놓여져 있었다면 그것은 사조적인 의미에서의 이미지즘이 아닌 김영랑의 시작 태도에 따른 결과라고 보는 것이 좀 더 타당할 것이다.

또한 김영랑의 명징한 시적 표현은 역설을 거부하지 않는다. 감정의 절제와 객관적인 이미지의 표현은 실상 시의 역설적 표현과 거리가 있는 것처럼 보인다. 하지만 이후의 시사에서 모더니즘의 방법적 수용과 함께, 시적 실재에 대한 끊임없는 탐색의 과정을 고려한다면, 김영랑은 현대시의 방법적 요체와 궁극적 도달점에 대한 자각이 있었다고 판단되어진다. 본론에서는 내면적 자아의 표현을 넘어선 시적 자아의 지향과 그 실체에 대한 탐색을 주로 시도해 보았다. 김영랑은 1930년대 새로운 현대시의 단계로 질적 변환을 이룬 대표적인 시인이면서 동시에 전시대

시작에 대한 잠정적 결산을 도모한 시인으로 평가되어야 한다. 다시 말하면 1920년대 시작의 대체적인 경향은 상징주의적이라고 할 수 있는데 이에 대한 내밀한 반성을 김영랑에게서 발견할 수 있다는 것이다. 이를 테면 이상화나 이장희의 시작에 빈번하게 등장하는 '푸른'이라는 색채어의 상징적 의미를 시세계에 결합시킨 이는 김영랑이다. '푸른'이라는 색채어의 사용을 통해서 이상화와 이장희의 시세계를 변별해 낼 수 있다면, 이 두 시인이 특색 있는 1920년대의 대표적인 시인이라면, 이들 두 시인의 한계를 극복하는 것은 전시대의 시문학을 질적으로 넘어서는 것이다. 특히 이장희가 상징주의의 영향을 많이 받은 시인임에도 이미 1920년대에 이미지즘의 수준에 도달했다는 평가는 동시에 그의 시작이 갖는 한계를 의미한다. 김영랑은 이런 측면에서 그의 시에 대한 이미지즘적 평가를 달가워하지 않았을 것으로 판단된다. 그러한 시작의 방법은 당시의 현재적 조건이었으며 이미 다가온 조건에 시적 실재의 확보와 표현은 상징주의나 이미지즘이 아닌 '상징적인 것'이어야 한다.

이미지의 고도한 실현이 상징과 맞물린다는 모더니즘의 자기 반성은 현대 시문학의 전개 과정을 통해서 확인할 수 있다. 더욱 중요한 것은 김영랑 자신이 이를 여타의 다른 방법이 아닌 시를 통해서 이룩하고자 했다는 점이다. 그러한 실재는 물질적으로 확인할 수 없는 것이어서 단언할 수는 없는 것이지만, 김영랑이 서정주에게 미친 영향 속에서 확인된다. 서정주의 초기 시작에 미친 상징주의의 영향은 시인 자신의 진술을 통해서도 알려진 사실이지만, 상징주의를 통해서 시적 실재에 도달한다는 것은 시인의 기투를 통해서만이 확보될 수 있는 것이다. 그런 면에서 김영랑이 서정주의 시에 미친 영향은 1920년대의 상징주의적 경향의 시들이 범한 오류를 최소화하는 것이며, 시의 근대적 면모를 일신하는데 하나의 준거점이 되었다는 점에서 그 위상을 새롭게 조명할 필요가 있다.

미당 서정주의 시사적 위상

그의 시론을 중심으로

1. 시와 산문적 진술

　미당 서정주는 육십 여 년의 시인으로서의 이력과 일 천여 편의 시를 세상에 남기고 이승의 삶을 마감하였다. 이미 그에 대한 연구는 다각도로 이루어져 왔다. 그의 문학에 다룬 글들은 벌써 400여 편을 상회하고 있는데 양적으로 본다면 김소월·한용운·이상·정지용을 포함해서 가장 많이 연구된 시인으로 다섯 손가락 안에 꼽힌다. 앞서 열거한 시인늘이 한국전쟁 이전에 활동한 시인이었다는 점을 감안한다면 그에 대한 관심의 열도를 짐작할 수 있게 한다. 앞으로 그런 시인과 우리는 다시 마주치게 될 것인가? 그리고 그토록 서정주의 시세계에 대하여 한국의 현대시 연구가 집착을 한 것은 무엇 때문인가? 이것은 서정주에 대한 논의가 한국 현대시사에서 배제되지 않는 한 풀어야 할 과제가 될 것이다.

그런데 서정주에 대한 다양한 접근을 통해서 볼 때 그의 시론에 대한 언급은 매우 소루하다. 필자의 과문한 탓인지는 몰라도 이에 대한 본격적인 접근은 서너 편에 불과하다.[1] 지금까지 서정주에 대한 관심은 온통 그의 시에 초점이 맞추어져 왔음을 미루어 짐작할 수 있다. 미당시의 우수성과 문제성에 기인한 결과라고 할 수 있지만 그만한 시인에게 시론을 기대하는 것이 그리 큰 잘못은 아닐 것이다. 그리고 서정주 자신은 『시창작론』(조지훈·박두진 공저, 선문사, 1955), 『시문학개론』(정음사, 1961; 1972년 『시문학원론』으로 개정), 『한국의 현대시』(일지사, 1969) 등의 시론서를 펴냈다.[2] 또 넓게 보아서는 『미당수상록』(민음사, 1976)을 그의 시론서에 포함시킬 수 있을 것이다. 비록 서정주의 시론들이 시정신과 대상, 방법론과 독자의 통일된 연관하에 쓰여진 글이 아니라서 그럴 수도 있겠지만, 위의 책들이 전혀 서정주의 시세계를 논리화하는 데 불필요한 것이 아니라면, 서정주 시론의 재구성은 전혀 무의미한 것이 아닐 것이다. 그리고 이러한 접근은 그의 시가 보여 준 변화 양상을 준별하는 데도 일정한 도움을 줄 수 있을 것으로 판단된다. 일차적으로 시인의 평가는 시작품을 통해서 이루어진다. 하지만 이러한 평가가 시대의 기대지평과 전혀 분리될 수도 없는 것이라면 시인의 시론 형성과 변모는 시적 진술과 구별되는 산문적 진술의 양태로서 전해지게 마련이다. 미당의 시론서들은 산문적 진술을 통한 시적 세계의 보충물이라는 입장에서 바라보아야 할 것이다.

---

1) 이광수, 「지훈과 미당의 시론 비교」(고려대 석사논문, 1984); 신범순, 「서정주에 있어서 '침묵'과 '풍류'의 시학」(『한국현대시론사』, 모음사, 1992); 송희복, 「서정주의 한글 시론」(『해방기 문학비평 연구』, 문학과지성사, 1993) 그밖에 고은의 「서정주 시대의 보고」(『문학과지성』, 1973.3)는 당시까지 서정주의 전체적인 면모를 다루었는데 시인의 산문과 시론들을 상당 부분 이해한 바탕 위에서 쓰여진 글이라고 할 수 있다.
2) 이 책들은 『서정주 문학전집』 2권, 일지사, 1972에 수록된다. 이후 서정주의 글들에 대한 인용은 『서정주 문학전집』에 의한 것으로 글명, 『서정주 문학전집』, 면수만을 기록하기로 한다.

2. 생명과 예지의 시

미당 서정주 시의 시사적 위치 혹은 위상에 대한 점검은 역설적이게
도 시인 자신에 의하여 마련되었다. 그는 『시인부락』의 주변을 정리하
는 가운데 유치환과 더불어 자신을 '생명파' 혹은 '인생파'의 시인으로
자리매김한 바 있다. 비교적 이른 시기에 설정된 좌표이어서 과연 이것
이 그의 시사적 위상에 대한 규정으로서 적합한가에 대한 의문이 전혀
없는 것은 아니다. 하지만 『화사집』과 『귀촉도』의 일부가 포함되는 그
의 초기 시를 논할 때, '직정언어의 표현'과 함께, 생명과 인간은 서정주
시의 중심된 관심이라고 할 수 있다. 따라서 '직정미학의 파고'라는 서
정주의 초기 시에 대한 문학사적 명칭은 '생명에 대한 자각'이라는 의
미를 내포하면서 직정언어의 표현이라는 그 형식적 층위를 동시에 지시
하고 있다.[3] 지금까지 서정주에 대한 수많은 연구가 있었지만 '생명과
인간'의 본질적인 접근이라는 항목은 그의 시세계를 이해하는 데 있어
서 필수적인 관문이었다.[4] 역으로 이러한 태도의 절대화는 서정주 시의
온전한 이해라고 할 수 없다. 이것은 서정주의 시에 대한 태도, 이를테
면 정신적인 측면만이 부각된다는 한계에 부딪히게 된다. 서정주의 시
에 대한 본원적인 태도가 그렇다고 해도 이것 때문에 그의 시가 주목의
대상이 되어 온 것은 아닐 터이다.

> 直情言語 — 수식없이 바로 사람의 심상을 선느낄 수 있는 그러한 말들을 추
> 구하는 것이 당시의 내 理想이었던 것이다. 그 결과로서 形容詞 대신에 좋든
> 언짢든 행동을 표시하는 動詞의 集團이 내 詩에 등장하게 되었음은 물론이다.[5]

---

3) 김용직, 「직정미학의 파고」, 『한국현대시사』 2, 한국문연, 1996.
4) 윤재웅, 「서설, 몇 가지 문제와 관련하여」, 『미당 서정주』, 태학사, 1998 참조.
5) 「나의 시인생활 약전」, 『서정주 문학전집』 4, 200면.

해방 이후에 쓰여진 위의 글은 그의 시가 내용적인 측면에 있어서 내실을 키워갔던 것과 마찬가지로 형식(표현)적인 측면에서도 하나의 입각점이 생겼다는 것을 의미한다. 그는 이러한 측면에서 쓰여진 시로 「부활」을 예로 들고 있다.[6] 따라서 『화사집』을 출간하기 전후인 1940년 무렵부터 이러한 시도가 이루어졌으며, 이는 자연스럽게 해방 이후 『귀촉도』와 『서정주 시선』으로 이어진다고 볼 수 있다.

그렇다면 이러한 입각점은 어떻게 만들어진 것인가를 살펴보고자 한다. 그는 「시의 이야기―주로 국민시가에 대하여」를 발표한 바 있다.[7] 이 글에서 서정주의 시에 대한 입론이 구체적으로 이루어졌다고 말할 수는 없다. 다만 시의 언어는 그 원형을 찾아서 이루어져야 하고, 시인이라면 모름지기 '자국민의 성격의 발견'에 그 주안점이 두어져야 함을 강조하고 있을 따름이다. 그의 이러한 지적은 이후의 시론에서도 재차 강조되는 점이라는 점에서 주의를 필요로 한다. 하지만 우선 '국민시가'라는 명칭에서 알 수 있듯이 이 글은 대동아공영권의 구호가 한창이던 일제 말기에 쓰여진 글이라는 점을 유념하지 않을 수 없다. 그는 우리의 경우에 보들레르나 랭보와 같은 시인의 시세계에 도달한 시인이 있었는가에 대해 비판하고 동시에 적어도 우리는 괴테나 푸슈킨과 같이 온 국민이 칭송할 수 있는 시인이 되어야 함을 강조하고 있다. 앞에서 말한 것처럼 그것의 가장 기본적인 요건은 '자국민의 성격과 발견'에 있다고 할 수 있다. 신진 시인으로서의 포부가 느껴지는 대목이라고 할 수 있다.

한편 이 글에서는 박용철이 「시적 변용에 대하여」에서 말한 시의 절대적인 경지에 대한 기술이 재차 반복되고 있고, 정지용과 김영랑의 시들을 당시로서는 시문학의 대표적인 성과로 평가하고 있다. 이런 점으로 보아서 그는 『시인부락』과 『화사집』을 통해서 일정한 성과를 내고는 있었지만 자신의 시론을 구체화시킬 수 있는 단계에는 아직 진입하지

---

6) 서정주, 「일종의 자작시 해설―「부활」을 대하여」, 『시창작법』, 선문사, 1949, 100면.
7) 서정주, 「시의 이야기―주로 국민시가에 대하여」, 『매일신보』, 1942.7.13~17.

못한 것으로 볼 수 있다. 아직은 모더니즘의 설익은 모방에 대한 비판과 민족의 고유한 감성의 표현이라는 과제 앞에서 시문학파의 시와 시론을 시적 성과의 최대치로 손꼽고 있다.

서정주의 시의 대한 견해가 구체적으로 개진되기 시작한 것은 「시의 표현과 그 기술—감각과 정서와 표현의 단계」를 통해서이다.[8] 서정주는 해방 이후 시론을 본격적으로 발표하게 되는데 그 가운데에서 가장 논리의 체계가 갖추어져 있는 글이다. 이 글에서 시인은 시의 단계를 셋으로 구분하고 있다. 감각적인 시와 정서적인 시 그리고 예지의 시가 그것이다. 어떤 의미에서 보자면 시의 단계를 단순히 구분한 것으로 볼 수도 있겠지만, 시가 나아가야 할 지향점을 설정하고 있다는 의미에서 시인의 의도를 엿볼 수 있다. 각각의 시는 그 층위가 다름으로 해서 서로 구별된다. 또한 감각적인 시나 정서적인 시는 예지의 시보다 그 본질에 있어서 한계를 갖는다.

서정주에 의하면 감각의 시는 순간적이요, 향락 감정을 표현한 것이며, 정서의 시는 비교적 항구적 정태를 표현하려 한 것이다. 그가 이 정서의 시에 포함되는 시인으로서 그가 예로 든 선배 시인은 김소월과 김영랑이다. 그는 다음과 같은 의문을 제기한다. 즉 정서의 시인인 그들이 한결같이 비애와 회고에만 젖어 있었던 것은 무엇 때문이었을까 하는 점이다. 그는 이것을 "피압박 민족이요 늘 빼앗기고 쫓기던 식민지의 시인인 까닭"[9]에서 찾고 있다. 그렇다면 예지의 시란 식민지 시대의 비애와 회고를 지양하는 시의 세계를 지칭한다고 할 수 있다. 그는 시란 정서의 표현이라는 것을 무정하지 않으면서 시인은 그 성서의 세계에 침잠 하는 것이 아니라 그 정서가 축적된 가운데에서 취사 선택을 할 수 있는 능력을 키워야 한다고 말한다. 이것이 서정주가 제시한 시적

---

8) 서정주, 「시의 표현과 그 기술—감각과 정서와 표현의 세 단계」, 『조선일보』, 1946.1. 20~24면.

9) 서정주, 「일종의 자작시 해설—「부활」을 대하여」, 『시창작법』, 선문사, 1949, 67면.

구경의 한 측면이라고 할 수 있다.

서정주는 이를 '예지' 혹은 '묘법'이라는 말로 표현하고 있다. 이를테면 "우리가 가지고 있는 모든 정서를 통솔할 수 있는 한 '사상'의 재건"이 예지 혹은 묘법의 시가 가져야 할 자세이다. 이는 시인의 시론을 관통하는 최초의 진단이라고 할 수 있다. 여기에서 서정주의 시적 가치에 대한 집요함을 엿볼 수 있다. 이러한 그의 태도는 그의 시세계에서도 줄곧 이어지는 중요한 사상이다. 그리고 이러한 생각의 자양분을 서정주는 특히 김소월에서 이끌어 오고 있다.

해방 이후의 시론의 특징 가운데 하나를 들라면 소월에 대한 관심을 지적할 수 있다. 생명과 인생에 대한 관심이 많았던 '시인부락'에 속한 문인들에게 그러한 관심이 증폭되었다는 점을 간과할 수 없다. 우선 김동리는 「청산과의 거리」에서 김소월의 시세계를 조명한 바 있다.[10] 오장환도 「조선시에 있어서의 상징」 등을 통해서 김소월에 대한 조명하고 있다.[11] 이와 함께 서정주도 「김소월시론」을 통해서 소월에 대한 시사적 의미를 반추하고 있는데[12] 소월에 대한 관심은 근대시사의 전통을 확인하는 작업임과 동시에 시의 본질에 대한 천착과 맞물려 있다고 할 수 있다. 서정주는 「김소월시론」을 통해서 소월을 한국의 정서 혹은 민족의 정서를 표현한 시인으로 높이 평가하고 있다. 그는 소월에게도 단테의 『신곡』에 등장하는 베아뜨리체와 같은 연인이 있었을 것으로 유추하고 있다. 소월에게 그러한 영혼의 여성이 있었는지의 사실 여부는 빼고서라도, 그의 시세계에서 나타나는 여성상은 단테의 베아뜨리체와 흡

---

10) 김동리, 「청산과의 거리」, 『문학과 인간』, 백민문화사, 1948.
11) 오장환은 「조선시에 있어서의 상징」(『신천지』, 1947.1). 이외에도 「소월시의 특성」 (『조선춘추』, 1947.12)과 「자아의 형벌」(『신천지』, 1948.1) 등의 글을 발표한 바 있다.
12) 서정주, 「김소월시론」, 『해동공론』, 1947.4. 이후에도 서정주의 김소월에 대한 관심은 지속적으로 나타난다. 그의 「김소월시론」은 이후에 보완 확충되어 「김소월과 그의 시」(『한국의 현대시』, 일지사, 1969)에 이르게 된다. 이 글은 소월시에 나타난 사랑·애인·정한·종교의 의미를 다루고 있다는 점에서 주제적 비평에 속하는 글이라고 할 수 있다.

사함을 강조하고 있다.

그런데 서정주가 찾고자 하는 것은 그러한 영혼의 세계에 대한 감식만이 아니었다. 서정주는 시인으로서 그러한 영혼의 세계에 어떻게 육박해 들어갈 것인가에 대한 관심 또한 컸다. 적어도 서정주는 김소월에게 "개념이 아닌 사랑의 소유자—그렇게 때문에 필연적으로 가장 타당한 이해자"라는 월계관을 수여하고 있다. 그것은 삶의 본질적인 언어가 육박해 들어간 경지에 대한 찬사라고 할 수 있다. 이어서 서정주는 "소월의 이러한 현실은 사람의 갖아야 할 기본적인 현실"이라고 말함과 동시에 "그럼으로 이 현실은 절대로 소멸하는 일이 없이 면면히 흘러서, 고려와 이조의 부유들이 한 개의 소화불량한 아류법으로서 민족을 율(律)하려 하든 시절에 있어서도"13) 이어진 전통이라고 그 위상을 부여하고 있다. 이러한 발상법은 전대의 강한 개성을 지닌 시인으로서 소월을 드러냄과 동시에 자신도 그러한 강한 개성의 시인이 되고자 하는 의욕의 소산이라고 할 수 있다.

이를 통해서 해방 이후 서정주 시의 입각점이 형성되어 가는 과정을 알 수 있다. 이에 대해서 고은은 김소월의 "시적 재능은 시문학사상 그를 독립시키기 전에 바로 서정주에게 흡수되어서 완강한 배반을 당한 것이다"14)라고 말한 바 있다. 그의 과장된 설명은 얼마나 김소월과 서정주의 시세계가 친연성이 있는가에 대한 역설적인 표현이다. 그렇다면 서정주가 김소월을 사사함으로서 얻은 것은 무엇일까를 살펴보아야 할 것이다. 시인 자신도 정지용의 언어수식에 한동안 발목을 잡히지 않을 수 없었다고 말한 바 있는데, 김소월을 봉해서 서성수는 성지용의 형용수식적인 모더니즘의 세계에서 벗어날 수 있는 계기를 마련한 것이다. 형식수식적이고 언어가공적인 시의 세계보다는 시가 지향하는 본원적인 세계의 탐색이 서정주의 시의 일차적인 목적이 되었다. 다시 말하면

---

13) 서정주, 「김소월시론」, 『시창작법』, 선문사, 1949, 124면.
14) 고은, 「서정주 시대의 보고」, 『서정주 연구』, 동화출판공사, 1975, 292면.

'직정언어'란 형용수식의 탈피뿐만이 아니라 본질에 대한 실감과 그것
의 표현을 의미한다.

3. 시적 언어와 표현의 관계

　지금까지 서정주의 시세계 혹은 언어관에 대한 평가가 순조로웠던
것은 아니다. 비판의 선편을 잡은 이는 김종길이었다. 그에 의해서 서정
주 시에 대한 본격적인 비판이 제기되었다고 볼 수 있다. 그는 만해 ·
영랑 · 지용 · 이상 등과 같이 서정주의 시 작품 역시 시의 새로운 영역
을 개척한 '실험'의 결과라는 점에서 그 시사적 위상을 평가하면서도
다음과 같이 비판을 확대한다. 김종길은 당시 서정주의 시가 보여 준
변화는 시의 소재가 되는 경험 영역의 확대를 통해서 이루어진 것으로
판단하였다. 이러한 변화는 광의의 실험에는 속할는지 모르지만 실험의
본질적인 속성, 이를테면 시의 매재(medium)인 언어를 통한 본질적인 실
험은 아니라고 볼 수 있다. 따라서 이 글은 서정주의 시에서 보여 준 변
화는 '언어의 새로운 가능성을 시험하려는 것'이 아니라 '소재나 경험의
새 영역을 발굴'한 것에 지나지 않는다는 비판으로 귀결된다.[15]
　이에 대한 서정주의 반론도 이어졌다. 그는 "고대부터 있어 온 사유
형태거나 감응태도라 해서 '고대부터'라는 이유만으로 현대에 꼭 필요
없는 것이 되는 것도 아니다. 또 현대에서 아주 낡은 것이 되는 것도 아
니다"라고 전제한 뒤, "고대로부터 내려오는 사유태도나 감응태도는 현
대가 설정한 모든 것의 악이 되는 경우도 있다. 그 첫 번째가 지금 내가

---

15) 김종길, 「실험과 재능—우리 시의 현황과 그 문제점」, 『문학춘추』, 1964.9(『시론』, 탐
　구당, 1965, 127면).

말해 오고 있는 '영통자로서의 역사참여'다"라고 자신의 입장을 분명히 밝히고 있다.16) 사실 당시에 서정주는 김종길이 말하고 있는 것처럼 '시골 무당이나 점쟁이의 것 같은 언어'에 개인적으로 관심이 전혀 없었던 것은 아니며, 고대의 본질적인 사유 형태나 종교 형태에 관심이 있었던 것도 사실이라는 말을 하고 있는 셈이다. 그러나 아쉽게도 김종길이 지적한 시에 있어서의 언어의 문제에 대해서는 서정주가 답변을 미루어 분명한 논쟁으로 이어지지는 못했다.

  그렇지만 논쟁을 통해 서정주의 입장을 분명히 알 수 있는 계기가 되었다. 그에 의하면 김종길이 지적한 '시골 무당이나 점쟁이의 것 같은 언어'는 일종의 샤머니즘을 지향한 언어적 표현을 가리키는 것이라고 볼 수 있다. 이에 대하여 서정주는, 최남선이 말하고 있는 살만주의(薩滿主義), 혹은 샤머니즘이란 용어를 '영통주의(靈通主義)'로 보고 이를 보정(補正)하고 있다.17) 그는 영통주의를 영혼의 실재성에 대한 믿음에서 기인한 보편적인 종교적 관념으로 인정하자는 것이다. 이때 영통주의는 '혼교(魂交)'와 같은 말이다.18) 그리고 서정주가 강조하는 것은 이러한 사유 형태가 불교와 유교·기독교와 다르지 않으며 다른 종교와 공통되는 고대적 사유와 종교적 형태를 띠고 있다는 점이다. 이것을 인정하는 것이 한국적 전통성의 근원을 인식하는 바른 길이라는 것이다. 서정주는 당시에 이러한 고대적 사유에 대한 추적과 표현을 그의 시적인 과제로 삼고 있었던 것이다.

  김종길은 이후에도 누차 자신의 입장을 강조한다.19) 만약에 서정주의

---

16) 「내 마음의 현황─김종길의 「우리 시의 현황과 그 문제점」에 답하여」, 『서정주 문학전집』 5, 284면.
17) 최남선은 M. A. Czaplicka, *Aboriginal Siberia*(Oxford, 1914)를 중심으로 '살만주의(샤머니즘)'를 소개한 바 있다. 최남선, 「薩滿敎劄記」, 『계명』, 1927.5(『육당 최남선 전집』 2, 현암사, 1973)와 M. A. 챠플리카, 이필영 역, 『시베리아의 샤머니즘』, 탐구당, 1994 참조
18) 서정주, 「한국적 전통성의 근원」, 『세대』, 1964.7(『서정주 문학전집』 2, 300~301면).
19) 김종길, 「시와 이성」(『문학춘추』, 1964.9)과 「실험의식과 작품의식」(『문학춘추』, 1965.1) 등을 참조

사상과 신념이 그렇다면 어쩔 수 없는 문제이지만, 그는 시의 문제를 강조하고 있다. 다시 말하면 이는 시에 있어서의 언어 문제라고 할 수 있다. 김종길은 이를 다른 말로 시의 '이성적 구조'라고 지칭하고 있다. 김종길은 서정주의 시가 '혼교'니 '영통'이니 하는 세계관의 경사에 따라 이성적 구조가 약화되었다는 지적을 하고 있는 것이다. 이를테면 시가 시어로 표현되고 이를 통해서 시적 의미가 전달되어야 시적인 감흥이 독자들에게 전달될 수 있는데 그것을 결여했을 때 과연 그것을 시적인 표현으로 볼 수 있는가의 문제이다. 서정주의 입장에서는 자신의 세계관에 대한 이해 없이 현실적인 문맥을 통해서 시를 이해하려는 의사소통의 방법은 시의 언어를 물질적으로만 바라보려는 근시안적인 태도라고 보고 있다. 서정주는 이에 대한 비판을 직접적으로 제시하지는 않는다.

김종길이 서정주의 시에 대하여 '이성적 구조'의 결여를 지적하였다면, 김우창은 서정주의 시에서 '변증법적 구조의 실패'를 지적하고 있다. 서정주는 매우 고무적인 시적 출발을 보여 주었으나, '경험과 존재의 모순과 분열을 보다 넓은 테두리에 싸쥘 수 있는 변증법적 구조'로 발전시키지 못하였고, 대신에 '일원적 감정주의'와 '자위적인 자기만족의 시'가 그 자리를 채우게 되었다는 것이다.[20] 이러한 지적을 통해 볼 때 김우창은 서정주의 시가 '경험의 모순을 계산할 수 있는 구조'의 제시에 도달하기를 바랐던 것이다. 김우창이 말한 '서정주의 실패는 한국시 전체의 실패'라는 말은 이렇듯 양가적인 의미와 가치평가에서 나온 것이다.[21]

적어도 1960년대의 시단은 김종길이 파악하고 있듯이 실험의식이 팽배해 있던 시기다. 신진 시인들의 두드러진 활동과 함께 기성시인들은 시적인 쇠퇴를 분명하게 보여 주고 있었다. 그것은 기성시인들의 역량

<hr />

20) 김우창, 『궁핍한 시대의 시인』, 민음사, 1977, 66~67면.
21) 김우창, 「미당 선생의 시」, 『떠돌이의 시』, 민음사, 1976, 124면. 이 글에서 김우창은 서정주의 시세계를 '복받을 처녀의 순응주의' 혹은 '굽음의 실천철학'으로 규정함과 동시에 서정주 시의 시사적 위상과 영역에 대한 조심스러운 옹호를 시도하고 있다.

의 문제가 아니라 현대시가 요구하는 새로운 시험에 대한 준비가 결여되었음을 의미한다. 동시에 그것은 언어의 자각이라는 측면에서 받아들여지는 것이지만 시의 언어적 실체를 깨닫는 순간 문학의 본래적인 인식이 함께 수반되어야 함을 의미한다. 또한 이는 문학의 영역이 언어의 수사적·기술적인 표현에만 있지 않다는 것을 의미하기도 한다. 신진 시인들은 이러한 두 가지의 문제를 동시에 수행해야 한다는 과제를 떠맡기에 이른다. 어쩌면 내적인 분열이 아슬아슬하게 유지되고 있는 형국이라고 볼 수 있다. 그러나 이것은 한편으로 사회의 의사소통 역할을 문학이 해주기를 바라는 현실의 강력한 요구에 의해, 다른 한편으로는 문학의 본원적인 구축을 이루어야 한다는 내적인 명령에 의해 갈등을 하지 않을 수 없게 된다.

그런 면에서 서정주의 시는 당시에 매우 낯선 것이다. 이 두 가지를 해결하기 위해서 갈등이 보이지 않는 세계는 현실적이고, 이성적인 대상이 아닐뿐더러 그것이 문학의 본질에 접근하고 있다는 확신을 갖지도 못하기 때문이다.[22] 반대로 서정주의 입장에서는 이러한 갈등하는 현실에게 자신의 세계를 언어적으로 표현해야 한다는 과제와 함께 그것이 현실로 환원될 수 없는 비본래적 언어, 순수한 언어라는 점을 끊임없이 상기시켜야만 했다. 이성과는 반대편에 본래적인 언어에 대한 탐색은 새로운 가치관의 모색을 수반하지 않을 수 없었는데 그것은 현실의 이성과는 다른 시적 이성, 혹은 문학적 이성을 의미한다.[23] 그러나 그것은

---

22) 이런 섬에서 서성주 시에 현실성이 실녀되어 있나는 시식이 가능하게 된나. 구궁시, 「서정주와 현실도피」, 『청맥』, 1965.6; 염무웅, 「서정주와 송욱의 경우—60년 한국시」, 『시인』, 1969.12; 이성부, 「서정주의 시세계」, 『창작과비평』, 1972년 겨울; 최두석, 「서정주론」, 『선청어문연구』 20집, 서울대 국어교육학과, 1992.9.

23) 각주 21에서와 같은 김우창의 서정주에 대한 평가의 기저에는 시에 있어서의 언어는 일상적 의사소통적인 한계를 뛰어넘는 곳에서 시작해야 한다는 명제의 확인에서 비롯된 것이라고 할 수 있다. 언어의 일상적 의사소통적인 한계를 뛰어넘는 곳에서부터 문학적 언어는 시작되는 것이라고 볼 수 있다. 한국의 시문학사는 이러한 경계를 뛰어넘는 도약을 위한 실험을 해왔다고 보는 것이 더 정당한 시선일는지 모른다. 그런

당시에 존재하지 않는다는 것이 서정주의 판단이었다. 이는 본래적인 언어의 탐색과 표현이라는 문제와 함께 새로 구축해야 할 미개척지의 영역일 뿐이다. 그리고 서정주가 탐색해서 도달한 지점이기도 하다.

앞에서 살펴 본 서정주의 면모는 기존의 문학사적 평가에서 그를 반근대주의로 볼 수 있는 근거를 제공한다.24) 아울러 이러한 접근은 경향파 문학에 대한 반대의 입장으로까지 확대된다. 서정주 자신이 주지주의와 경향파 문학에 대한 대타의식이 있었다는 것은 분명하지만 이러한 접근은 서정주의 시사적 위상을 평가하는 데 있어서 얼마나 유용성이 있는지에 대해서는 의심이 든다. 반근대주의적으로 규정된 시인의 시세계가 관심의 초점이 되어 온 것은 아니기 때문이다. 이러한 평가는 서정주의 시세계에 대한 외연적인 관심으로 이어진다. 그의 시세계가 갖고 있는 현실과의 거리가 자주 거론된다. 그의 신라에 대한 관심, 전통에 대한 관심은 시인의 비현실적 탈세계관의 반영이라는 비판이 줄곧 이어졌다. 이 때문에 그는 순수·참여 논쟁에도 참여하게 되는데 이때 그는 순수문학의 옹호라는 입장을 취하고 있다.25) 서정주의 발언은 지난 시기의 경험에 대한 자신의 육성적인 발언이어서 논쟁을 유발시키기보다는 자신의 문학관을 공고히 하는 계기가 되었다고 보인다. 더욱이 지난 시기 순수·참여 논쟁이 순수와 참여의 어느 한 쪽의 입장만을 강조하는 형편이어서 그것의 우열성을 통해서 서정주의 문학관을 바라보는 것은 단선적인 이해를 넘어설 수 없다.

서정주는 언어의 절대성과 물질성에 일종의 반기를 든다. 고은은 이를 가리켜 "한자의 끊임없는 간섭, 관념어, 그리고 토속어의 열도들을 거부한 상태의 화농성"26)의 표현으로 보고 있다. 서정주와 1930년대 〈시

점에서 한국의 현대시는 좀 더 논리적이고 이성적인 발판을 구축하려고 노력했다.
24) 김윤식, 「문협정통파의 정신구조」, 『한국근대문학사상비판』, 일지사, 1978; 황종연, 「한국문학의 근대와 반근대」, 동국대 박사논문, 1991; 한형구, 「일제말기 세대의 미의식에 관한 연구」, 서울대 박사논문, 1992.
25) 서정주, 「사회참여와 순수개념」, 『세대』, 1963.10(『서정주 문학전집』 2, 289~295면).

문학파> 이래 <청록파>로 이어지는 순수시와의 구분은 언어의 절대화라는 이면에 감추어진 언어의 물질성에 대한 과감한 탈피에서 이루어진다. 그것은 언어의 랑그적이 아닌 파롤적인 측면의 강조, 언어의 자의적인 연관이 가져올 수 있는 창조성을 발견했다는 측면에서 언어의 자율성을 신장시켰다는 평가를 가능케 한다. 유종호는 이러한 서정주의 성과를 광의의 모더니즘이라는 관점에서 설명하고 있다.27) 하지만 서정주가 주지주의에 대해서 어느 누구보다도 강한 부정적 의사를 개진했다는 점을 떠올린다면 모더니즘이 갖고 있는 근본적인 한계에 대한 자각이 토속적인 근대화를 가능하게 하였다는 것으로 정리할 수 있겠다.28)

오히려 박용철·정지용·조지훈 등으로 이어지는 순수시에 대한 관심은 서정주에게서 불거졌는데 이들과 서정주와의 차이점을 살피는 것이 서정주의 시사적 위상을 살피는 데 도움이 된다. 범박하게 말하자면 <시문학파>의 박용철과 정지용 그리고 <청록파>의 시인들로 이어지는 시관은 '유기체의 시론'이라는 범주에 속한다. 앞에서 정지용과의 차이를 통해 입각점을 마련한 서정주의 시관을 살펴보았다. 서정주의 시에 대한 태도와 이른바 '유기체 시론'과의 차이점은 언어를 대하는 태도의 차이에 있다고 보여진다. 유기체 시론의 경우 시라는 대상을 하나의 유기체로 보는 관점에서 언어는 고정된 수단이며, 벗어날 수 없는 매재인 것이다. 문제는 이러한 언어의 절대적 관점이 시라는 대상과의 유기체적 관련에 있어서는 제한으로 작용한다는 점이다. 조지훈의 『시의 원리』에서도 시란 영혼의 표현이라는 관점에서 크게 진전되지 않는데 그것도 같은 맥락에서 이해될 수 있다.

여기에서 다시 시의 표현 대상은 무엇인가 하는 문제가 제기된다. 서

---

26) 고은, 앞의 글, 292면.
27) 유종호, 「모더니즘의 공과」, 『20세기의 문예』, 박우사, 1964, 241면.
28) 이에 대해서는 황현산, 「서정주, 농경 사회의 모더니즘」, 『미당연구』, 민음사, 1994와 강경화, 「미당의 시정신과 근대문학 해명의 한 단서」, 『반교어문연구』 7집, 반교어문학회, 1996 참조.

정주는 동시병존(同時竝存)의 대상이 시의 표현 대상이 될 수 있음을 내세운다. 동시병존이란 현실의 시간과 공간을 뛰어 넘어 한 곳에 동시적으로 출현할 수 있게 하는 마음 혹은 정서의 상태라고 보이는데 서정주는 이러한 동시병존의 예들은 시에서 혹은 문학에서 다루어질 수 있는 대상이라는 것이다. 앞에서 설명하였지만 서정주는 「김소월시론」에 이어 김소월에 대한 확장된 견해를 발표한다. 그 가운데 한 구절을 인용하면 다음과 같다.

> 詩의 對象이라고 하여 文學 一般의 對象이나 精神生活 一般의 對象과 다른 것은 아니다. 生死를 가진 우리 人間이, 人間과 自然의 幽界−저승을 對象으로 하듯이 詩도 그럴 수밖에 없다. (이밖에 未來라는 것을 생각할 수도 있으나, 이것은 결국 過去와 現在의 土臺 위에 이루어지는 抽象밖에 안되는 이상 別個의 質量을 主로 해서 성립하는 것이라면 이것을 따로이 對象의 한 部分으로 設定할 理由가 없겠다.) 人生이 그런 것과 마찬가지로 詩는 사람과 自然과 幽界의 길−이 세 개의 領地의 어느 하나를 巡禮하거나 또는 이 세 개의 領域에 同時竝存하는 데에서 精神을 經營할 밖에 없다.29)

시의 대상은 인간의 삶을 영위하는 데 있어서 마주치게 되는 대상과 다르지 않다. 이것이 서정주의 시세계를 핵심적인 요체이다. 〈생명파〉 혹은 〈인생파〉라 불리는 시적 출발의 지점과 일치하는 것이라고 볼 수 있겠다. 여기에서 한 발 더 나아가 그는 유한한 인간으로서 유계(幽界)를 설정하고 있다. 저승이라고 불리는 피안의 세계에 대하여 인간은 자연과 마찬가지로 소멸될 대상에 불과하다. 따라서 시는 인간을 말하고 자연을 그리며 유계의 길을 따라갈 따름이다. 그런데 이 세 가지 대상은 인간의 삶과 함께 한다는 데 주의해야 한다. 세계−내−존재로서 인간의 유한성은 이러한 타자성과 함께 '동시에 병존'하는 것이다. 이러한 동시병존에 대한 인식이 시적으로 발현될 수 있어야 하고 될 수 있다는

29) 서정주, 「시의 대상」, 『시문학원론』, 정음사, 1972, 83면.

것이 시인의 생각이다.

　서정주는 이러한 동시병존의 세계를 보다 구체적으로 시에 적용할 이유를 찾고 있음과 동시에 이를 표현하려고 하였다. 이것이 바로 서정주의 시세계에서 순환론적인 시간관으로 이끄는 추동력이 됨은 명약관화하다. 여기에 미래가 추가된다면 직선적인 시간의 나열에 그치겠지만 그러한 미래라는 것도 과거와 현재의 추상에 의한 개념이다. 그러한 추상화된 개념의 시간을 거부하는 것에서 끊임없이 현재의 나를 반추하는 힘을 얻게 된다. 그리하여 지난 시간의 나와 현재의 나는 대화의 영역에 들게 된다. 여기에서 동시에 과거와 현재가 존재함으로 인해서 각성의 순간에 이르게 된다. 시인은 이를 조금은 능청스럽게 표현하기도 한다.

　　어이 그렇군 그래. 그렇지만 쇠털같이 자욱히 돋아난 날들을 가까이 뵈는 대로 이야기해야지 그게 앞뒤가 좀 바뀐다고 대순가? 하며 그의 이야기를 대신한다. 그러므로 이런 時制의 過去도 現在도 사람의 興趣에 따라서는 역시 同時並存할 수도 있는 것이니까?[30]

　따라서 서정주가 말하고 있는 동시병존이란 문학적 실재라고 부를 수 있는 현실에의 참여, 그 실재에 대한 참여의 모색을 정리한 것이라고 할 수 있다. 훗날 『산시』에서 말하고 있는 '부조화의 조화'란 이러한 '동시병존'의 시적인 표현을 번안한 개념이라고 할 수 있다. 그리고 이를 통해서 시인은 '시인이란 무엇인가'에 대한 생각을 정리하고 있는 것처럼 보인다. 시인은 현실과 유계를 연결하는 메신저이면서 그것의 표현을 가능케 하는 자이다. 『석사 장이소의 산책』에서 나룻배를 젓는 사공도 현실과 유계의 사이에서 시인의 역할과 흡사함을 비유적으로 표현한 것이라고 보아야 한다. 니체의 영원회귀와 노자의 화광동진(和光同塵)은 이렇게 서정주의 시론에서 굳건한 기반으로 자리잡고 있다.

　30) 서정주, 『석사 장이소의 산책』, 삼중당, 1977, 110면.

4. 순수시의 자기 완성

서정주는 시인으로서 시와 산문의 구분에 적극적인 의미를 부여하였다. 이를테면 시와 산문의 영역은 다르므로 그 표현 방식에 있어서도 차이가 있다는 것이다. 아마도 이것이 서정주의 시론에서 다루어지고 있는 대강의 내용이라고 할 수 있겠다. 서정주의 시론에 있어서 가장 큰 특징 가운데 하나는 지성에 대한 부정적 의식이다. 이른바 주지주의에 대한 비판이 가장 큰 특징이라고 할 수 있다. 그가 지성이라는 말을 사용할 때도 있지만 이는 개념적인 의미에서의 지성이라기보다는 그의 세계관이 투영된 의미에서 사용되는 경우라고 할 수 있다. 이때 지성의 의미는 확충되어 보다 시적인 의미에서 다루어지는 것이다.

이른바 지성이라고 할 때 시인이 지적하고 있는 바와 같이 가장 많이 결락되어 있는 부분은 '실감'이라고 할 수 있다. 개념적인 의미에서의 지성이라는 말은 실감을 버리고 그 형체만이 남아 있는 상태를 의미한다. 이른바 지성이란 개념적으로만 다루어짐으로 인해서 시적인 지향과는 다른 추상적인 대상이 되어질 뿐이다. 이렇게 지성에 의해서 만들어진 시를 그는 '의미의 시'라고 불렀다.

> 원래 詩의 知性이 일반 理論 學問의 지성과 다른 점은, 일반 이론 학문이 純理的 槪念을 두뇌로써 선택하고 결합해 왔던 데 대해, 詩의 그것은, 머리에서만 머무는 것이 아니라 가슴의 감동을 거쳐 독자에게 감동을 줄 수 있는 것으로 전달한 데에 있다. 그러니, 詩는 지성을 주로 하는 경우라 하더라도 意味 理解만을 전하면 되는 것은 아니다. 포올 발레리가 純粹詩論에서 詩의 감동 전달을 강조해 말한 것도 西歐 유럽詩의 그리이스 이래의 그런 전통적 관례를 머리에 두고 말하고 있는 것이다. 그렇게 해서 지성은 일반 理論學問의 지성보다 한술을 더 떠 왔고, 이 한술로 詩가 詩 노릇을 해 온 것인데, 이제 이 한술을 내던져 버린다면 詩는 불가불 死滅해 버리지 않을 수 없는 것이다.[31]

서정주는 일반적인 의미에서의 지성과 시의 지성을 분리시켜 생각하고 있다. 일반적인 의미에서의 지성이란 이론이나 학문 등에서 사용되는 것이다. 이러한 지성은 시의 지성과는 같을 수가 없다. 그는 전자가 머리로 하는 것이라면 후자는 가슴으로 하는 것이란 비유를 들고 있다. 그의 주장을 요약한다면 다음과 같다. 즉 시에 있어서의 독자적인 지성이 있으며, 이것을 서구에서도 전통으로서 지속되어 왔던 것이다. 이것을 부정한다면 시의 장래란 없다고 할 수 있다. 이때 시의 지성이란 "시에는 실감이 있어야 한다"32)는 것으로 요약할 수 있다. 그러한 실감을 혹을 감동을 전달할 수 있는 것이 시의 역할이다. 이를 설명하기 위해서 서정주는 여러 곳에서 폴 발레리를 인용하고 있다.

　　시인 포올 발레리는 그의 詩論에서 言語의 두 직능을 나누어 말하면서, '意味傳達'로 족한 것은 일상 사용어의 경우이고, 詩語의 경우에는 '感動傳達'이라야만 되는 것이라는 뜻의 말을 했다. 그가 이렇게 말한 것은 하나도 그의 특별한 주장이 아니고, 詩의 詩語表現史의 전통을 고려해서 한 말에 불과했다.33)

기실 서정주의 의미의 시에 대한 비판은 폴 발레리를 통해서 이미 이루어졌다고도 볼 수 있다. 달리 말하면 일상 사용어를 통한 의미 전달에 국한될 것이 아니라 시어는 감동을 전달하는 그것이어야 하는데 여기에서 시에서의 언어가 맡고 있는 역할을 주목할 필요가 있다. 그리고 시인이 말한 감동의 전달이란 일상적인 의미에서의 감정의 전달이라는 것과도 구분됨을 지적하지 않을 수 없다. 발레리는 다음과 같이 말하고 있다. "예술의 목표자체와 그 인위적 수단들의 원리는 이상적인 상태에 대한 느낌을 전달해 줌으로써 그 느낌을 획득한 자로 하여금 자신의 본

---

31) 서정주, 「머리로 하는 시와 가슴으로 하는 시」, 『한국의 현대시』, 일지사, 1969, 269~279면.
32) 「시를 하려는 사람들에게」, 『서정주 문학전집』 5, 291면.
33) 서정주, 「시의 상상과 감동」, 『시문학원론』, 정음사, 1972, 165면.

성과 우리의 운명에 대한 훌륭하고 질서정연한 표현을 자발적으로, 쉽게, 결함 없이 산출해 낼 수 있도록 해 주는 것"[34]이다.

이를 다시 부연하면 다음과 같다. 즉 서정주가 말한 일상어의 의미 전달과 감동의 전달은 다시 '직접적인 언어'와 '근본적인 언어'로 나누어 볼 수 있다. 직접적인 언어란 '의사교환의 도구'로서 사용된다. 인간들 상호간의 의사 전달에 유용한 이 언어는 일단 의미가 이해되고 나면 곧 사라지고 마는 특성이 있다. 그런 의미에서 직접적인 언어는 엄밀한 의미에서 볼 때 실질적인 언어(existence reelle)라고 볼 수 없다. 반면에 근본적인 언어란 일상적인 의미의 언어와는 그 차이점이 있는데 상호간의 의사 전달을 통한 공통분모가 없이 존재한다는 의미에 그 특징이 있다. 즉 그 언어는 위력을 만들어내는 도구이다. 근본적인 언어의 목표는 "영혼을 감동시키고 (가장 강력한 의미에서) 영혼의 가장 깊은 밑바닥까지를 뒤흔들어 놓음으로써 그 영혼 속에서 자유롭고 무한정하게 생겨날 수 있는 '열려진' 몽상물의 탄생과 변신을 촉발"시키는데[35] 이 언어는 우리들이 이해하도록 도와준다기보다는 우리들로 하여금 무엇으로 변하도록 만든다. 즉, 폴 발레리가 말한 근본적인 언어란 서정주에게는 '감동전달의 언어'를 뜻한다. 서정주의 이 말은 폴 발레리가 말한 '순수시'의 개념과도 연결되는 듯하다.

> 우리의 '意味'를 위한 詩들은 心理哲學的 斷想을 주로 하는 데다가, 또 詩라 하여 象徵詩의 影響인 듯한 暗示의 뉘앙스들을 牽强附會하기에 애쓰고, 거기다가 다시 새타이어나 위트 같은 것을 이상하게 섞고 있어, 참으로 어떤 心理哲學의 難解한 隨想錄보다도 월등 어려운 相貌를 띠고 있다. 象徵詩의 暗示가 주는 뉘앙스는 원래 影像이나 音響의 具象이 있고서 努力을 내던 것인데, 哲學的 抽象觀念의 組織體에다 이 象徵的 手法을 적용하려하니 그것도 이상한 꼴이요, 주로 文學作品에서 實生活精神 그것을 두고 전개해 왔던

---

34) 정현종 · 김주연 · 유평근 편, 『시의 이해』, 민음사, 1984, 248면.
35) 마르셀 레몽, 김화영 역, 『프랑스 현대시사』, 문학과지성사, 1983, 35~36면.

새타이어나 위트를 그런 心理哲學的 抽象觀念 組織에다 섞으니, 그것도 어쩐지 영 實感이 나지 않고 있다. 이 참으로 畸形的인 '意味의 詩'라는 것에 대해서만은 깊은 再考가 있어야 할 줄로 안다.[36]

서정주는 시에 있어서의 암시력에 상당한 비중을 두고 있다. 언뜻 생각하기에는 시의 암시력은 시의 상징성 혹은 상징시를 통해서 이루어지는 것으로 판단하기 쉽다. 그러나 의미의 시에 대한 비판을 전제한 상징시란 문학의 순수성을 주장하는 카테고리에 갇히기 쉽다. 실감을 갖춘 암시력이 있는 시가 되기 위해서는 의미의 시에서 보여 주는 한계를 넘어서는 것이어야 하고, 이때 이것은 상징시의 범주만으로 해결될 수 없다. 상징시의 암시는 영상이나 음향의 구상을 통해서 이루어지는 것이기 때문이다. 이때 의미의 시는 시에서의 언어의 문제를 다시 재고하는 역할을 한다. 서정주의 입장에서는 철학적 추상관념의 조직체인 것처럼 보이는 의미의 시에 상징적 수법을 적용시키는 것이나 현실에 대한 비판을 위해 고안된 새타이어나 위트를 의미의 시에 결부시키는 것 모두를 부정한다. 가장 큰 이유는 생활의 실감이 이를 통해서 나타날 수 없기 때문이다. 의미의 시에 대한 비판은 해방 후에 서정주가 행한 일련의 시론 가운데 가장 중추적인 역할을 하고 있다. 시인은 의미의 시를 넘어서면서 동시에 상징시의 암시력을 잃지 않는 시를 짓고자 했다. 이것을 범박하게 '순수시'의 개념으로 묶을 수 있을 것이다.

그런데도 서정주는 기실 새로울 것이 없을 수도 있는 순수시론을 다시 논하고 있다. 이러한 대목에 대한 고찰은 이러한 순수시론이 그에게 어떤 영향을 미쳤는지에 대한 접근과 함께 이루어져야 할 것이다.

즉 純粹自我가 지속한다고 생각하는 限 절대적 파괴란 있을 수 없으며, 純

---

36) 서정주, 「시」, 『해방문학 20년』, 정음사, 1966; 「해방 전의 시와 해방 후의 시」, 『한국의 현대시』, 일지사, 1969, 40면.

粹自我를 바탕으로 하여 否定은 스스로를 否定하여 한층 더 높은 次元의 肯
定으로, 말하자면 '存在와 非存在의 차이'를 넘어선 存在의 絶對境으로 들어
가게 된다. 그리고 발레리는 순수시를 주장하는 詩人답게 음악을 통해서도 우
리는 이러한 경지에 들 수 있다고 밝힌다. 그리고 詩가 이러한 존재의 絶對境
에서 혹은 純粹意識의 絶頂에서 (발레리에게 있어서는 이 두 가지가 거의 같
은 것이 되고 말았다.) 탄생하는 것이기는 하지만 그것은 어디까지나 '思想을
변화시키는' 기능을 가진 知性의 本質이 꽃피는 '가장 고귀한 유희'로서의 詩
作品이다. …… 이것이 발레리의 생각일 것이다.37)

　발레리의 영향에 대해서는 앞에서 언급한 바 있다. 위에서 인용한 발
레리에 대한 송욱의 이러한 견해는 서정주에게도 그대로 적용되는 것이
라고 할 수 있다. 서정주가 그의 시론에서 재차 주장하고 싶은 것은 이
를테면 '존재의 절대경'에 대한 탐색이라고 할 수 있다. 이것은 조지훈
이나 김동리가 말한 '구경의 탐색'과도 밀접한 관련이 있다. 박용철·정
지용·조지훈에게서 보이는 순수시에 대한 탐색은 대상으로서의 시에
대한 탐색으로 귀결된다. 여기에서 시의 본질에 대한 탐색은 유기체라
고 하는 시적 대상의 탐색으로 이어진다. 이러한 시에 대한 사고의 한
계는 그러한 시적 우주를 잉태한 시의 탄생이 어떻게 가능한가에 대한
질문으로 이루어진다. 이에 대해서 박용철이 '무화과'의 열매를, 정지용
이 '영육(incarnation)'을 그리고 조지훈은 선(禪)의 정신으로 답한 바 있다.
이러한 태도는 낭만적 실재의 접근이라는 이를테면 헤겔이 말한 낭만적
아이러니의 세계와 크게 다르지 않다. 때문에 낭만적 세계관은 현실과
이상의 구분이라는 측면에서 이상적 세계상의 구현이라는 요구에 긴박
되지 않을 수 없다. 한편으로는 현실의 모사라는 진정한 미메시스의 요
구에 답해야 하는 과제와 함께 이상적 세계에 대한 과도한 경사는 시(문
학)를 신비화시키는 것이 아닌가에 대한 답을 해야만 한다.

---

37) 송욱, 『시학평전』, 일조각, 1963, 276면.

이런 점에서 서정주의 시론의 지향은 대상으로서의 시 그 자체에 놓여져 있는 것이 아니라 시를 탄생케 하는 시적 존재, 다시 말하면 시인에 초점이 맞추어져 있다. 서정주의 시에서 표현은 완결된 시상의 독립된 세계 혹은 우주가 아니라 전달의 매개물이다. 그렇다고 해서 표현에 대한 전적인 무시가 이루어졌다는 의미는 아니다. 서정주에게 시인의 존재와 의식의 세계는 일차적이고 표현은 이에 따르는 이차적인 문제라는 점이다. 따라서 시의 표현에 대한 탐색은 이전의 시인—시론가들보다는 활발하게 이루어지고 있다. 모더니즘의 이론가들 가운데 이러한 문제에 도달한 사람은 김기림이다. 그도 역시 시(문학)의 효용론에 대한 강한 어프로치를 시도한 바 있다. 하지만 그의 시론은 내용과 형식의 결합이라는 형식 논리라는 비판을 받게 된다. 서정주는 김기림의 시론이 대상의 고유한 영역에 대한 접근과 지향을 보여 주었지만, 그것이 가능한 방법의 모색에는 실패했다는 점을 잘 알고 있었다. 김기림은 문학의 이상적 형태를 현실에서 이루고자 하였다. 그러나 일상의 언어와는 다른 감정 전달의 언어로서의 문학적 언어, 혹은 시적 언어에 대한 모색을 이루지 못했다는 점은 그의 가장 큰 한계라고 할 수 있다.

결과적으로 서정주의 서구 지성에 대한 비판은 일상적 언어에 대한 비판으로 이어지고, 다른 한편으로 문학의 표현을 절대화하거나 신비화하지 않는 독자적인 '순수시론'의 시도로 이어진다. 이러한 모색은 서구의 지성을 동양의 지성 혹은 신라의 지성과 대립시키고 있는 점에서도 확인할 수 있다. 이성이 볼 수 없는 세계에 대한 탐색은 초이성적이거나 신비적인 것이 아니라 목사적인 세계관이며 그러한 세계관은 하나의 지성적 체계를 갖고 있다. 그러한 지성은 일상적 언어의 표현과는 다른 표현을 가능하게 한다. 그것은 시적 언어의 표현이며 그것의 지향은 절대 순수의 경지이다. 서정주가 그토록 자아에 강한 집착을 보여 주었던 것은 이러한 과정의 탐색이 중요하다는 것을 강조한 결과이다.

5. 시적 자아의 효용화

범박하게 서정주의 시세계는 몇 단계의 전변(轉變)을 보여 주고 있다. 『화사집』의 관능과 『신라초』 이후의 신라주의와 영원성 그리고 『질마재 신화』 이후의 신화세계가 바로 그것이다. 이것이 그의 전부냐 하면 그것은 아니다. 『떠돌이의 시』 이후에 보여진 그의 시들은 앞서의 시세계가 되풀이되는 양상이 전혀 없는 것은 아니지만, 시인 자신만의 문법을 가진 시들로서 기억될 것이다. 이 글은 그러한 시인의 시작술이 어떻게 구체화되어 갔는지에 대한 탐색인 셈인데 그 키워드를 '순수시'에 두고 있다. 분명 시와 함께 일생을 살다 간 시인에게 '순수시'라는 단어는 하나의 동어반복이요 관용적 수식구에 불과할 수 있다.

그렇지만 서정주에 대한 평가에 있어서 가장 대립적이고 상반적으로 갈려지는 지점은 바로 '순수시'에서 비롯되었다는 점 또한 사실이다. 서정주의 시론이 도달한 지점은 그의 시에 대한 인식이 도달한 지점이기 때문이다. 서정주의 순수시가 문제가 아니라 서정주 자신이 순수시를 끝까지 고집하였다는 것이 문제였다고 말한다면 잘못된 판단일까? 그것의 포기는 시의 여러 현상적인 특성을 버리는 것보다 훨씬 어려운 일이었을 것으로 유추할 수 있다. 관능에서 영원성으로 그리고 다시 신화의 세계로 가는 그의 끊임없는 여정은 그런 의미에서 '불순한' 순수시이다. 순수시를 드러내려는 노력이 가져온 필연적인 결과인데 그러한 시세계의 여러 특성들이 시의 본질을 드러내지는 않는다. 사실 절대적인 순수시란 본질의 영역에 속한다고 할 때 현실에서는 불가능한 것이다. 그럼에도 불구하고 그것의 추구가 시인이 버릴 수 없는 '황금깃털'이라면 그 운명에 따르는 것 또한 시인의 본원적인 자세일 것이다. 그런 불순한 순수시의 정화가 서정주 시의 목표인 셈이다. 관능과 영원성, 신화의 세계와 그 이후에 이어지는 그의 시세계의 모든 과정은 순수시를 목표로 했으나 '불순한 순수시의 정화'에서 비롯된 불협화이다. 서정주의 시 세계는 이러한 불협화의 진폭이 극대에서 극소로 줄어드는 양상을 보이고 있는데, 서정주의 순수시에 대한 모색과 정립이 이루어지는 시기는 『서정주 문학전집』과 『질마재 신화』 발간 무렵과 거의 일치하는 것처럼 보인다. 시작과 체험을 통한 순수시에 대한 개념이 포착된 이후 그는 더 이상의 이론적 시도를 그치게 되는데 이 지점에서 서정주는 자신의 삶과 문학이 일치되는 것으로 파악한다.

이 말은 서정주의 의도가 문학적으로 표현되어 일반에게 정서적 공감으로 일으켰다는 의미에서 결과적인 해석이다. 삶과 문학의 일치를 위한 시인의 노력이 일단의 결실을 맺었다고 보는 것이다. 이에 대한 공감은 서정주를 현대시사에서 중시하는 가장 큰 이유이다. 그리고 그것의 시작, 문학과 삶의 일치와 문학적 보편성의 획득에 대한 노력은 그의 문학 전체를 관통하고 있다. 이때 이후의 삶과 문학은 일종의 문학적 참여라고 말할 수 있는데 그러한 문학적 활동이 빚어낸 소음에 시가 가려진다면 역설은 분명 이후 세대의 몫이다. 서정주가 도달한 순수시의 수준을 갖고서 사회적 발언을 그치지 않았다는 것은 일종의 모험이다. 이에 대한 반응은 한국의 현대시가 (순수)시에서 얼마만큼 멀어졌는가를 가늠케 해준다. 이 양자의 조정과 균형을 맞혀줄 새로운 패러다임의 시인이 나올 때까지 미당 서정주는 현재 진행형의 시인으로서 미래의 시사에 존재한다. 끝으로 서정주에게서 현실이란 환원된 현실이며 시적 자아란 환원된 시적 자아이다. 이것의 구분은 매우 쉽지만 이를 체험적으로 밀고 나아갔던 시인의 경우 功過(功過)는 일반인의 경우 반대의 경우로 나타날 수 있다는 점을 지적하기로 한다. 그의 시는 도저한 맹목성의 결과이다.

2부

언어 의식의 확장과 변주

조선어 인식과 문학어의 상상

가람 이병기를 중심으로

1. 대상으로서의 조선어

가람 이병기는 근대문학 초창기의 언어학자이며 국문학자로서 활동하였다. 특히 시조 연구와 시조 창작에 주력한 대표적인 문인으로 기억된다. 기존의 그에 대한 연구는 개별적인 분야에서 한정적으로 다루어져 왔다. 그 결과 이병기에 대한 평가는 무비판적인 긍정과 제한적 긍정을 포함하는 범위 내에서의 비판적 고찰이 주된 내용이었다. 그에 대한 상반된 평가의 근저에는 국학자로서의 이병기라는 실체 때문인 듯하다. 하지만 국학자로서의 이병기라는 평가 역시 단편적이기는 매일반인데 굳이 그 이유를 들자면 근대가 요구하는 체계화에 도달하지 못한 그의 개별적인 입론에 근거한 것은 아니었을까?

그럼에도 불구하고 이병기의 전방위적인 활동을 부정할 수만은 없다.

그는 적어도 1920년대 초반부터 해방 이전까지 지속적인 활동을 보여주고 있다. 근대문학 초창기의 한글운동은 주시경 이래의 국문인식에 기초하고 있으면서, 동시에 시조운동은 최남선 이래의 시조 형식에 대한 남다른 이해와 실증적 인식에 기반하고 있다. 한글과 시조의 연결을 통해 '국어의 문학 혹은 문학의 국어'를 상상해 나아가는 과정은 다른 문인들에게서는 발견할 수 없는 특징이다. 이러한 모색은 '조선문학의 건설'이라는 과제와 밀접한 관련을 맺고 있다. 다시 말하면 변동하는 문학의 내외적인 상황에 대한 철저한 인식을 그에게서 발견할 수 있다. 다른 한편 이러한 활동의 영역은 1920년 이래 벌어진 문화적 민족주의 운동과 중첩된다. 그리하여 이병기의 문학적 특성을 복고적 민족주의와 관념적 심미주의의 표현 양상으로 볼 수도 있겠다. 그렇지만 이 양자의 문학적 경향을 이병기가 온전히 보여 주고 있지는 못하다는 점에서 문제점이 있다.

오히려 다른 문화적 민족주의 그룹의 문인들이 관념적 민족주의 표현을 통하여 심미주의로 나아가는데 장애를 겪게 되거나 복고적 심미주의 경향에서 민족주의의 본질에 도달하지 못하는 경우를 상정해 볼 수 있다. 이병기의 경우에는 언어를 통한 민족주의 표현이 갖게 되는 한계를 문학을 통해 이루고자 하였다. 1920년대 이후의 한글운동에 대한 소극적인 자세도 이러한 이유에서 찾을 수 있으며, 근대문학에 대한 인식에 대해서도 그 과정에 대한 실증적인 인식을 보여 주었다. 그것은 기존의 활동에 대한 부정적 인식으로 나타난다. 이병기가 범주를 달리하여 활농의 영역을 넓혀 온 시속성의 원천은 언어적 혹은 문학직 성황에 대한 현실적 이해라고 볼 수 있겠다. 현실적 활동과 체계의 수정은 조선어에 대한 올바른 인식과 조선문학의 상상적 영역을 재구성하는 것으로 나타난다.

가람 이병기에 대한 연구는 그의 시조세계에 대한 탐색이 주된 관심의 영역을 이루고 있다(김윤식·임선묵·최승범·원용문·최미정·황종연·김제

현 등). 이와 함께 비평사적인 관점에서 보자면 시조부흥론·전통론·고전론 혹은 반근대주의가 논의되는 과정에서 가람의 이름이 거론되고 있다(김윤식·황종연·차승기). 그렇지만 이를 통해서 가람에 대한 전체적인 면모가 조감되었다고 보기는 어려운 것이 사실이다. 초기 어학자로서의 가람이 갖고 있는 위상에 대한 검토가 있었다(안병희). 이 경우에 있어서도 국어학이라는 영역 내에서의 조명이다. 가람에 대한 연구의 관심은 확대되어가고 있는 형편이지만 전체적인 근대 문인으로서의 가람을 설명하기에는 부족한 측면이 있다. 다시 말하면 개별적 분야의 부분적 업적에 대한 평가에서 가람에 대한 논의는 이루어지고 있는 형편이다. 하지만 근대문학의 시야에서 가람이라는 연구 대상이 전체적으로 포착되지 않는다는 것이 가장 큰 문제점이라고 판단된다.[1]

가람에 대한 전체적인 관심이 이루어진 것은 최근의 일이다. 이형대는 「가람 이병기와 국학」(『민족문학사연구』 10호, 1997)을 통해서 수업시대, 한글운동과 국어 연구, 시조부흥운동, 시조 연구, 고전의 주해와 소개, 국문학 연구의 성과 등을 항목별로 정리하고 있다. 아마도 가람의 연구 틀을 마련하는데 중요한 성과라고 판단된다. 이것은 종래 난초로 대표되는 '생리의 문학'을 지향한 가람에 대한 평가가 정당한가에 대한 여러 의문점을 낳게 한다. 그렇지만 이 논의에서도 이병기 문학의 온전한 서지 정리가 마련되지 않았다는 점이 아쉬움을 낳게 한다. 기존의 연구가 주로 『가람문선』(신구문화사, 1969)을 통해서 가람을 보고 있는데, 『가람문선』 이외의 글들을 보완하고는 있지만 완전하지는 않다. 특히 『동

---

1) 연구 서지를 밝히면 다음과 같다. 김윤식, 「이병기론」, 『현대시학』, 1970.4~6; 임선묵, 「가람 이병기론」, 『단국대학교 논문집』 5집, 1971; 최승범, 「가람 이병기론 서설」, 『전북대학교 논문집』 15집, 1973; 원용문, 「가람시조연구」, 고려대 석사논문, 1977; 최미정, 「가람의 창작시조이론의 고찰」, 『한국학논집』, 10집, 계명대 한국학연구소, 1983; 황종연, 「이병기의 풍류와 시학」, 『한국문학연구』 8집, 1985.6; 황종연, 「한국문학의 근대와 반근대」, 동국대 박사논문, 1991; 안병희, 「이병기」, 『주시경학보』 4집, 탑출판사, 1989. 12; 차승기, 「1930년대 후반 전통론 연구」, 연세대 박사논문, 2002.

아일보』와 『조선일보』 등의 신문지면에 발표된 글들을 통해서 한글운동의 당위성과 한글과 문학의 관련성을 주창한 면모들이 좀 더 보완될 수 있을 것이다. 아울러 이러한 시대적 맥락에서 시조에 대한 논의도 다른 논자들(안확·조윤제 등)과 어떤 일치점과 상위점이 있는지를 판별할 수 있을 것이다. 지금까지의 판단으로는 시조문학의 논의는 국문학 연구의 논의와 궤를 같이하고 있다. 시조문학 연구의 과정에 대한 탐색은 근대 문학 연구의 본원적 탐색과 상동성이 있다. 그 경계를 가늠하는데 본 연구의 가장 큰 목표점이 있다.

아울러 가람의 시조와 문학세계에 대한 근본적인 반성이 시도된 바 있다. 강영미는 「이병기의 시조론과 창작의 실제」(『민족문학사연구』 15호, 1999)에서 가람의 시정신을 '부정정신'에서 찾아 그의 시조가 갖고 있는 현대성을 탐색하고 있으며, 김신정은 「미적인 것의 이중성과 정지용의 시」(『정지용 문학의 현대성』, 소명출판, 2000)에서 이병기의 내면적 미적 지향을 탐색하고 있다.[2) 따라서 이 글에서는 근대 문학어의 갱신이라는 측

---

2) 강영미와 김신정의 논의는 이병기와 그 주변의 문인들에 대한 최근의 가장 진지한 논의라고 생각한다. 그러한 이유는 소위 전통주의와 반근대주의로 일컬어지는 『문장』 그룹의 문학적 인식의 층위를 이들이 심도 있게 다루고 있다고 판단되기 때문이다. 이 때 정지용과 이태준을 이해하기 위해서는 이병기에 대한 고찰은 필수적인 항목으로 떠오른다. 앞서의 논의들은 이병기의 시적 세계를 '절대 순수의 공간'으로 묘사하고 있다. 내면적 세계로의 침잠 속에서 이루어진 타자와의 거리는 '세계의 심미화'를 이루기 위한 전제 조건으로 작용한다. 필자가 바라보는 한에서 이러한 시각은 전통주의 혹은 반근대주의로 일컬어지는 이병기에 대한 비판적 평가와 이병기를 포함한 『문장』 그룹의 문학적 근대성을 상찬해마지 않는 긍정적 평가라는 '두 겹의 흐름'을 극복하기 위한 소중한 시도라고 본다. 그런데 이들이 '세계의 심미화'를 말하면서 그 표현적 기제를 두고 있는 곳은 감각이라는 저장소이다. 감각적 표현 혹은 감각적 시어의 발현이 자기 동일성의 세계를 이루어내고, 자기 동일성의 공간은 세계의 심미화와 등치되고 있다. 필자가 의문을 갖게 되는 부분은 그렇다면 저장소로서의 감각과 감각의 발현으로서의 표현이 갖게 되는 자족적인 세계가 어떻게 현실성을 갖게 되는가 하는 부분이다. 다시 말하면 시적 언어의 물질성은 감각의 저장소와 그 세계를 바라보는 인식의 사이에서 희석되는 것은 아닌가 하는 부분이다. 이병기의 시세계에 대한 충실한 설명에도 불구하고 이런 의문점은 여전히 남는다. 메를로 퐁티가 세잔느의 회화에서 보여 주고자 한 세계는 그의 글 마지막까지 현실에서는 결여되어 있다. 그 이상의 세계를

면에서 문학에 표현된 언어에 대한 인식이 어떻게 형성되고 발전되어 가는지에 대한 대체적인 경로가 밝혀지기를 기대한다.

2. 말과 글의 균열

가람 이병기는 1939년 문장사를 통해 『가람시조집』을 간행하였다. 정지용은 『가람시조집』의 발문에서 다음과 같이 말하고 있다. "시조를 사적으로 추구한 이, 이론으로 분석한 이, 비평에 기준을 세운 호령(呼寧)한 주석가요, 계몽적으로 보급시킨 이가 바로 가람이다"라고[3] 실로 최남선의 『백팔번뇌』(한성도서주식회사, 1926) 이후 수많은 시조시인이 등장하였지만, 본격적인 현대시조의 세계는 이병기를 통해 가능했다고 해도 과언이 아니다.

다시 정지용의 말을 빌면, "더욱이 확호한 어학적 토대와 고가요의 조예가 가람으로 하여금 시조제작에 힘과 빛을 아울러 얻게 한 것이니 그의 시조는 경건하고 진실함이 읽는 이가 평생 교과로 삼을 만한 것이요, …… 차라리 근대적 시정신으로써 시조재건의 열렬한 의도에 경복

설명하고자 할 때 우리는 언어의 빈곤을 느끼게 된다. 그러한 세계를 감각을 통해 환원하고자 했을 때 당면하게 되는 현실은 '감각'이 아니라 당혹스럽게도 '유한성의 자각'이다. 개인의 신체적 운명과 유한성의 자각이 '세잔느의 회화'를 가능케 하였다면 '감각'은 '회화'인 것이지, '회화의 세계'는 아닌 것이다. 그리고 그 사이의 심연을 극복하는 방법은 현재로서는 없다. 그 심연을 극복하기 위한 방법 혹은 투기적 행위만이 있을 뿐이다. 이러한 모습이 문학적 근대성 혹은 모더니즘이라고 일컬어지는 '부정의식'의 대강이라고 정리할 수 있겠다. 이러한 판단하에서 보았을 때 이병기의 문학적 세계는 여전히 결여된 모습으로 존재하고 있다. 그 결여된 모습을 어떠한 명칭으로 개념화하기 이전에 그 저간의 사정을 살펴보는 일은 필요하다.
3) 정지용, 「跋」, 『가람시조집』, 문장사, 1939, 99면.

케 하는 바가 있다"라는 표현이 있다.[4] 이를 통해 가람의 시세계가 갖고 있는 시사적 의의를 충분히 가늠할 수 있다.

그런데 정지용은 이병기의 시적 성취의 기저를 '확호(確乎)한 어학적 토대와 고가요의 조예'에서 찾고 있다. 지용이 말하고 있는 가람의 '확호한 어학적 토대'란 주시경의 영향하에서 형성된 것으로 한글운동의 과정과 긴밀한 관련이 있다. 사실 그의 시조론도 한글운동과의 연장선상에서 이루어진 것이라고 말할 수 있다. 조선어학회가 중심이 된 한글운동의 주요 인물들과 호흡을 같이하면서, 한글의 문학적 표현이라는 관점에서 시조는 논의의 표층에서 다루어지게 된다. 문학과 마찬가지로 근대적 어학의 체계화 과정이 완성되지 않은 상태에서의 실제적 적용이란 이중의 과제를 의미한다. 그 이중의 어려움을 시조를 통해 극복하려고 했던 이가 바로 가람 이병기이다. 동시에 가람의 시조에는 근대문학어 표현의 실제적 어려움이라는 고충의 그늘이 서려 있다.

이병기와 주시경과의 만남은 조선어강독회를 통해서이다. 주시경은 한글운동을 본격적으로 개시한 근대어학의 선구자이다. 이때 주시경은 한글의 연구뿐만이 아니라 자신의 주장을 펼치기 위한 정력적인 활동을 전개한다.

培栽學堂 在學時에는 同門生으로 더불어 協成會를 組織하였고 獨立新聞社在住中에는 同業者와한가지 同文同式會를 경영하얏으며 尙洞에 學院이 設立되매 國語文法科를 特設하게하며 當時醫學校에 知己가 有하매 그안에 國語硏究所를 設行하며 夜에 夜學講習所 日曜에는 日曜講習所를 設行하며 學部內에 國文硏究所가 開設되매 그 硏究의 中樞가 되며 外人間에 韓語硏究會가 設立되매 그 辯難의 標準이 되며 公私學校에 國語科程을 敎授케하고 그 任을 自擔하야 培根養源的 運動을 開하며 朝鮮光文會가 設立되매 朝鮮言文에 關한 文書敎正과 辭典編纂의 指導에 致力하며 自家平生硏究의 根

---

4) 위의 글, 102~103면.

底있는 運動을 삼으려하야는 朝鮮語講習院을 刱立하야 英俊을 會하야 敎導
에 盡誠하니 그 學不厭敎不倦의 至誠이 身勢를 이렇듯 수고롭게 하얐도다.[5]

협성회의 조직, 독립신문사 내에서의 동문동식회 조직 그리고 여러
학교에서의 강의 활동은 조선어강습원으로 이어진다. 이때 가람도 강의
를 듣게 되면서 주시경의 면모에 영향을 받았다.[6] 주시경의 사상은 '어
문민족주의'로 불려지거니와 민족주의 계몽의 자장 안에 놓여져 있다.[7]
민족주의 계몽의 대상으로서 언어 특히 한글을 주된 대상으로 하였다는
점은 그의 선구적인 공적이라고 할 수 있을 것이다. 그렇지만 주시경의
이러한 활동은 때 이른 그의 죽음으로 인하여 빛을 보지 못할 수도 있
었다.

先生이 돌아가신後 몇몇 先輩가 先生의 뒤를 이어 奮鬪하였으나 마침내 時
勢가 利롭지 못하여 朝鮮語講習會는 그냥 閉鎖되고 말았고 同人은 四散한
중 오직 崖溜 權悳奎氏, 張志暎氏, 가람 李秉岐氏가 殘壘를 직혀왔읍니다.[8]

주시경의 사후에 그가 주도한 국문운동은 침체를 겪게 된다. 조선어
강습회가 폐쇄되고 주시경의 강습을 받던 학생들은 뿔뿔이 흩어져 버렸
던 것이다. 이때 권덕규와 장지영 그리고 이병기 등은 주시경의 유지를
받들어 한글의 연구와 보급에 대하여 암중모색을 하고 있었던 것처럼
보인다. 돌이켜 보면 자신의 신념에 대한 매몰찬 거부를 할 수 없었던
가람의 일면이 보이는 듯하다. 꺼져갈 것만 같던 한글에 대한 연구는
1921년 조선어연구회가 조직되면서 다시 전기를 마련하게 된다.[9] 가람

5) 권덕규, 「주시경선생전」, 『신생』, 1928.2; 하동호 편, 『한글논쟁논설집』 하(『역대한국
   문법대계』 3~11), 탑출판사, 1986, 318면.
6) 이병기, 「주시경선생인상기」, 『신생』, 1928.2; 하동호 편, 앞의 책, 319면.
7) 신용하, 「주시경의 애국계몽사상」, 『한국근대사회사상사연구』, 일지사, 1987, 400면.
8) 정열모, 「주선생과 그 주위의 사람들」, 『신생』, 1928.2; 하동호 편, 앞의 책, 323면.
9) 이 부분을 안병희는 다음과 같이 서술하고 있다. 이병기는 "권덕규・임경재 등과 휘

의 조선어연구회 참여는 주시경의 유지를 이후의 한글운동에 연결시킨다는 상징적 의미를 갖고 있다.

조선어연구회에서의 이병기 활동을 살펴보면 권덕규·최현배·정열모·신명균 등과 함께 동인지 『한글』(1927.3)을 발행하였으며, 조선총독부 학무국의 철자법 개량 조사위원회에 「건의서」를 제출(1928.9)하는가 하면 검토 위원으로도 활동한다. 이때 이병기의 문자관은 다른 『한글』의 동인들과 같이 주시경의 학설에 기초하고 있다. 이른바 주시경의 한글에 대한 형태—음소론적 관점을 이병기는 적극 찬동·지지하고 있다.

이를테면 이병기는 '이것이'를 '이거시'로 읽어야 하느냐 '이거디'로 읽어야 하느냐의 문제를 지면에서 다룬 일이 있다. 당시에는 '이것이'라고 쓰면서 '이거디' 혹은 '이거지'라고 발음하는 경우가 있었다. 가람은 '이것은'·'이것을'·'이것이'의 경우에는 각각 '이거슨'·'이거슬'·'이거시'로 읽으면서, '이것이'를 '이거디' 혹은 '이거지'로 읽는 말과 글의 불일치에 대하여 의문을 제시하고 있다. 마땅히 '이것이'는 '이거시'로 읽어야 한다는 것이다. 지금의 관점으로 보면 매우 상식적인 이 설명은 나름의 연류를 갖고 있다.

초기 성경식 철자법에는 'ㄷ' 받침이 없는 대신 'ㅅ' 받침이 폐쇄음으로서 'ㄷ' 받침으로 쓰였다(예; 엇어, 엇으니, 엇으며). 그 이유는 초기 성경식 철자법이 7받침(ㄱ, ㄴ, ㄹ, ㅁ, ㅂ, ㅅ, ㅇ)을 중심으로 사용하였기 때문이다. 'ㅅ'의 경우에는 받침으로 사용되지 못할뿐더러 내려쓰게 되었다(예; 씨스니, 씨서, 씨스며). 그 결과 어간과 어미 또는 체언과 조사의 구별 기능을 할 수 없게 되었다.[10] 또한 자연스럽게 'ㅅ'을 'ㄷ'으로 발음하는 언

문의숙에서 조선어연구회의 발기회를 갖고(1921.11.26), 1주일 뒤에 같은 곳에서 총회를 열어 조선어연구회를 조직한다(1921.11.3). 조선어연구회는 알다시피 1931년 1월에 조선어학회로, 다시 1949년 9월에 한글학회로 이름만 바뀌어 계속되면서, 주시경의 유업을 계승하여 국어 국문의 정리와 통일에 큰 업적을 남겼다."(안병희, 「이병기」, 『주시경학보』 4집, 탑출판사, 1989, 188면)

10) 한글학회 50돌 기념 사업회, 『한글학회 50년사』, 한글학회, 1971, 70면.

중들이 다수 존재하게 되었던 것이다. 이러한 문제점은 조선어학회의 「새 맞춤법 통일안」(1933)에서 수정되었다. 이병기의 앞의 글은 이러한 저간의 사정을 가장 앞서서 시정하려는 노력의 하나였다. 「새 맞춤법 통일안」이 제정된 이후에 혼란스러워하는 언중들에게 대중 계몽의 필요성을 느끼고, 『한글』지에서는 '긴급동의란'을 두고 초보적인 설명을 시도하면서 대중들의 관심을 유도한 적이 있다. 이때도 그 첫 번째 소재가 바로 '이것이'를 '이거시'로 읽을 것이냐 '이거디'로 읽은 것이냐의 문제였다.[11]

한편 주시경은 '이것이'로 적어야 할지 '이거시'로 적어야 할지에 대한 문제를 그의 「국문론」에서 다루고 있다.[12] '이것이'가 아닌 '이거시'로 쓸 때의 '이름 된 말이나 그 이름 된 말밑에 들어가는 토'의 오류에 대하여 적고 있다. 주지하는 바와 같이 주시경의 주장 가운데 가장 큰 특징은 "모든 닿소리는 다 받침으로 써야 한다"는 것이다. 이것의 근거를 주시경은 『훈민정음』 예의의 '종성부용초성'에서 찾고, 최세진의 『훈몽자회』에서 흐트러진 『훈민정음』의 원리와 규정을 회복코자 하였다. 그 대표적인 예를 주시경은 '이것이'의 표기에서 찾고 있다.

앞서 살펴본 것처럼 이병기는 '이것이'를 예로 들어 말과 글의 불일치에 대한 문제를 제시했다. 그의 매우 초보적인 문법적 설명은 주시경이 「국문론」에서 '이것이'의 표기를 통해 왜 한글이 형태—음소론을 지향해야 하는가를 설명하려고 했던 노력과 '표현적'으로 일치한다. 그러한 일치된 노력은 『한글』지의 '긴급동의란'에서도 다시 등장한다. 앞의 예는 주시경에 대한 가람의 경의와 이후의 영향과 실제적인 노력을 단적으로 표현한 예라고 할 수 있을 것이다.

이와 함께 가람은 근대 초기 어학자들과의 교류들뿐만이 아니라 여러 문인들과도 폭넓은 교류를 했다. 어학을 연구하는 이들이 문학과 거

---

11) 조선어학회, 『한글』 2권 1호, 1934.4, 1면.
12) 주시경, 「국문론」, 『독립신문』 2권 115호, 1897.9.28.

리를 두고 있음에 비해서 1920년대 전반기 시조를 발표하면서 본격적인 시인의 면모를 갖추어 나가기도 한다. 그런 연유에선지 이병기는『조선문단』에 「조선문법강좌」(1927.3)를 발표한다.『조선문단』에 발표된 「조선문법강좌」는 1회 연재되는 것으로 그치고 말았지만, 이병기의 문법론은 「조선문법강화」와 「조선어강화」로 이어진다.[13] 이병기 문법론의 특징은 품사론에서 찾을 수 있는데 가람은 7품사론을 주장하고 있다. 주시경은 그의 문법론에서 9품사를 펼치고 있다. 이에 비해서 가람은 '새, 외, 무슨, 어느' 등의 관사를 직속형용사라 하여 형용사에 포함시키고, 접속부사로 다루는 '또는, 그리고, 그러나, 그래서' 등을 접속사에 포함시켰다.[14] 품사론의 타당성 여부에 대하여 논의하기는 쉽지 않은 일이지만, 접속사를 다루는 태도는 최현배의『우리말본』에도 일부 수용된다.[15] 최현배의 문법론은 개화기 문법론이 주로 라틴 문법의 틀을 수용하여 전개되는 관행에서 벗어나 국어의 특성에 입각하여 논의를 펼치고 있다는 점에서 차이가 있다. 그렇다면 이병기의 문법론은 자신의 스승인 주시경의 학설과 차이점을 보여 주면서 보다 더 현실적인, 이를테면 국어의 특성이나 관행에 입각한 자신의 설을 주장했을 것으로 판단된다. 하나의 체계화된 문법론의 완성도 의미가 있는 것이지만 이것이 곧바로 한글을 통한 표현의 완성으로 이어지는 것은 아니라는 문인으로서의 자각 때문은 아니었을까?

---

13) 이병기, 「조선문법강화」,『조선강단』 1권 1호, 1929.9.10, 28~30면; 「조선문법강화」,『소선상난』 2권 1호, 1930.1.1, 59~63면; 「소선문법강화」,『내중공론』 2권 2호, 1930.5.1, 81~86면; 「조선문법강화」,『대중공론』 2권 5호, 1930.6.1, 54~57면; 「조선문법강화」,『대중공론』 2권 6호, 1930.9.1, 144~148면; 「조선어강화」,『카톨닉청년』 1호, 1933.6.10, 44~48면; 「조선어강화」,『카톨닉청년』 2호, 1933.7.1, 36~39면; 「조선어강화」,『카톨닉청년』 3호, 1933.8.1, 45~47면; 「조선어강화」,『카톨닉청년』 4호, 1933.9.1, 46~48면; 「조선어강화」,『카톨닉청년』 6호, 1933.11.1, 46~49면; 「조선어강화」,『카톨닉청년』 8호, 1934.1.1, 58~61면.

14) 안병희, 앞의 글, 192면.

15) 김민수,『신국어학사』, 일조각, 1980, 262면.

日本이나 支那에서도 古代語式으로 적은 글만 글로 녀기고 崇高하드니 이 近來는 日本에서도 現代語式 곳 口語式의 글이 보통으로 쓰이고 支那에서도 現代語式곳 白話式의 글이 보통으로 쓰인다. 우리 조선에서는 從來 漢文을 崇高하면서도 日用文ㅅ字는 純漢文式으로만 쓰지 않고 조선말을 섞은 吏讀文式으로 흔히 써오다가 世宗大王께서 正音을 頒布하신 뒤로는 朝漢式文體도 생겼으며 이 近來에는 兪吉濬先生이 現代語로서 朝漢式文體를 처음 썼으며 李人稙先生이 『다』ㅅ字 토를 많이 써 新式文體의 嚆矢가 되었으며 己未以來로 朝鮮文의 新聞, 雜誌들이 많이많이 생겨나며 많아서 우리말글이 널리 쓰이며 차차 사개가 맞어가고 자리가 잡히어짐을 보게된다.16)

앞에서 살펴본 것처럼 가람은 「조선문법강좌」라는 제목의 글을 『조선문단』에 발표한 바 있다. 이 글은 계속해서 게재되지 못하고 1회분만이 실렸다. 이후에 『조선강단』에 다시 연재가 되었지만 위에 제시한 부분은 생략되었다. 그러다가 『카톨닉 청년』에 구성을 달리하여 「조선어강화」를 연재하게 된다. 이때 앞에서 보였던 부분은 다음과 같이 변화를 보인다.

한글은 순연한 우리글, 조선말을 적기에 가장 적당하게 된 우리글, 그리고 세계문ㅅ자가운대에도 가장 훌륭하게 합리하게 된 우리글이라 합니다. 이 글은 지금부터 사백구십년전에 본조 세종대왕(世宗大王)께서 맨드신것인데 그때는 이글을 훈민정음(訓民正音) 또는 그저 정음(正音)이라고 일컷다가 그 뒤에또 언문(諺文) 이라고 불러왔습니다. (…중략…) 이 근자에 와서야 주시경선생(周時經先生)이 나셔 비로소 이글을 바루잡어 쓰자고 무진 애와 힘을 쓰시고 이 길을 크게 열어주셨습니다. 지금은 교과서나 기타출판물이나 신문, 잡지도 한글로서 다되어가고 해마다 보나르드가튼 운동이 굉장하게 일어나고 철ㅅ자법 통일이며 사전편찬이며 연구회가튼것도 점점 늘어갑니다.17)

---

16) 이병기, 「조선문법강좌」, 『조선문단』, 1927.3, 47면.
17) 이병기, 「조선어강화」, 『카톨닉 청년』 1호, 1933.6.10, 48면.

앞서의 인용문과 비교해 보면 두 글은 서술의 차이점이 보인다. 세종 대왕의 『훈민정음』 반포라는 내용은 동일하지만 앞의 글에서는 유길준과 이인직을 통한 조선글의 문체의 변화를 거론하고 있음에 반해 뒤의 글에서는 이 내용이 빠지고 주시경의 '애와 힘'이 들어가 있다. 그리고 신문과 잡지의 거론은 같지만 당시에 철자법통일에 따른 여러 의견에 대한 서술이 첨가되어 있다. 이병기는 '학자의 학설과 통일문제'의 차이를 거론하면서 서론을 마치고 있다.

먼저 첫 번째의 차이점은 가람 자신이 서술하고 있는 내용이 문법 내지는 어학에 관련된 글이라는 점에서 문학적인 부분의 언급을 줄였을 가능성이 있다. 하지만 가람의 입장에서 보자면 유길준과 이인직의 활동이 한글운동에 끼친 영향을 무시할 수 없었다는 점을 의미한다. 그럼에도 불구하고 철자법 통일안을 사이에 두고 벌어진 격론을 지켜보면서 우선 철자법 통일이라는 우선적인 과제를 염두에 두지 않을 수 없었던 것으로 보인다. 당시에 이병기는 조선어학회가 주최하는 '브나르드운동'에 강사로서 여러 차례 참여한다. 이때 가람이 맡은 강의주제는 '말과 글'에 대한 것이다. "말은 우리의 의사를 발표하는 것이고, 글은 말을 적어놓은 것이다. 그런 즉 우리 조선 사람으로서 조선말을 적는 한글을 쓰는 것이 가장 당연한 일이다."[18] 조선 사람이 자신의 고유한 시형으로서 정조를 표현하는 것과 같이 말과 글은 조선 사람과 밀접한 관련이 있으며 이때 한글을 써야 한다. 이병기에게 있어 이러한 논리는 한글운동과 시조운동을 병행해 가는 하나의 원칙이었던 셈이다. 그렇지만 말과 글의 일지라는 언문일치의 문세가 실세 창삭의 과성에서도 일치할 수 있는가에 대해서 가람은 끊임없이 고민하였던 것으로 보인다. 그러다가 이병기의 말과 글의 관련성에 대한 명제는 다음과 같이 변화되기도 한다.

---

18) 이병기, 「말과 글」, 『한글』 2권 5호, 1934.8, 2면.

말을 떠나서 글이 있을 수 없다. 말공부는 곧 글공부요 글공부는 곧 문학공부다.[19]

1930년대 후반에 이병기가 던진 이 말은 말과 글의 합일에 대한 기대를 위반하는 균열처럼 보인다. 그 균열의 틈새에 문학이 자리 잡고 있다. 1920년대 이후 1930년대 정지용·이태준·박태원 등 모더니즘 계열의 문인들과 교류하면서 1930년대 후반 『문장』의 시조평을 맡게 된다. 한글의 근대 어학적 체계화를 이루려는 시도가 조선어학회를 통해 이루어지고 있었다면, 한글의 문학적 표현의 가능성과 체계화를 가람을 떠나서는 생각할 수 없다.[20]

그런데 우리조선말로서 우리의 思想感情을 自由롭게 發表하자면 첫째 朝鮮말그것만잘안다고 그러케될것은아니고 또한 그 發表하는법 곳 作文法도 잘아어야할것이다. 作文法을잘알자면 作文練習의 必要야 더말할것업다 그럼으로 敎育令에도 朝鮮語科程에 반듯이 作文이란 名目을 너흔것이다. 作文도 朝鮮語敎育의 하나에 지나지 못하나 作文이야말로 重要한 課程이라아니할 수업다. 文人學者에 뜻을 두는이야말할것도업고 그밧게어떠한 사람이든지 詩 小說 評論은 아니드라도 편지나 契約書쯤이야 쓸 必要가 업는 이 업슬것이다. 편지나 契約書쯤을 쓰드라도 作文法을 알고 모르는 關係가 적이 잇슬 것이 아니라.[21]

---

19) 이병기, 「말은 인간의 거울 우리말을 찾으라」, 『동아일보』, 1938.1.5.
20) 여기에서 말하는 '한글의 문학적 표현'이란 다른 여타의 표기 수단이 아닌 한글을 위주로 한 문학의 표현을 말한다. 이병기가 의식하고 있는 가장 큰 걸림돌은 한자의 사용이었다. 한자의 사용이 언어생활에 많은 영향을 미치고 있는 것에 대하여 완전히 해소할 수는 없다고 하더라도, 적어도 문학의 표현에서는 이를 탈피해야 한다는 것이다. 이병기의 『가람시조집』을 예로 든다면 그는 한자의 사용을 최소화하면서 동시에 방언의 사용을 자제하였다. 이를테면 표준어에 입각한 시작을 시도하고 있다. 이러한 바탕을 통해서 언젠가는 한글의 '문학적' 표현 가능성이 이루어질 수 있기를 희망했다. 1930년대 후반 방언의 사용을 통해 문학적 우수성을 인정받게 되는 시인군들을 떠올린다면 이병기의 이러한 생각이 갖는 위상에 대한 재조명은 필요한 일이다.
21) 이병기, 「조선어와 작문」, 『학생』 2호, 1929.4; 하동호 편, 앞의 책, 332면.

1930년대 접어들면서 수많은 문장론·작문론을 만나게 된다. 이병기의 이러한 생각들은 그러한 현상의 가장 직접적인 연원으로 작용하고 있다고 보아야 할 것이다.[22]

3. 대리보충으로서의 시조

흔히 현대시조의 문제를 마주하게 되면 1920년대 '시조부흥운동'을 떠올리게 된다. 이는 이광수·주요한 등 『조선문단』 중심의 민족주의 계열의 문학을 주창한 문인들이 자신의 문학적 거점을 '시조'라는 형식을 통해서 찾고자 한 일련의 활동을 지칭한다. 특히 최남선은 『백팔번뇌』라는 시조집을 발간하게 된다. 신체시라는 새로운 신시의 양식을 시험한 최남선은 시조라는 형식의 창작을 통해 시조집을 간행함으로써 현대시조의 새로운 장을 열게 된다. 이에 대한 그의 생각을 단적으로 표현한 글이 바로 「조선국민문학으로의 시조」(『조선문단』, 1926.5)이다. 다시 말하면 최남선의 『백팔번뇌』를 통해 다시금 시조의 현대적 창작에 대한 모색이 논의되기 시작했다고 말할 수 있다. 이후에도 이광수·주요한·김동환의 『삼인시가집』(삼천리사, 1929), 이은상의 『노산시조집』(한성도서주식회사, 1932) 등을 통해서 현대시조의 성과를 보게 된다.

이 기운데 빼놓을 수 없는 시인이 비로 이병기이다. 이병기의 존재는 문학사에서 자연스럽게 '시조'와의 관련을 통해 거론되고 있다. 특히 시조의 현대화라는 관점에서 현대시조의 면모를 구체적으로 서술한 대목은 이병기의 공적이라고 할 수 있다. 하지만 이병기의 문학관이 무엇

---

22) 구자황, 「'독본'을 통해 본 근대적 텍스트의 형성과 변화」(『상허학보』 13집), 상허학회, 2004.8 참조

이냐에 대한 진지한 검토는 지금까지 그대로 지나친 듯하다. 실제로 이병기의 시조 연구와 창작은 1913년으로 거슬러 올라갈 수 있지만 작품을 발표하기는 「悼(도) 李(이)마리아」(『청년』, 1921.6)와 「앓으면서 어버이생각」(『조선문단』, 1926.5)에서 비롯되었다. 이병기의 등장은 시조부흥운동의 전개와 밀접한 관련이 있음을 알 수 있다.

시조는 부흥할 것이냐라는 제목 아래 특집이 『신민』(1927.3)에 마련되었다. 이때 이병기는 「무엇이든지 정성스럽게 하자」라는 글을 발표한다. 그는 시조부흥운동의 필연성을 '조선문학의 건설'에서 찾고 있다.

> 조선文學을 세우자면 다른 나라의 그것보다도 조선 것을 먼저차저 그야말로 조선냄새나는 조선文學을 세워야 할 것이다. 변변찬흔 沈淸傳, 洪吉童傳이라도 눈녀겨보아야 하며, 산타령, 배따라기, 넉두리, 병문친구나농군청의 니아기까지라도 귀담어들어야 할것이니 時調야 더말할것업시 아니찻지 못할게다. 이러하여 時調의 復興運動을 일으키자는 것이다.[23]

이병기의 시조에 대한 생각은 대표적인 '조선 고유의 시형'임과 동시에 '조선 정조의 표현'이라는 대목에서 크게 벗어나 있지 않다. 이런 생각은 최남선의 「조선국민문학으로의 시조」나 손진태의 「시조와 시조에 표현된 조선사람」(『신민』, 1926.7)의 뜻과 대개 일치하고 있다. 이러한 관점에서 이병기는 시조의 부흥을 일조일석에 끝내야 할 것이 아니라 오랜 시간을 두고 연마해야 할 문학적 수련의 대상으로 보고 있다. 그런데 문제는 그렇게 간단치 않아 보인다. 『신민』의 특집에서는 시조부흥에 대한 두둔의 입장이 주류를 이루고 있으나, 부정적인 입장이 존재하고 있으며, 정지용은 제한적인 긍정론을 표현하는 수준에서 그치고 있다. 이병기의 입장은 거친 당위론을 피하면서도 현실적인 고충을 함께 피력한 신중론에 가깝다고 할 수 있다. 만만치 않은 시조부흥운동에 대

---

23) 이병기, 「무엇이든지 정성스럽게 하자」, 『신민』, 1927.3, 78면.

한 비판의 시선을 충분히 의식한 견해의 표출이라고 판단된다.

실제로『백팔번뇌』에는 시조집 출간에 대한 박한영·홍명희·이광수·정인보의 제어(題語)가 수록되어 있다. 이 가운데 흥미로운 것은 홍명희와 이광수의 글이다. 홍명희는 시조가 갖고 있는 '악착(齷齪)한 형식'의 제한성을 지적하면서 최남선에게 감정에 치우치지 말고 보다 냉정하고 객관적인 과학적 태도의 유지를 당부하고 있다. 반면에 이광수는 최남선의 시조에 대한 관심을 높이 평가하면서도 과거의 시조와 현재의 시조가 보여 주고 있는 형식과 격조의 차이를 지적하고 있다. 이것은 구두선으로서의 시조에 대한 제창이 아닌 보다 본질적인 탐색의 요청이라고 할 수 있다. 이병기의 시조 연구와 창작은 시조라는 형식을 둘러싼 여러 문제들에 대한 포괄적인 이해를 전제한 것이다. 이병기의 시조에 대한 신중론은 이러한 바탕에 연유한다.[24]

이러한 관점에서 시조와의 일체감을 보인 가람은 시조의 '현대적 어법'에 대한 그의 생각을 펼치게 된다. 이병기는 「시조란 무엇인고」(『동아일보』, 1926.11.24~12.13)를 통해 본격적인 시조론을 펼치면서 시조논의의 중심에 서게 된다. 시조부흥론을 펼쳤던 다수의 논자들과는 달리 이병기는 그의 시조론을 현대시와 접맥시키려 했던 것처럼 보인다. 여기에 이병기 시조론의 문제적 성격이 있다.[25] 당시로서는 드물게 이병기는

---

24) 당시로서는 이병기가 생각한 한글의 문학적 표현 가능성이란 문제가 완성된 것이 아니기 때문에 이를 시조라는 문학 형식과 등치시켜 생각하는 것은 곤란하다. 다만 한글을 통한 문학적 표현 가능성이 증대됨에 따라 시조라는 문학 형식 또한 이전의 '악착한' 형식으로서 남이있을 수는 없다. 이러한 상관적 이해를 통해 한글과 시조의 관련성을 따져야 할 것이다.

25) 이병기가 생각한 현대시란 반드시 부정적인 것만은 아닌 것으로 판단된다. 그럼에도 불구하고 시조시인으로 그 위치를 고수하는 듯한 인상을 보여 주고 있는 것은 그의 현실적 판단 때문이다. 왜냐하면 당시의 시대적 조건, 일제치하라는 상황과 뒤늦은 서구 문화의 도래는 현대시의 지체를 가져올 수밖에 없다. 이때 시조란 현대시의 실현을 위한 예비적 수행의 역할로서 받아들여질 수 있다. 한글이라는 글쓰기의 형식이라든가 이를 통한 문학적 감수성의 연마를 위해서는 현대시의 즉자적인 이입을 기휘케 한다. 이러한 단계론적 사고는 이병기의 교사적인 태도와도 관련성이 있어 보이며, 이러한

시조에 대한 체계적인 입론을 제시하고 있다. 이 점은 퍽 시사적인 측면이 있는데 이 글의 후반부에서 '신운동'의 항목을 두어 시조의 새로운 모색에 대한 시론을 제시하고 있다.

> 時調는 지금 變換期에 있다. 우리는 이로 하여금 變換케 하여 더욱 文學的 地位와 價値를 높이고, 더욱 隆盛케 하여야 할 것이다. 中國文豪의 漢退之는 일찍 이런 말을 하였다. (…중략…) (또한) 近作의 新進英才인 胡適氏는또한 文學革命을 主唱하여 이른바 白話文·白話詩가 盛行하게 되었다. 우리도 적이 朝鮮文學을 건설하자 하면 時調도 變換케 하여야 한다. 그러자면 먼저 그 內容을 새롭게 充實케 하여야 한다. 또한 그러자면 여기에 관련한 온 淹傳한 학식도 있어야 하며, 詩才인 天質과 人格도 있어야 하며, 많은 素養과 修練도 있어야 한다. 이리하여 獨創的 傑作品도 많이 내야 할 것이다.26)

앞의 글은 조선문학의 건설에 대한 이병기의 생각이 부연되어 있다고 할 수 있다. 한학의 소유자로서 한퇴지에 대한 인용이 크게 문제시되지는 않을 것이다. 그런데 여기에서 이병기는 호적에 대한 언급을 하고 있다. 조선문학의 건설과 호적과 진독수에 의해 주도된 중국의 문학혁명과의 관련은 예사롭지 않아 보인다. 이병기 역시 양계초의 『음빙실문집』을 통해 근대계몽사상을 최초로 접했다고 하니 이러한 관심의 표출이 연계된 양상이라고 볼 수 있을 것이다.

앞에서 언급한 시조는 부흥할 것이냐의 기획에 참여한 인물들을 살펴보면 최남선·손진태·이은상·주요한·염상섭·양주동 등 시조문학 혹은 민족문학론을 펼쳤던 다수의 문인들이 참가하고 있다. 이들과 함

영향하에서 우수한 시인들이 탄생했다는 점 또한 눈여겨볼 대목이다. 문제는 이러한 그의 시적 위상이 역설적으로 읽힐 수 있는가 하는 점이다. 그렇다면 이병기와 그의 시작을 현대시와 같은 위치에서 논할 수 있을 것이다. 하지만 현재로서는 그렇게 보기에는 많은 장애가 있으며, 이 점이 이병기를 시조와 함께 볼 수밖에 없는 주된 요인이라고 생각한다.

26) 이병기, 「시조란 무엇인고」, 『동아일보』, 1926.11.24~12.13(이태극 편, 『시조연구논총』, 을유문화사, 1965, 140~141면. 이 글의 면수는 『시조연구논총』에 따름).

께 권덕규와 이윤재가 참여하고 있다. 이들은 다른 논자들처럼 시조부
흥에 대해서 적극적으로 동조하고 있다는 측면에서 논의의 깊이가 있는
것은 아니지만, 이들은 문인이라기보다는 초창기 한글을 연구한 어학자
들이기도 했다. 이들이 시조부흥운동과 관련을 맺고 있는 점은 특기할
만한 사항이다.

특히 이윤재는 중국에 유학을 하는 동안 중국 내부의 여러 가지 정황
을 국내에 기사로 전송한 사실이 있다. 특히 그는 「중국의 새문자 상・
하」(『동명』 1권 10・11호, 1922.11.5・12)를 발표하였는데 이 글은 호적과 진
독수에 의해 많은 장애가 있었음에도 불구하고 중국이 한자를 폐기하고
주음문자(注音字母)를 채택하는 과정을 구체적으로 다루고 있다.

> 民國五年(우리의 四二四九년)에 袁氏가 病歿하매, 이로부터 政治와 敎育에
> 다시 新機를 萌芽하엿다. 이째에야말로 國語運動이 다시 일어나기 시작하엿
> 다. 各處에서 國語! 國語!라 부르짓는 소리가 날로 더욱 놉하갓다. 一邊으로
> 新思想家의 胡適之・陳獨秀諸氏는 '文學革命' '國語文學'의 旗幟를 高揭하
> 엿다. 一邊으로 國語運動者의 陳懋治・黎錦暉・錢玄同諸氏는 小學校國文
> 科를 國語로 改用하자고 絶對主唱하엿다. 이러하자 民國七年(우리의 四二五
> 一년)十一月 二十三日에 敎育總長 傳增湘氏가 注音字母施行案을 部令으로
> 써 發布하엿다. 하마터면 休紙筒으로 들어갈번한 注音字母가 다시 世上에 出
> 現하게 되엇다.27)

당시 중국의 사정을 바라보면서 이윤재는 조선과의 비교를 염두에
두었을 것이다. 또한 이유재와의 교부을 통해 이병기는 중국의 경우를
타산지석으로 삼게 된다. 특히 이윤재・권덕규 등은 국어운동에도 관심
이 많았겠지만, 시조운동을 병행해 나아가던 이병기에게 중국의 '문학
혁명'과 '국어문학'은 남의 일처럼 보이지 않았던 것이다. 새로운 시조
의 표현에 있어서 '내용을 참신케 충실케 함'에는 이렇듯 '문학혁명'과

---

27) 이윤재, 「중국에 새 문자・하」, 『동명』 1권 11호, 1922.11.12.

'국어문학'을 통한 조선문학의 건설이라는 내포적 의미가 담겨져 있었던 것이다.

조선문학의 건설을 위해 국어운동이 필요하며, 문학혁명이 이루어져야 한다. 이때 문학혁명은 새로운 표기 수단인 '국어'를 통해 이루어져야 한다. 보다 더 많은 이들에게 문자를 보급함과 동시에 자신의 주장을 표현할 수 있는 문학의 전개는 밀접한 관련을 맺고 있다. 이를테면 '국어의 문학'과 함께 '문학의 국어'가 필요한 것이다. 호적은 "국어교과서나 국어 자전은 매우 요긴하지만 결코 국어를 창조하는 이기는 아니다. 참으로 효과 있고 힘있는 국어교과서는 바로 국어로 된 문학, 즉 국어로 된 소설, 시문, 희곡이다. 국어로 된 소설, 시문, 희곡이 읽혀지는 날이 바로 중국의 국어가 성립하는 때이다"[28]라고 말했다. 다시 말하면 이는 국어로 된 문학이 있고서야 국어가 창조될 수 있다는 말처럼 들린다. 일종의 이율배반적인 상황에서 호적의 국어 창조에 관련된 제반 기획들은 제도적 장치의 보완뿐만이 아니라 문학작품의 창작을 양성하고 지원하는 데로 주의가 기울어지게 된다.[29]

이윤재는 『문예독본』 상·하(한성도서주식회사, 1931)를 출판하였다. 여기에는 신문학운동에 참여한 문인들의 글들이 수록되어 있다. 당시에 출간된 다수의 독본류들 가운데 조선문학의 건설에 참여했던 조선 문인들의 글들을 수록한다는 것은 조선문학의 완성을 의미하는 것은 아니다. 조선문학의 과정과 경로를 조선문을 통해 보여줌으로써 조선이라는 국가적 실체를 우선 강조한다. 이를 통해 조선문학은 조선인의 문학임과 동시에 조선문학의 건설이 조선의 국권회복이라는 명제와 등치됨을

---

28) 이윤재 초역, 「호적씨의 건설적 문학혁명론(초역·1)−국어의 문학, 문학의 국어」, 『동명』 2권 16호, 1923.4.15. 백철은 이후에 호적의 글을 소개하면서 "한국의 신문학기에는 이 논문에 해당하는 글이 없다"라는 평가를 하고 있는데 이윤재의 소개는 그러한 결핍을 보완한다는 의미에서 다루어져야 할 것이다(호적, 「건설적 문학혁명론」, 『비평의 이론』(백철 편역), 민중서관, 1968, 171면).

29) 이보경, 『근대어의 탄생』, 연세대 출판부, 2003, 109면.

보여 준다. 이후에 이윤재가 『한글』(1932.5)의 재간행을 주도한 것도 이러한 일련의 과정으로 설명될 수 있다.

이병기는 「시조란 무엇인고」의 시조 '신운동' 부분에서 ① 내용을 참신케 충실케 함, ② 구조(句調)의 변화, ③ 조구법(造句法)의 선택을 항목별로 설명하고 있다. 시조시인 조운의 작품을 예로 들어 시조의 회화적 접근에 대한 가능성을 타진하고 있다. 여기에서 가람은 충분히 시조의 현대화를 염두에 두고 있음을 알 수 있다. 1920년대 그의 「시조란 무엇인고」는 그의 시조에 대한 첫 번째 개설적 서술이면서 그의 시조에 대한 대강의 이해가 어느 수준에 이르렀는가를 알려준다. 안확의 『시조시학』(조광사, 1940)과 함께 식민지 시대 당시 가장 체계적인 시조론의 반열에 가람의 시조에 대한 논의가 있다.

이병기는 시조를 현대에도 제작과 향유가 가능한 하나의 문학적 형식으로 바라보고 있다. 그것의 첫 번째 근거는 시조가 조선문학 건설의 일익을 담당하는 데 있어서 조금도 모자람이 없다고 보는 것이다. 앞에서 살펴본 것처럼 제 나라에 나라말과 글이 있어야 하는 것처럼 그 나라의 글로 된 문학 또한 당연히 있어야 하는 것이다. 그 문학의 형식을 가람은 시조에서 찾고 있다.

그런데 가람의 시조에 대한 이해는 과거의 한시와 공존하는 문학의 형식이 아니다. 이제 시조는 과거의 문학적 환경과는 달리 자유시와 경쟁해야 하는 것이다. 자유시가 표면적으로 보여 주는 자유로운 시형식에 대하여 가람은 상당히 방어적인 자세를 취하고 있다. '자유로운 감정의 분출'이라는 낭만주의적 시관이 자리 삽고 있는 자유시에 있어서도 형식의 완전한 이탈이 어려운 것이라면, 시조의 형식적 규준이 비교적 엄격한 것이라고 할지라도, 시조의 문학적 형식을 완전히 부정할 정도는 아니라는 판단이다. 더욱이 이러한 시조의 형식을 유연하게 한다면 개인의 진실한 감정의 표현 형식으로서 시조는 생명력을 갖게 된다. 이러한 판단은 시의 본질이 무엇이냐에 대한 탐구로 이어진다.

孔子의 말짜나 '思無邪'라하여 詩三百을 評한 것도 性情을 꼿꼿하게 나타
냇다는 말일 것이다. 과연 놀애는 자갸의 主義나 무엇이든지 그 냄새를 피려서
는 아니된다. 支那의 王摩詰이나 蘇東坡가모다 佛教를 조하하엿스며 賈島는
더구나 쟈가가 僧侶이지마는 그들이지은 詩에는 佛教의 냄새는 죡음도 아니
비치엇다. 佛教의 文字나 境界를 들어 쓴것도 업지 안치마는 그걸쓰노라하여
쓴 것은 아닐 것이다. 이 意味로 보아서 米國 링컨의 主義詩나 日本 太和田
建樹의 鐵道唱歌짜위나 詩가 아닌 것이다. 그리고 이 近來 조선에서 新聞雜
誌에만히나는 詩歌들이 詩아닌 것이 만흘 것이다. (…중략…) 뜻은 잇서도 말
할 수 업는 뜻이 잇스니 다른 놀애에서 보는 간들어진 맛 새뜻한 맛 질번한 맛
도 볼 수 업고 아무맛도 업는 듯한 맛이 世間에 업는듯한 맛이 世間에 나혼맛
아는듯한 맛은 볼 수 있는것[30]

시조는 노래의 한 형식이다. 동요나 민요 등이 노래와 밀접한 관련을
맺고 있다면 시조는 노래가 좀 더 세련된 형식을 갖추어서 이루어진 형
식이다. 『시경』에 대해서 공자는 어떤 거짓된 감정이 없다고 말했거니
와 『시경』에 포함된 시들이 노래의 형식과 가까운 것은 잘 알려진 사실
이다. 이병기는 성정의 바른 표현을 말하고 있다. 어떤 주의나 주장의
표현은 시적인 것과 거리가 멀다. 따라서 계몽적 의도가 반영된 서구나
일본의 근대시가 시의 전범이 될 수 없다. 노래에는 마땅히 표현되어야
할 주된 것이 있는데 그것은 '뜻이 있지만 말로 표현할 수 없는 뜻'을
의미한다.[31] 일반적으로 상징적인 표현이 시의 올바른 표현이 되어야

---

30) 이병기, 「놀애의 소리와 뜻」, 『현대평론』, 1927.8, 8~9면.
31) 여기에서 말하는 '상징적인 표현'이란 이병기가 지향한 일반적인 시의 지향점을 말
   한다. 따라서 이병기의 실제 작품과 이론이 상징적이라고는 말할 수 없다. 한 발 더 나
   아가서 말하면 이러한 시적 구경에 도달하는 것이 현대시는 물론 시조의 지향점이어
   야 한다는 것으로 정리할 수 있겠다. 이병기는 황진이의 시조를 논하면서 그 세계의
   특성을 '진실하고 통절한 정경의 생동'으로 해석한다(「시조원류론」, 『신생』, 1929.1~6).
   그 자신 이러한 세계에 도달하려 하지만 현재로서는 가능하지 않다. 그런 의미에서 시
   조는 이병기에게 있어 대리보충의 기호인 셈이다. 그리고 이 점 때문에 이병기를 현대
   시인으로 볼 수 있는 여지도 생기게 된다. 완전을 기하려는 불완전한 존재의 의지와
   표상. 이것이 이병기의 시작이 갖고 있는 메타포이다.

한다고 정리할 수 있겠다.

4. 혁신의 관점과 전통의 실용화

1930년대로 접어들면서 가람은 「시조는 혁신하자」(『동아일보』, 1931.1.23
~2.4)를 발표한다. 1920년대 시조부흥의 논의에서 시조란 무엇인고가 하
나의 개설적 성격을 갖고 있었다면, 「시조는 혁신하자」라는 글은 창작
의 지침적 성격이 강하다. 뒤의 글에서 특징적인 양상을 앞의 글에서
예시한 변화의 내용을 실상에 맞게 구체적으로 풀이하고 있다는 점이
다. 가람은 시조 혁신의 항목을 ① 사실감정을 표현하자, ② 취재의 범위
를 확대하자, ③ 용어의 수삼(선택), ④ 격조의 변화, ⑤ 연작을 쓰자, ⑥
쓰는 법, 읽는 법 등으로 세분화하였으며, 이에 대한 검토를 행하고 있
다. 이른바 '가람 시조론'의 대체적인 윤곽이 드러나는 대목이라고 할
수 있다.

위의 글에서 가장 인상적인 표현은 '사실감정의 표현'이다. 가람은 이
를 "이 시조의 형식을 난삽하고 우원하던 귀족문학이라 할 것이 아니라,
명료하고 평이한 대중문학으로 쓸 수 있으며, 진부하고 과장하던 고전
문학이라 할 것이 아니라, 진실하고 신선한 사실문학으로 쓸 수 있다"
는 점을 상소하고 있나.32) 과서의 귀족적 취향의 고전문학으로서가 아
닌 대중적 사실문학으로서의 시조를 강조하고 있는 셈이다. 이러한 시
조의 관점은 최남선이 말한 민족적 정서를 담은 시가형식으로서의 시조
와는 차이를 보이고 있다. 가람의 이러한 관점은 조선문학의 건설이라

---

32) 이병기, 「시조는 혁신하자」, 『동아일보』, 1931.1.23~2.4(314~315면, 이 글의 면수는
『가람문선』에 따르며, 이후 글명과 면수만을 기록한다).

는 근대적 기획의 차원에서 수정되었음을 의미한다.

> 日本에서 自由詩運動, 支那에서 白話詩運動이 맹렬하여도, 또 한편에는 漢
> 詩나 和歌같은 定型詩가 또한 못지않게 展開되고 있으며, 그 中 日本 같은데
> 서는 歌人 自身으로도 한때 和歌滅亡論을 지어 떠들고, 오히려 歌壇 한편에
> 서 猛將 노릇을 하는 뻔뻔한 이도 있으며, 지금 와서는 프롤레타리아 短歌運
> 動까지도 생겼다.[33]

박팔양은 「조선신시운동개관」(『조선일보』, 1929.2.28~3.1)에서 새로운 시
문학의 당면한 과제를 ① 프롤레타리아시의 문제, ② 시조와 신시와의
관계, ③ 신시의 운율, ④ 역시의 문제로 항목화해서 살펴본 바 있다. 이
때 그는 시조를 새로운 신시와의 관계에서 사라질 운명의 복고적 형식
으로 바라보고 있다. 특히 신경향파의 점진적 출현에 있어서 프롤레타
리아 시는 근대시가 도달해야 할 하나의 지향점으로 묘사되고 있다. 그
럼에도 불구하고 이병기의 시각에 따르면 일본이나 중국의 경우를 보았
을 때, 자유시운동이 주된 흐름임에도 불구하고 시가의 형식에 대한 관
심을 쉽게 저버릴 수 없는 것은 무슨 이유인가를 묻고 있다. 일본에서
의 문학적 영향을 무시할 수는 없지만 기타하라 하쿠슈(北原白秋)가 표
현 하나를 얻기 위해서 고심했던 것은 형식만의 문제는 아니지 않겠는
가라고 질문한다.[34] 그렇다면 시조운동에 대한 비판도 달라져야 한다는
것이다.

---

33) 「시조는 혁신하자」, 314면.
34) 이에 대해서 이병기의 글을 참조하면 다음과 같다. "日本의 北原白秋는 和歌를 짓
기 시작한 지 三十年이나 되어도, 눈앞의 조그마한 寫生 하나를 完全히 못하겠다 하
며, 몇 해 전 刊行한 自己의 歌集에서 百首 가운데 겨우 한두 首쯤이나 뽑아 다시 推
敲해서 쓸 것이 있다 한다. 日本語를 自由롭게 豊富하게 쓰는 것으로는 古今에 第一
이라는 評을 받는 그 詩人으로도, 겨우 三十一字 되는 短歌에는 그렇게 苦心한다는
일을 생각하면 여간 時調나 몇 몇 首 지어보고 저버리는 그런 이로는 그 무엇을 한다
하리요."(「시조는 혁신하자」, 414면)

이리하여 時調의 內容을 革新하되, 그 表現하는 方法에 있어서는 自己의 主觀으로써 하는 抒情 그것과, 客觀으로써 하는 叙景 그것, 어느 것이든지를 다 쓸 수가 있다. 다시 말하면, 切實한 感情이나 또는 色彩가 가득한 感覺的 光景을 表現함에 다 쓸 수 있다. 어떤 이는 時調는 叙景보다도 抒情에 마땅하다고, 하지마는 그는 그 半面만 본 것이다. 또 어떤 이는 時調는 萬能이라고 하지마는 그것도 아니다. 時調도 詩歌의 一種이다. 詩다 藝術이다 하나, 이 點을 誤解함으로 하여 종종 말썽이 된다. 딴은 時調를 偶像化할 것도 없으려니와 排斥할 것도 없다. 新詩를 짓든, 童謠·民謠를 짓든, 또는 時調를 짓든 사람사람의 自由다. 만일 時調로 하여 束縛을 당하고 오므라지는 詩人이 있다면, 그런 詩人은 時調에만 아니라 어떤 詩에서든지 그러할 것이다.[35]

이리하여 시조혁신론의 요지가 드러난다. 시조를 형식적으로 보아서 과거의 시가로 보는 것은 시조의 일면만을 보는 것이다. 시조를 근대적 양식으로 변모시킴에 있어서 서정만으로 혹은 서경만으로도 국한시키는 것도 바람직하지 않다. 시조도 시가의 일종이다. 만약에 서구시의 영향을 받아서 시조의 일부분을 수정하려한다면 그것은 일면적인 진전이 있을 뿐이다. 시조는 시이다. 이때 시를 짓기 위해서는 시를 짓는 태도가 있어야 하듯이 시조에 있어서도 시를 짓는 시인의 태도가 우선 필요하다. 이 태도를 기본으로 시조를 짓는 법과 쓰는 법과 읽는 법이 논의되어야 한다. 바로 이러한 시각에서 시조의 혁신은 가능한 것이다.

그렇다면 이병기의 시에 대한 생각은 무엇인가? 시란 "우리의 한 생각을 언어·문자를 빌어 지면에 기록하여 놓은" 것이다.[36] 따라서 시조란 시조이 형식에 우리이 생각을 언어·문자를 빌어 지면에 기록하여 놓은 그 이상도 이하도 아니다. 이를테면 좋은 시와 나쁜 시가 있듯이 좋은 시조와 나쁜 시조가 있을 뿐이다. 좋은 시조를 지을 수 있다면 시문학의 구경에 근접할 수 있다는 것이 그의 시조관인 것이다. 가람은

---

35) 「시조는 혁신하자」, 320~321면.
36) 「시조는 혁신하자」, 328면.

시조의 격조에 대하여 이르기를 "그 작가 자기의 감정으로 흘러나오는 리듬에서 생기며, 동시에 그 작품의 내용의미와 조화되는 그것이라야 한다"라고 말했다.[37] 감정의 자연스러운 유로라는 낭만주의의 모토와 거리를 두려했던 가람은 어느 사이에 낭만주의의 본질적 영역에 사로잡히게 된다. 이것은 아마도 가람이 근대 시인으로서의 자기 의욕을 보이려고 했을 때 피해갈 수 없었던 경로는 아니었을까?

시조를 하나의 문학으로 바라보려는 태도는 이병기의 「시조의 발생과 가곡과의 구분」(『진단학보』, 1934.11)에서도 확인된다. 「시조의 발생과 가곡과의 구분」이 추구한 요점은 시조가 음악(가곡)과 긴밀한 관련을 맺고 있지만, 시간이 지나면서 음악과의 분리가 이루어졌다는 점이다. 음악과 분리된 시조는 글쓰기의 한 형식, 이를테면 문학형식의 하나로서 다루어질 수 있게 된다. 가람이 바라보고 있는 시조란 우리 글로 표현된 문학의 한 형식이며, 이를 통해서 현시점에서도 그 제작이 가능할 수 있다. 한자나 여타의 표기가 아닌 우리 글, 한글을 통한 시조의 표현은 시조가 존립할 수 있는 하나의 현실적 조건의 지속성을 의미하는 것이면서 동시에 현실의 유의미함을 입증하는 척도가 된다. 때문에 이병기는 "시조는 현대시이다"라고 자신 있게 말할 수 있었다.[38]

한편 1930년대 이병기는 과거의 한글문헌과 그 유산에 관심을 집중시킨다. 이러한 관심은 당시의 고전부흥론과 맥락을 같이하게 된다. 고전부흥론은 당시의 조선학의 연구 성과가 축적되면서 나타난 현상이다. 진단학회의 결성이 그 대표적인 예라고 할 수 있다. 이병기 역시 진단

---

37) 「시조는 혁신하자」, 326~327면.
38) 해방 이후 이병기의 저작인 『국문학개론』(일지사, 1961)과 『국문학전사』(이병기·백철 공저, 신구문화사, 1972)를 통해서 그의 고전시가에 대한 연구의 관점과 성과를 확인할 수 있다. 하지만 일제 강점하의 시기에 그의 고전시가에 대한 관심은 시조뿐만이 아니라 고전시가 전반에 걸쳐 확장되고 있었다. 보다 정확히 말하면 한글로 쓰인 모든 것에 대한 관심이 가람을 이끌고 있었다. 말하기와 달리 글쓰기가 문학의 한 형태를 구성하는 기본적인 요건이라면, 한글로 쓰인 글들은 현재의 문학에 지속성을 보장하는 자양분의 역할을 한다.

학회에 참여하거니와 조선학에 대한 구체적인 연구의 진전은 한글운동의 연장선상에서 이해될 수 있다. 한글운동은 주시경의 활동 이후 진행된 문화적 민족주의운동의 흐름을 보여 주고 있다. 1930년대의 고전 연구 역시 문화적 민족주의운동의 연장선상에 놓여져 있다. 당시의 언론은 '조선을 알자'라는 표어를 통해서 학술적 연구의 필요성을 강조하고 있다. 이밖에도 고전 연구열에 대한 특집을 마련하여 분위기를 고조시켜 나가고 있었다.

그렇다면 이때 이병기는 어떤 의견을 갖고 있었을까? 그는 말하기를 "창작을 한다고 아무 문학의 교양도 없이 두 눈을 딱 감고 앉아서 머리가 아프도록 생각만 한다고 되는 것은 아니다. 과연 창작을 하자면 먼저 문학의 교양을 쌓아야 하고 그러자면 고전문학의 연구도 퍽 필요한 것이다"라고 말한다.[39] 이병기는 고전문학 연구의 필요성을 본격적인 창작의 이전의 준비 단계로 보고 있다. 이때 '문학의 교양'이 필요한 데 이 교양을 쌓기 위해서 고전에 대한 이해가 필수적이라는 것이다. '교양으로서의 고전'이란 그의 테제는 당시 김진섭 등이 말한 교양론과 흡사하다.[40] 단 차이가 있다면 서구적 교양을 말하기 이전에 우리의 고전에 대한 이해를 강조하고 있는 점이다. 이것은 고전 연구의 성격을 수구적·복고적·전통적 연구의 경향으로 분류되기도 하였다. 다른 한편으로 표면상 심정적 민족주의에 기반한 경향은 사회주의 계열의 이론가들로부터 '과학적 연구의 결핍'을 지적받기도 한다.

그럼에도 불구하고 이병기의 한글로 기록된 한글문학 혹은 조선문학의 탐색은 조선분학의 기원에 대한 탐색으로 이어진다. 비로소 이병기는 '전통의 창조'를 말하기에 이른다. 조선문학의 기원을 향가에 두고, 문학의 원천으로부터 새로운 창조의 가능성을 말하고 있다. 때마침 『문장』에 발간되면서 이병기는 자신의 관심을 구체화시켜 나아간다. 그것

---

39) 이병기, 「조선 고전문학의 정수」, 『신동아』, 1935.9, 4면.
40) 김진섭, 「고전탐구의 의의」, 『조선일보』, 1935.1, 22~25면.

이 바로 한글문헌에 대한 관심이다. 이병기는 「한중록」·「인현왕후전」 등을 『문장』지에 나누어 싣는다.[41] 고전에 대한 관심이 그 어느 때보다도 높았던 이 시기에 『문장』의 활동은 글쓰기 전범의 예시라는 측면에서도 주목할 만한 것이다. 실제로 한중록에 대한 그의 생각은 이 글을 '문학적 작품'으로 보자는 데 있다.[42] 이병기는 이 작품을 "정채영롱(精采玲瓏)한 붓으로 그 철천(徹天)의 한을 섬세, 유려하게 그린 것"이라 평가하면서 "우리말을 이처럼 빛나게 쓰시든 이가 그 몇 분이나 있었을고"라며 찬탄을 아끼지 않는다.[43]

이 시기에 이병기의 관심은 '우리말을 표현한 우리글'에 집중되어 있다. 조선문학의 기원과 표현이라는 관점에서 한글로 표현된 '우리글'의 관심은 당연한 경로라고 할 수 있다. 일본의 경우에 있어서도 도이 고치(土居光知)와 이케다 기칸(池田龜鑑)을 통해서 여성이 쓴 일기 문학이 재조명되고 고전문학 연구의 새로운 기틀이 마련되었다. 스즈키 토미는 이를 '언문일치의 음성중심주의에 의거한 국어의 내면화'라는 관점에서 고찰하고 있다.[44] 여성문학의 관심이 국가의 문학관을 새로이 정초하는 과정에서 재조명되었다는 시각은 시사하는 바가 크다. 이병기의 한글로 된 여성 고전문학에 대한 관심은 한 나라의 문학적 상을 재구성한다는 상상력에 기초하고 있다. 이러한 상징적인 조작이 이병기가 식민지 시대 마지막까지 놓을 수 없었던 영역이었다는 점은 그가 조선어학회사건으로 고초를 겪었던 역사적 사실과 함께 재음미되어야 할 부분인 것이다.

사실 이병기가 한글운동에 과정에서 강조한 부분은 한자음의 고정 등

---

41) 「한중록」, 『문장』 1~11호, 1939.2~1939.12; 「인현왕후전」, 『문장』 14~18호, 1940.3~1940.9. 이밖에도 이병기는 「조선어문학명저해제」(『문장』 19호, 1940.10)를 발표하는가 하면, 김만중이 「그의 어머니 행적을 기술한 윤씨 행장」(『대동아』 2호, 1942.3)을 주를 곁들여 선보이기도 하였다.

42) 이병기, 「典故眞贋論」, 『문장』 4호, 1939.5.

43) 이병기, 「조선어문학명저해제」, 위의 책, 230면.

44) 스즈키 토미(鈴木登美), 왕숙영 역, 「장르·젠더·문학사 서술 ― '여류 일기문학'의 구축을 중심으로」, 『창조된 고전』, 소명출판, 2002, 114면.

과 같은 문제이다. 아울러 유희어라든가 겹말 따위들이다. 말이 새로운 의미를 갖게 되는 측면에 관심이 많았다. 문인으로서의 이병기다운 면모라고 할 수 있다. 공식적인 표준어의 제정이 조선문학의 건설 과정에서 필수적인 사항인 것처럼 그 내용을 채우는 것도 중요한 일이다. 새로운 문학의 형성 과정에서 내용을 혁신하는 것은 그가 시조라는 형식을 통하여 지속적이고도 일관되게 노력을 기울인 바이다. 그렇지만 언어의 표준을 정하는 것이 언어의 의미를 곧바로 풍부하고도 세련되게 하는 것은 아니다. 이것은 언어 이전의 문제일 수도 있는 것이다. 언어 표현 이전의 정신적인 가치의 상상과 그 소산이라고 할 수 있다. 이병기는 조선문학의 기원과 가치를 고전의 연구를 통하여 재발견한다. 이 지점에서 지금까지 이병기가 출발점으로 삼았던 언어 기능주의적 측면을 벗어날 필요성을 느끼게 된다. 문학이 품고 있었던 원래적인 의미의 원-문자에 대한 탐색이 필요하게 된다.[45] 이것은 현실에서 사용되어지는 표현으로서의 언어일반, 말과 글에 대한 재인식이 요청되는 지점이다.

> 문학의 기록이 반드시 다 문학은 아니다. 문학은 문학으로서의 그 내용과 형태를 갖추어야 한다. 그러면 문학이란 과연 무엇인가 하면 인간 사회 생활의 사상·상상·감정·정서의 문자로서의 구상적(具象的)인 표현이다. 그러면 우리 국문학이란 우리 민족 사회 생활의 사상·상상·감정·정서의 우리 국문으로서의 구상적인 표현이다.[46]

이병기는 이전 시기에 언어에서 문학으로서의 전이를 보여 주었다. 언어의 기능수의적 한계가 문학으로의 전이를 가능케 하였다. 문학의 실제적인 창작과 현실적인 난관을 그는 고전의 연구라는 장을 통하여 극복하려 하였다. 이러한 과정에서 나타나는 일관된 관점은 조선문학의 건

---

45) J. 데리다, 김웅권 역, 『그라마톨로지에 대하여』, 동문선, 2004, 107면.
46) 이병기, 『국문학개설』, 일지사, 1961, 5면.

설이라고 할 수 있다. 해방 이후의 저술에서 국문학의 발견은 문학의 유보에서 가능한 것은 아니었을까? 이병기는 '언어의 기록이 반드시 다 문학이 아닌 것'이 아니라 '문학의 기술이 반드시 다 문학은 아니다'라는 관점을 기술하고 있다. 이때 그가 요구한 기준은 인간의 사상·상상·감정·정서를 표현한 '문자로서의 구상성'이다. 인간의 전체적인 면모를 구체적으로 다루는 철학으로서의 문학을 상정하고 있는 것이다.

그런데 같은 책에서 이병기는 국문학의 조선으로서 '산천·기후·풍토'를 다루고 있다. 이른바 외부적 요소로서의 '환경'을 다루는 태도는 특이한 점이 있다. 텐느 이래의 문학에 대한 관점이 반복되고 있는 것처럼 보이기 때문이다. 특히 '풍토'라는 용어는 와쯔지 데쯔로(和辻哲朗)의 『풍토』(1935)를 연상시키기에 충분하다. 또한 미카미 다카쯔는 문학을 다음과 정의하고 있다. "문학이란 일정한 문체로 인간의 사상·감정·상상력을 세련되게 표현하는 것으로서, 실용과 쾌락의 목적으로 많은 사람들에게 기본적인 지식을 전달하는 것"이다.[47] 이것은 기본적으로 매튜 아놀드로 대표되는 빅토리아 왕조의 문학관을 반영한 것이다. 이와 함께 쯔보우치 쇼요(坪內逍遙)의 『소설신수(小說神髓)』(1885)의 관점이기도 하다.[48] 다시 한번 이병기의 말을 인용하고자 한다.

> 조선말로써 조선말답게 적은 것이면 조선말로서의 목숨과 넋이 있는 것 아닌가. 그리하여 조선말에 쓰인 典型과 軌範을 보여 주는 것이 아닌가. 우리는 이것을 보고 일일이 그대로 모방을 하거나 引用을 하거나 할 건 아니라도 거기에서 무슨 傳統이나 暗示를 얻을 것 아닌가[49]

조선말의 조선말다운 발견은 조선문학의 전통과 암시를 의미한다. 조선말에 대한 민족주의적 관점의 투영이 고전문학의 연구로 이어지면서

---

47) 스즈키 토미, 왕숙영 역, 앞의 책, 100면.
48) 위의 책, 101면.
49) 「시조는 혁신하자」, 314면.

근대문학의 본류에 대한 관심도 증폭되어 가는 것은 아닌가? 그런데 근대문학의 본류에는 중국의 경험과 함께 일본의 경험도 한 부분을 차지하고 있다. 해방 이후에 써진 글이라고 보이지만 서지를 알 수 없는 그의 글 가운데 그는 말하기를 "감정・감각・상상・사실. 이것이 시재(詩材)인 동시에 여기다 멋만 끼고 보면 된다. 이런 진리야말로 동서고금의 시도(詩道)에 공존한 것이라고 나는 단언하고 싶다"50)라는 표현이 있다. 감정과 상상의 표현으로서의 문학은 낯익은 정의이지만 이병기는 여기에다가 '사실'이라는 요소를 포함시키고 있다. 「시조는 혁신하자」를 포함해서 생각해 보아도 그러하다. 그가 살펴본 문학적 표현과 작품을 사실로선 간주할 수 있으나 진실한 시의 요소로서 '사실'이란 요소는 낯설다. '사실로서의 문학', 그렇다고 현실에서 취재한 그대로의 사실을 의미하지는 않는 것처럼 보인다. 그런 관점은 이병기와는 거리가 너무 멀다. 여기에서 사실이란 상상을 매개하는 경험으로서의 사실 혹은 대상은 아닐까?51) 그런 면에서 이병기가 말하는 사실은 '실증'에 가깝다. 실증으로서의 문학은 구상적 문학에 이르는 첩경이라고 볼 수 있다. 이것이 이병기가 도달한 근대문학의 도착점이라고 판단된다.

---

50) 이병기, 「시의 진리」, 『가람문선』, 신구문화사, 1969, 481면.
51) 이병기가 제시한 '감정, 감각, 상상'의 요소들은 인식적 구성물이다. 인식적 구성물이라는 말이 어폐가 있을 수 있지만, 인간의 인지에 그 기원을 두고 있다는 점에서 그렇게 보았다. 반면에 사실은 그 기원을 현실에 두고 있는 것으로서 객관적이다. 이병기는 표현이라는 말 대신에 사실을 적시하고 있다. 그 사실에 대한 다양 다종한 모사가 여러 기능성을 내포하게 되는 것이다. 그런 의미에서 표현된 사실은 경직된 사실을 지향하게 된다. 이병기의 시 혹은 시조에서 정서적 동일성을 얻게 된다면 그 사실적 표현의 정확성에 기인하는 것은 아닐까? 그리고 이병기의 작품에 대한 평가는 그 사실적 표현의 완성도를 기준하고 있는 것이다. 뛰어난 시조시인으로서 최근 자주 거론되는 조운의 작품에 대해 이병기가 수차례 유보적인 의견을 보였던 점은 그 기준의 확고함 때문이라고 판단된다. 이병기와 조운의 작품에 대한 호불호가 있을 수 있겠지만, 그러한 평가의 분기점에서 작용하고 있는 것은 어떻게 시조가 하나의 예술적 구성물로서 탄생할 수 있을까라는 물음에 대한 이병기의 근대적 시각이다. 이러한 근대적 시각은 '사실'에 기반하고 있다.

5. 언어의 근대성을 찾아서

이 글은 근대문학의 전개 과정에서 문학과 언어의 관련성에 초점을 맞추어 진행된 연구 과정의 기록이다. 일반적으로 언어는 인간이 다른 사람에게 자신의 사고와 감정을 표현 전달하기 위한 수단이다. 인간은 오랜 역사를 거쳐오면서 말과 글을 획득하였다. 특히 문학은 문자 수단을 통하여 인간의 사고와 감정을 표현하는 대표적인 양식이다. 그리하여 문학은 인간정신의 정수를 표현하는 수단으로서 인식되기에 이르렀다. 그렇지만 이러한 문학의 자각적 인식은 문학의 표현 현상에 뒤이어 나타나기 마련이다. 우리의 경우 이러한 문학의 자각적 인식이 근대의 과정에서 동시적으로 나타난다는 사실은 근대문학의 특성으로서 여러 차례 지적되었다. 문학과 언어의 관련성을 다시 살펴본다는 것은 문학의 자각적 인식과 맞부딪혔을 때 어떤 준비와 자세가 필요했는가에 대한 검토를 의미한다. 이른바 근대적 문학의 표현과 근대적 언어의 구축은 동시적으로 요청되는 이중의 과제이었다.

근대성에 대한 논의의 연장선상에서 문학도 예외가 아니듯이 문학의 원재료인 언어에 대한 관심은 필연적이다. 그렇지만 문학과 언어(학)라는 두 학문 영역의 관계는 상호간의 분리를 전제하고 있는 것처럼 보인다. 이러한 소원한 관계의 대화와 상호 모색이 전혀 없는 것은 아니지만 본격화되지는 못하고 있다. 아마도 두 분야가 상상하는 영토가 다름에서 그 이유를 찾을 수 있겠지만 근대라는 균질화된 공간 내에서 작동하는 원리는 그 유사성을 보이고 있다. 그 유사성의 틈에 대한 사고는 그래서 가치가 있다. 이것은 균질적으로 보이면서도 균열을 내포하고 있으며, 균열을 내포하고 있으면서도 균질성을 지향한다. 이것이 때로는 언어라는 이름으로 혹은 문학이라는 이름으로 불려지기도 한다. 하지만 이때의 언어와 문학은 환원된 대상이어서 실제의 모습과 상이함을 보이는 것도 사실이다. 민족의 상상을 통해서 민족의 실체가 보일 수 있다는 최근의 논의들은 근대의 공간 내에 고정되어 있는 언어와 문학에도 동일하게 적용될 수 있다. 이때 상상된 언어와 문학의 실체에 대한 논의는 현재의 언어와 문학이 욕망하는 것에 대한 탐구이다. 실제의 언어와 문학에 대한 실체가 불투명하게 보일 수도 있겠지만 이것은 근대 민족주의의 투명하지 못한 모습 혹은 근대 민족주의를 바라보는 투명하지 않은 모습에서 그 이유를 찾을 수 있을 것이다.

정지용과 번역

1. 번역의 역할

이 글에서 다루고자 하는 것은 근대서구시의 수용 과정에서 번역이 차지하고 있는 역할에 대한 것이다. 일반적으로 번역은 원텍스트를 번역자(전신자)가 번역함으로써 이루어진다. 번역자는 이 과정을 통하여 번역텍스트를 생산하게 된다. 또한 번역자는 원텍스트를 읽는 과정에서 해석의 행위를 하게 된다. 이때 해당 언어로 번역하는 번역 수행의 과정에서 수정된 해석을 시도하기도 한다. 번역자는 번역 행위뿐만이 아니라 원텍스트와 번역텍스트의 의미 해석을 하는 과정에서 중심된 역할을 맡게 되는 것이다.[1]

---

[1] Susan Bassnett, *Translation Studies*, Routledge, 1980, p.44.

번역은 문화적 의사소통의 수행적 본질이다.[2] 일반적인 의사소통과 다른 점이 있다면 언어의 차이라는 이질성을 극복하는 과정을 동시에 수반해야 한다는 점이다. 이때 번역텍스트는 기호의 고유한 의사 전달 기능을 부차화시킬 수 있다. 번역텍스트의 수용자는 이중의 전환 과정을 전제하고, 의사 전달의 콘텍스트가 지시하는 대상에 집착할 수 있기 때문이다. 이때 콘텍스트는 야콥슨이 말하는 의미에서 '지시적 기능'을 상당히 손상당하게 된다. 이런 의미에서 폴 드 만은 번역이란 "원전에 파편화의 운동, 교의에서 벗어난 방황, 일종의 영원한 망명 상태를 부여해서, 원전을 탈정전화 하도록 움직이는" 의사소통의 양식이라고 말한 바 있다.[3]

이상의 검토에 따르면 진전한 의미의 번역이란 본질적으로 불가능한 것이다. 벤야민은 이러한 의미에서 번역가에게 창조적 과정을 요구했거니와 이것은 번역자의 해석이 갖는 중요성을 부각시킨 것이라고 할 수 있다.[4] 다른 한편 번역이 존재하는 한에서 번역을 둘러싼 콘텍스트는 번역을 수용하는 시간과 장소의 지시적 의미를 재생산한다. 번역을 둘러싼 제반 담론과의 길항이 일어나는 것도 바로 이 지점이다. 번역이라는 수행적 실천이 "민족국가의 제국주의에 대한 반작용이거나 그것의 역사적 결과"임에도 불구하고 "인식론적 주체로서의 주관"과 "실천적 행위자로서의 주체"가 차이를 드러내는 것이 피할 수 없는 사실이라면[5] 그 틈에 대한 접근은 번역을 통하여 근대성의 알레고리적인 지표를 찾는 일이라고 할 수 있다.[6]

---

2) 호미 바바, 나병철 역, 『문화의 위치』, 소명출판, 2002, 431면.
3) 위의 책, 432면(Paul de Man, *The Resistance to Theory*, university of minesota press, 1986, p.92 재인용).
4) 발터 벤야민, 반성완 역, 「번역가의 과제」, 『발터 벤야민의 문학이론』, 민음사, 1983, 331면.
5) Naoki Sakai, *Translation and Subjectivity*, university of minesota press, 1997, p.24.
6) G. C. Spivak, "The Politics of Translation", L. Venuti edited, *The Translation Studies Reader*, Routledge, 2000, p.404; L. Venuti, "Translarion, Community, Utopia", Ibid., p.473.

지금까지 서구시 수용에 대한 연구는 비교문학적 관점에서 진행되어
왔다. 서구시의 수용 과정에서 작품의 원천과 수용된 작품과의 비교는
일차적인 연구의 대상이라고 할 수 있다. 1920~40년대에는 집중적으로
소개된 외국의 시인들이 발견되는데 타고르·하이네·바이런 등이 그
들이다. 이들에 대한 연구는 비교문학적 관점에서 이루어지고 있으며,
실증주의적 접근이 가장 큰 특징이라고 할 수 있다. 서구의 원천에 대
한 영향이라는 관점에서 이러한 연구들의 의미가 줄어드는 것은 아니지
만, 서구의 원천이 해당 시기와 문학권 내에서 수용되는 양상에 대한
고찰은 상대적으로 미약한 것이 아닌가 판단된다. 특정 시기의 특정 작
가가 선택되고 호명되는 이와 같은 양상에 대한 접근은 그들의 수용 과
정에서 어떠한 문학사적 기대가 개입되어 있느냐 하는 문제와 관련을
맺고 있다. 정지용은 한국의 모더니즘을 대표하는 시인이다. 정지용을
통하여 한국의 현대시가 획기적인 일신을 이루었다는 것은 주지의 사실
이다. 그런데 정지용에 대한 비교문학적 접근은 객관적인 사태의 점검
에서 벗어나지 못한 인상이 짙다. 정지용의 시사적 평가에 있어서 일본
이나 서구시의 영향이 중요한 한 축으로 작용함에도 불구하고, 이에 대
한 검토는 미약하다. 정지용의 외국시에 대한 자의식을 추적하는 일은
정지용의 시세계의 형성 동인을 파악하는 일이며, 한국 근대시의 전개
과정을 '번역'이라는 맥락에서 다시 파악하는 일이기도 하다. 이 글은
이런 맥락에서 정지용 시세계의 흐름을 추적하고자 한다.

2. 서구시의 번역과 그 전개 과정

　서구시의 번역이라는 측면에서 김억의 활동은 그 첫머리를 장식하고

있다. 이전에도 다수의 문인들에 의하여 신문과 잡지를 통해 서구시가 소개되었다. 그 중에서 김억의 활동은 두드러진 바 있으며 그 작업의 결산이라는 의미에서 김억은 『오뇌의 무도』(광익서관, 1921)를 출간한다. 이 시집은 근대적 의미의 첫 시집이며 동시에 서구시의 번역 시집이었다는 점에서 그 의미가 크다. 그밖에도 김억은 『잃어진 진주』(평문관, 1924)와 타고르의 『기탄자리』(이문관, 1923), 『원정』(회동서관, 1924), 『신월』(문우당, 1924) 등의 번역시집을 연이어 출간하면서 한국 근대시 형성의 중요한 자양분을 제공해 주는 역할을 하였다. 여기에 『금성』을 중심으로 양주동이 가세하게 되고, 이른바 번역시단은 자못 활기를 갖게 된다.

김억의 활동을 통하여 근대시의 자장과 그 윤곽이 그려졌다고 해도 과언이 아닐 것이다. 하지만 김억에 의해 소개된 서구시는 양주동에 의하여 비판을 받게 된다. 김억이 번역시가에 대한 현실적인 태도를 보이고 있는 반면에 양주동은 서구시의 본질적 의미가 왜곡되는 양상에 대하여 의문을 제기하고 있다. 양주동의 보들레르에 대한 이해는 원칙적인 것이었음에도 불구하고, 김억이 이를 적극적으로 수용하지 않는다. 다시 말하자면 김억은 상징주의 수용의 선구자라는 위치에도 불구하고 서구시의 선택과 호명에 있어서 지극히 개인적인 선택의 입장에 서 있다. 이와는 달리 양주동의 관점은 서구시의 수용에 있어서 객관적인 태도의 견지를 주장하고 있는 것이다. 이것은 김억과 양주동으로 대표되는 번역에 대한 두 가지 입장이라는 차원에서 다루어져야 할 대목이다.

창작적 무드를 중시하는 김억의 번역관과 일차적으로 직역을 우선시하는 양주동의 입장은 의역이나 직역이나 하는 논쟁으로 이어진다.[7] 번역에서 직역이냐 의역이냐 하는 문제는 논쟁에 참여하고 있는 김억이나

---

7) 이에 대해서는 김용직, '『금성』 동인들의 참가와 번역시 논쟁', 「해외시 수용의 본론화와 그 양상」, 『한국근대시사』 상, 학연사, 1986; 김효중, 「한국의 문학번역이론」, 『비교문학』 15집, 1990; 현태리, 「타골시 번역규범과 만해시 비교론」, 『만해축전─현대시의 반성과 만해문학의 국제적 인식』, 만해사상실천선양회, 1999 등을 참조.

양주동 자신들도 절충을 피할 수 없는 문제이어서 해결의 실마리를 얻기는 어려운 문제이었다. 이러한 논쟁을 통하여 김억은 "축자이나 직역이니 하는 것보다도 창작적 무드로 의역하야 써 그 시혼과 정조를 옴기는 것이 나흘줄로 압니다"[8]라는 그의 번역관은 '번역은 창작이다'라는 관점으로 이동한다. 서구시의 수용 과정에서 김억의 공적은 분명한 것이지만, 양주동과의 논쟁에서 보듯이, 창작적 무드를 강조하면서 번역창작론 혹은 번역 불가능론으로 자신의 주장을 전개시켜 나간 점은 무리한 점이 있다. 원칙적인 면에서 문학적 언어를 번역한다는 것의 불가능성을 도외시할 수 없다 하더라도, 이제 막 본격적으로 서구시를 수용하는 과정에서 번역자에게 원시에 준하는 창작적 시혼과 정조를 요구하는 것은 지나친 요구일 수 있다. 이 같은 거리감의 재현은 서구시에 대한 동경과 좌절에서 한 발도 나아갈 수 없는 것이다.

1930년대에는 서구시의 번역 활동이 일정한 궤도에 오른다. 김억의 『오뇌의 무도』가 1920년대 번역시단을 일신하였다면, 1930년대 이하윤의 『실향의 화원』(시문학사, 1933)은 그 역할에 상응하는 것이다. 하지만 〈해외문학파〉의 일원이기도 했던 이양하의 출현과 활동은 1926년으로 거슬러 올라간다. 다음은 그의 회고 가운데 한 부분이다.

> 早稻田 高等學院의 梁柱東, 孫晋泰, 柳春燮(葉) 등이 詩誌 『金星』으로 文壇에 데뷔, 그들의 巨彈(?)이 큰 波紋을 일으켰을 시절, 『白潮』와 『土月會』의 金基鎭(八峰)도 立敎大學 豫科에서 修學하였다. 1924년경부터 早稻田의 李瑄根, 鄭寅燮, 法政의 金晋燮, 孫宇聲, 異河潤, 그리고 高師의 金明燁과 外語의 金錙(俊燁)兄弟 ─ 이렇게 7인이 수차 會同하여 진지한 文學硏究團體를 하나 가져보자는 움직임이 무르익어 同人制의 「外國文學硏究會」가 그 이듬해 정식으로 발족한 것이며, 1926년 1월에 『海外文學』 創刊號를 내놓고야 말았다.[9]

8) 김억, 「시단산책─『금성』, 『폐허』 이후를 읽고」, 『개벽』 46호, 1924, 34면.
9) 이하윤, 「문단과 교단에서」, 『이하윤 선집』 2, 한샘, 1982, 161면. 이후 이 책의 인용 시에는 『이하윤 선집』으로 표기하고 면수만을 기록하기로 한다.

일본 유학생들의 문학연구모임이 내놓은 『해외문학』 창간호는 이미 발간된 『백조』나 『금성』에 자극받았을 공산이 크며, 김억과 양주동의 논쟁은 불모지나 다름없었던 외국문학의 소개와 그 필요성을 자각케 하는 계기가 되었다. 특히 중역과 번안 그리고 표절로 얼룩진 문학 활동의 개선을 자임하고 나선 것은 어쩌면 당연한 일이었다. 다음은 1930년 번역 시단을 소묘한 이하윤의 글 가운데 한 단락이다.

> 그리고 보면 詩歌의 移植은 그 양과 질에 있어서 성적이 비교적 우량하다고 볼 수 있으니, 鄭芝溶의 블레이크(『大潮』, 『詩文學』), 徐恒錫의 데멜(『新生』), 朱耀翰의 (번즈), 브라우닝 부인(『新小說』), 朴龍喆의 괴테, 쉴러, 하이네(『詩文學』), 金允植의 예이츠(『詩文學』), 金尙鎔의 메즈필드(『朝鮮日報』), 李求의 레옹 폴 파트그(『中外日報』)의 譯詩와 그리고 특히 樹州 卞榮魯가 東亞 紙上에 '現代英詩選譯'이란 題로 계속 譯載하여 시몬즈, 다우슨, 노이스, 메즈필드, 콘포드, 헛즈슨, 부어딜론, 더 타메어데, 이비드, 컬터릿즈 등을 소개한 것은 참으로 그저 묵과할 일이 결코 아니라고 생각한다. 筆者 또한 변변치 못한 譯詩를 『新生』, 『大衆公論』, 『詩文學』, 『中外日報』, 『新小說』 등에 꽤 많이 발표하였고, 目下 東亞에 집필중인 '現代詩人硏究'에다 될 수만 있으면 매회 一篇씩 拙譯을 게재하고 있으니 수만으로 따지면 樹州와 함께 첫손에 꼽힐 것이다.[10]

위의 글을 통하여 몇 가지 사항을 유추해 볼 수 있는데 첫 번째는 이른바 시문학파의 번역 활동이다. 정지용·박용철·김영랑이 블레이크·괴테·쉴러·하이네·예이츠 등을 소개하고 있다는 점이다. 이들의 소개가 초유의 번역은 아니지만 1930년대 세련된 언어의 조탁으로 시문학의 새로운 장을 연 장본인들이라는 점에서 이들의 번역 활동은 예사롭지 않아 보인다. 둘째로 이들과 함께 김상용·서항석·이구·이하윤의 시작 활동은 번역시단의 확대라는 측면에서 이후의 외국문학 연구의 질적인 향상과 깊은 관련을 맺고 있는 것처럼 보인다. 셋째로는 김억과

---

10) 이하윤, 「庚午譯壇一覽」, 『신생』 36호, 1931.12(『이하윤 선집』 2, 38면).

양주동의 활동이 주춤한 가운데 주요한과 변영로의 활동이 지속적으로 이루어지고 있었으며, 특히 변영로의 활동은 질적으로나 양적으로 이제 활동을 본격화하고 있는 이하윤 등과 견주어 손색이 없다는 점이다. 변영로의 경우 정인보와 함께 『시문학』에도 같이 동인으로 이름을 올려놓고 있다. 그렇다면 언어의 심미적 세련화는 서구 근대시와의 본격적인 공유라는 차원에서 새롭게 이해될 여지를 남겨놓는다고 볼 수도 있다.

특히 변영로의 활동은 당시에 양적으로뿐만이 아니라 질적으로도 다른 여타의 번역 수용 과정과는 차원을 달리하는 것이다. 우선 그가 다루고 있는 서구 시인들의 이름을 나열하면 셰익스피어, 매튜 아놀드, 월터 스콧, 예이츠, 아서 시몬즈, 더 라 메어, 랜도어, 존 데이비스 등의 영국 시인들과 이탈리아의 시인 지아코모 레오파르디와 페르시아의 시인 오마르 카이얌 등이 포함되어 있다. 김억의 선택한 시인들과 비교하더라도 상징주의 계열 이전의 시인들과 이후의 시인들이 고르게 선택하고 있으며, 오마르 카이얌의 경우는 김상용의 카이얌 소개 이전에 선편을 보여 준 작업이라는 의미가 있다.11) 변영로는 『조선의 마음』(평문관, 1924)을 통하여 자신의 문학관을 '상징적으로 살자'라고 간명하게 요약하고 있다. 상징주의의 본질에 육박하는 시관을 보여 주었던 변영로는 번역시를 통하여 서구시, 특히 영국 시인들의 시사적 흐름을 보다 많이 소개하려는 듯하다. 이것은 문학 원천의 소개가 문학관의 본령을 획득하는 것임과 동시에 이에 수반되는 교양의 함양과도 긴밀한 관련이 있음을 뜻한다. 그런 의미에서 1930년대 이른바 외국문학 전공자들에 의해서 주도된 번역시단의 대체적인 밑그림을 변영로가 그려주고 있다는 점을 간과해서는 안 된다. 변영로는 문단에 번역시가 자못 성과를 이룩하면서 이제 더 이상 이중역과 함량 미달의 번역이 불가능함을 지적하고 있다.12) 그의 이러한 판단은 초기의 번역문학이 차원을 달리하여 전

---

11) 김상용의 오마르 카이얌의 소개는 「'오-마-카이얌'의 '루바이얕' 연구」(『시원』 1~4호, 1935.2~12)를 통해 이루어진다.

개되어 나아가고 있음을 단적으로 구분시켜 준 예라고 할 수 있다. 1920
년대와 1930년대의 교량적인 역할로서 변영로를 기억하지 않을 수 없는
대목이기도 하다.

『실향의 화원』이 보여 준 성과는 김억의 『오뇌의 무도』 혹은 『잃어진
진주』의 성과에 버금가는 것이다. 특히 김억이 시인과 작품 선정이 감상
적 상징주의 혹은 낭만주의의 틀에서 자유롭지 못한 데 반하여 이하윤의
선택은 문학사적 안목과 객관성이 일차적으로 돋보인다. 이러한 점은 과
거 10여 년 간의 번역시단의 성장과도 무관치 않을 것으로 판단된다. 이
하윤은 양주동과 번역을 둘러싼 논쟁을 벌였음에도 불구하고 양주동의
번역시관을 대체적으로 인정하게 된다.[13) 서구시의 수용을 본격화하는
과정에서 초기의 김억이 보여 준 활동은 양주동 · 변영로 · 이하윤의 모
색 과정을 통하여 새로운 단계의 서구시 번역 양상으로 이어진다.[14)

---

12) 변영로, 「이중역적 문예」, 『동아일보』, 1925.9.2.
13) 이하윤의 양주동에 대한 비판은 「해외문학 독자—양주동씨에게」(『동아일보』, 1927.3.
    19~20), 「다시 독자 양주동군에게 주노라」(연도 미상, 『이하윤 선집』 2, 53~56면 참조)
    에 잘 나타나 있다.
14) 『실향의 화원』이 보여 준 성공은 최재서 편의 『해외서정시집』(인문사, 1938)으로 이
    어진다. 『실향의 화원』은 영국과 프랑스 시편의 편중이라는 문제점을 갖고 있었다. 이
    점에 착안하여 독일 · 러시아 · 미국 등 여타의 나라에서 시인과 작품을 보강하여 보다
    균형 있는 체재를 갖춘 번역시집이 출현하게 되었다. 『해외서정시집』에서는 정지용 ·
    이양하 · 김상용 · 최재서 · 임학수 · 이원조 · 이헌구 · 손우성 · 서항석 · 김진섭 · 함대
    훈 등이 역자로서 참가하게 된다. 사실 『해외서정시집』에 수록된 번역 작품들은 열거
    된 번역자들이 이전에 잡지나 신문 등의 매체에 발표된 것을 재수록한 것이다. 그럼에
    도 불구하고 『해외서정시집』을 통하여 각국의 대표적인 시인과 작품이 고르게 번역되
    어 우리말로 읽힐 수 있게 되었다는 사실은 1930년대 번역시단의 성과를 한자리에서
    완상할 수 있는 성과임에 분명하나.
    이와 함께 임학수의 『현대영시선』(학예사, 1938)은 이 시기의 중요한 성과 가운데 하
    나이다. 문고판으로 출간된 이 번역시집에는 T. 하디, A. E.의 시가 실려 있는가 하면 엘
    리엇 · 오든 · 루이스 · 스펜서 등의 시편들이 실려 있다. 1930년대 시단의 특성 가운데
    중요한 흐름 중의 하나가 이미지즘 혹은 모더니즘이라고 할 때 이들에 대한 관심이
    『실향의 화원』이나 『해외서정시집』에서는 간과된 측면이 있다. 임학수의 『현대영시
    선』은 일반적인 영시의 조망이 아닌 특별한 시적인 특성을 보여 준 시인들을 한자리에
    서 번역 편집하였다는 측면에서 특징적인 면모를 보여 주고 있다. 이러한 관점은 해방
    이후 오장환의 『에세닌 시집』(동향사, 1946)과 김종욱의 『강한 사람들』(민교사, 1949)처

초기의 근대시의 수용 과정에 나타난 일정한 입장의 차이가 이 대목에서 나타난다. 우선 첫째로 김억과 양주동의 번역관이 보여 준 차이이다. 둘째는 변영로가 보여 준 서구시에 대한 선(先) 이해에 기초한 이해와 활동이다. 김억과 양주동이 보여 준 번역에 대한 입장 차이는 논쟁적인 양상으로 진전되지만 번역의 실제라는 측면에서 양자는 절충적인 대안을 모색하지 않을 수 없었다. 아울러 서구시의 원텍스트와 번역텍스트의 차이와 일치라는 관점에서 일종의 소모적인 논의로 비쳐지기도 한다. 반면에 변영로 이후의 활동은 이러한 논리적인 논쟁의 양상이 아닌 보다 생산적인 관점에서 텍스트의 선택과 집중이라는 양상으로 나아간다. 특히 〈해외문학파〉의 등장은 서구시의 수용을 통한 근대시의 생산이라는 면에 집중할 수 있는 문학적 장의 토대를 마련하는 계기가 되었다.

번역이란 단순히 텍스트의 기호를 다른 언어로 전환하는 것이 아니라 내포된 기의를 재해석하고 표현하는 것이다. 여기에 번역의 창조성이 가로놓여져 있다면, 근대시의 생산에 충분한 자양분이 될 수 있다. 이를 바탕으로 근대시에 대한 의욕적 활동이 가능하였던 것이다. 1930년대의 대표적인 시전문 잡지인 『시문학』 1권과 2권에는 정인보·이하윤·박용철·정지용·김영랑 등에 의하여 쉴러, 괴테, 하이네, 블레이크, 예이츠, 사맹, 폴 포르 등의 시가 '외국시집'이라는 항목으로 번역 게재되어 있다. 언어의 조탁과 세련된 감수성의 표현으로 특징지어진 〈시문학파〉의 출발에 서구시가 차지하는 위상은 무엇일까? 아마도 이것은 김억과 양주동의 논쟁이 끝나는 지점에서 마주치게 된 근대시의 표현에 대한 물음과 맥락을 같이하는 것이라고 파악된다.

정지용의 번역시 활동은 크게 세 시기로 나누어 살펴볼 수 있다. 첫째는 1930년 윌리엄 블레이크(1759~1827)의 시를 소개하고 있는 시기이다.

럼 번역시집이 하나의 독자적인 생명력을 갖고서 읽혀질 수 있는 원동력이 되었다고 판단된다.

둘째 시기는 『해외서정시집』(인문사, 1938)이 간행되는 1938년 무렵으로 월트 휘트먼(1819~1892)의 시를 소개하고 있다. 아울러 이 시집에는 1930년에 번역한 블레이크의 시가 재수록되어 있다. 그리고 세 번째로는 해방 이후의 시기로서 정지용은 휘트먼의 시를 1947년 무렵 『경향신문』에 번역하여 다수를 싣고 있다.[15]

정지용의 번역 활동은 동시대의 김억이나 박용철과 비교한다면 활발한 편에 속하지는 않는다. 그럼에도 불구하고 영문학을 전공한 정지용

---

15) 『정지용 전집』 1권(민음사, 1988)을 살펴보면 정지용의 번역시들이 실려 있다. 윌리엄 브레이크의 시가 5편, 월트 휘트먼의 시가 12편이다. 제목과 발표 지면을 살펴보면 다음과 같다.

* 윌리엄 블레이크
「小曲 1」(『대조』 창간호, 1930.3); 「小曲 2」(『대조』 창간호, 1930.3); 「봄」(『대조』 창간호, 1930.3); 「봄에게」(『시문학』 2호, 1930.5); 「초밤별에게」(『시문학』 2호, 1930.5)

* 월트 휘트먼
「水戰 이야기 1 · 2」(『해외서정시집』, 1938.6); 「눈물」(『해외서정시집』, 1938.6); 「神嚴한 주검의 속살거림」(『해외서정시집』, 1938.6); 「青春과 老年」(『경향신문』, 1947.3.27); 「關心과 差異」(『경향신문』, 1947.4.3); 「大路의 노래」(『경향신문』, 1947.4.17); 「自由와 祝福」(『경향신문』, 1947.5.1); 「弟子에게」(『경향신문』, 1947.5.8); 「나는 앉아서 바라본다」(『경향신문』, 1947.5.8); 「平等無終의 行進」(『산문』, 1949.1); 「目的과 鬪爭」(『산문』, 1949.1); 「軍隊의 幻影」(『산문』, 1949.1)

김학동에 의하면 휘트먼의 「법정심문에 선 중범인」(『경향신문』, 1947.5.1)의 게재 사실을 확인하였으나 『정지용 전집』에 수록하지 못했다고 한다(『정지용 전집』 1, 민음사, 1988, 199면). 또한 이희환에 의하면 『별』지에 포올 피이링스의 「주여」(『별』 49호, 1931.7.10)와 애란의 고시(古詩)인 「성모」와 크리스티나 로우세티의 「가장나즌자리」(『별』 50호)가 번역 게재된 사실을 보고한 바 있다(이희환, 「젊은 날 정지용의 종교적 발자취」, 『문학사상』, 1998.12, 264면). 또한 같은 글에서 이희환은 1947년 4월 속간된 『카톨릭청년』 4~6월호에 정지용이 외국 종교시를 5편씩 모두 15편 번역 게재하였다고 밝히고 있다.

김병철은 타고르의 『기탄자리』 가운데 일부분(1~9)이 『휘문』 1(휘문문우회, 1923.1.25)에 게재된 사실을 그의 번역문학목록에 추가하고 있다. 같은 지면을 통해 작자 미상의 작품 「여명의 신 오－로아」와 「퍼－스포니와 수선화」가 함께 번역되어 게재되었음을 밝히고 있다. 따라서 정지용의 번역시는 『전집』에 수록된 17편 이외에 30편이 더 존재하고 있는 실정이다. 그밖에 『휘문』 8(1925.12.20)에는 블레이크의 작품 4편이 실려 있는데 제목이 같은 점으로 보아서 『대조』와 『시문학』을 통해 발표된 블레이크의 번역시들이 『휘문』 8에 다시 게재된 것으로 추정된다(이상은 김병철, 『세계문학번역서지목록총람』, 국학자료원, 2002 참조).

에게 서구시의 영향이라는 측면을 전혀 무시할 수 없다. 지금까지 이미
지즘 혹은 모더니즘의 측면에서 그의 시에 대한 고찰이 이루어지고 있
었던 점도 그와 같은 전제에서 이루어진 것이라고 볼 수 있다. 이와 함
께 정지용의 문학 형성 과정에서 번역시의 영향에 대한 지적도 이루어
진 바 있다.16) 이러한 측면에서 보자면 우선 주목되는 것이 정지용의
블레이크 번역이다. 정지용 이전에도 블레이크의 소개는 이미 이루어지
고 있었다. 김억과 변영만이 1923년 무렵 블레이크의 시를 소개하고 있
으며, 1930년 무렵 이하윤도 블레이크의 시를 소개하고 있다.17) 이하윤
의 번역은 정지용의 블레이크의 번역 시기를 근소하게 앞지르고 있다.

> 장미꽃은 病들어서라, 장미꽃은 病들어서라!
> 몹살스럽게 내리는 暴風雨의
> 어두운밤에 날아단니는
> 보랴도 볼슈업는 적은 버레가
> 즐거움가득한 깁흔 紅色의
> 그대의 寢臺를 괴롭게하는
> 그의 어두운사랑, 그윽한 사랑재문에
> 그대의 목숨은 이리도 病들어서라
> — 김억 역, 「장미꽃은 病들어서라!」 전문18)

오- 장미여 너는 병들엇고나!

16) 사에구사 도시카스三枝壽勝는 "澤元이가 庭球 前衛選手로 날리었고 나는 印度 타고
르의 詩에 미쳤던 것이다"(「趙澤元 舞踊에 關한 것-그의 渡美公演을 契機로」, 『산
문』, 동지사, 1949, 225면; 「조택원 무용에 관한 것」, 『정지용 전집』 2, 332면)라는 일절
을 인용하면서 '그립어' 식의 표기법이 그 당시 (김억에 의하여) 제기된 만큼 하나의
시대성을 띠고 있었으며, 芝溶의 시도 그 영향을 반영하고 있다"(「정지용의 시 「鄕愁」
에 나타난 낱말에 대한 고찰」, 『정지용의 문학세계 연구』(김신정 편), 깊은샘, 2001,
222면)라는 조심스러운 가설을 내세우고 있다. 다시 말하면 정지용의 문학수업 가운데
김억의 번역시 활동과 그 영향이 정지용 시의 한 축으로 기능하고 있었다는 것이다.
17) 변영만의 블레이크 번역은 「병든 장미」라는 제목으로 『동명』 29호(1923.3.18)에 게재.
18) 블레이크, 김억 역, 「장미꽃은 病들어서라」, 『오뇌의 무도』, 광익서관, 1921, 154면.

세찬暴風雨 몰아치는데
어두운밤중을 날아다니는
눈에도 안보히는 적은 버레가

깃븜이 가득한 그대의
분홍빛寢臺를 차저냇스니
그래 그의검고 그윽한사랑은
그대의목숨을 버려주노라

— 이하윤 역, 「알는 薔薇」 전문19)

　김억이 번역한 블레이크의 시는 『오뇌의 무도』에 발표되었으며, 이하
윤의 번역은 『실향의 화원』에 다시 실리게 된다. 두 사람의 번역은 시
의 후반부에서 차이가 있다. 김억은 "의 어두운사랑, 그윽한 사랑째문에
/ 그대의 목숨은 이리도 病들어서라"라고 표현한 반면, 이하윤은 "그래
그의검고 그윽한사랑은 / 그대의목숨을 버려주노라"라고 적고 있다. 김
억의 경우 "병"이라는 표현은 감상적이고 측은한 감정을 유발시키는 듯
하다. 반면에 이하윤의 경우는 사랑에 원인을 두고 있지만 "그대의목숨
을 버려주노라"라는 단호함이 어려 있다. 같은 작품을 두고 이처럼 뉘
앙스가 달라진 배경에는 서구 번역시의 수용 과정에 대한 인식의 변화
와 상관성이 있다. 다시 말하자면 김억은 시적 의미의 전달에 강조점을
두고 있음에 비하여 이하윤은 원시의 충실한 번역에 입각점을 두고 있
는 것이다.
　정기용은 『시문학』 2호에 블레이크의 시 두 편을 번역한 바 있다. 「봄
에게(To Spring)」와 「초밤별에게(To The Evening Star)」가 그것이다.

　오오, 이실매진 머리딴 듸리우고
　새맑은 아츰창으로 내여다보는 그대,

---

19) 블레이크, 이하윤 역, 「알는 장미」, 『신생』, 1930.2.

그대 각가히 옴을 마지랴 합창소리 우렁차게 이러나는
우리 서쪽섬나라 로,
그대 天神스런 눈초리를 돌니라, 오오, 봄이여!

언덕과 언덕은 서로마조 불으고
골작과 골작은 귀살포시 듯노나,
그리움에 겨운 우리 눈들은
그대 해ㅅ빗발은 天幕을 우러러 보노니, 나오라 아프로,
그대 거룩한 발로 우리나라를 밟으라.

동쪽 산마루마다 올라오라, 바람들
그대 향기롭은 옷자락에 입맛추게 굴고, 우리들
그대 아츰 저녁 가벼운 입김을 맛게 하라, 그대 그립어
사랑알는 따우에 진주를 흐트라.

오오, 그대 고흔 손으로 그를 호사롭게 꾸미라,
그대 보드라운 입마침을 그의 가슴에 부으라,
그대 黃金寶冠을 고달핀 그의 머리에 이우라,
숫시런 그의머리는 그대 때문에 언처저 잇는것을.

— 「봄에게」 전문

그대, 고흔머리 듸린 초밤天神이여
이제는 해가 山脈우에 잠긴때, 허들어라
빗나는 사랑의 해ㅅ불을, 찰난한 寶冠을
이고, 우리 일은 잠ㅅ자리에 가벼운 우슴을 굴니라!
우리들 사랑우에 가벼운 우슴을 굴니라,
그대, 한울의 푸른 장막을 거들때
때마처 오는 졸님에 아실한 눈을 다든 가지가지 꽃우에
銀이슬을 흐트라, 하늬바람은
湖水우에 잠재여 두고, 깜박이는 눈초리로 고요함을 속살대라,

黃昏을 銀으로 씨스라, 하마 얼마안잇다
그대가 숨은후, 이리가 나돌고
검은 수풀 속에 獅子눈알이 탄다,
우리 羊들 털은 더피나니
그대 거룩한 이실에, 그들은 직히라 그대 힘으로

― 「초밤별에게」 전문

위의 두 시는 자연의 변화에 대한 블레이크의 서정적 인식을 표현하고 있다는 공통점이 있다. "그대 해ㅅ빗발은 天幕을 우러러 보노니, 나오라 아프로, / 그대 거룩한 발로 우리나라를 밟으라"(「봄에게」)나 "그대, 한울의 푸른 장막을 거들때 / 때마처 오는 졸님에 아실한 눈을 다든 가지가지 꽃우에 / 銀이슬을 흐트라"라는 표현은 하늘이 보여 주는 변화의 모습을 가시화하면서 동시에 이를 통하여 새로운 인식의 영역으로 안내하고 있다. 블레이크의 시 가운데 김억이나 이하윤과 다른 대상의 선택은 분명 정지용 고유의 시세계에 기인한다.

아무튼 1930년에 접어들면서 〈시문학파〉의 출현과 번역시단의 일신은 분명 특기할 만한 사항이다. 이러한 분위기 속에서 정지용의 블레이크 시 번역도 가능했던 것이다. 정지용은 그의 나이 22세 되던 1923년 일본 경도의 동지사대학에 입학하게 된다. 유학을 마친 후 휘문고보에 교사직을 맡는다는 조건이 달려 있었다. 그의 나이 28세가 되는 1929년 정지용은 동지사대학의 영문학과를 졸업하게 된다. 이 학교를 졸업하면서 정지용은 「윌리엄 블레이크의 시에 있어서 상상력」이란 졸업논문을 영문으로 작성하여 제출한다. 정시용과 블레이크와의 관련성은 그의 손으로 이루어진 그의 졸업논문에서 확인할 수 있다.[20] 앞에서 다룬 「봄

---

20) 정지용의 졸업논문 원문은 동지사대학에 보관되어 있으며, 정정덕에 의하여 번역이 이루어졌다. 정정덕, 「〈정지용의 졸업논문〉 번역」, 『한양어문연구』 13집, 1995. 이하의 인용은 정정덕의 번역본을 사용하였다. 이후에 영문원고는 『정지용 사전』(최동호 편, 고려대 출판부, 2003)에 수록되어 있으므로 내용을 확인할 수 있다.

에게」라는 블레이크의 시는 정지용의 졸업논문에서도 다음과 같이 언급되고 있다.

> (블레이크) 그는 조용히 아침 떠오르는 태양 속에서 노래하는 많은 천사를 보았다. 즉 성스러움, 성스러움, 성스러움은 신의 전능함이여! 그리고 금성이 땅거미에 차게 결빙되어 반짝이기 시작했을 때, 그는 다음과 같이 찬가를 불러 찬양했다. (…중략…) 그리고 그는 머리카락을 가진 천사를 보았다. 황금의 기둥 또는 불빛 속에서 무도회가 열렸던 바로 그것이 기이한 비전과 상상력의 원인이 되었다.[21]

정지용은 블레이크의 시에서 황금의 기둥 또는 불빛 속에서 무도회가 펼쳐지는 광경과 그 속에서 머리카락을 가진 천사들의 군무를 바라보고 있다. 그 성스러움과 감격스러운 장면에 대한 동화된 이해를 정지용은 담담히 기술하고 있다. 또한 정지용은 「봄」이라는 시에 대하여 "블레이크는 이슬 맺힌 표정 속에서 봄의 신들을 지켜보았다. 그리고 잠든 땅을 깨우기 위해 조용히 접근하는 천사의 눈을 보았다. 또한 그는 이야기 소리 들리는 언덕에서 환희의 소리까지 들었다"[22]라고 기술하고 있다. 정지용은 「봄」을 다음과 같이 번역하고 있다.

> 어린 羊아
> 이리로 오렴,
> 핥터라
> 내 하이얀 목을
> 쏩자
> 네 보드라운 틸,
> 입 맞추자
> 네 쌤에,

---

21) 「〈정지용의 졸업논문〉 번역」, 599면.
22) 「〈정지용의 졸업논문〉 번역」, 603면.

길겁게, 길겁게, 해를 맞누냐.

— 「봄」 후반부23)

위의 시에서 "이리로 오렴, / 할터라"라는 부분은 정지용의 「카페 ㅃ
란스」의 일절을 연상시킨다.24) 「카페 ㅃ란스」에는 식민지 조선인 유학
생의 슬픈 표정이 짙게 드러난다면, 「봄」에서는 밝은 영상이 약동하는
듯하며 감격스럽게 표현되어 있다. 반면에 다음의 시에서는 정지용 시
가운데 「비애」나 「시계를 죽임」 등에 나타나는 상심과 비감어린 정서를
엿보는 듯하다.

> 니치쟌는 생각이야 이리로 오라
> 네 아릿다운 줄을 골으라.
> 바람우에 네 음악이 **쩌돌** 동안—
> 탄식하는 님들 **꿈**에 어리는
> 시내ㅅ물을 내 익닉히 굽어보며
> 흘으는 거울 속
> 시처가는 부즐엇슨 심사를 낙그리.
>
> 새맑은 물 마시며
> 리니트의 노래를 들으리.
> 그곳에 누어 한종일 **꿈**에 잠기다,
> 밤이 오면
> 슬허하기에 안윽한 곳 차저 가리.
> 고요한 시름 **쌀어**
> 검은 골작사이를 걸으면서

— 「소곡 1」 전문

---

23) 블레이크, 「봄」, 『대조』 창간호, 1930.3. 이 작품은 김억에 의하여 『신생명』 2호(1923.
    8.15)에 같은 제목으로 번역된 바 있다.
24) 사나다 히로코(眞田博子), 『최초의 모더니스트, 정지용』, 역락, 2002, 126면.

정지용은 블레이크의 시를 "고요한 시름이 가리키는 대로 검은 골짜기 사이를 걷다가 그도 지쳐 밤이 되면 아늑한 곳으로 차저가겠다"라고 번역하고 있다. 그 아늑한 곳은 "슬허하기에 안옥한 곳"이다. 슬퍼하기 적당하다는 뜻인지, 스산하여 쓰러지려는 듯하다는 의미인지 암시성이 깃든 양가성을 내포하고 있다. 이러한 내포적 의미의 표현은 번역시의 선택에서 번역자로서의 정지용의 기호와 취미가 많이 반영된 예라고 할 수 있다. 그의 졸업논문에는 "그리고 그는 골짜기의 백합을 느꼈으며, 조용한 계곡의 개울가에 말쑥한 소녀가 서 있는 것을 느꼈다. 또 작은 날개로 떠도는 구름을 만났고, 알몸으로 기어 다니는 곤충들과 불쌍한 새끼들을 주시하였다"라는 구절이 있는데, 「소곡 1」을 대상으로 한 설명은 아니지만 블레이크 시의 초기적 감상성과 시적 지향을 자신의 관점에서 기술한 내용으로 읽을 수 있다. 이를 통하여 정지용의 블레이크 시 번역과 초기 시의 영향 관계를 잠시 생각해 보았다.

3. 상상력과 영원성의 갈등

다음으로 정지용의 학위논문에 대하여 살펴보고자 한다. 정지용의 졸업논문 「윌리엄 블레이크의 시에 있어서 상상력」은 익히 알려져 있었으나 이에 대한 검토는 아직 본격적으로 이루어지지 않은 듯하다. 당시 일본에서 블레이크가 대단히 주목받고 있었으며, 영문학을 전공하던 정지용이 졸업을 위해서는 논문이 필요했는데, 이러한 분위기에서 정지용이 블레이크에 대한 논문을 썼다는 정도의 인식이 일반화된 것처럼 보인다. 현실적인 이유로 해서 써진 글이라고 하더라도 일본 유학을 마감하면서 결산의 의미를 갖고 있는 졸업논문의 대상 선택에 신중함이 없을 수 없다. 그리고 키타하라 하쿠슈(北原白秋)가 주재하던 『근대풍경』 등에 그의 시가 일어로 발표되어 주목받는 신진 시인으로서, 그의 활동이 재일 유학생들에게 놀라움을 선사하고 있었다는 기록 등을 살펴보면[25] 자신의 시세계를 위해서도 이론적 결산이 요구되는 시점이라고 볼 수 있다.

제목에서 알 수 있는 것처럼 '상상력'이라는 주제로 블레이크의 시를 접근하고 있다. 블레이크의 시는 변화와 발전이 다른 시인들과 다르고 독창적이라고 전제한 뒤에 "나는 그가 항상 찬미했던 상상력에 대해 연구"하겠다고 글의 서두에서 자신의 의도를 밝히고 있다. 그렇다면 블레이크가 말하고 있는 '상상력'이란 무엇인가 하는 문제가 관건이 될 터이다. 하지만 이 문제는 그렇게 간단치 않다. 블레이크의 시세계 전반에 대한 이해, 시의 변화와 발전 등이 전제되지 않으면, 블레이크의 '상상력'은 그 의미를 상실할 수도 있기 때문이다. 더 나아가서 정지용의 블레이크의 '상상력'에 대한 이해가 올바른 것이었느냐 하는 문제가 다루어져야 할 것이다. 우선 정지용은 블레이크의 삶을 세 시기로 구분하고 있다.

> 제1시대 : 1789(First Publication of 'Songs of Innocence')
> 제2시대 : 1789~1800(Removes from Lanbeth to Felphaus)
> 제3시대 : 1800~1827

블레이크의 제1시대는 'Poetical Sketches', 'Songs of Innocence' 등의 제작이 이루어지는 시기이다. 앞서 살펴본 것처럼 정지용의 블레이크 시 번역은 주로 이 시기의 작품들이다. "상징의 숲에서 방황하던, 고독한 삶을 이끌었던, 그 사람의 삶에 대해 어떤 신선한 초록빛 희망과 기대"가 어려 있던 시기이다. 정지용은 이러한 블레이크의 시세계를 '비전의

---

25) 이하윤, 「문단과 교단에서」, 『이하윤 선집』 2, 162면.

세계' 혹은 '상상력의 세계'라고 명명하였다. 정지용은 비전과 상상력을 같은 차원에서 논의하고 있다. 시적 비전과 상상력의 유사성에도 불구하고 용어의 통일이 이루어지고 있지 않는 점은 문제적이다. 그의 설명을 따라가다 보면 시적 비전의 개념하에서 다루어질 내용을 상상력이라는 개념을 통하여 논의를 이끌고 있는 측면도 있다. 이것은 블레이크의 작품을 예이츠가 서문을 곁들여 시집으로 간행했다는 사실과 예이츠가 그 즈음에 자신의 시론집을 출간하고 있었던 정황과도 관련이 있다.26) 당시에 예이츠는 블레이크의 상상력을 시적 비전으로 수렴해 나아가고 있었다. 이와는 달리 정지용은 상상력이라는 개념 아래 비전을 해석하려는 의도를 연출하고 있다. 이 점이 블레이크 해석에 있어서 정지용의 입각점이 된 셈이다.

다시 말하면 블레이크는 자연을 "피안세계의 반영이자 계시"로 보면서 동시에 우주를 "그 안의 모든 사물이 영적 의미로 충만된 살아 있는" 것으로 보았는데, 이것을 인식하고 "시적 비전 속에 구체화시키는 힘"을 그는 상상력으로 보았다.27) 이러한 고찰을 예이츠는 충실히 보여 주고 있음에 반하여 정지용은 낭만주의 이래 상상력의 포괄적인 개념을 통해 블레이크를 바라보고 있다. 이것이 정지용의 졸업논문이 택한 방향이다.

블레이크의 비전 혹은 상상력의 세계에는 신비스러움 혹은 신비주의적 색채가 섞여 있다. 이러한 신비주의적 관점에서 "어떤 물질의 이미지도 그의 글에 나타나지 않"으며, 동시에 그는 "물질적 대상물 뒤에 숨어 있는 실질적 형태와 진리를 지각"하기에 이른다.28) 정지용은 이러한 블레이크의 비전에 대한 생각을 4단계로 구분하고 있다.

---

26) William Blake, *Collected Poems*, edited by W. B. Yeats, routledge, 1905(2002); W. B. Yeats, *A Vision*, Macmillan, 1925 참조.
27) R. B. Brett, 심명호 역, 『공상과 상상력』, 서울대 출판부, 1979, 40면.
28) 「〈정지용의 졸업논문〉 번역」, 601면.

지금 나는 4중의 비전을 본다. 그리고 4중의 비전은 나에게 주어진다. 즉 그 것은 나의 최고의 환희 속에 비전이다. 3중의 비전은 '부드러운 Beulah의 밤이 며, 그리고 늘 2중의 비전이 있다. 신이여, 단순한 비전으로부터 또 'Newton's의 잠'으로부터 우리를 지켜 주시옵소서.[29]

블레이크의 비전은 최초의 단순한 비전, 감각적인 비전에서 출발하여, '지적인 평가로부터 온 비전'이 추가되고, 감정적 차원이 융합되고, 정 신적인 판단이 첨가되는 과정을 거쳐 사차원의 비전이 교호하는 양상으 로 진화한다. "첫 번째 비전은 그들 스스로의 감각으로부터 온, 단순한 비전이다. 두 번째는 단순한 감각과 지적인 평가로부터 온 비전을 배합 한 것, 즉 이중 비전이다. 세 번째 비전은 이중 비전과 감정적 가치를 융합한 것이고, 네 번째 비전은 세 번째 비전에 정신적인 판단을 첨가 한 것이다."[30] 사중의 비전이 최고의 환희 속에 있는 반면에 삼중의 비 전과 이중의 비전은 각각 낮은 차원에 위치하고 있다. 단순한 감각의 비전은 일상의 비전이라고 할 수 있는데 보편적인 물리의 세계이다. 이 러한 일상의 세계를 블레이크는 '뉴튼의 잠'과 등치시키고 있다. 이중의 비전은 '뉴튼의 꿈'이며, 삼중의 비전은 이중 비전의 '꿈'이기도 하다. 블레이크가 도달했다고 말한 사중의 비전은 '꿈속의 꿈속의 꿈'인 지독 한 몽환의 현실이라고 할 수 있다.

일견 플라톤적인 의미에서의 이데아를 연상시키는 이러한 대목은 블 레이크에게 '전도된 현실관'으로 나타난다. 현실의 일상과 물질이 다른 모습으로 나타난다. 이러한 '이중 비전의 독특한 견해'가 가능해지는 메 커니즘을 상상력의 원리라고 정지용은 보고 있다. 또한 상상력을 통하 여 블레이크는 무생물에게까지도 생명력을 부여했을 뿐만 아니라, 가련 한 곤충들에게도 '미묘한 말'로 그들의 즐거움과 슬픔을 말할 수 있게

---

29) Blake, *Letter to J. Butts*, Nov. 22nd. 1802(「〈정지용의 졸업논문〉 번역」 재인용).
30) 「〈정지용의 졸업논문〉 번역」, 601면.

하였다. 더 나아가서 블레이크는 "백합과 새끼양들의 정신도 사자와 황소의 그것처럼 똑같이 가치" 있음을 확신하기에 이른다. 그것이 비록 신비주의라고 개념화될지라도[31] 적어도 정지용이 보기에 이중의 비전을 통하여 블레이크는 상상력의 최고점에 도달할 수 있었다. 이때까지 정지용은 블레이크의 상상력을 적극적으로 이해하고 있다. 하지만 상상력을 통하여 다시 한 차원 그리고 다시 한 차원으로 상승하는 블레이크에 대하여 적극 찬동하지는 않는다.

> 그는 시간과 공간이 한계 지워진 현실 세계 뒤의 영원한 세계를 보았다. 그것은 우리가 죽음의 문에 들어갈 때 다만 볼 수 있는 세계이다. 그러나 그는 이 세계로 들어가서 제3의 비전과 제4의 비전을 가져왔다. 이 비전은 영원한 삶의 꽃이라고 불려지고, 항상 미묘한 향기를 느꼈던 비전이다. 그러므로 그는 신비의 나라를 보았고, 신과 천사의 나라를 보았다.[32]

정지용은 블레이크의 이러한 상승을 "영원한 세계에 머물기 위해 이 현실세계를 떠난 것"으로 파악했다. 블레이크가 「레이놀즈 담론」에서 "자기의 마음과 생각 속에서 천국을 여행하지 않은 사람은 예술가가 아니다!"라고 말했다 하더라도 그러한 휘황한 광휘에 대하여 정지용은 한 발 물러서 의심의 눈초리를 거두려 하지 않는다.

대신에 정지용은 그러한 상승의 세계를 시적 천재(Poetic Genius)의 개념을 통해 설명을 이어간다. 블레이크의 제1시기 후반에서 제2시기에 걸쳐 이루어지는 제3의 비전 속에서 시인은 '시적 천재'인 것이다. 「천국과 지옥의 결혼」 등 블레이크의 대표작이 산출되는 것도 이 시기이다. 블레이크는 영원의 봉인을 통과해서 시적 천재가 되어 있었던 것이다.

---

31) 이에 덧붙여서 블레이크의 신비주의 혹은 신화체계에 대한 이해는 당시 유럽을 휩쓸던 계몽주의 혁명에 대한 기대의 좌절이 아니라 계몽주의의 오류에 대한 본격적인 성찰로 파악하는 것이 올바르다는 의견을 함께 참조할 수 있다(유명숙, 「블레이크적 주체와 『무구와 경험의 노래』의 독자」, 『지구화시대의 영문학』, 창비, 2004, 59면).
32) 「〈정지용의 졸업논문〉 번역」, 604면.

블레이크는 여기에서 '보편적 영원성'을 획득하였으며, "그는 항상 그의 머리 속에 신의 비전을 가지고 있었고, 그는 그 비전 아래서 신들을 노래했다."[33] 빛의 광휘 속에서 정지용은 약간의 현기증을 느끼는 듯이 이에 대하여 다음과 같이 설명하고 있다.

　　그리고 장미들을 볼 때, 그는 그들이 사랑의 상징이라는 것을 거절하고, 그들은 인간 마음의 부분이라고 이미지화한다. 자연은 다만 인간의 거울일 뿐이다. 그리고 우리가 보는 세계는 외적으로 인간의 일부분인 내적 진실을 표현한 것이다. 그러므로 그의 상상력이 발달한 것처럼, 자연에 대한 그의 관점은 점점 변화하고, 그의 상징주의는 복잡성으로 증가한다.[34]

　블레이크의 상상력을 따라가던 정지용은 상징과 마주치게 되고 상징주의와 그것의 복잡성과 만나게 된다. 이쯤 되면 블레이크의 상상력은 신성성을 갖게 되는 것 같다. 상상력은 신의 실체이고, 진리와 영원의 세계이다. 하지만 정지용은 그 영원의 봉인을 통과할 수도 가까이 할 수도 없었다.

　　우리는 두 개의 대립되는 사고가 인생에 대해 애매한 설명으로 블레이크의 작품 속에 흐르고 있음을 인식한다. 한 사고는 또 다른 사고를 만든다. 인간 삶의 수수께끼, 인간 삶의 기본적 모순, 또는 그가 'Songs of Innocence'와 'Songs of Experience'에서 노래했던 인간 삶의 양면성, 즉 이것들을 다만 인식한다는 것은 슬픈 사실이었다.[35]

　하지만 블레이크는 상상력의 행진을 멈추지 않고 제4중의 비전으로 비약한다. '신적 광란' 혹은 '플라톤의 실체의 상호작용'의 단계라고 일컬어지는 이 단계에서 블레이크는 "상상할 수 있는 그의 모든 것이 인

---

33) 「〈정지용의 졸업논문〉 번역」, 607면.
34) 「〈정지용의 졸업논문〉 번역」, 608면.
35) 「〈정지용의 졸업논문〉 번역」, 610면.

간의 눈으로 보여지는 어떠한 것보다도 더 완벽하고, 더 정밀하게 조직화"되어 나타난다고 주장하고 있다. 이 단계에 이르면 인간이 정신을 추구하는 것이 아니라 정신이 사람을 조직화한다. 이제 거침없이 상상력의 창조력은 응축되어 상징화되고 '상징적 창조'만이 가능한 세계 속에서 블레이크는 위치하고 있다. 단순하게 말하면 초기부터 그를 이끌었던 비전의 세계가 이제는 비전 혹은 빛만이 남은 세계가 되어 버린 것이다. 감정의 융합과 정신의 기술을 통하여 도달한 블레이크의 우주에 대하여 정지용은 다음과 같이 말한다. "블레이크의 우주는 영원성 그 자체이다. 영원성은 단지 존재한다. 상상력의 세계는 블레이크에게 영원의 세계이다. 영원한 이 세계에서 살고 있는 영원성으로서 똑같은 가치를 갖는다."36) 그럼에도 불구하고 단테가 그랬듯이 인간의 수수께끼와 기본적 모순 그리고 인간의 양면성을 무시할 수 있는가? 정지용의 고민은 이 장면에서 떠날 수 없었다.

요약하자면 정지용은 블레이크를 정리하면서, 그의 놀라운 시적 수법을 상상력을 통해 확인하면서, 그 상상력이 지시하는 비전의 세계에 함몰되지 않으려 무진 애를 쓰고 있다. 그럴수록 정지용의 시야에 더 가깝게 다가오는 것은 인간 그 자체의 삶과 모습이다. 시적인 비전과 영원성에 거리를 두게 되면서 블레이크의 상상력이 이끌었던 신성성은 인간적인 것과 신적인 것으로 분열된다. 적어도 정지용의 입장에서 블레이크는 그런 분열 그 자체의 형상으로 비쳐졌을 가능성이 있다. 왜냐하면 블레이크가 자신의 시세계에서 구하려고 했던 것은 정신적인 평화의 유지를 목표로 하고 있기 때문이다. 반면에 일반적으로 종교는 '존재 너머의 실재'를 알려고 할수록 평화의 끝자락만을 구하게 된다.37) 이 점은 블레이크의 본질적인 부분이 어떻게 기성의 종교와 갈라지게 되는가를 시사하는 대목이다. 가톨릭 신자이기도 했던 정지용이 블레이크라는 대

---

36) 「〈정지용의 졸업논문〉 번역」, 613면.
37) Harold Bloom, *The Ringers in the Tower*, Chicago, 1971, p.61.

상을 충분히 검토하면서 동시에 거리를 둘 수 있었던 이유는 이것 때문이 아니었을까? 가톨릭에 귀의할 수 있었던 데에는 그의 인간에 대한 현실적 이해가 있었던 것이라고 추측해 볼 수 있다. 식민지라는 당시의 현실에서 정지용은 블레이크가 보여 준 신비의 광휘에 자신이 눈멀 수 없음을 의식하였던 것은 아니었을까? 아무튼 정지용은 블레이크를 통하여 시적 본질에 눈뜨게 되었지만 동시에 객관적 현실에 긴박된 자신의 처지를 동시에 파악하게 된다.

> 이 詩集의 作者가 그 누구의 말한 바와 같이 한 成功한 '왈터 되 라메어'가 될는지 모르겠으되(된다해도 반가울 일 없고) 한 有望한 成長途中의 윌리암 뿔레익이다. 그러한데 뿔레익이 됨에는 曖昧, 昏安의 舊衣裳을 버서버리고 淸雄, 明澄한 斯樂曲에 呼吸하여야 되겠다. 모도들 뿔레익은 神秘의 詩人이라 하지만 神秘는 讀者의 讀後感인즉 작자의 作前感인즉 恒常 明健하였을 뿐이다. 나는 이 '詩集' 속에서 그 전환의 可能性을 充分이 看取하고 無限이 期待하야 둔다.[38]

변영만이 정지용의 『정지용 시집』에 대하여 평한 글의 부분이다. 변영만은 앞에서 살펴본 것처럼 블레이크를 최초로 소개한 장본인이다. 변영만은 정지용에게서 블레이크의 영향을 읽어 내고 있다. 하지만 정지용의 블레이크 영향은 그 출발점에서 그렇다는 것이지 그 결과가 그렇다는 것은 아니다. 변영만은 정지용에게 "曖昧, 昏安의 舊衣裳"에서 벗어나 블레이크가 보여 주고 있는 "淸雄, 明澄한" 음악적 울림에 도달하기를 기대하고 있다. 노파심에서 인 듯 블레이크의 신비적 평가만 사실 선입견에 불과한 것이고, 블레이크가 추구한 세계의 본질을 이해하였을 때, 정지용 시의 진전은 가능할 것이라는 점을 변영만은 강조하고 있다. 정지용은 블레이크의 '명건'한 시 세계와 비교한다면, 애매하고

---

38) 변영만, 「아비터 픽타 偶草八種」, 『조광』, 1936.8(김진균, 「변영만의 비판적 근대정신과 문예추구」, 성균관대 박사논문, 2003, 82면 재인용).

황혼에 안주하려는 정서적 충동에서 자유롭지 못하다. 정지용은 변영만이 말한 블레이크의 방식을 자기가 나아가야 할 길의 좌표로 삼지 않았다. 정지용에게 그것은 불가능한 영역에의 도전이었다. 하지만 이 과정을 통하여 정지용은 블레이크와의 거리를 통하여 자신의 시세계를 영위해 나아갔다고도 볼 수 있을 것이다.

4. 번역시와 근대의 정신

휘트먼의 「수전(水戰) 이야기」는 어떤 할아버지가 자신의 아버지에게서 들은 전투이야기를 다시 들려주는 형식으로 이루어져 있다. 이 작품은 사람들이 어느 편이 이겼는지, 얼마나 용감하게 싸웠는지를 궁금해할 것 같아 실감 있는 전투의 이야기를 중심으로 서술되어 있다. 적함이 다가오는 장면, 정면으로 총질을 해오는 장면, 포탄이 작렬하는 장면 등은 매우 생동감 있다. 선창에 미리 잡혀 있던 포로들을 전투가 본격화되기 전에 제몸 처치를 하도록 풀어주는 장면에서는 긴박한 전투의 와중에도 인간미가 살아 있는 듯하여 흐뭇한 미소가 떠오른다. 전투가 치열해지면서 전세가 기울어지는 것 같지만 '우리들의 땅딸보 선장'은 전투를 용감하게 지휘한다. 그 결과 "밤 열두시 가까이 달빛 아래서 그들은 우리들한테 항복하고 말았다." 이상은 「수전(水戰) 이야기」의 전반부를 요약한 내용이다.

한밤이 펼쳐 고요히 누어 있었다.
두개 거창한 船體가 어둠에 안기어 옴짓 아니 하였고
백공 천창이 난 우리들의 배는 차츰 갈아 앉는데 — 우리들이 征服한 배로 옮길 準備를 하였다.

　後甲板에 선 船長은 베폭같이 해쓱한 얼굴을 들어 冷情히 命令을 내렸다.

　바로 옆에 船長室에서 받들던 使童의 死體.

　긴 흰머리털에 정성들여 기른 곱슬수염을 드리운 老練한 水兵의 죽은 얼굴

　火焰은 할 수 있는데 까지는 힘을 다하였음에도 위로 알로 나부끼고

　아즉도 義務에 설만한 두셋 士官들의 목쉰 소리

　형체도 없이 으슬어진 無數한 死體

　자기네 끼리 한데 몰려 쓰러진 死體 — 돛대에 기중에 익여 붙여진 살덩이

　닻줄 끊어진것 밧줄 얽혀 뭉친것

　물결에 어르만지워 가벼히 흔들리는 船體

　검은 無感動한 砲身, 火藥包의 混亂, 强烈한 냄새,

　海風의 보드러운 냄새 海岸편 갈대풀이며 벌판 냄새 살아있는 사람들에게

부치는 遺言의 가지가지

　外科醫 手術刀의 실큿한 소리

　手術톱이 갈리는 소리

　헐덕거리는 소리 꽁꽁 쏟는 소리

　내뿜는 핏줄기 외마디 험한 부르짖음

　길게 둔하게 가늘어져 가는 소리

　이러이러 하였던 것이다. — 돌이킬 수 없이 저질러진 노릇.

—「水戰 이야기」 후반부

　위에 인용한 부분은 그 치열한 전투가 끝난 다음의 풍경이다. 전투에
는 이겼지만 두 배는 맞붙어 움직이지 않고 설상가상으로 우리들의 배
는 점차 가라앉는다. 적선이었던 배로 부산하게 사람과 짐이 옮겨지고,
우리들의 땅달보 선장은 얼굴이 "베폭같이 해쓱"해졌다. 널브러진 사체
들, 무감동한 포신, 화약포의 혼란, 강렬한 냄새들, 냄새들. 그리고 수술
도구들이 움직이며 내는 소리들, 소리들. 전투에는 이겼지만 배도 잃고
무수한 전우들을 잃었으며, 싸움에서 그악스럽던 용감함도 자취를 찾을
수 없다. 휘트먼, 아닌 수전 이야기를 하던 노인은 하지만 이제는 "돌이

길 수 없이 저질러진 노릇"이라는 구절로 끝맺음을 하고 있다.

위의 시 가운데 "돛대에 기중에 익여 붙여진 살덩이"라는 표현은 정지용의 「백록담」에 표현된 "소나기 놋낫 맞으며 무지개에 말리우며 궁둥이에 꽃물 익여 붙인채로 살이 붙는다"는 표현을 연상케 한다. 한라산을 힘겹게 올라가 백록담을 네 발 짐승처럼 기어오르며 꽃물이 엉덩이에 번지고 혹 들러 붙어 있는 모습은 익살스러움이 깃들어 있다. 반면에 「수전(水戰) 이야기」의 "돛대에 기중에 익여 붙여진 살덩이"는 그야말로 그로테스크함을 연출하고 있다. 그리고 「수전(水戰) 이야기」는 이야기시로서 사실적인 서술과 풍경이 잘 드러나 있다. 그렇다면 정지용은 월트 휘트먼의 시 중에서 왜 이 시를 선택하였을까? 이 시에 대한 정지용의 다른 언급을 발견할 수 없는 관계로 다시 정지용의 동지사대학 졸업논문을 참고하기로 한다. 그의 글에서 이런 구절을 발견할 수 있다.

> 그는 「레이놀즈의 비망록」에서, 그는 고대의 사람들은 신의 비전과 재림을 전혀 의심하지 않았다고 썼다. 그리고 플라톤과 밀튼은 신의 진리가 그들을 방문했다고 믿었다. 그 최후의 심판이 우화나 아이러니가 아니고, 그 자체로서 비전이다. 우화와 비유는 기억에 의해 만들어지고, 그런 비전은 영감의 딸에 의해 기인된다.39)

"최후의 심판이 우화나 아이러니가 아니고, 그 자체로서 비전이다"라는 말은 현실을 초월한 블레이크의 생각을 그대로 표현한 말이다. 블레이크의 생각은 고대적 상상력에 이어져 있음을 확인할 수 있다. 이때 신이란 자연의 다른 이름이면서 보편적인 만유의 정신인 것이다. 그런데 이러한 정신이 후대에 남겨지기도 한다. 우화와 비유는 '기억에 의해' 만들어지고, 당시의 고대적 상상력과 비전은 '영감의 딸'을 통해 다시 발현되기도 한다. 분명 「수전(水戰) 이야기」는 기억에 의하여 환기되어진 어

---

39) 「〈정지용의 졸업논문〉 번역」, 607면.

떤 빛을 이야기하고 있다. 설익은 인간의 만용과 그로 인해 빚어진 결과 앞에서 아무런 능력을 보여 주지 못하는 것은 인간의 한계이다. 그것이 인간을 비참으로 이끈다 할지라도 그것을 막을 수 있는 방책을 인간은 갖고 있지 못하다. 단지 기억을 통해 그것을 재전유할 수 있을 따름이다. 정지용은 이중의 비전을 지나면서 블레이크에 대한 거리감을 확인하였다. 앞서 인용한 대목은 「레이놀즈 담론」, 그러니까 이중의 비전에서 삼중의 비전으로 넘어가는 단계를 설명한 대목이다. 삼중의 비전을 구현하는 방식으로 '우화와 비유'를 지적하고 있는데, 이런 방식에 적합한 시가 바로 휘트먼의 「수전(水戰) 이야기」인 것처럼 보인다.

다만 차이가 있다면 블레이크에게서와 달리, 휘트먼에게서는 '인간적인 모습'이 우선하고 있다. 블레이크의 시에 가득 찬 비전에 대한 불만은, 휘트먼의 시에 표현된 사실적인 모습 앞에서 일종의 균형을 찾고 있는 것이다. 여기에서 고려되어야 할 것은 휘트먼이 이러한 시적 표현을 가능케 하기 위하여 우화와 비유 그리고 기억과 아이러니의 시적 방법을 사용하고 있다는 점이다. 시적인 비전을 방법적으로 차단하였을 때 인간적인 모습이 여실히 드러난다는 설정인데, 이것은 블레이크가 말하는 "인간적 상상력의 신적인 놀라움"을 가시화한 것이지 블레이크의 생각을 전면 부정하고 있는 것은 아니라는 점을 기억해 둘 필요가 있다. 아무튼 휘트먼의 작품을 통하여 정지용은 이중의 비전에서 삼중의 비전이 어떻게 가능한가에 대한 모의적인 실험을 시도한 것처럼 보인다. 이것이 정지용이 휘트먼의 시를 번역하게 된 이유인 것이다.

神嚴한 주검의 속살거림이 속살댐을 내가 듣다.
밤의 입술이야기 — 소근소근거리는 合唱
가벼히 올라오는 발자최 — 神秘로운 微風 연하게 나직히 풍기다.
보이지 않는 강의 잔물결 — 흐르는 潮水 — 넘쳐 흐르는 永遠히 넘쳐 흐르는
(혹은 눈물의 출렁거림이냐? 人間눈물의 無限量한 바닷물이냐?)

나는 보다 바로 보다 하늘로 우럴어 크낙한 구름덩이 덩이를
근심스러히 착은히 그들은 굴르다 묵묵히 부풀어 오르고 섞이고
때때로 반은 흐리운 슬퍼진 멀리 떨어진 별
나타났다가 가리웠다가
(차라리 어떤 分娩 — 어떤 莊嚴한 不滅의 誕生, 눈에 트이어 들어올 수 없
는 邊疆 위에 한 靈魂이 이제 넘어간다.)

— 「神嚴한 주검의 속살거림」 전문

　일반적으로 상징이란 보이지 않는 것은 가시적인 표현이다. 「신엄(神
嚴)한 주검의 속살거림」은 밤하늘의 변화를 비유적으로 혹은 묘사적으
로 다루고 있다. 그런 표현들은 "人間눈물"을 넘어선 "차라리 어떤 分
娩" 혹은 "어떤 莊嚴한 不滅의 誕"에 도달한다. 이것을 가능케 하는 것
은 "神秘로운 微風"과 같은 "한 靈魂"의 승인에서 비롯된다. 블레이크
의 장막이 보여 주었던 경계를 휘트먼은 "신엄한 죽음의 속살거림"으로
이름을 지으면서 그 어떤 동요를 차단하고 있다. 인간적인 한계의 승인
과 극복에 대한 모색은 『정지용 시집』 이후 정지용의 시적 지향이라고
할 수 있다. 「백록담」에서 마주친 자신을 "좇겨온 실구름 일말에도 백
록담은 흐리운" 것처럼, "나의 얼골에 한나잘 포긴 백록담은" 쓸쓸하다
고 표현한다. 쓸쓸한 자신의 초상 앞에서 "나는 깨다 졸다 기도조차 잊
었더니라"라는 일말의 고백이 표현되는 장소는 더 이상 갈 수 없는 백
록담의 정상이다. 여기에서 정지용의 시선은 하늘을 향하고 있지 않다.
"차라리 어떤 分娩" 혹은 "어떤 莊嚴한 不滅의 誕生"이 그를 내려다보
고 있다. 이러한 블레이크와 정지용의 향하고 있는 시선의 차이를 통해
정지용이라는 한 시인의 내면의 갈등을 짐작해볼 수 있다. 정지용은 그
시선에 대한 어떤 대답을 내놓아야만 했다. 정지용은 다음과 같이 대답
하고 있다.

　시인이 더욱이 이 시간에서 인간에 집착하지 않을 수 없다. 사람이 어떻게

괴롭게 삶을 보며 무엇을 위하여 살며 어떻게 살 것이라는 것에 주력하며, 신과 인간과 영혼과 신앙과 愛에 대한 항시 투철하고 열렬한 정신과 심리를 고수한다. 이리하여 살음과 죽음에 대하여 점점 段이 승진되는 일개 표일한 생명의 劍士로서 영원에 서게 된다.[40]

정지용은 시의 위의(威儀)를 "안으로 열(熱)하고 겉으로 서늘옵기란 일종의 생리를 압복시키는 노릇이기에 심히 어렵다. 그러나 시의 위의(威儀)는 겉으로 서늘옵기를 바라서 마지않는다"[41]라고 말한 바 있지만, 그 "서늘옵기"의 긴장이란 시와 시인의 일체감에서 비롯되는 것이다. 인간으로서의 시인이 무엇을 위하여 어떻게 살 것인가를 고민하지 않을 수 없는 것처럼, "신과 인간과 영혼과 신앙과 애"에 대한 정신과 의식의 견지는 필수적인 것이다. 이것은 비유하자면 진검 승부를 하는 "생명의 劍士"로서 지켜야 할 덕목이자 윤리인 것이다.

시의 신비는 언어의 신비다. 시는 언어와 Incarnation적 일치다. 그러므로 시의 정신적 심도는 필연으로 언어의 정령을 잡지 않고서는 표현 제작에 오를 수 없다. 다만 시의 심도가 자연 인간생활 사상에 뿌리를 깊이 서림을 따라서 다시 시에 긴밀히 혈육화되지 않은 언어는 결국 시를 사산시킨다. 詩神이 居하는 궁전이 언어요, 이를 다시 放逐하는 것도 언어다.[42]

조금 엉뚱한 말인지도 모르겠지만 정지용의 글 가운데에서 가장 어려운 대목이다. 적어도 필자는 지금까지 정지용의 글 가운데에서 가장 난해한 부분이라고 생각해 왔다. 인용문의 첫째 줄 "시의 신비는 언어의 신비다. 시는 언어와 Incarnation적 일치다"를 풀어서 말하면 시는 신비 그 자체인 것이다. 시를 표현하는 언어가 신비하기 때문이다. 따라

---

40) 정지용, 「시와 발표」, 『문장』, 1939.10(『정지용 전집』 2, 민음사, 1988, 249면. 이후 『정지용 전집』의 인용시에는 권수와 면수만을 표기함).
41) 정지용, 「시와 위의」, 『문장』, 1939.11(『정지용 전집』 2, 250면).
42) 정지용, 「시와 언어」, 『문장』, 1939.12(『정지용 전집』 2, 253면).

서 시는 신비한 언어와의 영육적 일치를 통해서만이 그 자신의 신비적 표현이 가능하다는 말처럼 들린다. 어떤 의미에서 이러한 시적 신비에 도달한다는 것은 불가능하다. 정지용은 "詩神이 居하는 궁전이 언어요, 이를 다시 放逐하는 것도 언어다"라는 말로 이 짧은 글을 맺고 있는데 최종적으로 시의 신비에 앞선 언어의 신비에 손을 들어주는 것처럼 보인다.

당시에 시와 언어의 관계를 밀도 있게 접근한 사람으로서 정지용을 거론하지 않을 수 없지만, 인용문 이전에 그런 언어의 본질에 대하여 그가 말하고 있는 부분은 더욱 난해한 측면이 있다.

> 가장 정신적인 것의 하나인 시가 언어의 제약을 받는다는 것은 차라리 시의 부자유의 열락이요 시의 전면적인 것이요 결정적인 것으로 되고 만다. 그러므로 시인이란 언어를 어원학자처럼 많이 취급하는 사람이라든지 달변가처럼 잘 하는 사람이 아니라 언어 개개의 세포적 기능을 추구하는 자는 다시 언어미술의 구성조직에 생리적 Life-giver가 될지언정 언어 死體의 해부집도자인 문법가로 그치는 것도 아닌 것이다. 그러므로 언어는 시인을 만나서 비로서 血行과 호흡과 체온을 얻어서 생활한다.[43]

일견 고답적인 것처럼 보이기도 한 정지용의 언어관은 시가 "정신적인 것의 하나"이며 언어의 제약을 넘어설 수 없기 때문에 "부자유의 열락"으로서 시와 긴밀한 관련을 맺고 있는 것이다. 여기까지는 충분히 이해가 되는 말이지만 "언어는 시인을 만나서 비로서 血行과 호흡과 체온을 얻어서 생활한다"라는 표현은 시 이전에 언어의 의미가 좀 더 중요한 것처럼 인식되고 있다. 「시와 언어」라는 글의 전반부가 시는 언어의 표현으로서 시인 자신의 표현에 무게를 좀 더 두고 있음을 감안한다면, 정지용의 말은 논리적인 비약을 중간에 거치고 있음이 분명하다. 이

---

43) 위의 글(『정지용 전집』 2, 같은 면).

부분이 정지용의 글 가운데 난해하게 여겨지는 이유라고 할 수 있다.

시적 신비 혹은 언어의 신비에 대한 것은 정지용의 졸업논문에서 살펴보았다. 하지만 분명히 정지용은 신비주의 혹은 상징시에 대한 일정한 거리를 두고 있었다. 그런 그가 1930년대 후반에 오면 슬며시 '신비'라는 단어를 그의 글에서 집어넣고 있는 것이다. 이것은 정지용 문학관의 변화인가 발전인가?

> 일제 말기까지의 양심적 문학도는 소시민층 민족정서의 최후 처녀성만을 고수하기 위하였던 것임으로 다분히 개성적이요 주관적이요 고립적인 것이었다. 따라서 지극히 소극적인 우울 비애, 아니면 까닭 없는 명랑 쾌활의 비정기적인 신경질적 발작의 예술적 형상화에 정진하였던 것이었다. 표현기술에 있어서는 多情多恨을 주조로 하는 봉건시대 시인 文士의 수법적 원형에 외래적 감각 색채 음악성을 착색하여 무기력하게도 미묘한 완성으로서 그친 것이므로 이를 次代 민족문학에 접목시키기에는 혈행력이 고갈할 것이다.[44]

해방 이후 정지용의 이 발언은 「시와 언어」의 연장선상에서 시적인 완성과 언어적 성숙을 민족시의 전제 조건으로 제시한 것이다. 신비라는 단어는 자취를 감추고 있지만, "예술적 이념과 감각이 첨예 치열하여지는 것은 차라리 자연발생적인 현상"이라고 지적하면서 "시인의 민감이 생리적 조건이라면 왜 이 생리를 거부하려는 것이냐?"라는 질문은 시인의 자신감이 없이는 불가능한 언사이다. 정지용은 낭만주의적 상상력이 지시하는 표현 수단으로서의 시와 언어를 넘어선 또 다른 영역을 준비하고 있었던 것이다. 다시 말하면 그것은 살아 있는 문학이 안성이라고 정의할 수 있을 것이다. 그에게 있어서 시적 현실로서의 신비가 일치되지는 않았지만 어느 만큼의 거리를 줄인 것도 분명한 사실이다. 그것은 시적 언어의 표현을 통한 정신에의 도달을 의미한다.

---

44) 정지용, 「민족시의 반성」, 『문장』, 1948.10(『정지용 전집』 2, 270면).

정지용은 해방 후에 휘트먼의 시를 다수 번역한다. 휘트먼의 『풀잎』은 자유시의 진면목을 드러낸 시집으로 잘 알려져 있다. 정지용의 휘트먼 번역은 해방 이후의 작품에서 한문의 사용과 표현의 경직성이 시적인 분위기를 해치고 있다. 해방 이전의 휘트먼 번역과는 차이가 있는 대목이다. 하지만 휘트먼의 「대로의 노래」 등은 민주주의에 대한 열망과 자유시 형식의 결합이라는 차원에서 그의 대표적인 작품들이다. 블레이크의 「병든 장미」 또한 일본의 경우에 구어체자유시 형성에 지대한 영향을 미친 바 있다. 키타하라 하쿠슈의 『邪宗門』과 같은 해에 출판된 미키 로후(三木露風)의 『廢園』(광화서방, 1909)은 블레이크의 「병든 장미」의 영향에서 자유롭지 못하다.45)

해방 이전에 정지용은 블레이크의 「병든 장미」와 일정한 거리를 두면서 블레이크의 비전에 도전하였으나 거기에서 만족을 얻지는 못했다. 정지용의 휘트먼에 대한 접근은 근대자유시에 대한 모색의 일환이었다. 블레이크에 대한 좌절을 거울삼아 조심스러울 수밖에 없었던 정지용의 행보는 해방을 맞이하여 「대로의 노래」 등을 통하여 근대자유시의 지향점을 제시하기에 이른다. 형식과 내용의 종합이란 시인의 상상력과 시대적 현실의 조화를 통하여 이루어진다는 것을 말하고 있는 대목이기도 하다. 그리고 그 정점에 '정신'이 위치한다. 시인의 소명이란 그 정신에 이르는 과정을 가리켜 주는 것이다.

---

45) 佐藤勇夫, 『英詩と日本詩人』, 北星堂書店, 1973, 32면.

5. 함부로 쏜 화살의 궤적

서구시의 번역이라는 측면에서 안서 김억의 활동은 그 첫머리를 장식하고 있다. 이전에도 개별적인 작품들이 신문과 잡지를 통해 소개되었다. 또한 양주동 등의 주도로 이루어진『금성』이 출현하였다.『금성』의 출현은 거의 김억 단독으로 이루어지고 있었던 서구시의 번역이 문단적으로 확대됨을 의미하였다. 이 과정에서 선편을 잡고 있었던 김억과 활동을 본격적으로 시작하려던 양주동은 번역관의 차이를 발견하게 되고 급기야 논쟁을 벌이게 된다. 창작적 무드를 중시하는 김억의 번역관과 일차적으로 직역을 우선시하는 양주동의 입장은 의역이냐 직역이냐 하는 논쟁으로 이어진다. 또한 1930년대에는 번역시의 활동이 활발해진다. 이하윤은 시문학사를 통하여『실향의 화원』을 내놓았다. 그 가운데 정지용의 번역시 활동에 대해서는 지금까지 별반 논의가 없었다. 이 점은 번역과 창작의 연관성이라는 측면에서 고찰할 필요성이 있다.

정지용은 블레이크를 문학관을 정리하면서 그의 놀라운 시적 수법을 상상력을 통해 확인하고 있다. 동시에 그는 블레이크의 상상력이 지시하는 비전의 세계에 함몰되지 않으려 무진 애를 쓰고 있다. 그럴수록 정지용의 시야에 더 가깝게 다가오는 것은 인간 그 자체의 삶과 모습이다. 블레이크가 말하고 있는 시적인 비전과 영원성에 거리를 두게 되면서도 정지용은 상상력의 본질에 대한 탐구를 계속해 나간다. 이러한 결과 정지용은 1930년대 후반 정신수의로의 경사를 보여 주고 있다. 성지용의 언어관은 매우 보편적이면서 그만의 독특한 시문학관으로 자리잡고 있다. 하지만 이러한 정지용의 언어관이 자신의 글에서 불협화를 일으키는 대목도 발견된다. 이것은 정지용의 시세계만으로는 해결할 수 없는 문제이다. 누구보다도 서구시에 관심을 많이 갖고 있었으며, 특히 블레이크의 시세계를 점검하면서 그 차이와 거리를 확인할 수 있었다.

그 결과 스스로 자신의 문학관에 부정합의 흔적을 남기게 된 것이다. 하지만 해방 이후의 정지용의 시론에서 보듯 이러한 불균형은 시대적 불균형이 초래한 결과이다. 여전히 정지용에게 있어 번역이라는 과제는 근대시의 완성을 위한 보충물로서 기능하고 있다. 그것은 근대적 시문학의 '정신'을 획득하는 과제와 동일한 맥락에서 고찰되어야 할 대상인 것이다.

조지훈 시론 연구

『詩의 原理』를 중심으로

1. 새로운 시론의 요청

이 글은 조지훈의 시론의 전개 과정과 특성에 대하여 검토함을 목적으로 한다. 주지하는 바와 같이 조지훈은 박목월·박두진과 함께『청록집』(을유문화사, 1946)을 펴내고 이른바 '청록파'의 일원으로 잘 알려진 시인이다. 조지훈은 1939년 4월『문장』지에 「고풍의상(古風衣裳)」으로 첫번째 추천을 받았다. 이어서 같은 해 12월에 「승무」로 2회 추천, 1940년 2월에는 「봉황수(鳳凰愁)」·「향문(香紋)」으로 3회 추천을 받아 정식으로 문단에 데뷔하게 된다. 이때 추천한 사람은 시인 정지용으로서 그는 추천사에서 조지훈의 시에 대한 상찬을 아끼지 않고 있다.

趙君의 懷古的 에스프리는 애초에 名所古蹟에서 捏造한 것이 아닙니다. 차라리 固有한 푸른 하늘바탕이나, 高邁한 磁器살결에 無時로 去來하는 一抹雲瑕와 같이 自然과 人工의 極致일까 합니다. 가다가 明鏡止水에 細雨와 같이 뿌리며 나려앉는 悲哀에 artist 趙芝薰은 한마리 白鷺처럼 도사립니다. 詩에서 깃과 쭉지를 고를 줄 아는 것도 天成의 氣品이 아닐 수 없으니 詩壇에 하나 '新古典'을 紹介하며 …… 쁘라― 보우!1)

위의 인용에서 알 수 있는 것처럼 조지훈의 시는 신인이었음에도 불구하고 자연과 인공의 조화를 이루었다고 할 만큼 완성도가 뛰어났으며, 그를 고고한 한 마리의 백로에 비유한 것은 당대의 시인 정지용이 시인과 시의 성숙을 이미 꿰뚫어 보고 있었다는 것을 의미한다. 특히 '신고전'이란 수사는 조지훈 시의 완성도뿐만이 아니라 그의 시세계에 나타난 고전적 아취에 대한 정확한 표현이라고 볼 수 있다. 이렇듯 조지훈의 시세계는 해방 이전에 고전적 아취(雅趣)와 동양적 선미(禪味)를 자신의 시세계로 갖고 있었던 시인이었다. 그는 『청록집』 이외에도 『풀잎단장』(창조사, 1952), 『조지훈 시선』(정음사, 1956), 『역사 앞에서』(신구문화사, 1959), 『여운』(일조각, 1964) 등의 시집을 내놓았다. 조지훈 자신의 글에 의하면 그의 시세계는 크게 다섯 시기로 구분된다.2) 대체로 그의 시는 대상과의

---

1) 정지용, 「시선후」, 『문장』, 1940.2, 171면.
2) 조지훈의 시작은 크게 다섯 가지 단계로 진행된다. 첫 번째는 동인지 『백지』에 참가하면서 썼던 「지옥기」의 시편들이다. 이 시기는 '우울과 회의, 화사와 감각'이 예비되던 시기이다. 두 번째는 「고풍의상」, 「승무」 등의 시작을 통해 문단에 등장하던 무렵의 시기이다. 이 시기에 시인 스스로 자신의 작품이 일변하고 있음을 밝히고 있다. '사라져 가는 것에 대한 아쉬움의 애수, 민족정서에 대한 애착'이 주된 정조를 이루던 시기이다. 다음 세 번째의 시기에 조지훈은 오대산 월정사에 들어가게 된다. 여기에서 소품의 서경시와 선미 그리고 관조의 시세계로 변화되고 있다. 이때의 작품으로는 대표적으로 「달밤」을 들 수 있다. 그리고 이어서 조지훈은 조선어학회에도 참가하게 되는데 경주순례 등을 통하여 '한적한 동양적 정서'를 추구하기에 이른다. 네 번째 시기는 일제 말기에 민족문화 말살정책이 펼쳐지던 시기이다. 조지훈은 이때 낙향을 하여 시작(詩作)을 하게 되는데 「풀잎단장」의 작품들이 이때 산출된다. '자연과 인생, 사랑과 미움'에 대한 고요한 서정이 중심을 이루었던 시기이기도 하다. 다섯 번째로는 해방 후의 혼란과 한국전쟁을 거치면서 썼던 시들이다. 「역사 앞에서」가 대표적인 시이다(이상은 『조지훈시선』, 정음사, 1956 후기, 176~182면 참조).

관조를 중심으로 해서 시세계를 일관되게 유지하고 있다. 그리고 그의 시에서 시적 대상은 자연과 일상이 주를 이루고 있다. 『역사 앞에서』 같은 경우에는 사회에 대한 관심이 표현되어 있어 예외적이라고 할 수 있으나, 한국전쟁의 체험적 표현조차도 일정한 거리를 두고 이루어지고 있다. 따라서 그의 마지막 시집인 『여운』에서 시적 자아에 대한 침잠이 이루어지기까지 조지훈은 '시인의 눈'에 보여진 실상에 충실한 시적 세계를 견지하였다고 할 수 있다.

조지훈에 대한 연구는 해방 이전에 수립되었던 그의 초기 시세계를 대상으로 하는 것이 대부분이다. 아울러 국문학자로서, 민족사학자로서의 그의 위상은 그의 학식과 인물에 대한 논의로 확대되어 왔다.[3] 그러나 시론가로서의 조지훈에 대한 고찰은 소홀하게 다루어져 온 것이 사실이다. 조지훈은 해방 이전에 이미 단편적인 아포리즘 형식의 시론을 발표하였다.[4] 해방 이후에는 혼란된 정국에서 김동리·조연현 등과 함께 〈청년문학가협회〉를 결성하고 우익문학계에서 중심적인 역할을 하게 된다. 이때부터 조지훈은 시론과 평론을 다수 발표한다. 당시에 그의 글들은 체계적으로 정리되어 단행본으로 출판되는데 『시의 원리』가 바로 그것이다.[5] 이는 김기림의 『시론』(백양당, 1947), 『시의 이해』(을유문화사, 1950)와 아울러 해방기에 선보인 체계적인 시론의 대표적인 예이다. 이

---

3) 조지훈에 대한 전체적인 논의에 대해서는 김종길 외편, 『조지훈 연구』(고려대 출판부, 1978)를 참조.

4) 조지훈은 「약력과 느낌 두 셋」(『문장』, 1940.3)과 「西窓集－亦一詩論」(『동아일보』, 1940.7.9·16)을 각각 발표되었다.

5) 『시의 원리』는 1953년 산호장(대구)에서 출간되었으나 곧 절판되었다고 한다. 『시의 원리』는 1959년에 일부를 수정하여 신구문화사에서 재출간되었다. 1953년판 서문에 의하면 『시의 원리』는 「시의 창작과 감상」이란 제목 아래 1947년 늦은 봄에 중앙방송에서 행한 방송원고로 준비되었다고 한다(1953년 판과 1959년 판의 차이는 경어체에서 문어체로의 수정이 가장 큰 차이이고 내용은 대체로 동일하다). 그밖에 『시의 원리』는 1959년 판을 저본으로 하여 『조지훈 전집』 2권(일지사, 1973)에 재수록되었으며, 다시 1994년 현대문학사에서 『시의 원리』란 동일 제목으로 주를 곁들여 출판되었다. 아울러 이 글의 『시의 원리』에서 인용한 면수는 『조지훈 전집』을 따른다.

전의 시론들이 단편적인 평론들의 수합에 그쳤다고 한다면, 이들의 시론은 일관된 의도 아래 체계적인 시론을 구상하였다는 의미에서 그 의의는 자못 크다고 하겠다. 따라서 이들의 시에 대한 의도의 방향은 사뭇 달랐지만 1930년대 이후 한국 현대시에 대한 다양한 논의의 누적이라는 측면에서 마땅히 검토되어야 할 것이다.

조지훈의 시론에 대한 논의를 간략히 살펴보면 다음과 같다. 첫 번째는 해방 이전의 시론에 대한 검토이다.[6] 이 시기의 그의 시론은 단편적인 아포리즘의 성격을 띠고 있는 것이 특색이라고 할 수 있으며, 주로 선(禪)과 불교적인 영향하에서 이루어진 시론이라고 할 수 있다. 두 번째는 주로 해방기에 이루어진 그의 평론 활동에 대한 논의인데 그의 문단 활동과도 깊은 관련이 있다.[7] 이에 대한 평가는 긍정적인 측면과 부정적인 측면으로 크게 나눌 수 있다. 우선 긍정적인 측면에서는 민족문학적인 입장에서 그 의의를 충분히 인정하여야 한다는 입장이 있고, 부정적인 측면에서는 조지훈의 시론은 유물사관에 대한 대타적인 입장에서 논의가 이루어진 한계가 있다는 것으로 요약할 수 있다. 그러나 그의 시론에 대한 검토는 문단의 역학 관계에 초점이 맞추어져 그의 시론이 갖고 있는 의미의 탐색에는 소루한 측면이 있다. 따라서 조지훈 시론은 시사적인 맥락에서의 검토가 요청된다. 세 번째로는 조지훈의 시론을 유기체적 문학론의 맥락에서 살펴보려는 경향이 있다.[8] 이러한 유기체적 문학론의 입장에서 조지훈의 시론을 평가하기에 앞서 그의 시론이

---

6) 김윤식, 「심정의 폐쇄와 확산의 과정-조지훈론」, 『한국근대작가론고』, 일지사, 1974; 김종균, 「조지훈의 문학비평」, 『조지훈 연구』, 고려대 출판부, 1978.
7) 최원식, 「해방직후의 시론」, 『민족문학의 논리』, 창작과비평사, 1982; 김홍규, 「민족문학과 순수문학」, 『한국문학의 현단계』 4, 창작과비평사, 1987; 김용직, 『해방기한국문학사』, 민음사, 1989(4부 1장 서정주의의 테두리 굳히기); 권영민, 『해방기민족문학론』, 서울대 출판부, 1987; 송희복, 『해방기문학비평연구』, 문학과지성사, 1993.
8) 김윤식, 「유기적 시론」, 『한국근대문학양식론고』, 아세아문화사, 1980; 구모룡, 「서정장르와 본질주의 미학-조지훈의 시유기론」, 『한국문학과 열린체계의 비평담론』, 열음사, 1992.

갖고 있는 특성을 찾는 작업이 선행되어야 할 것이다. 조지훈은 일반적으로 시인중심주의로 나타나는 낭만주의 문학론과 작품중심주의로 나타나는 신비평 등의 기준으로 보았을 때 독특한 면이 있다.[9] 즉 시인과 시(작품)의 우위에 '시정신'을 두고 있기 때문이다. 시정신을 우위로 두는 그의 시각은 부분들의 유기적인 조화를 통한 전체의 도달을 미리 상정하는 것으로써 사실 유기체적 문학론의 논의를 선험적으로 규정하는 측면이 있다. 이상의 연구를 참고하여 볼 때 조지훈의 시론이 갖는 특성은 대체로 드러났지만 각 특성들 사이의 연관과 의미에 대해서는 아직 평가가 유보되어 있다. 이 글은 조지훈 시론의 각 특성들의 연관들을 재점검함으로써 조지훈 시론의 행정을 전체적으로 살펴보고 조지훈 문학을 이해하는데 도움이 되고자 한다.

2. 조지훈 시론의 배경

앞에서 살펴본 것처럼 조지훈은 『문장』지를 통하여 문단에 등장한 이후에 산문을 통하여 자신의 시관(詩觀)을 피력한 바가 있다. 「약력과 느낌 두 셋」과 「서창집—역일시론」이 그것이다. 조지훈의 시관은 아직 구체적이지는 않지만 대체로 '동양정신'에 수렴된다고 할 수 있다. 그의 동양에 내한 관심은 불교에 대한 이해에서 인출된 것이며, 서양의 과학문명에 대한 비판으로서 그 중심된 역할을 하고 있다. 그의 이러한 태도는 "미개에서 얻는 슬픔이야 과학에서 찾지만 과학에서 얻는 권태와 불안

---

9) 작가중심주의(낭만주의)와 작품중심주의(신비평)를 유기체적 문학론의 관점에서 고찰한 내용은 이명섭, 「뉴크리티시즘; 반실증주의적인 창조적 로고스」(『현대문학비평이론의 전망』, 성균관대 출판부, 1994, 22면) 참조.

은 어디서 찾나요. 앙상한 분석을 거쳐 나는 다시 타고난 천품 통일된 하나의 세계인 우리의 고향 동양의 하늘로 돌아가겠읍니다"[10]라는 그의 말에서 이를 확인할 수 있다. 그런데 「약력과 느낌 두 셋」이 추천 완료 후에 행한 감상을 간단하게 적은 글이라면, 「서창집-역일시론」은 그의 견해가 아직 체계적이지는 않지만 격언구의 서술을 통하여 자신의 문학관을 내비친 첫 예에 해당된다.

> 오늘의 詩가 시각적 이미지를 사랑하는 것은 나도 안다. 그러나 우리는 祖先의 노래하기 좋아하는 遺風을 받아 지금의 抒情詩가 노래하는 정신을 잃지 않아야 할 것을 깨달을 때가 왔다. 조선의 하늘은 영롱한 구슬같이 맑고 푸르다. 동양의 혼은 자연과 혼일체가 되는 곳에 있다. 자연을 정복하려는 생각은 조금도 없다.[11]

조지훈은 '동양정신'을 '영롱한 구슬' 혹은 '자연과의 혼일체'에 비유하고 있다. 선조의 노래와 노래하는 정신을 잃지 말아야 한다는 그의 생각에는 자연스럽게 서정시에 대한 견해가 담겨져 있다. 즉 그것은 시각적 이미지보다는 청각적 기능을 중시하는 '노래'에 서정시의 정신이 깃들어 있다는 것이다. 더 나아가 자연을 정복하지 않겠다는 것은 자연 그 자체를 노래하는 것이 서정시의 본류가 되어야 한다는 태도의 표명으로서 그의 시관을 엿볼 수 있는 대목이다. 이를테면 그의 인위적인 문명에 대한 강한 거부는 자연스럽게 그를 동양과 자연의 세계로 이끌고 있다. 일면 시에 대한 복고적인 판단이 내재해 있는 그의 언술들이지만 자신의 시관에 대한 강한 집념을 그의 표현에서 확인할 수 있다.

한편 조지훈의 이러한 시관은 1930년대 시문학을 주도적으로 이끌었던 용아 박용철이 행한 일련의 시론들과 관련이 있다. 용아 박용철의

---

10) 조지훈, 「약력과 느낌 두 셋」, 『문장』, 1940.3, 157면.
11) 조지훈, 「서창집-역일시론」, 『『동아일보』, 1940.7.9.

시론은 1930년대 카프의 리얼리즘 시론과 모더니즘 시론을 동시에 비판하면서 순수 시문학에 대한 자리매김을 하는데 기여한 바 있다. 박용철의 시론은 하우스만의 영향을 받아 창작 체험을 중시하면서 시작에 있어서 '선시적인 것'을 중시한다.12) 이것은 시작에 있어서 기교보다는 시를 짓는 정신을 중시하는 견해이다. 이러한 박용철의 시관의 영향은 조지훈에게도 나타난다고 할 수 있다.13) 조지훈도 같은 맥락에서 '시정신' 혹은 '시혼'을 중시하는 경향을 띠고 있기 때문이다. 이러한 견해는 시에 대한 시론의 상대적인 폄하라는 시각을 자연스럽게 낳았다. 그리고 시론보다는 시가 우선시되어야 하며 시는 온전히 논리적으로 설명되거나 알 수 없다는 불가지론에 이르게 된다. 즉 시 그 자체에 대해서 말할 수는 없고, 시를 짓게 하는 시정신에 대해서만 말할 수 있다는 것이다. 결국 이는 시인의 체험을 통해 알게 된 시작의 과정을 논리적으로 전달하는 데는 한계가 있다는 것으로 요약된다.

일반적으로 낭만주의 시론에서는 시(작품)를 시인의 '감정의 자연스러운 흘러넘침'의 결과라고 보고 있다. 그렇지만 조지훈과 낭만주의 시론 사이에는 차이가 있다. 낭만주의에서 시인은 천재의 위치에 놓여져 있다. 평범한 인물이 할 수 없는 표현을 시로서 남긴다는 측면에서 시인은 '천재'인 것이다. 그리고 시는 그러한 표현의 유기적인 통일체이다. 여기에서 시는 등불처럼 빛나는 생명체로서 존재하는 것이다. 박용철과 조지훈의 시에 대한 관점은 '선시적인 것'과 '시정신의 표현'에 초점이 맞추어져 있다. 두 사람 모두 해박한 지식과 빼어난 논리에도 불구하고 이러한 시에 대한 불가지론적인 표현은 여러 군데 그 모습을 드러내고 있다. 하

---

12) 한계전, 『한국현대시론연구』, 일지사, 1983, 139~144면.
13) 김윤식, 『한국근대문학양식논고』, 아세아문화사, 1980, 77~79면. 여기에서는 유기체 시론을 내세운 대표적 인물로서 박용철과 정지용 그리고 조지훈을 함께 거론하고 있다. 한편 김윤식, 「심정의 폐쇄와 확산의 과정─조지훈론」(같은 책)에서는 조지훈의 유기적 시론이 "형식만 유기적 시관일 뿐, 그 속은 초월의 형이상학"(79면)이라는 비판이 이루어지기도 한다.

지만 「시적 변용을 위하여」14)에서 보듯이 아포리즘의 비유에서 문학적 생애를 끝맺은 박용철과는 달리 조지훈은 시론의 체계적인 연구에 상당한 관심을 갖고 있었다.15) 그런 의미에서 조지훈의 『시의 원리』는 한국 시문학사에서 박용철 이후 순수시론의 전개 양상이 어떻게 전개되었는가를 알 수 있는 귀중한 성과라고 할 수 있다.

1) 정치주의 문학의 배격

조지훈은 해방 이후에 좌익문학과는 대척적인 지점에서 〈청년문학가협회〉를 조직하여 김동리·조연현 등과 함께 〈전조선문필가협회〉의 전위역할을 담당한다. 이때 김동리는 김동석·김병규와 순수문학에 대한 논쟁을 벌이게 되는데 당시의 좌·우익 대결이 문단에도 파급된 형상이라고 할 수 있다.16) 〈문학동맹〉과의 이념적인 쟁투는 조지훈의 문학관에 대타적인 영향을 미친다. 이를 요약하면 순수문학에 대한 옹호와 정치주의 문학의 배격이라고 할 수 있다. 〈청문협〉의 활동을 통해서 조지훈은 민족시-순수시에 대한 옹호를 표방하기에 이른다. 「해방시단의 과제」(청년문학가협회 창립대회, 1946.4.4), 「순수시의 지향-민족시를 위하여」(『백민』, 1947.3)가 대표적인 예이다.

순수시는 경향시에 대한 정통시요, 순수시의 영역은 정치, 종교, 사회 어디에

---

14) 박용철, 「시적 변용에 대해서」, 『박용철 전집』 2, 시문학사, 1940.

15) 필자의 판단으로는 박용철의 시론의 본령은 그가 말년에 행한 「시적 변용에 대하여」보다는 초기의 「效果主義的批評論綱」(『문예월간』 1호, 1931.11)에 초점이 맞추어져야 하리라고 본다. 그것은 문학의 자율성에 대한 박용철의 문학관을 논리적으로 확인할 수 있는 확실한 예라고 판단되기 때문이다. 문학의 자율성을 논리적으로 혁파해 내지 못하고 아포리즘의 세계로 나아간 것은 그 과제를 다음 세대에 넘기고 만 결과가 되고 말았다.

16) 신형기, 「우익측의 문학론」, 『해방직후의 문학운동론』, 제3문학사, 1988; 이현식, 「해방 직후 순수문학논쟁 연구」, 『민족문학사연구』 7호, 1995년 상반기 참조.

도 갈 수 있는 무제한이나 다만 시가 되고 예술이 되는 것을 전제로 하는 무제한이며, 시의 가능성은 그 출발점이 시에 있을 때뿐이라는 것이다.[17]

조지훈에게 있어서 순수시는 민족의 운명을 자각한 민족시인에 의해 이루어진 민족시를 가리킨다. 순수시는 시의 본령으로서 "고차(高次)의 시는 차라리 전인간의 공감성에 있으며 애미구명(愛美求命)의 영혼성찰에 있으며 영원한 시공의 관조"[18]와도 맥락을 같이하는 것이다. 그런데 완벽하게 순수한 시란 존재하는가에 대한 물음보다는 순수시는 경향시 혹은 정치시에 대한 대타 개념으로서 성립되었다는 것이 더 설득력 있게 받아들여진다. 정치를 배제한 시로서 입명한다는 것은 무엇일까? 이것은 조지훈 자신에게도 풀어야 할 과제로 남을 수밖에 없었을 것이다. 따라서 조지훈의 좌익문학에 대한 이해를 좀 더 탐색하는 것이 바람직하다.

조지훈의 좌익문학에 대한 비판은 논리성의 부족을 지적하는 것에서부터 시작하고 있다. 그가 보기에 당시에 활발히 진행되던 좌익 계열의 문장은 모순을 안고 있었는데 그것은 정치적인 분위기에 편승한, 흥분으로 야기된 논리의 부족이 가장 큰 이유였다. 이러한 사태의 진단은 좌익문학이 주장하는 유물사관이 서구의 전래품이라는 특성에서 연유한다. 조지훈은 논리의 모순보다는 우리의 것을 찾자는 취지에서 자신의 주장을 정당화한다. 그리고 '정연한 논리'로 『전국문학자대회』에서 확인한 봉건성의 탈피와 일제의 청산 그리고 국제주의의 지향이라는 과제가 허울임을 밝히고 있다.

오늘의 정치주의 문학 역시 그 부정적 태도를 변하지 않는 한 純正文學의 건설적 반발의 위기를 복돋움에 공헌이 있을지는 모른다. 왜냐하면 오늘 논의되는 純粹文學은 그들이 역선전하는 사회성과 절연을 기도하는 자도 아니요

---

17) 조지훈, 「순수시의 지향-민족시를 위하여」, 『백민』, 1947.3(『조지훈 전집』 3, 일지사, 1973, 213면. 이후 인용시 『조지훈 전집』으로 표시하고 면수만을 기록한다).
18) 위의 글(『조지훈 전집』 3, 212면).

정당주의에 반항함으로써 문학의 독자성 옹호를 그 주안으로 삼는 것이며 일제 봉건국수에 대한 반립으로만 서는 것이 아니라, 유물사관에 대해서까지 반립으로써 출발하여 이 삼대 과제를 수행하려는 것이다. 개성을 무시한 협동의 강요는 봉건성의 본질이요 자가 이외의 여하한 사상도 용납하지 않는 독선은 국수주의 본질이며 침략적 군국주의는 일제의 본질인바 이 삼자의 본질을 오늘의 공산주의는 具有하고 있음을 간파하기 때문이다.[19]

조지훈이 바라보는 〈문학가동맹〉은 그들이 내세운 과제의 허울을 고스란히 뒤집어쓰고 있다. 조지훈을 탈정치의 문학으로 이끌고 간 것은 좌익문학이 본질적으로 정치주의 문학이기 때문이라고 할 수 있다. 따라서 조지훈의 순수시와 민족시의 추구 이면에는 유물사관의 배격이라는 정치의 논리가 역설적으로 개입되어 있는 것이다. 그럼에도 불구하고 조지훈은 그러한 논리의 새로운 대안을 제시하지는 않고 있다. 그렇다면 그는 이를 어떻게 수습하고 있는가를 살펴보아야 할 것이다. 이는 조지훈의 내세운 논리의 또 하나의 특색이라고 할 수 있는데 '비유의 언술'이라고 할 수 있는 것이다.

옛날 어떤 걸인이 명절에 얻어 먹고 남은 밤을 뭉쳐서 장난하다가 한 꾀를 내어 우상을 만들어 길가 서낭당에 놓았더니 사람들이 다투어 음식과 禮錢과 공물을 차려 놓고 치성을 드리어 귀인이라도 下馬拜를 할만큼 영검이 대단하였다. 걸인은 그것을 가만히 가져다가 큰 부자가 되었는데, 하루는 말을 타고 그 우상 앞을 지나려니까 말굽이 떨어지지 않는지라 대노하여 말에서 내려, 너를 만든 사람을 모르느냐 하고 제 손으로 만든 우상을 제 손으로 파괴하여 버렸다는 얘기가 우리 야담에 있다.[20]

비유란 언술 상황에 따라 다양하게 해석할 수 있는 가능성을 전혀 배제할 수는 없다. 그러나 위에서는 정치주의 문학이 주장하는 바를 걸인

---

19) 조지훈, 「정치주의 문학의 정체」, 『백민』, 1947.10.
20) 위의 글.

이 우상을 대하는 태도를 통하여 그 이율배반적인 행위를 비난하고 있는 것이다. 즉, 조지훈이 든 위의 비유는 본질과 현상 간의 논리적 파탄을 지적하는 것이라고 볼 수 있다. 그렇다면 이러한 비유는 어디에 연유하는 것인가를 살펴보아야 할 것이다. 그것은 바로 선과 불교의 영향이라고 할 수 있다. 문제는 조지훈이 비유를 통하여 어떤 깨달음에 도달하기를 바라고 있음에도 불구하고 논리의 양극단을 피해 가는 방법으로 비유를 사용하고 있다. 더 나아가 이 비유를 극대화하여 시의 탄생 과정을 설명하는 데까지 나아가고 있다.

> 선에 있어 궁극 목표는 오도입니다. 이 오도의 경계를 우리는 체험하지 못했으므로 말로 설명할 수가 없고 — 오도했대도 말로는 설명이 안 되지만 — 선의 수련은 모든 지식과 경험의 축적이 무르익을 대로 무르익었을 때 그것이 갑자기 일대진탕을 계기로 하나로 결정되면서 모조리 탈락된다는 사실입니다. 모든 것이 탈락된다는 것이 응결이요, 모든 것이 응결하는 것이 탈락입니다. 놓아 버리거나 둘러매고 가거나 마찬가집니다. 轉迷開悟는 정신계에 섬광이 있어야 됩니다. 영원한 찰라에 三六〇도 전환, 그 때 시가 탄생할 수 있습니다.[21]

위의 글에서 시의 탄생은 선의 오도와 비유되는 것이다. 그는 불교에서 말하는 불립문자 혹은 이심전심으로 시의 탄생 과정을 설명하고 있는 것이다. 따라서 조지훈은 가치판단의 논리적인 설명보다는 비유를 통해서 논리의 모순을 깨달아야 한다는 입장을 견지하고 있다. 더욱이 시를 하나의 객관적인 대상으로 보지 않는 태도는 시론에 있어서의 불가시론인 셈이며, 그 비유들은 시에 가까이 나가갈 수는 있어도 그 시를 온전히 설명해 주지는 못한다. 조지훈이 자신의 산문에 대하여 시보다 낮은 차원으로 보는 것 또한 시는 모든 지식과 경험의 축적이 무르익었을 때에야 비로소 가능하기 때문인 것이다. 여기서 우리는 조지훈

---

21) 조지훈, 「현대시와 선의 미학─시의 방법적 회의에 대하여」(『조지훈 전집』 3, 118면).

의 문학관이 관조를 바탕으로 하고 있다는 것의 함의를 되새길 수 있다. 조지훈은 객관적 사물에 대한 불가지론을 바탕으로 하여 그 사물과의 객관적인 거리를 통한 관조의 미학을 중시하고 있는 셈이다. 정치주의 문학의 배격이라는 다른 편에 순수시와 민족시를 주장한 조지훈의 주장은 선의 미학으로 귀결되고 만다. 하지만 여기서 조지훈은 시에 대한 체계적인 설명의 필요성을 다시금 느끼지 않을 수 없었을 것이다.

2) 모더니즘 문학의 비판

정치주의 문학의 비판과 함께 모더니즘 문학의 비판은 동시에 이루어지고 있다. 이것은 주지하는 바와 같이 해방기의 특수한 상황에 기인한다. 김기림을 비롯한 일련의 모더니즘 시인이 <문학가동맹>에 참가하기 때문이다. 조지훈은 모더니즘에 대해서도 정치주의 문학의 비판의 경우에서와 같이 탈정치주의를 주장하고 있다. 당시에 문학의 근본 문제를 문학의 독자성과 종속성 혹은 예술성과 공리성과의 관계에서 찾고 있다는 점에서 조지훈은 상당히 문예학적인 소양을 갖추고 있었다. 그러나 이 양자의 관계에 대해서 조지훈은 단호한 태도를 보이고 있는데 그것은 문학중심주의라고 할 수 있다. 그에 의하면 "문학은 문학을 통해서만 그 진선미를 발휘함으로써 바로 인생을 위하여 — 다른 가치와 관련하며 — 공헌하는 것밖에 다른 목적과 길이 없으니 이 길을 지키는 것이 문학의 향수한 바 독자성을 지키는 것이며 그의 바른 목적이 되는 것이다"[22]라고 밝히고 있다. 이는 어떠한 정치 행위도 문학을 위해서는 도움이 안 된다는 탈정치의 이념이라고 할 수 있다. 다른 한편으로 유물사관을 옹호하는 좌익문학과 모더니즘이 공통적으로 서구의 과학을

---

22) 조지훈, 「문학의 근본문제」, 『백민』, 1948.10(『조지훈 전집』 3, 300면).

공통으로 기반하고 있다는 점에서 그 비판의 근거를 제시하고 있다. 앞에서 조지훈은 좌익문학의 논리에 대한 모순을 지적한 바 있다. 만약 과학적이고 합리적인 논리가 선행되지 않고서는 좌익문학이 제시하는 그 어떤 것도 정당화될 수 없다는 점을 역설하고 있다. 이러한 논리는 모더니즘에 대한 비판에 있어서도 동일하게 적용되고 있다. 과학을 우선시하면서 인간을 배제하는 문학이라면 그 논리가 어떻든 간에 수용할 수 없다는 것이다. 좌익문학과 모더니즘을 동시에 비판하는 근거로서 과학에 대한 비판은 조지훈의 문학관이 선을 포함한 동양정신에 기반하고 있기 때문이다. 그렇다면 조지훈의 모더니즘 비판에 대하여 살펴보아야 할 것이다.

　　시와 과학이 이러한 관계를 엉뚱하게도 과학이 세계를 노래하는 것이 현대시의 방향인 것처럼 오해한 김기림의 시론은 이 땅 모더니즘의 선구적 이론가로서는 너무나 소박하고 위험하기까지 한 견해였읍니다. 시가 과학에서 암시받은 이론, 과학에서 얻은 기법, 과학이 영향을 준 인간세계를 노래할 수는 있어도 과학 자체의 세계를 노래할 수 없는 것입니다. 역사 년대의 기억을 돋우기 위하여 그것을 시가 형식으로 기록하듯이 과학의 이론과 공식을 이해하는 방편으로 시가를 이용할 수 있을지는 모르나, 그런 것은 형식만 시의 형식을 취했다 뿐이지 본질적으로 非詩인 것입니다.[23]

　조지훈은 김기림으로 대표되는 한국의 모더니즘을 '과학의 세계를 노래하는 것'으로 보고 있다. 과학 자체의 세계를 노래할 수 없다는 것이 조지훈의 모더니즘에 대한 비판의 요체라고 할 수 있을 것이다. 이것은 정치주의 문학을 배격하는 이유에서 살펴보았듯이 사물에 대한 인식 불가능성, 표현 불가능성과 맥락을 같이하고 있는 것이다. 그러나 여기에서 조지훈의 김기림에 대한 이해는 단선적이라는 것을 알 수 있다. 김기림이 '과학으로서의 시학'을 제창한 것은 1940년을 전후한 시기이며,

───────────

23) 위의 글(『조지훈 전집』 3, 114면).

이것은 그가 오전의 시론을 발표하던 시기와는 달리 모더니즘 시론의 체계화를 의도한 것으로 볼 수 있다. 과학 그 자체를 노래할 수 있는 것에 한계를 느낀 김기림은 모더니즘 시론의 가능성에 대한 연구를 새롭게 시작하게 되었다. 그것이 바로 『시론』의 출간과 『시의 이해』에서 나타난다.[24] 특히 『시의 이해』에서 리챠즈에 대한 비판을 행하고 있는데 이것은 리챠즈의 시론이 '도피의 시론'이고 이를 극복하기 위해서는 시와 사회의 종합을 통한 전체성의 구현이 되어야 한다는 점을 강조하기에 이른다. P. 뷔르거는 다음과 같이 말하고 있다. "유기적인 작품은 전체성이라는 인상을 의도한다. 그 개별 요소들은 전체에 연관되는데 따라서만 의미를 갖는다는 점에서 그 요소들이 개별적으로 지각될 때는 언제나 하나의 전체로서의 작품을 가리킨다. 한편 아방가르드 작품에서는 개별 요소들이 훨씬 더 높은 정도의 자율성을 갖고 있기 때문에 반드시 하나의 전체로서 파악하지 않고서도 낱낱으로 읽거나 해석될 수도 있다."[25] 이상에서 알 수 있듯이 통합된 유기적 작품이 아닌 경우에 전체성은 어떻게 가능한가라는 질문을 할 수 있는데 여기에서 기술의 문제가 중요한 관건이 된다고 할 수 있다. 김기림에게 있어서 이러한 전체성의 구현은 지금까지의 시론이 상상력(imagination)을 강조하는 데 반하여 공상(fancy)을 강조함으로써 시의 수용을 극대화시킬 것을 강조하는 것으로 요약할 수 있다.

그런데 조지훈은 이러한 시작의 과정에 대한 이해보다는 과학적이고 합리적인 이론의 전개 그 자체에 상당한 불만을 갖고 있었던 것으로 보인다. 조지훈은 과학 자체의 신봉을 매우 경계하고 있다. 서구의 지성사가 과학에 토대에 두고 있으며 그 과학이 인위적인 변형에 기초한 것이라면 동양인으로서 자신은 받아들일 수 없다는 구분을 명확히 하고 있

---

24) 이에 대해서는 서준섭, 「한국 현대문학비평사에 있어서의 시비평이론 체계화 작업의 한 양상」, 『비교문학』 5집, 1980.12 참조

25) 페터 뷔르거, 이광일 역, 『아방가르드 예술이론』, 동환출판사, 1986, 134면.

다. 따라서 좌익문학의 비판에서와 마찬가지로 모더니즘 문학 또한 서구에서 전래된 것이라면 극복되어야 할 과제의 대상이 된다.

그런데 필자가 판단하기로는 김기림이 강조하였던 것은 과학의 맹목적인 신봉과는 궤를 달리하는 것이었다. 시인—비평가로서 김기림은 시와 현실과의 유기적인 조화를 염두에 두었다. 그 유기적인 조화의 결과가 바로 전체성의 구현으로 나타나는 것이다. 그리고 이것은 김기림이 베르그송과 흄에 근거를 둔 주지주의의 영향하에서 그 가능성을 찾았다고 할 수 있다. 베르그송의 철학 세계는 '유기적인 전체성'으로 개념화할 수 있는 것이며, 흄의 철학은 이전까지의 상상력을 중시하는 보편적인 낭만주의 시론에 대한 전도의 결과를 가져왔다. 흄의 이론 또한 근대유기체 시론의 파생태라는 점에서 시의 유기체적인 성격을 부정하였던 것은 아니다.

반면에 조지훈은 스피노자의 범신론, 베르그송의 순수직관, 딜타이의 생의 철학 등 현대철학의 조류에 대한 긍정적인 수용에도 불구하고 이러한 철학적인 의미의 해석에 있어서는 자의적인 태도를 취하고 있다. 즉 현대철학의 형이상학적인 측면만을 강조함으로써 그 과정에 대한 이해는 생략하고 마는 것이다. 베르그송 이하 현대철학의 특성은 근대철학이 실체에 대한 논의를 통해 인식의 가능성에 대하여 검토하였다면 현대철학의 특성은 그것의 기술(discription)에 초점이 맞추어져 있는 것이다. 그것의 기술이 어떻게 가능한가라는 지점에서 정신의 개념이 재요청되었던 것이다. 시정신이 중요하다는 조지훈의 주장이면에는 시의 존재에 대한 인식 불가능성이 사리한다. 그것은 정신이 괄호에 쳐시듯이 비밀로 남는다. 조지훈은 이를 애써 살피려하지 않는다는 측면에서 결과적으로 '불구적인 유기체 시론'을 주장하게 되는 결과를 낳았다.

3) 현대시와 고전주의

조지훈 시론의 배경으로는 앞에서 든 정치주의 문학에 대한 배격과 모더니즘 문학에 대한 비판이 대타적으로 상호 작용하였음을 살펴보았다. 그렇다면 그러한 비판을 가능케 한 대타적인 작용과는 다른 주체적인 작용은 무엇이었는가를 살펴보기로 한다. 조지훈은 문단에 등장하면서 동양정신을 강조하였음을 살펴보았다. 이러한 동양정신은 선의 미학으로, 비유의 시학으로 그의 정신적인 세계에 자리잡고 있었다. 그러한 정신의 세계가 시에서는 순수시의 세계로 나타난다. 조지훈이 주장하는 순수시의 세계는 경향시 혹은 정치시와의 연관을 제거한다면 시로서 승부하는 시, 시로서 입명하는 시가 될 것이다. 시의 정도를 걸어야 한다는 그의 주장에 입각한다면 시는 시에서 출발하여 시로서 종결된다고 할 것이다.

조지훈의 시에 대한 애정과 주장은 이로써 충분히 알 수 있는 것이다. 그러나 앞에서도 살펴보았듯이 좌익문학이나 모더니즘에 대한 비판의 근거로서 순수시에 대한 주장은 또 다른 동어반복을 낳을 수밖에 없다. 조지훈이 경향시와 모더니즘시를 비판하기 위해서 순수시를 주장하였지만 그렇다면 순수시란 무엇인가에 대한 해명이 명확하게 이루어져야 할 것이다. 가치판단이 배제된 조지훈의 논리에서는 순수시는 선언 이상의 그 의미가 없다. 순수시와 민족시 그리고 현대시에 대한 궁극적인 정의를 필요로 하는 마당에서 조지훈은 시의 정의를 재차 시도하게 된다. 이때 조지훈이 찾은 것은 '고전문학으로의 회귀'이다. 이 고전문학의 정신에서 순수시와 민족시 그리고 진정한 현대시를 찾아야 하는 것이 과제로 남는다.

고전이 옛 것이면서도 우리에게까지 존경받는다는 사실 하나만으로도 이미 고전에는 '超時間性'과 '超空間性'이 내포되어 있음을 안다. 이러한 永遠性과

普遍性이 본질이 된다는 것은, 바꿔 말하면, 고전문학이 항시 '人間性의 一般性 共通性을 志向하고 있다'는 것을 증거함에 지나지 않는다. 그러기에 '自由放縱 의 時代精神의 反映이 아닌 健全한 社會 生活의 暗示', '未熟亂雜한 技巧가 아니라 造化統一의 構成', 이것이 고전문학의 한결같은 志向이 된다.[26]

순수시를 말할 때와는 달리 고전문학의 지향에 대해서는 그 구체성이 느껴진다. 고전문학이란 시간과 공간을 초월해서 존재하고 이것은 순수시와 민족시의 구체적인 전범이 될 수 있을 것이다. 영원성을 내포한 참문학을 조지훈은 고전문학에서 발견하고자 한 것이다. 그렇지만 그의 고전문학의 의의에 대한 성찰의 이면에는 경향시와 주지시에 대한 비판이 내재함을 엿볼 수 있다. 조지훈은 고전문학으로의 정신적인 회귀를 통하여 자신의 이론적인 준거를 마련할 수 있었다고 보여진다. 이것은 현실적인 문단의 실상과는 거리를 두고 있는 관조적인 태도일 수도 있다. 과연 진정한 현대시가 시대와 역사를 초월하여 존재하는 것이라면 그것은 가능한가? 이것은 모더니즘시에 대한 비판이면서 시인으로서의 고전주의적인 지향이 나타나는 대목이다.

現代詩는 古代詩를 繼承하여 古代詩를 否定하는 '現代의 詩'이며 古典詩에 抗拒하면서 새로운 古典을 形成하려는 '現代的 詩'여야 한다. 그러므로, 現代詩는 어느 것이나 現代性－모더니티를 존중해야 한다. 그러나 現代性의 枝末의 一面을 固執하는 '모더니즘'을 警戒해야 한다. '모더니티'의 過度한 尊重 곧 偏重이 모더니즘에의 轉落의 捷徑이요, 모더니즘은 古典이 될 수 없다. 모더니티의 과도한 警戒 곧 憎惡가 매너리즘의 陷穽이요, 매너리즘도 古典이 되지는 못한다. 詩는 '時'! 되풀이하면서 항상 새로운 天道의 循環이 바로 詩의 法이다. 모더니티! 그것은 永遠한 者의 自己表現의 時代的 모습이다.[27]

위의 글에서 표면적으로 모더니즘에 대한 부정은 쉽게 드러나지 않는

---

26) 조지훈, 「고전주의의 현대적 의의」, 『문예』 4호, 1949(『조지훈 전집』 3, 175면).
27) 조지훈, 「현대시의 문제」, 『시연구』 1집, 1955(『조지훈 전집』 3, 195면).

다. 모더니즘이 살아 있는 것이 되려면 모더니티에 주안점을 두고 정진해야 된다는 것과 모더니티의 과도한 존중과 모더니티의 과도한 경계를 동시에 거부해야 한다는 말에서 중용의 태도를 읽을 수도 있다. 그런데 모더니즘은 고전의 반열에 올라야 진정한 모더니티의 구현일 수 있다는 설명에서 또 다른 편향을 읽을 수 있다. 그것은 고전과 모더니티의 동시적인 구현이라는 과제와 연결된다. 고전은 상당한 지속의 시간을 두고 축적되어 온 결과물이다. 여기서 고전은 일차적으로 세인들에 의해 누적적으로 선택된 것이다. 조지훈의 말대로 모더니티를 "永遠한 者의 自己表現의 時代的 모습"이라고 했을 때 "永遠한 者"(시인)의 모습은 영원성에 기초하고 있는 것이다. 그러한 시대적 표현은 일정한 천체의 순환에 따른 것이라면 이미 '예정된 모더니티'의 표현에 불과한 것이다. 달리 말하면 구체적인 시인을 배제한 예정조화는 시인의 의식 속에 투영된 창작 과정의의 시간은 배제되는 것이다. 이때 나타나는 새로운 모더니티는 고전에서 엄선된 정수만이 뒤늦게 나타날 뿐이다. 따라서 위의 글은 모더니즘의 모순을 지적한 것이다. 그리고 진정한 모더니티를 고전에서 찾으려는 표현이라고 할 수 있다. 조지훈은 자신의 문학적 행정을 고전으로 이끌어가면서 모더니즘에 대한 비판을 행하고 있다.

  지금까지 조지훈의 시관을 검토하면서 잠정적인 결론을 맺자면 선을 포함한 불교의 영향하에서 정치주의 문학과 모더니즘 문학에 대한 비판을 행하는 가운데 순수시와 민족시에 대한 천착을 행하게 되고, 이것의 구체적인 전범으로써 고전으로 회귀하는 행적을 묘사할 수 있었다. 민족사학자로서의 면모를 이해하는 데도 이러한 고찰은 상당한 타당성을 제공하리라고 판단된다. 그리고 사상적으로는 인간성의 강조, 휴머니즘의 천착이 두드러졌다고 할 수 있다. 그의 유물사관과 모더니즘에 대한 비판도 이런 맥락에서 이해할 수 있으며, 해방기의 혼란된 과정에서 비롯된 체험은 그의 면모를 좀 더 구체적으로 부각시키는 데 밑거름이 되었다. 다음에 살펴보고자 하는 『시의 원리』에서도 그의 시작에 대한 체험은 시론의 체계화에서 중요한 역할을 하고 있다.

3. 조지훈 시론의 특성과 체계

조지훈이 『시의 원리』를 준비한 의도는 하나가 해방 직후 시단의 혼미에 대한 계몽과 당시 횡행하던 유물사관의 횡포에 대한 비판이라면, 다른 하나는 시문학 일반의 기초를 단편적이 아닌 전체적인 구조로서 전개하고자 함이다.[28] 전자는 앞에서 살펴본 바 있거니와 해방기 비평 활동에 대한 강한 자부심과 사명의식을 읽을 수 있는 대목이다. 후자에 나타난 의도는 시문학과 관련해서 그가 펼치고자 한 이론적 작업의 방향에 대한 것이다. 전체적인 구조로 살피고자 한 시론의 가장 중심된 준거는 '체험'이라고 할 수 있다. 조지훈은 "시라는 것은 진실한 생각, 진실한 느낌, 진실한 표현을 통하여 나오는 그 자신의 전인격적 체험에서만 스스로 체득할 수 있고 이와 같이 시를 체득한 시인의 생명의 결정인 작품을 통해서만 그의 최상의 시작법을 듣는 수밖에 다른 길이 없는 것이다"[29]라고 밝히고 있다. 그 체험의 시작은 시를 사랑하는 마음에서 시작한다고 할 수 있는데, 이때 시를 사랑하는 마음을 조지훈은 시 생명의 본질로서 바라보고 있다. 다른 말로 하면 시 생명의 본질은 "시를 사랑하는 인생 속에 내새하여 생성하는 사연"[30]이라고 할 수도 있다. 즉 조지훈은 시 창작의 체험 이전의 시에 대한 체험을 강조하고 있다. 이는 선시적인 시에 대한 예감을 나타낸 말이다. 이러한 체험은 벌써 하나의

---

28) 『조지훈 전집』 3, 10면.
29) 『조지훈 전집』 3, 11~12면.
30) 『조지훈 전집』 3, 12면.

시정신을 체득하게 하고, 이 체득된 시정신을 시 형식의 제약 속에 용화시켜 창조한 것이 시가 된다. 결과적으로 창작 체험을 준거로 해서 시정신과 시의 분리를 내세우고 있는 것이다.

그런데 여기에서 조지훈의 '자연'의 이해 방식을 살펴봄이 필요하다. 왜냐하면 시 생명의 본질로서 자연을 언급하고 있거니와 시는 시인이 '자연'을 소재로 하여 그 연장으로써 다시 완미한 결정을 이룬 '제2의 자연'이라고 보고 있기 때문이다. 이는 흡사 스피노자의 소산적 자연(natura naturata)과 능산적 자연(natura naturans)의 구분처럼 보인다.[31] 자연으로서 존재하는 소산적 자연과는 달리 자연을 재창출할 수 있는 능산적 자연은 예술미의 창출과 밀접한 관련이 있다. 그러나 "자연미의 구극이 예술미에 결정되고 예술미의 구극은 자연미에 환원된다"[32]라는 조지훈의 진술에 이르면 일원론적인 자연관에 환원론이 곁들여 진다. 이를 자세히 살펴보자면 실상과 가상이 구분되지 않는 자연환원론으로 귀착되고 마는 셈이다. 이때 시를 만들어내는 것은 시정신의 역할이고, 시정신에서 파생된 시는 다시 자연으로 환원되기 때문에 시는 독자적인 존립의 공간을 잃어버리고 만다. 여기서 시의 인공적인 형태에 대한 강한 부정의식을 동시에 읽을 수 있다.

조지훈 시론의 가장 큰 특징은 시인과 시(작품) 그리고 감상(독자)의 관계를 고려하는 소통적 구조와는 다르다는 점이다. 소통 구조 전반을 규

---

31) 스피노자에 의하면 신(실체)의 정신에 내재하는 불변하는 법칙, 곧 형이상학적 인과율에 의존해서 세계가 진행되기 때문에 세계의 모든 목적은 쓸모 없는 것으로 배제되지만, 우리의 오성은 유한한 까닭에 세계가 신적인 형이상학적 인과법칙에 따른다는 것을 우리들이 인식하지 못한다. 따라서 스피노자는 실체를 이중적으로 고찰한다. 실체는 우선 실체와 속성의 측면에서 보면 능산적 자연이고, 본질과 속성의 측면에서 보면 소산적 자연이 되는 것이다. 이를 다시 구분하면 능산적 자연은 지성, 관념, 자아 등을 무한히 산출시킬 수 있지만, 소산적 자연은 시간과 공간에 제한된 신체나 정신의 현상 등에만 관여할 수 있다(B. 스피노자, 강영계 역, 『에티카』, 서광사, 1990, 328~329면 해설 참조).
32) 『조지훈 전집』 3, 13면.

제하는 시정신 혹은 자연의 존재를 하나의 실체로서 다루고 있기 때문이다. 그런데 시정신은 시인과 시 그리고 감상의 총합 이상의 어떤 것이라는 데 문제가 있다. 시인이 완미한 상태의 시를 추구하고 그러한 정서가 온전히 전달된다는 가정에도 불구하고 다양한 경험의 변이는 일어날수 있다. 하지만 이를 용인하지 않은 상태에서 시정신을 진정한 시, 참뜻의 시로 규정하였을 경우 그 세계에 도달한다는 것은 거의 불가능에 가깝다. 조지훈 시론의 가장 큰 특징이면서 논리적인 한계점이기도 한 이부분은 아직 현존하지 않는 궁극적인 자연에 대한 기대이면서, '완전한' 시에 대한 기대이기도 한 것이다. 그럼에도 불구하고 이를 시론으로 체계화하고자 심혈을 기울였던 부분을 찾아가 보도록 한다.33)

1) 시 생명과 감정의 작용

조지훈은 시란 무엇인가란 물음에 대한 대답으로서 "인간의식과 우주의식의 완전일치의 체험"이라고 말한다. 조지훈의 시론에서는 본질과특수, 주관과 객관, 의식과 무의식 등의 이원론적인 용어가 자주 사용되는데 시에 대한 정의에 있어서도 시의 본질과 시의 현상은 구분된다. "인간의식과 우주의식의 완전일치의 체험"이라는 표현은 시의 본질적인측면을 다룬 것이다. 그렇다면 시는 무엇으로 창조되는가라는 현상적인측면의 설명이 필요하다. 이에 대한 설명은 시는 정서적 감동을 기반으

---

33) 『시의 원리』는 크게 3부분으로 나뉘어져 있다. 1부 시의 우주, 2부 시의 인식, 3부 시의 가치가 그것이다. 다시 1부 시의 우주는 ① 시의 생명, ② 시의 감성, ③ 시의 언어로, 2부 시의 인식은 ① 시의 착상, ② 시의 구성, ③ 시의 현상으로, 3부 시의 가치는 ① 시의 위치, ② 시의 윤리, ③ 시의 감상으로 각각 구성되어 있다. 1부에서는 시정신을 중심으로 시를 설명하고 있다. 시는 무엇인가에 대한 기술이라고 할 수 있다. 2부에서는 시를 짓는다는 것은 무엇인가에 대하여 논하고 있다. 마지막으로 3부에서는 시의 형태론적인 접근과 목적 그리고 감상에 대한 글이다.

로 해야 한다는 것이다. "시적 진실은 먼저 예술가치로서 정서적 감동이다. 감성으로서 받아들이고 감성으로 표현하며 감성에 자극하는 것이 시의 정통적 본질"[34]인 것이다. 그런데 이것은 일반적인 시의 설명과 크게 다르지 않다. 조지훈은 이것을 가능케 하는 조건을 제시하고 있다. 지정의를 통섭(統攝)하는 이상정신 가치와 쾌락이나 경제를 가리키는 자연물질 가치의 구분이 그것이다. 시가 정서적 감동을 낳지만 그것이 모두 예술이 되지는 않는다. 그에 의하면 감동의 근원은 윤리의식에 놓여져 있다. 시가 따라야 하는 것은 인간의 길이며, 인간의 윤리에 시는 귀의하여야 하는 것이다. 조지훈에게 있어서 시는 문학을 가리키며, 문학은 인간을 위한 것이라면 여기에는 당연히 윤리가 지켜져야 하고 이를 통해 정서적 감동은 이상정신의 가치에 기여하게 되는 것이다.

조지훈에 의하면 시의 세계는 질서와 조화의 세계이다. "관념의 카오스가 시정신의 에로스를 통하여 시의 코스모스로 이어지고 있다"는 비유로서 이를 설명하고 있다. 이것은 미의 세계를 구현하는 과정과 일치하고 있다. 한편 이것은 조지훈의 윤리관과 밀접한 관련을 맺고 있다. 조지훈은 시인으로서의 면모와 함께 지사적인 면모를 보여 준 대표적인 인물이기도 하다. 혼돈에서 벗어나 질서와 조화로 가야 한다는 그의 시관은 다름 아니라 자유의 방종과 혼란을 건전하고 바른 사회로 이끌어 가야 한다는 그의 사회관과도 밀접한 관련이 있는 것이다. 이를 정리하면 조지훈의 시론은 소박하지만 변증적인 체계를 염두에 두고 있었던 것이다.[35]

---

34) 『조지훈 전집』 3, 19면.
35) 조지훈의 『시의 원리』 출간 이전에 내용의 일부를 미리 선보인 바 있는데 서정주·박두진과 함께 편한 『시창작법』(선문사, 1949)을 통해서이다. 여기서는 『시의 원리』 가운데 1부에 해당하는 부분과 3부 가운데에서 「시의 윤리」 부분이 실려 있다. 이 부분은 『시의 원리』 중에서도 조지훈의 개성이 돋보이는 부분이라고 판단되기 때문에 조지훈 시론의 골격을 이해하는데 도움이 된다.

무슨 區區한 견해가 있던지 간에 좋은 詩는 새로운 感覺으로써 아름다운 情
緒를 무르익혀 높은 悟性의 세계를 생명적으로 표현하는 것이라는 말만은 어
느 견해에도 拒否될 수 없을 것이다. 詩에서 感情을 표현하는 補助手段이 理
智요, 感情을 純化하는 목표가 倫理이기 때문이다. 왜 그러냐 하면 感情만이
詩의 전부라고 하면 詩의 발전이 없을 것이요, 인생은 날로 卑俗해질 것이다.
感情은 내버려두면 장난하고 넘어지고 죄를 짓기 쉬운 것이다. 장난하는 것을
달래고 넘어지는 것을 일으키는 것이 理智요, 죄 짓는 것을 막고 사는 보람을
두는 것은 倫理이다. 그러나 詩는 생명의 충동을 떠나서는 존재할 수 없다. 그
러므로 詩는 끝까지 理智와 倫理가 感性化하는 것은 틀림이 없는 것이다.[36]

시 생명과 감성의 결합은 더 높은 차원의 시로 안내되어야 한다. 그
궁극에는 윤리가 자리하고 있었던 것이다. 그러나 이러한 지양의 형태는
간접화를 통하여 이루어져야 한다. 간접화란 직접화의 상대어이다. 시는
시인을 통하여 창조된 제2의 자연이다. 이때 시인에게 소재 또는 생명으
로 주어진 일체를 직접미라고 한다면 그것으로써 표현한 시는 간접미라
고 할 수 있다. 시정신이나 시 생명이 직접 표현될 수 없으며 언어를 매
개할 수밖에 없는데 이때 간접화는 표현을 지칭하는 말이라고 할 수 있
다. 즉 시의 본질인 우주의 생명적 진실과 시의 작용인 정서적 감동은
시의 생성에 필요한 요소이지만, 언어의 율동적 조형이라는 시의 표현을
떠나서는 이루어질 수 없는 것이다. 한 편의 시가 이루어지기 위해서는
시의 존재 형식으로서의 언어에 대한 고찰이 필요하게 된다.

2) 시의 언어와 간접화

시의 언어는 시의 감성과 마찬가지로 시정신의 형식이다. 시는 감성
을 질료로 하고, 시는 언어를 형식으로 하여 시는 하나의 온전한 형태를

---

36)『조지훈 전집』 3, 24면.

구현한다고 할 수 있다. 그러나 이러한 시의 형태는 다시 시정신의 본질에 규정된다. 우주의 생명적 진실이 시적 진실로 현상하는데 시의 감성과 시의 언어에 의한 도움을 받지만 이것은 형식적 작용이라는 수준에 머물러 있어야 한다. 그 이상의 과도한 형식적 규준이 있을 경우에 우주의 생명적 진실에 위배되고 자연미의 환원이 불가능하게 될 것이다. 조지훈은 이의 예로서 유치환의 시 「깃발」을 예로 들고 있다. "언외언(言外言)! 곧 말로서 나타나지 않는 수많은 말과 생각을 함축하기 위하여 시는 의식적으로 설명과 서술을 거부"37)해야 한다는 설명에서 알 수 있듯이 시는 우주의 생명적 진실의 표상으로서의 자족적인 세계를 가리킨다.

宇宙의 生命的 眞實이라는 詩의 本質이 思想의 情緖的 感動이라는 詩의 作用을 통하여 言語의 律動的 造型이라는 詩의 表現을 갖출 때 여기 한 편의 詩가 나타나는 것이다.38)

조지훈의 시에 대한 명제는 우주의 생명적 진실과 언어의 간접화라는 변증을 통하여 시의 정의에 도달하였다. 위에서 말한 시는 하나의 전일적이고 통일적인 세계를 표상한다는 측면에서 능산적 자연이 산출한 제2의 자연으로 볼 수 있다. 그만큼 자족적인 세계에서 예술미의 극치를 주장하는 유미주의의 경향을 띠고 있다. 그러나 이러한 예술미의 강조는 조지훈 자신이 자연미의 환원을 강조함으로 인하여 환원론적 논리구성의 체계를 갖고 있다. 그리하여 조지훈의 시론의 특성은 자연에 환원되지 않는 인공미 — 예술미를 포함하여 — 의 강한 부정을 그 특성으로 한다. 그렇다면 그러한 자연으로 환원되는 시가 그 자족적인 세계에 안주하는가에 대하여 조지훈은 '시의 윤리'라는 시의 또 다른 지향을 내세운다. 이를 통해 시가 자족적인 세계에 머무는 것을 방지하려는

---

37) 『조지훈 전집』 3, 29면.
38) 『조지훈 전집』 3, 34면.

듯한데 흔히 칸트가 말한 '목적 없는 합목적성'에 대한 이견이면서 예술과 유희 혹은 예술과 물질적인 효용의 구분에 대하여 이율배반적인 태도를 보이지 않고 일원론적으로 해결하려는 문제의식이 포함되어 있다. 즉 예술은 유희이기에는 그 창조의 동기가 너무나 절실하고 심각하며, 효용이기에는 그 창조의 동기가 너무나 잉여적이고, 비실질적이기까지 하다는 것이 그 이유이다. 조지훈은 시의 목적을 분명히 해야 한다는 입장을 갖고 있었다. 미의 가치판단과 윤리의 가치판단이 동일하지는 않지만 예술 나름대로의 목적이 있지 않겠는가라는 것이 그의 판단이다. 또한 이것은 예술 활동 내에서 문학의 창작 행위는 그 결과 속에 가치를 발견하는 목적적 활동인 것이요, 그 원동력은 강한 파토스에 기인한다. 이렇게 보았을 때 시의 윤리는 시를 짓는 창작자로서의 시인의 태도를 규정하고 있는 셈이다.

이 부분에서 조지훈이 취하는 논리 서술 방식을 고찰해 보기로 한다. 앞서 조지훈은 선과 시를 동일시하는 태도를 검토한 바 있다. 그의 이러한 태도는 비유의 사용에서 잘 나타난다. 시론의 전개에 있어서도 비유는 상당히 중요한 기능을 하고 있다. 시를 위한 사상의 재편성이란 말은 "영혼의 모성인 시인의 배란작용의 시초"라던가 시인의 보편적 지향은 "우주의 생명적 진실을 수정함으로써 시를 탄생시키는 것"이라던가 더 나아가 시는 "감성의 난자와 결합된 생명 있는 사상이 지성의 태반 위에서 의욕의 자궁 안에서 성숙하여 산출되는 언어"라는 것 등이 그러하다. 이를테면 시는 인간의 출산과 같이 난자와 정자가 결합하여 우주의 생명적 진실에 따라 모성의 태반에서 자라고 출산되는 것이다. 시를 하나의 살아 있는 생명체로 바라보는 태도가 여실히 반영되어 있다. 생명체와 시를 비유하는 것은 이미 예정된 조화의 수순을 따르기만 한다는 것으로 이해된다. 여기에서 시인의 의지나 작용은 예정조화에 의한 대리인에 불과하다. 이렇듯 인간과 사회의 능동성에 대하여 백안시하는 태도는 비유를 창조적이고 생산적인 수준으로까지 이끌지는 못하는 한계가 있다. 결론적으로 시를 하나의 생명체로 비유하는 것은 시를 유기적인 형식으로 보는 태도의 표명일 수는 있어도, 시의 유기적인 형식이 배태되는 과정에 대한 설명으로서는 미흡한 측면이 있다.

그럼에도 불구하고 시의 형태론적 접근과 시의 위상에 대한 기존의 논의를 전적으로 배제할 수는 없다. 이것은 조지훈의 시론이 크게 두 가지로 나뉘는 경계이기도 하다. 즉 시정신의 주재에 의해서 설명될 수 있는 부분과 시의 제작에서 파생되는 여러 유형의 정리가 그것이다. 전자는 시정신이 도달하여야 할 과제의 제시라는 측면에서 시의 본질적인 측면에 대한 기술이라고 한다면, 후자는 시의 제작 과정에서 파생되는 현상들에 대한 유형적인 접근이라고 할 수 있다. 후자도 전자에 의해서 영향을 받고는 있지만 시정신이 시의 제작 과정에 대하여 엄격한 구분을 두었던 것을 돌이켜 본다면 시의 위상을 논하는 것도 일정한 편향을 보이게 된다. 가장 큰 특징을 '시중심주의'라고 할 수 있다.

3) 시의 현상과 유형

조지훈에 의하면 시인의 시관과 시의 진리는 우주 생명의 직관에 의해 체험된다. 이러한 체험은 이론이나 지식의 반성에서 이루어지지 않는다는 데에 논리 체계에 대한 강한 부정의식이 내재해 있다. 특히 작품의 구상 속에 자각된다던가 시의 가치는 "작자와 독자를 합일하는 최대공간의 법열인 시작품에 깃든다"라는 표현 속에는 표현 불가능의 그 본성이 재재해 있음을 은연중에 내비치고 있다. 그럼에도 불구하고 시론의 체계화를 이루기 위해서는 시인-작품-독자의 과정적 이해와 해명이 필수적이다. 이를 위해서 조지훈은 시인으로서 시의 착상과 구상 그리고 시의 현상을 서술하고 있다. 『시의 원리』 2부와 3부의 1장, 3장 부분은 앞에서 살펴본 시의 탄생 과정에 대한 내용적인 측면에 대비되는 형식적인 측면의 보완적인 설명이다. 물론 여기에서도 시인의 창작 체험이 중요한 준거로서 작용하고 있다. 이를테면 "시는 아는 것이 문제가 아니라 차라리 짓는 것이 그 전부이다. 그러므로 시란 무엇인가 하는 식의 우주론은 시란 어떻게 감수되는가 하는 시의 인식론에 이르러 비로소 구성되는 것이며, 시는 어떻게 감수되는가 하는 시의 인식은 또다시 시는 무슨 보람이 있는가라는 시의 가치론에 이르러 자각되는 것이다"39)라는 말 속에서 시의 윤리론을 의도한 내용의 언술이 곳곳에 보이고 있다.

먼저 조지훈은 시의 발생으로부터 시의 우선성을 강조하고 있다. 다른 문학장르보다도 시는 문학의 원형을 이루고 있으며 그렇기 때문에 시의 우주적 생명에서 가까이 다가서 있다. 따라서 시의 본질은 시인의 창조 이전에 선시적으로 존재하고 있는 것이다. 그리고 여기에서 시인의 위치는 우주의 창조력에 따르는 보조자의 위치에 놓인다. 그렇다면 과연 시작에 있어서 시인의 위치, 시적 주체의 문제를 어떻게 보고 있는가 하는 문제를 살펴보기로 하자. 이 문제는 조지훈이 시인의 상상력의 작용을 색다르게 보고 있다는 점에서 주의를 필요로 한다.

조지훈은 영감과 주의력을 구분하고 있다. 영감과 주의력은 원주와 중심점의 도표로 설명할 수 있는데 영감이 원주라고 한다면, 주의력은 중심점에 해당한다. 그리고 원주는 우주의 무한광대함, 포에지의 세계를 나타내며, 중심점에 시인의 자아가 위치한다. 영감과 주의력은 무의식계를 바탕으로 하여 서로 교호작용을 미친다. 그리고 무의식계란 심리학적 내지 생리학적 개념이 아닌 통상의 사무사(思無邪)의 개념에 가깝다. 이것은 창조적 무의식으로서 '우주적 무의식'이라고 일컬어지는 것이다. 이러한 우주적 무의식하에서 주체와 대상이 융합되고, 감성이 초감성화되고, 유한과 무한이 통일되는 상태, 자연과 인공이 교감되는 상태가 나

---

39) 『조지훈 전집』 3, 36면.

타난다. 창조를 위한 자기의 다원 내지 이원의식을 초극하는 체험이 일어난다. 조지훈은 이것이 진정한 상상력이라고 보고 있다. 여기에서 상상력은 시적 자아 혹은 시적 주체의 모습은 우주적 무의식과의 대타적인 관계에서 기능하고 있다. 우주적 무의식이 형이상학으로 기울어질 가능성과 현실사회로의 참여 사이에서 교묘한 균형을 유지하고 있다면, 이때 시인의 몫은 상대적으로 제한된다. 우주적 영감이 배제된 상태에서 시의 창조는 전적으로 가능하지 않기 때문이다.

시와 산문을 대비하는 가운데 시를 가장 우선시하는 것도 이러한 우주적 무의식의 영감을 시가 가장 잘 받을 수 있다는 것 때문이다. 한편 조지훈은 시의 구성에 대해서도 그 내용을 기술하고 있는데 이를 유협이 『문심조룡』에서 사용한 '명의(命意)'라는 말로 대치하고 있다. 그것은 "시인의 내부적 생명이 그 받아들인 내용인 '생의 의미'를 정리하고 변경하고 비약시키는 것" 즉 시의 구성을 가리킨다. 이에 대해서 조지훈은 시의 구성은 먼저 주어진 내용에 충실해야 하고, 그 기법의 수련에 최선을 다해야 한다는 말을 하고 있다. 그러나 '감각의 첨단을 걷는 모더니즘'에 대해서는 경계를 늦추지 않고 그 단점을 지적한다. 아무튼 조지훈은 시의 기본성격을 세 가지로 나누는데, '우아한 시'와 '비장한 시' 그리고 '관조하는 시'가 그것이다. 또한 세 가지의 기본성격은 각각 '소박미'와 '감상미' 그리고 '상징미'에 대응되도록 배려하고 있다. 그 가운데 동양적 정신미의 한 최고경지로서 '우아미'를 지목하고 있다. 우아미는 우주의 본원상인 조화된 상태요, 조화와 중정을 주안으로 삼는 도덕관을 담고 있기 때문이다. 조지훈의 미의식이 잘 나타나는 부분이라고 할 수 있다. 그리고 이것은 인공미의 강한 불신에서 연유하고 있으니 시의 형자적 형상, 곧 표현에 이르러서도 인공과 자연을 궁극적으로는 동일한 것으로 파악하고 있다. 이것은 인공의 형상이 자연미에 도달하였을 때를 가정한 것이기도 하다. 그리고 "인공 즉 자연이 성취되는 경지에서 기술의 연마를 뛰어넘는 기술력의 초탈"이 이루어진다. 기교와 기술의 구분이 어느 정도 구분된 상태에서도 인공미의 모든 것을 배제하려는 듯하다. 생략과 부연, 해조와 변조, 과장과 반복이라는 시의 기술적 설명을 하고는 있지만 이는 결국 기술의 초탈에 수렴된다. 시인의 느낌의 예민성, 생각의 천진성, 노력의 심각함이 모두 이러한 초월을 통하여 이루어지는 것이라는 설명에 이르면 시인은 시라는 종교에 복무하는 수도자의 모습으로 비쳐진다. 이를 가리켜 '입명(立命)의 문학'이라고 할 수 있을 것이다.

> 詩의 單純化는 오래 전부터의 나의 持論입니다. 나는 拙著『詩의 原理』에서 詩의 根本原理로서 '複雜의 單純化', '平凡의 非凡化', '斷面의 全體化'라는 세가지를 들었읍니다. 單純美는 詩의 形式的 特性으로서 詩의 韻文的 原形質이요, 非凡化는 詩의 內容的 特性으로서 驚異의 發見이며, 全體化는 象徵性의 志向으로서 詩의 技法的 基礎가 되기 때문입니다. 單純美의 設計에 가장 重要한 것은 壓縮과 飛躍과 觀照입니다. 그중에도 單純美의 큰 陷穽인 單調性을 超克하는 飛躍이 가장 重要한 것이 되겠읍니다. 이 單純化·非凡化·全體化는 詩의 韻文性·浪漫性·象徵性의 바탕이 되는 것일 뿐 아니라 詩의 背理를 찾아 轉落한 現代詩를 詩의 正道로 還元시키는 길인 同時에 時代的인 要請으로서 우리 現代詩를 轉換시키는 據點이 되기도 합니다.[40]

위의 글에서 시의 단순화·비범화·전체화는 조지훈 시론의 요체라고 할 수 있다. 시인으로서 시를 구성하는 방법이 전혀 없을 수 없다. 조지훈은 시인이 시의 기교에 치중하였을 경우에 나타날 수 있는 함정을 누누이 강조하고 있다. 그렇지만 위에서 제시된 방법만으로는 복잡하고 다양화된 현대시에 대한 설명으로는 부족한 감이 있다. '기법의 수련'만을 강조하는 것은 용아 박용철의 시론에서 크게 벗어나지 못하고 있는 것이 사실이다. 그것은 조지훈의 시론이 청록파를 포함한 일군의 시인들의 이해에서 출발하여 그들에 대한 시론으로서는 적당할는지 모르지만 현대

---

40) 조지훈, 「현대시와 선의 미학―시의 방법적 회의에 대하여」(『조지훈 전집』 3, 116면).

시문학 전반의 체계적인 설명으로서는 사실 부족하다는 평가에 이르게
한다. 아울러 1950년대 시사에서 조지훈을 포함한 구세대의 시인과 모더
니즘 시인들과의 길항을 고려해야 할 것이다.[41] 따라서 조지훈의 시론은
해방기에 좌익문학과 모더니즘 문학의 대타의식에서 형성된 것이지만
1950년대에 이르면 극복되어야 할 대상으로 변모된다. 단 좌익문학에 대
한 대타의식은 반공주의와 휴머니즘으로 변모되었고, 현대시에 대한 조
지훈의 발언에서 자가(自家)의 시들은 전범으로서 제시되었다. 이미 조지
훈의 시와 시론은 고전의 반열에 오른 이후였다.

4. 시의 전기(轉機)

조지훈이 행한 시론의 형태는 어떠한 항목으로 분류할 수 있을까? 이
점에서 동시대에 문학 활동을 같이 해온 서정주의 견해가 도움이 되리
라고 생각한다. 서정주는 주정시·주지시와는 다른 '지정의 제합(齊合)의
시'를 주장한 바 있다.

> 詩를 主知的이나 主情的이나 主意的으로 어떠한 한 精神의 特徵을 主로
> 해서 쓰지 않고, 知情意를 均齊하게 綜合하여서도 쓸 수가 있다. 在來 東洋의

---

41) 1950년대의 모더니스트 시인-비평가인 김규동은 당시를 정황을 "오늘의 시단을 지
   배하는 주되는 유파를 조지훈 계열이라 규정하고 다시 이보다 조금 출발이 늦으나 '모
   더니즘'의 시인군이 산발적인 활동을 하고 있다"(『새로운 시론』, 산호장, 1959, 141면)
   라고 표현한 바 있다. 한편 "무릇 시인이란 날카로운 통찰력과 넘쳐흐르는 정열에 절
   제를 마련할 수 있는 지성의 무기와 아울러 예민한 시대감각으로 형성되는 내면적인
   깊은 세계관을 가져야 할 것이다. 청록파의 시가 오늘의 시의 영역에 들어오기 위해서
   는 아직도 너무나 요원한 신산(辛酸)의 길이 그들 앞에 놓여 있다"(같은 책, 151면)라
   는 비판도 아울러 행하고 있다.

詩의 大部分이 이 知·情·意의 齊合의 詩이니, 東洋에 있어서는 詩의 情緖
니, 詩의 知慧니, 詩의 意志니 하는 것을, 詩에 있어 따로따로 高揚하느니 보
다는 이것의 齊合인 '詩心'으로써 이 詩精神이라는 것을 생각해온 데 緣由한
다. 그렇기 때문에 西洋의 詩들에 길들은 우리의 東洋의 詩에서 늘 知情意의
어느 한편으로도 몰아쳐서 생각하기 어려운 難關에 逢着한다. 主情詩인가 하
여 仔細히 보면, 知性的인 흐름이 또 이와 勢力을 같이 하고 있는 것을 到處
에서 보는 것이다. 그리하여 西洋式 分揀에 길든 우리로서는 뭐라고 규정짓기
어려운 困難을 맛보게 된다. 이것은 다름이 아니라 위에서도 말한 것처럼 知情
意 齊合的인 '마음' 그것으로써 西洋의 詩들이 씌어지고 있는 데에 曲折이 있
는 것이다.[42]

조지훈과 서정주의 미묘한 입장의 차이를 전제한다고 하더라도 조지
훈이 생각한 자연에 합일되는 시라면 이러한 '지정의 제합의 시'가 적
당하리라고 판단된다. 서정주가 시심(詩心)으로 표현한 '마음' 또한 조지
훈의 직관 혹은 체험과 가까운 개념이라고 판단된다. 결국은 서구시와
는 달리 동양적인 우리의 시를 구가하려던 의욕의 한 표현인 것이다.
그것의 성공과는 달리 조지훈 시론의 전 과정에서 기존의 시론과는 대
비되는 다른 새로운 시론의 탐색은 진지하게 이루어져 온 것이 사실이
다. 그렇다면 우리는 그러한 탐색의 결과가 의미하는 것이 무엇인가를
살펴보아야 할 것이다. 좌익문학과 모더니즘에 대한 비판이 스스로 동
양적인 것을 찾아 나가는 과정에서 살펴보았듯이 생산적인 상호영향의
결과로까지는 미치지 못했다는 점이다. 이것은 시론의 논쟁적인 양상에
서 진저인 變化를 가져오지 못했다는 것을 의미한다. 앞으로 이루어져
야 할 우리의 과제라면 상호영향에서 생산적인 시에 대한 관념을 창출
하는 일이라고 판단된다.
한편 우리에게는 조지훈이 4·19를 전후해서 보여 주었던 지사적인
면모가 강하게 남아 있다. 해방기와 한국전쟁을 거쳐서 4·19에 이르는

---

42) 서정주, 『시문학원론』, 정음사, 1972, 80면.

기간에 조지훈이 보여 주었던 일관성 있는 해명은 아직 이루어지고 있지 않다. 그가 계속해서 시를 세상에 내보냈지만 국문학자·민족사학자로의 활동 또한 의의가 결코 적은 것은 아니다. 다만 그것의 요체를 어떻게 파악하는가 하는 문제는 앞으로 과제로 남는다.

> 時時刻刻으로 絶望하면서도 그 絶望에서 항상 誕生함으로써 存立하는 것이 詩이다. 가령 絶望의 孤島에 幽閉되었던 詩가 하나의 作品을 날개삼아 生命의 血路를 打開하고 飛翔한다고 하자. 그 作品이 이루어지는 데는 먼저 하나의 詩의 轉機가 마련되어야 하는 것이다. 그러므로, 詩의 轉機는 곧 詩를 生成하는 自衛的 本能이요, 또한 自覺的 方便이다. 다시 말하면 詩의 轉機는 詩를 窒息시키지 않으려는 詩生命의 代謝運動이기도 하고 詩를 高揚시키기 위한 詩精神의 大死一番의 契機를 意味하기도 한다.[43]

한국전쟁을 겪으면서 조지훈이 발표한 위의 글은 시와 민족에 대한 위기를 전기로 하여 새롭게 비약하여야 함을 강조하고 있다. 시와 민족을 하나의 생명체로 바라보는 조지훈의 태도가 약여하게 나타나 있다. 그리고 이를 가능케 하였던 그의 사상은 인간주의라고 할 수 있다. 그의 이러한 휴머니즘은 그의 지사로서의 면모를 가능케 하였던 것이다. 조지훈의 시론은 일관성 있는 체계를 의도했음에도 불완전한 형태로 남게 되었다. 그것은 여러 가지 사정이 있었겠지만 시를 중심으로 해서 모든 문제를 해결하려고 하였던 점과 그의 휴머니즘에 대한 강렬한 집착이 낳은 필연적인 결과라고 보여진다. 한국 시문학사에서 시인—비평가의 자리에 조지훈이 추가되어야 하겠지만, 그는 비유와 체험을 위주로 이루어진 시론의 한 극단에서 그 한계를 보여 주었다. 그 다음 세대에 의해서 '신비평'의 이름을 빌어 시와 시인에 대한 과학적인 시론이 활발히 논의되었던 것은 그러한 한계와 무관하지 않을 것이다.

---

43) 조지훈, 「시의 전기」, 『시문학』 전시판, 1951(『조지훈 전집』 3, 156면).

모더니티의 개인적 자각과 실현

김춘수론

1. 시와 이미지

김춘수는 1946년 등단하여 2004년 사망할 때까지 일관된 시관으로 활약한 대표적인 시인이다.[1] 한편 김춘수에 대한 시사적인 위상에 대한 검토가 자못 활발하게 이루어지고 있다. 이는 주지하는 바와 같이 현대 시사에 대한 연구 시기가 하향되었다는 점과 무관하지 않다.[2] 그럼에도

---

1) 김춘수는 『구름과 장미』(행문사, 1948), 『늪』(문예사, 1950), 『旗』(문예사, 1951), 『隣人』(문예사, 1953), 『제일시집』(1945), 『꽃의 소묘』(백자사, 1961), 『타령조・기타』(문화출판사, 1969), 『처용』(민음사, 1974), 『김춘수시선』(정음사, 1976), 『꽃의 소묘』(삼중당, 1977), 『남천』(근역서재, 1977), 『비에 젖은 달』(근역서재, 1980), 『처용이후』(민음사, 1982), 『라틴소묘・기타』(문학과 비평사, 1988), 『처용단장』(미학사, 1991) 등의 시집을 간행하였다. 아울러 『김춘수 전집』 1・2・3(문장사, 1982)과 『김춘수 시전집』(민음사, 1995)을 간행한 바 있다. 이 글에서는 문장사에서 출간한 『김춘수 전집』을 참조하였다.
2) 문혜원, 「김춘수론」, 『문학사상』, 1990.8; 이혜원, 「시적 해탈의 도정」, 『1950년대의

불구하고 김춘수는 그 분류가 쉽지 않다. 한국전쟁 이후 현대시는 다양한 실험과 시정신에 대한 자각의 노력으로 점철된다고 할 수 있다. 그런데 이전에 대체로 받아들여졌던 리얼리즘시와 모더니즘시 그리고 전통서정시의 분류가 점차 확대·심화되었다. 김춘수는 이전의 시단의 지형도를 참조한다면 마치 국외자의 위치에 놓여질 것이다. 이러한 정황을 김춘수는 근대시의 시적 전통의 탐구를 통하여 극복하려 했다. 그리고 이를 자신의 시세계를 통하여 그대로 재연하려 했다. 마치 자신의 경험을 통하지 않고서는 그 어느 것도 승인할 수 없다는 강한 시의식이 그의 내부에는 자리하고 있다.

　따라서 그의 초기 시는 기법의 연마만이 존재하는 듯이 보인다. 어떤 시세계를 세상에 내놓겠다는 의식보다는 자신과 대면하고 있는 시는 무엇인가 혹은 언어는 무엇인가 그리고 이에 대한 탐구가 개진되어 있을 뿐이다. 적어도 1950년대를 마무리하는 시점까지 김춘수는 이 언저리를 벗어나려고 하지 않았다. 그런 의미에서 보자면 김춘수는 순수서정시의 입장에 서 있었지만 광의의 모더니즘적인 세계에서 그의 시작을 이루어 나갔다. 시란 무엇인가라는 의식의 자각이 순수서정시의 본령을 깨닫게 했다면, 현대시의 요체인 이미지에 대한 구사를 시작의 기술적인 요체로 파악하고, 이를 그의 시세계로까지 확대하기에 이른다.

2. 비유적 심상과 서술적 심상

　김춘수는 시작품 이외에도 다수의 시론서를 출간한 바 있다. 그런 의

시인들』, 나남, 1994; 김창원, 「시적 욕망의 해소를 위한 여정」, 『한국전후문학연구』, 삼지원, 1995.

미에서 김억·임화·김기림·박용철·조지훈 등처럼 시인—비평가의 위상을 갖고 있다. 대체로 시인—비평가의 위상을 거론하는 경우에는 시와 비평의 우열이 점쳐지게 되고, 이로 인해 시사적인 검토에서 중요한 평가의 기준이 되기도 하지만, 그의 시세계를 심층적으로 접근하는데 방해가 되기도 한다. 시의 언어와 논리적 언어가 서로 불협화음을 일으키기 때문이다. 김춘수의 경우에는 그의 시와 시론이 적절히 안배된 조화와 균형이 돋보인다. 이는 그의 시와 시론이 뛰어나서라기보다는 자신의 경험을 통해 체득된 것이 아니라면 배제해 버리는 그의 기질 혹은 태도에 기인한다. 즉 자신의 세계를 철저히 검증하고 이를 통해 다음 단계로 나아가는 그의 태도와도 긴밀한 관련이 있다.

김춘수는 자기 시작의 요체는 비유적 심상과 서술적 심상에 있다고 말한 바 있다. 그의 시론에서도 이에 대한 기술을 여러 곳에서 확인할 수 있다. 김춘수는 박목월의 「불국사」와 박두진의 「해」를 예로 들어 이를 설명한 바 있다. 박목월의 「불국사」에서 "'대웅전'·'흰달빛'은 무엇을 뜻하는 것이 아니라, 그것들이 자족적으로, 즉 두 개의 심상으로서만 거기 있을 뿐이다. 말하자면, 이 두 개의 심상은 비유가 아니고, 다만 서술(discription)일 따름이다"[3]라고 말한다. 반면 박두진의 「해」에서 이 시 속의 모든 심상은 "'해'라고 하는 하나의 관념에 봉사하는 노예로서 있을 뿐이다. '해'가 없는 다른 심상들은 그 의의를 잃게 된다. (…중략…) 한편의 시 속에서 심상들이 이런 모양으로 자리하고 있을 때 그 심상들을 비유적(metaphorical)"[4]이라고 할 수 있다. 이를 통해 김춘수가 심상의 운용에 있어서 자신의 관점을 분명하게 파악하고 있음을 알 수 있다.

---

3) 『김춘수 전집』 2, 477면.
4) 『김춘수 전집』 2, 478면. "이 경우에는 심상들이 관념에 봉사하고(관념의 수단 또는 도구로서 이용되고 있다) 있기 때문에 심상의 입장으로는 불순해진다. 이러한 시에서는 독자는 시인의 사상(관념)까지를 받아들여야 하겠지만(sense를 외연과 내포의 양면에서 정밀하고도 정확하게 파악해야 한다), 시의 미적 음미(吟味)를 고친 다음에 그렇게 하는 것이 시를 읽는 원칙임은 이미 말한 바 있다"라고 부연됨.

단지 이미지의 차용이라는 단계에서 벗어나 현대시의 요체를 이미지로 보고 이의 기술적인 운용이 어떻게 가능한가, 더 나아가서 이것의 궁극적인 지향은 무엇인가에까지 그의 관심은 집요하게 이어진다.

김춘수는 자신의 시에 대한 간략한 해설인 「의미에서 무의미까지」에서도 비유적 심상과 서술적 심상을 이용하여 자신의 시적 단계를 구분하고 있다. 그의 설명은 현대미술의 변화와도 관련을 맺고 있는데 세잔느니 잭슨 폴록의 이름이 자주 거론되는 것도 이와 무관치 않으며 이미지는 표현의 시각적 운용이라는 이미지즘의 대의에서 크게 벗어나지 않고 있다. "세잔느가 사생을 거쳐 추상에 이르게 된 그 과정을 나도 그대로 체험하게 되고, 사생은 사생에 머무를 수만은 없다는 확신에 이르게 된다. (…중략…) 말하자면 실지의 풍경과는 전연 다른 풍경을 만들게 된다. 풍경의, 또는 대상의 재구성이다. 이 과정에서 논리가 끼이게 되고, 자유연상이 끼이게 된다. 논리와 자유연상이 더욱 날카롭게 개입하게 되면 대상의 형태는 부숴 지고, 마침내 대상마저 소멸한다. 무의미의 시가 이리하여 탄생한다."5) 이를테면 김춘수의 시작은 비유적 심상에서 서술적 심상으로 그리고 무의미의 시로 전개되어 나아간다. 이미지의 궁극에 대한 지향이 이미지가 전도된 시, 즉 무의미의 시로 나타났다. 이것은 의미가 없는 시라기보다는 시적인 대상·의미가 이미지에 의해 뭉개지고 극도로 추상화된 단계를 말하는 듯하다. 구상화에 대비되는 추상화 혹은 대상의 묘사를 벗어난 비구상 추상화의 미술 장르를 떠올린다면, 김춘수의 무의미시에 대한 엇비슷한 이해에 도달할 수 있으리라고 생각한다.

이미지란 대상에 대한 통일된 전망을 두고 하는 말이라면 나에게는 이미지가 없다. 이 말은 나에게는 일정한 세계관이 없다는 것이 된다. 즉 허무가 있을 뿐이다. 이미지 콤플렉스 같은 것은 두말 할 나위도 없이 나에게는 없다. 시를 말

---

5) 『김춘수 전집』 2, 386~387면.

하는 사람들이 흔히 이미지를 수사나 기교의 차원에서 보고 있는 것은 하나의
폐단이다.[6]

　　김춘수는 집요하게 이미지의 문제에 집착하고 있었지만 이에 대한 초
극에도 깊은 관심을 갖고 있었다. 기술적인 차원에서 이미지의 초극은
무의미시로 그를 이끌어 갔던 것이다. 그의 시작품에서 흔히 지적되는
것은 허구 혹은 죽음과의 대면이다. 김춘수는 이들에 대한 초극의 노력
을 경주하지 않을 수 없다. 아마도 그의 시작의 출발은 이러한 심연과
깊은 관련이 있기 때문이다. 그의 초기 시에서는 비유적 심상에서 서술
적 심상으로 전이되는 과정을 살펴보아야 할 것이고, 허무에 대한 초극
에 시작품 속에서는 어떠한 형태로 나타나는지를 살펴보고자 한다.

3. 허무의 초극과 이미지의 소멸

　　경이는 울고 있었다.
　　풀덤불 속으로
　　노란 꽃송이가 갸우뚱 내다보고 있었다.

　　그것 뿐이다.
　　나는
　　경이가 누군지를 기억ㅎ지 못한다.

　　구름이 일다
　　구름이 절로 사라지듯이

---

6) 『김춘수 전집』 2, 388면.

경이는 가 버렸다.
바람이 가지 끝에
울며 도는 데
나는 경이가 누군지를 기억ㅎ지 못한다.

경이,
나는 울고 있었다.
풀덤불 속으로
노란 꽃송이가 갸우뚱 내다보고 있었다.

—「瓊이에게」 전문

 김춘수의 첫 시집인 「구름과 장미」에서는 '구름'과 '장미'가 중심된 심상을 이루고 있다. "임은 / 구름과 장미되어 오는 것"에서처럼 님과 구름과 장미의 심상들이 서로 어울려 그의 시적 출발이 암시되고 있다. 서로 이질적인 심상의 결합을 통한 새로운 시적 비전을 기도하였으나 이는 너무나 낯설어 시적 의도의 파악에는 모자란 측면이 있다. 오히려 「경이에게」 같은 작품은 "구름이 절로 사라지듯이" 혹은 장미의 "노란 꽃송이"로의 대치가 비록 평범하지만 의미 전달에는 효과적이다. 이런 측면에서 김춘수는 미지의 대상에 대한 내성적인 감정을 시로서 표현하고자 하였다. 그렇지만 그의 이런 내성적인 "소년 취향"(「소년」)은 대상과의 접촉에 대한 단절을 전제한 것이다. 따라서 시적 표현과는 별개로 그의 시적 성장의 과정에서 보자면 시적 방향을 예고하고 있는 것이기도 하다. 이를테면 장미도 구름처럼 "깜박이며 흘러간 아아 한송이 장미!"(「장미의 행방」) 같은 존재로 변하는 순간, "너도 아니고 그도 아니고, 아무 것도 아니고 아무 것도 아니라는데…… 꽃인 듯 눈물인 듯 어쩌면 이야기인 듯 누가 그런 얼굴을 하고"(「西風賦」)와 같은 부정의 순간에 비애만이 그에게는 남는다.

살을 저미는 이 세상 외롬 속에서
물같이 흘러간 그 나날 속에서
오직 한 사람의 이름을 부르면서
애터지게 부르면서 살아온
그 누가 죽어 가는가 보다.

— 「가을 저녁의 시」 2연

눈물과 슬픔을 통해 비애를 확인한 김춘수는 이것의 궁극을 죽음으로 가져간다. 이 과정에서 외로움의 구체적인 원인은 대상과의 불일치에 있는 것이며 이는 생명력의 고갈을 통한 죽음에 대한 가사 체험(假死體驗)으로 변화되었다. 그리고 "산도 운다는 / 푸른 달밤이면 / 나는 / 그들의 슬픈 영혼"(「늪」)을 바라보는 화자의 시선은 비애 그 자체이고, 시와 시세계는 "슬픈 영혼"이라는 관념적인 표현을 통해 가까스로 거리를 유지하고 있을 뿐이다. 서정주는 『늪』의 서문을 통하여 다음과 같이 말하고 있다.

> 김춘수형의 이 책(늪)은 前著 『구름과 장미』에 비하여 월등한 진경이나 비약을 뵈이고 있는 것은 아니라고 나는 생각했다. 그러나 치밀이라면 훨씬 더 치밀해졌고, 심화라면 또한 상당한 심화를 뵈이고 있는 것만은 사실이다.[7]

서정주의 김춘수에 대한 평은 사뭇 의미심장하다. 김춘수의 시에 대한 평가에 대하여 일말의 주저도 없는 직언이기 때문이다. 그러나 앞에서 김춘수의 시적 방황을 참조한다면, 시적 방황의 구극에 죽음을 대면하게 되었다는 것은 김춘수 자신으로서는 정직한 방향이라고 할 수 있다. 김춘수의 시적 방황은 상당한 기간 동안 지속된다고 할 수 있다. 『꽃의 소묘』가 나오기까지 『기(旗)』(1951), 『인인(隣人)』(1953), 『제일시집(第一詩集)』(1954)을 출간하지만 초기 시에서 보였던 허무와 비애의 정서는 쉽게

---

7) 서정주, 「서(序)에 대하여」, 『김춘수 전집』 1, 85면.

씻겨지지 않고 있다. 그러나 여기에서 주의할 것은 『꽃의 소묘』(1958)로 나아가는 과정에서 이에 대한 예비가 이 기간에 이루어지고 있다는 점이다. 그것은 자신의 위치를 확인하고 이를 통해 초극해나가는 대결의식이다. 이에 도움이 된 것은 유치환과 라이너 마리아 릴케의 영향이다. 먼저 김춘수는 유치환과 함께 통영에서 개인적으로나 문학적으로 친밀한 관계에 있었다. 유치환의 관조와 허무주의정신은 김춘수의 시세계에 많은 영향을 미치고 있다. 그리고 모든 사물에 대한 거침없는 회의와 탐색은 아나키즘적인 세계관을 유지시키는 근간을 이루고 있다. 이는 일면 무정형적·무방향적으로 보일 수도 있지만 어떤 사태의 문제를 인식하고 이를 끊임없이 탐색하는 과정에서는 유효한 방법일 수 있는 것이다.

> 恍惚히 즐거운 蒼空에의 飛翔.
> 끝없는 浪費의 大地에의 못박힘.
> 그러한 位置에서 免할 수 없는 너는 하나의 姿勢를 가졌다.
> 오 ! 姿勢 — 祈禱.
>
> —「갈대」의 부분

> 旗를 위하여 勳章도 없이 용맹하던 사람들은 쓰러져 갔다.
> 쓰러진 사람들을 불러 보아라.
> 가슴같이 부풀은 하늘의 저기, 그들 無名의 戰士들의 아름다운 이름을 불러
> 보아라.
>
> 지금은
> 저마다 가슴에 印 찍어야 할 때,
> 아 ! 一九二六年, 노을 빛으로 저물어 가는
> 알프스의 山嶺에서 외로이 쓰러져 간 라이나·마리아·릴케의 旗여,
>
> —「旗」의 부분

자신을 죽음의 상태로까지 하강시켰을 때 유치환의 「깃발」은 하나의

신호탄과 같은 것이다. "기ㅅ대여 너는, / 하늘과 바다가 입맞추는, 영원과 순간이 입맞추는 희유한 공간의 그 위치에서 섰는 듯 쓰러진 하나의 입상!"(「旗-청마선생께」)은 바로 유치환의 깃발을 대지에서 올려다 본 것이다. 관념어의 남용은 김춘수의 시적 절제가 이루어지지 못한 탓이지만 발견의 기쁨이 표현된 바이다. 이로써 김춘수는 자신의 내면을 객관화시킬 수 있게 되었다. 자신의 모습을 갈대에 비유하여 자세와 기도로 이끄는 것은 죽음의 가사 체험에서 벗어날 수 있는 계기의 표현인 것이다. 그리고 유치환에게서 벗어나자마자 릴케를 만나게 되는 것은 그에게 있어서는 행운이었다. '릴케'라는 표상은 김춘수에게 있어서 구원의 대상이었다. 그리고 죽음을 다루는 방식을 릴케에게서 배우게 된다. 드디어 김춘수에게 있어서 「꽃」이 하나의 의미로 자리잡게 된 것이다.

> 나는 시방 危險한 짐승이다.
> 나의 손이 닿으며 너는
> 未知의 까마득한 어둠이 된다.
>
> 存在의 흔들리는 가지 끝에서
> 너는 이름도 없이 피었다 진다.
> 눈시울이 젖어드는 이 無名의 어둠에
> 追憶의 한 접시 불을 밝히고
> 나는 한밤내 운다.
>
> 나의 울음은 차츰 아닌 밤 돌개바람이 되어
> 塔을 흔들다가
> 돌에까지 스미면 金이 될 것이다.
>
> …… 얼굴을 가리운 나의 新婦여,
>
> —「꽃을 위한 序詩」

겨울하늘은 어떤 不可思議의 깊이에로 사라져 가고,
있는 듯 없는 듯 無限은
茂盛하던 잎과 열매를 떨어뜨리고
無花果나무로 裸體로 서게 하였는데,
그 銳敏한 가지 끝에
닿을 듯 닿을 듯하는 것이
詩일까,
言語는 말을 잃고
잠자는 瞬間,
無限은 微笑하며 오는데
茂盛하던 잎과 열매는 歷史의 事件으로 떨어져 가고,
그 銳敏한 가지 끝에
明滅하는 그것이
詩일까,

———「裸木과 詩 序章」

　김춘수의 시적 방황이 일단락되는 것은 자신과의 대면을 통해서이다. 자신을 위험한 짐승으로 드러내 놓은 고백은 어둠이요, 암흑이요, 죽음 그 자체인 것이다. 이것의 유예가 그의 시를 지탱시킬 수 있었던 하나의 순수요, 하나의 염결성에 대한 의식이다. 그리고 이를 드러내 놓고 그는 다시 비애에 잠길 수밖에 없다. 왜냐하면 그의 시에는 더 이상 고귀한 영혼에 대한 기대가 없기 때문이다. 그러나 그러한 기대를 포기하지 않는 그의 대결의식은 더 이상 릴케를 의지하지 않는다. 다만 동반자로 여길 뿐이다. 이제 그는 "하늘에서 / 죽음의 재는 떨어지는데, 이제사 열리는 채롱의 문으로 / 믿음이 없는 새는 / 어떤 몸짓의 날개를 치며 날아야 하는가를"(「릴케의 장」) 깨닫는다. 그리고 그곳에서 자신과 시를 발견하고 언어에 대한 자각을 얻게 된 것이다.
　그렇다면 끊임없이 논란이 되고 있는 「꽃」의 무의미성이란 무엇인가?[8] "내가 그의 이름을 불러 준 것처럼 / 나의 이 빛깔과 향기에 알맞는 / 누가 나의 이름을 불러다오 / 그에게로 가서 나도/ 그의 꽃이 되고 싶다"라고 표현했을 때, 꽃은 하나의 대상이다. 그러나 꽃에는 아무런 의미가 없다. 왜냐하면 지금까지 자신의 시작을 통틀어 꽃에 대한 집착의 포기와 자아의 표현이 교차되어 왔기 때문이다. 즉 표현이 대상을 전제하는 듯이 말하고 있지만 여기에서 자아는 욕망이 배제된 하나의 사물에 불과한 것이다. 김춘수의 입장에서 보자면 더 이상 대상에 집착하지 않겠다는 것이다. 이러한 시인의 의도를 배제하고 온전한 작품으로 그 구조를 탐색하려는 것을 시인 자신은 바라지 않는다. 이것은 「꽃」과 「꽃을 위한 서시」의 거리이며, 「나목과 시」와 「나목과 시 서장」의 거리이기도 하다. 이 거리와 차이를 통해 시적 자아는 정체성을 찾아나 간다. 자신을 그대로 노출시켰을 때의 위험을 충분히 염려한 시인의 발언이지만, 이는 달리 말하면 시인과 시의 관계가 어떻게 받아들여져야 할 것인가라는 측면에서 현대시의 중요한 과제의 하나이기도 하다. 이에서 멈춘다면 현대시의 실험은 더 이상 가능하지 않을 것이다. 끊임없이 새로움을 모색해나가는 아방가르드의 이념을 이미 알고 있는 김춘수에게 「꽃」에 대한 기존의 독해는 치명적인 것이고 이에 대한 저항은 무의미시로 표출된다. 시인은 환원된 '현상적 자아'로서 세계를 바라볼 채비를 서두른다.

---

8) 김춘수의 무의미시에 대해서 고찰한 글들을 살펴보면 다음과 같다. 원형갑, 「김춘수와 무의미의 기본구조」, 『현대시논총』, 형설출판사 1981; 이기철, 「의미시와 무의미시」, 『시문학』 1981.10; 이승훈, 「무의미시」, 『비대상』, 민족문화사, 1983.

4. 처용을 찾아가는 길

김춘수는 자신의 시적 경험을 통해 얻어진 것이 아니라면 그 어떤 것
도 배제하려 했다. 일상의 경험과 시적인 경험의 분리는 그에게 있어
하나의 원칙이었던 것이다. 이것은 일면 에고이스트라는 측면이 있지만
시인과 시의 사이에 시의 개성을 살리려는 노력의 일단으로 보아야 할
것이다. 시의 개성과 시성(poeticity)의 조화를 위해 심혈을 기울인 그의 모
습은 아마도 지금까지 그의 시가 거론의 대상이 되는 가장 큰 이유라고
생각한다. 1930년대의 모더니즘이 시의 기술적인 운용을 전파하는데 주
력하였다면 시인이 그것을 체화시키고 현대시사의 기대지평에 질적인
변화를 일으켰다는 점에서 그의 노력은 평가의 대상이 되는 것이다. 하
지만 이것이 개인적인 작업을 통하여 이루어지고 말았다는 점에서 시대
적인 한계를 지적하지 않을 수 없다. 이를 위해서는 김춘수 시의 전 과
정, 특히 『처용단장』에 대해서 논의를 하지 않을 수 없다.

> 바다가 왼종일
> 새앙쥐 같은 눈을 뜨고 있었다.
> 이따금
> 바람은 閑麗水道에서 불어오고
> 느릅나무 어린 잎들이
> 가늘게 몸을 흔들곤 하였다.
>
> ―『처용단장』 1부―1

『처용단장』을 완성하기 전까지 김춘수는 또 다른 실험기를 맞이한다.
아마도 「타령조」 연작의 시기가 여기에 해당된다. 그는 "장타령이 가진
넋두리와 리듬을 현대 한국의 상황하에서 재생시켜 보고"자 하였다. 그
러나 자신의 평가처럼 그것은 기교적 실험의 이상이 되지 못하였다. 그

시기에 그가 발견한 것은 자신의 유년에 대한 어렴풋한 기억과 '처용'이라고 이름 붙여질 인물에 대한 탐구이다. 「처용」, 「유년시 1」, 「유년시 2」, 「유년시 3」, 「처용단장」 등은 『처용단장』의 밑그림을 이루고 있다. 여기서 그를 이끌었던 것은 어떠한 동기에서였을까? 이미 김춘수는 「샤갈의 마을에 내리는 눈」 혹은 「인동잎」을 통하여 자신의 시세계를 이미 구축하고 있었다.

> 눈 속에서 초겨울의
> 붉은 열매가 익고 있다.
> 서울 近郊에서는 보지 못한
> 꽁지가 하얀 적은 새가
> 그것을 쪼아먹고 있다.
> 越冬하는 忍冬 잎의 빛깔이
> 이루지 못한 人間의 꿈보다도
> 더욱 슬프다.
>
> ─「인동잎」 전문

김춘수는 이미지의 서술을 통하여 현대시의 한 전범을 획득하고 있었다. 하지만 그러한 시적 세계에 안주하지 못하는 자신의 천성을 발견하게 된다. 그것은 아방가르드의 정신이면서 끊임없이 회의하는 시인정신의 결과이다. 김현은 이 시를 가리켜 "그는 안전히 순수시. 넌센스 시로 자신의 시를 규정짓지 못한다. 그의 내부의 싸움이 (콤플렉스를 극복하려는 노력과 그것을 해방시키려는 노력 사이의 싸움이) 계속되고 있기 때문인 모양이다"[9]라고 말한 바 있다. 그리하여 "越冬하는 忍冬 잎의 빛깔이"과 "이루지 못한 人間의 꿈"을 대비시켜 보지 않을 수 없다. 여기서 그의 비애를 엿볼 수 있다. "사랑하는 나의 하느님, 당신은 늙은 비애다. 푸줏간에 걸린 커다란 살점이다. 시인 릴케가 만난 슬라브 여자

---

9) 김현, 「김춘수의 시적 변용」, 『상상력과 인간』, 일지사, 1973, 173면.

의 마음 속에 갈앉은 놋쇠항아리다."(「나의 하느님」 전반부) 이어서 그가 역
설적으로 발견하는 것은 '순결'이라는 관념의 세계이다. 자신을 궁극에
까지 몰아가서 찾으려는 가치의 지향에는 '순결'에 대한 구원의식이 자
리잡고 있었던 것이다. 그 순결의 의식은 "삼월에 / 젊은 느릅나무 잎새
에서 이는 연두빛 바람이다"(「나의 하느님」 후반부)라는 표현에서처럼 다시
『처용단장』의 서두와 조우하게 되는 것이다. 그리고 이를 더욱 정련시
켜서 보여 주는 것은 「처용삼장」이다.

> 바람이 인다. 나무잎이 흔들린다.
> 바람은 바다에서 온다.
> 생선 가게의 납새미 도다리도
> 시원한 눈을 뜬다.
> 그대는 나의 지느러미 나의 바다.
> 바다에 물구나무 선 아침하늘,
> 아직은 나의 純潔이다.
>
> —「處容三章」 부분

　서정시의 현대적 구현이라는 과제 앞에서 김춘수가 선택한 길은 안
이한 주체의 포기나 감정의 노출이 아니었다. 그것은 이미 현대시가 아
닐 것이라는 그 나름의 판단을 엿볼 수 있다. 그러나 시라고 하는 장르
의 특성상 주체의 문제를 배제할 수는 없다. 어떻게 그 주체의 문제를
시화(詩化)할 것인가라는 과제 앞에서 그는 대상의 소멸과 이미지의 추
상화 그리고 실험적인 의식을 강조하기에 이른다. 아울러 내향적인 그
의 의식은 끊임없는 회의 속에서 자신과의 대결을 피할 수 없었을 것이
다. '처용'이란 따라서 그러한 자신과 전체적으로 맞서는 형상화된 인물
을 가리킨다.

　눈보다도 먼저

겨울에 비가 오고 있었다.

바다는 가라앉고

바다가 있던 자리에

軍艦이 한 척 닻을 내리고 있었다.

여름에 본 물새는

죽어 있었다.

물새는 죽은 다음에도 울고 있었다.

한결 어른이 된 소리로 울고 있었다.

눈보다도 먼저

겨울에 비가 오고 있었다.

바다는 가라앉고

바다가 없는 海岸線을

한 사나이가 이리로 오고 있었다.

한 쪽 손에 죽은 바다를 들고 있었다.

—『처용단장』1부—4

위의 시는 김춘수의 대표적인 무의미시로 거론되곤 한다. 앞에서 살펴보았듯이 무의미시란 대상과 언어 그리고 의미 간의 전통적인 기호론에 대한 반론이라고 할 수 있다. 역설의 수사를 사용할 수밖에 없는 시적 표현에 있어서 일상적인 기호와 기의의 관계는 종종 무너지곤 한다. "눈보다도 먼저 / 겨울에 비가 오고 있었다"라는 상황 진술은 겨울과 눈 / 겨울과 비, 즉 동일성과 비동일성에 대한 관계의 모순을 역설적으로 표현한 것이다. 이러한 모순적 상황의 제시는 이 시를 종종 의미 없는 진술로서 받아들이게끔 한다. 그러니 위의 시에서 긴술되는 내용은 "여름에 본 물새"와 "한결 어른이 된 소리로 울고" 있는 한 사나이에 관한 이야기이다. 과거에 대한 의식은 현재적 상황에서만 가능하고, 과거를 의식한다는 것은 현재적 자아에 의해서만 가능하다면, 이것이 표현하는 내포적 의미는 '숙명' 그 자체인 것이다. 왜냐하면 과거의 자아는 이미 존재하지 않고 현재적 자아를 통해서만 의식되어야 하기 때문이다. 이러한 시간의 거리는 종종 "바다가 있던 자리에 / 軍艦이 한 척 닻을 내리고" 있다거나, "바다가 없는 海岸線"처럼 인과 관계의 부정적 표현으로 나타난다. 하지만 한 사나이의 "한 쪽 손에 죽은 바다를 들고"는 그러한 인간의 실존을 문제삼고 있는 것이기도 하다. 이는 마치 초현실주의의 화폭처럼 그려진 시적 대상들은 뛰어넘을 수 없는 시간의 문제를 언어적으로 형상화할 수 있는 방법에 대한 모색으로 비쳐진다. 그리고 그것은 인간의 숙명적인 비애와 연결된다. 김춘수는 시적 여정은 다시 '처용'이라는 인물을 만나면서 한동안 지속된다. 『처용단장』의 처용은 김춘수 자신이다. 하지만 김춘수는 그것이 자신이라는 것을 의식할 때까지는 절대로 표현하지 않는다. 그것은 『처용단장』에서 그 처용이 자신을 의식할 수 있는 단계에 가서야 비로소 드러낸다.

꿈이던가,
旅順 감옥에서
丹齋선생을 뵈었다.
땅밑인데도
들창 곁에 벚나무가 한 그루
서 있었다.
벚나무는 가을이라 잎이 지고 있었다.
조선 사람은 무정부주의자가 되어야 하네
되어야 하네 하시며
울고 계셨다.

                                        —『처용단장』 3부—3

太初에
무정부주의가 있었다. 무정부주의는
발이 없다.
보이지 않을 때가 있다.
바쿠닌은 입이 크고

크로포트킨은 수염이 아름답다. 가을에는
모과빛이 난다.
시베리아 奧地에는 일년 내내
눈이 오고
芮芮族의 마을은 너무도 멀다.
죽은 늑대는 목뼈가
부러져 있다.
모든것 다 잊으라고 눈이
쉬지 않고 온다.
角木을 보니 생각난다.
朴列은 왜
울지 않는가,

—『처용단장』3부—31

　김춘수에게는 일본에서의 약 한 달 간의 감옥 체험이 있다. 아마도
그것은 사상적인 혐의가 컸던 듯한데 그는 『처용단장』에서 무정부주의
에 대한 강렬한 기억과 인상을 기술하고 있다. 유년의 기억과 그 기억
을 풀어가기 위한 방법으로서의 실험에 뒤이어 무정부주의를 제재로 한
시편들을 다수 엮어나가고 있다. "太初에 / 무정부주의가 있었다"라는
것은 사상적으로 무정부주의를 받아들였다는 것을 의미하며, 이를 통해
인식의 오성적 경험이 가능하였음을 의미한다. 그리하여 무정부주의는
식민지 시기에 하나의 사상적 지주로 그에게 남게 되었고, 의식적 저항
의 근거가 되었던 것이다. 아울러 관념에 대한 훈련을 무정부주의를 통
하여 얻게 된 그에게 있어서 무정부주의는 자아의 또 다른 명징이나.
한편 무정부주의는 마르크시즘과는 달리 지식인에 의한 제도의 개혁을
지향한다. 즉 국가의 부정과 개인의 신념에 대한 상호인정을 특징으로
한다. 더 나아가서 "노동자들에 대하여, 그들이 국가기구를 말짱하게 그
대로 유지하고 다만 권력자를 바꿀 뿐으로 사회주의의 기구를 도입할

수 있다고 가르치고, 또 노동자의 지성을 도와서 그들에게 적합한 새로운 생활형태의 탐구에로 향하게 하는"[10] 것을 목표로 한다. 지식인의 역량에 의한 현실의 개혁을 믿었던 무정부주의는 때때로 현실에서는 테러리즘으로 나타나는데, 그것은 모든 지배에 대한 투쟁을 아나키즘의 도덕으로 보고 있기 때문이다.

"角木을 보니 생각난다. / 朴烈은 왜 울지 않는가"에서처럼 그러한 의식은 외골수로만 지나온 자신에 대한 일종의 고백인 것이다. 김춘수는 "릴케의 유명한 시에서처럼 / 포도알에 마지막 단물이 들게 하고 / 눈물 닦고 한 시대는 간다. / 그리고 다시는 오지 않는다"라고 인간의 유한과 숙명을 담담하게 기술하고 있다. 그리고 남은 것은 어쩌면 철저하게 관념적인 것이다.[11] 그 관념의 실체를 그는 다음과 같이 말하고 있다.

> 나는 (나의 생은) 결박당해 있었다. 프로이드 관념, 마르크스(혹은 크로포드킨) 관념이 서로 갈등하면서, 그러나 요 한 30년 동안은 프로이드 쪽이 압도적 우세하에 유지하면서 말이다. 그러나 그들은 어느 쪽도 관념이다. 실체로서의 프로이드와 실체로서의 마르크스(혹은 크로포드킨)는 어디 있는가? 그것을 탐색하는 것이 시인으로서의 내 만년의 남은 과제가 되리라[12]

---

10) 크로포트킨, 이을규 역, 『현대과학과 아나키즘』, 창문각, 1973, 134면.
11) 파이어아벤트는 『방법에의 도전』(정병훈 역, 한겨레, 1987)에서 과학에서의 아나키즘적 인식론을 주장한 바 있다. 그는 개인의 자유를 옹호하며, 이를 통하여 삶의 충족과 보람된 삶을 추구되어야 함을 역설하고 있다. 그러나 우리는 우리가 처해 있는 사회에서 시작할 수밖에 없으며, 현존하는 수단에 의해서만 변화를 시도할 수 있다. 따라서 파이어아벤트의 사상은 유토피아적인 이상에 그칠 수도 있다. 이러한 비판에 대해서는 앨런 차머스, 『현대의 과학철학』, 서광사, 1985 참조.
12) 김춘수, 「장편 연작시 〈처용단장〉 시말서」, 『처용단장』, 미학사, 1991, 144면.

5. 경험과 인식

　김춘수에 대한 논의는 비교적 풍성한 편이다. 김춘수는 한국 현대시
사에서 하나의 뚜렷한 족적을 남겼다는 의미일 것이다. 하지만 김춘수
의 시가 왜 거론의 대상이 되어야 하는가에 대해서는 의문스러운 점이
있다. 해방 이후부터 지속적으로 이루어진 그의 시작(詩作)을 조감해 보
았을 때 김춘수의 「꽃」은 사람들에게 가장 많이 알려진 그의 대표작이
다. 빼어난 서정시가 당대의 독자들에게 강한 흡인력을 갖고 있었다고
해도 그것이 시사적인 기대지평과 일치하는 것은 아니다. 그렇다면 김
춘수의 시에 대한 시사적인 정지 작업은 필요한 과제라고 판단된다. 그
런 의미에서 김수영과 김춘수는 대표적인 모더니스트 시인으로서—그
지향의 차이는 있지만—거론되어 온 바 있다. 그럼에도 불구하고 이
둘에 대한 뚜렷한 대비가 이루어졌던 것은 아니라고 판단된다. 아마도
그들은 1950년대 전후의 모더니즘이 자체 정비되면서 시적 성과를 남긴
시인들이라는 점에서 비교가 되곤 했던 것이다.
　김수영이 현실에 대한 끊임없는 부정적 의식을 반추하려고 했던 반면
에 김춘수는 그러한 실존적 의식의 근거를 찾으려고 끊임없는 회의를 품
었다. 특히 김춘수의 경우에 허무주의적 역사의식은 개인적인 경험의 자
장 안에서 이루어지는 것이기에 그것이 표출되지 않는 한 독자들은 전혀
알 수 없는 것이기도 하다. 하지만 김춘수는 그 누구에 못지 않게 그것을
알고자 하였다. 이러한 끊임없는 사실에 대한 확인과 앎에 대한 의지는
그의 사상적 지주였고, 아나키스트적인 사유를 통하여 그의 시세계를 유
지시켜 나아갔다. 그의 『처용단장』은 그러한 그의 정신적인 이력에 대한
서술이기도 하다. 여기에 그가 프로이트적인 정신 분석에 치중하는 경향
도 동시에 살펴보아야 할 것이지만 그러한 정신분석학적 의식은 현상을
설명하는 것이지 인식의 기제를 형성하지는 못한다. 따라서 그의 관념의

근거는 아나키즘에서 형성, 발전되었다고 할 수 있을 것이다.

이러한 아나키즘적인 인식은 김춘수의 근대적인 문학 체험과도 긴밀한 관련을 맺고 있는 것이다. 그의 시론서로 잘 알려진 『한국현대시형태론』은 한국의 현대시, 즉 자유시를 형태적인 관점에서 접근하려 한 것이다.13) 주지하는 바와 같이 몰튼 교수의 시와 산문의 이분법적인 장르의식은 김춘수에게도 그대로 나타나고 있다.14) 하지만 몰튼의 경우, 문학의 다양함을 정비하는 하나의 원리로서 형태에 대한 적극적인 사용을 염두에 둔다면 김춘수의 시문학에 대한 형태론적인 접근은 그것의 근대적인 성격이 무엇인가에 대한 탐구라고 할 수 있을 것이다.15) 그리고 그것의 형태적인 실험에 대한 고찰을 마치는 자리에서 자신의 시작이 출발하고 있다는 것은 그렇게 지나친 말이 아닐 것이다. 기실 아나키즘적 인식의 확장은 대상을 관념적으로 사유하고 이를 시화한다는 측면에서 '인식으로서의 시'라는 한국현대시의 새로운 영역을 개척한 과정을 설명해 주고 있는 것이다.

물론 김춘수가 바라보고 있는 세계는 관념의 세계이다. 관념의 세계는 현실의 세계로부터 공격을 받을 수 있으며, 관념 그 자체로서 공격을 받을 수도 있다. 전자가 순수시와 참여시의 경계에서 일어날 수 있다면 후자는 모더니즘과 포스트 모더니즘의 경계에서 일어날 수 있다. 지금까지 김춘수에 대한 논의가 객관성을 갖고 전체적으로 조망되지 않은 이유도 여기에 있다 할 것이다. 그런 의미에서 김춘수에 대한 시사적인 논의는 요청되는 것이다. 왜냐하면 김춘수의 시작 과정은 물론 무의미시 등 일련의 시에 대한 이론적 해명은 한국 현대시의 근대적인 경험과 무관하지 않기 때문이다.

---

13) 이에 대해서는 박윤우, 「감춘수의 시론과 현대적 서정시학의 형성」, 『한국현대시론사』, 모음사, 1992 참조.

14) 이는 김춘수의 글에서 자주 나타나며, 이에 대해서는 김준오, 「무의미와 서정양식 – 김춘수의 2분법 체계」, 『한국현대장르비평론』, 문학과지성사 1990 참조.

15) 本多顯彰 譯, 『文學의 近代的 硏究』, 岩波書店, 1932 참조.

김수영에 대한 네 개의 글

金洙暎

시와 운명

1. 김수영, 사후 30년

1998년은 김수영이 이 세상을 떠난 지 30주년이 되는 해이다. 그 어느 때보다도 김수영에 대한 논의가 활발했었다고 할 수 있다. 주로 '김수영 문학의 재인식'이라는 주제하에 논의가 다채롭게 진행되었다.[1] 그런데 김수영 문학에 대한 인식에 어떤 진전이 있었는가에 대해서는 자못 의심스럽다. 이는 아직도 그에 대한 평가가 기존의 논의에 크게 의존한 탓은 아닐까 판단된다. 기존의 논의에서는 김수영을 참여시의 대

---

1) 『작가연구』 5호(1998)에서는 '김수영 문학의 재인식'이라는 주제 아래 특집을 마련하였으며, 『실천문학』(1998년 봄·여름·가을)에서는 동일한 주제의 연속기획으로 그의 문학에 대한 재조명을 시도하고 있다. 그밖에 김재용의 「김수영 문학과 분단 극복의 현재성」(『역사비평』, 1997년 가을)이나 최두석의 「현대성론과 참여시론」(『한국 현대시론사 연구』, 문학과지성사, 1998)도 이러한 관심의 결과에 포함시킬 수 있겠다.

표적인 시인으로 그 위상을 규정하고 있다. 여기에 대해서는 김수영 자신이 전적으로 수긍하지 않고 있으며, 이 때문에 소시민문학으로 제한을 가하는 등의 비판적인 논의가 개진되었지만, 전체적으로는 현실과의 연관에서 자유로울 수 없었다.

김수영에 대한 연구는 사후 30년 간 지속적으로 이루어졌다. 김수영의 문학을 잠정적으로 결산하는 『전집』 출판을 계기로 그의 문학이 지향하고 있는 개괄적인 지형이 검토되었다고 할 수 있다.[2] 이후 그에 대한 연구가 학술 논문 등을 통하여 지속적으로 제출되었지만, 시각이 크게 변한 것은 아니었다. 모름지기 김수영이 본격적으로 재조명되기 시작한 것은 1990년대 후반의 문학 연구 상황과 긴밀한 관련이 있다. 현대문학 연구 대상의 시기가 하향 조정되면서 김수영에 대한 관심은 수면으로 다시 떠올라왔다. 김수영은 '근대성'이라는 가치의 기준을 통해 재조명되기 시작했는데, 1930년대부터 비롯된 모더니즘 문학의 연장선상에서 어떠한 함수 관계를 맺고 있는지에 대한 고찰이 그에 대한 연구의 필요성을 자극하게 되었다.

그런 점에서 김수영의 문학은 리얼리즘과 모더니즘의 다른 이름, 즉 현실성과 현대성이라는 두 개의 축에서 자유로울 수 없다. 사실 범박하게 근대성(moderity)이라고 불리어질 때, 그 말속에는 현실성(reality)과 현대성(modernity)이 결합되어 있다. 물론 김수영에게 근대성이라는 용어보다는 현대성이라는 용어가 더욱 잘 어울리지만, 문제의 근본을 뛰어넘을 수 있는 것은 아니다. 이것은 김수영을 통해서 현대(시)문학의 곡절(曲折)을 되짚어 보려는 의도와 잘 부합된다.

먼저 특징적인 논의를 항목화하면 다음과 같다. 첫째, 그에 대한 논의

---

2) 김수영의 글들은 『김수영 전집』(민음사, 1981)이 1권(시), 2권(산문)으로 각각 묶여져 출간되었다. 아울러 『김수영 전집』 별권(1983)에서는 그에 대한 주목할 만한 논의들이 함께 엮어져 있다. 이후 김수영의 글들에 대한 인용은 『김수영 전집』(1981)에 의한 것으로 글명, 『김수영 전집』, 면수만을 기록하기로 한다.

는 모더니즘을 중심으로 고찰되었다. 해방 이후의 행적을 통해 볼 때 그가 좌익문학에 무관심한 것은 아니었지만, 본의든 타의든 간에 자신의 문학적 출발은 김경린·박인환 등과의 만남을 통한 모더니즘 그룹을 통해서 이루어진다.3) 더욱이 급속하게 밀려오는 서구의 새로운 문학사조에 김수영이 저항했다기보다는 적극적으로 수용하려는 태도를 보였다. 이는 김수영의 문학을 접근함에 있어 모더니즘이라는 프리즘을 통하지 않을 수 없는 하나의 이유이다. 상대적으로 그의 시에서 4·19 이후에 나타나기 시작한 현실에 관한 문제는 외래적인 모더니즘을 통해서 제한적으로 인식되지 않을 수 없었다. 둘째로 그의 문학에 나타난 '일상성'에 대한 검토이다.4) 이 개념은 현실성의 제한적인 의미라고 할 수 있다. 김수영의 문학에는 분명히 현실에 대한 비판과 저항이 들어 있다. 그런데 그러한 행동이 직접적으로 나타나지는 않는다. 이것은 기교와 사상이라는 두 가지 축을 조정해서 문학화하지 않을 수 없었던 모더니즘 문학의 한계일지도 모른다.5) 그런 의미에서 김수영이 문학적으로 가공해서 받아들인 현실은 '일상'으로 이해되며, 그러한 '일상'을 주의 깊게 관찰하는 그의 문학적 태도를 '일상성'으로 개념화하는 것은 당연한 논리적 귀결이다. 하지만 그 일상성의 개념이 현실성과 뚜렷한 구별이 되지 않는다면, 다시 한번 논의의 맥락에 어딘가 잘못된 부분이 없는가 하는 점을 반추(反芻)하지 않을 수 없다.

문제의 소재는 김수영의 시에 있다는 것이 필자의 판단이다. 그에 대한 문학을 '이야기'할 때 심심하지 않게 하는 말이 "그의 산문은 좋지만 그에 비해 그의 시는 좋지 않다"라는 것이다.6) 먼저 그의 산문의 우수

---

3) 『새로운 도시와 시민들의 합창』(1949)에서는 김경린·박인환·임호권·양병식 등이 동인으로 함께 참여하고 있다.
4) 이에 대한 논의로서는 이기성, 「1960년대 시와 근대적 주체의 두 양상」(『1960년대 문학연구』, 깊은샘, 1998)과 한수영, 「'일상성'을 중심으로 본 김수영 시의 사유와 방법 (1)」(『작가연구』 5호, 1998) 등이 있다.
5) 강웅식, 『시, 위대한 거절』, 청동거울, 1998 참조

성에 대해서는 많은 사람들이 동의하는 바이다. 하지만 시인 김수영에 대한 접근이 산문을 통해서 우회적으로 이루어질 수밖에 없었다는 점은 하나의 넌센스이다. 시인 김수영으로서보다는 산문가 김수영, 혹은 비평가 김수영에 대한 접근은 그에 대한 평가를 이원적으로 이루어지게 하였다. 더욱이 현실성과 현대성에 대한 담론을 통한 김수영 시의 접근은 담론의 적실성을 검증하기 위한 평가로 이어진다. 과연 김수영의 시에 대한 인식이 그의 입장에서 전체적으로 이루어진 것일까? 이에 대해서 필자는 유보적인 대답을 하지 않을 수 없다.

2. 쾌락과 운명

김수영은 「폭포」(1957)의 시작 노트에서 다음과 같이 말하였다. "살아가기 어려운 세월들이 부닥쳐올 때마다 나는 피곤과 권태에 지쳐서 허수룩한 술집이나 기다렸다. 거기서 나눈 우정이나 현대의 정서며 그런 것들이 후일의 나의 노우트에 담겨져 시가 되었다고 한다면 나의 시는 너무나 불우한 메타포의 단편들에 불과하다."[7] 이른바 정직한 양심의 공간으로 불리는 김수영의 시에서 일상성은 그의 시에서 매우 중요한 역할을 한다. 그러나 김수영의 시가 갖고 있는 '재미'는 "곧은 소리는 소리이다 / 곧은 소리는 곧은 / 소리를 부른다"라는 시저 표현이 일상(이

---

6) 물론 이 말은 공식적으로 논의가 되어진 말은 아니다. 일종의 김수영 문학에 대한 사론(私論)이라고 할 수 있다. 그 사론화(私論化)된 담론이 언표화(言表化)되는 경우도 있는데 함성호, 「시여, 트림을 하자」(『성균』, 1998)가 "나는 김수영의 시가 그나마 자주 일으켜 세워지는 것은 순전히 그의 산문 덕이라고 생각한다"(120~121면)라는 말을 그 예로 들 수 있겠다.
7) 「시작 노우트 ②」, 『김수영 전집』 2, 286면.

환유)에서 비롯된 것임을 알아차렸을 때 배가된다. 즉 「폭포」에서 '폭포'는 '술을 (마시기 위해 술을) 따르는 모습'을 비유적으로 표현한 것이다. '폭포'라는 대상을 '폭포'의 지시적 의미만으로 보았을 때, 김수영이 쓴 위의 시는 시적인 의미가 애매해지거나 경우에 따라서는 의미의 과대해석이 이루어질 가능성도 배제할 수 없다. 적어도 김수영의 「폭포」에 대한 해석은 이러한 경로를 취해왔다고 할 수 있다. 따라서 '폭포'와 '곧은 소리'는 그 자체가 비유적인 것으로만 바라본다면 '취할 순간'이 부차화되거나 혹은 비유적으로만 받아들여진다. 4연의 '취할 순간'이 일상의 영역에서 시의 영역으로 변환되는 데에 이 시의 묘미가 있다. 만약에 김수영이 자신의 처녀작(수준작)으로서 「폭포」와 「병풍」을 거론했다면 이러한 이유 때문일 것이다.[8] 즉 작품에서의 직접적인 비유를 자제하고 작품 내에서 시적인 의미를 파생시키는 것, 아마도 김수영은 이것을 현대시의 자격요건으로 생각한 듯하다.

아울러 이것은 지시대명사 '나'의 생략으로 이어진다. 김수영의 초기시의 특징 가운데 하나는 '나'(혹은 '너')라는 '지시대명사'의 빈번한 사용이다. 이때 시 속에서 '나'는 곧 '너'를 의미하고 '나'와 '너'는 동일시된다. 이를테면 나르시즘적 동일시의 상태에서 시의 기율(紀律)을 유지하려고 노력을 하였다. 그의 초기 시에 나타나는 허무주의는 이러한 관점에서 파악할 수 있다. 그렇다면 '나'라는 지시적 언어를 벗어나는 것은 어떻게 가능한가? 이것이 바로 김수영이 당시에 생각했던 자신의 시에 대한 반성의 내용이다. 또한 당시의 시점에서 자신의 관점으로 보자면 「폭포」와 「병풍」도 어떤 의미에서는 새로울 것이 없다. 왜냐하면 자신의 관점에서 그렇다는 것이 아니라 라이오넬 트릴링의 관점에서 제시된 것이기 때문이다.[9] 트릴링은 '고통과 불쾌와 죽음을 현대성의 자각'으

---

8) 「연극하다가 시로 전향」, 『김수영 전집』 2, 230면.
9) 김수영은 라이오넬 트릴링의 「쾌락의 운명」(『현대문학』, 1965.10~11)을 번역한 바 있다.

로 지적하고 있다. 이어서 김수영은 자신의 진정한 처녀작은 「미역국」
(1965)이 아닐까라며 의심스럽게 자신의 속내를 드러내고 있다. 그렇다면
김수영이 생각한 자신의 시의 본령은 어디인가라는 문제를 살펴보지 않
을 수 없다.

미역국 위에 뜨는 기름이
우리의 歷史를 가르쳐준다 우리의 歡喜를
풀 속에서는 노란꽃이 지고 바람소리가 그릇 깨지는
소리보다 더 서걱거린다— 우리는 그것을 永遠의
소리라고 부른다

해는 淸敎徒가 大陸 東部에 상륙한 날보다 밝다
우리의 재(灰), 우리의 서걱거리는 말이여
人生과 말의 간결— 우리는 그것을 戰鬪의
소리라고 부른다

미역국은 人生을 거꾸로 걷게 한다 그래도 우리는
三十代보다는 약간 젊어졌다 六十이 넘으면 좀더
젊어질까 機關砲나 뗏목처럼 人生도 人生의 부분도
통째 움직인다— 우리는 그것을 貧窮의
소리라고 부른다

오오 歡喜여 미역국이여 미역국에 뜬 기름이여 구슬픈 祖上이여
가뭄의 백성이여 退溪든 丁茶山이든 수염난 영감이면
福德房 사기꾼도 도적놈地主라도 좋으니 제발 순조로아라
自稱 藝術派詩人들이 아무리 우리의 能辯을 욕해도— 이것이
歡喜인 걸 어떻게 하랴

人生도 人生의 부분도 통째 움직인다— 우리는 그것을
結婚의 소리라고 부른다
　　　　　　　　　　　　　　　　　　　　　—「미역국」 전문

"미역국 위에 뜨는 기름이 / 우리의 歷史를 가르쳐준다"라는 표현은 김수영 식의 비유적 표현이다. 다시 말하면 "미역국 위에 뜨는 기름"이 비유적으로 사용되었듯이 "우리의 歷史"도 마찬가지로 비유적으로 이해되어야 한다. "우리의 歷史"를 일반적인 의미에서 연대기적인 기록이나 현실을 바라보는 태도라 일컬을 수 있다면, 김수영의 시를 의미적으로 제한하는 결과를 낳을 수 있다. "우리의 歷史"는 "청교도가 대륙 동부에 상륙한 날"과 비대칭적인 것처럼, "退溪든 丁茶山이든 수염난 영감이면 / 福德房 사기꾼도 도적놈地主라도 좋으니 제발 순조로와라"라는 대목에서 충돌을 일으킨다. 종래 이 부분을 김수영의 전통에 대한 인식이 드러나는 대목으로 지적한다면, 시의 전체적인 의미를 고려하지 않은 편의적인 해석이라고 할 수 있다. "우리의 歷史"는 작품의 결말 부분에서 '인생'과 만나 각각의 개인이 자각한 인생과 운명으로 그 의미를 부여받게 된다.

이때 '미역국'이라는 표현의 소재도 '인생'과 만나서 '역사'의 의미를 구체화시키게 된다. 미역국 위에 기름이 떠서 움직이듯이 "인생도 인생의 부분도 통째 움직인다." 여기에서 '인생'과 '인생의 부분'이 따로 구별되어진 의미가 무엇인지는 불투명하다. 하지만 미역국의 비유적 의미는 "機關砲"와 "뗏목"이라는 간접적인 경로를 거쳐 '인생'이라는 문제에 귀착된다. 따라서 미역국은 자각된 인생의 역사에 대한 비유적 표현이다. 미역국은 산모가 출산을 했을 때 먹는 음식, 혹은 생일날 특별히 먹는 음식의 일종이다. 3연의 "미역국은 人生을 거꾸로 걷게 한다"라는 표현은 미역국을 많이 먹을수록, 즉 나이를 많이 먹을수록 생물학적 잔여 수명은 줄어든다는 것을 의미한다. 이렇게 인간의 수명이 줄어들면서 반대로 정신의 연령은 성숙되어 간다는 사실에 대한 표현이라고 볼 수 있다. 여기에서 '미역국'은 음식의 일종뿐만이 아니라 "무슨 단체가 해산되거나 또는 어디에서 떨리어 남을 이르는 변말(隱語)"10)이라는 '미역국먹다'의 사전적 정의를 참조하지 않을 수 없다. 김수영은 '미역국'

혹은 '미역국(먹다)'이라는 동음이의어(同音異意語)의 파생적 의미를 통해서 인생의 의미를 되짚어보고 있다. 그 결과 '영원'·'전투'·'빈궁'·'결혼'의 소리는 인생의 다른 '동음이의어'이다. 김수영은 이러한 자각이 바로 시의 본령이며 그러한 깨달음의 경지에서 느끼는 기쁨을 시적 희열의 순간으로 기록하고 있다. 언어의 세밀한 가공을 통한 예술지상주의의 반대편에 인생주의가 놓여져 있는 형국이다. 그렇다고 이를 직접적으로 선전하지는 않았는데 그것은 어디까지나 시를 통해서 이루어야 할 목표이기 때문이다. 이러한 시각은 「사랑의 변주곡」(1967)으로 이어지는 그의 후기 시에 나타난 하나의 뚜렷한 특징으로 볼 수 있겠다.

> 아들아 너에게 狂信을 가르치기 위한 것이 아니다
> 사랑을 알 때가지 자라라
> 人類의 종언의 날에
> 너의 술을 다 마시고 난 날에
> 美大陸에서 石油가 고갈되는 날에
> 그렇게 먼 날까지 가기 전에 너의 가슴에
> 새겨둘 말을 너는 都市의 疲勞에서
> 배울거다
> 이 단단한 고요함을 배울 거다
> 복사씨가 사랑으로 만들어진 것이 아닌가 하고
> 의심할 거다!
> 복사씨와 살구씨가
> 한번은 이렇게
> 사랑에 미쳐 날뛸 날이 올 거다.
> 그리고 그것은 아버지 같은 잘못된 시간의
> 그릇된 瞑想이 아닐 거다.
>   ─「사랑의 변주곡」 후반부

---

10) 한글학회 편, 『큰사전』, 을유문화사, 1947, 1163면.

김수영의 시를 이해하는 데 가장 큰 걸림돌은 그의 어조가 역설적이라는 점이다. "복사씨와 살구씨가 / 한번은 이렇게 / 사랑에 미쳐 날뛸 날이 올 거다"라는 예언적 표현은 그의 시의 백미이다. 그런데 김수영의 시를 현실과의 연관 속에서 바라보려는 축자적인 해석을 한다면 비현실적인 표현으로 보일 수도 있다. "美大陸에서 石油가 고갈되는 날"을 굳이 시인의 반미적인 태도로 끌어들일 필요는 이제 없어 보인다. 아들이 느끼는 "都市의 疲勞"와 사랑을 의미하는 "단단한 고요함"은 사랑의 다른 이름이며, 삶을 살아가는 인생의 이유이며, 그러한 믿음이다. 따라서 이 시는 "아버지 같은 잘못된 시간"에 대한 회오(悔悟)이며, 올바른 명상(瞑想)이다. 이러한 자각이 김수영 시의 근간을 이루고 있는 것이라면, 지금까지 그의 시를 이해하는 데 너무나 인색했던 것은 아닐까 곰곰이 따져볼 일이다.

물론 김수영이 자신의 시에 대하여 발언한 부분을 그의 시의 해석에 어느 정도까지 반영할 것인가 하는 문제가 제기될 수 있다. 시인 자신의 해석이 뒤따르지 않는 작품을 어떻게 바라볼 것인가 하는 점도 문제이다. 하지만 적어도 김수영의 시에 대해서 시작품에 언표된 시어만으로 그의 시세계를 검토하는 것은 바람직하지 않다고 판단된다. 그의 (시론을 포함한) 시에 대한 이후의 영향은 실로 적지 않아서 그의 문학에 대하여 '고전'과 '신화'라는 수사법이 종종 사용되는 걸 보면 그러한 영향력의 실체를 따져보는 것도 아울러 이루어져야 할 과제이다. 김수영이 시론(산문)에서 그의 시 해석이 논의되어져야 한다고 생각되는 것은 이러한 이유 때문이다. 문제가 있다면 지금까지 김수영에 대한 논의는 어떤 주제적인 논의를 이끌어가기 위해서 선별적으로 그의 글을 이끌어오는 방식에 있다.

환유란 유사성에 기초한 은유와 달리 인접성에 관계한다. 1960년대 김수영의 '반시' 선언은 시전통에 대한 자기 반성이라고 하였을 때, 낭만주의나 상징주의에서 이미지 중심의 묘사적인 시가 아닌 축적의 원리를 시에 도입한 환유시가 주축이 된다.11) 즉 유사성에 기초한 선택이 중심원리가 아니라 인접성에 기초한 결합의 원리가 그의 시에 주축을 이루고 있다. 그러나 이러한 환유가 갖는 의미나 시적 의장에 대해서는 아직까지 이렇다 할 논의가 개진되지 않았다. 그리고 무엇보다도 김수영 시의 전 과정을 이해할 수 있는 단초가 여기에 있다고 판단된다.

3. 삶의 환유적 해석

김수영이 인식한 삶의 문제에서 '아버지'의 상은 그의 후기 시에만 국한되어서 나타나는 것은 아니다.

> 돌아가신 아버지의 寫眞에는
> 眼鏡이 걸려있고
> 내가 떳떳이 내다볼 수 없는 現實처럼
> 그의 눈은 깊이 파지어서
> 그래도 그것은
> 돌아가신 그날의 푸른 눈은 아니요
> 나의 飢餓처럼 그는 서서 나를 보고
> 나는 모오든 사람을 또한
> 나의 妻를 避하여
> 그의 얼굴을 숨어 보는 것이요
>
> —「아버지의 사진」 부분

「아버지의 사진」(1949)에서 김수영은 아버지와 아들인 자신을 "재차는

---

11) 김준오, 「현대시의 자기반영성과 환유원리」, 『작가세계』, 1994년 겨울, 100면.

다시 보지 않을 편력의 역사"로 묘사하고 있다. 아버지와 아들의 사이에는 심연이 드리워져 있고, "아버지의 寫眞"은 그 심연을 지시한다. 그 심연은 자신과 절대적으로 동일시될 수 없는 것이므로 "내가 떳떳이 내다볼 수 없는 現實"이기도 하다. 그렇게 비추어진 시인의 역사와 현실은 개인주의와는 거리가 있다. 누구나 아버지의 죽음 앞에서 겪게 되는 실존의 인식을 김수영은 전면에 부각시키고 있다. 아버지의 얼굴을 사진을 통해 "숨어 보는 것"이다. 그 심연이 의미하는 죽음 앞에서, 시인은 아버지라는 존재의 금기를 통해 현실을 바라본다. 이른바 라캉식으로 말하면 상상적인 세계에서 상징적인 세계(현실)로의 이행이 이루어지고 있다. 부연하자면 '에고(Ego; 자아)'라는 것이 주체 자신이 상상계 속에서 만들어낸 작품일 뿐이라는 점을 주체가 인정하게 되면 그 세계는 종결된다. 즉 상징계로 진입함으로써 주체가 상상계적인 이중(二重, 二者的) 관계로부터 벗어나게 되면, 당연한 결과로서 주체가 개별성을 획득하고 자신의 위치를 명확하게 갖게 된다.12)

김수영의 시세계는 상상적인 것이라기보다는 상징적인 것에서 출발했다는 점에서 특징적이다. 다른 말로 하면 상상적인 동일시보다는 현실적인 동일시를 통해서 시적 출발을 이루고 있다. 그동안 이 점은 간과되어 온 측면이 있다. 김수영의 초기 시에 등장하는 '설움'이라는 단어의 빈번한 사용과 그 함의도 이러한 측면에서 재조명되어야 할 것이다. 그러나 또 한편으로 상징적인 것과 유사한 세계는 실재하는 현실(아들)과는 다른 것임으로 해서 비현실이기도 하거니와 시인에게는 시적이기도 하다. 이것은 어쩔 수 없이 실재하는 현실의 전도, 역설을 수반한다.

倒立한 나의 아버지의
얼굴과 나여

---

12) 아니카 르메르, 『자크 라캉』, 문예출판사, 1994, 123면.

나는 한번도 이(虱)를
보지 못한 사람이다

어두운 옷 속에서만
이(虱)는 사람을 부르고
사람을 울린다

나는 한번도 아버지의
수염을 바로는 보지
못하였다

　　新聞을 펴라

이(虱)가 걸어나온다
行列처럼
어제의 물처럼
걸어나온다

　　　　　　　　　　　　　　　　　　　—「이(虱)」전문

　김수영의 부친은 그가 나이 29세 때인 1949년에 사망하였다. 해방 이
후 부친의 병세는 악화되었다. 그 무렵에 김수영은 「이(虱)」를 쓰게 된
다. 이 시는 김수영의 초기 시에 나타나는 난해시의 대표적인 예라고
할 수 있다. 아버지와 아들(시인)을 동일시할 수 없었던 김수영은 일종의
반항을 준비하는데, 그것은 "아버지의 / 얼굴"과 자신을 물구나무[倒立]
세우는 것이다. 아마도 아버지가 의미하는 엄격함이 "아버지의 / 수염을
바로는 보지 못"하게 하였다. 그런데 아버지와 이(虱)와의 관계는 추리
하기가 쉽지 않다. 아버지의 얼굴을 똑바로 바라보지 못했다는 것과 이
를 한번도 보지 못했다는 진술 정도가 유사성에 기초하고 있다. 더욱이
신문과 이의 관계는 "깨알같은 글씨" 정도에서 그 유사성을 유추할 수

있을 따름이다. 그렇다면 「이」라는 시가 의미하는 바는 무엇일까? 위의
시에서 "어두운 옷 속에서만 / 이(虱)는 사람을 부르고 / 사람을 울린다"
라는 3연의 표현은 이와 자신을 동일시함으로 해서 자신이 이와 같은
존재임을 암시한다. 더욱이 신문의 깨알 같은 글씨가 이로 비유되면서
감추어진 행간의 의미를 자신의 심리적인 상황과 동일시하고 있다. 그
러나 그러한 심리적 상황은 심연과도 같은 것이다. 이가 "行列처럼 / 어
제의 물처럼 / 걸어나온다"라는 표현도 애매하다. 유추하자면 심연과도
같은 심리적 상황의 은유적 표현이라고 할 수 있다. 이러한 시인의 의
식세계는 그의 초기 시를 지배하는 색채였으며, 이러한 실존적 고백의
표현은 「구라중화(九羅重花)」(1954), 「방안에서 익어가는 설움」(1954), 「거
미」(1954), 「백의(白蟻)」(1956) 등에서 잘 나타난다.13)

그런데 이러한 실존적 사색만으로 시가 이루어지는 것은 아니다. 그
것이 언어로 표현되어야 하는 것이다. 이러한 자각의 결실이 이루어지
기 시작한 것이 「폭포」와 「병풍」을 쓸 무렵인 1956년경이라고 할 수 있
다. 김수영은 이 시기를 거치면서 자신의 시세계를 객관화시킬 수 있었
다. 그의 초기 시가 갖고 있었던 난점들이 해소됨으로 인해서 자신만의
시적 발언을 행할 수 있게 된 것이다. 그의 시적 성숙을 바라 볼 수 있
는 한 측면이라고 할 수 있다. 그것은 아버지의 상(像)에 대한, 인생의
죽음에 대한 관조적 태도와도 긴밀한 관련이 있다. 실존적인 자아와 시

---

13) 특히 「白蟻」에서는 자신을 곤충처럼 작고 초라한 존재로 보려는 시인의 태도가 잘
나타나 있다. 따라서 '백의'는 자신에 대한 비유이면서, 시인이 세계와 만나는 통로이
기도 하다. '백의'처럼 '自動式 文明의 天才'가 되어 가는 자신을 보면서, '백의'가 갖
고 있는 시적 대상의 의미를 김수영은 다음과 같이 되뇌이고 있다. "古代 形而上學者
들은 그를 보고 '兩極의 合致'라든가 或은 '巨大한 喜悅'이라고 부르고 있었지만 / 十
九世紀 詩人들은 그를 보고 '逃避의 王者' 或은 單純히 '餘裕'라고 불렀다." 그런데
현대의 '백의'는 일하는 기계가 되어 버린 것이다. 여기에서 김수영은 은연중에 시인으
로서의 본원적인 상태를 지향코자 하였음을 암시하고 있다. 이러한 갈등을 현실적으로
드러낼 수 없었던 것은 김수영의 성격 탓도 있겠지만, 아무튼 「미역국」에서의 '결혼의
소리'가 '兩極의 合致' 혹은 '巨大한 喜悅'과 동궤의 의미가 있음을 짐작할 수 있다.

인의 자아가 어느 정도의 객관적인 거리를 갖게 됨으로 인해서 이루어
질 수 있는 결과라고 할 수 있다.

> 정치의 작전이 아닌
> 애정의 부름을 따라서
> 네가 떠나가기 전에
> 나는 나의 조심을 다하여 너의 내부를 살펴볼까
> 이브의 심장이 아닌 너의 내부에는
> 「시간은 시간을 먹는 듯이 바쁘기만 하다」는
> 기계가 아닌 자욱한 안개같은
> 준엄한 태산같은
> 시간의 堆積뿐이 아닐 것이야
>
> 죽음을 싫으면서
> 너를 딛고 일어서고
> 시간이 싫으면서
> 너를 타고 가야 한다
>
> 創造를 위하여
> 방향은 현대……

—「레이판탄」 후반부

한편 김수영의 「레이판탄」(1955)의 경우 이 시의 마지막에 기술된 "創造를 위하여 / 방향은 현대"라는 표현은 그의 끊임없는 현대성에 대한 열망을 엿보는 듯하다. 그러나 해석이 이에 멈춘다면 김수영의 시는 직접적인 의미의 지시에서 크게 벗어나지 않는다. 이 시의 앞에 보면 "방향은 애정"이라는 표현이 나오는데 '애정'과 '현대'의 관계를 김수영의 시정신에 입각하여 대비적으로 바라보아야 할 것이다. 지금까지의 시각이 '애정'보다는 '현대'에 주로 초점을 맞추고 있었다는 점을 상기시켜

보면, 그의 시에 대한 해석이 일면 편의적이었음을 알 수 있다. "너의 表皮의 圓滑과 角度에 이기지 못하고 미끄러지는 나의 발을"은 수음(手淫)을 하는 시인의 성기를 지시한다. 따라서 레이판탄은 시인 자신의 성기에 대한 환유이다. 수음을 하는 그는 그의 성기를 "이브의 심장"이 아니며 "기계가 아닌 자옥한 안개같은 / 준엄한 태산같은 / 시간의 堆積"이라고 보면서 시인은 동시에 이를 부정한다. "죽음이 싫으면서 / 너를 딛고 일어서고 / 시간이 싫으면서 / 너를 타고 가야" 하는 것이다. 김수영의 실존에 대한 이해는 인간의 숙명에 대한 이해와 밀접한 관련이 있다.

이와 같은 예는 「바뀌어진 지평선」(1956)에서도 동일하게 나타난다. "세상에 배를 대고 날아가는 精神이여 / 너무나 가벼워서 내 자신이 / 스스로 무서워지는 놀라운 肉體여 / 背反이여 冒險이여 奸惡이여 / 간지러운 肉體여 / 表面에 살아라 / 뮤우즈여 / 너의 腹部를랑 하늘을 바라보게 하고……"도 시인이 유곽(遊廓)을 찾아 창녀와 관계를 맺는 일상의 한 장면을 시화한 것이다. 뮤즈는 창녀의 역설적 표현이며 "바뀌어진 지평선"은 시인 자신의 도덕과 윤리와 양심의 전도를 지시하고 있다. 따라서 시의 시적 표현만으로 "현실적 삶에 마비되어 가는 자신을 발견하고 그러한 타협을 역설적으로 매도함으로써 시적 승리에 도달"[14]했다거나 "이제 세상의 경박과 너절함을 통과하지 않은 예술가의 '순수한' 양심으로는 도저히 세상을 극복할 수 없다는 것을 인식"[15]했다는 평가는 김수영의 시적 진술과 상당한 거리가 있다. 적어도 김수영과 시대 혹은 현실과의 단순한 대비는 그의 작품을 온전히 이해하지 못하거나 편의적으로 이해하는 방식이며, 심지어는 오독에 가깝다. 김수영은 자신의 심정을 다음과 같이 표현하고 있다.

이것은 탕아만이 아는 기분이다. 한 계집을 정복한 마음은 만 계집을 굴복시

---

14) 김종윤, 『김수영 문학 연구』, 한샘, 1994, 151~153면.
15) 김명인, 「김수영의 '현대성' 인식에 관한 연구」, 인하대 석사논문, 1994, 87면.

킨 마음이다. 자본주의 사회에서는 거리에서 여자를 빼놓으면 아무 것도 볼 게 없다. 머리가 훨씬 단순해지고 성스러워지기까지도 한다. 커피를 마시고 싶은 것도, 해장을 하고 싶은 것도 연기하고 발 내딛는 대로 한적한 골목을 찾아서 헤맨다. 이럴 때 등교길에 나온 여학생 아이들을 만나면 부끄러울 것 같지만, 천만에! 오히려 이런 때가 그들을 가장 있는 그대로 순결하게 바라볼 수 있는 순간이다. 격의 없이 애정으로 바라볼 수 있는 순간, 때묻지 않는 순간, 가식 없는 순간16)

김수영의 시적 효과는 이른바 역설에 놓여져 있다. 그런데 이러한 역설은 수사적인 관점에서의 역설과는 차이가 있다. 김수영 자신은 「잔인의 초」에 대하여 "김춘수 같은 사람은 '역설'이라고 간단히 말해 버리지만, 그는 현대에 있어서의 역설의 진정한 의미를 모른다"라고 비판적인 의견을 제시한다.17) 한발 더 나아가서 "역설의 현대적 의미를 아는 사람이 우리 시단에는 한 사람도 없다"라고 말한다.18) 일면 유아(唯我)적인 발언이지만 그러한 그의 사고의 밑바탕에 대한 검토는 쉽사리 이루어지지 않았다. 이러한 역설을 가능케 하는 것은 김수영이 처한 현실적 상황과 시적인 문제가 긴밀하게 관련되어 있기 때문이다. 그것은 다른 말로 하면 실존적인 문제이고, 주제적으로는 휴머니즘(인간성)의 모습이다. 그의 시 「폭포」와 「병풍」이 현대성을 발휘하고 있는 시들이라면, 「미역국」에 이르러 현대성은 휴머니즘과 결합되면서 폭넓은 시적인 이념을 성취한다. 이른바 '사랑'이라는 주제의 천착이 그것이다.

---

16) 「반시론」, 『김수영 전집』 2, 257면.
17) 「시작 노우트 ⑤」, 『김수영 전집』 2, 296면.
18) 위의 글.

4. 시작 과정과 언어의 문제

비숍女史와 연예를 하고 있는 동안에는 進步主義者와
社會主義者는 네에미 씹이다 統一도 中立도 개좆이다
隱密도 深奧도 學究도 體面도 因習도 治安局
으로 가라 東洋拓植會社, 日本領事館, 大韓民國官吏,
아이스크림은 미국놈 좆대강이나 빨아라 그러나
요강, 망건, 장죽, 種苗商, 장전, 구리개, 약방, 신전,
피혁점, 곰보, 애꾸, 애 못 낳는 여자, 無識쟁이,
이 모든 無數한 反動이 좋다
이 땅에 발을 붙이기 위해서는
— 第三人道橋의 물 속에 박은 鐵筋기둥도 내가 내 땅에
박는 거대한 뿌리에 비하면 좀벌레의 솜털
내가 내 땅에 박는 거대한 뿌리에 비하면

— 「거대한 뿌리」 부분

「거대한 뿌리」(1964)에서 '거대한 뿌리'는 아직 현전(現前)하지 않는다. 위의 시에서 눈여겨보아야 할 것은 언어(言語, 詩語)의 문제이다. 김수영은 "요강, 망건, 장죽, 種苗商, 장전, 구리개, 약방, 신전, / 피혁점, 곰보, 애꾸, 애 못 낳는 여자, 無識쟁이"를 "無數한 反動"으로 보았다. 버나드 비숍 여사가 쓴 『40년 전의 한국』을 보면서, "나에게 놋주발보다도 더 쨍쨍 울리는 추억"을 되살리면서 쓴 이 시에서, 지금은 사용하지 않는 유행이 지난 '말'들이 "無數한 反動"이 되는 이유를 그는 다음과 같이 말하고 있다. "이것은 구태여 말하자면 진공(眞空)의 언어다. 이런 진공의 언어 속에 어떤 순수한 현대성을 찾아볼 수 없을까? 양자가 부합되는 교차점에서 시의 본질인 냉혹한 영원성을 구출해낼 수 없을까?"라고 그는 말한다.[19] 지금은 사용되지 않기 때문에 개인적인 취미나 회고미

학에 떨어질 있는 '無數한 反動'의 말은 '진공의 언어'이다. 이 진공의 언어가 '순수한 현대성'을 가질 수 있다면 그것은 아마도 현실의, 혹은 현실 속의 나와의 이격(離隔)이 가능하기 때문일 것이다. 이러한 거리를 통해 역설적이게도 새로운 의미를 획득하게 된다. 다른 말로 하자면 어떤 도그마에 언어가 잠식될 경우, 언어는 언어의 진정한 기능을 하지 못할 것이라는 것을 그는 예단(豫斷)하고 있다. 그 어떤 주의와 이념으로부터의 이탈은 진정한 '민중의 언어'의 발견으로 이어진다. 앞에서 열거한 단어들은 따라서 지난 시대의 민중의 언어인 셈이며, 그 시의 언어를 사용함으로 인해서 '순수한 현대성'에 도달할 수도 있다.

그 가능성을 김수영은 염두에 두고 있다. 이때 그가 조건으로 내세운 것은 민족주의에 대한 일정한 거리이다. 정치풍조나 저널리즘에서 강조하는 민족주의는 현실의 추수일 뿐이다. 김수영의 판단에 의하면 민족주의시대는 지났으며, 더욱이 민족주의가 문화에 적용되어서는 안 된다. 현대성과 현실성을 동시에 넘어서는 방식을 시적으로 김수영은 이렇게 구사하고 있다. 역사에 대한 불연속적 인식은 현실을 그 자체로 인식케 하며, 역사의 기술은 역사 그 자체라는 환상을 낳을 수도 있다는 것을 의미한다. 사정이 그러하다면 역사의 본질에 대한 환원이 이때 가능해진다. 어제의 역사가 내일의 역사와 불연속적으로 만날 때, 현실이 제자리를 찾는다. 즉 과거의 역사가 진공으로 남을 때 현재가 존재한다. 이러한 과단성 있는 판단은 '거대한 뿌리'가 현재에 있는 것이 아니라 미래에 존재하는 것이며, 지금은 그 '거대한 뿌리'를 뿌리내릴 때이다. 따라서 현재는 역사적이나. 그리고 그것을 가능게 하는 원동력을 김수영은 '사랑'이라고 일컫는다. 이것은 종교적인 초월로 변질될 수도 있겠지만 그 이전에 시인의 신념으로 보는 것이 더욱 타당하다. 그러기에는 김수영은 철저한 회의주의자이다. "신앙이 동하지 않는 건지 동하지 않

---

19) 「가장 아름다운 우리말 열 개」, 『김수영 전집』 2, 281면.

는 게 / 신앙인지 모르겠다 / 나비야 우리 방으로 가자 / 어제의 시를 다시 쓰러 가자"(「시」, 1964). 김수영에게 있어서 무엇보다 중요한 것은 문화적으로 가능해야 한다. 그것은 시인이 사명이기도 하다. 아마도 이러한 측면이 그의 시에 대한 '현대적 인식'의 요체라고 지적할 수 있을 것이다.

쉬었다 가든 거꾸로 가든 모로 가든
어서 또 가요 기름을 발랐으니 어서 또 가요
타마구를 발랐으니 어서 또 가요
미친놈뿐으로 어서 또 가요 變化는 끝났어요
어서 또 가요
실같은 바람따라 어서 또 가요
더러운 日記는 찢어버려도
짜장 재주를 부릴 줄 아는 나이와 詩
배짱도 생겨가는 나이와 詩
정말 무서운 나이와 詩는
동그랗게 되어가는 나이와 詩
辭典을 보면 쓰는 나이와 詩
辭典이 詩같은 나이의 詩
辭典이 앞을 가는 變化의 詩
감기가 가도 감기가 가도
줄곧 앞을 가는 辭典의 詩
詩.

— 「詩」 후반부

요 詩人
가만히 계시오
民衆은 영원히 앞서 있소이다
요 詩人
勇敢한 錯誤야
그대의 抵抗은 無用

抵抗詩는 더욱 無用
莫大한
妨害로소이다
까딱마시오 손 하나 몸 하나
까딱 마시오
눈오는 것만 지키고 계시오…….

—「눈」후반부

여간해서는 마침표(.)를 쓰지 않는 그에게 "시."는 본질적인 시의 국면
을 의미한다. 재주도 부릴 줄 알게 되고, 배짱도 생겨났지만 정말로 무
서움이 무엇인가를 깨닫는 나이에 시와 언어는 일체감을 획득해 간다.
그렇지만 언어를 모두 따라잡을 수는 없어서 절망이 함께 하는 과정이
표현되어 있다(「시」, 1961). 이는 '민중'을 표현하기 위해서 저항시를 쓴다
는 것이 명백한 오류라는 것을 의미하기도 한다(「눈」, 1961). 얼마만큼 언
어와 일체감을 갖느냐에 따라서 민중에 도달할 수 있을 뿐이다. 그리고
그것은 삶의 양태와 크게 다르지 않다. 그리하여 이원적인 그의 세계인
식은 다음과 같은 명제에 도달하게 된다.

　　언어에 있어서 더 큰 주는 시다. 언어는 원래가 최고의 상상력이지만 언어가
　이 주권을 잃은 때는 시가 나서서 그 시대의 언어의 주권을 회수해 주어야 한
　다. 그런 의미에서 모든 시간의 언어는 언어가 아니다. 그것은 잠정적인 과오
　다. 수정될 과오 이 수정의 작업을 시인이 해야 하는 것이다. 그래서 최고의
　언어의 상상인 언어가 일시적인 언어가 되어서 만족할 수 있게 해야 한다. 아
　름다운 낱말들, 오오 침묵이여, 짐묵이여.[20]

　위의 인용에서 '언어는 최고의 상상이다'라는 명제가 현실에서는 어
떻게 가능한가를 제시해 주고 있다. 시인이 사용하는 언어가 '수정될 과
오'를 가져야만 한다는 다짐은 비난받는다 하더라도 이겨내야만 한다.

20)「가장 아름다운 우리말 열 개」,『김수영 전집』2, 282면.

김수영은 그의 시는 시가 아니라 산문에 불과하다고 비난받는다 할지라도 그것은 잘못이 아니라고 말하려는 듯하다. 그의 시가 산문적이라면 그 까닭은 이러한 이유 때문이다. 현상에 존재하는 시, 그 자체가 문제가 아니라, 시의 본원적인 모습과 그 시가 갖고 있는 언어의 실재적인 양상에서 '아름다운 말'(낱말들)은 기숙(寄宿)한다. 하이데거가 말한 '언어는 존재의 집'이라는 말은 여기에서 현실적인 의미를 갖는다. 적어도 이것이 현실에서 가능하려면 문구를 따오는 것만으로는 불가능하고, 그것이 가능한 본질적인 자세를 천착하지 않으면 안 된다. 그것이 시작에서 어떻게 가능한가의 문제를 정리한 것이 바로 「시여 침을 뱉어라」를 통해 잘 알려진 다음의 문구인 셈이다.

> 산문이란, 세계의 개진이다. 이 말은 사랑의 유보로서의 '노래'의 내력만큼 매력적인 말이다. 이에 있어서의 산문의 확대작업은 '노래'의 유보성에 대해서는 侵攻적이고 의식적이다. 우리들은 시에 있어서의 내용과 형식의 관계를 생각할 때, 내용과 형식의 동일성을 공간적으로 생각할 때, 내용이 반 형식이 반이라는 식으로 도식화해서 생각해서는 아니 된다. '노래'의 유보성, 즉 예술성이 무의식적이고 隱性的이기는 하지만, 그것은 반이 아니다. 예술성의 편에서도 하나의 작품은 자기의 전부이다. 시의 본질은 이러한 개진과 은폐의, 세계와 대지의 양극의 긴장 위에 서 있는 것이다.[21]

아울러 "모든 시는 불온할 수밖에 없다"라고 이어령과의 논쟁에서 행한 진술도 이러한 문학 태도의 연장선상에 놓여져 있다. 김수영의 글 가운데에서 "요즘 시론으로는 졸쥐 바타이유의 『문학과 악』과 모리스 블랑쇼의 『불꽃의 미학』을 일본 번역 책으로 읽었는데, 너무 마음에 들어서 읽고 나자마자 즉시 팔아버렸다"라는 대목이 있다.[22] 그밖에 다른

---

21) 「시여, 침을 뱉어라」, 『김수영 전집』 2, 250~251면. 이 부분에 대해서는 이 책의 275~276면을 참조.
22) 「시작 노우트 ④」, 『김수영 전집』 2, 294면

곳에서 바타이유와 블랑쇼를 언급한 대목을 찾을 수는 없다. 하지만 김수영은 그들의 글에서 자신의 문학적 지향과 너무나도 흡사한 면을 읽어 냈던 것이다. 이른바 문학에 대한 실존적 탐색이 김수영에게 어필했던 것이다.

> 쾌락은 감각적인 삶의 긍정적인 형태이다. 우리는 재력을 비생산적으로 소비하지 않고는 그것을 체험할 수 없다. (그것은 우리를 소모시킨다.) 노동은 반대로 일의 양식이다. 그 결과로서 재력의 확장이 있다. (그것은 반대로 우리를 강하게 만든다.) 그런데 "모든 인간의 내부에는 매순간, 동시에 존재하는 두 가지 성향이 있다." 하나는 노동을 향하는 것이고 나머지 하나는 쾌락(재력의 소비)을 향하는 것이다. 노동은 내일을 배려하는 것이고, 쾌락은 지금 이 순간에 탐닉하는 것이다.[23]

노동이 일의 세계, 산문의 세계라면 쾌락(pleasure)은 일면 시의 세계이다. 김수영이 이 두 가지의 세계에서 갈등했던 흔적은 역력하다. 「거대한 뿌리」에서 그는 해방 이후에 문학적 활동을 같이 했던 김병욱에 대하여 다음과 같이 기술하고 있다. "八 一五 후에 김병욱이란 詩人은 두 발을 뒤로 꼬고 / 언제나 일본여자처럼 앉아서 변론을 일삼았지만 / 그는 일본대학에 다니면서 四年 동안 제철회사에서 / 노동을 한 强者다"라고 묘사한 바 있다. 자신과 김병욱을 비교했을 때 김병욱에게 외경심을 갖게 되었다면 그것은 그가 노동을 통해서 현실에서 삶을 영위했기 때문이다. 이러한 그의 태도는 시를 짓는 것 또한 노동의 행위이어야 함을 역설하는 계기가 된다.

김수영은 어느 날 농장에 나아가 부삽을 쥐어 보고 다음과 같이 술회한다. "나는 농부가 아니다. 그렇기 때문에 부삽질을 한다. 진짜 농부는 부삽질을 하는 게 아니다. 그는 자기의 노동을 모르고 있다. 내가 나의 시를 모르듯이 그는 그의 노동을 모르고 있다"라고[24] 노동에 대한 의

---

23) 조르쥬 바타이유, 최윤정 역, 『문학과 악』, 민음사, 1995, 60면.

식적 태도를 갖는다는 것이 곧바로 시를 포기하고 노동을 선택하는 것을 의미하지는 않는다. 그러나 시작의 행위를 노동의 행위로 전화시켜야겠다는 태도는 일관되게 유지되고 있는 것 또한 사실이다. 하지만 시의 역이 노동의 전화를 의미하지 않으며, 또한 노동의 역이 곧바로 시로의 전화를 지시하지 않는다면, 그것은 제3의 무엇인가가 되어야 한다. 의식면에서 김수영이 지향한 '반시(反詩)'의 요체는 일종의 변증법적인 과정을 포함하고 있다.

> 낮잠을 자고나서 들어보면
> 후란넬 저고리도 훨씬 무거워졌다
> 거지의 누더기가 될락말락한
> 저놈은 어제 비를 맞았다
> 저놈은 나의 勞動의 象徵
> 호주머니 속의 소눈깔만한 호주머니에 들은
> 물부리와 담배부스러기의 오랜 親近
> 윗호주머니나 혹은 속호주머니에 들은
> 치부책 노릇을 하는 종이쪽
> 그러나 돈은 없다.
> ─ 돈은 없다는 것도 오랜 親近이다.
> ─ 그리고 그 무게는 돈이 없는 무게이기도 하다
> 또 무엇이 있나 나의 호주머니에는?
> 연필쪽!
> 옛날 추억이 들은 그러나 일년내내 한번도 펴본 일이 없는
> 죽은 기억의 휴지
> 아무것도 집어넣어본 일이 없는 왼쪽 안호주머니
> ─ 여기에는 혹시 휴식의 갈망이 들어있는지도 모른다
> ─ 휴식의 갈망도 나의 오랜 親近한 친구이다 ……
>
> ─「후란넬 저고리」 전문

---

24) 「반시론」, 『김수영 전집』 2, 261면

「후란넬 저고리」(1963)는 시인의 일상을 후란넬 저고리를 통해 묘사한 시이다. 후란넬 저고리는 시인의 '노동을 상징'하고 있지만 그 노동의 과정에 대해서는 '친근'을 통해 설명하고 있다. 물뿌리와 담배부스러기, 돈이 없다는 것, 죽은(잊어버린) 기억의 휴지와 휴식의 갈망이 시인에게는 친근한 대상들이다. 시는 어쩌면 친근한 것들을 순례하듯이 만지작거리는 과정에 불과하다. 김수영은 이 시를 통해서 시인의 노동이 정당함을 드러내고자 하였다. 그러나 그의 말대로 "본래의 '이데아'인 노동의 찬미는 자살의 찬미로 화해버렸다." 그의 의중을 살펴보면 시적 대상들이 너무나 가까워(친밀해)져서 객관적 시각을 잃게 되었다는 것으로 해석된다. 그리고 나서 그는 다음과 같은 메모를 남기고 있다. 갱생=변모=생리의 변경(자기개조)=역(力)=생=자의식의 괴멸=애정. 즉 자의식의 제거를 통해 시인의 자아를 변화시켜야 한다는 것이다. 이것은 시인이 노래해야 할 정당한 이유라고 그는 보았다. 문제는 이러한 김수영의 태도를 현실에서 일탈한 허무주의의 태도로 보는 것이다. 마찬가지 이유에서 그의 태도를 해탈, 신비적 경향으로 선회한 것으로 보는 시각 또한 자연스럽게 제기될 수 있다. 하지만 김수영은 이러한 양편의 비판에 대하여 고민했었다고 할 수 있다.[25]

시인의 고독에서 애정(사랑)의 발견은 논리적이지 않고, 시인의 심리적인 정황에 근거하고 있다. 하지만 이것을 개념화하지 않고서는 김수영에 대한 이해는 반쪽에 그칠 수밖에 없다. 아울러 그에게 있어서 일상은 문학적 실존을 가능케 하는 물질적인 근거이기도 하였다. 이러한 생각이 그가 「시여 침을 뱉어라」에서 시의 본질을 은폐로 보는 하이네서

---

25) 김수영의 다음과 같은 말이 그러한 심정을 대변하고 있다. "당신들의 구미에 맞게 속시원히 말하자면 후란넬 저고리는 결코 노동복다운 노동복이 못된다. 부끄러운 노동복이다. 그러면 그런 고급양복을 ─ 아무리 누더기가 다 된 것일망정 ─ 노동복으로 걸치고 무슨 변변한 노동을 하겠느냐고 당신들이 나를 나무랄 것이 뻔하다. 그러나 당신들의 그러한 모든 힐난 이상으로 소중한 것이 나의 고독이다, 이 고독이다."(「시작노우트 ③」, 『김수영 전집』 2, 291면)

에 동조하면서도 '온몸으로서의 시'를 강조하는 그의 「반시론」으로 나아가는 결정적인 이유라고 할 수 있다.

5. 세계 내의 고독

김수영의 시는 4·19와의 관련성을 빼놓고 논의될 수 없었던 것이 저간의 사정이다. "혁명은 / 왜 고독해야 하는 것인가를"(「푸른 하늘을」, 1960) 알아야 하고, "시인은 말을 수정해야 한다"라고 했을 때, 김수영은 대표적인 참여시인으로 기억된다. 하지만 그러한 발언의 기저에 깔린 시인의 시세계에 대한 이해가 수반되지 않았을 때, 그의 시는 제한적으로 인식되어질 수밖에 없다. 이 또한 김수영의 시에 대한 일반적인 통념이라고 할 수 있다. 필자는 김수영의 시가 갖고 있는 특질에 대하여 고찰해 보았다.

우선 김수영의 시의 창작원리는 '환유적인 것'에 놓여 있다. 그의 시는 어떤 대상을 꾸미거나 수식하려고 하지 않는다는 점에서 산문적이고 서술적이다. 다른 한편 표현의 산문성이 기저에 있는 시인의 태도와 관련 맺고 있음으로 해서 '반시'적이다. 또한 시적인 것과 변별해서 시가 아닌 것[非詩]이 아니라는 점에서 문제적이다. 즉 시인의 시적인 태도와 표현이 충돌을 일으키고 있다. 때로는 모순적인 진술을 지시적인 의미로만 해석하는 경우가 있는데, 이때 역설적인 의미에 대한 이해가 부족하게 되고, 시의 전체적인 이해를 가로막을 수도 있다. 김수영의 시는 일상의 많은 부분들을 가공하지 않은 채 그대로 전면에 표현하는 경우가 많다. 이것을 수사적인 은유의 표현으로 볼 것인가 혹은 상황의 병치에 따른 환유적인 표현으로 볼 것인가에 따라 시의 해석은 달라질 수 있다. 필자가 판단하건 데 김수영은 표현의 효과에 대해서는 둔감했던 것으로 보인다. 시적 표현에 앞서 긴장된 시인의 의식세계의 표현에만 집중했다. 그는 그러한 집중에서 나타나는 시적 긴장을 '시의 희열'이라고 지칭하고 있다. 때로는 현실과 자아의 모순을 집중했을 때 나타나는 내면의 상태를 '시적인 것'으로 보았다. 이때 현실 혹은 일상의 대상이 사라지기도 하는데, 표면적으로는 이를 은유적인 것으로 볼 것인가 아니면 환유적인 것으로 볼 것인가에 따라 시의 해석에 차이를 가져올 수 있다. 대표적으로 「풀」의 경우가 그러하다.

김수영의 시가 끊임없이 논의되고 있는 것은 그의 시가 갖고 있는 영원성 때문이라고 할 수 있다. 달리 말하면 그의 시세계는 하나의 자율적인 세계를 구성하고 있다. 그런데 영원성의 표현 방식이 여타의 시인들과는 다르다는 점이 특기할 만하다. 그것은 현실의 문제, 이를테면 언어와 노동으로 표상되는 물질적인 세계에서 초월하는 방식이 아니라 그 세계 내에서 가능한 표현을 구해내려고 했다는 점이다. 이 때문에 시인은 '고독'해질 수밖에 없었던 것인지도 모른다. 절대 현실이 절대 고독을 불러온다는 이 엄연한 현실을 김수영은 회피하지 않음으로 인해서 역설적으로 '시적인 것'이 표출된다고 보았다. 이것은 '온몸'으로 하지 않으면 안 되는 것임으로 인해서 '노동'이며, 현실과는 다른 차원의 세계를 의미한다는 점에서 '비현실'이다. 그 사이에서 시인은 고독할 수밖에 없다. 여기에서 자유로울 수 있다는 것은 언어도단이다. 이것이 가능해지려면 역설적으로 현실을 초월해야 하는 것임으로 인해서, 즉 부정되어야 할 대상이다. 바로 이 섬이 모더니즘을 성신석으로 수용한 한 시인이 도달한 한 극점(極點)이라고 할 수 있다.

현대를 넘어서는 새로운 시의 요청과 그 자세

1. 상이한 것과 동일한 것

　김수영의 문학에 대한 일반적인 평가와 의의는 그의 시가 모더니즘에서 리얼리즘의 세계로 나아갔다거나, 1960년대 순수·참여 논쟁에서는 참여문학의 입장에서 이어령과 논전을 펼쳤다거나, 그의 시와 시론에서는 현대성과 현실성에 대한 탐색이 주를 이루고 있다는 것 등으로 항목화하여 정리할 수 있겠다. 물론 그러한 평가에 상응하는 근거를 그의 글에서 찾을 수 있고, 또한 김수영 자신이 그러한 문학적 활동을 한 것도 사실이다. 문제는 김수영의 문학을 공식화하거나 도식화하려는 시도가, 김수영의 문학을 재인식하는 것은 물론이거니와, 우리의 문학이 갖고 있는 현재의 문제를 극복하는 데도 도움이 되지 않는다는 점이다.

　김수영은 언젠가 항상 그렇듯이 불평이 가득한 어조로 "오늘날 35세

이상의 중류층 독자들은 국내작가의 소설이나 시를 절대로 읽지 않는다"[1]라고 말한 적이 있다. 35세라는 연령이 하나의 기준으로 설정이 된 이유는 일제 식민치하의 경험과 밀접한 관련이 있다. 적어도 김수영은 일제치하에서 자의식이 형성되고, 교육을 받고, 세계를 바라볼 수 있는 안목의 생성이 있고 없음의 문제를 문제삼고 있다. 한 발 더 나아가 "비극은 그뿐만이 아니다. 38선 이북으로 올라간 작가들에 대한 향수 같은 것이 중류층 독자들의 감정세계 속에서는 아직도 여전히 퇴색하지 않고 있다"[2]는 지적은— 김수영 자신을 포함해서 — 적어도 그가 당시의 문학을 바라보는 일 경향을 대변하고 있는 것처럼 보인다. 그리하여 "웬만한 사람은 다 넘어갔지, 여기 남은 것은 쭉정이밖에 없어!"라고 내뱉는 그의 말에서는 고소(苦笑)를 금할 수 없다. 그것의 사실 유무와 상관없는 김수영의 표정이 머릿속에서 떠오르는 것 같기 때문이다.

잘 알려진 사실로서 김수영은 해방 이후에 우리나라 말을 새롭게 배워야 했다. 그는 한글보다는 일본어가 더 가깝게 느껴졌고, 일본어로 생각하는 것이 더 쉬운 세대에 속해 있었다. 그래서 한동안은 일본어로 시를 쓰고 이를 다시 한글로 번역을 해서 발표를 하곤 했다. 아니 그 기간은 상당히 오래 지속이 되어서 해방 후 20여 년 동안 일본어로 쓰고 다시 한글로 번역하는 수고를 해왔다고 스스로 고백하고 있다.[3] 그의 글이 발표될 당시는 한일협정 체결로 인하여 정국이 뜨겁게 달아오르던 시기였다. 이때 김수영은 고야마 이도꼬(小山いと子)의 방한에 대한 여야의 태도를 문제삼고 있다. 여당은 야당과 학생의 눈치를 보고, 야당은 야당의 명분을 위해서 그의 방한에 대한 관심을 보이지 않았다. 김수영은 당시의 상황을 "배일은 완벽"이라는 말로 표현하고 있다. 어떤 의미

---

1) 김수영, 「히프레스 문학론」, 『김수영 전집』 2, 민음사, 1981, 200면(이후 김수영의 글들에 대한 인용은 『김수영 전집』 2에 의한 것으로 글명, 『김수영 전집』 2, 면수만을 기록하기로 한다).
2) 「히프레스 문학론」, 『김수영 전집』 2, 201면.
3) 「시작 노우트 6」, 『김수영 전집』 2, 302면.

262   한국의 현대시와 시론

에서 김수영은 '일본어를 사용하는 것은 친일인가'라는 질문을 하고 있는 듯이 보인다. 이 문제에 대해서는 뒤에서 다루기로 하고 김수영의 생각을 좀 더 따라가 보기로 하자.

김수영은 이상(李箱)을 예로 들고 있다. 이상은 일어와 한글로 시를 썼다. 일어로 '일본적 서정'을 한글로는 '조선적 서정'을 썼다. 그는 두 개의 언어를 알고 있었기 때문에 그 역도 가능했는데 한글로 일본적 서정을, 일어로 조선적 서정의 표현이 가능했다. 이상의 시에서 나타나는 '철저한 역설'의 진상은 이러한 정황하에서 탄생했던 것이라고 김수영은 진단하고 있다. 그렇다면 김수영은 이상의 방식을 그대로 선택했느냐 하면 그건 아니다. 김수영 자신의 말을 좀 더 들어보아야 할 차례이다.

> 내가 일본어를 사용하는 것은 다르다. 나는 일본어를 사용하고 있는 것이 아니라 妄靈을 사용하고 있는 것이다. 아무도 사용하지 않는 것에는 동정이 간다. 그것도 있다. 순수의 흉내, 그것도 있다. 한국어가 잠시 싫증났다. 그것도 있다. 일본어를 쓰는 것이 편리하다. 그것도 있다. 쓰면서 발견할 수 있는 새로운 현상의 즐거움, 이를테면 옛날 일영사전을 뒤져야 한다, 그것도 있다. 그러한 변모의 발견을 통해서 시의 레알리떼의 변모를 자성하고 발견한다. (자꼬메띠적 발견), 그것도 있다. 그러나 가장 새로운 집념은 상이하게 되는 것이 아니라 동일하게 되는 것이다.[4]

분명하게 김수영이 "가장 새로운 집념은 상이하게 되는 것이 아니라 동일하게 되는 것"이라고 말하고 있다는 사실은 좀 당혹스럽다. 이는 자기 변명의 끝에서 항변하고 있는 모순된 발언처럼 들린다. "상이하고자 하는 작업과 심노(心勞)에 싫증이 났을 때, 동일하게 되고자 하는 정신(艇身)의 용기가 솟아난다"고 말할 때, 김수영은 일종의 흥분을 감추지 못하고 있다. 그는 언어의 형상을 형해화시키는 '자꼬메띠적 변모'를 거친다. 즉 수많은 언어 가운데 필요한 언어를 선택하여 도구적인 언어와

---

4) 「시작 노우트 ⑥」, 『김수영 전집』 2, 같은 면.

시인과의 사이 혹은 간격을 없앤다. '언어와 나 사이의 한 치의 틈'도 용납하지 않는 것이 바로 시인이 해야 할 일이다. 그것은 다름 아닌 시를 쓰는 일이다. 그런데 어떻게 시를 쓰는 것이 그러한 시의 동일성을 구현하는 것일까? 김수영은 분명히 상이하게 쓰는 것이 아니라 동일하게 쓰는 것이라고 말하고 있기 때문이다.

동일해진다는 것은 김수영의 문학이 갖고 있는 새로움의 다른 이름이며, 기존의 것과는 다른 상이함의 가치이다. 모더니즘이 기존의 전통을 부정하려는 것에 주안점을 두고 있다면, 김수영은 이를 체화하기 위해서 우선 같아져야 한다는 입장을 취하고 있다. 당시는 현대성의 세계적인 동시적 체험이 가능한 시기라고 할 수 있다. 이때 김수영은 후진적인 문학적 상황을 벗어나는 방식으로서의 동일성을 강조하기에 이른다. 따라서 김수영에게 있어서 모더니즘과 리얼리즘은 다른 문학적 입장이거나 태도가 아니다. 적어도 김수영의 근대성에 대한 인식은 세계와의 대결이었으며, 다른 한편 수용의 태도를 보여 주고 있었다. 분단체제가 지속되고 이것은 주인이 바뀐 식민체제의 연장이라고 할 때, 김수영의 문학은 상이함보다는 동일함에서의 방법을 모색하고 있었다. 바로 이것이 "서푼어치값도 안되는 미·소인은 / 초콜렛, 커피, 페치코오트, 군복, 수류탄 / 따발총……을 가지고 / 적막이 오듯이 / 적막이 오듯이 / 소리없이 가다오 나가다오"(「가다오, 나가다오」)라고 주문하면서도, 그가 『타임』과 『엔카운터』지를 보면서 버나트 비숍 여사와 연애를 하는 이유이다.

2. 현대의 양심과 현실성

屛風은 무엇에서부터라도 나를 끊어준다

등지고 있는 얼굴이여

주검에 醉한 사람처럼 멋없이 서서

屛風은 무엇을 向하여서도 無關心하다

주검에 全面같은 너의 얼굴 우에

龍이 있고 落日이 있다

무엇보다도 먼저 끊어야 할 것이 설움이라고 하면서

屛風은 虛僞의 높이보다도 더 높은 곳에

飛瀑을 놓고 幽島를 점지한다

가장 어려운 곳에 놓여있는 屛風은

내 앞에서 서서 주검을 가지고 주검을 막고 있다

나는 屛風을 바라보고

달은 나의 등뒤에서 屛風의 주인 六七翁海士의 印章을 비추어주는 것이었다

—「병풍」 전문

김수영의 초기 시에서 자주 등장하는 시어 중의 하나가 '설움'이다. 생활의 고통과 비애가 '설움'이라는 단어에는 포함되어 있다. 팽이가 도는 것을 보면서 '달나라의 장난'을 연상하는 김수영은 "생각하면 서러운 것인데 / 너도 나도 스스로 도는 힘을 위하여 / 공통된 그 무엇을 위하여 울어서는 아니된다는 듯이 / 서서 돌고 있는 것인가"라고 자문한다. 다 큰 어른이 울음을 삼키듯이 설움 그 자체가 그의 「달나라의 장난」에는 깊은 흔적을 남기고 있다. 반면에 위에 적어놓은 「병풍」은 그러한 '설움'에 대한 태도가 객관화되어 있다. 병풍에 대한 묘사가 객관적이거니와 자신이 느끼고 있는 설움에 대한 감정에 대해서도 단호하다. "무엇보다도 먼저 끊어야 할 것이 설움"인 것이다. 무엇보다도 죽음에 대한 인식이 안정적으로 수용되면서 그의 시에서는 이미지의 객관적인 배치가 가능하게 되었다. 이를테면 병풍 위에 그려진 용과 떨어지는 해, 폭포와 쓸쓸한 외딴 섬이 있는 그대로 제시되고 있다. 주검의 이편과 저편에서 병풍은 가로놓여 있는데 병풍은 "내 앞에 서서 주검을 가지고

주검을 막고 있다."

김수영은 자신의 시 가운데에서 현대시로서의 진정한 자질을 갖춘 작품으로서 「병풍」과 「폭포」를 든 바 있다.5) 그는 리오넬 트릴링의 「쾌락의 운명」이란 글을 번역하면서 자신의 작품 가운데에서 '현대시라고 칭할 수 있는 것은 무엇일까'를 생각하게 되었다고 한다. 트릴링은 "쾌락의 부르주아적 원칙을 배격하고 고통과 불쾌와 죽음을 현대성의 자각의 요인"6)으로 다루었다. 그런 면에서 보자면 김수영은 자신의 시 가운데 위의 두 작품이 이에 합당한 평가를 받을 수 있겠다는 생각을 한 것이다. 트릴링의 말을 좀 더 살펴보면 "현대적 정신성이 쾌락을 거부하고 불쾌를 추구한다는 것은 '인간적인 것의 부정적 초월(쾌락의 속박으로부터 자아를 해방시킴으로써 도달될 수 있는 상태)'의 추구"7)를 의미한다. 분명한 것은 「병풍」에서 시인의 주관이 내면화되어 있고, 그의 시세계에 있어서도 하나의 질적인 진전이 이루어지고 있다는 점이다. 쇼펜하우어에 의하면 "달을 바라보면 언제나 고뇌를 짊어진 의지는 의식에서 소멸된다. 그리고 의식은 순수한 인식을 하는 자에게로 돌아간다." 왜냐하면 "달은 우리와는 아무 관계도 없고 지상의 영위와는 전혀 무관한 움직임, 모든 것을 보고 있기는 하지만 어느 것에도 관심을 갖지 않기 때문이다."8) 이 말에 따르자면 「달나라의 장난」에서 보이는 그의 염세주의적 세계관은 퍽이나 세련되어 있거니와 단순한 허무주의와도 일정한 거리를 두고 있다.

「병풍」을 쓸 무렵 김수영이 얻은 현대성의 관점을 달리 살펴보면 그것은 시적 주관의 철학적 인식이라고 할 수 있다. "아무리 해도 사기의 몸을 자기가 못 보듯이, 자기의 시는 자기가 모른다. 다만 초연할 수는

---

5) 「연극하다가 시로 전향」, 『김수영 전집』 2, 230면.
6) 「연극하다가 시로 전향」, 『김수영 전집』 2, 같은 면.
7) 조현일, 「김수영의 모더니티관에 관한 연구」, 『작가연구』 5호, 1998, 122면.
8) 쇼펜하우어, 『의지와 표상으로서의 세계』, 집문당, 1991, 99면.

있다."9) 이러한 깨달음이 당시의 김수영의 시에서는 바로 본다는 것의 의미를 구체화시키는 것으로 나타난다. 폭포에 대한 묘사에 있어서도 "번개와 같이 떨어지는 물방울은/취할 순간조차 마음에 주지 않고/나태와 안정을 뒤집어 놓은 듯이 높이도 폭도 없이/떨어진다"라는 절도를 간직하게 된다. 자신의 주관을 배제했을 때 드러나는 대상의 선명함은 현대적 자아의 확인과 그 궤를 같이하는 것이다. 그리고 분명한 것은 「병풍」에서 '달'은 자신의 머리 뒤쪽에서 비치고 있다. 그 달은 자신의 또 다른 자아이다. 때문에 병풍의 인장에 비추어진 붉은 달빛만으로도 자신을 확인할 수 있게 되었다. 이러한 주체에 대한 각성이 그의 시에 나타난 진전이라고 할 수 있다.

그러나 김수영을 괴롭혔던 문제는 현실과의 관계에서 나타나는 어긋나는 동일성, 즉 현실과의 비동일성이다. "귀족처럼 이 거리 걸을 것이다/오오 거리는 모든 나의 설움이다"에서 '귀족'을 '영웅'으로 고치차고 김기림이 제안을 했을 때10) 김수영은 받아들일 수 없었다. 그 자신은 이를 모독이라고 생각했으며, 이러한 그의 체질과 고집이 그를 좌익이 되는 것을 방해했던 것은 아닌가라고 자문하고 있다. 적어도 문맥에서 보자면 시에 관한 한 그는 부르주아적인 취향을 버릴 수 없었다는 고백처럼 들린다. 또 이런 구절도 있다. "나는 농부가 아니다. 그렇기 때문에 부삽질을 한다. 진짜 농부는 부삽질을 하는 게 아니다. 그는 자기의 노동을 모르고 있다. 내가 나의 시를 모르듯이 그는 그의 노동을 모르고 있을 것이다."11) 김수영은 아우와 자신의 처지를 비교하면서 지식인으로서의 각성을 서술하고 있는 대목이다. 어쩔 수 없이 드러나는 현실에서의 비동일성의 간극을 어떻게 메울 것인가의 문제는 그를 괴롭히

---

9) 「반시론」, 『김수영 전집』 2, 260면.
10) 당시는 김수영이 등단하기 전 김병욱 등과 어울려 문학 수업을 하고 있을 해방 이후의 어느 때이다.
11) 「반시론」, 『김수영 전집』 2, 261면.

는 가장 큰 문제거리였다.12)

　다만 부르주아의 취향이란 자신의 독창성을 드러내는 것임을 알았을
때, 현실에서 자신도 그러한 독창성을 끊임없이 드러내는 축에 속한다
면, 그리하여 자신의 시도 그러한 독창성을 탐색하는 것이라면 그것은
받아들일 수 없는 것이다. 적어도 그의 판단만은 그런 것이었다. 따라서
시에서의 동일성 획득이란 비동일성을 통해서 동일성을 얻는 것이어야
만 한다. 그 역은 진정한 동일성이 아니다. 다시 말하면 동일성 그 자체
가 아니라 동일해지려고 노력하는 것은 평가 이전의 태도의 문제인 것
이다. 김수영은 이에 대하여 자신에게 절대로 관대해질 수 없었다.

　이 때문에 김수영의 시를 평가함에 있어서 '정직과 양심'이 중시된다.
김우창은 "어떤 사람은 양심의 자기 기만성을 우려하는 수도 있겠지만,
김수영에 있어서 예술가적 양심이 어떤 적극적인 원리, 따라서 어떤 초
월적인 독단의 원리, 따라서 폭력적인 원리가 아니라 주로 소크라테스
의 다이몬이나 마찬가지로 금지의 원리, 부정의 원리라는 점은 이런 우
려를 감소시켜 줄 수 있다"13)라고 말한 바 있다. 그러한 양심이 그를 행
동으로 이끄는 것은 당연하다. 여기에서 주의할 것은 소크라테스의 다
이몬이 경험적인 인간으로서 소크라테스가 갖게 되는 윤리의식과는 구
별된다는 점이다. "양심이 하나의 앎이라면, 그 아는 자는 경험적인 주
체가 아니고 무의식적 인격임을 보여주고 있으며 이 무의식적 인격은

---

12) 여기에서 주목해야 될 것이 김수영과 김병욱과의 관계이다. 김수영은 박인환에 대하
　니 그는 '큐스룸'빈 있다고 비뢴히는 깃과 달리 김병욱에게는 일종의 콤플렉스를 갖고
　있었다. 김병욱은 일본에서 노동운동에 관여한 듯하며 그래서 김수영은 김병욱을 일컬
　어 "그는 노동을 한 강자다"(「거대한 뿌리」)라는 강한 긍정의 표현을 하고 있다. 김병욱
　은 월북을 하였지만 이후에도 김수영에게는 친구이자 선의의 경쟁자이었다. 김수영은
　편지의 형식을 빈 글에서 "나는 현실에 굴복하지 않고 내 자신만을 지켜왔고 지금 역
　시 그렇소 그러니까 작품의 好惡은 고사하고 우선 내 자신을 잃지 않고 왔다는 것만
　으로 나는 형의 후한 점수를 받을 것 같은데 어떠할지?"라며 자신의 속내를 드러내기
　도 하였다(김수영, 「저 하늘 열릴 때」(미발표 유고, 1960), 『세계의 문학』, 1993년 여름).
13) 김우창, 「예술가의 양심과 자유」, 『김수영의 문학』, 민음사, 1983, 193~194면.

어느 모로 보나 마치 의식된 주체처럼 행동한다."14) 따라서 김수영의 예술가적 양심을 문제 삼을 때나 혹은 김수영 시에서 정직의 공간을 거론할 때, 그의 양심이 지시하는 대상에 대한 현실의 동일시를 가치 평가의 잣대로 삼는 것은 세심한 고려가 필요하다. 이를 갖고서 섣부르게 그의 사회의식을 이야기하거나 반대로 정직한 지식인으로서의 용기라고 말하는 것은 모두 그의 시를 이해하는데 지장을 초래한다.15) 분단시대에 있어서 지식인이 겪게 되는 억압의식과 이에 대한 변화의 요구는 동전의 양면과 같은 것이지만, 이를 통해서 지식인의 허위의식이 드러나기도 한다는 점을 생각하지 않을 수 없다. 김수영의 양심은 이렇듯 예술가이면서 동시에 지식인으로서의 책무에 대한 자각을 동시에 의미한다. 이것이 바로 김수영의 시작의 근간이며 핵심이 아닌가 생각된다. 다만 "고독이나 절망도 마음대로 되는 것이 아니다. 고독이나 절망이 용납되지 않는 생활이라도 그것이 오늘의 내가 처하고 있는 현실이라면 조용히 받아들이는 것"16)이다.

> 푸른 하늘을 抑壓하는
> 노고지리가 自由로왔다고
> 부러워하던
> 어느 詩人의 말은 修正되어야 한다

---

14) C. G. 융, 이부영 역, 『현대의 신화』(『세계사상전집』 31), 삼성출판사, 1980, 156면.

15) 예를 들자면 김수영은 술에 취하면 이북노래를 부르는 습벽이 있다거나(「金利錫의 죽음을 슬퍼하면서」, 『김수영 전집』 2, 40면) 경찰서에 업혀가서도 "내가 바로 공산주의자올시다"라고 경찰관에게 인사했다(「시의 '뉴프런티어'」, 『김수영 전집』 2, 176면)는 등의 행동을 통해 그의 사회의식을 저울질하려는 시도들을 가리킨다.

16) 원문을 조금 더 인용하면 다음과 같다. "고독이나 절망도 마음대로 되는 것이 아니다. 고독이나 절망이 용납되지 않는 생활이라도 그것이 오늘의 내가 처하고 있는 현실이라면 조용히 받아들이는 것이 오히려 순수하고 남자다운 일이라고 생각한다. 이러한 緯度에서 나는 나의 생활을 향락하고 사람을 사랑하는 법을 배운다."(「무제」(1955), 『김수영 전집』 2, 24면) 이것은 김수영이 시인으로서 갖고 있었던 기본적인 태도라고 할 수 있겠다. 그리고 이러한 인식은 그의 시 전반을 관통하고 있다.

自由를 위해서
飛翔하여 본 일이 있는
사람이면 알지
노고지리가
무엇을 보고
노래하는가를
어째서 自由에는
피의 냄새가 섞여있는가를
革命은
왜 고독한 것인가를

革命은
왜 고독해야 하는 것인가를

　　　　　　　　　　　　　　　　　　　—「푸른 하늘을」 전문

　김수영은 4·19를 전후하여 일련의 혁명과 관련된 시를 발표하게 된다. 「우선 그놈의 사진을 떼어서 밑씻게로 하자」, 「육법전서와 혁명」, 「만시지탄은 있지만」 등의 작품이 그것이다. 특히 위에 적은 「푸른 하늘을」은 4·19를 다룬 시들 가운데에서 일회적인 추도나 행사시의 수준을 훌쩍 뛰어넘고 있다. 이전의 김수영의 시가 갖고 있었던 난해하고 모더니즘적인 면모가 본격적인 참여시의 영역으로 이전되는 듯한 변화를 겪고 있다고 볼 수 있다. 하지만 그것만으로는 위의 시를 제대로 이해했다고는 할 수 없다. 우리가 궁금한 것은 그러한 시적 성취가 어떻게 가능했는가에 있다. 결론부터 말하자면 그것은 '고독'에 남겨서 있고, 그것은 '고독'과 '혁명'을 연결하는 방식에서 찾아볼 수 있다.
　"날아간 제비와 같이 자죽도 꿈도 없이 / 어디로인지 알 수 없으나 / 어디로이든 가야 할 반역의 정신"(「구름의 파수병」)은 "내가 떳떳이 내다볼 수 없는 현실처럼 / 그의 눈은 깊이 파지어서 / 그래도 그것은 / 돌아가

신 그날의 푸른 눈은 아니요"(「아버지의 사진」)라는 반성과 함께 "사실은
벌써 멸하여있을 너의 꽃잎 우에 / 이중의 봉오리를 맺고 날개를 펴고 /
죽음 위에 죽음 우에 죽음을 거듭하"(「구라중화」)는 행위이다. 김수영의
초기 시에서 보이는 생활의 피폐와 설움과 비탄을 이야기하기 전에 이
에 맞서는 김수영의 주체적인 의식의 조작을 살펴보아야 한다. 그것은
수동적인 생활의 풍경만은 아니라는 것이 그의 시에서는 오롯이 빛나고
있다. "가을바람에 늙어가는 거미처럼 몸이 까맣게 타버렸"(「거미」)을 때,
그가 향로와 같이 있으면, "살아있는 향로 / 소생하는 나 / 덧없는 나"(「더
러운 향로」)를 발견할 수 있다. 때문에 "나의 원천과 더불어 / 나의 최종점
은 긍지"(「긍지의 날」)라고 말할 수 있는 것이다. 아울러 이것이 바로 김
수영의 시의 비밀이기도 하거니와 그는 깨달음을 다음과 같이 희롱한
다. "하하! 우주의 비밀을 / 아니 / 비밀은 비밀을 먹는 것인가요 / 하하
하……"(「영교일(靈交日)」) 이러한 그의 시에 대한 깨달음과 시 쓰는 즐거
움은 다음과 같이도 표현된다.

> 우리들의 싸움은 하늘과 땅 사이에 가득차있다
> 民主主義의 싸움이니까 싸우는 방법도 民主主義式으로 싸워야 한다
> 하늘에 그림자가 없듯이 民主主義의 싸움에는 그림자가 없다
> 하…… 그림자가 없다.
>
> —「하…… 그림자가 없다」 부분

김수영은 고독의 구극에서 초탈의 길을 택하는 것이 아니라 고독의
비밀을 성채로 삼아 싸우고 지키는 자세를 보여 주고 있다. 그것은 생
활일 수도 있고, 문학일 수도 있고, 민주주의일 수도 있다. 물질적인 근
거를 갖지 않는 절대적인 싸움과 존재의 내던짐을 통하여 그림자를 지
워버릴 수 있다. 그것이 아니라면 시도 거짓이고 혁명도 거짓이다. 김수
영이 도달한 이러한 영역을 순수와 참여를 논하기 이전에 우리는 절대
적으로 소유한 적이 있었는가에 대한 질문을 하지 않을 수 없다. 그는

"혁명이란 이념에 있는 것이요, 민족이나 인류의 이념을 앞장서서 지향하는 것이 문학일진대, 오늘날처럼 이념이나 영혼이 필요한 시기에 젊은 독자들에게 버림을 받는 문학인이 문학인이라고 할 수 있겠는가"[17]라고 질타하고 있다. 건강하고 생기 있는 문학을 위한 이념과 영혼의 모색이 문학인의 필수적인 과제라면 이를 위해서는 자신의 목숨을 내건 절대적인 싸움이 있어야 하리라는 것이 그의 판단이다. 아울러 그는 현대의 양심에 대하여 다음과 같이 말하고 있다.

> '제 정신'을 갖고 산다는 것은, 어떤 정지된 상태로서의 '남'을 생각할 수도 없고, 정지된 '나'를 생각할 수도 없는 일이다. 엄격히 말하자면 '제 정신을 갖고 사는' '남'도 그렇고 '나'도 그렇고, 그것이 '제정신을 가진' 비평의 객체나 주체가 되기 위해서는 창조생활(넓은 의미의 창조생활)을 한다는 전제가 필요하다. 그리고 이러한 모든 창조생활은 유동적이고 발전적인 것이다. 여기에는 순간을 다투는 어떤 윤리가 있다. 이것이 현대의 양심이다.[18]

김수영이 "시인의 스승은 현실이다"라고 했을 때 그 의미는 세심하게 따져 보아야 할 것이다. 짐짓 시와 현실과의 관계를 등치 시켜 놓고 보면 시의 이념은 들어설 자리가 없다. 또한 그것이 시의 현실적인 진로를 가능케 하는 것도 아니다. 김수영은 이 점에 대해서도 분명하게 언급하고 있는데 이른바 '현대성'과 '현실성'은 별개로 나누어질 수 없다. 적어도 김수영은 정치적인 발언보다는 문학의 자장 내에서 그것이 어떻게 가능했겠는가를 문제삼았다. 그리하여 "우리의 현대시의 밀도는 이 사막의 밀도이고 이 밀도는 우리의 비애, 우리만의 비애를 가리켜준다. 이상한 역설 같지만 오늘날의 우리의 현대적인 시인의 긍지는 '앞섰다'는 것이 아니라 '뒤떨어졌다'는 것을 의식하는 데 있다"[19]라는 발언에

17) 「독자의 불신임」, 『김수영 전집』 2, 120면.
18) 「제 정신을 갖고 사는 사람은 없는가」, 『김수영 전집』 2, 142면.
19) 「모더니티의 문제」, 『김수영 전집』 2, 350면.

도달하게 된다. 즉 이것은 현실이 앞으로 가야 할 이념으로서의 현실이 아니라 당시의 그 자체로서의 현실을 바로 보아야 한다는 지적이다. 그 것은 자신의 양심이 지시하는 현실이며, 현실이 양심을 가능케 하는 것이 아니라 그러한 현실을 바라보는 양심이 현실을 변화시킬 수 있다는 것이다. 새로운 서구의 문화를 빨리 수용해야 한다는, 세계의 현대성에 대한 현실적인 요구를 충족시켜야 한다는 것은 따라서 시급히 이루어내야만 할 과제인 것이다. 하지만 이러한 현대성에 대한 요구가 현실을 바라보는 태도와 분리된다면 그 어느 것도 성취는 불가능하다. 김수영이 도달한 인식의 수준은 따라서 항상 이러한 문제의 관심과 집중에서 가늠될 수 있겠다.

앞에서 김수영이 '상이하게 되는 것이 아니라 동일하게 되는 것'에 관심을 보였던 점은 현대성에 대한 관심이다. 그 현대성은 현실성과 동일하게 되는 것이기도 하다. 그것을 가능케 하는 것으로서 '현대의 양심'은 시인의 주체적인 면모를 보여 주는 것이다. 다른 말로 하면 시성 (poeticity)에 대한 시인의 요구이면서, 가장 시급히 요청해야 할 대상으로서 김수영은 시 그 자체를 이야기할 수밖에 없었다.

3. 시의 유보—대지와 세계의 긴장

言語는 나의 가슴에 있다
나는 謀利輩들한테서
言語의 단련을 받는다
그들은 나의 팔을 支配하고 나의
밥을 支配하고 나의 慾心을 지배한다

그래서 나는 愚鈍한 그들을 사랑한다
나는 그들을 생각하면서 하이덱거를
읽고 또 그들을 사랑한다
生活과 言語가 이렇게까지 나에게
密接해진 일은 없다

言語는 원래 유치한 것이다
나도 그렇게 유치하게 되었다
그러니까 내가 그들을 사랑하지 않을 수가 없다
아아 謀利輩여 謀利輩여
나의 化身이여

—「모리배」전문

　다시 4·19 이전의 김수영에게로 돌아가 보자. 김수영은 이미 하이데
거를 읽고 있었으며 언어의 존재의 도구성에 대하여 체감하고 있는 듯
하다. 언어가 유치하고 또한 자신이 그렇게 유치하게 보이는 이유는 아
마도 모리배들이라고 지칭되는 세계와 타자가 자신을 지배하고 있는 억
압의식에 비롯되는 것이다. 그러한 모리배들을 어쩌지 못하는 자신도
어쩌면 모리배일 수도 있다는 자각이 명징하다. 그러한 인식은 그의 생
활과 언어를 밀접하게 연관시켜 준다. 이것은 역설이다. 하지만 이 또한
생활의 비애가 무수히 포개어진 결과의 깨달음이다. 이렇듯 김수영은
시적 비약의 근거를 자신의 경험적인 테두리에서 가능한 것으로 받아들
였다. 이러한 숙명적인 대결의식은 그가 타자와 세계를 우둔하게 바라
보는 만큼 자신도 어리석다는 것을 의미한다. 그것이 자신의 운명이라
면 받아들이겠다는 것은 김수영이 자신이 처음부터 갖고 있었던 생각이
기도 하다.
　그런데 놀라운 것은 사실 이를 통해 그의 시가 폭이 넓어지고 균형감
각을 획득하게 된다는 사실이다. 그것은 바로 '사랑'이다. 김수영은 「후

란넬 저고리」의 교정을 보다가 문득 자신은 시를 쓰는 자신의 '노동'을 찬미하고자 하였는데 '자살'을 찬미한 결과가 되었다고 말한다. 그의 '물뿌리와 담배부스러기'와 '돈이 없다는 것' 그리고 '휴식의 갈망'이 친근하다는 표현은 결국 그를 생활의 비애에서 헤어 나오지 못하는 자신의 자화상을 그리는 것에 머물었다는 지적이다. 이것을 깨달은 김수영은 교정지 위에다가 낙서를 했는데, 그 내용은 "갱생=변모=생리의 변모(자기 개조)=역(力)=생=자의식의 괴멸=애정"이다. 이것은 자신의 시작 과정을 통해서 발견을 일삼는 시인의 운산을 가늠케 한다. 생활의 비애에 만족하지 말고 새로운 삶을 꾸려 나아가야 한다는 희망이 엿보인다. 이것은 그의 시세계를 더욱 풍요롭게 하는 매 순간의 계기가 된다고 할 수 있는데 그것은 그에게 힘이며, 삶이며, 자의식이 끝나는 자리에 놓인 애정, 곧 '사랑'이다. 고독을 버릴 수 없는 것은 사랑을 얻기 위해서이다. 이것은 앞에서 말한 대로 '우둔한' 김수영이 시를 짓는 방법이다.[20]

김수영이 자신의 시에 대하여 산문(시론)으로 표현한 것은 대체로 1960년 이후이다. 그는 시작 노우트와 시월평을 게재하기에 이른다. 그리고 그이 시론을 집약적으로 표현한 것은 「시여, 침을 뱉어라」와 「반시론」에 집약되어 있다. 특히 「시여, 침을 뱉어라」의 부제가 '힘으로서의 시의 존재'라고 되어 있는 것은 ― 앞에서 지적한 그의 시적 공식에 의하면 ― 삶과 사랑에 이르기 위한 과정으로서의 '힘'을 지칭하는 것이다. 그리고 그의 시론은 그가 죽음에 임박해서 한 순간 정리해낸 결과라기보다는 10여 년 간의 운산의 결과라는 것을 알 수 있다.

산문이란, 세계의 개진이다. 이 말은 사랑의 유보로서의 '노래'의 내력만큼 매력적인 말이다. 이에 있어서의 산문의 확대작업은 '노래'의 유보성에 대해서는 侵攻的이고 의식적이다. 우리들은 시에 있어서의 내용과 형식의 관계를 생각할 때, 내용과 형식의 동일성을 공간적으로 생각할 때, 내용이 반 형식이 반

---

20) 이에 대해서는 이 책의 255면 참조

이라는 식으로 도식화해서 생각해서는 아니 된다. '노래'의 유보성, 즉 예술성이 무의식적이고 隱性的이기는 하지만, 그것은 반이 아니다. 예술성의 편에서도 하나의 작품은 자기의 전부이다. 시의 본질은 이러한 개진과 은폐의, 세계와 대지의 양극의 긴장 위에 서 있는 것이다.[21]

산문이 '세계의 개진'이라면 시는 '대지의 은폐'이다. 그리하여 시의 본질이 '개진과 은폐' 혹은 '세계와 대지'의 긴장 위에 서 있다는 것은 시를 두고 말함이 아니다. 사랑의 말을 노래에 실어 은유적으로 표현하듯이 그러한 노래의 유보적인 형태를 개진한다는 것은 언어도단이다. 더욱이 시를 내용과 형식으로 분할하여 도식화한다는 것은 시의 요체를 잃어버리는 결과가 되고 만다. 시=예술성이며, 시는 은폐되어 있다. 이것은 하이데거가 예술작품의 존재론적인 근원을 살필 때 사용한 방식과 일치한다. 김수영은 여기에서 한 발 더 나아가 그러한 시=시인이 그러한 시를 인식한다는 것은 어떻게 가능한가를 이야기하고 있다. 이미 현대적인 지성이란 "거울이 아닌 자기의 육안으로 사람이 자기의 전신을 바라볼 수 없는 것과 마찬가지로" 시인은 자기가 시인인 것을 알 수 없기 때문이다. 그리고 시인이 사용하는 자신의 기교도 알 수가 없다. 그것을 안다는 것은 모순이다. 그럼에도 불구하고 그러한 형국을 알고서 시를 쓴다는 것이 바로 현대가 요구하는 시의 운명이다. 이때 타자가 시인의 눈에 비친다. 그것은 남들이고, 소재이고, 현실이고, 신문인데 이것이 바로 시인의 의식을 형성한다. 김수영의 시세계가 감상적인 서정시에서 탈피하여 진정한 현대성의 동일성을 획득하는 일은 이러한 전도가 일어나는 지점에서 발견된다. "산문의 모험은 자유 그 자체가 아니라 자유로의 이행일 뿐이다. 자유 그 자체는 시이며, 시는 고독하고 장엄한 것이다"[22]라고 그는 말한다. 마치 혁명처럼.

---

21) 「시여 침을 뱉어라」, 『김수영 전집』 2, 250~251면.
22) 「시여 침을 뱉어라」, 『김수영 전집』 2, 252면.

이러한 연유로 "시의 기술은 양심을 통한 기술인데 작금의 시나 시론에는 양심은 보이지 않고 기술만이 보인다"[23]라고 언필칭 모더니즘시들의 난해성에 대해서 비판하게 된다. 아울러 검토되어야 할 사항은 김수영이 생각하고 있는 참여문학의 진의이다. 이어령과 수차례의 지상토론을 통해 순수·참여 논쟁을 벌인 것으로 알려져 있다. 하지만 이어령을 순수의 진영에 김수영을 참여의 진영에 위치시키는 것은 많은 무리가 따른다.[24] 김수영 스스로 자신을 '참여시의 옹호자'로 보고 있는 것에 거북해 하고 있거니와 그가 말하고 있는 참여의 진의가 곡해될 위험성도 다분히 있다. 더욱이 이어령의 논의가 진정 순수의 진영에서 배태된 것이었는가에 대해서는 재고되어야 한다. 사실 "정치적 자유를 참된 문화적인 창조로 전환시킬 줄 모른다는 데 다름 아닌 한국 문화의 약점과 그 위기가 있었던 것이다. 자유의 영역이 확보될수록 한국문예는 정치적 이데올로기의 도구로 화하여 쇠멸해가는 이상한 역현상이 벌어지고 있다"[25]는 지적은 범박하게 말해서 김수영이 갖고 있는 생각과 크게 차이가 없다. 이 말이 과하다면 "오늘날의 '문화의 침묵'은 문화인의 소심증과 무능에서보다도 유상무상의 정치권력의 탄압에 더 큰 원인이 있다"는 김수영의 발언은 그의 천성적인 결벽에 기인한 것은 아닐까 의심이 되기도 한다.

그러나 문제는 오히려 간단한 곳에 있다. 그것은 지금 바로 여기의 현실성에 대한 입장의 차이이다. 이것이 김수영이 달갑지 않으면서도 받아들여야 했던 것이다. 김기림의 시론이 우수하면서도 책망을 듣는 것이 그가 여기의 현실에 적합한 시론을 안출해 내는 데 서툴렀다는 지적과 함께 김수영은 여기의 현실에서 시론이 나오지 않으면 안 되겠다는 생각을 했으며, 그것이 옳다면 먼저 해결되어야 할 문제는 창조적인

---

23) 「난해의 장막」, 『김수영 전집』 2, 210면.
24) 이에 대해서는 이 책의 4부에 있는 「1960년대 순수비평의 의미와 한계」를 참조.
25) 이어령, 「누가 그 弔鐘을 울리는가?」, 『조선일보』, 1968.2.20.

문학을 위한 현실의 변화이다. 당시의 현실은 김수영이 보기에는 너무나 많은 불합리와 억압 아래 놓여져 있었다. 그런 의미에서라면 김수영은 김기림에서 비롯된 모더니즘의 마지막 세대이면서 이러한 과제를 다음 시기의 참여시에 인계한 매개자의 역할을 하고 있다. 그런 면에서 다음과 같은 비판은 당연한 것이다.

"시는 문화를 염두에 두지 않고, 민족을 염두에 두지 않고, 인류를 염두에 두지 않는다. 그러면서도 그것은 문화와 민족과 인류에 공헌하고 평화에 공헌한다"는 구절의 진실에는 변함이 없지만, 우리가 롤랑 바르뜨에게서 지적했던 형식주의의 위험을 예방하기 위해서는 이 말 역시 "'내용'이 하는 말이 아니라, '형식'이 하는 혼잣말이다"라는 단서가 반드시 붙어야 한다. 그리고 적어도 이 시대 이 고장의 '내용'은 막연히 '너무나 많은 자유가 없다고만 말할 것이 아니라, 좀 더 구체적으로 평화를 말하고 인류와 문화를 말하고 무엇보다도 민족과 민족의 분단을 말해야 한다.26)

백낙청은 지적은 구두선으로서 말로만 그칠 것이 아니라 구체적으로 민족과 민족의 분단에 대하여 언급을 하는 것만이 김수영이 말하고 있는 시의 기적, 혹은 창조의 기적에 도움이 되지 않겠는가 하는 비판이다. 그럼에도 불구하고 "'내용'은 언제나 밖에다 대고 '너무나 많은 자유가 없다'는 말을 계속해서 지껄여야 한다. 이것을 계속해서 지껄이는 것이 이를테면 38선을 뚫는 길인 것이다"27)라는 인용에서 배제된 김수영의 다음 말은 "좀 더 구체적으로 평화를 말하고 인류와 문화를 말하고 무엇보다도 민족과 민족의 분단을 말해야 한다"는 말과 큰 차이가 없다. 이어령과의 논쟁에서 김수영이 하고 있는 말은 '내용이 하고 있는 말'이다. 민족의 분단으로 인한 냉전의식과 검열제도, 동백림간첩단사건

---

26) 백낙청, 「역사적 인간과 시적 인간」, 『민족문학과 세계문학』, 창작과비평사, 1978, 192면.
27) 위의 글, 251면.

등에 대해서 말해야 한다. 이것을 제대로 서지도 못한 문학제도 내부의 문제만으로 국한시키는 것은 본말이 뒤바뀐 것이다. 사실 이어령과 김수영의 논쟁은 문학에 대한 논쟁이라기보다는 참여의 정의에 대한 현실적인 인식의 공유가 없었기 때문에 빚어진 일종의 설전에서 그칠 수밖에 없었다. 김수영은 내용과 형식을 분할하는 것에 대해서 우려를 했다. 하지만 내용의 자유를 통하여 형식을 억압하고 고립시키고 스스로를 자각케 하여 한편의 시를 만들어야 한다고 믿었다. 이것은 자신이 겪고 있는 시작의 과정이면서 이것은 머리도 아니고 심장도 아닌 온몸으로, 온몸으로만 할 수 있는 것이다. "정치적 자유를 인정하지 않는 사회에서는 개인의 자유도 인정하지 않는다. '내용'을 인정하지 않는 사회에서는 '형식'도 인정하지 않는 것이다."[28] 시가 가능하지 않는 사회에서 민족과 민족의 분단에 대하여 말한다는 것은 불가능하다. 김수영의 생각은 여기에까지 미치고 있었던 것이다. 분명히 시인으로서 내용의 자유는 현실적으로 보장되어야 하며, 동시에 내용을 통해 말하는 것이 아니라 형식을 통해 말해지는 것이다. 그리고 시를 쓰는 시인으로서 그러한 시에 대한 자각은 바로 현실에 대한 자각으로 이어진다.

　이러한 자유와 사랑의 동의어로서의 '혼란'의 향수가 문화의 세계에서 싹트고 있다는 것은, 그것이 아무리 미미한 징조에 불과한 것이라 하더라도 지극히 중대한 일이다. 그리고 이러한 문화의 본질적 근원을 발효시키는 누룩의 역할을 하는 것이 진정한 시의 임무인 것이다.
　시는 온몸으로, 바로 온몸을 밀고 나가는 것이다. 그것은 그림자를 의식하지 않는다. 그림자에조차도 의지하지 않는다. 시의 형식은 내용에 의지하지 않고 그 내용은 형식에 의지하지 않는다. 시는 그림자에조차도 의지하지 않는다. 시는 문화를 염두에 두지 않고, 민족을 염두에 주지 않고, 인류를 염두에 두지 않는다. 그러면서도 그것은 문화와 민족과 인류에 공헌하고 평화에 공헌한다. 바로 그처럼 형식은 내용이 되고, 내용이 형식이 된다. 시는 온몸으로, 바로 온몸

---

28) 「시여, 침을 뱉어라」, 『김수영 전집』 2, 252면.

을 밀고 나가는 것이다.[29]

　　이는 「하…… 그림자가 없다」에서 말하고 있는 자기 희열의 순간 자신의 육안으로 자신을 볼 수 없는 현실에 긴박된 존재가 그 긴박에서 풀려나는 광희의 순간을 그는 온몸을 통해서 바라고 있었던 것이다. 그것은 혁명이며 바로 시이기도 하다. 그것은 수동적인 현대성을 벗어나는 것이며, 실험이 실험을 그치고 시가 되는 때이며, 현실성을 획득한 대자적인 나의 깨어남이다. 이러한 깨달음을 그는 시적 실천이라 불렀으며 진정한 현대적 지성이 도달해야 할 지점으로 확신하고 있었다. 더욱 놀라운 것은 그것이 경험적인 세계의 울타리에서 가능할 수도 있다는 자기 확신과 실천을 통하여 보여 주고 있다는 것이다. 마치

　　　　風景이 風景을 반성하지 않는 것처럼
　　　　곰팡이 곰팡을 반성하지 않는 것처럼
　　　　여름이 여름을 반성하지 않는 것처럼
　　　　速度가 速度를 반성하지 않는 것처럼
　　　　拙劣과 수치가 그들 자신을 반성하지 않는 것처럼
　　　　바람은 딴 데에서 오고
　　　　救援은 예기치 않은 순간에 오고
　　　　絶望은 끝까지 그 자신을 반성하지 않는다
　　　　　　　　　　　　　　　　　　　　　　　　—「절망」 전문

　　말할 필요도 없겠지만 '절망'은 시인 자신이다. 따라서 '풀'은 절망이다. 동풍에 나부껴 눕는 것도 절망이고, 날이 흐려서 울다가 다시 눕는 것도 절망이다. 그렇지만 절망은 "바람보다 늦게 누워도 / 바람보다 먼저 일어나고 / 바람보다 늦게 울어도 / 바람보다 먼저 웃는다."(「풀」) 김수영의 「풀」에 대한 해석은 다양하다. 그러나 이 시를 해석함에 있어서 그

---

　　29) 「난해의 장막」, 『김수영 전집』 2, 253~254면.

어떤 외부의 관념을 대입시키는 것은 지양되어야 한다. '풀'이라는 시어의 연상을 막을 방법은 없겠지만 김수영 자신이 그것을 원하지 않았던 것만큼은 사실이다. '풀'이 시인 자신이라면 시인 속에 내용과 형식은 함께 있는 것이다. 그리고 내용과 형식은 개념적 분화 이전에 삶에 기반하고 있다.

4. 사랑과 생명

다시 말하거니와 김수영이 궁극적으로 지향하는 바는 시이며, 자유이다. 그것은 끊임없는 유보와 차연을 통해서만 이야기될 수 있는 것이다. 김수영의 표현에 의하면 "가장 진지한 시는 가장 큰 침묵으로 승화되는 시다."[30] 여기서 이야기될 수 있는 대상은 타자이며 그 타자는 시의 소재이고 내용이다.

> 現代式 橋梁을 건널 때마다 나는 갑자기 懷古主義者가 된다
> 이것이 얼마나 罪가 많은 다리인줄 모르고
> 植民地의 昆蟲들이 二四시간을
> 자기의 다리처럼 건너다닌다
> 나이어린 사람들은 어째서 이 다리가 부자연스러운지를 모른다
> 그러니까 이 다리를 건너갈 때마다
> 나는 나의 心臟을 機械처럼 중지시킨다
> (이런 연습을 나는 무수히 해왔다)
>
> 그러나 문제는 이러한 反抗에 있지 않다

---

30) 「제 정신을 갖고 사는 사람은 없는가」, 『김수영 전집』 2, 141면.

저 젊은이들의 나에 대한 사랑에 있다
아니 信用이라고 해도 된다
「선생님 이야기는 二十년 전 이야기이지요」
할 때마다 나는 그들의 나이를 찬찬히
소급해가면서 새로운 여유를 느낀다
새로운 歷史라고 해도 좋다

이런 驚異는 나를 늙게 하는 동시에 젊게 한다
아니 늙게 하지도 젊게 하지도 않는다
이 다리 밑에서 엇갈리는 기차처럼
늙음과 젊음의 분간이 서지 않는다
다리는 이러한 停止의 증인이다
젊음과 늙음이 엇갈리는 순간
그러한 速力과 速力의 停頓 속에서
다리는 사랑을 배운다
정말 희한한 일이다
나는 이제 敵을 兄弟로 만드는 實證을
똑똑하게 천천히 보았으니까!

— 「현대식 교량」 전문

  김수영은 현대식 교량을 건너면서 회고주의자가 된다. 그는 교량에
얽힌 과거의 기억을 반추한다. 그의 기억에 의하면 현대식 교량은 '죄'
가 많다. 아마도 이 다리를 이용하는 당시의 많은 사람들을 가리켜 "植
民地의 昆蟲"이라고 표현하는 것으로 보고 있다. 일제의 강점이 끝나고
분단 체제가 유지되는 당시의 상황을 그는 식민체제의 연장으로 보고
있는 듯하다. 그는 그러한 현대식 교량을 건널 때마다 "心臟을 機械처
럼 중지"시키곤 하는데 그는 이러한 행동이 그의 반항이라고 말한다.
그의 초기 시 가운데 잘 알려진 「공자의 생활난」에서 "국수─伊太利語
로는 마카로니라고 / 먹기 쉬운 것은 나의 叛亂性일까"라고 말한 맥락과

같은 부분이다. 일상에서 발견되는 의문과 비판을 그는 반항 혹은 반란이라고 언표하곤 한다. 그런 반항을 일삼던 그에게 현대식 교량을 바라보는 시선이 변모한다. 그것은 사랑이고 신용(믿음)이다.

시인이 현대식 교량을 보는 것과 마찬가지로 젊은이들, 즉 다음 세대를 바라본다. 그들에게서 새로운 역사를 발견하는 것이다. 그들을 통하여 자신이 반추하는 역사는 상대화된다. 자신이 간직하고 있는 역사가 하나의 역사이듯이 다음 세대에게도 역사가 있다. 이러한 두 역사의 상대적 인식은 "나를 늙게 하는 동시에 젊게" 하는데 그것은 역사의 공존이고 현실의 인식이다. 두 개의 역사 젊음과 늙음이 엇갈리고 앞으로만 내닫는 속력과 속력은 정돈이 된다. 충돌이 아니라 정돈이 된다. 이러한 경이는 사랑과 경이의 다른 이름이다. 희한한 일, 절대 순수의 인식에 도달하는 순간 적은 형제가 된다. 그리고 그 '다리'는 시인 자신의 것이다. 그러한 인식을 깨우친 자의 것이다. 식민지의 곤충이 짧은 다리로 잰걸음을 하는 것과는 달리 '다리'는 역사라는 강에 비로소 '뿌리내린다'.

김수영의 시에서 개인과 역사가 만나는 지점은 이렇듯 인식의 상대화에서 비롯된다. 그것은 바로 김수영이 개인과 사회의 주체를 회복하기 위한 전환점이다. 그가 「거대한 뿌리」에서 "歷史는 아무리 / 더러운 歷史라도 좋다 / 진창은 아무리 더러운 진창이라도 좋다 / 나에게 놋주발보다도 더 쨍쨍 울리는 追憶이 / 있는 한 人間은 영원하고 사랑도 그렇다"라고 자신 있게 말할 때 그에게는 자신만의 깨달음이 있었다고 해야할 것이다. 근대화라는 선조적이고 직선적인 시간의 방향을 바꿀 수 있는 것은 현실에서는 불가능하다. 그러한 그런 시간에 대한 인식을 자기의 것으로 만드는 것, 주체의 시간을 생성하려는 노력은 역사와 시간에 대한 자각에서 비롯된다고 할 수 있다. 시와 현실이 상호 소통하는 방식에 대한 일말의 결실이 보이고 있다는 점은 김수영의 시를 다시 논의하는 가장 큰 이유라고 할 수 있다. 아울러 그러한 시적 전통에 대한 탐색은 문학의 진보가 어떻게 이루어졌는가에 대한 본질적인 질문이기도 하다. 또한 그것은 "내가 내 땅에 / 박는 거대한 뿌리"의 시작인 것이다.

여기에서 간과되지 말아야 할 것이 있다. 그것은 김수영이 갖고 있는 전통에 대한 인식이라고 할 수 있는데 그것은 아직도 청산되지 않은 식민지의 관습적인 폐해에 대한 반대 방향으로의 경사가 아니라는 점이다. 그것은 모든 행동이 진실이 될 수 없다는 진지한 태도에 연유한다. 앞에서 그의 시론의 하이데거와의 관련 속에서 살펴보았지만, 언어는 도구적인 기능에 치우치려는 경향이 강한데 이것을 시가 이끌어 주어야 한다. 매시간의 역사적 시간에서 사용되는 언어는 진정한 언어가 아니다. 그것은 어차피 잠정적인 착오를 피할 수 없고, 언어를 사용하는 시인은 그 언어를 수정할 각오를 갖고서 시작에 임해야 한다. "그래서 최고의 상상인 언어가 일시적인 언어가 되어서 만족할 수 있게 해야 한다."[31] 최고의 시는 침묵으로 말할 수밖에 없다는 그의 신념은 '대지의 은폐'와 맥락을 같이하고 있다.

김수영에 의하면 "가장 진지한 시는 가장 큰 침묵으로 승화되는 시이다." 그리고 결국 모든 문제는 '나'의 문제로 귀착된다. 이북노래를 만류하는 김이석에 대해 소시민적이라는 평가를 하는 것과 마찬가지로 신동엽에게 김수영은 (소)시민의식의 소유자일 뿐이다. 박봉우나 자신처럼 거칠지는 모르지만 '저항파'에는 속하지 못한다. 4월혁명을 동학혁명과 연결시키는 신동엽의 관점은 김수영의 철저한 개인의식과는 구별된다. 김수영에게 우주의 비밀이 비밀로만 남을 수밖에 없다면 신동엽은 우주지(宇宙智)를 논한다. 민족과 역사를 주재할 수 있는 우주의 인식원리는 서사시에서 존재한다. 그가 「금강」의 세계로 나아간 것은 역사의 표면이 가능한 모체를 찾기 위한 과정이다. 그것은 전경인(全耕人)의 세계이며, 귀수성(歸數性)의 세계이다. 현재는 없지만 언젠가는 도달할 세계이다. 이러한 시와 역사의 비전을 논하는 것은 시인의 임무이고, 시인은 그러한

---

31) 「가장 아름다운 우리말 열 개」, 『김수영 전집』 2, 282면.

씨알과 생명을 노래한다. 그런 의미에서 김지하의 비판은 투박하지만 김수영이 넘어야 할 벽임에 틀림없다.[32] 김수영은 신동엽과 같은 영웅대망론이나 김지하와 같은 일원적인 민중론에 불편한 심기를 감추지 않는다. 이러한 시도가 시를 넘어선 비판이었다는 점에서 시(문학)의 영역이 위축될 것이라는 점을 그는 경계하고 있었던 것이다. 특히 김지하의 비판은 말의 폭력에 가까운 비수와 같다고 할 때, 아직도 번뜩이는 살기마저 느낄 수 있다. 그러나 역사가 증거하는 바에 따르면 그러한 폭력과 고백에 대한 강요보다는 사랑이 훨씬 강한 힘으로 작용하고 있다. 그렇다면 김수영의 사랑이 갖고 있는 힘은 여전히 우리의 현대적 지성이 보듬어야 할 덕목이라고 할 수 있다. 상이하게 되는 것이 아닌 동일한 것은 달리 말하면 억압된 식민지의 현실에서 현실을 바라 볼 수 있는 부정의 정신이며 이러한 부정이 동일성을 회복하는 것은 사랑에 의해 가능한 것이다. 이것이 바로 김수영이 한국 현대시에 온몸으로 던진 메시지이다.

5. 침묵과 영원

해방 이후 본격적인 시작 활동을 시작한 김수영에게 있어서 문학의 현대성은 상이한 것이 아닌 동일한 것을 통하여 이루어진다고 보았다.

---

32) "김수영 문학의 풍자에는 시인의 비애는 바닥에 깔려 있으되, 민중적 비애가 없다. 오래도록 엉켰다. 풀렸다. 다시 엉켜 오면서 딴딴한 돌멩이나 예리한 비수로 굳어지고 날이 선, 민중의 가슴속에 있는 한이 폭력적 표현을 풍자라고 한다면, 그런 풍자는 김수영 문학에선 찾아보기 힘들다. 이것은 바로 그가 민중으로서 살지 않았다는 점에 그 중요한 원인이 있다. 바로 이것이 그의 한계다."(김지하, 「풍자냐 자살이냐」(『시인』, 1970.6~7), 『타는 목마름으로』, 창작과비평사, 1982, 151~152면)

당시의 모더니즘이 지향한 '세계적 현대성의 동시적 체험'이라고 하는 기류가 그에게도 작용하였다. 그리고 이러한 현대성의 도달은 즉각적인 수입에 의한 것이 아니라 주체적 인식을 통한 것이어야 한다는 점도 분명히 하였다. 이는 '현대의 양심'을 통하여 이루어지는데, 나 이외의 사물과 세계에 대한 정직한 시선의 확보를 그 조건으로 내걸었다. 초기의 시에서 나타나는 세계와의 반항과 대결의식은 그러한 산물의 결과이다. 부정의 대상이 없는 상황에서 대상의 건설과 해체가 동시에 일어나야 한다면 그것은 바로 모순이며 역설의 공간을 가리킨다. 김수영의 시는 이러한 역설을 그 기저에 깔고 있다. 인간은 자신의 눈으로 자신을 볼 수 없다는 한계를 깨닫는 순간, 타자를 통하여 자신을 정상적으로 볼 수 없는 상황이라면, 그때 시는 시인 자신의 거울이고 타자이다. 김수영의 초기 시가 난해성의 혐의를 받고 있다면 그것은 왜곡된(?) 자아상이 거울에 투영된 결과이다. 그럼에도 불구하고 상이한 것이 아닌 동일한 것에 자신을 내던지는 모습은 용기라고 해야 할 것이다. 이는 시인이 발 딛고 있는 기존의 현실에 대한 부정이고, 시를 발견할 수 있는 통로를 확보하는 길이기도 하다. 이런 점에서 김수영은 현대성과 현실성의 공통 영역을 확보하고 있다.

문제는 현대성과 현실성을 양면으로 나누는 시도에 있다. 분명히 김수영이 그의 전 생애를 걸고 '온몸'으로 지키고자 한 것은 현대성과 현실성의 어느 한 쪽이 아니었다. 마찬가지로 그의 산문은 좋은데 시는 좀 수준이 떨어진다라는 평가도 재고해야 할 사항이다. 김수영은 자신의 시를 완미하게 만드는 데 있어서 우눈하리 만큼 거무를 일삼았는데, 그의 산문을 들춰보면, 가장 진지한 시는 침묵으로 승화된다라고 말하고 있다. 언어의 도구성에 대한 인식이 드러나는 대목이라고 할 수 있다. 그뿐만이 아니라 시의 독자적인 영역에 대한 뚜렷한 확신을 갖고 있었다. 어느 누구보다도 시의 영원성에 대한 신념을 확고히 갖고 있었다.33) 이것은 김수영의 현실에 대한 인식을 훼손하려는 것이 아니라 그의 문학이 갖고 있는 비밀의 한 단면이라고 판단된다. 나와 세계의 합일이 이루어지는 순간이 시의 법열이 느껴지는 순간이다. 김수영이 4·19에 대하여 자신 있게 옹호할 수 있었던 배경에는 자신의 고독이 쌓아 올린 신념이 현실에서 합치되었기 때문이다. 시가 혁명이 되고, 혁명이 시가 되는 순간을 김수영은 4·19를 통하여 보았다. 4·19를 통한 전환점은 김수영의 시에서 많은 변화를 보여 주는데 시가 현실에 참여할 수 있는 방식을 확인했기 때문에 가능했다. 즉 비의적이고 신비적인 시의 은폐가 현실에 작용하는 방식에 대하여 '시적'으로 가능하다는 인식을 획득하기에 이른다.

바타이유는 "오늘날까지 살아남아 있는 시는 언제나 시의 역(逆)이라는 것은 사실이다. 소멸성을 목표로 삼고 있으면서 그것을 영원성으로 바꾸어 놓았으므로"[34]라고 말하고 있다. 시는 은폐되어 있고 불가능의 조작을 자신의 일로 여긴다. 시인은 시에 이끌리고, 자유에 이끌리고, 혁명에 이끌린다. 그러나 현실의 시는 자유가 아닌 자유로의 이행, 즉 과정만을 보여 줄 수 있다. 이러한 심연을 어떻게 받아들일 것인가의 문제는 고스란히 현재의 몫이다. 하버마스는 바타이유의 이러한 태도에 대하여 그의 "에로티시즘은 그로 하여금 본질적인 것의 인식은 신비적 경험과 순간적인 침묵에 유보되어 있다는 사실을 통찰"[35]케 하였을 뿐이라고 비판한다. 과연 전지구적으로 진행되고 있는 총체적인 사물화가 자유로 전환되는 것은 '종말론적인 기대'에 불과한 것인가? 김수영의 시가 현재에도 살아남아 있다면 그의 시는 지금 여기에서 영원성을 발휘하고 있다는 것을 의미한다. 그리고 김수영은 근대 극복의 한 계기를 마련해 주었다는 것을 동시에 의미한다. 문제는 김수영의 문학을 바라

---

33) 이러한 측면에서의 검토는 최현식의 「'곧은소리'의 요구와 탐색」(『작가연구』 5호, 1998)에서 조심스럽게 이루어지고 있다. 동시에 그는 바타이유가 말하고 있는 에로티시즘을 통해서 김수영 시의 측면을 조명하고 있다.
34) 조르쥬 바타이유, 최윤정 역, 『문학과 악』, 민음사, 1995, 53면.
35) 위르겐 하버마스, 이진우 역, 『현대성의 철학적 담론』, 문예출판사, 1994, 283면.

보는 시각이다. 김수영의 시를 현실로 끌어내리려는 시도는 무익하다고 본다. 김수영의 문학을 형식으로 남아 있도록 해야 한다. 김수영의 문학을 내용으로 하여금 말하게 하는 것은 그의 문학이 갖고 있는 생명력과 영원성을 훼손하는 것이다. 근대의 초극 이전에 근대의 윤리와 덕목을 쌓는 일은 지금 요구되는 공통의 윤리이다. 그리고 시가 말할 수 있게 자리를 만드는 것. 그것은 현대의 양심이고 노동이다.

영원성의 시적 표현

김수영의 「풀」을 중심으로

1. 글을 시작하며

　시 한편을 통해 한 시인의 시세계를 온전히 평가한다는 것은 어려운 일이지만 「풀」에 대한 다양한 견해들은 김수영 시에 대한 미로와도 같은 이해와 맞물려 있다. 어떤 시를 이야기할 때 시인이 떠올려지는 예는 여럿 있다. 이상하면 「오감도」, 윤동주 하면 「서시」 하는 식으로 시인과 그의 대표작이 연상되는 경우이다. 그런데 김수영의 경우는 「풀」이 그의 대표작이라기보다는 시인의 시세계에서 예외적인 작품으로 보는 경향이 일반적이었으며, 그런 예외가 그의 시세계를 대표하고 있다는 사실 앞에서, 김수영의 시세계와 「풀」이라는 작품은 어떤 연관을 맺고 있는 것처럼 받아들여졌다. 다시 말해서 「풀」에 대한 평가는 김수영의 시세계에 대한 평가와 맞물려 있다.

풀잎이란 한국현대시문학사에서 다양한 방법과 탐구를 통하여 획득한 이미지의 하나로서, 그것은 우리들의 삶 자체와 항상 연관을 가진다. 김수영은 그것을 대지에 뿌리를 내리고 있으면서 바람보다 먼저 눕고 먼저 일어나는, 그 자신의 본질 속에 운동성을 내포한 존재로서 파악하였고, 황동규는 뿌리 뽑혀진 존재로서 인식하였으며, 오규원은 말을 만드는 것으로서, 이성부와 이시영은 저항하는 민중상으로 이해하였으며, 정현종이 주목하고 있는 것은 어둠 속에 자신을 열어놓고 흔들리고 있는 풀잎의 부드러운 힘 그것이다.[1]

위의 글은 김수영의 시세계와 「풀」에 대한 평가가 어떻게 맞물려 있는지에 대한 단적인 예이다. 김수영의 시에 나타난 '풀'은 '그 자신의 본질 속에 운동성을 내포한 존재'이지만, '풀'을 "저항하는 민중상"으로 보는 한 쪽의 입장과 "어둠 속에 자신을 열어놓고 흔들리고 있는 풀잎의 부드러운 힘"으로 보는 다른 한 쪽의 입장 사이에서 다양한 스펙트럼을 보이고 있다. 이것은 김수영의 시가 이후의 시인에게 미친 영향, 특히 「풀」의 영향을 일차적으로 조감하는 데 부족함이 없다. 아울러 여기에 강은교의 김수영 시에 대한 영향 관계를 추가할 수 있을 것이다. 이러한 평가들은 현재에도 유효하게 적용되고 있는 것으로 보이는데 '풀'을 '민중'과 동일시하거나 혹은 '시적 자아의 내밀한 세계'와 동일시하거나 간에 '풀'을 하나의 비유적 표현(객관적 상관물)으로 보는 시각은 마찬가지이다. '풀'의 의미는 '풀'이라는 표상을 통해 표현된 그 어떤 것이라는 것이다. 이를테면 「풀」에서 '풀'은 어떤 의미를 내포한 하나의 상징이다. 그 상징적 의미란 최하림이 적절히 지적하고 있듯이 "대지에

---

1) 최하림, 「문법주의자들의 성채」, 『창작과비평』, 1979년 봄(김현, 「김수영의 「풀」—웃음의 체험」, 『한국현대시작품론』, 문장, 1981, 352면 재인용). 그밖에도 풀을 대상으로 다룬 글들을 살펴보면, 강웅식, 「'사실'과 '환상'의 대극적 긴장—김수영의 「풀」」, 『시 위대한 거절』, 청동거울, 1998; 김혜순, 「문학적 『장자』와 김수영의 시 담론 비교 연구」, 『김수영 다시 읽기』(김승희 편), 프레스21, 2000; 이승훈, 「「풀」 / 김수영」, 『한국현대시 새롭게 읽기』, 세계사, 1996; 이어령, 「다시 읽는 한국시(31)—김수영의 「풀」」, 『조선일보』, 1996.12.10; 김치수, 「김수영의 「풀」」, 『대표시 대표평론』, 실천문학사, 2000 등이 있다.

290 한국의 현대시와 시론

뿌리를 내리고 있으면서 바람보다 먼저 눕고 먼저 일어나는, 그 자신의 본질 속에 운동성을 내포한 존재"일 것이다. 그렇지만 '풀'은 그 존재에 대한 직접적인 지시를 의미하고 있지는 않다. 만약 그렇다면 '풀'이라는 표현이 '풀'이라는 상징적 의미를 훼손하는 결과를 낳기 때문이다. 또한 「풀」이라는 시에서 '풀'이라는 상징을 통해 의미를 밝히기에는 한계가 있는 것도 사실이다. 그렇다면 도대체 '풀'의 정체는 무엇인가?

김현은 이러한 사정을 참고하여 「풀」에서 '풀'과 '바람'의 명사적 대립이나 '운다'와 '웃는다'의 동사적 대립에서 시적 의미를 밝히려는 시도를 벗어나려 한다.

> 누군가가 지금 풀밭 속에 서 있는 것이다. 그런데 그 시에서 중요한 것은, 그 숨어 있는 누구이다. 서 있는 그는, 마찬가지로 서 있는 풀이 나부껴 눕고, 뿌리 뽑히지 않으려고 우는 것을 본다. (과거) 그때의 울음은 바람소리와 풀의 마찰음이리라, 그 울음을 그는 그러나 웃음으로 파악한다. (현재) 그는 이제 날이 흐리고 풀이 누워도, 웃을 수 있다. 「풀」의 비밀은 바로 이곳에 있다. 그 시의 핵심은 바람 / 풀의 명사적 대립이나, 눕는다 / 일어선다, 운다 / 웃는다의 동사적 대립에 있는 것이 아니라, 풀이 움을 풀의 일어남과 웃음으로 인식하고, 날이 흐리고 풀이 누워도 울지 않을 수 있게 된 풀밭에 서 있는 사람의 체험이다.[2]

김현의 이해는 「풀」이라는 작품을 시각적으로 선명하게 드러내는데 도움을 주고 있다. 일종의 상상을 통해 「풀」을 이해한 경우라고 할 수 있다. "풀밭에 서 있는 사람의 체험"을 웃음의 체험으로 환원시키면서 명사적 대립과 동사적 대립 너머의 어떤 인지를 웃음이라는 체험으로 되살려내고 있다. 그렇다면 그 웃음이란 어떤 의미를 띠고 있는 것일까? 어떤 의미의 웃음이길래 날이 흐리고 풀이 누워도 울지 않을 수 있는 것일까? 문맥상의 의미만으로 본다면 명사적 대립과 동사적 대립이 의미상의 대립으로 전이된 것에 불과한 것은 아닐는지 의문을 갖게 된다.

---

2) 김현, 위의 글, 356면.

그 웃음의 체험까지는 기술이 되었지만 그 웃음의 의미와 정체에 대해서는 논의가 진행되지 못하고 있기 때문이다. 그 웃음의 정체는 존재의 의미와 연결되는 그 어떤 것이라고 여겨진다. 김현의 경우에는 그 부분을 생략하고 있다. 어떤 자유스러운 경지의 도달을 통한 대자적인 웃음이 김현의 해석이라고 보여지는데 「풀」에서의 웃음은 자조적인 혹은 설움이 곁들여진 웃음으로 보여진다. 울음과 웃음은 그 차이가 없는 울음 섞인 웃음 혹은 웃음 섞인 울음인 것이며, '풀'에 표정이 없듯이, 그것을 표현한 존재에게도 그 표정은 심정적으로 감추어진 웃음이다.

그밖에도 김수영의 「풀」에 대한 다양한 해석과 평가가 있다. 하지만 '풀'을 민중 혹은 민초의 전형으로 보는 입장과 '풀'을 시인자신 혹은 존재의 표상으로 보는 양극단의 견해를 선택하거나 이를 절충하는 선에서 그 해석의 진전은 이루어지고 있지 않는 것이 저간의 실정이라고 판단된다.

2. 「풀」의 해석

풀이 눕는다
비를 몰아오는 동풍에 나부껴
풀은 눕고
드디어 울었다
날이 흐려서 더 울다가
다시 누웠다

풀이 눕는다
바람보다도 더 빨리 눕는다

바람보다도 더 빨리 울고
바람보다 먼저 일어난다

날이 흐리고 풀이 눕는다
발목까지
발밑까지 눕는다
바람보다 늦게 누워도
바람보다 먼저 일어나고
바람보다 늦게 울어도
바람보다 먼저 웃는다
날이 흐리고 풀뿌리가 눕는다

—「풀」전문

　김수영의 마지막 작품으로서 유명한 「풀」의 전문이다. 「풀」은 『현대
문학』에 1968년 5월에 발표되었다. 김수영이 사망한 날은 1968년 6월
15일이다. 따라서 「풀」은 시인이 생전에 발표한 마지막 작품이다.

　풀이 눕는다. 풀이 눕는 건 "비를 몰아오는 동풍에 나부껴"서이다. 동
풍, 동쪽에서 불어오는 바람은 비를 몰아오는데 바람은 의식을 하지 못
하지만 이때 풀은 눕는다. 바람과 풀은 작용의 원인과 대상의 관계이지
만 그러한 작용에 대한 의식이 바람에는 없는 반면에 풀에는 있다. 다
시 말하면 그러한 작용에 대한 의식이 바람에는 없고, 풀에는 있는 것
처럼 시인은 표현하고 있다.

　그 결과 풀이 누워서 "드디어 울었다"라는 감정적 표현이 이루어진다
(4행). '풀'의 의식은 시인의 의식 내지는 감정이입의 대상임이 여기에서
드러난다. 왜냐하면 일반적으로 '풀'은 의식과 감정을 갖고 있지 않은
대상으로 여겨지기 때문이다.

　"날이 흐려서 더 울다가 / 다시 누웠다"라는 1연의 후반 2행은 1연 전
반부에 대한 요약적 제시이다. 비를 몰고 오는 동풍 때문에 날이 흐려

졌고, 이 때문에 풀이 눕고 울었는데 일어서려고 했지만 다시 누웠다. 의미상 풀은 두 번 누웠는데 누웠다가 다시 일어서려 했지만 일어서는 행위를 포기한다. 그 이유는 밝혀져 있지 않다.

2연에서는 "풀이 눕는다"는 표현 뒤에 "바람보다도 더 빨리 눕는다"라고 표현되어 있다. 2연의 2행을 통해서 볼 때 풀이 "빨리 눕는다"는 것은 바람이 불기 전에 풀이 '눕는다'라고 볼 수도 있지만, 바람이 불기 전 이미 풀은 눕기 시작했다는 것을 표현하려는 것으로도 볼 수 있다. 이미 풀은 의식과 감정을 갖고 있는 것임을 전제했으므로 이러한 풀의 의식과 감정은 시인의 그것이면서 바람의 작용인에 이끌리는 것을 미리 차단하겠다는 일종의 의사표시로서 '눕는다'는 행위를 채택한다고 볼 수 있다.

그 결과 이러한 차단이 '풀'로 하여금 "바람보다도 더 빨리 울고 / 바람보다 먼저 일어난다"는 행위를 유발시키는데 엄밀한 의미에서 이것은 '풀'의 현실적 행위가 아닌 상상의 행위라고 보아야 한다. 그래야만 1연에서 일어서려는 행위를 포기한 '풀'과 모순을 일으키지 않는다. 1연에서 '풀'의 행위가 현실에서의 행위라면 2연에서 '풀'의 행위는 상상의 행위이다. 1연에서 바람과 풀이 작용인과 작용 대상의 관계에 있다면 2연에서는 그 작용 관계가 부정된다. 그것은 '바람'의 의지와 상관없는 '풀'의 의지이며 그러한 관계는 '풀'의 자의적인 의지에 따른 결과라는 점에서 '상상적인 행위'이다. 바람이 불기 전에 더 빨리 울며, 바람보다 먼저 일어나겠다는 풀의 정서와 의지는 '풀'의 수동적인 저항의 한 단면을 의미한다.

그런데 더 빨리 울고라는 '풀'의 다짐은 바람이 불어오기 전에 미리 울어버림으로써 '바람'의 작용인을 무의미하게 만들겠다는 일종의 전략이지만 "바람보다 먼저 일어난다"라는 표현은 '먼저 일어나겠다'라는 의지의 표현으로 보여지지 않는다. 이미 그러한 결과가 일어나서 그렇게 표현되었다고 보아야 한다. 상상의 행위에서 유추된 이러한 '풀'의 행위는 사실은 현실적으로 이미 벌어진 결과인지도 모른다. 그렇다면 '풀'의 행동은 상상과 현실 사이에서 자신도 의식하지 못하는 제3의 영역으로 자기도 모르게 이끌려가고 있었단 말인가?

3연의 1행은 기존 정황의 재진술이다. 날이 흐려졌기 때문에 풀이 눕는다. 따라서 바람이 불어오고 비가 올 것이기 때문에 풀은 누우려 한다. 그리고 그것은 자연적인 질서에 따르는 순리에 따른 결과라고 볼 수 있다.

그런데 "발목까지 / 발밑까지 눕는다"라는 표현은 아주 낮게 눕는다는 표현인데 지금까지 비교의 대상이 없었던 시적 진행의 과정에서 본다면 낯선 비교의 대상이다. 그 발목과 발밑의 주인을 시인으로 볼 수도 있지만 그 발목과 발밑의 주인을 '풀' 자신의 비유적 표현으로 볼 수도 있다. '풀'을 시인 자신과 동일시하던 분석의 틀이 3연의 2행과 3행에서는 다시 낯설어지게 된다. 그 '발목'과 '발밑'의 주인공은 제3의 사람이라고 해도 문제될 것이 없는 애매성을 유발시키는데 그것은 사실성이 유발시킨 애매성이다.

그 애매성의 결과 '풀'은 진술의 자율성을 획득하는 것처럼 보인다. "바람보다 늦게 누워도" 바람보다 먼저 일어나고 "바람보다 늦게 울어도 / 바람보다 먼저 웃는다"는 행위와 감정의 양태는 '바람'이라는 작용인이 없어도 이제 가능하기 때문이다. '풀'의 자율성은 바람에 기인한 것이 아니라 '풀' 그 자체에 기인해 있는 것이기 때문에 "바람보다"라는 비교는 첨어를 통한 의미 없는 강조이거나 리듬을 통한 의미의 강조이다. 그러나 그 의미의 대상은 분명하지 않다. 따라서 '풀'은 누웠지만 늦게 누워도 먼저 일어나고, 늦게 울어도 먼저 웃는 대상의 열망만이 오롯이 남게 된다. 그것은 '풀'의 현실태가 아니며 '풀'의 상상태라고 하는 것이 훨씬 구체적이다. 다시 말하면 늦게 누워도 먼저 일어나고 늦게 울어도 먼저 웃을 수 있는 대상은 '풀'의 상상의 범위를 벗어나고 있는 것처럼 보인다.[3]

그 상상의 범위를 벗어나는 표현 대상으로서는 '풀뿌리'를 들 수 있는데 지금까지 풀에 대한 묘사는 가시성의 범위와 비가시성의 범위, 이를테면 상상의 영역을 통해 이루어졌다. '풀뿌리'가 낯설게 보인다면 그것은 가시성의 범위와 상상의 영역에서 이루어졌던 의지와 감정의 소산으로 유추할 수 있는 대상이 아니라는 점 때문이다. '풀뿌리'는 땅 속에 있는 확실한 대상이지만 "풀뿌리가 눕는다"는 표현은 '풀'의 상상과 의지와 감정을 초과하는 범위에 있는 '풀'의 형이상이고 그것은 '풀'의 죽음을 의미한다. 만약에 '풀'을 시적 자아와 동일시한다면 시적 자아가 예견한 '죽음'의 의미를 '풀뿌리'는 지시한다. 풀뿌리가 땅위에 널브러졌을 때 고사되는 장면이 연상되기 때문이다. 하지만 시인 자신은 이에 대한 일말의 유보를 제시하고 있는 것처럼 보인다. "풀뿌리가 눕는다"라고만 표현하고 있기 때문이다. '풀'의 죽음이 아닌 어떤 존재의 죽음을 암시하고 있는 것처럼 보인다. 하지만 '풀뿌리'를 통한 자유로운 연상의 제약으로 인하여 그 의미의 정확성에는 한계가 있다.

3. '풀'의 의미

김수영은 「풀」이 발표되는 해에 「성(性)」, 「원효대사」, 「의자가 많아서 설친다」 등의 시를 발표하고, 그 선해에는 「VOGUE야」, 「사랑의 변주곡」, 「거짓말의 여운 속에서」, 「꽃잎(一)」, 「꽃잎(二)」, 「꽃잎(三)」, 「여름밤」 등의 작품을 발표한다.

---

3) 이 부분을 이승훈은 '운동개념에 대한 해체의식' 혹은 '역설'이라고 지적하고, 다시 이를 '일상적 삶의 논리를 초월하는 시적 논리'라고 지적한 바 있다(이승훈, 앞의 책, 218~219면).

우선 이 즈음에 '풀'을 시적 소재로 다룬 시들이 다수 발견된다.

풀 속에서는 노란꽃이 지고 바람소리가 그릇 깨지는
소리보다 더 서걱거린다―우리는 그것을 永遠의
소리라고 부른다

―「미역국」 부분

모래야 나는 얼마큼 적으냐
바람아 먼지야 풀아 나는 얼마큼 적으냐
정말 얼마나 적으냐……

―「어느 날 古宮을 나오면서」 부분

라디오의 時鐘을 고하는 소리 대신에 西道歌와
牧師의 열띤 설교소리와 심포니가 나오지만
　이 소음들은 나의 푸른 풀의 가냘픈
　影像을 꺽지 못하고
그 影像의 전후의 苦憫의 歡喜를 지우지 못한다

―「풀의 影像」 부분

캄캄한 소식의 실낱같은 완성
실낱같은 여름날이여
너무 간단해서 어처구니없이 웃는
너무 어처구니없이 간단한 진리에 웃는
너무 진리가 어처구니없이 간단해서 웃는
실낱같은 여름바람의 아우성이여
실낱같은 여름풀의 아우성이여
너무 쉬운 하얀 풀의 아우성이여

―「꽃잎(三)」 부분

「미역국」에서 김수영은 "풀 속에서는 노란꽃이 지고 바람소리가 그릇 깨지는 / 소리보다 더 서걱거린다"고 말한다. 풀이 빚어내는 소리라고 할 수 있는데 그 속에서 시인은 '노란 꽃이 지는 소리'와 '바람소리'를 듣는다. 더욱이 그 바람소리는 "그릇 깨지는 소리"만큼이나 큰 소리로 들린다. 풀이 바람에 흔들리며 노란 꽃이 떨어지고 그 서걱이는 소리를 확대시켜서 시인은 보고 있다. 그리고 이를 시인은 "永遠의 소리"라고 칭하고 있다. 풀이 빚어내는 소리는 '영원의 소리'이다.

시인은 '풀이 빚어내는 소리'를 하나의 장면(영상)으로 기억하고 있는 듯하다. 그래서 "나의 푸른 풀의 가냘픈 / 影像"(「풀의 영상」)이라고 지시하기도 한다. "푸른 풀"이란 아직 생명을 갖고 있는 존재이지만 또한 '가냘픈' 존재이다. 살아 있지만 나약한 존재인 풀은 시인의 존재와 연결되는데 이때 시인의 자괴감은 모래・바람・먼지・풀과 비교될 만큼 미물에 불과한 것이다. 모래・바람・먼지・풀과 시인의 존재는 동일한 비교의 대상인 것이다. 그 작은 존재들은 "실낱같은 여름바람의 아우성"이며 "실낱같은 여름풀의 아우성"이라고 말할 수 있다. 한낱 미물에 불과한 존재에게도 고통이 있는데 그것은 시인이 그것을 하나의 살아 있는 존재로 보고 있기 때문이다. 그리고 그것은 존재의 고통이다.

시인은 그 존재의 고통이 어디에서 시작되는지에 대해서 말하고 있지 않다. 하지만 그 존재의 고통(고민)과 함께 환희를 말하고 있다. 풀의 영상을 통해서 존재의 고통과 환희를 동시에 느끼고 있다. 그것은 기억 속에서 현존하며 그것은 시인의 뇌리에 일상의 현실과 동시적으로 존재하고 있다. 일상 속에 자리잡은 이러한 동시병존의 인식이 시인의 고통과 환희로 동시에 현존하고 있다. 이것은 시인 자신의 깨달음의 결과라고 할 수 있는데 그 환희를 '웃음'이라고 부를 수 있을 것이다. 시인은 이를 "너무 간단해서 어처구니없이 웃는 / 너무 어처구니없이 간단한 진리에 웃는 / 너무 진리가 어처구니없이 간단해서 웃는"(「꽃잎(三)」) 자신으로 비유하고 있다.[4] 그것은 자조적인 웃음이면서 동시에 자신을 관조하게 하는 자신의 주관을 이탈해 있는 의식적 존재의 웃음인 것이다. 진리의 깨달음은 어처구니없게도 간단한 것이다. 그것을 깨달은 자의 웃음은 실소처럼 일시에 피어난다.

「풀」 이전에 나타난 '풀'의 소재는 바람·모래·먼지 등과 같은 계열의 미물을 지시한다. 그리고 자신을 하나의 작은 미물로 바라볼 수 있는 관조를 통해서 자신의 전 인생을 바라볼 수 있는 순간 시인은 자괴감에서 벗어나 하나의 해답을 얻는다. 자신이 살아 있는 이유의 발견을 통해서 시인은 웃을 수 있는 것이다. 이른바 '생명에서 비생명적인 기계성'을 볼 때 웃음이 발생한다.[5] 자신의 삶이 비생명적인 기계성으로 인식될 때 역설적으로 살아 있다는 생명을 감지한다. 인생은 비극적이지만 그것을 깨달았을 때의 기쁨은 '웃음'을 유발시킨다.[6] 인생의 역설이 인생을 살아 있는 것으로 가치 있는 것으로 인식케 하는 것이다. 그리고 말년의 시인은 그러한 인식의 순간들을 포착하고 이를 시로 표현하려고 애를 쓴다.

---

4) 황동규는 김수영의 「꽃잎(一)」과 「꽃잎(二)」를 중시하면서 이 두 시의 속편이 「풀」이라는 견해를 피력한 바 있다. 앞의 두 시와 「꽃잎(三)」은 시적 경향을 구분하였는데 전자가 '절망에서 출발한 시'라면, 후자는 '절망하지 않을 수 없는 입장', 그 절망에 대한 태도가 드러나고 있다는 점에서 구분하고 있다. 이를 정리하면 「풀」은 「꽃잎(一)」, 「꽃잎(二)」의 연장선상에서 절망을 구조화한 작품이라는 것이다(「정직의 공간」, 『달의 행로를 밟을지라도』, 민음사, 1976, 21~22면). 따라서 「풀」의 시적 지향을 절망으로 본다면, 「꽃잎(三)」도 그와 같은 범주에서 제외될 이유가 없다.
5) 김형효, 『베르그송의 철학』, 민음사, 1991, 178면.
6) 이 말은 어폐가 있는지도 모르겠으나 프로이트에 의하면 유머는 즐거움을 자아내는 데 실제로 유머가 말하고 싶은 것은 "보아라, 이것이 그렇게 위험해 보이는 세계다. 그러나 애들 장난이지, 기껏해야 농담거리밖에는 안되는 애들 장난이지!"의 뜻을 내포하고 있다는 것이다(프로이트, 정장진 역, 「유머」, 『창조적인 작가와 몽상』, 열린책들, 1996, 17면). 그리하여 "우리의 슬픔이란 그것이 아무리 고통스러운 것일지라도, 결국엔 자연히 끝나고 만다. 잃어버린 그 모든 것들을 그냥 단념할 때 슬픔은 스스로를 소진하며, 우리의 리비도는 다시 자유롭게 되어 (우리가 젊고 적극적인 한) 잃어버린 대상과 똑같은, 아니 그보다 더 소중한 새로운 대상을 찾게 된다."(「덧없음」, 같은 책, 25면) 유머러스한 웃음은 이때 기능적인 활동을 하며, 이때 슬픔과 웃음의 대립은 사라진다.

네 머리는 네 말은 네 현재는
먼지에 싸여있다 구름에 싸여있고
그늘에 싸여있고 山에 싸여있고
구멍에 싸여있고

돌에 쇠에 구리에 넝마에 삭아
삭은 그늘에 또 삭아 부스러져
거미줄이 쳐지고 忘却이 들어앉고
들어앉다 튀어나오고

불이 튕기고 별이 튕기고 영원의
행동이 튕기고 자고 깨고
죽고 하지만 모두 坑안에서
塹壕안에서 일어나는 일

(…중략…)

돈의 꿈이 길어지고 짧아지고 墮落의
길이도 표준이 없어지고 먼지가 다시 생기고
坑이 생기고 그늘이 생기고 돌이 쇠가
구리가 먼지가 생기고

죽은 행동이 계속된다 너와 내가 계속되고
전화가 울리고 놀라고 놀래고
끝이 없어지고 끝이 생기고 거우
忘却을 실현한 나를 발견한다

—「먼지」

　　김수영은 시작만으로는 생활이 힘들어지자 번역으로 생계를 꾸려나
갔던 것으로 알려져 있다. 「먼지」는 그런 생활의 단면을 시화한 것이다.

먼지는 바람·모래·풀들과 함께 미물을 지시하는 동일 계열의 시어들임을 앞에서 밝혔다. 위시의 1연에 표현된 "네 머리는 네 말은 네 현재는/ 먼지에 싸여있다"는 표현은 자신의 육체와 정신이 현존하지만 먼지에 불과함을 표현한 것이다. 언젠가는 먼지에서 비롯되었듯이 먼지로 돌아갈 것이다. 그러한 인간의 유한성에 대한 시인의 생각은 현존하는 지상의 모든 것을 '먼지'로 보고 있다. 그 먼지들이 삶을 유지하고 있는 것이 현재의 삶들이다. 그리고 시인은 원고지 앞에서 글을 쓰고 있다. 원고지를 메우고 있는 칸은 구멍이고, 갱(坑)이고, 참호이다. 그런데 시인은 그 구멍들이 글자들의 집인 것처럼 인간도 그 구멍을 채우다 사라지는 존재로 그려지고 있다. 영원의 행동이 표현된다 할지라도 그것은 종이가 삭아서 먼지가 되면 사라지는 것이다. 따라서 영원이란 이 세상에 존재하지 않을지도 모른다. 다만 돈을 구하기 위해 원고지의 칸을 메워간다. 그런데 칸을 메우는 행위가 반복되면서 돈에 대한 생각, 일상의 생각을 잊는 망각의 순간에 지금의 행위가 무의미하다 할지라도 일상의 고통을 잊는 순간이 있다. 그 순간 그 행위는 살아 있고, 현재와 일치한다. 또한 그것을 인식한 자는 기쁨을 맛본다. 비록 그 순간이 지속되지는 못한다 할지라도 그 순간을 위해 인간은 삶을 영위하는 지도 모른다. 영원의 순간을 위해 망각해야 하는 것은 인간의 운명인 것이다. 이것이 김수영이 말하고 있는 인간 존재의 역설이라고 할 수 있다.

김수영이 이러한 인간의 유한성을 시로 표현한 것은 「현대식교량」을 통해서이다. 인간의 유한성이 세대의 유전을 통해서 그 유한성을 벗어난다는 깨달음은 사실 그의 시를 새로운 단계로 올려놓았다. 「사랑의 변주곡」, 「어느날 고궁을 나오면서」 등 이른바 후기 시의 수준작들은 이러한 각성을 표현한 것이라고 보아야 한다. 그렇지만 인간의 유한성이 영원성으로 표현되는 과정에서 일상을 벗어난 초월이 가능한가에 대한 의구심은 끊임없이 그가 매달린 화두였다. 그는 정신적 영역으로 초월을 선택하기보다는 육체(몸)의 기투에 초점을 맞추어 시세계를 펼쳐나

간다. 지금 여기에서 벗어난 정신적 초월이란 무의미한 행위라는 것이다.

> 긴 것을 긴 것을 사랑할 줄이야
> 긴 것 중에 숨어있는 것을 사랑할 줄이야
> 제절로 이루어지는 것이 긴 것 가운데
> 있을 줄이야
>
> 그것을 찾아보지 않을 줄이야 찾아보지
> 않아도 있을 줄이야 긴 것 중에는
> 있을 줄이야 어련히 어련히 있을
> 줄이야 나도 모르게 있을 줄이야
>
> ─「원효대사─텔레비를 보면서」 부분

그런데 어느 날 텔레비전에서 '원효대사'를 보면서 김수영의 생각은 생각을 바꾸어 버린다. 성속이 같다고 무애(無碍)를 주장한 '원효대사'와 '제니의 꿈'이라는 드라마는 한치의 차이도 없이 오락물로서 마술과 같은 장면을 보여 주고 있다. 그런데 그것을 보고 좋아하는 시청자들은 원효의 입장에서 본다면 '그릇되다'라고 말할 수는 없는 것이다. 그 속에서도 원효의 가르침은 면면히 흐르고 있는 것이다. 다만 그것을 볼 수 있느냐 없느냐, 그것을 보지 못한다고 해서 탓한다는 것 자체가 그릇된 것일 수 있다는 것이다. 그것은 원효의 가르침과 동떨어져 있는 것인지는 몰라도, 원효가 상상하지 못한 것이라 하더라도, 우리의 곁에 있는 것이다. 그러한 상대적인 인식이 "긴 것 중에 숨어있는 것을 사랑" 하게 하는 까닭이다. 그것은 애써 찾아보지 않아도, "나도 모르게" 주위에 있었던 것이다. 그것을 시인은 시인 자신에게 들려주고 있다. 그래서 "날이 흐리고 풀뿌리가 눕는다" 해도 웃을 수 있는 것이다. 풀이 미물이 듯이 바람도 미물에 불과한 것이며 눕고 / 일어서며, 울고 / 웃는 상대성은 변하고 변할 수 있는 것이다. 그러한 인식만이 자신의 지킬 수 있는 유일한 인식의 근간인 것이며 때문에 자유로울 수 있는 것이다.

> 이 이상한 일을 놓고 나는 저녁상을
> 물리고 나서 한참이나 생각해본다
> 지금은 너무나 또렷한 立體音을 통해서
> 들려오는 以北방송이 不穩방송이
> 아니 되는 날이 오면
> 그때는 지금 일본말 방송을 안 듣듯이
> 나도 모르게 사이에 아무 미련도 없이
> 회한도 없이 안 듣게 되는 날이 올 것이다……
>
> —「라디오界」 부분

시인은 과거에 일본말 방송을 들으며 정보의 촉각을 세우고 있었지만 이제 그는 그러한 행위를 하지 않는다. 그리고 북한에서 들려오는 방송에 미련을 두지 않을 날을 기약해 본다. 그리고 언젠가는 이북의 방송이 불온방송이 아닌 날이 오고 모두다 그 방송을 듣게 될 날이면 그 미련도 없어질 것이다. 그렇다면 시인의 불온방송에 대한 조바심도 조금은 누그러질 것이다. 김수영은 "획일주의의 검열의 범죄"와 "대중의 검열자의 범죄" 가운데 어느 것이 더 나쁜 것인가 하는 문제가 아닌 "이 두 개의 범죄를 동시에 공존시킴으로써 여기에서 취해지는 밸런스를 현대문학의 창조적 출발점으로 인정"하자고 말한다.[7] 이것은 이어령과의 불온성 시비에서 시인이 말한 대목에서 취한 것인데, 시인 자신이 이러한 엄연한 현실을 무시할 수는 없는 것이고 더 나아가서 이러한 현실 속에서 시인 자신의 문학적 수준을 함께 끌어올려야 한다는 과제와 연결된다. 그리고 이러한 해결의 모색은 시인의 내적 경험을 통해 이루

---

7) 김수영, 「실험적인 문학과 정치적 자유」(1968), 『김수영 전집』 2, 민음사, 1981, 160면 (이후 김수영의 글들에 대한 인용은 『김수영 전집』 2에 의한 것으로 글명, 『김수영 전집』 2, 면수만을 기록하기로 한다).

어져야 한다. 이것이 김수영이 택한 참여시론의 방향타인 셈이다.

　김수영은 이어령과 시의 불온성에 대하여 일종의 논쟁을 벌인 바 있다. 일반적으로는 순수·참여 논쟁의 연장선상에서 이를 바라보고 한다. 논쟁이라면 당연히 입장의 차이가 전제되어야 함으로 이어령을 순수의 측면으로 김수영은 참여의 입장에서 발언한 것으로 받아들여지기 쉽상이다. 그런데 과연 그런 것인가에 대한 의문은 쉽게 사라지지 않는다. 이른바 '불온시' 논쟁이 논점이 불분명한 애매성을 내포하고 있기 때문이다. 이어령의 경우 문학의 본질주의적 환원에 대한 적극적인 의견을 개진한 것으로 볼 수 있으나 김수영의 경우에는 다르다. 문학의 본질적인 환원에 대한 과정상의 문제를 제기하고 있기 때문이다. 그 과정에서 현실 또한 중요한 하나의 요소라면 그것을 어떻게 바라볼 것인가라는 문제를 지적할 수 있는데 이를 현실주의적 입장으로 일방적으로 이해하는 것은 일종의 선입관이 개재된 판단이라고 볼 수 있다.

　김수영은 말한다. "모든 전위문학은 불온하다. 그리고 모든 살아있는 문화는 본질적으로 불온한 것이다. 그것은 두말할 것도 없이 문화의 본질이 꿈을 추구하는 것이고 불가능을 추구하는 것이기 때문이다"[8]라고. 이 말은 문학의 현실참여를 주장한 것이기보다는 문학의 본질을 기성의 어떤 것에서 차용하는 것이 아닌 지금 여기에서 이룬다면 어떻게 가능한가에 대한 김수영의 솔직한 심정이다. 그것의 대답은 꿈(이상)이고 불가능이라는 점에 방점이 놓여져 있다. 그것이 현실에서 불가능한 것이라면 '죽음'과 동의어이다. 그는 '죽음' 이후의 과정에 대해서는 설명하고 있지 않다. 다만 가까운 미래로서의 성험적 현실로서 '죽음'을 상징할 수는 있겠다. 「라디오계(界)」의 작품을 쓰고 난 이후에 붙인 소감에서 "'죽음'으로 매듭을 지으면서"란 뜻은 그렇게 받아들여진다. 그 꿈과 이상에 가장 가까이 다가설 수 있는 순간에의 포착과 같은 궤로 설명할 수 있겠다.

---

8) 「실험적인 문학과 정치적 자유」(1968), 『김수영 전집』 2, 159면.

4. 인식의 상대성과 시적 표현

> 지금의 과오도 좋고 앞으로의 과오는 더 좋다. 지금 저지른 나도 모르는 앞
> 으로의 과오
> 모든 과오는 좋다. 나는 시속의 모든 과오를 사랑한다. 과오는 최고의 상상이
> 다. 그리고 시간의 과오는 과오가 아니다. 그것은 잠정적인 과오다. 수정될 과
> 오, 그래서 최고의 상상인 과오가 되어도 만족할 줄 안다.9)

위의 글은 김수영이 이미 발표된 그의 작품 「거대한 뿌리」를 다시 읽
다가 떠오른 생각을 메모한 부분이다. 그는 시에서 자신이 범한 시적
오류에 대하여 말하고 있다. 자신이 생각이 언어로 표현되는 과정에서
오류가 나타나곤 하는데 그러한 오류를 발견하고서는 그 오류를 어떻게
받아들일 것인가에 대하여 말하고 있다. 김수영은 이러한 오류를 부정
할 생각은 없고 이러한 오류를 통해서 자신의 시적인 세계의 의미에 대
한 물음을 이어나간다.

> 모든 언어는 과오다. 나는 시속의 모든 과오인 언어를 사랑한다. 언어는 최고
> 의 상상이다. 그리고 시간의 언어는 언어가 아니다. 그것은 잠정적인 과오다.
> 수정될 과오 그래서 최고의 상상인 언어가 일시적인 언어가 되어도 만족할 줄
> 안다.10)

시인의 생각 혹은 시상이 언어로 표현되는 과정에서 오류를 피할 수
없다면 모든 언어란 불가피하게 오류를 내포하고 있는 것이다. 그리하
여 시인은 시에 표현된 오류의 언어를 떠나서는 생각할 수 없다. 시인
은 언어를 사랑한다. 왜냐하면 언어는 최고의 상상이기 때문이다. 시인

---

9) 「가장 아름다운 우리말 열 개」(1966), 『김수영 전집』 2, 278면.
10) 「가장 아름다운 우리말 열 개」(1966), 『김수영 전집』 2, 279면.

의 상상의 결과 언어는 표현된다. 시 표현의 오류란 불완전한 언어를 통해서 표현된 시인의 시상 혹은 상상을 의미한다. 따라서 불완전한 표현의 오류는 상상과 실재의 간극 혹은 차이의 결과물이다. 이러한 결과에 대하여 시인은 그 오류를 받아들여야만 하며 그 수정될 오류에 통하여 자신의 시적 세계에 대한 성찰을 유도할 수 있다. '상상의 언어'는 '일시적인 언어(일상적인 언어)'로 표현될 뿐이다. 그렇다면 이 언어의 작용을 가능케 하는 원천은 무엇인가? 이에 대한 답을 김수영은 시에서 찾고 있다.

> 언어에 있어서 더 큰 주는 시다. 언어는 원래가 최고의 상상력이지만 언어가 이 주권을 잃을 때는 시가 나서서 그 시대의 언어의 주권을 회수해주어야 한다. 그런 의미에서 모든 시간의 언어는 언어가 아니다. 그것은 잠정적인 과오다. 수정될 과오, 이 수정의 작업을 시인이 해야 하는 것이다.
> 그래서 최고의 상상인 언어가 일시적인 언어가 되어서 만족할 수 있게 해야 한다. 아름다운 낱말들, 오오 침묵이여, 침묵이여.[11]

「가장 아름다운 우리말 열 개」라는 짧은 글의 결론에 해당하는 부분이다. 언어를 시적 언어와 일상적 언어로 구분한 시인은 다시 이 둘을 포괄하는 위치에 시를 두고 있다. 언어의 본질은 최고의 상상이 가능한 곳에 있지만 이 언어의 본질이 기능하지 못할 때 그것을 가능케 하는 것은 시의 역할이다. 이때 현상된 언어는 본질의 언어에 비하여 상대적인 오류에 노출될 수밖에 없다. 그것은 언어의 운명이기도 하고 이러한 작업을 수행하는 시인의 역할 또한 상대적일 수밖에 없다. 그렇다면 시인과 언어는 동일한 운명의 궤적에 놓여 있는 것이다. 언어와 시인은 시의 본질에 상대적인 오류를 드러낼 수밖에 없다. 일시적인 언어가 최고의 상상의 언어로 표현되는 것이 불가능한 것이라면 시인의 현상된

---

11) 「가장 아름다운 우리말 열 개」(1966), 『김수영 전집』 2, 282면.

운명 또한 본질의 운명에 도달한다는 것은 불가능하다. 영원성의 표현을 위한 기투에는 이러한 틈이 있는 것이다.

김수영이 말한 '아름다운 낱말'은 비록 현상적으로 아름답지만 아무런 의미도 지시하지 않는다. 이를 그는 매우 아름답지만 '진공의 언어'이기 때문이다. 「거대한 뿌리」에서 요강, 망건, 장죽, 종묘상, 장전, 구리개, 약방, 신전, 피혁점, 곰보, 애꾸, 애 못 낳는 여자, 무식쟁이 등의 단어를 열거하면서 그러한 단어들은 우리의 것 혹은 민족주의의 관점에서 선택된 말들이 아니라 일상적인 언어의 생활권에서 일종의 도태를 겪고 있는 말이라는 관점에서 선택된 것이다.

> 이런 향수에 어린 말들은, 현대에 있어서 '아름다운 것'의 정의—즉 쾌락의 정의—가 바뀌어지듯이 진정한 아름다운 말이라고는 할 수 없다. 그런 것은 아무리 많이 열거해 보았대야, 개인적인 취미나 감상밖에는 되지 않고, 보편적인 언어미가 아닌 회고미학에 떨어지고 마는 것이 고작이다.[12]

그렇지만 이런 단어들을 사용한 시인의 생각은 이러한 표현이 하나의 과오적 표현이라는 점에 머물러 있다. 진정한 현대와 어울리지 않으면서도 자신은 이러한 표현을 통해 어떤 현대성을 모색하고 있었던 것이다. 그것은 아무런 의미가 없는 말이다. 하지만 그 사이에서 언어의 본질을 찾아가는 시인의 모습이 보인다. 그렇다면 그 언어는 일상적인 언어권에서는 사라지는 말이지만 시의 언어 영역에서는 다시 살아날 수 있다. 하지만 그것은 일상적인 언어로 표현될 수 없다. 단지 침묵으로 대답할 수 있을 따름이다.

이러한 시적 인식의 태도는 지금까지 김수영에 대한 일종의 선입견에서 스스로 자유롭고자 하는 양상이라고 할 수 있다. 무릇 현대시에서 언어의 본질 혹은 순수한 시의 영역에 육박해 들어가려는 일종의 출사

---

12) 「가장 아름다운 우리말 열 개」(1966), 『김수영 전집』 2, 281면.

표라고 할 만하다. 김수영은 그것을 시적인 순간으로 정의하고 그것을 시로 표현하려고 하였다.

> (그러나) 진정한 참여시에 있어서는 초현실주의시에서 의식이 무의식의 증인이 될 수 없듯이, 참여의식이 정치이념의 증인이 될 수 없는 것이 원칙이다. 그것은 행동주의자들의 시인 것이다. 무의식의 현실적인 증인으로서, 실존의 현실적 증인으로서 그들은 행동을 택했고 그들의 무의식과 실존은 바로 그들의 정치이념인 것이다. 결국 그들이 추구하고 있는 것은 하나의 가능성이며 신앙인데, 이 신앙이 우리의 시의 경우에는 초현실주의에도 없었고, 오늘의 참여시의 경우에도 없다. 이런 경우에 외부가 허락하지 않기 때문에 없다는 것은 말이 안 된다. 외부와 내부는 똑같은 것이다. 그리고 그것은 죽음에서 합치되는 것이다.13)

위에서 인용한 글은 그러한 문학의 이상과 불가능에 대한 또 다른 답변이다. '불온시 논쟁'을 참고한다면 그 논쟁이 제기한 문제틀 속에서 자신의 문학관과 진로를 끊임없이 탐색한 것으로 유추해 볼 수 있다. 이때 '진정한 참여'시란 무엇인가라는 질문이 던져진다. 김수영의 말대로라면 진정한 참여시란 문학의 본질적인 한 측면이라고 할 때 그것은 이상이고 성립이 불가능하다. 현실 속에서 만나게 되는 것은 '참여시'일 뿐이다. 그러한 참여시에 대한 고찰이 「참여시의 정리」인데 이 글에서는 유치환·김재원·이중·신동엽 등이 언급된다.

참여시를 내세울 때 문학(시)은 현실과 관련을 맺을 수밖에 없다. 이때 문학(시)은 현실에 기박됨으로 인해서 시의 본질과는 멀어진다. 그 거리에 대한 조정은 쉽지 않다. 그 이유를 그는 프로이트에서 찾고 있다. 프로이트가 살펴본 무의식은 무의식이 드러날 때에는 의식이 무의식을 알아채지 못한다는 것이다. 무의식을 알아채는 의식은 의식의 본질이 아닌 것과 마찬가지로 무의식의 본질과는 차이를 갖는다. 이른바 초현실

---

13) 김수영, 「참여시의 정리」, 『창작과비평』, 1967년 겨울, 634면.

주의의 실험은 의식과 무의식의 동서(同棲)와 그 긴장에서 발생한 문학의 한 경향이라고 할 때 초현실주의 방법의 차용만으로는 초현실주의의 진의에 도달할 수 없다.

김수영은 초현실주의적 경향의 실패를 참여시에서도 보고 있다. 참여시란 현실의 밖을 문제 삼을 뿐만이 아니라 현실의 안, 이를테면 현실의 무의식까지를 함께 살펴야 한다. 그래야만 현실의 의식적 지향이 의미하는 바를 올바로 알 수 있다. 그것이 없을 때 참여시란 행동의 시, 정치 우위의 시가 되고 만다. 그것은 진정한 참여시가 아니다. 그것은 참여시의 이상이라고 할 수 있는데 그것의 실현은 불가능하다. 그것의 가능한 모색이 「시여 침을 뱉어라」와 「반시론」이라고 할 수 있을 것이다. 문학적 이상의 실현은 불가능하지만 그 불가능에 도전하는 것이 문학적 실험이며 그것은 온몸으로 해야 된다는 온몸의 시론은 이렇게 탄생한 것이다. 그리고 그는 '죽음'을 이야기한다. 그 온몸의 시론은 존재의 투기를 통해 가능한 것인데 그 존재의 투기는 존재의 죽음 혹은 사멸과 같은 의미이다. 그는 불가능한 문학의 꿈을 위하여 의식과 무의식이 몸담고 있는 육체의 연소를 이야기하고 있다. 그것은 진정한 참여를 산문에서 구하지 않고 시에서 구하고 했을 때 이미 예정된 것이라고 볼 수 있다. 이때 시란 문학의 본질을 내포한 문학의 꿈과 이상 그 자체였음을 의미한다.

「풀」은 그런 존재의 투기와 죽음의 예견을 담고 있는지도 모른다. '풀'은 무의식이 간섭할 수 없는 의식적 조작의 세계이면서 존재의 투기를 통한 죽음을 예견하면서 정치행동으로부터 자유로운 '진정한' 참여시를 위한 일보였다.

김수영 지우기

탈식민주의 논의와 관련하여

1. 문제제기

　이 글에서 다루고자 하는 것은 김수영과 탈식민주의 문학론의 관계이다. 김수영은 참 행복하다. 다른 어떤 시인보다도 그에 대한 논의는 풍성하다. 또한 그 지칠 줄 모르는 관심의 지평이 탈식민주의 문학론에까지 이어져 있다. 탈식민주의적 관점에서 김수영이 우선 떠올려지는 것은 난순하게 말하자면 '식민'이라는 단어에 있는지 모른다. 전혀 '시적'이지 않은 '식민'이라는 단어를 김수영은 그의 시에서 구사하고 있다. 혹시 그 '식민'에 대한 기억이 '탈'식민의 기획을 의도한 것은 아니었을까라는 일종의 의심이 김수영을 탈식민주의와 조우하게 한다.

　탈식민주의 문학론을 통하여 김수영의 새로운 면모가 보여진다면 다행스러운 일이라고 할 수 있을 것이다. 탈식민주의 문학론의 관점에서 김수영을 보기 시작한 것은 최근의 일이다. 그런데 탈식민주의적 관점에서 김수영을 보려고 할 때 나타나는 특징 중의 하나는 '미국'이라는 표상이다. '미국'이라는 표상은 2차 세계대전 이후 세계의 패권을 장악해 온 하나의 제국 혹은 문명이다. 미국을 바라보는 김수영의 시적 표현은 제국과의 관련 속에서 신식민지의 지배를 감수해야 하는 처지에서 다루어지게 된다. 이러한 현실적 고려는 제국의 식민지배라는 관점에서 이를 어떻게 수용 혹은 극복하고 있는가에 초점이 맞추어지게 된다.[1]

김수영의 시세계를 탈식민주의 문학론과 관련하여 논의하는 것은 분명히 새로운 시도이다. 하지만 이를 통하여 김수영의 시가 내장하고 있는 진경(眞境)에 접근할 수 있는가 하는 문제는 아직 미지수이다. 그러기 위해서는 다음과 같은 의문점에 대한 해답이 있어야 할 것이다. 첫째 김수영의 어떠한 점이 탈식민주의 문학론과의 관련성을 가능케 하였는가 하는 점이다. 둘째는 탈식민주의의 관점에서 김수영의 새로운 면모는 무엇이어야 하는가 하는 점이다. 셋째는 지금까지의 김수영에 대한 풍성한 논의를 좀 더 나은 쪽으로 진전시켜야 한다는 점이다. 이런 측면에서 보았을 때 기존의 탈식민주의 문학론을 빌어 김수영을 해석하려는 시도는 아직 단순해 보인다. 그 단순함이 뜻하는 바는 김수영을 1960년대 대표적인 참여시인으로 보았을 때 특징적으로 포착되는 양상들이 거의 그대로 재연된다. 김수영은 새로운 세기에도 참여와 저항의 대명사이어야 하는가 하는 점은 일말의 회의를 낳게 한다. 적어도 김수영과 탈식민주의 문학론을 연결시킬 때 염두에 두어야 할 것은 그에 대한 기존의 성과를 온축하고 그 이상의 성과를 얻을 수 있는 것이어야 한다.

---

1) 탈식민주의적 관점에서 김수영을 보려는 시도는 김승회의 「김수영의 시와 탈식민주의적 반언술」(『현대시 텍스트 읽기』, 태학사, 2001), 이영욱의 「옮긴이의 말」(릴라 간디, 『포스트식민주의란 무엇인가』, 현실문화연구, 2000), 손종업의 「캘리포니아에 저항하기」(『탈식민의 텍스트, 저항과 해방의 담론』(문학과비평연구회 편, 이회, 2003), 이경수의 「'국가'를 통해 본 김수영과 신동엽의 시」(한국근대문학회 제11회 학술대회 발표집, 2004) 등의 글에서 시도된 바 있다.

따라서 탈식민주의 문학론을 통한 김수영에 대한 접근은 그 가능성의 하나만으로도 매력적임은 분명하다.

필자는 최근의 김수영에 관한 논의들 가운데에서 김상환이 벌인 일련의 논의와 탈식민주의 문학론에 입각한 접근이 가장 주목할 만한 성과이고 경향이라고 생각한다. 이 두 가지의 방향은 기존의 김수영 문학에 대한 반성과 새로운 자극으로서 그 의미가 있다. 기존의 김수영론에 대한 과감한 수정이라는 측면에서 김수영 연구의 새로운 좌표와 시사점을 얻을 수 있기 때문이다. 물론 김상환의 논의를 탈식민주의 문학론의 관점에 포함시킬 수 있느냐의 문제는 남아 있다. 하지만 탈식민주의 문학론의 논의 공간을 생성하기 위해서는 김상환의 논의가 필요했던 것이 아닌가라고 질문해 볼 수 있다. 이 양자의 성과와 문제점 그리고 가능성에 대한 논의를 통해 김수영 문학의 면모를 새롭게 조망할 수 있을 듯하다. 그 어름에서 탈식민주의 문학론에 대한 올바른 접근 태도와 방법에 대한 실마리가 제공되었으면 하는 것이 필자의 바람이다.

2. 사랑과 죽음, 혹은 해체론적 접근

변화의 조짐은 1998년 무렵이라고 생각한다. 김수영의 사후 30주년을 스음하여 그에 대한 새조명이 나앙하게 이루어졌다.[2] 대체직인 논의들은 『김수영 전집』 별권에 실린 평론들의 연장선상에 놓여져 있는 것이었으며 새로운 혁신을 보여 주었다고 말하기는 어렵다. 그만큼 『김수영

---

2) 김상환, 『풍자와 해탈 혹은 사랑과 죽음』, 민음사, 2000; 김승희 편, 『김수영 다시읽기』, 프레스21, 2000; 김명인, 『김수영, 근대를 향한 모험』, 소명출판, 2002; 황정산 편, 『김수영』, 새미, 2002 등을 참조

전집』별권의 논의 수준은 김수영 문학에 대한 대표성을 갖고 있다. 이 점은 참 안타까운 일이지만 사실이다. 1970년대를 지나면서 김수영을 둘러싼 논의는 그만큼 치열하였으며 이를 통하여 '김수영 문학'이라는 하나의 담론이 형성된 것이다. 이 책에 수록되지 않은 김지하의 「풍자냐 자살이냐」(『시인』, 1970.7)까지를 포함한다면, 그 담론의 완결성은 한국 현대시문학사의 축소판이라고 해도 과언이 아닐 것이다.

1968년 김수영은 불의의 윤화를 당하였다. 1981년에 이르러서 그의 문학세계를 한눈에 조감할 수 있는 『김수영 전집』이 출간되었다. 『김수영 전집』은 그의 시와 산문을 각 권으로 묶고 별권을 함께 출간하였다. 별권은 '김수영의 문학'이라는 제목 아래 그의 문학세계를 다룬 평론들을 간추려서 편집한 것이다. 김수영에 대하여 탐구하고자 하는 사람은 세 권으로 이루어진 『김수영 전집』을 일차 텍스트로 하여 연구를 진행시키게 된다. 그만큼 『김수영 전집』의 위상은 확고한 것이라고 할 수 있다.[3]

변화의 시작은 '밖'에서 이루어졌다. 김상환의 「스으라의 점묘화─김수영 시에서 데카르트의 백색존재론으로」(『철학연구』 30호, 1992년 봄)와 「김수영과 책의 죽음─모더니즘의 책과 저자 2」(『세계의 문학』 70호, 1993년 겨울)에서는 데카르트와 블랑쇼 그리고 데리다의 연관성이 김수영을 통하여 빛나고 있다. 정치한 철학적 언술들 속에서 김수영은 아직도 문학적 영향의 중심에 서 있다. 그리고 김상환은 김수영에 대한 일련의 글들을 묶어서 『풍자와 해탈 혹은 사랑과 죽음』을 출간하기에 이른다.

사실 필자는 이 책이 나왔을 때 읽지 않으려 했다. 상당수의 글들은 게재지에서 직접 읽었거나 어떤 글은 복사를 해서 밑줄을 쳐가며 학구열을 불태우기도 했었으니까. 그 결과 김수영을 설명하기에는 말로 설명

---

3) 『김수영 전집』(민음사, 1981)은 김수영 문학 연구의 주된 텍스트로 사용되고 있지만, 김수영의 시와 산문 가운데 누락된 부분도 없지 않다. 이 부분이 보완되어 최근 『김수영 전집』(민음사, 2003)은 새로 조판되어 출간되었다. 이후 『김수영 전집』(1981)의 인용은 별다른 언급이 없을 시에는 이 책에 의한 것으로 글명, 『김수영 전집』, 면수만을 기록하기로 한다.

할 수 없는 거리가 있는 것처럼 느껴졌다. 왜냐하면 김상환의 논의는 근대 합리주의의 서막을 알린 데카르트의 철학적 본질이 그의 철학적 자의식을 통하여 잘 이해될 수 있다는 데에 강조점이 놓여져 있는 것처럼 보여졌기 때문이다. 근대적 개인의 자의식은 근대성 혹은 모더니티의 본질적 자장을 형성하고 있는 것이다. 바로 이 지점에서 김수영의 「공자의 생활난」에서 보이는 명석과 판명은 근대인으로서의 데카르트와 연결된다. 인간으로서의 데카르트를 성찰하였을 때에야 비로소 시인으로서의 김수영이 보일 것이다. 하지만 김상환의 글에서 김수영의 시는 이것을 설명하는 도구처럼 혹은 여백처럼 다루어지곤 했다. 이 점이 김상환의 논의를 보면서 가장 불편했던 점이다.

이번 기회에 김상환의 『풍자와 해탈 혹은 사랑과 죽음』을 정독했다. 정독하면서 정말 그랬구나하는 생각이 들었다. 그는 머리말에서 "나는 유럽에서 가장 보수적인 학풍의 대학에서 문헌 고증을 중시하는 지도 교수 아래 데카르트를 공부하고 있었다. 이 연구는 철학적이라기보다 고증학적이 성격이 강했는데, 조금 과장하자면 남이 한번 읽고 지나가는 곳을 골백번도 더 읽어야 하는 독서훈련을 하고 있었다"[4]이라는 구절이 있다. 그는 이런 공부에 질력이 나서 김수영에게로 외출하여 탈출구를 찾았다고 한다. 이런 사사로운 구절을 인용하는 이유는 김상환은 『김수영 전집』도 이렇게 읽었겠구나라고 짐작되었기 때문이다. 꼼꼼히 읽는 것은 그의 공부 방식이다.

김상환의 글을 읽으면서 고개를 끄덕이게 하는 부분들이 있었다. 첫째는 「가장 아름다운 우리말 열 개」라는 김수영의 글에 포함되어 있는 나음의 말이다. "모든 언어는 과오다. 나는 시 속의 모든 과오인 언어를 사랑한다. 언어는 최고의 상상이다."[5] 이 말은 김수영이 「거대한 뿌리」를 쓸 무렵 자신의 생각을 정리하는 과정에서 한 말이다. 이상하게 들리겠

---

4) 김상환, 「머리말」, 『풍자와 해탈 혹은 사랑과 죽음』, 민음사, 2000, 5면.
5) 「시작 노우트 ④」, 『김수영 전집』 2, 294면.

지만 김상환 이전에 이 글을 주목한 이는 거의 없다. 그는 이 글을 빌미로 그의 첫 번째 '김수영론'을 시도한다. 이를테면 이후의 작업이 이루어지기 위한 하나의 전략적인 교두보의 자리에 「가장 아름다운 우리말 열개」라는 김수영의 글이 위치하고 있다.

두 번째 부분은 김상환이 인용하고 있는 정현종의 말이다. 정현종은 "김수영의 작품을 통독했다. 시에 관해서 말한 그의 산문들도 읽어 보았다. 읽고 나서 받은 가장 강한 느낌은 그의 작품이 갖고 있는 속도이다. 이 속도감이 어느 정도냐 하면 속도 자체가 작품의 주요 내용이며 또한 형식을 결정하고 있는 것 같은 느낌이 들 정도이다."6) 정현종의 이 말에 대하여 김상환은 "나는 이보다 더 정확하고 통찰력 있는 평을 찾지 못했다"7)라고 적고 있다. 김수영의 「풀」에 대한 정현종의 평가에 대하여 김상환은 적극 동의를 표하고 있다. 수많은 김수영론 가운데에서 정현종에 대한 이런 적극적인 동의 또한 발견하기 힘든 부분이다. 이 두 부분은 김수영에 대한 접근에 있어서 사각지대에 놓여져 있는 대목이다. 이러한 심연을 건너 김상환이 나아가고 있는 부분은 김수영의 시세계의 본질적인 부분이다. 그는 다음과 같이 정리하고 있다.

> 김수영에게서 이 접경적 사건은 최종적으로 사랑과 죽음 사이의 사건으로 요약된다. 시가 무한대의 혼돈으로의 접근이라는 공식은 사랑과 죽음 사이의 긴장을 그 내용으로 담고 있다. 무한대의 혼돈은 시로 하여금 죽음의 기술이기를 요구한다. 그러나 시는 그 혼돈에 접근한다는 의미에서, 혼돈에 발을 들여놓고 그 혼돈을 견딘다는 의미에서 접근의 기술, 사랑의 기술이다. 수동성에 빠지고, 변형을 겪는 이해, 그것이 사랑의 기술로서의 시쓰기이다. 김수영은 이런 시적 이행을 '온몸에 의한 온몸의 이행'이라 했다.8)

---

6) 정현종, 「시와 행동, 추억과 역사」, 『김수영의 문학』, 1983, 221면.
7) 김상환, 「장마풍경」, 앞의 책, 267면.
8) 김상환, 「詩와 時」, 위의 책, 81면.

김수영의 후기 시와 시론을 간명하게 요약하고 있다. 풍자이면서 해탈인 동시에 사랑이면서 죽음을 가리키는 시적 기투의 행위는 "현실 지향적인 동시에 역사적 개방성의 기원으로 향한 초월론적 사유여야"9) 한다라고 김상환은 말한다. 그가 말하고 있는 '백색의 존재론'이란 바로 이 초월론적 사유와 깊은 관련이 있다. 지금까지 김상환은 김수영을 통하여 초월론적 사유의 시적 가능성을 타진하고 있었던 것이다. 그리고 이것은 '김수영 문학의 담론'이 결여하고 있었던 대목이기도 하다.

김수영의 글들을 꼼꼼히 읽으면서 그 가능성을 타진했던 점, 그 가능성의 타진이란 김수영의 이미지를 훼손하는 것처럼 비쳐지기도 했다는 점, 이른바 해체론적 사유의 연장선상에서 김수영을 재검토하는 과정을 그의 글에서 발견할 수 있다. 하지만 이러한 양상을 통해서 도달하게 되는 것은 김수영 시의 본연의 모습이다.

> 요즘 詩論으로는 졸쥐 바타이유의 『文學과 惡』과 모리스 브랑쇼의 『불꽃의 문학』을 일본번역책으로 읽었는데, 너무 마음에 들어서 읽고나자마자 즉시 팔아버렸다. 너무 좋은 책은 집에 두어두고 싶지 않다. 집의 書架에는 古本屋에서도 사지 않는 책만 꽂아두면 된다. 이왕 속물근성을 발휘하려면 二流의 책이나 꽂아두라. (…중략…) 노상 느끼고 있는 일이지만 배우도 그렇고, 불란서놈들은 멋있는 놈들이다. 영국 사람들은 거기에 비하면 촌뜨기다. 바타이유를 보고 새삼스럽게 그것을 느낀다. 그러나 당분간은 英美의 시론을 좀 더 연구해보기로 한다.10)

김수영이 초월론적 사유에 관심을 갖고 살펴보기를 원하는 사람이라면 놓치기 어려운 대목이다. 또한 '김수영 문학'의 담론에서는 잘 거론되지 않았던 대목이기도 하다. 김수영과 조르주 바타이유를 관련시켰을 때 나타나는 논의의 혼란은 분명한 것이다. 참여시인으로서의 김수영과 바

---

9) 김상환, 「시적 사유와 존재 사유」, 위의 책, 56면.
10) 「시작 노우트 ④」, 『김수영 전집』 2, 294면.

타이유의 실존주의는 얼음과 불처럼 이질적인 것이다. 아니 이질적이다라는 일종의 선(先) 이해가 개입되어 있었다. 바타이유는 사르트르의 시에 대한 생각을, 적어도 보들레르의 경우에, '실존의 특권을 포기'하는 것이라고 비판한다. 동시에 시는 "사유를 통과한 사물들과 그 사물들을 사유하는 의식의 일치를, 즉 불가능을 원한다"라고 바타이유는 말한다. 그가 이렇게 말하는 이유는 이것이 바로 사르트르와는 달리 "사물들의 그림자로 축소되지 않는 유일한 방법"이기 때문이다.11) 이것은 바타이유의 문학적 참여관이라고 할 수 있는데 그는 이것을 시적 관여(la participation poétique)라고 명명한다.12) 잘 알려진 바와 같이 바타이유는 『에로티시즘』의 저자이다. 그는 에로티시즘을 정의하여 "죽음을 파고드는 삶"이라고 정의하였다. 인간의 신성을 유한성과 비참의 위반에서 찾으려 했던, 그의 글을 읽은 사람이라면 "'죽음과 사랑'의 대극은 시의 본수(本髓)"라고 말했던 김수영과의 상동성에 놀라게 된다.

죽음과 사랑을 對極에 놓고 詩의 새로움이라는 것을 생각해 볼 때 시라는 것이 얼마만큼 새로운 것이고 얼마큼 낡은 것인가의 본질적인 墨契를 알 수 있다. 이렇게 말하는 것을 보고 필자의 말은 너무나 정통파적이고 고루하다고 반박할 사람이 있을지 모르지만, 사실은 필자의 갈망은 훨씬 미래의 편에 서 있다. 그리고 그러한 실험적인 미래의 詩의 관점에서 들여다 볼 때, 우리 시단의 작품들이 주는 환멸을 미연에 방지하기 위해서 자기도 모르게 소위 정통파적인 방어적 위장을 쓰고 있을는지는 모르지만 이것이 막상 고의적인 것이라 치더라도 그다지 유해한 것이 아니라는 것을 필자는 알고 있다.13)

---

11) 조르쥬 바타이유, 최윤정 역, 『문학과 악』, 민음사, 1995, 49면.
12) 이에 대한 바타이유의 정의를 살펴보면 다음과 같다. "관여를 정의하는 데는 예측·기대하는 미래가 소용이 없다. (…중략…) 시적인 관여에 있어서 대상의 의미 역시 과거에 의해 정해지는 것이 아니다. 유용성과 시에서 똑같이 벗어나 있는 기억의 대상만이 순수한 과거의 소산일 것이다. 시가 일으키는 작용에 있어서 기억의 대상이 갖는 의미는, 주체에 의한 현행적 침식에 의해서 결정되는 것이다."(위의 책, 47~48면)
13) 「'죽음과 사랑'의 對極은 詩의 本隨」, 『김수영 전집』 2, 407면.

죽음과 사랑의 대극은 '대극의 일치'라는 관점을 상기시키는데 이러한 일치는 연금술을 떠올리게 된다. 초월론적 사유와 연금술 그리고 신비주의는 새로운 시적 비전의 제시로서 읽힐 수 있다. 김수영의 시에 대한 본질주의적 접근은 그만큼 넓은 스펙트럼을 갖고 있는 것처럼 보이기도 한다. 바타이유는 그렇다 치고 브랑쇼는 『문학의 공간』에서 삶과 죽음의 문제와 형상화에 대한 깊은 성찰을 보여 주고 있다. 또한 '저자의 죽음'을 통하여 문학의 근대성이 갖고 있는 한 특징을 전면화시키고 있다. 이미 김상환이 '책의 죽음'을 말하기 이전에 김수영은 브랑쇼를 통하여 '미래의 책'에 대한 준비를 하고 있었던 것처럼 보인다.

그런데 김수영은 바타이유와 브랑쇼의 책을 보고 나서 팔아버렸다. 그의 말에 의하면 "너무 마음에 들어서 읽고 나자마자 즉시 팔아버렸다"는 것이다. 이 대목은 게름직하다. 그 좋은 책을 왜 버렸을까? 좋은 책이라면 애장하고 생각이 날 때마다 꺼내 보아야 할 일이 아닌가? 하지만 그는 좋은 책은 집에 두지 않고 헌책방에서도 사지 않을 책만 꽂아두면 된다라는 너스레를 떨고 있다. 그리고 인용문의 말미에서 프랑스사람은 멋쟁이이지만 영국사람들은 '촌뜨기'이며 바타이유를 한 번 더 추어올린다. 그리고 이내 자기의 자리로 돌아온다. '영미의 시론을 좀 더 연구'해 보겠다는 것이다.

3. 신비평과 탈식민—테이트와 에머슨을 중심으로

김수영의 시에서는 번역으로 생계를 유지하는 자신의 처지를 다룬 시들이 여러 편 있다. 김수영에게 있어서 번역은 그의 노동임과 동시에 설움을 잊을 수 있는 시공간이기도 하다. 그의 문학적 전신자로서의 위치는 지금까지 소략하게 다루어져 왔다.[14] 김수영은 영미의 주요 시론 서를 번역한 바 있는데 R. W. 에머슨의『문화·정치·예술』, 알렌 테이트의『현대문학의 영역』, 프란시스 브라운의『20세기 문학평론』등이 그것이다.[15] 백철의 편역한『비평의 이해』(민중서관, 1968)에는 알렌 테이트의「현대비평의 직능」이 김수영의 번역으로 수록되어 있다. 백철·김용권·이창배와 함께 김수영은 신비평의 수용에 있어서 중요한 역할을 한 셈이다. 신비평의 이론가 테이트의 문학이론은 '긴장의 시론'으로 요약할 수 있다.[16] 그가 말하고 있는 긴장(tension)은 '시에서 발견되는 모든 외연과 내포를 완전히 조직한 총체'를 의미한다. 그에 의하면 비유적 의미는 글자그대로의 기술적인 외연을 무효화하지 않으면서 동시에 은유의 복잡성을 한 단계씩 진전시켜 나아갈 수 있다. 그런데 각 단계에서 이해된 비유적 의미는 일관성을 유지한다.[17] 테이트의 이러한 시각은 '긴장' 속의 기이한 공존 관계를 상정한 것이다. 이 점은 리차즈가 외연을 포기하고 내포만을 문학적이라고 생각한 것과 다르고, 랜섬의 이론과도 차이가 있는 것이다. 랜섬은 작품의 틀(structure)과 결(texture)이 긴밀한 관계에 있으나 융합할 수 없다고 보았다.[18] 그런 면에서 테이트의

---

14) 조현일의「김수영의 모더니티관에 관한 연구—트릴링과의 영향관계를 중심으로」(『작가연구』5호, 1998년 상반기)와 박지영의「김수영 시 연구—시론의 영향 관계를 중심으로」(성균관대 박사논문, 2001)는 최근의 성과이다.
15) R. W. 에머슨, 김수영 역,『문화·정치·예술』, 중앙문화사, 1956; 알렌 테이트, 김수역·이상옥 역,『현대문학의 영역』, 중앙문화사, 1962; 프란시스 브라운 편, 김수영·유정·소두영 역,『20세기 문학평론』, 중앙문화사, 1970. 각 권의 원저명은 다음과 같다. Eduard C. Lindeman ed., *EMERSON*, The Basic Writings of America's Sage, The New American Library of World Literature, INC., 1947; Allen Tate, *COLLECTED ESSAYS*, 1948; Francis Brown, *HIGHLIGHTS OF MODERN LITERATURE*, The New York Times Company, 1949(1954). 그 밖의 다른 번역의 서지에 대해서는『김수영 전집』2, 민음사, 2003, 631~636면 참조.
16) 이에 대해서는 박지영, 위의 논문과 강웅식,「김수영 시론연구」,『상허학보』11집, 2003, 174~178면 참조.
17) 알렌 테이트, 김수역·이상옥 역,「시에 있어서의 텐슌」, 앞의 책, 100면.
18) 이상섭,『복합성의 시학』, 민음사, 1987, 104면.

시각은 좀 더 강한 문학적 보수성을 드러낸 측면이 있다.

　　이 시의 精妙한 直喩는 사랑의 행위와 죽음의 순간과의 類似를 몇 개의 단
계로 陳述하고 있다. 그런데 만약 讀者가 혹 中世英語에서 十六世紀를 통하
여 '죽는다(die)'라는 動詞가 第二義的 의미로서 '사랑의 행위를 行한다'라는
의미를 가지고 있었다는 것을 알고 있으면 이러한 類似는 새로운 意味의 테두
리를 향해서 擴大하리라고 생각한다. 이 類似는 숨은 재치가 포함돼 있다. 하
지만 우리는 十六世紀 後期의 인간이 '죽는다'라는 말의 第二義的 의미를 알
고 있었다는 사실을 증명하기 위해서 이 재치를 찾아내고 있는 것이 아니다.
우리가 이 一片의 지식을 사용하는 것은 다만 이 詩의 처음 八行에서 무엇이
일어나고 있는가에 대한 인식을 확대하기 위해서다. 단이 이와 같은 재치를 만
드는 방법을 알고 있었다는 사실은 누구에게나 흥미 없는 것이다. 이 재치가
詩의 의미에 어떤 작용을 하는가를 알면 대단히 흥미가 있다.19)

　테이트가 「현대시의 이해」에서 단(John Donne)의 시를 해석하고 있는
대목이다. 중세 영어에는 죽음이라는 말에는 사랑의 뜻이 내포되어 있
음을 밝히고 있다. 인간은 보편적으로 사랑과 죽음의 대극과 일치에 대
한 상념을 갖고 있었던 듯하다. 인간성에 대한 자각을 하면 할수록 풀
릴 것 같지 않은 수수께끼처럼 던져지는 물음을 던은 '재치(conceit)'로 표
현하고 있다. 김수영이 바타이유의 책을 읽고서 팔아버렸다면 바타이유
의 메시지는 김수영이 충분히 수긍할 대목이 있어서가 아니었을까? 바
타이유의 메시지는 투박하지만 이미 테이트와 이른바 신비평의 비평가
들을 통하여 접했던 것이다. 한 발 더 나아가서 테이트는 그러한 인간
의 모습을 언어적으로 표현하는 방식에 몰두하고 있었다. 단의 시적 표
현이 엘리엇과 랜섬, 브룩스 등에 의하여 재발견되었는데 그러한 표현
을 현대에서 찾는다면 그것은 무엇인가 하는 점이 주된 관심사가 된다.

---

19) 알렌 테이트, 김수역·이상옥 역, 「현대시의 이해」, 앞의 책, 160~161면.

『白痴』의 마지막 장면을 최후로 瞥見하면 미쉬낀과 로고친이 나타나지 않는 感을 우리들에게 준다. 나스타샤 필리쁘브나의 시체는 하얀 발가락을 드러내고 좁은 침대에 한없이 누워 있는 사이에 간간이 파리가 날아와 시체 위에 앉는 것이다. 죽음 여자와 파리는 '腐敗' 科程의 焦點이다. 그러나 물론 우리는 현대의 實證論者처럼 우리의 인간성에 의해서 우리 자신들을 상상할 수 없는 限, 이 焦點을 상상할 수 없다. 왜냐하면 그 장면을 想像한다는 것은 이 장면에 있다는 것이고 또 쉬트를 덮은 침대 앞에 있다는 것은 우리들 자신의 관심을 맹렬히 끈 것이 되기 때문이다. 우리는 이것도 저것도 아니지만 文法的인 分析의 對象이 됨으로 해서 저 科程의 實在性보다 어떤 다른 實在性에 도달할 수 있는 傍觀者에 불과하다는 假設은 위대한 현대의 異端이다. 즉 우리는 순전한 傍觀者는 될 수 없다. 또한 만일 우리가 잠시라도 傍觀者가 될 수 있다면 우리들 중에서 小數만이 마치 다른 모든 것을 잡아먹어버린 연못의 외로운 잉어처럼 한 사람이 남을 정도로 남게 될지도 모른다.[20]

도스토예프스키의 『백치』의 한 장면을 설명하고 있다. 나스타샤 필리쁘브나의 주검위로 파리가 한 마리 날아와 앉는다. 테이트는 "文法的인 分析의 對象이 됨으로 해서 저 科程의 實在性보다 어떤 다른 實在性에 도달할 수 있는 傍觀者"에 대하여 말하고 있다. 단순한 한 마리의 파리가 지시하는 것은 부패한 시신 위에 파리가 앉는다는 것뿐만이 아니라 나스타샤 필리쁘브나의 전 생애를 관통하는 '실재적인 의미'를 지시한다고 보아야 한다. 이를 테이트는 '시적인 것'으로 보고 있다. 플로베르의 산문 문장이 갖고 있는 의미도 '시적인 것'으로 보았는데 그것은 지시적인 의미의 언어적 표현이 가질 수 없는 보다 실재적인 것, 사실적인 것, 인간적인 것의 표현을 그가 주목하고 있기 때문이다.[21]

이런 의미에서 '시적인 것'은 '극적'인 것이다. 여기에서 말하는 '극'이란 인간 경험의 총체와 그 단면을 드러낸다는 의미로 사용된다. 테이

---

20) 알렌 테이트, 김수역 · 이상옥 역, 「비상하는 파리」, 위의 책, 211면.
21) 알렌 테이트, 김수역 · 이상옥 역, 「소설의 기교」, 위의 책, 191면.

트는 완전한 지식으로서의 시를 논한 바 있다. 그것은 경험의 세계에서의 인간의 지식, 인간적 목적과 가치의 차원에서 얻은 지식을 의미한다.[22] 다시 말하면 인간적 목적과 가치의 면에서 본 경험은 극적이라는 것이 또한 중요하다. 그것이 극적인 이유는 그것이 구체적이요 과정을 내포하며 갈등을 통하여 의미에 도달하고자 하는 인간적 노력을 구현하는 까닭이다. 한 발 더 나아가서 인간성의 본질을 단적으로 표현한다고 하였을 때 시적인 것의 표현은 극적인 인간성의 표현에 도달할 수 있다. 장르적인 대비의 관점에서 시와 극의 구별이 아닌 문학의 지향이라는 측면에서 시적인 것의 표현은 극적인 것을 추구해야 하는 것이다. 사랑과 죽음은 차이와 동일성은 인간의 가장 궁극적인 한계를 표현한다는 측면에서 시의 구경을 이룬다.

테이트에게 있어서 이러한 관점은 초월적인 주제, 이를테면 종교적인 차원으로 이월할 수 있는 문제이다. 하지만 여타의 신비평가들처럼 테이트는 이를 시의 문제로서 고찰하기를 원하였다. 이 점은 다른 신비평 이론가들 가운데에서 그가 갖고 있는 독특한 측면이다. 시적 표현에 대하여 상징주의적인 해석이 가능할 수 있겠지만 이것을 가능케 하는 것은 시의 물질적인 표현을 통해서이다. 이러한 시적인 표현 문제가 주가 되어야 한다는 것이 테이트의 생각인 것이다. 표현과 표현의 상호충돌과 긴장을 통한 새로운 의미의 산출이라는 것은 그 기저에 시적인 표현을 간과하고서는 볼 수 없는 과정이다. 시인으로서 김수영은 이러한 언어의 서술뿐만이 아니라 언어의 작용에 대해서도 남다른 관심을 기울였나. 바로 이 점이 김수영의 논의에서 일랜 테이트와의 관련성을 중시하는 가장 큰 이유이다.

우리에게 신비평은 유효한 문학 교육적 도구로서 사용되어 왔고, 상당한 수준의 문학적 교양을 쌓는데도 도움이 되어 왔다는 사실을 부인을

22) 이상섭, 앞의 책, 182면.

할 수는 없다. 백철과 김용권 등에 의하여 본격적으로 수용된 신비평은 문학 연구와 비평에 있어 하나의 패러다임으로 상당 기간 영향력을 행사해 왔다. 그럼에도 불구하고 신비평의 부정적인 평가가 전혀 없었던 것은 아니다. 다음의 지적은 지금까지 영향력을 행사하던 신비평이 우리에게 무슨 의미가 있는가라는 심각한 물음을 유도하기에 충분하다.

> 그들은 흙에 밀착한 전통적 남부지역사회가 개인의 행복과 사회질서안정에 보다 바람직하다고 보는데 이것은 엘리어트의 기독교 사회의 이념이 흙에 밀착한 자족적 그루우프에 의해 달성된다는 견해와 그 내용을 같이하는 것이다. 이들이 흑인 차별을 분명히 긍정한다는 것, 혼자서 20세기에 남북전쟁을 하고 있다는 것 등등은 그들의 이상사회의 모델이 귀족적 봉건귀족과 결코 무관하지 않음을 단적으로 말해 주는 것이 된다.23)

이러한 평가에 대하여 김수영은 어떠한 생각을 했을까? 김수영이 번역한 테이트의 『현대문학의 영역』에는 이러한 남부인의 질서의식을 보여 주는 테이트의 글이 실려 있는데 「남부에서의 문필업」이 대표적인 글이다. 테이트는 「남부에서의 문필업」에서 노예제도에 대한 그의 생각을 표현하고 있다. 테이트는 이를 통하여 '독립된 정신'의 완성을 자신의 목표로 설정하고 있다. 만약에 김수영이 테이트에게 호감을 가졌다면 테이트의 이러한 '독립된 정신'의 고취에 동감했을 가능성이 크다. 테이트가 자주 사용하는 '반동'이라는 용어는 김수영에게서 "나는 이러한 무수한 반동이 좋다"라는 말로 변주된다. 「거대한 뿌리」를 설명하면서 사용한 언어의 무수한 반동의 정신적 근거를 테이트의 글에서 발견할 수 있다는 것은 우연이 아니다. 주인과 노예의 관계에서 자신의 노예 됨을 긍정하는 것은 일종의 반동이지만 이러한 노예 됨의 인정을 통하여 노예는 자신의 주인 됨을 이룰 수 있다는 역설을 김수영은 과감히

---

23) 김윤식, 「한국문학 연구방법론」, 『근대한국문학연구』, 일지사, 1973, 478면.

수용한다. 이러한 존재의 역설을 언어적으로 표현하고자 하는 것이 바로 「거대한 뿌리」가 지향한 시세계인 것이다.

그리하여 김수영론의 다양한 논의 가운데 넘기 어려운 하나의 벽에 대한 생각과 그 다름과 여지에 대하여 생각케 있다. 테이트는 헤겔과 달리 추상적인 인간상을 구체화시키려고 끊임없이 노력하였다. 구체적인 인간의 표현은 문학이 도달해야 할 궁극적인 목표이다. 이때 문학적 표현이란 보편적인 인간성의 구현에 봉사하는 하나의 도구인 것이다. 이러한 보편적이고 본질적인 인간의 이해가 전체주의에 함몰될 수 있는 우려는 항상 있는 것이다. 하지만 이러한 논리적인 경계에서 반동의 모습을 마다하지 않는 것이 또한 김수영의 모습이기도 하다. 다시 말하면 김수영은 설사 자신의 모습이 구태의연하게 보인다 하더라도 설사 그것이 반동적이라고 하더라도 현재의 관점에서 '정신의 독립'에 대한 강렬한 요구를 부정할 수는 없었던 것이다.

한편 김수영은 에머슨의 『문화 · 정치 · 예술』을 번역하였다. 남부인으로서 테이트가 노예 해방의 문제를 괄호에 넣고서 '정신의 독립'을 강조하였다면 에머슨은 이에 대하여 어떠한 생각을 갖고 있었는지를 알아보도록 한다.

나는 南部人들이 반드시 그들의 거만한 태도를 버리고 조용한 모습으로 음전하게 돌아 올 것이라고 믿는다. 그리고나서 부터는 좋은 感情의 時間이 계속될 것이다. 그것은 모진 暴風雨가 지난 후에 조용한 바람이 불듯이 溫和한 時間일 것이다. 그리고 南部에서도 진중한 人士가 나와서, 政府가 보다 더 適切하고 公平한 行政을 施行하도록, 반드시 熱烈한 努力을 애끼지 않을 것이고 北部人들은 어느 時期까지는 座席數에 있어서나 發言權에 있어서 過分한 分配를 받게 될 것이다. 그러나 이러한 狀態가 오래 繼續되지는 않을 것이다. ―그것은 지각 있는 南部人들에게 眞摯하고 善良한 意思가 缺乏되어 있기 때문이 아니라 奴隷制度가 다시 그들을 通하여 그의 激烈한 必要性을 發言하게 되기 때문이다. 이것은 不正한 方法으로 밖에는 살아나갈 수 없으며 世

界의 어느 먼 곳에까지 가서라도 不當性과 暴惡性을 免치는 못할 것이다.24)

에머슨은 남부의 노예제도는 야만적인 제도이며 노예해방을 문명의 요구로 보고 있다. 지금은 북부와 남부가 노예제도를 둘러싸고 싸우고 있지만 적당한 시간이 지나면 북부와 남부는 공동의 이해를 위해서 서로 협력해야 할 협력자가 되어야 함을 강조하고 있다. 한편 에머슨은 노예제도가 폐지되지 않는다면 남부인의 진지하고 선량한 의사도 왜곡될 수밖에 없음을 강조하고 있다. 그것은 '부당성과 폭악성'이 횡행하는 시대를 의미한다. 뿐만 아니라 에머슨은 과거 미국을 식민 지배한 영국에 대해서는 더욱 강렬한 어조로 비판하고 있다. 영국의 근본이 야만에 기초하여 오늘날의 번영을 이룩하였는데 자신의 성과를 강조하면서 식민 지배를 일삼는 것은 올바른 처사가 아니라는 것이다. 이러한 역사적 배경하에서 에머슨의 사상은 자연과 정신을 강조하고 있다.

> 未曾有의 物質的인 繁榮은 우리들을 스토이크 學徒나, 基督教徒로 만드는 데에 조금도 도움이 되지 않았다. 그러나 宇宙를 組織한 法則은 모든 面에서 그 姿態를 再現하고 있으며, 또한 宇宙를 統治하여 갈 것이다. 온갖 政治的인 戰爭의 目的은 모든 立法의 基礎로서 道德律을 確立하는 데 있다. 最終의 目標는 自由로운 制度도 아니고, 共和國도 아니고, 民主主義도 아니다. 최종의 目標란 있을 수 없다. 있는 것은 다만 그 方法뿐이다.25)

이 대목에서 에머슨의 말은 "자연의 힘은 제 때가 오면 모든 장애물을 벗어버리고 그 본연의 면목을 발휘한다"26)는 그노시엔느로서의 그의 면모를 보여 주기도 한다. 자유로운 제도, 공화국, 민주주의 등의 양식은 선한 선택일 수는 있어도 그것이 최고의 목표도 마지막의 목표를

---

24) R. W. 에머슨, 김수영 역, 「미국의 문명」, 앞의 책, 12면.
25) 위의 글, 14면.
26) 위의 글, 같은 면.

그는 부정한다. 민족이나 국가라는 것은 인간이 만든 제도이며 인간의 합의에 따라서 앞으로 얼마든지 변화될 수 있는 것이다. 에머슨은 그 최고의 심급을 '자연'에 두고 있다. 김수영에게 있어서 언어가 최고의 상상이듯이, 에머슨은 그 자연의 시선 아래에서 인간의 삶이란 환영임을 강조한다. 어떤 의미에서 에머슨과 테이트의 현실관은 상반되지만 '정신의 독립' 혹은 '독립적인 정신'이라는 측면에서는 상통하는 측면이 있는데 이 점을 밀고 나아갔던 것이 김수영의 문학적 항로의 특징이라고 말할 수 있다.

低俗한 樣式뿐이 아니라, 가장 低俗한 部類에 屬하는 單語는 辯論보다도 價値가 있다. 例를 들자면 拙丈夫, 엉터리 名人, 런던 사투리, 새침떼기, 할멈, 미련둥이, 개새기, 허영꾼 等 ― 그야말로 '칵텔 下院'이다. 또한 어느 尊敬할 만한 牧師(오스군 博士)가 靑年宣敎師의 說敎를 '파이 菓子'라고 부르고 있었던 것을 나는 記憶한다. 벨사이유에서 佛蘭西 過激革命主義者들은 "우리의 땅딸보 어머니 '미라보'에게 이야기를 해 달라고 하자!" 하고 高喊을 쳤지만, 當時 그는 거리에서 지껄이는 揶揄나 戱弄이나 허튼소리가 얼마나 힘찬 것인가를 알지 못하고 있었다. 民衆들이 자기들의 멋대로 쓰고 있는 짧은 '색슨'語의 單語는 羅典語 보다도 훨씬 낫다. 거리의 言語는 恒常 强烈한 것이다. 少年들이 使用하고 있는 二重否定(구도도 없고 돈도 없고 없는 것도 없다)같은 것은 確實히 우리들의 文法上의 規則에는 違反되는 것이지만, 나는 그 힘을 부러워한다. 따라서 줄줄 지꺼리려대는 盟誓에서는 나는 나의 귀 속에 약간의 간지러움을 느낄 따름이라고 고백해 둔다.27)

위의 인용문을 보면 김수영의 「거대한 뿌리」의 일절이 저설도 떠오른다. 그는 "비숍女史와 이야기하고 있는 동안에는 進步主義者와 / 社會主義者는 네에미 씹이다. 統一도 中立도 개좆이다 / (…중략…) 그러나 / 요강, 망건, 장죽, 種苗商, 장전, 구리개, 약방, 신전, / 피혁점, 곰보,

---

27) R. W. 에머슨, 김수영 역, 「예술과 비평」, 위의 책, 180면.

애꾸, 애 못 낳는 여자, 無識쟁이, / 이 無數한 反動이 좋다"라고 표현한 바 있다. 김수영은 에머슨을 번역하면서 그것이 의미하는 바에 대한 숙고를 마다하지 않았을 것으로 생각된다.

김수영은 "복사씨가 사랑으로 만들어진 것이 아닌가 하고 / 의심할거다! / 한번은 이렇게 / 사랑에 미쳐 날뛸 날이 올 거다!"라는 예언적 서술을 「사랑의 변주곡」에서 한 바 있다. 에머슨은 "세상의 먼지로 만들어진 인간은 쉽사리 자기의 기원을 잊어버리지를 못한다. 따라서 오늘날까지는 아직 생명이 부여되지 않은 것도, 어느 날이든 이야기할 수 있고, 사고할 수 있는 날이 올 것이다. 숨어있는 자연도 앞으로 그의 전비밀을 이야기할 날이 올 것이다"[28]라고 말한다. 적어도 이것은 에머슨의 생각에 대한 김수영의 적극적 동의의 표현이다. 김수영은 에머슨의 말을 다음과 같이 번역하고 있다. "문화는 아무리 이것을 빨리 시작하여도, 너무 빠르다는 법이 없다는 일이다." 또한 "오늘날 생장하고 있는 소년은 최상의 학자가 되기 위해서는, 단지 수년간만 뒤떨어져 있는 것이 아니라, 2·3세대는 뒤늦어 있다고 인정한다." 이러한 표현은 김수영의 산문에서도 확인되는 바이다.[29] 테이트의 번역과는 달리 에머슨의 번역에서 김수영의 어법이 자주 나타나는 것은 김수영이 에머슨의 번역에 남다른 애착을 보인 결과이다. 에머슨의 번역에서 '뿌리를 박는다', '닻', '병풍', '점지한다' 등 김수영의 시에서 산견되는 단어들이 동일하게 보이고 있는 점은 김수영과 에머슨의 세계가 친연성이 있음을 반증한다. 또한 『문학·정치·예술』의 역자서문에서 "시대의 앞을 바라보고자 한 사람들은

---

28) R. W. 에머슨, 김수영 역, 「위인의 효용」, 위의 책, 202면.
29) "시인의 스승은 현실이다. 나는 우리의 현실이 시대에 뒤떨어진 것을 부끄럽게 생각하지만, 그보다도 더 안타깝고 부끄러운 것은, 이 뒤떨어진 현실을 직시하지 못하는 시인의 태도이다. (…중략…) 이상한 역설 같지만 오늘날의 우리의 현대적인 시인의 긍지는 '앞섰다'는 것이 아니라 '뒤떨어졌다'는 것을 확고하고 여유 있게 의식하는 데 있다. 그가 '앞섰다'면 이 '뒤떨어졌다'는 것을 확고하고 여유 있게 의식하는 점에서 '앞섰다'."(「모더니티의 문제」, 『김수영 전집』 2, 350면)

'에머슨'을 알려고 하였다"라는 구절이 있는데 김수영은 에머슨을 통하여 미래에 자기를 투사하고 있었다. 김수영의 시세계에 대한 해석에 있어서 애매한 점이 남았다면 그것은 김수영의 전미래시제에 대한 해석의 범위를 어디까지로 한정할 것인가에 있다고 할 것이다.

4. 환유와 진공의 언어

다시 김수영의 문학세계로 돌아오고자 한다. 김수영의 시세계에서 특징적인 것 중에서 지금까지 잘 조명이 안 되었던 부분은 성의 문제이다. 그의 시에서는 개인의 성과 생활을 다룬 시편들이 다수 존재한다. 김수영의 시에서 성이 중요한 주제로 다루어지고 있는 것은 인간의 유한성에 대한 사실적인 제시에서 기인한다. 하지만 인간의 영원에 대한 자각을 어떤 하나의 개념으로 고정시키지 않으면서 그 과정을 묘사하고자 하였던 것 또한 간과할 수 없는 사실이다. 이때 김수영의 시적 수사에 대한 고찰이 필요해지며 그것을 환유적인 방법이라고 일컬을 수 있다. 다만 이 환유적인 방법이 단순한 언어의 유희적 차원에 떨어지지 않은 것은 김수영이 지향한 문학적 완성에 대한 기투에서 찾아야 할 것이다.[30]

---

30) 김수영의 환유에 대한 이해는 이론적으로도 분명했던 것으로 보인다. 그가 번역한 에머슨의 책에는 다음과 같은 부분이 있다. "저속한 문체와 압축의 법칙 다음에 서적이 하는 소위 환유는 수사학의 주요한 힘이 되고 있다. 환유의 의미는 갑의 단어 혹은 영상을 사용하여 을의 단어나 영상을 의미하는 것을 말한다. 이것은 조속한 이상주의이다. 이상주의는 세례를 상징적으로 것으로 간과한다. 그리고 이와 같은 모든 상징과 형태는 무상하고 변전적인 표현을 갖게 되는 것이다. 시인의 힘은 이와 같은 상징을 지배하는데 있다. 즉 대자연 속에 있는 아무리 위대하고 간고한 사실일지라도, 이것들을 모두 유창한 상징으로서 사용하는데 있다. 그리고 자기의 기분에 따라서 제 사물에 그 빛깔을 부여할 수 있는 재능으로서 자기 균형을 취하는데 있는 것이다. 세계와 역사와

존재의 쾌락과 운명의 자각은 묘한 상동성을 보여 주고 있다. 프로이트는 이를 에로스와 타나토스로 명명한 바 있다. 라이오넬 트릴링은 「쾌락과 운명」에서 이를 통해 문학의 존재를 해명하고자 하였으며, 김수영은 이를 번역한다.[31] 이 과정에서 탄생한 것이 「병풍」이고 「폭포」이다. 김수영은 단어와 단어가 서로 충돌하면서 일으키는 효과에 대하여 많은 생각을 하였다. 이를 통하여 작품은 시인을 떠나 하나의 독립된 개체로 변화된다. 그것이 시인의 독립된 정신과 자기 균형에서 비롯된 것이라면 더욱 더 좋은 작품의 예가 될 것이다. 그런데 「병풍」이란 작품에는 '얼굴'이라는 시어가 나온다. 이 시어는 병풍을 사물뿐만이 아니라 인물로 의인화해서 해석할 수 있는 여지를 남겨두고 있다.[32]

실제 눈앞에 있는 사물로서의 병풍과 '병풍 같은' 어떤 인물이 중첩되어 표현되어 있는 것이다. 그 인물은 현재 앞에 누워 있는 주검일 수도 있으며, 전에 시인 자신을 숨막히게 하던 그 인물일 수도 있다. 눈앞의 인장은 삶을 마감하는 종지부를 의미하지만 현실에서 자기를 살릴 수도 있고 죽일 수도 있는 경계의 상징이다. 그 병풍의 중의적 의미 앞에서 떨어뜨리는 눈물은 실로 사실적이다. '육칠옹해사(六七翁海士)'는 '육시(戮屍)할 자' 혹은 '육실헐 놈'의 파자(破字)일지도 모른다. 적어도 그렇게 파자하였을 때 김수영의 시는 상징을 뛰어넘어 상징을 갖고 유희를 하게 된다. 수사학의 쾌락 혹은 환유의 쾌락은 삶을 유예시키는 하나의 장치인 셈이다.

눈이 온 뒤에도 또 내린다
생각하고 난 뒤에도 또 내린다

자연의 권력 등 ─ 이러한 모든 것을 빌려서 그는 자기가 하고 싶은 말을 할 수 있는 것이다. 모든 문학이 그러하듯이, 모든 회화는 수사학의 쾌락 즉, 환유의 쾌락이라고 말할 수 있다고 생각한다."(R. W. 에머슨, 김수영 역, 「예술과 비평」, 앞의 책, 189면)

31) 라이오넬 트릴링, 김수영 역, 「쾌락의 운명─워즈워드에서 도스또에프스키까지」, 『현대문학』, 1965.10~11.

32) 최두석, 「김수영의 시세계」, 『김수영 다시읽기』, 프레스21, 2000, 41면.

응아 하고 운 뒤에도 또 내릴까
한꺼번에 생각하고 또 내린다
한 줄 건너 두 줄 건너 또 내릴까
廢墟에 廢墟에 눈이 내릴까

—「눈」전문

눈은 내리는 눈[雪]과 보는 눈[眼]의 의미를 갖고 있다. 「눈」에서 전면에 나타나는 의미는 '눈'은 분명 눈[雪]이지만 눈[眼]의 의미로서 읽힌다. 시작적인 대상으로서의 눈의 내림과 시인 자신의 감각적인 눈의 내림은 동일시되면서 시안에서 의미의 충돌 내지는 긴장을 연출한다. 시를 진술하는 '나'와 시인 자신의 '나'가 연출하는 이러한 장면은 자기 참조적인 시의 대표적인 예라고 할 수 있을 것이다.

이밖에도 「미역국」, 「레이판탄」 등의 시에서 이러한 양상은 김수영 시의 한 특징으로 볼 수 있다. 이러한 동음이의어의 시적 표현은 동일성을 추구한 비유법으로서의 은유라기보다는 환유적으로 사용된다. 시인의 표현은 구체적인 지시 표현을 상호 의미 연관시키거나 충돌시킴으로 인하여 그 연관성의 '빛남'에 주목하고 있기 때문이다. 이때 환유적으로 해석되는 시적 표현들은 시인의 생각과 메시지를 전달하는 하나의 도구로서 작용하기도 한다. 이러한 도구적 시각에서의 시적 표현은 지금까지 다양한 해석의 켜들을 만들어왔던 것이 사실이지만, 그 연관의 본질적인 측면에서 보자면 의미의 충돌과 긴장을 야기시킬 수 있는 동음이의어의 환유적 사용에서 그 가치를 찾아야 할 것이다. 필자가 보기에는 김수영 시의 의미론적 파악을 위해서는 동음이의어의 사용에 주목하여야 한다고 생각한다.

김수영과 이어령이 벌인 '불온시 논쟁'이라는 것이 있다. 참여—순수 논쟁의 한 장면으로 다루어지기도 한다. 그런데 이 불온시 논쟁은 들여다보면 볼수록 애매하기 짝이 없다. 김수영과 이어령의 강조점이 확연히 분간되지 않기 때문이다. 여기에는 참여문학론을 대표하고 있다는 김수영에 대한 막연한 선입견이 개입되어 있는 것도 어느 정도는 사실이다. 김수영이 말한 불온시는 폭이 넓은 것이다.33) 불온시란 실험적인 시와 정치 제도를 비판하는 시를 포함하여 문학 본연을 노래한 새로운 시와 그 가능성까지를 포괄하는 시에 대한 별칭인 것이다. 시대와 화해할 수 없기 때문에 늘 시대와 불화하게 되는 불완전의 모습 일체를 가리켜 김수영은 '불온시'라고 부르고 있다.

그런데 이 불온시는 가능성으로 존재하기 때문에 그 실체를 보여 줄 수 없다. 그 가능성에 대한 기투가 가능하다고 해서 그 실체를 얻고 있지는 못하다. 이러한 이상주의에 대한 경사가 그의 「반시론」을 낳게 된다. 분명한 것은 그의 후기 시론은 「반시론」과 「시여 침을 뱉어라」에서 하이데거의 영향을 많이 받고 있는 것은 사실이지만, 시와 산문의 관계는 역전되어 있다는 것이다. 하이데거가 말한 대로 시는 은폐되어 있기 때문에 보여 줄 수 없는 것이다. 그것이 시의 존재적 의미로서 다루어질 수 있다. 하지만 시인은 그러한 시의 존재를 언어로서 표현해야 한다. 김수영은 이 지점에서 멈칫한다. 시는 은폐되어 있어서, 보여 줄 수 없다. 이 시의 은폐성을 제거하기 위해서는 반은 시가 되고 반은 산문이 되어야 한다. 반은 노래가 되어야 하고, 감추어져야 한다. 이러한 경계에서 이를 밀고 나가는 것은 시인의 힘이다. 김수영이 보여 줄 수 있는 것은 시인 자신뿐이다. 시인 자신의 힘으로 이를 밀고 나갈 수 있지만 보여 줄 수는 없다. 시인은 침묵한다. 은폐와 개진의 변증법적 길항에 대한 김수영 자신의 해석은 이미 한계를 갖고 있었던 것인지도 모른다.34)

---

33) 이에 대하여 오문석은 불온시의 개념을 다음과 같이 정리하고 있다. "불온성이라는 개념은 문학적 기준과 정치적 기준 사이의 선택의 문제를 넘어서 '기준' 자체를 의문에 부치는 것"이며 "양자의 모순을 충분히 인정하면서도 그것이 화해를 지향했을 때의 상태를 담고 있는, 말하자면 '새로움'을" 내포하고 있다. 그는 이를 '극단의 대립을 통한 적대적 화해'라고 설명하고 있다(「김수영 시론 연구」, 연세대 박사논문, 2002, 114~115면).

김수영은 번역을 하면서 느끼는 감정을 「번역자의 고독」이라는 글에서 다루고 있다. 번역이라는 것은 어려운 일이기도 하거니와 신중하기도 해야 하는데 자신은 그렇지 않았다는 것. 한때는 좋지 않은 글이라도 정성을 다해서 번역을 하였지만 언젠가부터 "틀려도 그만 안 틀려도 그만"의 심정이 되어서 "아니 오히려 틀리기를 바라고 잘못되기를 바라고 싶은 마음"이 생기게까지 되었다고 말한다.[35] 벤야민은 번역가의 과제를 "낯선 말의 매력에 걸려 작품 속에 갇혀 있는 말을 그 작품의 재창조를 통해 해방시키는 것"이라고 정의한다.[36] 김수영은 벤야민이 말하고 있는 번역가의 과제를 의도적으로 방기하고 있는 셈인데 이 과정에서 번역자로서의 김수영은 고독감을 느끼게 된다.

번역이란 '언어 상호간의 친화성'을 전제해야 하는 것이다. 번역의 대상이 문학작품이라면 그 친화성의 정도는 더 많이 요구된다. 김수영은 언어의 기계적인 변환이 아닌 원문의 생명과 가치를 되살리는 것이 무엇보다 중요함을 잘 알고 있었을 것이다. 하지만 원문의 생명과 가치가 설사 번역을 통하여 재생되었다고 하여도 그것을 향유할 수 없다면, 그것은 번역의 무가치를 드러내는 것은 아닌가 하는, 일종의 비애를 그는 말하고 있다. 이것은 분명히 번역 이전의 문제이다. 번역 이전의 세계에서 진정한 번역을 갈구하는 형상이다.

하지만 김수영은 번역을 통하여 자신의 세계를 점차 확장시켰던 것도 사실이다. 그에게 있어 "가장 새로운 집념은 상이하게 되는 것이 아니라

---

34) "얼마 선에 내한한 프랑스의 낭씨로낭의 삭가신 뷔또르노 밀했듯이, 모든 실림직인 문학은 필연적으로는 완전한 세계의 구현을 목표로 하는 진보의 편에 서지 않을 수 없게 되는 것이다. 모든 전위문학은 불온하다. 그리고 모든 살아있는 문화는 본질적으로 불온한 것이다. 그것은 두말할 것도 없이 분화의 본질이 꿈을 추구하는 것이고 불가능을 추구하는 것이기 때문이다. 그런데 「오늘의 한국문화를 위협하는 것」의 필자의 논지는 그것을 더듬어보자면 문학의 형식면에서만은 실험적인 것은 좋지만 정치사회적인 이데올로기의 평가는 안 된다는 것이다."(『김수영 전집』 2, 159면)
35) 「번역가의 고독」, 『김수영 전집』 2, 80면.
36) 벤야민, 반성완 역, 「번역가의 과제」, 『벤야민의 문학이론』, 민음사, 1983, 331면.

동일하게 되는 것이다."37) 동일성의 확보는 자신을 그 수준으로 끌어올리는 과정이 수반되어야 한다. 그렇지 않다면 그의 태업은 계속될 것이다. 모더니즘의 전파라는 관점에서 살펴보자면 "그것은 유럽-미국식 발전모델이(식민주의와 제국주의를 통해) 강제적으로 일반화되었기 때문만이 아니라 카스텔이 "흐름의 공간"이라고 부른 "실제적 가상성(real virtuality)" 속에 좀더 일반화된 번역 공간들이 개방된 때문이기도 하다."38) 이 소용돌이의 와중에서 김수영은 번역가로서 시를 생각하면서 동시에 시인으로서 번역을 생각하는 것이다. 이중의 과정을 통하여 그가 수행하는 모습은 대단히 실험적이면서도 동시에 전통적이고, 진보적이면서 반동적인 요소를 동시에 담고 있다.

빌 애쉬크로프트는 탈식민주의 문학론을 각 지역별로 설명하고 있는데 그 가운데에는 미국의 신비평을 탈식민주의 문학론의 관점에서 살펴보고 있다. 그에 의하면 "신비평은 포스트콜로니얼한 세계에서 생산된 개별 작품들을 강조하면서 매우 독특한 방식으로 그 작품들에 대해 '문학일반을 거부하는 가치'를 부여했다"고 말하면서 신비평은 "1960년대까지 신선한 질료를 절실하게 필요로 하던 영국의 정전 속으로 너무 쉽게 편입되게 만들어버린 감이 없지 않다는 비난을 감수해야만 한다"라고 지적하고 있다.39) 이 점은 김수영뿐만이 아니라 현재의 문학관에도 신비평이 많은 영향을 미쳤다는 점을 감안한다면 이것의 극복은 어떻게 가능한가라는 관점에서 성찰이 이루어져야 할 것이다. 애쉬크로프트는 탈식민주의 소설의 '환유적' 읽기를 강조하고 있다. 그에 의하면 탈식민주의 소설의 작가들이 표현하는 소설 속에서 제국과 식민의 연관성은 직접적으로 표현되기보다는 환유적으로 표현되기 때문이다. 이때 환유적으로 포

---

37) 「시작 노우트 ⑥」, 『김수영 전집』 2, 302면.
38) 피터 오스본, 「번역으로서의 모더니즘」, 『흔적』 1(문화과학사 편집부 편역), 문화과학사, 2001, 400면.
39) 빌 애쉬크로프트, 이석호 역, 『포스트 콜로니얼 문학이론』, 민음사, 1996, 260면.

착된 인물과 표상을 통하여 탈식민주의 문학의 가치를 이해할 수 있다.

앞에서 다루었던 것처럼 김수영의 시를 환유적으로 해석한다는 것은 표현의 표면에서 포착된 시어의 사용뿐만이 그러한 언어서술과 작용의 전체가 전제되지 않으면 김수영에 대한 탈식민주의적 접근은 모호해질 가능성이 크다. 이러한 간극의 이해는 언어의 실정성을 방기하는 것으로 나타나기도 하는데 그것이 바로 그가 말하는 '진공의 언어'이다. 지시—대상의 관계를 갖지 않는 기형적인 언어의 산출은 신기한 효과를 일으키기도 하지만 퇴영적인 요소를 갖고 있는 것이다. 이러한 모순은 온전히 김수영의 몫이다.

> 나는 번역에 지나치게 열중해 있다. 내 詩의 비밀은 내 번역을 보면 안다. 내 시가 번역 냄새가 나는 스타일이라고 말하지 말라. 비밀은 그런 천박한 것이 아니다. 그대는 웃을 것이다. 괜찮아. 나는 어떤 비밀이라도 모두 털어내 보겠다. 그대는 그것을 비밀일 거라고 생각할 것이다. 그것이 그대의 약점이다. 나의 진정한 비밀은 나의 생명밖에는 없다. 그리고 내가 참말로 꾀하고 있는 것은 침묵이다. 이 침묵을 지키기 위해서라면 어떤 희생을 치르어도 좋다. 그대의 박해를 감수하는 것도 물론 이 때문이다.[40]

김수영 문학의 분명한 종착점은 언제나 「풀」이다. 김수영의 자기 시의 비밀을 알려면 자기의 번역을 보라고 말한다. 그가 번역한 블랙머의 「제스츄어로서의 언어」를 보면 이런 대목이 있다. "육신은 풀이다."[41] 「햄릿」 가운데 일절이다. 셰익스피어는 '육신'의 상징적 의미로서 '풀'을 사용하고 있다. 신하 가운데 하나인 로즌크랜츠가 정신적 고통을 겪고 있는 햄릿을 위로하면서 "왕자님을 임금님께서 덴마크 왕의 후계자로 천거하신다고 친히 말씀하셨는데 말입니다"라는 말에 햄릿은 "아, 그거야,

---

40) 「시작 노우트 6」, 『김수영 전집』 2, 301면.
41) R. P. 블랙머, 김수영 역, 「제스추어로서의 언어—언어의 기능에 대하여」, 『현대문학』, 1959.5, 234면.

뭐, 하지만 '풀이 자라고 있는 동안에' — 이 속담도 좀 곰팡이가 났는데"
라고 자신의 속내를 간접적으로 드러낸다.[42] 풀을 육신(몸)으로 해석한다
면 '그것도 내가 살아 있다는 가정하의 일이지' 정도의 뜻이 될 것이다.
하지만 김수영에게 있어서 '풀'은 진공의 언어이다. 왜냐하면 아직 그의
시는 텍스트에 포착되어 있기 때문이다. '풀'이라는 시어를 환유적으로
해석할 수 있다면 김수영의 고독에 좀 더 접근할 수 있을 것이다.

5. 환영을 넘어서

김수영은 「현대식교량」에서 "식민지의 곤충들이 이사시간을 / 자기의
다리처럼 건너다닌다"라고 말했다. 또 「가다오 나가다오」에서는 "서푼
어치값도 안되는 미·소인은······ 소리없이 가다오 나가다오"라고 말했
다. 일제로부터 해방이 되었으나 남과 북으로 분단된 국가의 시인으로서
식민지인의 자의식을 느끼고 표현하는 것은 당연한 일이다. 더욱이 자신
의 시에 이런 시어를 사용한 시인들을 찾기는 당시에 어려운 일이었다.
하지만 이러한 표현만으로 김수영의 탈식민적인 의식을 강조하기에는
무언가 부족하다. 김수영의 시선이 분단된 한쪽에만 머무르지 않고 분단
의 원인과 통일을 지향하는 모습은 분명히 탈식민적이다. 그럼에도 불구
하고 김수영은 개인으로서의 주체가 집단에 함몰되는 것에도 분명한 경
계를 표명하고 있다. 개인적인 고독과 침묵은 김수영의 벗이다.
오히려 탈식민주의 문학론의 관점에서 보았을 때 김수영의 매력적인
포인트는 그의 침묵에 놓여져 있다. 그는 시인으로서 시와 산문을 쓰면

---

42) 세익스피어, 이경식 해설·번역, 『세익스피어 4대비극』, 서울대 출판부, 1996, 232면.

서, 번역을 하였다. 지금까지 소홀하게 다루어졌던 그의 번역을 살펴보면 문화와 교양으로서 독립된 정신에 대한 갈구가 얼마나 컸었던가 하는 점을 확인할 수 있다. 그와 친연성이 있었던 것으로 보이는 에머슨과 테이트의 경우만 보더라도 정치적 사고와 문학적 지향이 반드시 일치하는 것만은 아니었다. 때로는 비현실적이면서 보수적인 정치관을 보여 주기도 했다. 하지만 그들의 의식은 비타협적인 일관성을 보여 주고 있다. 그 일관성을 이끌어줄 수 있는 강력한 문화적 자장은 김수영으로 하여금 선망의 대상이 된 것도 사실이다. 그리고 이것을 자신의 문학으로 '번역'하였다. 이러한 번역의 행위는 시인 자신을 타자로서 인식하는 행위이면서 동시에 선망의 대상에 대한 새로운 문자적 수정을 의미하기도 한다. 자신을 알몸으로 드러내는 행위는 고귀한 정신에 대한 반항적 행위이지만 이러한 행동을 통하여 문자적인 생명력을 얻는 것은 시인 자신이 아니라 시적 표현을 통해서이다. 그리하여 김수영에게 있어서 언어는 최종심급으로 각인된다. 언어라는 최고의 상상은 시인이 만들어낸 일종의 환영이다. 이 환영은 탈식민의 근거가 된다. 에머슨이 문화를 강조하고, 테이트가 정신을 강조하는 과정을 바라보면서 김수영은 언어를 탄생시켰다. 하지만 이 언어라는 환영은 시인 개인의 주관적인 영역에 머물기 때문에 그 전달의 과정에서 균열이 일어날 수밖에 없다. 그 균열은 물질적인 표현으로서 환유적이며 하이브리드적이다. 김수영은 그 균열을 메우기 위하여 다른 환영을 만들어간다. 그 과정에서 환유는 자기 메커니즘을 갖게 된다. 이제 시인으로서의 김수영은 자신의 시와 거리를 갖게 되면서 시와 시인의 분리를 획득한다. 이제 시인은 보조자로서의 위치에서 시를 수선하는 위치에 남게 된다. 이제 시인은 침묵한다. 김수영의 시는 민족과 국가의 경계를 넘어 문화를 혼합하였을 때 나타나는 균열의 표상이다. 그렇다면 균열에 대한 탐색과 봉합을 위한 접근이 동시에 이루어져야 할 것이다. 그리고 침묵을 일깨우는 것은 이제 시인의 몫은 아니다.

4 부

현대성과 현실성의 모색

1950년대 모더니즘 시론의 시사적 이해

1. 새로운 시를 찾아서

근래 1950년대 문학에 대한 연구가 활발히 진행되고 있다. 이 시기의 연구는 그동안 시간적인 객관성의 확보가 미흡한 탓에 연구의 대상에서 밀려나 있었지만, 지금은 현재의 문학 상황에 대한 직접적인 연원의 확인이라는 측면에서 그 필요성을 요청받고 있는 실정이다. 우선 1950년대의 문학에 대한 본격적인 연구는 비평적인 관점에서 일차적으로 진행되었다.[1] 이를 통해 당시의 대체적인 문학의 지형도를 그려낼 수 있었다. 아울러 각 개별 장르에 대한 검토가 이루어지게 되었는데 시문학의 경우는 1930년대 모더니즘 시문학 연구의 연장선상에서 이루어져 왔다.[2]

---

1) 전기철, 「한국 전후문예비평의 전개양상에 대한 고찰」, 서울대 박사논문, 1992; 한수영, 「1950년대 한국 문예비평론 연구」, 연세대 박사논문, 1995.

1950년대의 시를 말할 때 모더니즘이 우세하였다는 언급을 자주 접할 수 있다. 이와 함께 이 시기의 모더니즘은 실질적인 성과를 이루지는 못하였다는 피상적 모더니즘론에 대한 의견도 여러 곳에서 접할 수 있다.[3] 그럼에도 불구하고 당시의 모더니즘에 대한 실질적인 접근이나 이후의 영향 관계 그리고 그것의 문학사적인 평가에 대해서는 여러 가지 의문점을 갖지 않을 수 없다. 모름지기 이것은 단선적인 문학사에 대한 이해가 가장 일차적인 원인이라고 판단된다. 가령 한국 시문학에서 모더니즘이 어떻게 구체적인 양상으로 이후에 전개되었는지에 대한 이해는 아직 흡족한 성과를 이루고 못하고 있다.[4]

이 글은 이러한 의문점에서 출발하여 1950년대의 모더니즘을 시론을 중심으로 하여 검토하고자 한다. 1950년대의 시론과 비평은 상호 보완적인 연관을 맺고 있는데 이는 당시에 모더니즘을 둘러싼 제반 논의 때문이다. 1950년대의 문학적 자장은 모더니즘을 중심으로 하여 이루어졌다고 해도 과언은 아니다. 그러나 논자들에 따라서 모더니즘을 기술하거나 그 위상을 부여함에 있어서의 상이함을 발견할 수 있다. 이는 당시의 모더니즘에 대한 평가에 대한 선입관 혹은 모더니즘 자체의 발생과 전개에 대한 기존의 평가를 성급히 수용한 결과가 아닌가 판단된다. 이 때문에 1950년대의 시론에 대한 연구는 시문학의 장르적 검토와 시

---

2) 홍정운, 「한국 모더니즘 시 연구」, 『동악어문논집』 10집, 동국대 국어국문학과, 1976; 한계전, 「전후시의 모더니즘적 특성과 그 가능성」, 『시와 시학』, 1991년 봄·여름; 윤정룡, 「1950년대 한국 모더니즘 시 연구」, 서울대 박사논문, 1992; 이광수, 「1950년대 모더니즘 시 연구」, 고려대 박사논문, 1995; 송하춘·이남호 편, 『1950년대의 시인들』, 나남, 1994.
3) 특히 이러한 평가는 오세영, 「'후반기' 동인의 시사적 위치」, 『20세기 한국시 연구』, 새문사, 1989 참조.
4) 그 가운데 서준섭이 행한 일련의 논의는 연구의 새로운 가능성을 보여 주고 있다. 『한국모더니즘문학연구』(일지사, 1988)와 『감각의 뒤편』(문학과지성사, 1995)의 2부에 실린 글들이 대표적인 예라고 할 수 있다. 아울러 모더니즘의 시사적인 연속성에 대한 점검은 『현대시사상』 1995년 가을호에 '한국모더니즘시 60년'이라는 주제하에 실린 일련의 글들에서 새롭게 점검된 바 있다.

사적 기대지평에 대한 검토를 동시에 진행시켜야 하는 과제를 안고 있다고 할 수 있다.

한편 이 글에서는 일차적으로 당시의 모더니즘에 대한 실증적인 검토를 중심으로 하여 모더니즘의 한국적 수용에 대한 검토를 하고자 한다. 이는 한국 현대시와 현대시론의 현대성에 대한 논의와 궤를 같이하는 것이다. 1950년대의 시문학은 근대성에 대한 접근 방식에 있어서도 차이를 보여 주고 있다. 일차적으로 근대성은 현대성이란 말로 바뀌어서 사용되고 있는데, 이는 전후의 모더니즘적 특성을 단적으로 보여 주는 것이기도 하다. 즉 당시의 모더니즘은 한국전쟁 이후에 후진적이지만 세계사적인 보편성의 획득이라는 측면에서 시급히 수용되어야 할 과제로 인식되었다.[5] 아울러 모더니즘에 대한 제논의는 기존의 전통적 시관과는 다른 현대시에 대한 인식을 지향하고 있었다는 점에서 공통된 의견일치를 보이고 있었다. 물론 현대시에 대한 의견은 제각기 달랐지만 현대시는 무엇인가에 대한 갑론을박 속에서 당시의 문단적 정황과 특성을 살펴볼 수 있을 것이다.

그러나 1950년대의 모더니즘에 대한 기획은 시문학의 현대성을 이루려는 이들에게 성공적일 수만은 없었다. 그것은 모더니즘에 대한 기획의 기반이 미약한 탓도 있었을 것이다. 실상 그들은 그러한 기반을 김기림이나 최재서 등 전시대의 모더니스트들에게 상당 부분 의존하고 있다. 따라서 1950년대가 요구하는 모더니즘을 통한 시문학의 현대성의 모색은 전시대의 모더니즘에 대한 비판과 계승이라는 차원에서 수행되었다. 한편 1930년대의 모더니즘 운동은 1950년대의 모더니즘 문학에 많은 영향을 미친다. 그것은 1930년대 모더니즘의 한계를 극복해야 한

---

5) 이러한 인식은 김현의 「테로리즘의 문학」(『문학과지성』, 1971년 여름)에서도 확인할 수 있다. 더욱이 모더니즘뿐만이 아니라 1950년대에 제기되었던 실존주의나 기성세대에 대한 신진 평론가들의 비판 등 다양한 제논의들은 일제강점기의 문학과는 다른 세계사적인 자본주의의 편입 과정이라는 맥락과 함께 고려될 수 있을 것이다.

다는 과제와 밀접한 관련이 있다. 그런 측면에서 본다면 1950년대의 모더니즘은 시론의 체계화를 염두에 두지 않을 수 없었다. 시를 짓는다는 것과 시를 인식한다는 것은 차이가 있다. 모더니즘을 통하여 이에 대한 구분을 가져오게 되었다면 그 구분을 통하여 이루어낸 성과를 체계화한다는 것은 하나의 과제로 떠오른다. 1950년대의 시론이 모더니즘을 수용하고 이에 대한 비판의 과정을 통하여 신비평으로 나아가는 과정은 현대시와 현대시론의 체계화라는 필요성과 관련이 있다. 이러한 관점에서 한국 모더니즘 운동의 개략적인 윤곽과 그 지향점이 무엇인지를 간추려 파악할 수 있을 것이다.

2. 1950년대 모더니즘 시론의 출발점

주지하는 바와 같이 1950년대의 모더니즘은 〈신시론〉과 〈후반기〉 동인들에 의하여 시작되었다. 〈신시론〉과 〈후반기〉 동인들의 구성과 그 활동에 대해서는 당시 구성원들의 회고와 기존의 연구 성과에 의하여 많은 부분 확인되고 정리되었다.[6] 한계전은 김규동의 회고를 빌어 후반기 동인이 피난지 부산에서 1951년 가을 무렵에 결성되었으나 대략 1953년

---

6) 이들의 회고는 『세월이 가면』(근역서재, 1902)에 비교적 상세하게 기술되어 있다. 박인환의 문학과 그 주변에 대해서 다룬 이 책에는 김경린·김규동·김차영·박태진·양병식·이봉래·조향 등 〈후반기〉 동인들의 1950년대 모더니즘에 대한 회고가 수록되어 있다. 그 가운데 조향은 「인환과 '후반기'」에서 〈후반기〉 동인의 명칭에 대해 언급을 하고 있다. 그에 의하면 박인환의 집에서 동인회의 명칭이 거론되었다고 한다. "인환이 후반기(後半紀)가 어떠냐고 내놓았는데, '20세기 후반'이라는 뜻이었다(요즘 '後半期'라고 쓰는 사람이 많은데, 앞으로 '期'를 '紀'로 바로 잡아 주기 바란다)"(같은 책, 117면)라는 부분을 통해 그들의 모더니즘적 지향을 엿볼 수 있다. 즉 '후반기'란 시기적인 의미보다는 시대적인 의미를 가리키는 말이다.

12월 무렵에 해산된 것으로 추정하고 있다. 1950년대의 모더니즘을 주도적으로 이끈 〈후반기〉 동인을 다루기 위해서는 〈신시론〉 동인의 앤솔로지 『새로운 도시와 시민들의 합창』(산호장, 1949)을 함께 다루어야 하며, 1957년에 간행된 『현대의 온도』(도시문화사, 1957)라는 앤솔로지도 함께 주목해야 한다. 왜냐하면 〈후반기〉 동인은 동인지 한 권 제대로 내지 못한 채 해산하고 말았기 때문이다.[7] 『현대의 온도』에는 〈후반기〉 동인으로서는 김경린과 김차영 둘만이 참여하고 대부분의 지면은 신인들이 차지하고 있다. 이와 함께 앞의 책에서는 "30년대에 몇몇 고립적이고 개인적인 시도로 시작되었던 모더니즘 시운동이 이제는 본격적으로 전문단에 확산되기 시작했다"라고 그 의의를 밝히고 있어 그들의 자부심을 읽을 수 있다. 이것은 『새로운 도시와 시민들의 합창』의 후기에서 밝힌 대로 "우리들은 '신시론'의 멤버를 고정하여 두고 싶지 않다. 이론과 인간성이 합하는 데 스스로 모이고 이론과 인간성에 간격이 생(生)하는 데 스스로 흩어지고 그러나 이러한 유동과 함께 '신시론'이 발전하여 나아갈 수 있는 계기를 갖는다면 새로운 시가 전진하는 한 모멘트가 될 것이다"라는 처음의 의도와 비교해서 부정적인 성공을 표나게 내세우고 있다.

그리고 『현대의 온도』는 〈DIAL〉 동인의 앤솔로지이다. 이 점은 또한 흥미로운 사실과 연결되는데 1950년대의 모더니즘 운동은 〈신시론〉에서부터 〈후반기〉와 〈DIAL〉 동인에 이르기까지 김경린이 중심적인 역할을 하였다는 사실이다.[8] 1950년대 모더니즘에 대한 조명은 〈후반기〉에 초점이 맞추어져 있어 김경린에 대한 시사적인 조명이 미루어진 것은 아닌가 생각된다. 한편 한국전쟁 중에 조향은 피난지 부산에 생활 기반을 갖고 있었으며, 그는 『현대국문학수(現代國文學粹)』(자유장, 1952)라는 대학 교재를 출간한 바 있다. 이 책에는 〈후반기〉 동인들의 작품들이 실려 있어 주목된다. 주요한으로부터 〈청록파〉와 김춘수·양명문의 시작품을 수

---

7) 한계전, 앞의 글, 102면.
8) 김경린, 「검은 준열의 시대를 불태운 사람들」, 『한국모더니즘시운동대표시선』, 1994.

록하고 있는데 이 책에는 김경린·조향·이봉래·박인환·김차영·김 규동의 작품과 그들의 합작시가 함께 실려 있다. 〈신시론〉의 앤솔로지 『새로운 도시와 시민들의 합창』과 비교할 때 김경린과 박인환의 작품은 중복되기도 하지만, 김수영·임호권·양병식의 작품 대신 조향·이봉 래·김차영·김규동 등의 작품이 실려 있다. 이 책은 『주간 국제』의 '후 반기 문예특집'과 함께 〈후반기〉 동인의 활동상을 검토하는 데 도움이 된다. 만약에 〈후반기〉 동인들이 앤솔로지를 꾸미려고 했다면 이 책에 수록된 작품들이 중심이 되었을 것으로 추측해 볼 수 있다.

〈신시론〉의 동인들은 박인환의 마리서사에서 접촉을 시작하였다. 김 기림·김광균 등도 〈신시론〉의 동인들과 교류가 있었다. 임호권은 『새 로운 도시와 시민들의 합창』에서 자신의 시작 경향이 신시론 동인들과 는 차이가 있음을 밝히고 있다. 하지만 그는 김기림에 대한 서평을 발 표한 바 있으며, 이를 통해 교류를 짐작할 수 있다.9) 따라서 김기림·김 광균·장만영 등 1930년대의 모더니스트들과의 접촉은 〈신시론〉 동인 의 탄생에 직간접적인 영향을 주었다.10) 하지만 1930년대 모더니즘과의 연관성에 대한 논의는 각별한 주의를 요한다. 이는 1950년대 모더니즘 이 전시대의 모더니즘에 대한 논의와 갖는 차별성을 무시할 수 없기 때 문이다. 일반적으로 전기 모더니즘과 후기 모더니즘의 연관성과 차별성 이 무엇인지에 대한 검토가 없이는 1950년대의 모더니즘이 갖는 시사적 위상을 적절히 밝힐 수 없을 것이다.

1930년대의 모더니즘은 일반적으로 '주지주의'로 통칭되어진다. 이는 T. E. 흄의 영향에 의한 새로운 문학의 성향으로서 이 땅에는 김기림과 최 재서 등에 의하여 유입되었다. 그밖에 시인으로서는 정지용·김기림·김

---

9) 임호권, 「기상도를 읽고」, 『자유신문』, 1948.11.16. 김기림의 시집 『기상도』는 1938년 초판 당시에는 이상(李箱)이 장정을 맡았으며, 1948년의 재판에서는 김경린이 구성을 맡 았다.

10) 이에 대해서는 이명찬, 「1950년대 전후 모더니즘의 역사적 성격에 대한 검토」, 『개 신어문연구』 11집, 1994 참조.

광균 그리고 이상 등이 이러한 문학의 자장 안에서 활동하였다. 그러나 구인회를 중심으로 한 1930년대의 모더니즘은 김기림의 「모더니즘의 역사적 위치」(『인문평론』, 1940.10)에서 밝히고 있듯이 일단 막을 내리게 된다. 그것의 이유야 어쨌든지 간에 1930년대의 모더니즘에 대한 제논의는 한국 현대시사의 질적인 도약을 이룩하는데 중요한 역할을 하였다.

모더니즘의 전개 과정에 있어서 빼놓을 수 없는 항목이 이른바 '기교주의 논쟁'이다. 기교주의 논쟁은 1930년대 시단의 양상과도 밀접한 관련이 있는데 카프를 중심으로 한 경향시와 주지주의의 영향하에서 전개된 모더니즘시 그리고 시문학을 중심으로 등장한 순수시파가 그것이다. 당시의 시단에서 각각의 유파는 상호 이해의 폭을 넓히기도 하였지만, 상대방의 문학관에 대한 근본적인 차별성을 확인할 수도 있었다. 그것은 시작에 있어서의 '기술'에 대한 인식의 편차에서 비롯되었다. 순수시론을 내세운 시문학파의 경우 시작 과정을 불가지론으로 바라보는 데 반하여, 모더니즘의 경우 시작 과정에 있어서의 방법과 이에 대한 인식을 중요한 과제로 설정하였던 것이다.

이 가운데 카프시의 경우에 있어서는 뚜렷한 시론을 내세운 것은 아니었지만 시단에 있어서의 하나의 유파로서 작용하였다. 이때 임화는 기교주의 논쟁의 통하여 이중적인 과제를 수행하고 있다. 그것은 논쟁에 참가한 모더니즘과 순수시파를 비판하면서 프로시의 반성을 촉구하는 것이다. 이러한 반성은 당시의 시단풍토를 비판하면서 가능하였던 것이다. 그것은 요약하면 임화의 다음의 말에서 확인할 수 있다. "오직이 '내용과 기교의 통일' 가운데는 양자가 등가적으로 균형되어 있는 것이 아니라 이 통일은 우선 전체로서의 양자를 가능케 하는 물질적 현실적 조건으로 성립하고 그것에 의존하며 동시에 내용의 우위성 가운데서 양자가 스스로 형식 논리학적이 아니라 변증법적으로 통일되는 것이다."[11] 이는 지금까지 김기림에 대한 비판으로 자주 거론되어 온 문구이다. 그러나 임화의 경우 이러한 과정을 거쳐서 도출해 낸 시는 '완전한 시'에 대한 기대 그 이상을 넘어서고 있는 것은 아니었다. 아울러 앞으로 나아가야 할 시에서 모더니즘 시론이 제기한 문제의 틀을 고려하고 있는 점은 매우 시사적이다.

> 그러나 금일의 상징주의적 시인들이나 지용씨등과 같은 이, 혹은 기림씨 같은 이의 제작에서는 기운없는 어구로 3이란 자가 수 셋을 의미하듯이 사물의 말단을 그리는데 만족하고 개인의 불행을 노래하는 서정시나 성모 '마리아'를 그리는 종교적 감정이라든가, 혹은 겨우 배태된 비판적 의지가 시인이 갖는 기물에 대한 소비자적 집애(執愛)라든가, 언어의 기교주의적 구사에 의하여 무디어 지고 있음을 볼 수가 있다. 금일의 조선에서 기교파라고 볼 수 있는 시인 가운데 기림씨의 약간의 근작을 제한다면 유감된 일이나 아무 곳에서도 박용철씨의 말씀한 바 우리의 상상키도 난한 부정적 정신은 발견할 수가 없다.12)

임화의 경우 김기림이 주창한 현실에의 적극 관심에 대해서는 긍정적인 반응을 보이고 있다. 상대적으로 임화의 경우 정지용이 보이고 있는 카톨리시즘에 대한 경사나 박용철의 순수시론에 대한 강한 부정을 엿볼 수 있다. 더 나아가 현실을 바라보는 '부정적 정신'의 필요성을 누차 강조하고 있기도 하다. 임화의 경우 이러한 현실에 대한 부정적 정신이 어떻게 '완전한 시'로 전이되는가에 대한 구체적인 해명은 적은 편이다. 그러나 당시에 현실적인 관심을 방기하는 것에 대한 경계는 뚜렷하다고 할 것이다. 더 나아가 대동아공영권을 내세운 신체제론 앞에서 임화와 김기림은 현실에 대한 관심을 더욱 촉구하고 있었으며, 이를 통해 근대성에 대한 인식을 공유하고 있다. 그리고 정지용과 『문장』으로 이어지는 후일의 <청록파>에 대한 대타의식을 간접적으로 확인할 수 있다. 해방기에 김기림이 <조선문학가동맹>에 참가하는 과정에 대한 설명으로서 이러한 시단의 재편성은 일찍이 1930년대 후반에 예비되고 있었다고 할

---

11) 임화, 『문학의 논리』, 학예사, 1939, 666면.
12) 위의 책, 662면.

수 있다. 1930년대와 1950년대의 문학적 연속성은 이러한 문학사의 기대지평을 통해 이미 이루어지고 있었다. 한편 김기림은 해방기의 쟁투가 냉전적 사고로 식어갈 즈음 본격적인 과학적 시학의 수립의 과제에 매달리게 된다.13) 이때 그는 「예술에 있어서의 기술과 정신」을 발표한다.

> 기술은 그러므로 늘 통제와 조직을 그 본질적 과정으로서 속에 품고 있는 창작적 실천 그것인 것이다. 그러나 그 자체를 위한 통제나 자율적인 조직활동이 아니라 어디까지든지 일정한 목적을 향한 통제요 특정한 의도에로 통일된 조직인 것이다. 어떤 예술의 분야에서든지 간에 기술은 결국 한 작품의 전체적 효과의 형성과정에 그것과 가를래야 가를 수 없는 관계에서 유기적으로 빈틈 없이 스며 있는 것이라 하겠다. 이리하여 기술이란 한 예술적 표현의 효과와의 관계에서 평가되어야 할 것이다.14)

일제시기에 김기림은 '오전의 시론'을 발표하고 이어서 '전체시론'을 발표한 바 있다. 기교주의 논쟁을 통하여 '내용과 형식의 통일'이라는 가설은 순수시파의 입장에서는 불가지론으로 경향파의 입장에서는 형식 논리적이라는 비판을 받았다. 하지만 김기림에 있어서 전체시론이 내포한 진의는 '예술적 표현과 그 효과'라는 것에 충실한 것이었으며 형태적인 실험성과 내용 중심성을 동시에 지양하는 것이었다. 시를 예술작품으로 하나의 유기체로 인식한다는 것과 그것은 기술, 즉 표현을 통하여 이루어져야 한다는 효과의 측면이 그를 전체시론으로 이끌고 간 것이다. 그가 맥크리쉬의 「시론」이라는 시를 인용한 것도 그러한 이유였겠지만, 필자는 그런 의미에서 김기림의 시론을 '유기체적 전체성'으로 정의한 바 있다.15) 이는 기교주의 논쟁 당시 그의 분명한 관심사이

---

13) 서준섭, 「한국 현대문학비평사에 있어서의 시비평이론 체계화 작업의 한 향상」, 『비교문학』 5집, 1980.12 참조.
14) 김기림, 「예술에 있어서의 정신과 기술」, 『문장』, 1948.10.
15) 허윤회, 「김기림 시 연구」, 성균관대 석사논문, 1993.

었으며, 시작 과정의 해명에 대한 그의 과제이기도 하였다. 그리고 미완된 그의 과제로 인하여 지금까지 김기림에 대한 평가가 유보되고 있는지도 모르는 일이다.

3. 현대시에서의 언어와 이미지

먼저 1950년대 모더니즘시운동의 고찰에 있어서 김경린은 빼놓을 수 없는 존재이다. 1950년대 모더니즘시운동의 시작은 이른바 〈신시론〉 동인들에 의하여 이루어진다. 〈신시론〉 동인들은 『새로운 도시와 시민들의 합창』(도시문화사, 1949)이라는 앤솔로지를 발간하는데 〈신시론〉 동인으로 참가한 시인들은 김경린 · 임호권 · 박인환 · 김수영 · 양병식 · 김경희 등이다. 제목에서 알 수 있는 것처럼 '도시'와 '시민'이라는 단어는 '새로운'이라는 형용사와 어울려 모더니즘의 본질적인 측면인 '도시적인 것'을 강조하고 있으며 동시에 '합창'을 통해서는 '디오니소스적인 것'이 결합되어 있다. 그리하여 모더니스트들로서 그들이 내세운 제목은 M. K. 스피어즈가 말한 것처럼 그들의 모더니즘적인 의식의 지향을 단적으로 보여 주고 있다.16) 그것은 진정한 모더니즘에 대한 갈구이다. 장만영은 앤솔로지의 출간에 즈음하여 "여기 모인 시인들은 아침의 야채와 같이 신선한 이휘, 싱싱한 에스프리. 시는 새로운 시대와 같이 들진한다는 구호소리가 어디선가 들려오는 것 같다"17)라고 표현한 바 있다. 일제로부터의 해방과 해방기를 거치면서도 새로운 시인들의 등장은

---

16) M. K. Spears, *Dionysus and the City*, Oxford Univ. Press, 1970(2, 3장 참조).
17) 장만영, 「신시론 동인들의 감상―『새로운 도시와 시민들의 합창』을 읽고」, 『태양신문』, 1949.8.3.

예비되어 있었던 것이다. 김경린은 「매혹의 연대」라고 이름 붙인 『새로운 도시와 시민들의 합창』의 자서(自序)에서 다음과 같이 말하고 있다.

　　우리의 많은 선배들도 자기 스스로가 '모더니스트'임을 자랑하였으나 그들은 너무나 강한 현실의 저항성을 넘어 신영토를 개척하지 못하였기에 시의 국제적인 발전의 '코스'와는 정반대의 방향에 기울어져 가고 말았던 것이다. 그러나 물리적 화학적 그리고 정신적인 세계로 하나의 역사적인 '코스'를 향해 발전하여 가고 있는 것은 엄연한 사실이다. 비록 지난날의 과오를 버리고 실재주의적인 경향으로 나아가고 있다 하여서 이를 가리켜 '시의 귀향'이라고 부르며 안심하기에는 너무나 많은 미해결의 문제가 산재하여 있지 않은가[18]

　김경린의 위의 말은 1930년대 모더니스트들에 대한 비판이면서 모더니즘을 실천하고자 하는 신세대의 의욕이 공존하고 있다. 그리고 앞으로 더 나아갈 '국제적인 코스'의 탐색에 대한 열정의 표현이기도 하다. 김경린은 "1920년대에 출발점을 둔 현대시(모더니즘)는 1948년인 오늘에 이르기까지 많은 변혁을 시도해 왔으니 그것은 시에 있어서 어떠한 시대를 막론하고 시대성을 초월하여 순수성을 포기함으로써 문학적인 새로운 모럴의 세계와 결부하려는 경향이었다. (…중략…) 그러나 「새노래」가 참으로 새노래일 수 있으(려)면 「새노래」가 가지는 풍부한 시대감각을 가르치는 데 불과한 감을 보여주는 것은 그가 해방 이후에 보여 준 것이 포엠의 평면적인 확장은 하였어도 포에지의 직접적인 변화는 가져오지 못하였기 때문이다"[19]라고 말하고 있다. 이는 해방기 김기림의 시작에 대한 공과를 논하는 대목이다. 즉 모더니즘의 수용이라는 측면에서는 김기림의 선구적인 업적을 인정하면서도 그가 해방기에 보여 준 모습에 대해서는 전적으로 수용할 수 없다는 것이다. 사실 김경린의 시론은 김기림의 것과 많은 부분 유사한 측면이 있다. 그리고 김경린의

---

18) 김경린, 「매혹의 연대」, 『새로운 도시와 시민들의 합창』, 도시문화사, 1949, 11면.
19) 김경린, 「김기림의 현대성과 사회성」, 『월간문학』 233호, 1988.7에서 재인용.

이미지에 대한 중요성의 강조는 김기림이 이를 시작에 있어서의 기술로 실체화하려 했던 노력의 바탕 위에서 가능한 것이다. 하지만 김기림이 시에서 기술과 현실의 전체를 구현하려 했던 의도가 이미지를 통해 어떻게 가능한가의 문제는 아직 미지수로 남아 있었다. 이는 본질적으로 현실에 대한 응전력을 바탕으로 문학(시)을 통하여 방법과 가치를 달성하려는 방향으로 나아가게 된다. 또한 근본적으로 모더니즘의 수용이라는 문제와 함께 모더니티란 무엇인가를 끊임없이 반추하게 하는 요인으로서 작용한다. 그 첫 단계로서 김경린은 후진적인 문학 상황에서 선진적인 문예사조를 빨리 수용하여 선진적인 문학을 수립해야 한다는 의식에 사로잡혀 있었다.

김경린은 1930년대 후반기에 등단하여 활동을 하였다. 조연현과 함께 문학 활동을 시작하였으나 그와 뜻이 맞지 않아 결별하고 『맥』 동인으로 참여하다가 동인지의 간행이 여의치 않자 일본으로 건너가 VOU 그룹에서 활동했다고 한다. 따라서 다양하게 전개된 1930년대 후반 시단에서 모더니즘적인 지향을 간직하고 있었던 것이다. 다만 그에게 활동의 장이 여의치 않았다는 것이 그가 문단에 뒤늦게 나온 배경이라고 할 수 있다. 김경린은 해방 전에도 시와 시론을 발표한 바 있지만, 해방 후에는 모더니즘을 중심으로 본격적인 활동을 다시 시작한다.

> 이러한 실험의 코오쓰는 언어의 과거에 있어서의 모든 약속의 파괴 또는 재인식을 요구할 것이며 언어의 단순명쾌의 방향을 향하여 그리고 극단의 언어의 제한을 돌파하고 나아갈 것이다. 이로 말미암아 하나의 사물에 근접할 때 그에 접근함으로서 발생하는 심리적인 면을 초월하여 직감적으로 하나의 현실에 대한 관찰을 새롭게 할 수 있을 것이다. 이의 관찰에서 얻은 경험은 또다시 언어와 언어와의 화학적 결합으로 인하여 구축되는 이메이지의 세계로의 찬연히 빛날 수 있고 또한 그 배후에 숨은 시대감각이야말로 우리의 시에 있어서 중요한 포인트가 되는 것을 말하여 두는 것이다.[20]

김경린은 상징주의와 이미지즘을 대립적으로 고찰하면서 언어의 지시성에 대한 파괴를 '언어의 실험'이라고 부르고 있다. 이로 인하여 언어는 화학적 결합을 일으키게 되고 이미지의 세계에 도달할 수 있다는 입장을 취하고 있다. "현실에 대한 관찰"이니 "화학적 결합"이니 하는 말은 아직은 추상적인 측면이 있다. 이에 대하여 김기림의 다음과 같은 말을 참조하는 것은 의미 있는 일이다. "기술은 그러므로 늘 통제와 조직을 그 본질적 과정으로서 속에 품고 있는 창작적 실천 그것인 것이다. 그러나 그 자체를 위한 통제나 자율적인 조직 활동이 아니라 어디까지든지 일정한 목적을 향한 통제요 특정한 의도에로 통일된 조직인 것이다. 어떤 예술의 분야에서든지 간에 기술은 결국 한 작품의 전체적 효과의 형성과정에 그것과 가를래야 가를 수 없는 관계에서 말하자면 유기적으로 빈틈없이 스며 있는 것이라 하겠다."[21] 즉 이것은 1930년대 이래 김기림의 전체시론이 도달한 지점이며, 시문학의 장르적인 인식에 기반한 유기적 전체성의 지향이라고 할 수 있다.

반면에 김경린은 "우리들은 20세기 초에 있어서의 포말리스트들이 범한 과오를 너무나 잘 알고 있기 때문에 예술작품을 포름의 탐구에만 그치려고 하는 것도 아니다. 다만 어떠한 의미에서든 존재할 수 있고 역사적 정통성으로 보아 충분히 새로울 수 있는 작품이란 내용과 포름과의 완전한 일치 속에서만 엿볼 수 있으리라는 신념에서 출발한 데 불과하다"[22]라고 말하고 있다. 김경린의 말 속에서는 김기림의 '내용과 형식의 통일'을 통한 종합에의 의지가 많은 부분 차지하고 있다. 동시에 김기림을 비롯한 선배들에 대한 그것의 가능성에 대한 회의의 시선이 얼비치기도 한다. 김경린에게는 현재의 상황에서 한 발 앞서 나아갈 수 있는 방법의 탐색이 절실히 요청되었다.

---

20) 김경린, 「현대시와 언어」, 『경향신문』, 1949.4.22~23.
21) 김기림, 「예술에 있어서의 정신과 기술」, 『문장』, 1948.10.
22) 김경린, 앞의 글.

그렇다면 김경린의 시론은 김기림의 시론의 영역에서 전혀 새로운 것이 없는 것일까? 이에 대해서는 김경린의 시론에 대한 자세한 고찰을 요구한다. 그것은 김기림의 전체시론이 가치론적인 지향을 다분히 갖고 있었으며, 이를 체계적인 시론으로 해결하려 했었던 것과의 차이라고 할 수 있다. 김경린은 김기림이 주목한 기술과 정신의 문제보다는 경험의 표현이라는 측면에서 이미지의 구사를 중시하게 된다. 즉 작품의 생산 과정에서 기술이 차지하고 있는 영역을 이미지로 대치하고자 하는 것이다. 이를 통하여 언어의 화학적 결합은 '이미지의 수정막적 효과'로 대치된다. 이를 통해 김경린의 시론은 일정한 궤도에 오르는 결과를 갖고 온다. 그것은 현실과 문학을 어떻게 결합시킬 것인가라는 문제 앞에서 "현대시는 역시 강한 시대감각을 기반으로 하여 현대에 있어서의 생활경험에 새로운 시적인 질서를 부여하는데 있다"[23]라는 것으로 정식화되기에 이른다. 또한 이것은 김경린에게 있어서 '이데오프라스티의 세계'라고 지칭되는 것이기도 하다. 시대의 현실을 도외시하지 않으면서 이를 시적인 세계에 질서화하려는 그의 의도가 잘 드러나 있다고 할 것이다.

　이러한 역사적 배경 속에서 발전하여 온 현대시는 더욱이 현대의 부조리한 사회의 생활 요소 곳곳에서 체득되는 경험의식을 구상화하기 위하여 종래의 자연파 시인들이 일삼아 왔던 평판적인 기술 방법에 의한 대상의 표현화의 방법에 불만을 표시하게 된 것은 당연한 일이 아닐 수 없다. 따라서 현대의 시인들은 그들이 체득한 시적인 세계의 효과를 위하여 이마저리에 의한 이데오프라스티의 세계를 구축하기에 이르러 온 것이다. 이데오프라스티란 작시 과정에 있어서의 중요한 두 가지의 단계, 즉 정확한 언어의 채택과 성공적인 착상의 구현화 등의 결과로서 이루어지는 시적인 효과의 세계를 말하는 것인 바 이는 착상에 대한 수집과 분류와 결합으로써 형성되는 '라인'과 '라인'이 서로 유기적인 화합작용을 일으켜서 하나의 통일적인 시세계를 이룩함으로써 성공적인 성과를 거둘 수 있는 것이라고 할 수 있다.[24]

---

23) 위의 글.

그런데 이데오프라스티의 세계는 문학(시)의 세계에 구현되는 것이다. 김경린이 시대정신이라는 용어보다는 시대감각이라는 용어를 즐겨 사용하는 배경에는 사회와의 즉자적인 결합과 거리를 두려고 했기 때문이다. 김경린은 이를 문학 내부의 문제로 인식하였던 것이다. 이러한 상황에서 김경린은 이미지와 메타포의 중요성을 강조한다. 이데오프라스티의 세계를 기술적으로 해결할 수 있는 관건을 '이메이지와 메타포의 유기적인 배치'에 두고 있는 것도 같은 맥락이다. 더욱이 김경린은 이미지와 메타포의 중요성에 대해서는 언급했지만 이의 구체적인 실현에는 관심이 미흡하였다. 그의 시론이 단조롭게 비친다면 이에 연유하는 것이다.

한편 김경린이 주재하던 『시와 비평』에 게재된 박이문의 「현대시의 메타휘」는 김경린의 한계와 새로운 시론의 가능성을 보여 주고 있다. 박이문은 우리가 "슬프다고 할 때에는 슬픈 내용, 슬픔의 '리아리떼'는 살아있지 않다. 우리들의 체험은 관념을 통해서 보다는 구체적인 '리아리떼'에 의한 것이다"[25]라고 말하고 있다. 여기서 메타포와 표현의 구체화는 체험과 현실을 도외시할 수는 없다는 것을 깨닫게 된다. 이미지와 메타포가 관념의 작용으로만 이해되었을 경우에 시적 대상의 실체를 잃어버리게 된다면 그것은 그야말로 비현실적인 추상의 세계로 가버리게 된다. 이것은 언어의 지시성이 갖는 한계인 동시에 언어 예술이 넘지 않으면 안 될 과제이기도 한 것이다. 그렇다면 문제는 김경린의 경우에 그의 이론적인 지향이 잘못되었다기보다는 그의 세계관의 차이가 이런 문제를 낳았다고 할 수 있다. 김경린의 경우 시의 세계를 '리알'의

---

24) 김경린, 「현대의 이메지와 메타포어」, 『자유문학』 4, 1957.6. 특히 김경린이 관념응화라고 번역하여 사용한 '이데오프라스티'에 대해서는 일어식 조어일 것이라는 추측도 있었으나 파운드의 용어임이 밝혀졌다. 즉 "시행이 하나씩 첨가됨에 따라서, 이미지들은 상호작용 속에 에너지를 발산하면서 미학적 감정을 초래한다. 이러한 과정에서 모든 시행들은 결합하여 하나의 연을 이루는데, 그것은 한 단위 속에서의 관념의 융합이 완결되는 것을 뜻한다. 이러한 미학적 과정이 바로 파운드가 관념조형(ideoplasty)이라고 부르는 과정이다."(전홍실, 『영미 모더니스트 시학』, 한신문화사, 1990, 120면 참조)
25) 박이문, 「현대시의 메타휘」, 『시와 비평』 3호, 1957.5.

세계와는 구분되는 '이미지'의 세계를 강하게 희구하였다. 동시에 이것
은 김경린의 이론이 구체적으로 진전되지 않은 가장 큰 요인이라고 생
각된다. 국제적인 코스의 세계성의 동시적 체험을 바라던 그에게 있어
서 모더니티의 근본적인 지향은 현실에서의 구체적인 경험을 통해서 이
루어지는 과정과 긴밀한 관련이 있음을 그 자신 간과하였던 것이다.

4. 현대시와 시대정신

〈후반기〉 동인을 중심으로 한 모더니즘 시인―시론가들을 하나로 묶
을 수 있었던 것은 시작에 있어서 기술의 문제를 어떻게 해결할 것인가
에 대한 공통된 관심이 있었기 때문이다. 이는 그들을 1930년대 모더니
즘의 연장선상에서 바라볼 수 있는 근거이기도 하다. 하지만 그들이 처
한 1950년대의 문학 현실은 1930년대의 그것과 같은 것일 수는 없었다.
1950년대의 시대정신을 어떻게 받아들이느냐에 따라서 그들의 문학과
의식은 편차를 보일 수밖에 없다. 그렇다면 그들이 받아들였던 현실과
그 현실의 지향에 따라서 그들의 시론 혹은 이론적 지향은 어떻게 전개
되었는가를 살펴보고자 한다.
   조향은 시론은 초현실주의에 집중되어 있다. 「이십세기의 문예사조」
는 그의 내표적인 이론적 작입이다.26) 하지만 이 글에서 그는 1910년대
로부터 1950년대까지의 특징적인 문학사조들을 정리하고자 하였다. 프
로이트의 정신분석학, 다다와 초현실주의, 이미지즘, 실존주의 등을 다
루고 있어 서구의 현대문학사를 요약하고 있는 듯하다. 그 가운데 그의

---

26) 조향, 「이십세기의 문예사조」, 『사상』, 1952.9.

독특한 해석의 한 측면을 다음에서 엿볼 수 있다.

> 기독교의 신의 구원도 콤뮤니즘의 철저한 합리주의도, 실존주의의 형이상학
> 적 비약도 거부하는, 가장 지성적인 행동적인 제3의 입장에 있는 그가 도달할
> 수 있는 제일 방불한 영토라곤 아나키즘의 세계밖에 없을 것이다. 그것은 '인
> 간의 자치령'이다. 더군다나 2차대전후, 인류는 원자탄이라는 이른바 '페스트'
> 때문에 공통된 위기감에 사로 잡혀서, 인류 전체의 안전 보장 문제가 하나의
> 아나키즘적 연대정체에로 지향하고 있는 사실에 상도할 때, 카뮤의 휴매니즘의
> 방향에 대하여 수긍할 수 있는 것이 아닐까?

조향은 「이십세기의 문예사조」를 마무리하면서 '아나키즘과 새로운
휴머니즘'의 가능성에 대하여 논하고 있다. 그는 사르트르보다는 지드
나 까뮈의 문학에 가능성을 두고자 한다. 그것은 실존주의를 좀 더 구
체화한다는 의미에서 아나키즘의 수용을 의미한다. 동시에 아나키즘은
방법적 새로움을 의미한다. 이것은 현실과 연결시켜 보면 좀 더 설득력
이 있다. 사르트르와 같이 서구의 지식인들이 잇달아 좌경하는 것을 그
는 좀처럼 받아들이려고 하지 않는다. 더욱이 남북이 무력으로 대결하
고 있는 상황에서야 더욱 그럴 수밖에 없었을 것이다. 그렇다면 그의
이러한 아나키즘에 대한 신뢰가 그를 초현실주의로 이끌어간 것은 무엇
때문일까? 조향의 대표적인 시작 방법을 일컬어 '데뻬이즈망의 시학'이
라고 할 수 있는데 이것은 초현실주의적인 시작방법의 요체인 것이다.
주지하는 바와 같이 다다의 불량성·부정성·파괴성 등이 점차 진화하
면서 초현실주의에 도달하였다. 이 점을 참조한다면 조향의 휴머니즘적
아나키즘이 초현실주의로 연결되는 것은 당연한 귀결일지도 모른다. 그
이면에는 집단주의와는 다른 혹은 전체주의를 배격하는 반공주의적 정
서가 짙게 배어 있다.

그런 그가 김경린 등과 같이 동인을 결성하게 된 배경에는 그들이 문
학의 '세계적 동시성'에 대해서는 일치된 견해를 갖고 있었기 때문이다.

서구의 발전된 문학사조를 빨리 받아들여서 이를 전파하는 것이 그들이 일차적으로 생각한 과제였다. 이것은 일제시대의 문학풍토와는 약간의 차이가 있었던 것이기도 하다. 일제시대에는 민족의 독립이라는 과제와 문학의 근대화가 이중적인 과제로 설정되지 않을 수 없었다. 형식적으로나마 남한에서 수립된 단독정부는 그러한 이중적 과제로부터 거리를 두게 할 수 있었다. 그들은 자연발생적인 시보다는 의식적인 창작 방법을 통해 작품을 만들고자 하였다. '만들어진 시'에 대한 그들의 지향은 그들을 자연스럽게 모더니즘의 울타리에 모이게 하였던 것이다.

한편 그들에게는 사회 현실에 대한 관심은 부차적일 수밖에 없었으며, 외래사조에 대한 동경은 그들의 의식에 잠재되어 있었던 것이다. 이러한 저간의 사정은 모더니즘시운동에 참여한 동인들에게도 나타나는데 이론적으로 '현대시'에 대한 이론적인 입장은 김경린을 따르면서도 시작 방법에 대해서는 조향적인 견해를 따르고 있는 듯하다. 〈후반기〉에 참가한 동인 가운데 김규동·이봉래 등이 초현실주의적인 시작 방법에 관심을 보이고 실제로 창작에 임하기도 하였다. 현대시의 정의에 대해서는 김경린의 영향이 돋보이면서도 시작의 방법에 있어서 초현실주의에 대한 영향은 과소평가할 수 없다. 김규동은 이를 다음과 같이 회고한 바 있다.

1951년 필자 등이 피난도시 부산에서 가졌던 '후반기' 동인회는 전쟁이 치열하게 계속되고 있던 저 역사적 혼란의 와중에서도 세계사조와의 연관 아래서 현실과 자아 의식의 탐구를 시와 여러 예술 장르의 실험을 통해 감행해 보자는 절실한 요청에서였다. '후반기' 모임은 하나의 아방가르드 운동으로서 다다와 쉬르레알리즘을 재정리 내지 분석 비판하고 작품 활동과 이론 실천의 전개를 통해 우리 문학의 체질을 개혁해 보자는 것이 한 목표이기도 했다. 우리들은 자연히 쉬르의 법왕인 브르통의 '絕對拒否'와 '破壞'의 정신을 높이 샀으며, 포름의 부재를 확신하는 일이야말로 절대로 필요한 일이며 모든 심적 메카니즘을 파괴하는 대신 생에 대한 주요한 제문제의 해결을 쉬르의 흐름과 병행하

여 찾으려 하였다.[27]

   이러한 관점에서 볼 때 박인환의 경우는 특이하다. 그는 이미지즘적
인 김경린이나 초현실주의적인 조향과는 거리는 두고 있다. 아울러 김
규동이 김기림과 이상 등이 수립한 1930년대 모더니즘을 충실히 계승하
고자 하는 것과도 거리를 두고 있다. 박인환은 그가 남긴 「현대시의 불
행한 단면」이나 「현대시의 변모」 등의 글을 통해서 엘리엇 이후 뉴컨트
리파의 스펜더나 오든을 보다 현대적인 '오늘의 시인'들로 보고 있다.[28]
그것은 1930년대의 김기림이나 이상의 시가 자신의 시대에는 걸맞지 않
고 새롭게 변모해야 함을 강조한 예라고 할 수 있다. 그런 점에서 박인
환의 비판적인 면모를 읽을 수 있으며, 그의 시에 나타나는 '부정적 정
신'과의 상관관계를 유추해 볼 수 있다. 「인천항」이나 「자본가에게」에
서 나타나는 의식은 현실에 대한 관찰과 비판의식이 근저에 깔려 있으
며, 〈후반기〉 해체 이전까지 이러한 그의 의식은 변하지 않는다. 다만
다른 〈후반기〉 동인들처럼 외국의 사조를 '세계적 동시성'으로 받아들
였다는 점은 이론의 여지가 없다. 김수영이 그러한 박인환을 '코스츔'으
로 비판한 것도 그것의 궁극적인 낙착점을 예상했기 때문이었으리라.
   따라서 전후의 모더니즘을 뉴컨트리파의 영향으로 설명하고자 할 경
우에는 제한적인 사용이 불가피하지 않을까 생각된다. 그리고 이미지즘
계열과 초현실주의 계열 그리고 뉴컨트리파의 계열 등 이들을 전체적으
로 고려할 때 1950년대의 전반기의 모더니즘에 대한 입체적인 조망이
이루어질 수 있을 것이다. 아울러 이는 1950년대 모더니즘의 특성을 보
여 주는 대목이기도 하다.
   1950년의 모더니즘은 서구 모더니즘의 일정한 발전과 무관치 않다.

27) 김규동, 「우리 시의 쉬르레알리즘」, 『어두운 시대의 마지막 언어』, 백미사, 1979, 97면.
28) 박인환의 「현대시의 불행한 단면」(『주간 국제』, 1952.6.16)과 「현대시의 변모」(『신태
   양』, 1955.2)를 참조

당시에 서구에서는 양차 대전을 거치는 동안 문학인들은 정신의 황폐를 심각하게 경험하게 된다. 나름대로의 극복을 위한 노력은 스페인 내전에 참가하게 되는 뉴컨트리 계열의 시인들에게서 확인되는 바이다. 그렇다면 그러한 서구의 양상을 한국의 시인들은 어떻게 받아들여야 했을까? 이에 대한 전체적인 맥락에 미흡했을뿐더러 그것의 적극적인 실천의지도 적었던 것이 당시의 실정이 아니었을까? 이것은 〈후반기〉 시인들에게만 적용될 수 있는 것이 아니다. 〈후반기〉 동인들의 활동에 대해서 일정한 비판적 입장을 견지하고 있었던 고석규·김춘수·김성욱의 경우에 있어서도 사정은 마찬가지이다. 릴케나 한스 카롯사의 경우 앞에서 말한 서구의 정신적 상황과 무관치 않기 때문이다. 서구의 양상이 무의식적으로 펼쳐졌던 것은 1950년대 모더니즘의 서구 지향적인 의식의 반영이라고 할 수 있다. 그 가운데 나름대로 한국에 있어서의 모더니즘적 가치를 지속적으로 이어간 김수영이나 김춘수의 제논의는 이런 점에서 가치가 있다고 할 수 있다.

그렇다면 1950년대 모더니스트들의 문학사적 위상은 어떠한 것이었을까? 김경린의 경우 "선배들은 우리나라에서 전개되고 있는 모든 문학에 대하여 넓은 관심을 가져야 하면 적어도 국제적으로 흐르고 있는 문학상에 있어서의 모든 조류에 대하여 전망할만한 여유를 가지고 있지 않으면 안 될 것이라고 봅니다"라고 점잖게 말하고 있지만[29] 김규동의 경우에는 좀 더 적극적인 의사표시를 행하고 있다.[30] 그것은 조지훈을 중심으로 한 기성시단에 대한 불만과 이에 대한 자신들의 변별성의 강조로 나타난다. 지금까지 시사에서 산혈석으로 언급이 되고는 있지만 이에 대한 적극적인 설명은 전무한 형편이다. 실상 1950년대의 모더니즘에 대한 제논의는 일차적으로는 세대간의 차이에 대한 세대론적인 시각의 부각도 있지만 모더니즘의 실제 논의에 들어가면 모더니즘의 본질

---

29) 김경린, 「선배에게 하고 싶은 말」, 『신천지』, 1953.10, 280면.
30) 이에 대해서는 이 책의 2부에 있는 「조지훈 시론 연구」의 각주 41을 참조

에 대한 견해 표명으로 인하여 그 변별성이 무화되는 경향이 있다. 1950년대 모더니즘은 문학 내의 제도적인 논의로 말미암아 시대의 현실 인식이 사상되었다는 측면과 함께 〈청록파〉를 중심으로 하는 조지훈의 체험을 중심으로 한 시중심주의 담론의 대타의식에 그 초점이 맞추어져야 할 것이다. 그래야만 비로소 모더니즘이 1950년대를 경과하면서 여과되는 과정적 이해에 도달할 수 있으리라고 판단된다.

5. 모더니즘의 비판

주지하는 바와 같이 실존주의 · 민족문학 · 모더니즘은 1950년대 문학의 주류를 형성하고 있다. 하지만 1950년대의 시대적인 의미에서 볼 때 모더니즘이 갖는 문학사적인 의미는 각별하다. 왜냐하면 전후의 시대는 원자핵실험에 의해 가능하였으며 이는 세계사적인 동시성을 획득하는 동시에 냉전시대의 개막을 선언하는 것이기 때문이다. 더 나아가서 세계사적인 위기와 불안을 어쩔 수 없이 받아들여야만 했다. 1950년대의 휴머니즘과 실존주의는 논자들의 다양한 견해차가 존재하지만 이러한 시대의식에 따르고 있으며, 실질적으로는 분단시대의 의식을 각인시키는 방향으로 전개되었다. 그런데 최근의 1950년대의 연구 경향의 경우 이러한 문제의식에 대한 선험적인 이해로 말미암아 서구문화에 대한 폄하와 민족문학에 대한 강조는 1950년대의 문학사적 의미를 오히려 제한시키는 결과를 낳지 않았는가 여겨진다. 그런 의미에서 장르적인 관점에서 비평사적 관점과 시사적 관점을 분리시켜 바라보는 것이 바람직하다. 특히 시문학 — 시론의 경우가 되겠지만 — 의 경우 모더니즘은 세계주의적인 혐의가 있지만, 이에 대한 자기 비판과 현대시의 방법론 모색

그리고 현대시론의 체계화라는 점에서 재고찰되어야 할 것이다. 앞에서 살펴보았듯이 〈후반기〉 동인들에 의하여 1950년대 모더니즘이 전개되었지만, 다른 장르와 마찬가지로 시간이 경과하면서 전후 모더니즘에 대한 비판이 자연스럽게 제기된다. 이것은 모더니즘의 자기 비판을 넘어서 한국문학의 자생적인 면모를 살필 수 있는 지점이다.

먼저 이봉래는 「한국의 모더니즘」에서 모더니즘의 자기 비판을 수행하고 있다. 그는 '근대 계승자'로서의 현대와 '당대라는 뜻으로써'의 현대를 구분하고 있다. 즉 근대(modern)와 현대(contemporary)를 구분하고 있는 것이다. 동시에 그는 한국의 근대문학의 수용이 일본의 근대문학 수용에 그 특징이 있음을 밝히고 있다. 이것은 그의 일본문학에 대한 관심과 이해가 따른 결과이다. 그런데 이봉래의 비판의 화살은 주로 김기림과 이상에 맞추어져 있다. 그에 의하면 김기림은 '언어와 형식의 신기성'에만 치중하였고, "시를 쓰는데 있어서 태도보다 기술을 중심한 것과 마찬가지로 내용보다 형식을 더 존중하였다"라고 기술하고 있다. 한편 이상은 "돌출적인 기형아가 아니면 천재다"라고 말하면서, 일견 이상의 시는 초현실주의에 가까운 것이지만 초현실주의를 체득하고 있었는가에 대해서는 의문시하고 있다.[31] 왜냐하면 이상은 자기 자신을 초현실주의자라고 한 적도 없고 이에 합당한 이론도 내놓지 못했기 때문이다. 이러한 이봉래의 비판은 궁색하고 장황하지만, 1950년대의 모더니스트로서는 개성적인 측면을 강하게 나타내고 있다. 하지만 일본의 문학에 우선성을 두면서 한국의 문학에 대한 폄하가 두드러지고 있는 것은 문제적이다.

박인환의 경우와 마찬가지로 김기림과 이상 능 선시대의 모너니픔에 대한 비판은 1950년대의 모더니스트들에게는 넘어야 할 하나의 과제이었다는 것을 확인할 수 있다. 이를 통하여 자신들의 모더니즘에 대한 관점을 획득할 수 있기 때문이다. 그에 의하면 진정한 모더니즘이란 "현대

---

31) 이봉래, 「한국의 모더니즘」, 『현대문학』, 1956.5.

에 살고 있다는 현대인으로써의 사회의식과 감각 그리고 그것을 조직화
하는 철학을 그 문학에 반영시키는 '현대중심의 문학'을 말하는 것"이
다.32) 즉 그는 현대(contemporary)의 의미에서 모더니즘 문학을 바라보고 있
다. 그러나 자신을 포함하여 김경린·박인환·김차영·김규동 등 <후반
기> 동인의 문학 활동을 미완성의 문학으로 규정하면서 판단을 유보하
고 있다. 이는 모더니즘시운동에 대한 자기 반성의 의도를 나타내고 있
으면서, 적극적인 비판의지는 결여되었음을 보여 준다. 이것은 아마도
1950년대의 모더니즘에 대한 객관적인 시야의 확보가 이루어지지 않았
기 때문일 것이다. 이에 대한 전체적인 조감은 최일수에게서 발견할 수
있는데 이를 통해 1950년대 모더니즘에 대한 논의는 대체로 결산의 단
계에 접어들게 된다.

　　그리하여 언제까지나 초조와 성급과 단명과 무질서 속에 자기를 그대로 반항
만의 기수로만 두어 둘 수는 없는 것이며 또한 이 '모더니즘'을 지향해 주고 있
는 주지주의나 초현실주의나 또는 실존주의까지도 그 역사적 移向과 근원에
대해서 무비판적일 수 없다고 본다.
　　원래 모더니스트들의 시정신이란 그 자체가 보다 비판적이여야 하기 때문에
전세대의 문학적 인습처럼 고착될 수 없는 것이며 부단히 새로움을 추구해 나
아가는 그 정신이 필연적으로 자체의 위치까지도 비판하고 주체 발전의 계기
와 다음 세대로의 移向의 준비를 의식하지 않으면 안되는 것이다.33)

　위에서 말한 최일수의 비판은 모더니즘의 본질에 입각한 모더니스트
들에 대한 비판이다. 최일수의 비판은 실제 비판이라기보다는 원론 비
평에 가깝기 때문에 그것의 실현을 따지는 일을 쉽지 않다. 그가 모더
니즘 비판에서 민족문학론으로 나아가는 것 또한 이러한 연유에 근거할
터이다. 하지만 1950년대 후반에서 최일수의 모더니즘의 본질과 이에

---

32) 위의 글.
33) 최일수, 「모더니즘의 본질과 비판」, 『시와 비평』, 1955.8, 238면.

대한 비판은 상당한 유효성을 발휘하고 있다. 김경린이 편한 『현대의 온도』에 대한 평에서도 그의 관점은 유지되고 있다. 특히 그가 박태진의 「골목」과 김차영의 시에 대한 호평은 시의 기술과 방법보다는 시에 나타난 정신을 중요시하고 있기 때문이다. 특히 박태진의 「골목」은 이미지즘적이면서 자연스러운 표현과 잘 짜여진 구조가 정서의 전달에 효과적이었다. 이것은 최일수가 신기하고 감각적 표현보다는 정서가 자연스럽게 전달될 수 있는 시를 기대하고 있었다는 것을 의미한다.[34] 이것은 모더니즘시가 일반적으로 난해하다는 측면에는 표현의 억지가 있음을 그가 바로 보았기 때문이다. 아울러 독자들에게 전달될 수 있는 시의 의미를 중시하였다는 점에서 그렇지 못하였던 모더니즘시에 대한 비판은 적절한 것이었다.

한편 이철범과 최일수에 의한 모더니즘 비판은 한국전쟁을 거치면서 이루어졌던 모더니즘에 대한 인식에 기초하고 있다. 그리고 시간이 지나면서 한국전쟁의 상흔에 대한 객관적인 거리가 확보될 수 있었다는 것은 그들에게 문학에 있어서의 주체성과 리얼리즘을 요구하는 계기를 마련해 주었다. 그런 의미에서 이철범과 최일수의 비평은 이 땅에서 모더니즘의 지향에 대한 올바른 가치의식을 제공하고 있다. 그들의 비판은 전적으로 모더니즘에 대한 거부를 의미하지는 않았다. 하지만, 이들의 문학의식이 그렇게 비쳐지는 것은 그들이 당시의 문학적인 상황에 긴박되어 있었으며, 문학진영의 위계에서 자유로울 수 없었기 때문이다. 1950년대의 모더니즘은 1960년대에 접어들면서 그 의미를 상대적으로 박탈당하게 된다.

---

34) 위의 글.

6. 전후 모더니즘의 공과

　지금까지 1950년대 전후 모더니즘을 전개 양상과 그 비판에 대하여 검토하였다. 그런데 지금까지의 이 시기에 대한 연구 과정을 검토하는 과정에서 하나의 의문을 제기할 수 있다. 이를테면 과연 1950년대의 모더니즘의 성과가 미약하고 섣부른 것이라고 하더라도 1950년대의 자장 안에 묶일 수 있는 것과 없는 것은 구별이 되어야 하지 않을까 하는 점이다. 모더니즘에 대한 비판과 반비판 속에서 모더니즘이라는 어휘를 사용하면 무조건 모더니즘에 대한 논의로 간주하는 것은 문제점이라고 판단된다. 이것은 어쩌면 당시에 모더니즘이 당면 과제라는 것을 반증하는 것은 아닐까? 그보다는 모더니즘을 통하여 그 시대와 문학이 남긴 시대적인 의미를 따지는 것이 더 바람직하다고 판단된다.

　그런 의미에서 1950년대의 모더니즘에 대한 논의는 자체 내의 비판과 이에 대한 시사적 비판이 구분되어야 할 것이다. 자체 내의 비판이 문단 내의 비판이라고 한다면 시사적 비판은 1950년대가 어느 정도 마무리지어진 상태에서, 객관성을 확보한 상태에서 이루어진다. 우선 그것의 시발은 송욱에 의하여 이루어진다. 송욱은 「모더니즘 비판」에서 다음과 같이 말하고 있다.

　　기림의 시와 시론을 읽고 느끼는 것은 그가 시간의식, 그리고 이와 관계가 있는 전통의식과 역사의식을 '자기작품 속에 구현할 만큼' 가지고 있지 않았으며, 또한 내면성이나 정신성을 거의 모르는 시인이고 비평가였다는 슬픈 사실이다. 역사의식과 전통의식이 없이 어떻게 참된 모더니즘이 가능하며, 내면성이 풍부하지 않고 어떻게 훌륭한 시인이 될 수 있겠는가! 그는 '현재에도 살아 있는 과거'를 몰랐기 때문에 과거의 모든 것을 등지고 무엇이든지 새로운 것을 따르는 것이 모더니즘이라고 그릇 생각하였다.[35]

송욱의 김기림에 대한 비판은 일면 타당성이 전혀 없는 것은 아니다. 김기림의 모더니즘은 전시대의 감상과 편내용주의를 비판하면서 시작되기 때문이다. 하지만 그것은 모더니티의 구현을 위해서는 숙명적인 것이기도 하다. 그런 면에서 송욱의 비판은 한국의 모더니즘에 대한 정당한 비판이면서 모더니즘의 한국적 수용이라는 측면에서 자유롭지 못하다. 그 역시 T. S. 엘리엇의 「전통과 개인적 재능」이 지시하는 바에서 자유롭지 못하기 때문이다. 동시에 엘리엇의 작품도 초기에는 전통과는 다른 이질적인 것으로 받아들여졌다는 것을 감안한다면 송욱의 견해는 모더니즘을 어떻게 해석할 것인가라는 단계에 있어서의 또 다른 해석이라고 할 수 있다. 그것은 김기림에 대한 비판이면서 한국 모더니즘의 전개에 대한 시사적인 비판인 것이다. 그런 의미에서 송욱의 비판은 한국 현대시사의 한 획을 긋는 작업임에는 틀림없다.

하지만 송욱의 한국 모더니즘에 대한 비판은 모더니즘의 새로운 것에 대한 끊임없는 모험을 상자 속에 넣고 봉인하는 결과를 낳았다. 왜냐하면 이후의 모더니즘에 대한 관심은 송욱의 견해를 참고하곤 하였는데 그때마다 굳게 다물어진 봉인을 확인하지 않으면 안 되었기 때문이다. 적어도 송욱은 비판과 함께 모더니즘의 가능성에 대해서는 다른 출구를 마련하지 않았다. 그런 의미에서 송욱의 한국 모더니즘에 대한 비판은 다른 여타의 논자들이 행한 비판과도 차이가 나지 않을 수 없었다. 그것이 송욱이 행한 연구 결과의 우수성을 확인하는 것인지에 대해서는 좀 더 세밀한 고찰이 이루어져야 할 것이다.

반면에 유종호에 의한 모더니즘 비판은 좀 더 의식적인 것이다. 즉 한국의 모더니즘시가 나아가야 할 바는 무엇인가에 대한 것이기 때문이다.

형태에 대한 배려가 없이 무작정 일상적 현실을 도입하였을 때 시는 저급한 산문으로 전락하고 말았다. 의식화된 절망이 아무리 심각한 것이라 할지라도

---

35) 송욱, 「한국의 모더니즘 비판」, 『시학평전』, 일조각, 1963, 186면.

그것이 의미의 해조를 얻지 못할 때 허풍의 탁성으로 변화하고 말았다. 역사의식과 비판정신으로 무장하지 못한 방향의 제스추어는 시정의 넋두리가 되었다. 모국어의 특성에 대한 의식적 배려의 부재는 모국어의 혼란을 가중시키는 결과를 낳기도 하였다.

　이러한 일련의 우열한 부작용은 보다 많이 모더니즘 아류의 오합지졸들에게 그 책임이 있다고 본다. 모더니즘의 과일 가운데서 모과 노릇을 한 것은 바로 이러한 아류들이었다. 그리고 그들이 예외없이 옛날 김기림 라인에서 그 우열한 면만을 상속받고 있다는 것은 흥미있는 일인 동시에 한심한 일이다.36)

　유종호는 현대시의 나아가야 할 바를 형태에 대한 배려, 의식의 절제, 역사의식과 비판정신 그리고 모국어의 특성에 대한 의식적 배려를 시인들에게 주문하고 있다. 그리고 김기림의 유산을 신랄하게 비판하고 있다. 한국 모더니즘의 공과표에서 김기림의 폐해는 극대화된다. 반면에 정지용에 대한 시사적인 의의는 과대 포장되고 있다. 김기림의 유산이 오합지졸들에 의한 파산으로 끝났다면, 정지용의 유산은 김광균과 〈청록파〉 그리고 서정주에게까지 영향을 미쳐 한국 근대시사의 원류가 되었다는 판단을 부가하고 있기 때문이다. 한 평론가의 모더니즘에 대한 공과표를 비판할 수는 없다. 하지만 이를 통하여 한국 모더니즘 운동은 일단락지어진다. 유종호에 의하면 전후 모더니즘의 시적 성과는 박인환·김수영·송욱·신동문·전봉건·성찬경 등의 시인들의 몫으로 돌려지게 된다. 〈후반기〉를 중심으로 한 모더니즘 운동은 일제 식민지와 해방기 그리고 1950년대를 빠져 나오는 과정에서 제대로 수혈받지 못한 상태에서 빈사하고 말았다. 그것은 한국적 상황에 기인하는 것이겠지만 목표와 지향을 너무 협소하게 잡았기 때문인지도 모르는 일이다. 현대시의 인식 가능성에 대한 기술적 해명의 노력은 참으로 지난한 과정을 통해서 획득되었기 때문이다.

---

36) 유종호, 「모더니즘의 공과」, 『20세기의 문예』, 박우사, 1964.

한 연구자는 김기림을 연구하는 데 있어서 '서부는 없는가?'라고 질문한 바 있다. 김기림에 대한 논의는 1980년대 들어서 본격적인 연구가 이루어진다. 그러나 김기림에 대한 논의는 김기림이 처한 1930년대와 김기림이 없던 1950년대의 피상적인 접근 그리고 한국의 모더니즘의 공과를 논하는 가운데 비판을 통하여 한국 현대시사에서 사라지지 않고 줄곧 논의되곤 하였다. 김기림에 대한 논의가 계속 이루어지고 있다는 것은 그만큼 김기림이 행한 문학이 문제적이라는 것을 의미하는 것이다. 그런 의미에서 한국의 시문학은 김기림의 문학적 생명을 유예시키고 있는 것인지도 모른다. 한편으로는 김기림이 말한 바의 궁극적인 해결이 아직 마감되지 않을 탓일지도 모른다.

1950년대의 모더니즘의 전개는 〈신시론〉 동인들에 의하여 촉발되어 〈후반기〉 동인들에 의하여 이루어졌다. 후반기 동인에서 이론적 리더로서는 김경린을 들 수 있다. 김경린은 김기림의 시론을 통하여 현대시의 기술적인 문제를 풀어나가고자 하였다. 그가 이미지와 메타포에 대하여 관심을 가졌던 것은 현대시의 기술적 변용인 것이다. 그러나 김경린에게 있어서 김기림이 말한 시대정신이 전적으로 수용되지 않은 탓에 그의 이론적 지향은 활로를 개척하지 못하였다. 현대시에 있어서 이미지에 대한 중요성이 김경린을 통하여 강조되었지만 다른 논자들에 의하여 체계화되기까지 이러한 문제는 실험성이 강한 것으로 여겨질 따름이었다.

한편 김경린의 '이데오프라스티의 시학'과 함께 조향의 '데포르마시옹의 시학'은 창작기술적인 측면에서 싱딩한 기니를 하였다. 초현실주의에 기초한 그의 시학은 조향과 김규동·이봉래 등에게서 시험되고 응용되었다. 하지만 조향은 한국전쟁이 끝나고도 부산에 잔류하게 되며, 〈후반기〉 동인이 조기에 해산되어 실질적으로 전개되지는 못하였다. 이러한 경향은 후에 조향과 〈전환〉 동인 등 여타의 시인들에게서 발견된다. 하지만 본격적인 비평적 조망이 이루어졌다고는 할 수 없을 것이다. 이는 1950년대 모더니즘에 대한 비판이 주효했다는 것을 의미한다. 한국 시사에서 모더니즘의 수용은 일차적으로 서구 지향의 문제뿐만이 아니라 이를 수용하는 과정에서의 선입관이 문제시될 수 있다. 때때로 진정한 '한국적인 것'이 무엇인가에 대한 물음을 하게 되지만 이것만이 진정한 대안이라고 할 수 없는 이유가 여기에 있지 않을까?

아울러 1950년대의 모더니즘은 자체 내의 갱신을 이룩하기에 앞서 기성시인들과의 세대적인 갈등을 겪게 된다. 즉 조지훈을 중심으로 한 시중심주의 담론은 시에 대한 불가지론을 담고 있는데 이에 대한 모더니스트 시인들과의 견해차이를 읽을 수 있다. 특히 김규동의 글에서 이러한 양상을 잘 읽을 수 있다. 모더니즘이 그 단초를 내보이던 1930년대의 기교주의 논쟁의 연장선상에 그 문제는 놓여져 있었다. 그런 의미에서 1930년대와 1950년대의 모더니즘은 시사적인 연속선상에 놓여져 있다. 아울러 그 차별성은 1950년대 모더니즘이 1930년대 모더니즘의 답습에 그쳤다는 것이다. 하지만 1950년대 모더니즘은 자체의 비판을 통하여 한국의 모더니즘이 지향하는 본질에 접근할 수 있었다. 그것은 의식적인 작품중심주의로의 진입이라고 할 수 있다. 이와 함께 시론의 체계화에 대한 필요성이 인식되고 본격적인 현대시론의 탐구가 신비평의 영역을 통하여 개척되기에 이른다.

1960년대 참여문학론의 도정

『비평작업』·『청맥』·『한양』을 중심으로

1. 참여문학의 기원을 찾아서

순수·참여 논쟁이 본격화되는 시기는 1960년대라고 할 수 있을 것이다. 4·19라는 역사적 사건을 통해 이루어진 문학적 인식에 대한 변화는 이전 시기의 문학에 대한 반성과 비판을 가능케 하였다. 새로운 신진 비평가들에 의해 촉발된 기성세대에 대한 비판은 세대론·전통론으로 논의의 파장을 이어가면서 '1960년대 문학'이라는 고유한 패러다임을 생성시키게 된다. 최근 전후문학에 이어 1960년대 문학에 대한 관심과 열의는 최근의 문학적 현상의 직접적 기원이 1960년대 문학에 보다 가깝게 놓여져 있다는 판단에 따른 것이다. 그 가운데에서 비평 분야에 국한시켜 놓고 본다면 '순수·참여 논쟁'에 대한 검토는 가장 일차적인 연구의 대상이라고 할 수 있다.

해방 이후의 한국문학 혹은 비평의 전개 양상을 한마디로 정의내리기는 힘들지만 가장 두드러진 표징으로서 순수문학과 참여문학의 대립 혹은 이 양자의 조정에 따른 다양한 변주를 외면하기는 힘들다. 문학에서의 두 가지 기능—이를테면 유희적 기능과 교훈적 기능이라던가 상상적 기능과 인식적 기능으로 나뉘어지는—에 대한 본원적인 구분을 염두에 두지 않더라도, 순수문학과 참여문학의 구분은 매우 익숙한 것이다. 그리하여 이러한 구분을 혁파하는 제3의 영역을 찾아 헤매어도 보았지만 다시금 익숙하지만 완고한 이분법에 떨어지곤 했던 기억을 지울 수 없다. 돌이켜 보면 그것은 분단된 한국의 현실에서 문학의 본령을 찾아가는 안내자이자 키워드의 역할을 했던 것이라고 볼 수 있다.

　순수·참여 논쟁은 일제 강점기의 1930년대 후반 김동리·유진오의 논쟁까지도 거슬러올라 갈 수 있지만, 한국전쟁을 치르고 사회가 제기능을 발휘해 나가는 과정에서 신진 평론가들에 의해 촉발된다. 우선 이어령은『저항의 문학』(경지사, 1959) 등을 통해서 기성세대의 문인들을 비판한다. 이때 '저항'이란 참여의 다른 별칭으로 받아들여졌다. 이 밖에도 이철범·정태용·최일수 등의 비평가들을 통해서 민족문학에 대한 모색이 이루어지기도 했다.1)

　지금까지 순수·참여 논쟁에 대한 연구는 대개 다음의 논쟁을 중심으로 정리되어 있다. 첫 번째는 1963년과 1964년에 걸쳐 김우종·김병걸과 이형기 사이에서 벌어진 이른바 '사회참여' 논쟁이며, 두 번째는 1966년 김붕구의 「작가와 사회」(이 글은 1966년 10월 12일 세계문화자유회의 한국본부 주최의 위탁토론에서 발표된 논문이다)라는 글을 중심으로 선우휘·임중빈·이호철·김현·임헌영 등이 참가해 벌어진 '창조적 자아'와 '앙가제 논쟁'이다. 그리고 세 번째는 이어령의 「'에비'가 지배하는 문화」(『조선일보』, 1967.12.28)라는 칼럼에 대해 김수영이 「지식인의 사회참여」(『사상계』,

---

1) 박헌호, 「50년대 비평의 성격과 민족문학론의 도정」, 『한국전후문학연구』, 성균관대 출판부, 1993.

1968.1)라는 글로 대응하면서 촉발된 1968년의 '시의 불온성' 논쟁이 그것이다.2)

그런데 문제는 위의 세 논쟁을 중심으로 자료를 수집하고 옆으로 위로 살펴보아도 어딘가 미진한 부분이 많다는 것이다. 이를테면 김우종과 김병걸의 생경하고 흥분된 어조의 표현에 대한 이형기의 빙탄불상용(氷炭不相容)의 반응은 무엇이며, 4·19 이후 여과의 시간이 필요하다고 하더라도 1967년에 가서 참여문학의 무의미를 논한 김붕구의 「작가와 사회」라는 글에 대하여 여러 문인이 반응한 것은 또 무엇인가? 이때 여러 비평가들의 반응이란 선생님이 낸 시험 문제에 학생들이 쓴 답안지들처럼 비쳐진다. 비평가로서의 자기 주장은 이해하겠으나 상대방을 설득하려거나 문제를 해결하려는 의지는 애초부터 없었던 것처럼 비쳐지기 때문이다. 그리고 '저항의 문학'을 제창한 이어령이 순수의 옹호자로 돌변하면서 김수영과 나눈 설전은 어떤 맥락에서 이해해야 할지 난감하다. 김수영이 말하고자 한 것은 무엇일까? 그의 글은 읽을 때마다 알 듯 모를 듯하다. 단 순수와 참여 어느 한쪽의 방향으로 본다면 모르겠지만 지금까지 정리된 1960년대 순수·참여 논쟁의 인상은 철옹성 같은 순수 문학 방어와 참여문학의 산발적 비판으로 비쳐진다. 이 글에서는 1960년대의 신세대 비평가들의 활동을 살펴보면서 위에서 제기한 몇 가지의 의문점들을 나름대로 잇고 깁고자 한다. 여기에서 중점적으로 다루고자 하는 간행물은 『비평작업』·『청맥』·『한양』 등이다.

---

2) 이에 대해서는 조남현의 「순수·참여 논쟁」(『한국근현대문학연구입문』, 한길사, 1990), 김유중의 「순수와 참여 논쟁」(『한국현대시사의 쟁점』, 시와시학사, 1991), 유양선의 「1960년대 순수·참여논쟁」(『한국현대문학과 시대정신』, 박이정, 1996), 전승주의 「1960년대 순수·참여논쟁의 전개과정과 그 문학사적 의미」(『한국현대비평가연구』, 강, 1996) 등을 참조.

2. 신세대 비평가의 역사의식과 참여문학

1) 학생 비평가들의 『비평작업』

『비평작업』은 '정오평단(正午評團)'의 문학평론 동인지이다. 회원으로는 이광훈·임중빈·조동일·주섭일·최홍규 등이 참가하고 있다. 『비평작업』은 신춘호(新春號) 1권이 1963년 1월 5일 인쇄, 1월 10일 발행되었다. 이 젊은 동인지는 한 권으로 그 수명을 다했지만, 임중빈·조동일의 이름은 지금 들어도 낯설지 않다. 이때 임중빈은 성균관대 학생이었고, 조동일은 서울대 학생이었다. 이른바 학생 비평가들의 첫 번째 동인지라고 할 수 있다. 정오평단은 1960년부터 활동을 시작하였다고 하는데, 4·19가 학생들에 의해 이루어진 역사적 사건이었다는 것을 감안한다면, 『비평작업』의 모태는 4·19에 있었다고 해야 할 것이다.[3]

4·19와 5·16을 거치는 과정에서 학생 비평가들의 문학적 활로는 1963년에 이르러 본격적으로 개시된 것이다. 「새 시대의 가치창조를 위하여」라는 권두 선언에서 그들은 "오늘 여기에서 우리는 초토작전 끝에 장송곡을 목놓아 합창한다. 그것은 찾는 것이 있기 때문에, 믿는 것이 있기 때문에, 앞을 내다보는 젊은 인생이 있기 때문이다. 우리에겐 부단한 비평과 헌신적 작업 속에 자아발견의 길이 있을 뿐이다. 따라서 우리는 광란 이전의 준엄한 '이반'인 동시에 승복을 걸치지 않은 '도니쌍 신부'의 초상임을 선언한다"[4]라고 적고 있다. "광란이전의 준엄한 '이반'인 동시에 승복을 걸치지 않은 '도니쌍 신부'"의 두 초상은 그들의 두 꼭지점이며, 그들 정오평단의 '젊은 인생'이 가고자 하는 한 지향이기도 했다. 물론 이것은 전시대의 인생파에 대한 차별의식에 비롯되었

---

3) 다카자키 소지(高崎宗司), 「4·19 세대의 20년」, 『4·19혁명론』, 일월서각, 1983, 366면.
4) 정오평단, 『비평작업』, 시사영어사, 1963, 3면.

다. 한 호로 단명한 동인지가 예사롭지 않은 것은 이 때문이다.

『비평작업』에서 눈길을 끄는 것은 '평단소송'이라는 난이다. 백철의 전통론, 이어령의 순수 지향적 특성, 조연현을 중심으로 한 기성 문단에 대한 맹비판이 이루어진다. 이 세 편의 글은 익명(匿名)으로 이루어졌는데 이 때문에 "이젠 펜을 꺾으시오", "그럴 자신쯤 없대서야 일찌거니 자진폐간을 서두르는게 현명책일지 모른다"5) 등의 감정적인 필치가 가능했던 것으로 보인다. 혈기왕성한 학생 비평가의 첫출발은 이렇듯 거칠었다. 어떤 의미에서는 자신감과 함께 자신을 세우지 않으면 사라질 운명에 처할 수도 있다는 절박함이 이러한 인상 비평을 낳았는지도 모를 일이다.

아무튼 전시대의 비평가들에 대한 비판은 소설가들에게도 이어진다. 임중빈은 「침몰해가는 한국적 주제」에서 김동리·황순원·선우휘·장용학에 대한 비판을 시도한다. 어떤 의미에서는 1950년대 이어령이 행한 비평 작업의 연장선상으로 보여진다. 그는 "순수는 죽었다"라고 말하면서 문학의 새로운 기운을 찾고자 한다. 그러한 행위를 일컬어 "운명의 방화(放火)"라고 말하는 걸로 보아서 "광란이전의 준엄한 이반"이 떠올려진다. 도스토예프스키에서 비롯된 이들의 문학에 대한 감각은 절대적인 가치의 요구로 포장되어 있다. 이런 비판의식은 서평란에서도 이어진다. 서평란에서는 『60년대 사화집』, 이어령의 『고독한 군중』, 송욱의 『시학평전』, 유종호의 『비순수의 선언』 등이 다루어지고 있는데 비판의 논조가 성급하기는 앞의 '평단소송'과 매한가지다. 이렇게 볼 때 이들 학생 비평가들이 바라본 기성세대 혹은 순수문학의 시형을 내제도 그려볼 수 있다. 그들의 시대를 앞서가는 의지 때문에 불가피하게 야기된 선입견에도 불구하고 이후에 참여문학을 주창한 비평가들의 비판과 대상이 이 지형과 겹쳐지는 것은 간과할 수 없다.

---

5) 위의 책, 25면.

앞서 살펴본 것은 『비평작업』에 나타난 세대론적 차별성이 그 중심에 놓여져 있다면, 다른 한편으로 신세대 비평가의 참여론이 다른 한 축으로 살펴져야 할 것이다. 이는 주섭일에 의해서 비평의 작업이 이루어지고 있는데 그는 「작가의 현실참여와 휴머니즘」에서 프랑스 전후문학의 특성을 실존주의에 초점을 맞추어 살펴보고 있다. 그의 외국문학에 대한 관심은 한국의 문학과 접점이 이루어져 한다는 점에서 그 의의를 찾고자 할 때 그 타킷을 김동리에 맞추고 있다. 주섭일은 김동리가 자신의 문학을 실존주의적인 것으로 규정하고 휴머니즘을 겨냥했다고 말하는 것은 외국, 특히 프랑스의 경우와 다르다는 것을 표나게 주장하면서 김동리의 문학세계를 비판하고 있다.

한국의 주체성을 살리는 문학은 작가의 현실 참여를 통해서 이루어지는 것이지 관념적이고 추상적인 인간성에의 경사를 통해서 이루어지는 것은 아니다라는 것이 그의 주장인 셈이다. 이와 함께 사르트르의 글이 소개되어 있다. 실존주의 철학자이면서 문인이기도 한 그의 글 가운데 「실존주의와 맑스주의」는 『변증법적 이성비판』의 일부분을 번역한 것이다. 유물론 철학의 소개가 자유롭지 못하던 당시에 사르트르를 통해서 현실 비판과 변혁에 대한 철학을 소개하려던 것은 이채로운 장면이다. 이 글에서 마르크스와 루카치의 저작에 대한 단편적인 소개가 이루어지고 있다. 사르트르의 글 가운데에서도 어쩌면 가장 난해하면서 급진적인 부분을 소개하고 있는데 뒤미친 지식에 대한 갈증과 사회 변화에 대한 요구가 이렇게 나타난 것을 아닐까 생각해 볼 수 있다. 그밖에 이광훈의 「이상 시어 연구론 시고」는 당시 이상에 대한 관심에서 첨가된 부분이라는 인상이 짙다.

그리고 일본의 소설가 마쓰모토 세이쵸(松本淸張)의 『북의 시인』에 대한 짧은 글은 이념을 달리하여 월북한 비평가 임화에 대한 관심을 피력하고 있다. 한국의 기성세대가 자신과 함께 문학 활동을 했으나 이제는 그들을 '죽은 자식'처럼 취급하는 태도를 비판하면서 간접적으로 카프계 문인에 대한 관심을 기울여야 하지 않나 하는 조심스러운 입장을 내비치고 있다. 이들의 세대론과 참여론은 기성세대에 대한 비판을 통한 새로운 비평 영역의 확보라는 입장과 함께 전후 불구가 된 문학의 전통 복원이라는 측면에서의 조심스러운 첫발이라고 할 수 있다.

2) 풍문 속의 『청맥』

『청맥』은 김진환이 발행 겸 편집인을 맡고 김질락이 주간을 맡아 간행된 사상 교양 종합지였다. 1964년 8월에 그 첫 호가 간행되었다. 창간호에서는 "민족사적 제과제 해결에 긴끽(緊喫)한 요소와 과정일 수밖에 없는 창조, 투쟁, 발전을 절규 고창하며, 유약(蹂躪)된 사회정의를 바로 잡고 민족의 올바른 진로를 제고하며 불패의 정의편에 서서 민족대의를 고창하고 주권국민의 긍지를 유지하며 대중과 더불어 호흡할 수 있는 생명력을 평이하게 다루어 겨레의 욕구를 발표하고 지표를 제시하는 중임을 맡아보려 한다"라고 밝히고 있다. 김진환의 이름으로 실린 이 글은 사실은 김종태에 의하여 쓰여진 것이다.[6]

4·19 이후의 사회적인 분위기에서 진보적인 지식인들이 자신의 논리를 설파할 수 있는 장으로써 『청맥』의 존재는 대단히 매력적이었다고 볼 수 있다. 하지만 통혁당에 대한 조사가 이루어지고 이어지는 검거열풍과 이문규와 김질락에게 내려진 사형이라는 중형은 한국 현대문학사는 물론 한국사에서도 하나의 획을 긋는 역사적인 사건이라고 해야 할 것이다. 이문규와 김질락의 사형집행이 이루어지는 그 날 이후로 남과 북의 분단은 각자의 체제를 유지하기 위한 자체의 보루를 견고하게 쌓게 되는 촉진제가 되었다. 유신헌법과 개발독재 등 이후의 역사에 대해

---

6) 편집부 편, 『통일혁명당』, 나라사랑, 1988, 92면.

서는 말을 줄이겠지만 경쟁적으로 이어진 남과 북의 체제 경쟁은 이를 통해 가속화되었다고 볼 수 있다.

김종태란 누구인가? 그는 바로 통일혁명당사건의 중심인물이다.[7] 김종태는 조카인 김질락, 학교 후배이자 동향인 김진환·이문규 등과 『청맥』지를 발간하게 된다. 한편 『청맥』의 창간에 참여했던 이문규는 '학사주점'의 운영을 통해 통혁당과 연계된 것으로 알려져 있다. 그렇다면 『청맥』은 김종태를 중심으로 한 통혁당의 매체로서 당시의 진보적인 지식인들을 규합하고자 했던 의도에서 발간되었다고 볼 수 있다.

이러한 이유들 때문에 『청맥』에 발표된 문학 관계의 글들도 논의가 쉽게 이루어지지 못했다. 그렇지만 풍문으로 『청맥』에는 중요한 글들이 많이 발표되었다는 투의 이야기를 심심하지 않게 들을 수 있었다. 비평 분야에 국한시켜 본다면 『비평작업』은 의욕적 자세를 보여 주었지만 지속적인 비평 작업의 산실이 되지는 못했다. 이후에 그들은 개별적인 활동을 통해 자신의 영역을 확보하기 위해서 분투하는 모습을 보여 준다. 그 가운데 『청맥』의 창간과 때를 같이하여 『비평작업』의 일부가 참여하게 된다. 특히 주섭일과 조동일의 글이 당시에 관심을 끌었던 듯한데 이호철은 훗날 이 시절을 회고하면서 "그들의 타깃은 이어령같은 사람이었던 것 같은데, 더러더러 그들 논조를 보면서는 북에서 나온 나같은 사람도 혼자 공포에 떨었다. 특히 조동일과 주섭일의 글이 그랬다"[8]라고 썼다. 주섭일은 「한국의 작가와 현실참여」(1965.6)라는 글을 실은 바 있는데 앞에서 살핀 『비평작업』의 연장선상에 놓여진 글이다. 특징이라

---

7) 김종태는 해방 이후 좌익운동의 경력자이었으며, 1958년 선거법 위반으로 구속되었다가 1960년 출소하여 경북 노동연합회에 지도고문으로 추대된 바 있으며, 「한국노동신문」의 발간에 관여하게 된다. 한편 그는 전라남도 임자도를 중심으로 하는 이른바 통일혁명당 전남창당준비위(일명 임자도 조직)의 지도 멤버인 최영도, 정태묵과 일련의 관계를 맺고 있었으며, 서울시 창당 준비 활동을 계속해 오던 중 『청맥』을 발간하고 학생운동 출신의 이들을 다수 끌어들이게 된다(박태순·김동춘, 「통혁당 사건과 『청맥』」, 『1960년대 사회운동』, 까치, 1991, 226면 참조).

8) 이호철, 「이호철의 문단이야기」, 『도서신문』, 1998.6.1.

면 프랑스 문학과의 비교를 통한 검토가 그의 주된 내용이라는 점이다.

조동일은 『비평작업』의 동인으로서 동인지에 「춤추는 의식」이라는 일종의 초현실적 기법의 시와 폴 엘뤼아르의 「평화의 얼굴」을 번역했지만 그의 비평적 관점을 찾기가 어려웠다. 그러다가 그는 이동극(李東克)이라는 필명으로 「한국적 리얼리즘 형성과정」(1964.11)이라는 글을 『청맥』에 발표한다. 이른바 문학사의 내재적 발전론의 효시가 되는 글이라고도 볼 수 있는데 그는 조선시대 후기 문학의 형성과 발전을 현실주의적 관점에서 서술하고 있다. 얼개상으로 본다면 이러한 관점은 분단 이전의 사회경제사 연구에서 영향을 받고 있는 듯하다. 4·19 이후 새로운 세대의 관심이 그들에게 기울어진다는 것은 어떤 측면에서 당연한 과정이었을지도 모른다. 하지만 분단 이전의 사회경제사 연구가 일제 식민지배의 원인을 찾기 위한 목적으로 이루어진 것이라면 4·19 이후의 세대들에게는 분단이라는 현실 속에서 새로운 문학관의 모색이 요청되고 있었다는 차별성이 있다. 그 가운데에서 가장 주목되는 이가 조동일이다.

조동일은 「시인의식론」(1965.1~1966.3)을 같은 지면을 통해 발표한다. '시인의 사회적 위치에 관한 역사적 고찰'이라는 부제를 달고서 11회에 걸쳐 발표된 이 글에서는 고대시가에서부터 근대시, 유행가까지 그 대상과 범위를 한국 시문학 전체로 확대시키고 있다. 분량면에서도 웬만한 소책자 한 권은 될 성싶은데 문제는 그의 문학사를 바라보는 시각에 있다. 그는 문학사의 시기를 고대와 중세 그리고 근대로 나누는 가운데 고대에서는 제관시인과 부낭시인을, 중세에서는 귀족시인과 광대시인을 대립각을 세워 구분하고 있다. 또한 근대의 시인들은 개인의식을 갖고 있는 시인들인데 이들은 이광수와 최남선 이래로 계몽시인·비관시인·자연시인·파멸시인의 양상을 보여 주면서 전개되었다고 바라보고 있다. 비관시인이 1920년대의 시인을 지칭한다면, 자연시인은 <청록파>와 서정주가 포함되며, 파멸시인은 이른바 모더니스트 시인 전체가 해당된다. 당시의 문단과 문학론에 대한 비판은 있었지만 문학사(시사) 전체에 대한 비판은 없었다고 볼 수 있는데 이것이 바로 이 글이 갖고 있는 폭발력이라고 할 수 있겠다.

「시인의식론」은 고대·중세·근대라는 역사의 합법칙적인 발전 속에서 지배층에 봉사하는 시인과 피지배층의 정서와 사상을 대변하는 시인으로 나뉘어진다는 구도로 짜여져 있다. 아마도 근대 시인은 소시민적 지식인이라는 '출신 기반' 때문에 그들의 문학세계가 한계를 보일 수밖에 없었다는 평가와 표현들 때문에 이호철같이 사회에 대한 비판의식을 갖고 있었던 작가들조차 어리둥절해하면서 "공포에 떨었다"라고 말했던 것 같다. 조동일에 의하면 "시란 현실적인 필요에 의해서 존재하고, 시에 나타나는 것은 사회적 관계에 의해 축적된 의식의 예술적 표현일 뿐이다"라고 말한다. 더 나아가 "예술적 표현이라는 것도 초월적이거나 선험적인 의미를 가진 미적 범주가 아니고, 오히려 표현해야 할 대상으로부터 주어지는 것이다"라는 말한다. 이러한 관점은 이제는 상당히 극복이 된 논의라고 할 수 있지만 동시에 전시대의 모든 대상과 태도를 혁파할 수 있는 하나의 준거가 된다는 것. 이것이 지금까지도 「시인의식론」을 풍문으로만 듣고 제대로 살필 수 없었던 이유라고 해야 할 것이다.

지배층에 봉사하는 시인들과 구분되는 무당시인과 광대시인의 면면을 찾아낸 것은 「시인의식론」의 성과이지만 원래 이 글의 절반은 근대 시의 전개 과정과 개별 시인들에 초점이 맞추어져 있다. 특히 4·19와 근대 시인의 관계를 설정한 부분에서, 그의 문학을 바라보는 관점을 확인할 수 있다. 모더니즘 시인의 시에 대하여 "시의 신비화를 언어의 신비화로서 완성"하려는 태도라고 비판하는 대목은 지금 보아도 놀라운 감식안인데 그 시선이 바라보는 곳은 "또 다른 자연"에 가 있다. 그 자연은 "농사의 터전, 싸움의 터전, 또는 역사의 터전"이다. 그리하여 그가 비판한 대부분의 현대시인들 가운데에서도 박두진과 김수영에게만큼은 시인으로서의 정당한 대우를 아끼지 않는다. 또한 모더니즘 시인들에게,

그의 구분에 의하면 '파멸시인'들에게 그는 '파멸이냐 극복이냐'라는 주문을 내어놓는다. 이 대목에서 이후에 김지하가 김수영의 「귀거래사」에 대하여 '풍자냐 자살이냐'라고 비판했던 장면과 겹쳐지는 것을 발견할 수 있다.

지금까지 조동일의 생각들이 김지하의 「오적」과 같은 작품에 많은 영향을 주었다고 알려져 왔으나 조동일과 김지하의 생각은 「시인정신론」과 「풍자냐 자살이냐」(『시인』, 1970.6~7)에서도 정확히 포개어진다. 그 차이를 굳이 말한다면 조동일의 새로운 문명에 대한 탐색은 현재에서 과거로의 투사로 나타났으며, 김지하의 그것은 미래에서 현재로의 투기 정도라고 해야 할 것이다. 근대 시인의 대립항으로서 민중시인의 출현은 무당시인과 광대시인의 계보를 잇는 것이며, 그 민중의 형식은 민중시인의 내용인 것이다.9)

1960년대 비평을 살펴볼 때 현상적으로 나타나는 양상은 순수·참여 논쟁이다. 순수·참여 논쟁은 한마디로 정의하기 어려운 낙맥상을 연출하고 있는 것도 사실이다. 그리고 주제적인 측면에서 보면 세대론이나 전통론과 연계된 측면도 있다. 하지만 지금까지의 논의를 살펴보면 그 현상적인 논의에만 초점이 맞추어져 있어 순수와 참여문학 양자의 타자상이 구체화되지 못한 측면이 있다. 이러한 문제점은 문학 이외의 외부적인 요인, 이를테면 분단 현실로 인한 이념적 제재와 현실적 도피 내지는 굴절의 양상으로 나타난다. 문학과 사회 혹은 역사라는 상관 관계의 천착 한 가운데에는 생존이라는 인간의 존재론적인 문제가 어느 사

---

9) 그밖에도 『청맥』에서는 구중서의 「서정주와 현실도피」(1965.6)와 「소설가 이어령의 도로」(1966.7), 백낙청의 「궁핍한 시대와 문학정신」(1965.6)과 같은 평론을 발견할 수 있다. 소설로는 남정현의 「혁명후기」(1964.12), 이호철의 「서빙고역전 풍경」(1965.5)과 「생일초대」(1965.8), 김승옥의 「들놀이」(1965.7), 강호무의 「동판화 환멸」(1965.6), 강용준의 「봄비와 더불어」(1965.6), 이청준의 「바닷가 사람들」(1966.9) 등이 보인다. 또한 서정주의 장남인 서승해의 「센티멘털리스트」(1965.12)가 실려 있다는 점도 특기할 만하다. 시로서는 황명걸의 「한국의 아이」(1965.6)가 발표되기도 했다.

이 틈입되어 있었다. 역설적이지만 이후의 문학이 풍요로워지는 데에는 이러한 실험적인 과정이 그 자양분이 되었다는 사실을 부정하기 어렵다. 다만 그 과정에 대한 고려가 학생문사들에 의해 이루어진 치기어린 것이었다고 하더라도, 문학의 제도라는 측면에서 다루기에는 미흡한 것이었다 하더라도, 1960년대 참여문학이 이전 시기와는 다른 양상으로 제자리를 찾아가는 과정에서 이루어진 문학적 경향을 배제하는 것은 온당치 못한 것이라고 판단된다. 그도 그럴 것이 그래야만 1960년대 문학의 출발점을 4·19에서 찾는데 어려움이 없기 때문이다.

3. 일본에서 간행된 『한양』

『한양』에 대한 소개는 '재일교포의 유일한 월간 종합교양지'라는 광고문구에 그 특징이 집약되어 있다. 이 잡지가 일본에서 간행된 일차적인 배경에는 일본에서 대학을 졸업하고 대학원을 나온 지식인들이 많이 배출되었는데 이들의 진로가 마땅치 않은 데 있었다. 이들이 연구를 해도 적합한 발표매체가 없자 그들의 연구 성과와 생각을 발표할 잡지가 필요하게 되었다. 그것이 바로 『한양』의 창간 배경이었다. 그리고 해외에 거주하는 그들에게는 본국과의 문화적인 유대와 교류가 그들의 정체성을 찾는데 중요한 관건이기도 했다.

따라서 『한양』에서는 한국의 문화를 소개하고, 일본문화와의 관련성을 모색한 글이 다수 실려 있다. 그런데 한국의 정치 상황은 남의 일처럼 보아 넘길 수도 없으려니와 정상적인 정치가 구현되지 않는 등의 조짐이 확산되었다. 그래서 한국의 정치 현실에 대하여 발언의 기회를 갖기도 하였다. 특히 편집 겸 발행인으로서 김인재는 실제 필진으로 참가하여 여러 편의 글을 남기고 있다.

이 글에서『한양』을 다루는 것은 한국의 문학적 상황, 이를테면 1960
년대 순수·참여 논쟁에『한양』이 일정한 기여를 했다고 보고 있기 때
문이다.『한양』의 성격을 들라면 우선 순수문학보다는 참여문학적이라
고 할 수 있을 것인데 이때 주요 필진으로는 장일우와 김순남을 들 수
있다.

장일우와 김순남은『한양』의 창간(1962.3)부터 글을 발표하여 장일우는
20여 편, 김순남은 40여 편의 왕성한 필력을 발휘한다. 그들은 1965년경
까지는 2~3달에 한 번씩 번갈아 글을 발표하면서『한양』의 고정 필자처
럼 활동을 하는데 왕성한 활동으로 말미암아 이들의 글은 한국의 문예
지인『현대문학』·『자유문학』등에 한두 편씩 발표되기도 한다. 그러나
그들의 주된 활동무대는『한양』일 수밖에 없었다. 그밖에 재일교포의 필
진으로서는 하상두·윤동호·이우종·김성일 등이 참가하였으나 장일
우나 김순남의 성과에 비하면 한두 편에 그치는 미미한 것이다.

먼저 장일우에 대해서는 김수영의 글을 참고할 필요가 있다. 김수영
은『한양』에「생활현실과 시」(1964.10)를 발표한 적인 있는데 이때 장일
우의 글을 비판적으로 언급한 바 있다. 김수영에 의하면 장일우의 글들
은 "우리 시는 우리의 생활 현실과 너무 동떨어진 소리를 하고 있다"는
한 문장으로 요약된다고 말하고 있다. 또한 김수영은 장일우의 문학을
대하는 태도가 "시의 본질에 보다도 시의 사회적인 공리성에 더 많은
강조"를 하고 있다고 보았다. 따라서 김수영이 보기에 장일우의 지사적
인 발언은 시의 기술적인 면에 대한 고려가 적은 것으로 판단된다. 이
때문에 난해시는 생활이 반영되어 있지 않기 때문에 무가치한 시라는
것으로 취급될 수밖에 없다. 이에 대해서 김수영은 다음과 같이 장일우
에게 애정어린 충고를 한다. "비평가의 임무는 전자의 경향의 시인에게
후자의 경향을 강매하거나 후자의 경향의 시인에게 전자의 경향을 강매
하는 일보다도 오히려, 제각기 가진 경향 속에서 그 시인의 양심이 살

려져 있는지 아닌지를 식별하는 일에 있는 것이라고 믿어진다."[10] 이것은 인간성의 회복으로 이어지는데 이것이 시의 바른 길이다라는 김수영의 생각으로 자연스럽게 귀결된다.

김수영이 비판의 대상으로 삼은 글은 장일우의 「현실과 작가」(『한양』, 1962.6), 「시와 가치−다시 난해성에 대하여」(『한양』, 1962.8), 「현대시와 시인」(『한양』, 1963.4), 「한국현대시의 반성」(『한양』, 1963.9) 등인 것으로 보인다. 장일우는 시의 난해성을 "시인들이 시대의 요구를 자기의 주관의식으로 칼카츄어화해 버리거나 혹은 묵살해버리고 시를 한갓 작회(作戱)로 알고 덮어놓고 덤벼드는 결과에서 조성된 것"[11]이라고 과단성 있는 해석을 내린다. 때문에 시는 시대의 요구를 받들어 감동의 매체로서 거듭나야 한다는 것이다. 그리하여 「한국현대시의 반성」에서는 전후 한국현대시에 대한 전면적인 비판으로 이어진다. 여기에서 그는 〈청록파〉시인들과 서정주 그리고 모더니즘에 포함되는 시인들 일체를 비판의 대상으로 삼는다. 언뜻 보면 조동일이 「시인의식론」에서 행한 비판의 구도와 거의 일치한다. 박두진의 시에 대한 공감까지도 유사한데, 시기적인 편차를 고려한다면 조동일의 글에 앞서는 것으로서, 4・19 이후의 문학에 대한 새로운 관점의 모색이라는 측면에서 그 성과를 충분히 인정해야 할 것이다. 현해탄 너머에 있지만 1960년대 한국의 현실에 대한 깊은 관심의 결과 이러한 현상이 나타났다고 보아야 할 것이다. 그리고 누구보다도 4・19를 중심으로 한국의 문학을 점검하고 있다는 점에서 그를 4・19 문학인으로 부르기에 주저가 있을 수 없다. 그 양상은 지속적인 한국문학에 대한 관심과 논의로서 나타나는데 그 하나의 주제가 전통론이다.

조동일은 「전통의 퇴화와 계승의 향방」(『창작과비평』, 1966년 여름)에서 민족적 근대문학의 직접적인 원천으로 두 가지를 들고 있다. 하나는 중

---

10) 김수영, 「생활현실과 시」, 『김수영 전집』 2, 민음사, 1981, 193면.
11) 장일우, 「현대시의 음미−그 난해성에 대한 일고찰」, 『한양』, 1962.7, 148면.

세평민문학의 전통이고, 다른 하나는 식민지적 근대문학의 일부로서 민족적 입장을 견지한 작품이 그것이다. 주지하는 바와 같이 조동일은 이후에 중세평민문학의 전통을 새로운 문명을 찾아가는 데 있어서의 중요한 열쇠로 보고 이에 대한 연구에 심혈을 기울인다. 반면에 장일우는 민족적 입장을 견지한 작품, 이를테면 민족적 주체성을 확보한 작품에 큰 관심을 보인다. 여기에는 김소월과 이상화와 같은 시인들이 포함된다. 장일우의 문학관은 다분히 시를 문학의 중심에 놓고 있는 본질주의적인 것인데 그 시의 원천을 민족적인 것에서 찾고 있다. 당연히 그에게는 문학의 전통은 민족의 주체성을 찾는 과정에서 필수적인 것이다. 그는 문학의 주체성 결여와 민족적 전통의 황폐화에 맞서 민족적 주체성의 복원을 추구하는 비평을 행하게 된다. 그에게 있어 민족적 주체성의 복원은 전통의 다른 이름인 셈이다.

당시에 정태용이 말한 전통의 주체적 수용을 십분 받아들이면서도 "전통의 상대적 가치—시대적 가치는 알았으나 그 보편적 가치는 알 수 없었으며, 심지어 그는 역사의 기만과 위조를 식별하지 못하였다"[12]라고 비판하면서 예의 법고창신(法古創新)을 내세운다. 이를테면 창신이 없는 전통은 전통이 아니라 '낡은 것의 재생'에 불과한 것이며 실천적이지도 못함을 지적하고 있다. 이러한 주장은 한국의 현대시가 주체성을 갖아야 한다는 초기의 관점이 문학일반론으로 확대되어 나타난 양상이라고 할 수 있다. 다만 한계라면 지리적 거리가 있는 일본에서 그 실천의 양상을 구체적으로 점검하고 독려하고 창작적 성과로 일궈내는 데에는 많은 장애가 있었다는 점이다. 그는 참여문학론을 중심으로 서정주·심동리·이어령·백철·유종호 등의 문학론을 비판하면서 유치환·이설주·이인석·신동문·박두진의 시를 고평한다. 「시대정신과 한국문학」(『한양』, 1965.4)에서 보듯 그는 4·19에서 비롯된 한국문학의 가능성에 상

---

12) 장일우, 「한국적인 것과 전통적인 것」, 『자유문학』, 1963.6, 248면.

당한 기대를 표명하였으나, 생활 현실이 깃들어진 감동의 문학과 민족적 주체성을 구현한 '소월적 주체성'에서 크게 나아가지 못했다. 한국의 시인 작가들과 소통할 수 있는 구체적인 수단을 갖고 있지 못했던 것이 가장 큰 원인이라고 판단된다. 1965년경 그의 글이 『한양』지에서 모습이 보이지 않는 것은 주·객관적인 요인들이 복합적으로 빚어낸 결과라고 볼 수 있다. 장일우의 글은 「박두진론」(『청록집 기타』, 현암사, 1968)을 끝으로 더 이상 찾기가 어렵다. 4·19를 통해서 그에게 가장 큰 기대와 성과로 비추어진 시인이 박두진이라고 할 때, 그는 지리상의 차이에도 불구하고 4·19가 낳은 비평가라고 해야 할 것이다.

물론 후세의 평가처럼 1960년대의 순수·참여 논쟁은 문학작품의 구체성에 대한 검토에서 이루어진 것이라기보다는 세대론적 혹은 진영 사이의 설익고 관념적인 비판이 주를 이루었다. 참여문학을 주장했던 이들에게도, 역사의 대의와 문학론의 정당성에도 불구하고, 이러한 비판에서 자유로울 수는 없다. 장일우에게서 나타나는 원론적인 문예이론관은 순수와 참여문학 양자의 결합을 승화시키기에는 한계가 있는 것이었다. 그럼에도 불구하고 『한양』에는 참여론을 주장했던 국내의 다수의 평론가들이 참가하여 다채로운 비평을 장을 마련하기도 했다. 구중서·김우종·신동한·장백일·정태용·임중빈·임헌영·홍사중 등이 그들이다. 장백일은 「동인지와 그 비평—신인문학운동의 문제점」(『한양』, 1963.12)에서 비평동인지 『비평작업』에 상당한 관심과 지면을 할애하고 있으며, 이렇게 확인된 친연성 때문인지 모르겠으나 참여론을 주장한 다수의 신진 평론가들의 글이 『한양』에는 실리게 된다. 따라서 이에 대한 검토가 없이는 순수참여론의 정확한 지형을 그리기가 불가능할 터인데 『한양』에 대한 언급은 많은 문학 연구서와 문학사에서 단출하고 편리하게 인용되어질 뿐이다.

그리고 김순남이 있다. 장일우의 글들이 1965년을 전후로 하여 『한양』에서 잘 보이지 않고, 〈청록파〉 시인들의 시집인 『청록집 기타』(현암사, 1968)에 실린 「박두진론」 이후에는 더 이상 그의 글을 찾아볼 수 없는 데 반하여, 100호 이상을 내고 1970년대 초반까지 발간되는 『한양』을 끝까지 지키고 있는 이는 김순남이다. 장일우가 한국의 시문학을 중심으로 고찰하고 있다면, 김순남은 소설을 중심으로 그의 비평세계를 개진해 나아갔다. 그의 비평 용어들은 다소 원론적이고 관념적인 용어의 나열로 이어진다. 그의 문학관을 살펴보면 다음과 같다.

> 文學은 리얼리티라는 方法的인 것만이 아닌 휴머니티라는 方向的인 것을 必須的 要求로 삼게 된다. 휴머니티 그것은 作家의 '나' 하나로써 대신할 수 없는 多數者의 것이다. 民族文學, 한 나라의 國民文學을 두고 말할 때 휴머니티는 민족생활의 土壤에 뿌리박은 모랄인 것이며 國民大衆의 思想感情, 그의 希求와 동떨어져서는 생각할 수 없는 時代的인 責務感이다. 리얼리티와 휴머니티 이것은 文學 발전의 어느 時代에 있어서나 참된 文學의 기본을 이루어 왔으며, 不變의 것으로 生命力을 나타내었다. 오늘 우리 문학의 沈滯와 극단한 退潮를 겪게되는 요인은 리얼리티와 휴머니티의 固守를 포기한 데 있는 것이다.[13]

김순남의 글 가운데 초기부터 지속되는 관점은 '리얼리티와 휴머니즘'의 결합에 두어져 있다. 그에 따르면 비평가의 책무는 "작가들과 독자들의 판단의 세계를 확정적인 것으로 고착시키며, 그것을 문학발전의 견지와 사적 견지에서 일반화하는 능력"에 있다고 했을 때, 소박한 문학사관에 근거하고 있음을 확인할 수 있다. 그는 「니힐과 진실」(『한양』, 1963.5)에서 인생의 진실은 허무에 있는 것이 아니라 주체성의 회복에 있음을 강조하고 있다. 김소운과 민병산의 글에 대한 그의 비평문인데 여기에서는 재일교포의 자의식이 얼비치고 있다. 한국어를 쓰면서도 한국에서는 찾아볼 수 없는 활자체와 일본식 한자를 섞어서 조판하고, 일본의 동경에서 만든 잡지 『한양』에는 재일교포의 자의식이 곁들어야 한다

---

13) 김순남, 「현실묘사와 작가정신」, 『한양』, 1964.12, 180면.

고 믿었음인가? 아무튼 김순남의 글에는 학구적인 실증과 정밀한 논증을 바탕으로 민족의 정체성을 찾고자 하는 노력이 깃들여 있으나 지금 여기는 일본이라는 현실에 대해서도 남다른 자의식을 보여 준 비평가로 기억되어야 할 것이다.

한편 그의 글 가운데에서 나도향의 소설에 나타난 현실취재의 정신을 높이 평가하는 대목은 김순남의 비평정신이 지향하는 바를 비춰 보여 준다. 그는 「행랑자식」, 「자기를 찾기 전」, 「전차 차장의 일기 몇절」, 「물레방아」, 「지형근」, 「벙어리 삼룡이」 등의 작품에서 "무권리하고 천대받던 뭇사람들에 대한 동정과, 억압과 천대를 들씌우던 당대의 불합리한 사회에 대한 결렬한 비판정신, 휴머니티를 갈구·옹호하는 투철한 작가적 기백이 표현"[14]됨을 살피고 있다. 이러한 나도향에 대한 관심은 현진건에게로 이어지는데 「빙허문학의 음미」(『한양』, 1966.5)에서 현진건 소설의 리얼리즘적인 측면을 고찰하고 있다.

그렇다면 김순남의 이러한 비평관은 어디에서 유래되었는가를 살펴보아야 할 것이다. 그는 「설화문학의 재음미」(『한양』, 1962.7)에서 민족설화를 통해 민족정신과 문학정신을 파악할 수 있다는 입장을 취하고 있다. 장일우와 함께 김순남도 전통론에 대한 자신의 의견을 개진하게 된다. 그가 이어령의 문학관을 비판하는 주된 이유도 "사대적 관점과 민족비하의 사고방식"에 두고 있으며, 정태용의 전통론에 십분 동의하면서도 고전문학에 대한 관심을 동시에 요구하고 있다. 장일우가 전통론의 핵심을 법고창신과 이에 따른 실천에 두고 있다면, 김순남은 고전에 대한 관심과 연구라는 구체적인 방법론을 제시하고 있는 셈이다.

한국에서의 전통론이 현역 비평가들보다는 고전문학 연구자들에 의해서 그 방법이 모색되었다고 할 때 김순남 비평의 스펙트럼의 넓음을 읽을 수 있다. 다만 문제가 되는 것은 구체적인 창작 성과와 연구기관

---

14) 김순남, 「도향문학에 대한 소고」, 『한양』, 1964.4, 139면.

을 갖고 있지 못한 상태에서 이러한 요구들이 구두선에 그치는 것은 아닐까 하는 점이다. 차분한 논조로 이어지는 김순남의 글에서 가장 주목을 요하는 글은 앞에서 지적한 「도향문학에 대한 소고」이다. 그런데 작품의 선별과 인식은 북한의 비판적 사실주의 문학 연구와 그 궤를 같이하고 있는 듯하다. 김순남이 열거하고 있는 많은 고전문학 작품들은 북한의 고전문학 번역과 연구 성과를 염두에 둔 것으로 추측해 볼 수 있다. 일본이라는 지리적 위치에서 남·북한의 문학적 성과를 아우르고 종합하는 것이 자신의 과제라고 판단한 셈이다.

그렇지만 위에서 제시한 내용은 결과적으로 결실을 맺지는 못한 것으로 보인다. 장일우의 글이 보이지 않고 『한양』지의 비평란은 김순남에 의해서 유지되고 있었다. 이 무렵 국내에서 참가했던 비평가들의 글들도 차츰 눈에 띄게 줄어든다. 이것은 아마도 긴박해지는 한국의 정치적 상황과 긴밀한 관계가 있을 것으로 판단된다. 이미 『청맥』은 사라지고, 『창작과비평』이라는 문학 계간지가 출현하였다. 분단 현실의 구체화는 문학에서도 제도적 정비라는 과정으로 이어지는 듯하다. 이 과정에서 등장한 새로운 비평가들은 서로 자신의 문학의 출발점을 4·19에서 찾고 있다. 그런데 이 과정을 통과하지 않거나 못한 사람들은 이후의 문학사에서 소홀한 대접을 받을 수밖에 없었다. 전자의 대표적인 사람이 정오평단의 동인이었던 주섭일이라면 후자의 예로서는 장일우와 김순남을 들 수 있을 것이다. 4·19를 통해서 일어났던 문학에 대한 열정이 현실과 만나서 길항하는 과정은 그들 비평가들의 삶과도 깊게 연결되기 마련이다. 그러다가 『한양』지의 낙알이 다시 부삭되는 시기는 1969년 『상황』지의 출범과 때를 같이 한다.[15] 구중서·백승철·신상웅·임헌영·주성윤·김병걸 등이 참가한 상황동인들 가운데 임헌영은 비중 있는 글을 두어 편 발표한다. 그 즈음에 김우종·장백일 등의 글들이 한두 편

---

15) 이상갑, 「한 사르트르주의자의 논리와 그 엄정함」, 『민족문학사연구』 19호, 2001, 36면.

보이지만 1960년대 초반의 치열함은 찾기 어렵다.『한양』지의 역할이 다해 가고 있었다.『한양』지는 1960년대 참여문학의 한 축으로써 자신의 자리를 묵묵히 지키고 있었다는 것만으로도 문학사의 한 장을 차지하기에 부족함이 없을 것이다.

4. 현실과 영향

김현은 55년 세대와 65년 세대의 비평가를 구분하고 있다. 두 시기의 차이성과 연계성은 1950년대와 1960년의 시기적 구분을 의미함은 물론 이후의 문학사 전개와도 밀접한 관련을 맺고 있는 것이 사실이다. 1960년대 비평의 가장 큰 쟁점은 순수·참여 논쟁에 있는 것이 사실이지만 이에 대한 복원은 쉽게 이루어지지 않았다. 그것은 우선 문학제도적인 측면이 있는데 '등단제도'가 그것이다. 앞에서 살펴본 신세대 비평가들의 글들은 1963년경부터 1965년까지 극성을 부리다가 1966년 이후 침잠과 조정의 국면으로 들어가는 듯하다. 1965년을 전후하여 방식이야 어떻든 이른바 문단에 등단한 이들은 이후에 평가의 대상이 되었지만 그렇지 않은 이들은 논외로 처리되었다. 언론계로 나아간 주섭일의 경우가 그러하며 등단 이전의 작품은 습작품으로 받아들여졌다. 때문에 공식적인 등단 이전의 글에 대해서는 고려가 되지 않았다. 하물며 일본에서 이루어진『한양』의 장일우나 김순남은 지금도 본격적인 평가가 거의 전무한 상태이다.

또한 1960년대 초반 활발한 활동을 벌였던 신세대 비평가들이 1966년 이후 침잠했던 사정에는 문학 외적인 현상을 지적할 수 있을 것이다. 그것은 4·19 이후 5·16과 한일회담 등으로 이어지는 역사의 격동과도 연결이 될 듯한데 참여문학의 고양과 정치적 탄압의 맞대결은 불가피하게 신세대 비평가들을 순치하는 역할도 담당했던 것으로 판단된다. 통일혁명당 사건을 통해서 『청맥』을 간행하던 김질락과 이문규가 형장의 이슬로 사라진 예는 지식인과 문인들에게 엄청난 충격으로 비쳐졌을 것이다. 이후의 폭압의 역사는 이러한 정치적 마수에 걸려들지 않으면서 자기의 목소리를 내는 것이다. 백낙청은 「새로운 창작과 비평의 자세」(『창작과비평』 창간호, 1966)에서 "작가와 비평가가 힘을 모으고 문학인과 여타 지식인들의 지혜를 나누며 대다수 민중의 가장 깊은 염원과 소수 엘리트의 가장 높은 기대에 보답하는 동시에 세계문학과 한국문학과의 통로를 이룩하고 동양 역사의 효과적 갱생을 준비하는 작업이 이 땅의 어느 한구석에서나마 진행되어야 하겠다"라고 썼다. 특히 "이 땅의 어느 한구석에서나마"라는 표현은 내리쬐는 폭염을 피할 서늘한 그늘이 필요하다라는 것의 역설적 표현은 아니었을까?

필자 자신도 장일우와 김순남의 간단한 약력도 찾지 못한 상태에서 이 글을 쓰고 있다. 또한 이들의 활동이 1960년대를 마감하면서 벌어진 일련의 평가에서도 생략된 채 넘어간다. 그 이후는 말할 것도 없다. 하지만 이후의 문학사가 순수·참여론의 다양한 변주로 이루어졌다는 것을 인정한다면 우리의 주위에서 이러한 참여론의 실천적인 모습을 어렵지 않게 발견할 수 있다. 이것이 이들의 글들을 먼지 낀 도서관에서 애써 찾는 이유라고 할 수 있다.

1960년대 순수비평의 의미와 한계

순수 · 참여 논쟁을 중심으로

1. 분열된 순수

　1960년대의 문학이 갖고 있는 독자적인 성격이나 특질의 논의에 대해서는 아직도 제논의가 답보 상태를 면치 못하고 있는 것 같다. 비평 분야만을 한정시켜 보자면 전후 비평의 전개 양상은 대체적인 면모가 드러났음에도 불구하고, 여전히 시기의 대상과 선정 그리고 문학사적 의미에 대한 검토는 풀어야 할 과제로 남아 있다. 이 시기의 연구를 주제별로 보자면 모더니즘론 · 실존주의론 · 민족문학론 · 휴머니즘론 등으로 나누어 살펴볼 수 있는데, 주제론적인 접근이 전후 비평의 본질적인 해명에까지 이르고 있는가에 대한 의문은 여전히 남아 있다. 아울러 전후 비평을 시기적으로 1960년대와 연결시켜 보더라도 각각의 주제들은 동일 논자들에 의해서 지속적으로 재등장하고 있다. 그렇다면 전후 비평의 시기와 대상은 편의적으로 1950년대만으로 한정할 수는 없지 않을까?

한편 1960년대 비평을 검토함에 있어 순수·참여 논쟁에 대한 검토는 빼놓을 수 없는 항목이다. 이 시기의 연구에 있어서 문학적 특질을 지시하는 표현으로써 '순수와 참여'를 거론한다거나, 특히 비평 분야에서는 순수·참여 논쟁에 대한 검토가 집중적으로 이루어졌다는 점을 감안한다면 그 중요성을 충분히 인식할 수 있을 것이다. 그 결과 순수·참여론이 갖고 있는 의미와 문학사적 평가에 대해서는 대체적인 윤곽이 드러나 있다고 할 수 있다. 순수·참여 논쟁은 당시의 시대상 혹은 문단상을 반영하고 있음에도 불구하고 본격적인 문학에 대한 이론적 결실로 이어지지 못했다는 점이 항상 그 한계로서 지적되어 왔다. 적어도 순수·참여 논쟁 그 자체만을 놓고 보았을 때 사정은 그렇다고 할 수 있다.[1]

이 글은 순수·참여 논쟁의 전개 양상만을 대상으로 하지는 않는다. 오히려 기존의 연구에서 나타난 연구의 문제점을 점검하는 방향에서 '순수문학론'이라는 잠정적인 대상의 영역을 안출해 내고자 한다. 지금까지 순수·참여 논쟁을 다룬 글들을 살펴보면 논의의 방향이 객관적인 전개 양상에 대한 고찰과 이를 문학사적인 의미와의 관련 양상 속에서 살펴보고자 하였음을 알 수 있다. 문제는 순수·참여 논쟁의 결과가 단일한 방향으로 수렴될 수 있는 것이 아니라 데 있다. 이를테면 순수와 참여의 함의를 각각 문학의 상상적 기능과 인식적 기능으로 나누어 살펴본다고 하였을 때,[2] 원론적인 이해만으로는 우리의 실정에서 나타났

---

1) 1960년대 비평을 논의함에 있어 가장 중시되어 온 항목은 순수·참여 논쟁이라고 할 수 있다. 순수·참여 논쟁은 1960년대 비평을 개괄함에 있어서 유용하게 사용되어 왔던 것이 사실이다. 그런데 순수·참여 논쟁이 1960년대 비평의 전모를 드러내주고 있는가에 대해서는 의문이 가지 않을 수 없다. 순수와 참여의 문제를 둘러싸고 벌어졌던 논쟁들의 단평문들을 통해서 1960년대 비평이 지향했던 바를 올바로 적시하는 데는 한계가 있다. 물론 1960년대 순수·참여 논쟁을 통해서 문학에 대한 본질적인 인식을 획득하게 되었다는 긍정적인 측면을 무시하는 것은 아니다. 그렇지만 1960년대 비평, 특히 순수·참여 논쟁에 대한 개괄적인 접근이 이루어진 현시점에서 논쟁의 원인과 비평의 자기 충족에 대한 욕구에 대한 검토가 함께 이루어져야 할 것이다.

던 양 진영의 문학적 의미를 미리 한정시키는 결과를 낳을 수도 있다. 그런 의미에서 순수와 참여의 문학적 입장에 대한 차이와 길항 그리고 문제의 접점을 살펴보아야 할 것이다.3)

2. 순수 · 참여 논쟁의 조건과 전개 양상

　1960년대는 4 · 19라는 역사적 사건을 통해서 개막되었다. 이 즈음 문단에서도 참여론에 대한 관심이 점차 고조되기 시작하였는데 오양호는 1960년대 비평을 순수와 참여론의 대립기로 보고 있다. 그는 당시의 정황을 "1960년대 1월 순수 문예지 『현대문학』이 처음 '참여문학'이란 말을 문단에 던졌고(김양수의 「문학의 자율적 참여」를 가리킴), 그해 말은 최인훈의 「광장」론으로 뒤덮였다. 1961년은 아주 조용했다. 1962년에 들어서서는 문단비평과 강단비평이 맞섰고, 1963년에는 순수와 참여의 대립이 본격화되기 시작했다. 1965년에는 『사상계』도 이런 문제에 관심을 보였고, 거기에 소위 '학사주점'사건이 터지면서 이 문제는 현실의 전면으로 튀어나와 확산되었다. 1966년에 『창작과비평』이 창간되고, 1967년의 김붕구의 「작가와 사회」로 이 과제에 대한 논의가 절정을 이룬다"라고 묘사한 바 있다.4) 이것이 1960년대 비평의 개괄적인 소묘라고 할 수 있다.

---

2) 김윤식, 『한국현대문학사』, 일지사, 1976, 276면.
3) 순수 · 참여 논쟁 이후의 비평적 쟁점은 다음 시기의 비평적 제 논의를 위해서는 기초적이고 과도기적인 논의라는 평가를 얻는다. 문제는 순수 · 참여 논쟁의 성과를 미리 한정시켜 놓는다면, 동일한 양상의 동어반복적인 평가에 그칠 수 있는 우려가 있다. 여기서는 논쟁의 양상에 대한 문학적 태도를 미리 전제하는 것은 1960년대와 순수 · 참여 논쟁의 관련 양상에 대한 고찰뿐만 아니라 그 의미와 파장에 대해서도 제한하는 결과를 낳을 가능성이 있다는 점을 강조하고자 한다.
4) 오양호, 「순수 · 참여론의 대립기」, 『한국현대문학사』, 현대문학사, 1994, 415~416면.

한편 조남현은 "1960년대에 있었던 순수·참여 논쟁들 중에서는 1963년과 1964년에 걸쳐 김우종·김병걸과 이형기 사이의 논쟁, 1967년에 김붕구의 주제발표를 에워싸고 임중빈·선우휘·이호철·김현 등이 다소 혼전의 양상을 보인 것, 1968년 이어령과 김수영이 공방전을 전개한 것 등세 가지를 특히 주목할 만하다"라고 논쟁의 양상을 크게 3단계로 구분하여 제시한 바 있다.5) 여기에 서정주와 홍사중 간의 논의를 보태면 논쟁의 대체적인 윤곽을 그려볼 수 있다. 이러한 논쟁의 단계적 구분은 이후의 연구에서 보편적으로 사용된다.

순수·참여 논쟁은 우선 1960년대 초반 백철과 신동한의 「광장」론 시비를 거쳐 ① 서정주와 홍사중의 논쟁, 이형기와 김우종·김병걸·김진만의 논쟁을 통해 본격화되었다. 1960년대 순수·참여 논쟁의 양상을 명시적으로 본다면 이 경우를 가리킨다고 할 수 있다. 이어서 ② 김붕구의 「작가와 사회」를 통하여 논의가 다시 촉발되었는데 이는 실존주의 문학에서 제기한 '참여'의 개념을 둘러싸고 한국적 적용의 문제를 검토하는 계기가 되었다.6) 그리고 순수·참여 논쟁은 ③ 이어령과 김수영 간의 '불온시' 논쟁을 통하여 다시 한번 부상하게 된다. 이렇듯 크게 세 단계로 진행된 논쟁의 진행 과정에서 다수의 문인들이 직·간접적인 참여를 하게 되고, 순수와 참여의 문제는 문단에 있어서 최대의 관심사가 되었다.

기실 참여론은 신세대 평론가들에 의해 1950년대 후반부터 점차 관심이 고조되어 왔다. 이들은 순수문학 혹은 순수 작가들에 대한 비판이라는 점에서 공통점을 찾을 수 있는데 이어령·김병걸 등을 거론할 수 있다. 서정주의 「사회참여와 순수개념」은 1960년대 조반의 참여론에 대한 구세대의 발언이라는 점에서 의미가 있다. 그는 순수와 참여의 두 영역을 대립적으로 적시하고 있다는 점에서 주목된다. 왜냐하면 논쟁이

---

5) 조남현, 「순수·참여 논쟁」, 『한국현대문학연구입문』, 한길사, 1990, 240면.
6) 김붕구의 「작가와 사회」를 둘러싼 논의의 양상은 선우휘의 김붕구에 대한 입장 지지로 인하여 문학적인 논쟁이라기보다는 시대적 인식의 편차만을 드러내고 말았다.

란 어느 한쪽의 주장만으로는 성립될 수 없는데 신세대 평론가들에 대한 반론을 펴고 있기 때문이다.

한편 서정주는 순수와 참여의 개념을 문학사적인 고찰을 통하여 정리하고 있다. 1920년대 전반기의 경향문학으로부터 1930년대 『시문학』의 등장과 해방기의 좌·우익 논쟁에 이르기까지 육성(肉聲)에 가까운 어조로 기술하고 있다. 그는 참여문학의 실체를 궁극적으로 경향문학 혹은 사회주의 문학으로 보고 있다. 즉 일제시대와 해방기를 거치는 과정에서의 경험을 통해 경향문학의 상대적인 개념으로서 순수문학의 범주를 설정하고 있다. 그리하여 서정주는 경향문학의 한계를 지적하고 순수문학을 옹호한다. 이는 당시 분단된 현실에서 문단의 주류를 이루고 있었던 이른바 '문협정통파'의 이념적 대변이라고 할 수 있다.

> 순수란 우리나라에 있어서는 문학을 생경한 사상으로서 하는 일을 작파하고 문학적 표현의 산 육체를 통해서 해야 한다는 자각이 생겼던 때에 여러 특징 있는 정신들의 노력을 총칭한 대명사였다. (…중략…) 나는 모든 사회참여는 사관의 보편타당성 없이는 많이 해만 받기 일쑤인 것이라 생각하고, 특히 타율이 많이 끼는 정치적 후진성을 가진 민족의 굴곡이 센 과도기에 있어서는 무엇보담도 잘 선택된 사관을 먼저 가지고 행동하는 것이 문인다운 문인의 일이라고 생각하는 사람이기 때문에, 행동을 지금 되도록 소량으로 하니까 망정이지만, 지금 사회 참여라는 그것을 종종걸음으로 바삐 서둘러 해대고 있는 사람들을 보면 어쩐지 안심치 않다.[7]

서정주의 문학적 입장은 비교적 명확한 것이다. 이는 경험을 통한 사실 판단을 행하고 있기 때문에 사회 참여를 내세우는 신진 평론가들이 반박하기 어려운 부분이 있는 것도 사실이다. 이에 대하여 홍사중은 서정주가 말하고 있는 '잘 선택된 사관'의 문제를 집중적으로 공략하고 있다. 그는 작가와 현실의 문제를 외면하고, 역사와 현실로부터 도피하

---

7) 서정주, 「사회참여와 순수개념」, 『세대』, 1963.10.1.

거나 단순히 현실을 거부하여 주관적 진실에 기대는 것은 경계해야 함을 강조하고 있다. 왜냐하면 작가는 예술가이기에 앞서 우선 인간이기 때문이고, 이는 예술가의 특권에 앞서기 때문이다.[8] 홍사중의 견해는 문학의 본질적인 측면에서 비교적 문제를 논리적으로 접근하고 있다. 그러나 입장의 편차는 순수·참여 논쟁이 합리적이고 과학적인 결론으로 이어질 수 있는 여지를 상당 부분 제한시켜 놓았다. 그보다는 순수와 참여 양자간의 당위를 문제 삼는 꼴이 되었으며 이 문제는 문단에 하나의 과제로 던져졌다는 점에서 관심의 대상이 되었다. 이러한 팽팽한 긴장은 다시 구세대와 신세대의 문학적 갈등이 표면화되었다는 것을 의미한다. 1950년대 모더니즘과 실존주의를 둘러싼 논쟁에서도 문학의 현대성에 대한 시대적인 요구와 아울러 기성세대와의 갈등과 마찰을 쉽게 발견할 수 있는데 같은 맥락에서 이해될 수도 있다.

이상에서 알 수 있는 것은 전후의 신구 세대간의 문학적 갈등이 순수·참여 논쟁으로 전이되고 있다는 사실이다. 순수를 옹호하는 측에서 이형기는 문학의 기능에 대한 부정적 의견을 제시하였다. 그는 "적어도 현실적인 효용과는 무관한 부분에 작용하는 것이 이른바 문학의 기능"이라고 말하고 있는데, 문학의 예술성과 효용성의 이원적 성격을 배치(背馳)되는 개념으로 상정하고 있다. 문제는 "자신의 기능으로써 생명감을 중시하는 문학은 필연적으로 정치주의를 배격하며, 또 스스로 옹호해야 할 가치로서 인간성을 내세우게 되고 그리하여 객관적으로 본령정계의 문학이라는 이름을 지어 받을 수 있다"라는 결론에 있다.[9]

이러한 수장의 이면에는 당시의 시대상을 해방기의 좌·우익문학 논쟁의 연장선상에서 재단하려는 듯한 태도를 엿볼 수 있다. 이에 대하여 김우종은 "한국의 '순수'가 그 존재한 자만심에도 불구하고 오히려 단한번도 독자들에게 위대한 예술적 감동을 경험시켜 주지 못해온 곡절"

---

8) 홍사중, 「작가와 현실—서정주 씨의 글을 읽고」, 『한양』, 1964.4.
9) 이형기, 「문학의 기능에 대한 반성」, 『현대문학』, 1964.2.

을 "인간 정신의 내부를 파고들어 그를 감동시키"지 못한 것에서 찾고 있다.10) 그는 이후에도 이 시기를 회고하면서 "정치적 이데올로기가 어떤 정신적 집단에 의해서 작가에게 실천 강령으로 하달된 것이 아니고 그것이 작가 개인의 사상적인 인격의 하나로 표현되었을 때, 그것은 결코 문학의 배반은 아니다"라는 입장을 견지하고 있다.11) 그렇지만 이러한 입장도 사실은 순수의 진영에 대한 비판적인 어법이지 결코 문제의 해결을 위한 대안은 아닐 것이다. 순수·참여 논쟁을 거치면서 여기에 참여한 논자들은 서로 자신의 입지를 마련키 위한 비판에만 초점을 맞추고 있다. 결과적으로 생산적인 결론에 이르지 못한 경우를 쉽게 발견할 수 있다.

이와 함께 자명한 것으로 받아들여질 수밖에 없는 분단이라는 엄연한 전후의 현실에서 문학의 사회적 효용성에 대한 문제의 접근은 쉽지 않았으며, 이에 대한 출구는 간접적인 경로를 채택하지 않을 수 없었다. 순수와 참여의 문제가 당시의 현실과 밀접한 관련이 있다는 것은 김붕구의 「작가와 사회」라는 글에 촉발되어서 선우휘를 둘러싸고 벌어진 논쟁을 통해서 확연히 알 수 있다.12) 선우휘는 현실에 참여하는 것을 반대하지는 않지만, 분단이라는 현실 앞에서 참여가 사회주의로 나갈 수 있는 가능성에 대하여 깊은 우려를 나타내고 있다. 이는 당시에 분단이라는 '현실'을 강조하고, 이것의 경사가 가져올 위험성을 경고하는 냉전의 논리와 크게 다르지 않다. 이에 대한 여러 의견이 제출되었지만 현실에 대한 관심을 괄호로 묶어 둘 것인가 아니면 이에 적극 관심을 가져야 할 것인가의 문제에 대한 해답은 쉽게 나오지 않는 것이 당연하다. 왜냐하면 이것은 작가들의 현실관에 국한된 문제이며, 이것의 표출이

---

10) 김우종, 「순수의 자기기만」, 『한양』, 1965.7.
11) 김우종, 『한국현대소설사』, 성문각, 1982, 362면.
12) 김붕구의 「작가와 사회」는 1966년 10월 12일 세계문화자유회의 한국 본부 주최의 원탁토론에서 발표되어, 1967년 11월 『세대』지(1967.11)에 게재되었다. 선우휘의 「문학은 써먹는 것은 아니다」는 『조선일보』(1967.10.19)에 발표되었다.

문학적으로 어떻게 나타날 것인가의 문제에 대해서는 좀 더 심도 깊은 논의가 필요하기 때문이다.

명시적으로 드러난 순수·참여 논쟁은 문학이 현실과의 관련 양상 속에서 자유롭지 못함을 극명하게 보여 주고 있다. 신세대 비평가들의 순수문학에 대한 비판은 세대론에 의하여 젊은 의욕을 보여 주었지만, 세련되지 못하거나 논리적이지 못한 결점을 드러내기도 하였다. 이는 이형기와 선우휘의 경우에서 보듯이 참여문학을 비판하는 경우에 있어서도 같은 한계를 드러내고 있다. 이것은 순수·참여 논쟁이 놓여져 있는 시대적 한계라고 할 수 있다. 한편 시대적인 한계를 미리 한정시켜 놓았을 경우에 논쟁의 문학사적 의미는 축소되거나 표류될 것이다. 문제의 접근을 논쟁의 전개 양상만으로 제한 할 수 없는 이유가 바로 여기에 있는 것이다.

3. 작가와 사회—실존주의 수용의 한 예

순수·참여 논쟁이라는 현상을 차치하고서, 굳이 전후 비평에서 1960년대 비평의 특징을 논한다면, '강단비평'의 등장을 지적할 수 있다. 강단비평은 대학을 중심으로 이루어지는 비평 행위를 가리키며, 대학을 중심으로 활동을 시작한 비평가들의 요구는 아카데미즘으로 요약될 수 있다.13) 이러한 요구는 순수·참여 논쟁이 진행되는 가운데 간헐적으로 논쟁의 전제로서 문제가 제기되었다. 이것은 논쟁의 양상이 갖고 있는 지적 수준의 저급함을 지적하는 것이기도 하며, 그런 의미에서 대학에

---

13) 이에 대해서는 김윤식, 앞의 책, 273~274면 참조.

종사하고 있는 강단 비평가들의 임무에 대한 반성의 표현이기도 하다. 즉 순수·참여 논쟁에 참가한 이들이 아카데미즘을 강조하였다는 것은 논쟁을 통해서 얻은 일종의 반성의 결과물이라고 할 수 있다.[14] 그 가운데 김진만은 다음과 같이 말하고 있다.

> 사실의 문제를 정확하게 다루고 용어의 사용을 통일하는 노력이 아카데미즘이라면, 아카데미즘은 오늘날의 비평을 보다 실속 있는 것으로 만드는 데 큰 공헌을 할 수 있을 것이다. 또 이러한 아카데미즘은 비단 대학 교사들의 專斷物이 아니고, 뜻있는 비평을 가능하게 하는 기초적 소양으로서 모든 비평가에게 요구되어야 할 것이다. 한편 그러한 노력을 게을리 하거나, 지루하게 여기거나, 또는 문학 비평과 관계가 없는 것으로 생각하는 사람이 있다면, 그 사람은 비평가로서 '무식'의 비판을 면할 수 없을 것이다.[15]

이러한 아카데미즘에 대한 요청은 문학비평을 본 궤도에 올리려는 일련의 욕구와 관련된 것이다. 아울러 해방과 한국전쟁을 거치면서 문학론의 수입 경로가 일본을 경유한 것이 아닌 서구에서 직접 이루어지게 되었다는 것과 무관치 않다. 이는 또한 국내의 비평계에 여러 가지 해결해야 할 문제를 제기했다. 세계의 문학 조류에 뒤지지 말아야 한다는 경각심과 함께 이를 우리 문학에 어떻게 접목시킬 것인가의 문제가 그것이다. 1950년대 문학이 주된 흐름으로 파악되는 모더니즘과 실존주의의 수용은 세계문학과 한국문학, 즉 문학의 부편성과 특수성에 대한 문제, 전통의 문제, 문학 현실의 인식 문제 등으로 확대되어 나간다. 그런 면에서 김붕구의 「작가와 사회」를 둘러싼 논의의 제양상은 실존주의의 수용이 우리의 현실과 어떻게 접목될 수 있는지를 잘 보여 주고 있다.

김붕구에 의하면 작가는 생활인, 시민으로서의 나, 즉 '사회적 자아'와 창작 활동을 하는 나, 즉 '창조적 자아'를 구분하여 자아의 양면성을

---

14) 이밖에 아카데미즘에 대해서는 송욱·김종길·유종호 등에 의해서 강조된 바 있다.
15) 김진만, 「보다 실속있는 비평을 위하여」, 『사상계』, 1963.12.

제시하고 있다. 그에 의하면 사회적 자아는 작가가 창조적 자아를 거쳐 그 사회적 관심의 강조를 표현할 수 있을 뿐이다. 이어서 그는 사르트르와 까뮈를 예로 들어 두 자아의 갈등을 설명하고 있다. 사르트르가 참여문학론을 주장하는 데 반하여 까뮈는 예술가로서 창조적 자아가 반드시 사회적 자아에 흡수되거나 예속될 필요는 없다고 응답했다. 김붕구는 사르트르와 까뮈의 논쟁을 예로 들어서 "미리 이론화하고 성찰 숙고된 참여를 주장하는 사르트르의 참여문학"의 결과는 명약관화하다는 입장을 취하고 있다. 즉 "이론화된 앙가주망이나 참여문학을 표방할 때, 그것은 필연적으로 프롤레타리아 혁명의 이데올로기에로 귀착되지 않을 수 없다"는 것이다. 따라서 작가는 "자기 본령이 아닌 이데올로기에 뛰어들어 창조적 자아를 자승자박하느니 보다는 한 인간으로서 전인격적인 개성과 창조적 자아에 충실함으로써 선입견이나 조작 없이, 작품 속에 '나'를 송두리째 투입시키는 성실성이 무엇보다도 소중하다"는 입장을 내세우게 된다.16)

사르트르의 『문학이란 무엇인가』를 번역하기도 했던 김붕구의 글에는 사르트르의 체취가 느껴지는 부분도 있다. "작품 속에 '나'를 투입(투기; project)"한다는 대목이 그러하다. 하지만 김붕구와 사르트르와의 큰 차이점은 사회적 자아와 창조적 자아의 구분이라고 할 수 있다. 그에 의하면 이론화된 참여문학론이란 창조적 자아를 억압할 것이므로 사회적 자아의 횡포를 묵과할 수 없다는 것이다. 앞의 글에서 김붕구는 미셸 푸코의 『말과 사물』을 인용하고 있다. 서구의 경우 르네상스 이후 언어는 사물과 분리되어 독자적인 영역을 확장하여 왔으며, 급기야 19세기부터는 인간 부재의 세계에서 언어만이 독주하기에 이르렀다는 점을 표나게 부각시키고 있다. 이럴 경우 이데올로기란 독주하기 시작한 '언어의 논리적 연결구조'일 뿐이라는 것이다.17) 이어서 작가는 이데올

---

16) 김붕구, 앞의 글.
17) 김붕구의 푸코에 대한 해석은 자의적인 측면이 있다. 기실 푸코의 의도는 언어와 권

로기에 집착하기보다는 "전문학자나 이론가, 그밖의 어느 누구보다도 오히려 사물 자체(리알리떼)와 언어(표징) 사이, 즉 사실과 표현 사이의 간극에 날카로운 안광을 던질 수 있고, 또 이를 투시해야만" 한다는 투시주의 문학론을 제안하고 있다.

분명히 김붕구의 견해는 전후에 한국에서 실존주의에 대한 관심과 4·19 이후 두드러진 참여문학에 대한 관심이 널리 유포되었음을 반증하고 있다. 어떤 면에서는 그는 실존주의와 사르트르의 참여문학론을 전파시킨 장본인이기도 하다. 그런데 김붕구가 유행처럼 번져나가고 있던 실존주의, 특히 사르트르의 참여문학론에 대하여 제동을 걸었던 것은 쉽게 납득이 가지 않는다. 그런 면에서 1960년대 「작가와 사회」를 둘러싼 논쟁과 함께 1950년대 김붕구의 문학관을 동시에 살펴볼 필요가 있다. 김붕구는 「앙드레 지드와 현대문학」이라는 글을 대학 졸업 무렵에 발표하면서 이후에도 앙드레 말로와 까뮈에 대한 연구를 통해 불문학의 연구 영역을 넓혀 갔다. 이러한 과정에서 그는 '증인문학'이라는 문학의 그룹을 내세울 수 있게 되었다.[18] 그가 증인문학의 계열로 내세운 작가는 지드·말로·까뮈를 들 수 있다. 반면에 까뮈와 사르트르를 대비하는 자리에서는 사르트르의 문학을 격하시키고 있다. 그 이유는 너무 '현실적'이기 때문이다. 철두철미 산문적이고, 투쟁적이고, 논쟁적인 사르트르를 김붕구는 애써 외면하고 있다. 결국은 이러한 실존주의에 대한 김붕구의 문학관이 순수·참여 논쟁의 과정에서 불거져 나온 것이라고 볼 수 있다.

력과의 관계를 드러내고자 한 것이다. 그런 의미에서 이데올로기와 지배 권력을 무차별적으로 사용하는 김붕구의 태도에는 문제가 있다. 한편 이에 대한 다양한 반응 가운데 김현은 「참여와 문학의 고고학」(『동아일보』, 1967.11.9)에서 "나로서는 참여라는 말은 우리 시대의 이 혼란된 양상의 근본적 구조를 밝히는 고고학적 노력으로 바뀌어지지 않으면 안 된다"라고 말하고 있는데 김붕구의 자의적인 푸코 해석을 빗대어 말한 것으로 추측해 본다.

18) 전기철, 『한국전후문예비평연구』, 서울, 1993, 129~134면 참조.

지드, 말로, 까뮈 — 이들은 종교를 거부함에도 불구하고 끝끝내 종교적 집념과 모색 속에 번민하는 자들이다. 문학자들로서의 그들의 깊이와 매력은 이점에 있는 것이 아닐까? 이를테면 그들은 무신론자라기보다는 자기 격정을 죽일 수 없는 이단자들이다. — 그러기에 그들은 자기 고유한 종교를 창설하고 싶은 유혹을 물리칠 수가 없다. 그다음 까뮈가 시적이라는 것은 그의 초기작품을 읽으면 곧 알 수 있다. 시는 본질적으로 실존적 문학이다. — '시에 있어서는 항상 인간 의식이 자기 현존재의 근거 위에 집중되기' 때문이다.[19]

김붕구의 실존주의에 대한 이해는 사르트르와는 거리가 있다. 오히려 까뮈적인 실존주의에 가깝다고 할 수 있다. 그런데 문제는 사르트르냐 까뮈냐의 문제만은 아닌 듯싶다. 왜냐하면 시는 본질적으로 실존적 문학이라는 그의 표현과 함께 실존주의를 종교적 구도 행위와 같은 절대정신의 추구에서 찾고 있기 때문이다. 아울러 그는 "인간 의식이 자기 현존재의 근거 위에 집중"된 상징의 세계에 도달한 대표적인 시인으로 랭보를 꼽고 있다. 실존주의 문학을 논하면서 그 문학의 원류를 상징주의시에서 찾고 있는 점은 김붕구의 문학관의 한 단면을 보여 주는 것이라고 할 수 있겠다.[20]

한편 김붕구의 「작가와 사회」에서 구분한 사회적 자아와 창조적 자아는 현실과 문학을 즉자적으로 결합(혹은 분리)시킬 수 있는 여지를 많이 담고 있다. 현실에 대한 정당한 관심을 일률적으로 비판한다는 것은 그 역의 경우에 있어서 동일한 논리적 반대에 부딪치게 된다. 그런 의

---

19) 김붕구, 「사르트르와 까뮈」, 『문문학산고』, 신태양사, 1958, 165면
20) 박상준은 김붕구의 비평의 의의를 "하나의 특수성으로서의 프랑스의 현대 지성과 그들의 작품들을 통한 현대성의 탐구방식이 '실제적으로' 보편성을 획득"하고 있다는 데 두고 있다(『한국현대비평가연구』, 강, 1996, 254면). 하지만 김붕구가 획득하고 있는 보편성이란 프랑스라는 '하나의 특수성'에서 벗어나고 있지 못하다는 점에서 문제적이다. 그리하여 보들레르와 랭보를 통해 문학의 궁극적인 지향을 김붕구 자신이 드러내고 있을 때, 에드문드 윌슨이 말한 것처럼 "사회생활로부터 고립된 개인적 상상력에서 사는 악셀의 세계"(이경수 역, 『악셀의 성』, 홍성사, 1980, 259면)에 대한 반성적 자각은 항상 요청된다.

미에서 김붕구의 견해를 긍정하면서 선우휘가 "문학은 써먹는 것이 아니다"라는 문학효용론의 극대화에 대한 부정적 입장을 견지하게 되자, 이를 비판하는 문인들의 반응은 어쩌면 당연한 것이다. 이 경우 과연 문학이 사회에서 어떠한 위상을 갖고 있는가에 대한 검토가 뒤따라야 한다. 순수·참여 논쟁이 보여 준 당시의 문학적 현실은 순수문학과 참여문학 양자를 모두 문학이라는 제도 내에서 수용할 수 있었는가의 문제와도 결부되기 때문이다.

하지만 기대와 다르게 김붕구의 참여가 도달한 지점은 논쟁을 통하여 현실이라는 실체의 발견을 가능케 하는 계기는 되었지만, 큰 기대에는 미치지 못하고 말았다. 이에 대하여 정명환의 글은 김붕구의 견해에서 부족했던 점들을 보완시켜 주고 있다.

> 현대의 작가가 시대에 대해서 강렬한 역사적 의식을 가져야 한다는 것은 정치의 무대에 직접적으로 뛰어든다는 의미는 아니다. 만일 그렇다면 삶의 현실을 배반하는 선전 문학을 일삼지 않는 한, 문학을 포기하거나 극히 해로운 자기분열을 일으키는 결과를 초래하고 만다. 무엇보다도 작가는 한 작품이 시대를 움직일 수 있다는 18세기적 환상으로부터 해방되어야 할 것이다. 문학이 인간과 세계에 대해서 작용하는 것은 직접적인 현실 생활의 영역에 있어서가 아니라는 것을 똑똑히 아는 것이 진정한 작품 창조를 위한 요건이다.[21]

정명환은 문학과 현실이라는 두 개의 실체를 훼손하지 않은 범위 내에서 작품 창작의 요건을 마련하고 있다. 그에 의하면 문학은 간접화의 논리를 통하여 정신의 세계에 이를 수 있다는 것이다. 이 경우 문학의 고유한 영역을 지키면서 현실과 인류에 도움을 줄 수 있는 방법을 찾아야 한다는 것이다. 정명환은 김붕구와는 달리 참여문학에 대한 극단적인 거부를 표명할 것이 아니라 그러한 현실의 원인과 배경을 검토하고,

---

21) 정명환, 「작가의 정치참여」(홍사단 금요강좌, 1968.4.26).

그 변화의 추이를 함께 검토하고 있다는 점에서 당시 실존주의 문학에 대한 이해를 증진시켜 주고 있다. 김붕구는 까뮈에 대한 애정과 사르트르에 대한 폄하를 극단적으로 시도하였다. 이에 대해서도 정명환은 까뮈와 사르트르 양자가 겪은 딜레마를 동시에 지적하고 있다.

사르트르는 자신의 이념에 따라 '민주혁명연합'이라는 정당을 조직하였지만 실효를 얻지 못하였고 1951년 헝가리 사태 이후로는 투쟁적 작가에서 분석적 철학자로 회귀할 수밖에 없었다. 동시에 까뮈는『전락』에서 인간의 가능성에 대한 심각한 회의를 표현하고 있다. 즉 인간이란 상호간에 이해를 할 수 없을뿐더러, 자기 자신조차 뜻대로 다룰 수 없는 부조리한 존재에 불과하다는 결론에 이른다.22) 이러한 변화의 추이는 문학을 둘러싼 작가의 정치 참여와 인간의 주체성에 대한 신뢰가 현실 앞에서 무기력함을 보여 주었던 당시의 시대상과 긴밀한 관련이 있다. 또한 이러한 평가는 이제 한 시대를 풍미하던 실존주의 문학이 점차 쇠퇴하고 있기 때문에 가능한 것이었다.

김붕구의 글을 통한 참여문학 논쟁은 1950년대 실존주의 문학에 대한 점검이면서 동시에 문학관에 대한 심도 있는 관찰의 기회를 마련해 주고 있다. 특히 김붕구는 사르트르의 참여론이 그의 문학마저도 불구로 만들었다고 말하고 있는 반면, 정명환은 그런 사르트르의 사상적 편력의 원천을 찾아 나선다. 그런 필수불가결한 맥락에 대한 탐색 없이는 진정한 참여에 대한 의미를 되새기지는 못할 것이라는 것이 정명환의 태도인 셈이다.23) 또한 정명환은 순수와 참여의 구분 이전에 문학의 시대적인 의미에 대한 통찰을 보여 주고 있다는 점에서 관심의 대상이 되어야 마땅하다. 그는 이광수·염상섭·이효석·이상을 중심으로 일련의

---

22) 정명환,「실존주의 문학과 인간」,『현대문학의 새로운 사조』,『신구문화사』, 1963, 110~111면 참조.
23) 정명환의 이러한 관점은 이후에도 지속되어「사르트르의 문학과 체험」(『세계의 문학』, 1979.3)을 통해 정리된 바 있다.

연구를 진행하게 되는데 여기에서 중요시되는 것은 타자로서의 서구와 우리 문학과의 관련 양상이다. 특히 서구 문학이 갖고 있는 부정적 지성의 본질적인 면모를 통하여 이상의 문학을 재조명하고 있는데 우리 문학의 과제를 반성적으로 점검하고 있다는 점에서 그 의미는 자못 크다. 왜냐하면 우리 문학이 서구의 문학을 수용하는 과정에서 근본적인 문제를 놓치고 있다고 그는 판단하고 있기 때문이다.

부정은 지성의 통제하에서 이루어지는데 이러한 존재의 지성적 투기가 없이는 진정한 문학적 현실의 묘사는 불가능하다. 그리하여 그는 사르트르에 대한 이해의 수준을 한층 높여 주었는데 "사르트르가 비존재라고 한 것은 그 자체가 실현되어 있지 않으면서도 이미 실현되어 있는 것을 거부케 하는 가능성의 세계를 뜻하는 것이며, 만일 가능성의 세계(비존재)와의 관련 하에서 존재가 생각되지 않는 경우에는 의식은 스스로를 묶어 버리고 응결"[24]되어 버릴 것이다. 이것은 다름 아닌 정명환이 사르트르에게서 찾아낸 우리 문학의 과제이다. 그가 서구 지성의 탐색을 통하여 이루고자 한 것은 다름 아닌 문학의 질서화라고 할 수 있다. 문학적 지성을 통한 문학과 현실의 접근은 1960년대 비평의 새로운 양상이라고 할 수 있다. 더 이상 순수와 참여의 도식적인 이분법이 들어설 자리는 없는 듯이 보인다.

4. 폐허의식과 저항 그리고 현실

이어령과 김수영이 벌인 이른바 '불온시 논쟁'은 자주 순수·참여 논

---

24) 정명환, 「부정과 생성」, 『한국작가와 지성』, 문학과지성사, 1978, 104면.

쟁에서 거론된다. 이어령이 '순수의 입장'을 대변하는 것처럼 인식되고 있는 것만치 김수영은 '참여의 입장'에 서 있는 것처럼 보인다. 그런데 과연 그런가? 이어령과 김수영을 각각 두 진영으로 나누어 벌인 논쟁을 살펴본다는 것은 무슨 의미가 있는가? 이어령과 김수영 간의 논쟁에 있어서도 두 사람은 논쟁의 대립점을 분명히 보여 주지 못하고 있다. 이어령은 자신의 초기 비평이 갖고 있는 성과를 발전시키지 못하였다거나, 김수영은 카운트 파트너로서의 역할을 제대로 해내지 못하였다는 지적도 있다.[25] 그런데 이어령이 말하고 있는 '현실'이란 시적 세계를 거쳐 환원된 현실이다. 즉자적인 의미의 현실이 아니라는 것이다. 그에게 있어서 이상적 질서는 이미 전제되어 있다. 이런 조건하에서 현실은 시적 세계의 조정력에 따라 변화될 수 있다.

반면에 김수영은 현실을 어떻게 문학으로 표현할 것인가 하는 문제를 동시에 고민하고 있다. 김수영은 "모든 전위 문학은 불온하다"라고 말하면서 문학의 본질은 꿈(이상)의 추구에 있음을 강변한다. 이 말을 곧이곧대로 해석하면 꿈과 이상의 실현이 현실을 압도해 버린다. 하지만 김수영은 불가능한 이상에 도달하는 '과정으로서의 문학'을 함께 중시하였다. 이 과정에서 완결된 이상에 대한 의심은 자연스럽게 고개를 쳐들고, 때때로 역사에 대한 기대와 회의가, 불안이 함께 표현되기도 한다. 이러한 면들을 김수영의 시에서 어렵지 않게 찾아볼 수 있다. 이어령과 김수영의 불온시 논쟁은 순수와 참여의 대결이라기보다는 '완결된 이상형'의 제시와 '과정으로서의 문학'을 중시하는 문학관의 차이에서 비롯된 것이다.

불온시 논쟁은 이어령의 「에비가 지배하는 문화」(『조선일보』, 1967.12.18)에 대하여 김수영이 「지식의 사회참여」(『사상계』, 1968.1)라는 반론을 펴면서 시작되었다. 이어령은 먼저 한국 문화의 현상을 '창조력이 극도로 위

---

25) 조남현, 앞의 글, 245면.

축된 시기의 문화'로 진단하고 있다. 정치적으로, 문화적으로, 대중의 태도에 있어서 그러한 반문화적인 현상이 일어나고 있다는 것이다. 또한 이어령은 실제이상의 과대한 공포증과 비이성적인 퇴영성을 비판하였다. 이에 대하여 김수영은 유상무상의 정치권력의 탄압이 더 큰 원인이라고 말한다. 두 사람은 '불온시'를 두고 설왕설래를 벌였지만 이어령의 논지는 비문화적인 분위기가 정치권력에만 있는 것이 아니라 문화를 권력으로 여기는 거짓된 사회참여론자, 어용 문인에게도 있으니 경계하자는 쪽으로 논의를 원론적인 방향으로 이끌어간다. 한편 김수영은 정치권력의 억압과 이로 인한 현실의 문제를 전면에 내세움으로써 문학적 논쟁의 접점을 놓치게 된다.

이어령과 김수영이 벌인 불온시 논쟁은 논쟁 그 자체보다는 전후의 대표적인 비평가와 시인이 이를 통해 어떤 문학의 굴절을 경험하게 되는가에 초점이 맞추어져야 한다. 이어령이 내세운 '저항의 문학'은 분명 참여문학의 표지로서 구성되었다. 하지만 1960년대에 접어들면서 이어령의 문학관은 신진 비평가들에게 극복의 대상이 된다. 또한 김수영은 불온시 논쟁을 벌일 무렵을 전후하여 자신의 중요한 시론인 「반시론」(『세대』, 1968.3)이나 「시여 침을 뱉어라」(『창작과비평』, 1968년 봄) 등을 연이어 발표한다. 이 역시 김수영의 문학관이 전체적으로 투영된 것인데 생경한 현실관과는 거리가 있다. 보다 문학적이고 릴케와 하이데거가 인용될 만큼 철학적이다. 두 사람은 논쟁을 벌일 당시에 자신의 문학적 진로에 대한 암중모색을 실시하고 있었다. 당시 맞수로서의 두 사람의 문학관을 전제하고서 본다면, '불온시' 논쟁은 어떤 의미에서 그들의 아주 예외적인 발언으로 비칠 수도 있다. 사실은 차치하고, 이러한 어긋남이 '불온시' 논쟁이 주는 '매력'의 진원지이다.

이어령은 독특한 이력의 비평가이다. 그는 「이상론」(『문리대학보』, 1955.9)을 통해 문단에 등장한다. 그는 시와 소설 전반에 걸친 비평 활동을 펼치면서 전후 비평의 대표주자로 활약한다. 이 시기에 이어령의 비평을 한

마디로 정의한다면 '저항으로서의 문학'이라고 할 수 있다.26) 그는 포우가 쓴 '홉 프로그'의 이야기를 통하여 일종의 우화비평을 시도하고 있다. 모든 것을 상실하고 박탈당한 어리석은 인물로서의 '홉 프로그'에 대한 비판은 이른바 순수 작가들을 겨냥하고 있다. 행동을 하지 않는다면 그들 역시 인간으로서의 자격을 상실한 비인간에 불과할 것이라는 점을 표나게 내세우고 있다.

그렇다면 이어령이 말하고 있는 '저항'의 대상은 무엇인가? 그것은 일종의 이어령이 갖고 있는 현실관과 맥락이 닿아 있다. 그는 "우리가 두려워해야 할 것은 '자연'이 우리의 생명을 빼앗아 간다는 그것이 아니라 인간이 인간의 생명에 상처를 내고 있다는 인위적인 학살"27)이라고 말한다. 그는 한국전쟁 이후의 휴머니즘의 타락상을 고발하고 있다. 이어령이 말하고 있는 저항은 위장된 휴머니즘이 아닌 실질적인 휴머니즘을 찾아야 한다는 것으로 요약할 수 있다. 전후의 현실적인 상황이 여과 없이 즉자적으로 드러난 측면이 있지만, 이는 이어령 개인의 탓으로 돌릴 수 있는 문제만은 아니다. 아무튼 그의 이러한 현실관은 문학관에도 영향을 주었다.

> 그러므로 오늘날 作家가 무엇을 해야 될 것이라는 뚜렷한 信念이 생겨날 것이다. 첫째는 歷史의 관심이며 그것에 대한 責任을 自覺하려는 정신이다. 둘째는 人間이 人間을 사랑할 수 있도록 愛情을 만들어 주어야 할 것이다. 셋째는 사람들로 하여금 그의 敵과 그의 벗을 명확히 가리켜 주는 일이다. 그리하여 砲門이 열리고 비둘기가 놀던 時計塔이 쓰러지는 날 나의 '木馬'는 '旗'가 되어야 한다. 그래서 作家들의 作品은 온갖 사람들의 머리 위에서 나붓기는 精神의 旗, 그들에 하나의 信念을 주는 그들에 하나의 기대를 주는 旗가 되어야 하는 것이다.28)

---

26) 이어령, 「작가와 저항」, 『지성』 3호, 1958.12.
27) 이어령, 위의 글.
28) 이어령, 「무엇에 대하여 저항하는가」, 『신군상』, 1957.12.

이어령의 저항은 전후의 현실에서 비롯된 것이지만, 전후의 작가들에게 제시한 신념은 역사에 대한 책임과 인간에 대한 애정으로 요약할 수 있다. 일종의 현실에 대한 추상적인 모럴론이다. 이를 통해서 작가들은 사람들에게 희망을 주고, 그야말로 '정신의 기(旗)'가 되어야 한다. 그렇지만 이 시점에서 이어령이 말하고 있는 '저항'의 실체는 대상, 즉 구체적인 적과 화해하고 있다. 이는 이어령이 실존주의를 논하면서 동시에 참여를 말하고 있지만, 그 참여의 결과란 추상적인 제스처에 머물고 마는 것과 같은 맥락임을 알 수 있다.29) 따라서 그가 내세운 '저항으로서의 문학'이란 이어령의 문학관을 대표하는 표현이지만, 축자적인 의미에서 문학의 현실 참여와는 거리가 있다.30)

전후의 현실에 대한 이어령의 진단은 대단히 비유적이다. '화전민 지역'이란 전후의 폐허를 가리키며, '신화 없는 민족'이란 문화의 불모성을 의미한다. 어떠한 가능성도 없는 현실을 그는 바라보고 있다. 이런 관망의 태도는 거리를 전제한 것이므로 현실과의 갈등이 개입할 여지는 줄어든다. 그는 말한다. "세대와 세대와의 단절, '너'와 '나'와의 차단. 그리하여 우리는 보다 비극적인 영토와 그 시대에서 살고 있다. 같은 한국인이면서도 서로의 언어가 통하지 않는 갑갑한 현황―이것은 신화 없는 민족만이 가질 수 있는 억울한 형벌이다"31)라고 그리하여 이어령은 이신(異神)을 찾아 나선다. 그가 찾아 나선 이신은 서양 문명에

---

29) 이어령과 실존주의와의 관련에 대한 논의는 맥락을 쉽게 잡기 어렵다. 김현이 이어령의 태도를 '실존주의적'이라고 말하는 정도이다. 이어령의 실존주의에 대한 태도는 전후의 새로운 문학에 대한 일반적인 등치에서 잘 나타난다. 그는 구체적인 실존주의 문학을 겨냥하고 있다기보다는 전후의 여러 가지 문학의 경향을 실존주의적인 것으로 이해하고 있는 듯하다.
30) 이어령은 「작가와 현실참여」(『문학평론』, 1959.1)에서 '참여'라는 실존주의적인 표현을 사용하고 있지만, 이 글도 앞서의 '저항의 문학'과 내용에 있어서 큰 차이는 없다. 따라서 이어령의 현상적인 궤적을 탐색하는 것보다는 그의 본질적인 문학관을 살펴보는 것이 그에 대한 이해에 도움이 된다.
31) 이어령, 「신화없는 민족」, 『저항의 문학』, 경신사, 1959, 28면.

대한 관심의 경사를 의미한다.[32]

　이어령은 현실과의 갈등을 다루는 소설(산문문학)에서 자신의 문학관을 펼치기보다는 장르적으로 시의 영역을 매개로 하여 자신의 문학관을 구체화한다. 그는 시와 신화의 친연성을 드러내기도 한다. 이는 그의 시에 대한 일련의 원론적인 비평문 등에 잘 나타나 있다. 특히 그는 환위(環圍)와 환계(環界)를 구변하면서 비평의 이론적 기초를 마련하고 있다. 이것의 구분을 그는 다음과 같이 설명하고 있다.

　　詩의 環圍라는 것은 모든 動物의 環圍와 類似한 것이다. 즉 그것은 한 詩人이 위치하고 있는 時空性과 그 狀況을 의미한다. 그 環圍란 보다 넓은 의미로서의 世界이며 科學者나 政治家나 누구나 할 것 없이 모든 人類가 生存하고 있는 그 총체적 時空圈을 通稱하는 말이다. 이러한 環圍的 양면으로서의 변화를 가지게 된다. 또한 詩人의 環界란 그러한 時空性의 狀況안에서 자기(詩人) 特有한 個性과 技能 내지 意識의 차원에 의하여 즉 環圍의 자극에 대한 調整力(Regulation)의 個性에 의해서 만들어낸 '詩的 世界'를 의미한다. 그러므로 詩的 環界란 詩人이라는 從屬的 특질로 構成된 그 '一般的 環界'와 다시 詩人 個個의 個性的 生理의 질서에 의하여 創造된 '個體的 環界'의 두 가지로 볼 수 있다.[33]

　위에서 이어령이 구분한 환위와 환계는 일상적인 생활을 영위하는 모두 시공간으로서의 세계와 문학적으로 환원된 '시적 세계'와의 구분이라고 할 수 있다. 한편 시적 환계를 다시 일반적 환계와 개체적 환계로 다시 구분하고 있다. 이는 "詩人의 環界란 그러한 時空性의 狀況안에서 자기(詩人) 特有한 個性과 技能 내지 意識의 차원에 의하여" 재구

---

32) 신두원은 「전후 전통 논의에 대한 시론」(『민족문학사연구』 9호, 1996)에서 이어령의 전통단절론을 조연현과의 논쟁을 통하여 검토하고 있는데 그의 전통에 대한 견해 또한 그의 문학관과 표리 관계에 있음을 알 수 있다.
33) 이어령, 「현대시의 Umgebung과 Umwelt」, 『문학예술』 19호, 1956.10(「시비평방법서설」, 『저항의 문학』, 1959, 163면)

성되기 때문이며, 시인은 "環圍의 자극에 대한 調整力(Regulation)의 個性"을 갖추어야만 한다. 이를 통하여 시인은 자신의 고유한 '시적 세계'에 거주하게 된다. 즉 시인의 고유한 시적 개성과 시적 변환이 이를 통해서 비로소 가능하게 된다는 뜻이다. 한마디로 이는 그의 이상적인 작품에 대한 강한 집착을 엿볼 수 있는 대목이다. 또한 이어령은 이를 통해 비평의 기준을 마련코자 하였는데 시적 세계만을 다루려는 인상비평과 시적 환계를 배제하고 일반적 환계만을 다루려는 객관비평의 양자의 지양을 시도하게 된다. 이를 통해 로고스(환위적인 면)와 파토스(환계적인 면)의 양 측면이 상호 융합된다면 이상적 비평 방법에 도달할 수 있다는 것이 그의 생각이다. 이를 통하여 이어령은 새로운 문학의 질서를 의욕코자 하였음을 알 수 있다.

이어서 이어령의 비평관은 완벽한 시적 세계의 지양과 절대정신의 추구로 나아가게 된다. 그는 환위와 환계의 조정력을 설명하면서 보들레르와 랭보의 예를 들고 있는데 상징주의 시인들에게서 나타나는 조응(照應)이나 언어의 상징적 표현의 순간이 바로 이어령에게는 환위와 환계가 일치하는 순간인 셈이다. 그뿐만 아니라 이것은 이미지스트들이나 T. S. 엘리엇의 경우에 있어서도 동일하게 나타나는 것이며, 이른바 모더니티의 비평적 기준도 새로운 것의 표현이 조정력을 갖추고 있을 때임을 강조하고 있다. 그리하여 그는 "시의 활동은 어디까지나 그 근저를 외계에 대한 개인적 생명의 표출작용(카타르시스)으로서 그와의 평정을 유지하려는— 개인의 심리적 요인에 두어야 할 것이며 전연 시(詩)의 '자기목적'인 면에서 비평되어야" 한다는 비평의 자기 충족성에 대한 기준 마련으로 나아간다. 이러한 이어령의 시론은 근대시론의 최고 수준을 경신하는 한 장면임에 틀림없다. 다만 지금까지는 이러한 면모를 애써 외면해왔던 점을 부인할 수 없는데 이로 말미암아 이어령과 김수영의 불온시 논쟁의 접근도 피상적 수준에 머물게 된다.

이를 바탕으로 이어령은 문학이론의 체계화를 시도하였는데 「카타르시스 문학론」(『문학예술』, 1957.3~12), 「시와 속박」(『현대시』 2, 1958.8) 등이 그러한 예라고 할 수 있다. 특히 그의 「카타르시스 문학론」은 아리스토텔레스의 카타르시스 개념을 빌어서 문학이론의 전체적인 체계를 구성하려는 의욕적인 작업이라고 할 수 있다. 그는 카타르시스를 생리적인 차원에서뿐만이 아니라 "한 작가가 인간의 영혼 속에 깊이 자리하고 있는 온갖 번민과 비운, 즉 개체 내부에 억압된 체험을 작품으로 표현함으로써 그러한 상태로부터 탈각 해방"하려는 것으로 포괄적인 해석을 가한다. 그런 의미에서 "카타르시스의 행위가 표현이며, 표현의 행위가 카타르시스이다"라는 정식화에 도달하게 된다. 그는 카타르시스, 즉 표현과 언어의 문제를 통하여 작가의 정신이 도달한 지점을 보여 주고자 하였다. 카타르시스란 문학적 내포의 다른 이름이면서 동시에 기준이다. 특히 창작심리학적으로 치우칠 수 있는 설명을 논리적으로 보여 주고자 하였기 때문에 그가 의도하고 있는 카타르시스에 대한 개념이 재차 반복되는 것을 피할 수는 없었다. 카타르시스라는 하나의 개념으로 문학의 포괄적 이론을 구성코자 한 결과 무리한 설명도 적지 않게 발견된다.[34] 그럼에도 불구하고 이어령의 「카타르시스 문학론」에서 다룬 문학의 원론적 지침은 이미지와 메타포의 결합을 구두선처럼 강조하던 1950년대 모더니즘 시문학이 이론적 진전을 보여 주는 한 사례임에 틀림없다.

다시 이어령과 김수영의 논쟁으로 돌아와서 왜 이들은 서로 다른 입장을 대변하게 되었던가를 살펴보기로 하자. 이어령이 비판한 것은 문학제도와 기능성이 낳은 부정적 측면이었다. 하지만 김수영은 이러한 제도와 기능을 산출한 현실의 문제를 우선 지적한다. 이어령에게 있어서 당시의 현실은 이상적 질서를 위한 질료적 성격이 강한 반면에, 김수영은 이상(理想)을 향한 불안의식과 현실과의 일체감 혹은 회복이 급

---

34) 「카타르시스 문학론」의 연재 1회분에는 이 글의 구상하면서 설정한 전체 목차가 제시되어 있다. 하지만 원래의 구상대로 글이 진전되지 않은 듯 실제의 글에서는 규모가 상당히 축소되어 있다.

선무로 인식된다. 4·19와 동백림사건 등이 그에게는 엄연한 현실이었다. 하지만 현실을 어떻게 인식하고 시적으로 표현할 것인가의 문제는 논리적으로 쉽게 이룰 수 없는 과제임에 틀림없다. 김수영은 올바른 현실의 제시라는 당위를 현실의 전도를 통하여 제시한다. 뒤바뀌어진 현실을 다시 뒤바뀌어진 인식을 통하여 드러내는 것이다. 전도된 현실을 전도된 인식으로 표현하기. 이것은 김수영의 시적 방법으로 정식화되는데 '온몸의 시론'이 바로 그것이다.

이어령과의 논쟁이 뚜렷한 결실이 없이 끝막음될 즈음에 김수영은 「시여, 침을 뱉어라」를 발표한다. 이 글은 김수영의 대표적인 시론의 하나로 잘 알려져 있다. 그만큼 김수영의 시세계를 이해하는 데 중요한 단서를 제공하고 있거니와 이어령과의 논쟁에서의 차이를 적출하는 데도 도움을 주고 있다. 김수영은 하이데거의 이론을 빌려오고 있다. 하지만 여기에 시인의 고유한 영역을 분명한 실체로서 가미시키고 있다. 그 결과 하이데거의 이론을 즉자적으로 수용하는 것이 아니라 비판적으로 접근하게 되는 기틀이 마련된다.

여기에서 김수영은 시와 산문을 대립적으로 파악하고 있다. 하이데거가 '대지의 은폐(성)'를 통하여 시를 해명하고자 하였다면, 이와는 반대로 김수영은 '세계의 개진'을 통해 산문, 즉 현실의 세계를 지향한다. 그리고 김수영은 그것의 과정이 '노래'에 대하여 부정적으로 현상될 것임을 알고 있다. 그럼에도 불구하고 시인은 산문적 현실로 나아갈 수밖에 없는데 여기에서 시인은 세계와의 불가피한 대결에 직면하게 된다. '개진과 은폐' 혹은 '세계와 대지의 양극의 긴장' 위에 시인은 자리할 수밖에 없다. 어쩔 수 없는 이 상황에 '던져짐'(투기)을 시인은 '온몸'으로 감내 할 수밖에 없다. 예술성의 측면에서 보아도 하나의 시작품은 시인 자신의 전부이고, 현실성의 측면에서도 하나의 시작품은 전부이기는 마찬가지다. 이를 어떻게 구분할 수 있단 말인가? 이어령이 제시한 환위와 환계의 구분이 구분을 위한 구분이라면, 이를 구체화하는 것은 시인의 투기에서만 가능할 뿐이다. 비록 사르트르는 이것의 가능성을 부정했을 지라도 불가능성에 대한 도전 혹은 모험을 하지 않을 수 없는 것은 김수영의 자만(自滿)한 결과이다. 김수영은 어느덧 자신만의 예술과 현실의 변증법에 도달하고 있다. 자신을 시의 제단에 올려놓아야 이룰 수 있는 일회적인 변증법의 순간 앞에서 김수영의 신화를 꿈틀거리고 있는 것이다. 그리고 이는 언뜻 '시적'으로 비쳐진다. 이를 다시 정리하자면 순수도 참여도 불가능한 상황에서 시적인 행위를 버릴 수 없다면, 그것을 가능케 하는 방향으로 최선의 경주를 기울이는 것이 유일한 방책이라는 것으로 요약할 수 있다. 김수영의 시선은 현실을 바라보되 의욕하지 않는다. 그 다음의 과정은 논리가 필요하지 않기 때문이다. 그 다음은 삶의 경험만이 문제될 것이다.

「카타르시스 문학론」에서 이어령은 언어의 기능을 일반적 기능과 문학적 기능으로 나누고, 이를 다시 산문적 카타르시스와 시적 카타르시스로 구분시켜 설명하고 있다. 시적인 존재의 의미를 설명하는 데 있어서 준거가 되었던 이론은 하이데거의 '대지의 은폐' 바로 그것이다. 시는 대지의 은폐를 통하여 존재한다는 이 역설적 상황을 일상(현실)과 문학의 구분을 통하여 문학론의 체계화를 시도하였다. 하지만 하이데거의 역설적 성찰을 논리적으로 제시할 때 무화되기가 쉽다. 김수영은 그런 의미에서 하이데거의 이론적 지향을 자기 식으로 풀이하였다. 그리고 이것을 가능케 하는 방안으로 '시에 대한 모험'과 '투기'를 제시하였다. 세계와 직면한 대지의 '은폐성'이 적나라하게 드러나는 순간 기존의 관습과 도덕, 질서와 이성은 허공 속으로 사라지고 만다. 형식에 대한 실험만이 아니라 내용에 대한 모험은 시의 '불온성'을 부추길 수밖에 없다. 이는 이어령과는 다른 의미에서 모더니즘의 한계를 극복하는 것이며, 모더니즘의 대의에 복무하는 길이며, 아울러 현실과 만날 수 있는 계기이기도 하다.

5. 참여의 순수성을 넘어서

1960년대 비평은 순수·참여론의 대립기이다. 그만큼 직·간접적으로 이 기간 내에 순수·참여에 대한 논의는 무성했다. 하지만 이러한 무성한 논의의 결과가 무엇인가에 대해서는 꼭 집어서 말할 수 없는 것 또한 사실이다. 이는 순수·참여 논쟁이 갖고 있는 과도기적인 성격에 연유한다. 즉 순수·참여 논쟁은 문학의 생산적인 대화로 이어지지 못하고, 신·구세대의 문학적 갈등의 연장선상에서 출구를 제대로 찾지 못하였다. 이는 당시의 시대적인 상황이 4·19를 통해 현실에 대한 각성을 이루게는 되었지만, 분단이라는 엄연한 현실 앞에서 자유로울 수 없었기 때문이다. 또한 문학인들의 현실관이 어떠해야 하는가의 문제로 논의의 초점은 빗나가기 일쑤었다. 순수냐 참여냐 하는 양자택일적인 선택의 순간에서 일방적으로 선택을 강요받게 되는 것은 논리의 동어반복적인 현상뿐만이 아니라 경직된 현실관으로 나타난다. 다만 순수·참여 논쟁은 사회와 현실에 대한 '사랑이냐 혐오냐'라는 성찰의 기회를 제공하며, 현실에 대한 자각의 계기로서 이후에 영향을 미치게 된다.

그런데 지금까지의 순수·참여 논쟁을 살펴보면 순수문학에 관심은 거의 전무한 실정이다. 참여론의 정당성이 이후의 역사에서 불가피하게 강조될 수밖에 없다하더라도, 순수문학을 주장했던 이들의 문학관이 점검되지 않는 점은 의외이다. 다시 말하면 참여의 '순수성'이 지금까지 위세를 떨치고 있는 것은 아닌지 질문할 차례인 것이다. 김붕구는 자아를 사회적 자아와 창조적 자아로 구분하였으며, 이어령은 작가의 환위와 환계를 구분하고, 시인의 환계를 다시 일반적 환계와 개체적 환계로 구분하였다. 이를 통해 문학과 현실의 즉자적인 결합에서 나타날 수 있는 논란을 최소화할 수 있는 영역이 설정된다. 여기에서 김붕구와 이어령 사이의 문학적 원류에 대한 인식이 유사함을 발견할 수 있었다. 문학의 본질적인 영역을 가정하고서 이를 밀고 나아가려는 그들의 시도는 하나의 문학적 신념으로 자리 잡고 있다. 아마도 그들이 실존주의 문학의 자장 내에서 문학에 대한 관심을 피력하면서도 즉자적인 현실과는 거리를 두려고 하였던 것은 시 중심의 절대정신을 추구한 결과이다.

이 가운데 김수영의 위상이 돋보이는 것은 일방적인 순수와 참여의 맞대결에 함몰되지 않았다는 점에 있다. 순수문학에서 강조하는 탈현실과 시 본위주의의 허구성을 김수영은 거꾸로 뒤집어 전도시켰다. 그 결과 현실과 산문의 결합이 강조되었던 참여론의 맹점 또한 드러나게 되었다. 시인으로서 현실에 적극 관심을 가질 것을 강조하였던 김수영은 논리적 허구성을 시인의 행위와 실천으로 치환시켰다. 순수와 참여의 문제가 아닌 자아와 세계의 대결이 일차적인 우선성으로 등장하게 되었다. 이때 시는 회수 가능한 현실의 대상이 되었다. 설사 그것이 불가능할지라도 현실에서 노래할 수 있는 가능성의 영역으로 시는 성큼 다가온 것이다. 이는 순수와 참여의 변증법이 빚어낸 섬광으로서 기억될 것이다.

아울러 순수·참여 논쟁이 논쟁적인 양상만으로 그치지 않고 변증법적인 모색을 하게 된 배경에는 문학과 현실에 대한 지성적인 태도와 이를 논리적으로 질서화하려는 의식적인 노력도 한몫을 하였다. 정명환·백낙청 등에게서 나타나는 문학적 태도들은 개별 논자들의 차이에도 불구하고 전시대와는 다른 질적 차이를 보여 주었다. 다음 순간 그들은 자신의 영역에서 비평적 작업들을 진행시켜 나아갔다. 순수·참여 논쟁을 거치고 나서 현실에 대한 관심에 그 누구도 둔감해질 수 없게 되었지만, 그 현실을 다루는 데 있어서 요청되었던 문학 세도의 정비는 새로운 비평세대들의 등장을 예고하고 있었다.

5 부

박애의 사상을 찾아서

사랑의 변주곡

1970년대 여성 시인 연구

1. 여성 시인의 탄생

이 글에서는 1970년대 여성 시인들의 시에 대한 탐색에 주안점을 두고
자 한다. 그런데 1970년대에 활동한 대표적인 여성 시인으로 누구를 지
목할 것인가 하는 점은 여전히 문제로 남는다. 먼저 1970년대에 간행된
주요 시인들의 앤솔로지를 참고할 필요가 있다. 황동규와 정현종이 펴낸
『주머니 속의 시』(열화당, 1977)에서는 여성 시인으로서 허영자와 강은교의
대표작품이 수록되어 있다. 이와 함께 『우리들의 사랑법』(문장, 1979)은 계
간지 『문학과지성』에 재수록된 시들을 재수록의 이유와 함께 정리해서
펴낸 시집이다. 이 시집에서는 강은교만이 유일하게 여성 시인으로서 수
록되어 있다. 물론 편집자의 선호(選好)가 시인의 선정에 영향을 미치지
않았을 수 없고, 후자의 경우 1970년대 『창작과비평』과 함께 문학의 흐

름을 주도하던 『문학과지성』의 편집진들이 관여하고 있다는 사실을 유의할 필요가 있다.

이 시기에 대한 문학사적 정리가 아직은 불비한 상태이지만, 이 시기를 조명한 문학사는 해방 이후 "한국의 현대시에서 여류시의 위상이 시단의 중요한 하나의 경향으로 자리 잡게 된 것은 1960년대를 넘어서면서 활발한 시작활동을 전개한 시인들의 시적 성과와 직결된다"라고 지적한 바 있다.1) 그나마 지속적인 활동을 할 수 있었던 시인들은 적지 않은 작품을 생산하면서 자신의 문학적 영역을 넓혀갈 수도 있었다. 하지만 김윤희나 추은희의 시세계에서 보이던 현실과의 조심스러운 대결은 빛을 보지 못하고 말았다. 사정이 이러하다면 1970년대 활동한 여성 시인으로서 강은교에 대한 주목은 특기할 만한 사항임에 틀림없다. 이는 주지하는 바와 같이 '여류'라는 수식을 달지 않고 하나의 시인으로

---

1) 권영민, 『한국현대문학사』, 민음사, 1993, 271면. 이 시기에 활동한 여성 시인으로는 김후란·김여정·추은희·김지향·허영자·유안진·김윤희·강계순·문정희 등을 열거할 수 있다. 이들은 대체로 1960년대 후반 이후부터 시적 성과물을 시집으로 엮어낸다. 그러나 여기서 짚고 넘어갈 점은 이들의 활동 방식이 '여성 중심적'이라는 사실이다. 이른바 '여류'라는 범주에 묶이는 이들의 시단 활동은 여성 시인들만의 동인지였던 『돌과 사랑』, 『여류시』, 『청미』 등을 통해서 이루어진다. 물론 이것은 여성 시인들의 자유로운 시단 활동이 여의치 않았던 때문이라고 할 수 있다. 하지만 이러한 활동 방식은 여성 시인들 자신의 시들에 대해서 정당한 평가를 받기 이전에, '여류'라는 앞의 수식어에 따라서 그들이 평가되는 악순환을 되풀이하게 되는 결과를 낳기도 하였다.
해방 이후 주목을 받은 여성 시인들을 앤솔로지를 통해 살펴보면 『한국전후문제시집』(신구문화사, 1961)에는 김남조의 작품이 수록되어 있으며, 『52인 시집 – 현대한국문학전집』 18(신구문화사, 1967)에서는 김남조와 홍윤숙의 작품이 실려 있다. 이것은 여성 시인들이 수적으로 적었을 뿐만 아니라 가이건 타이건 간에 '여류'의 범주에서 자신의 정체성을 찾으려 했다는 것을 의미한다. 김남조는 『수정과 장미』(정양사, 1959)라는 제목의 앤솔로지를 펴내면서 '현대여류시인선집'이라는 부제를 달고 있으며, 여기에는 김명순·나혜석·장정심·모윤숙·김오남·노천명·백국희·주수원·오신혜·이영도·이숭자·홍윤숙·조애실·노영란·이봉순·최귀동·석계향·김지향·추은희·박명성·김숙자·김혜숙·박정희·최선영·박영숙·김남조 등의 작품을 수록하고 있다. 김남조는 근대문학 초기의 김명순과 나혜석으로부터 노천명과 이영도를 거치는 시간적인 선차와 당시의 여성 시인군을 연결함으로써 '여류'의 위상을 조감하고자 하였다.

서 개(체)성을 인정받는다는 것을 의미한다. 그렇다면 어떠한 점이 그러한 평가를 자아냈는가에 대한 검토가 이루어져야 할 것이다. 1970년대 문학은 지금까지 산업화라는 시대적인 상황과 불가분의 관계를 맺고 있는 것으로 인식되어 왔다. 문학의 영역에 틈입한 현실의 단서를 찾아내는 것은 1970년대 문학을 해명하는 데 있어서 중요한 과제이다. 문제는 그런 현실적인 인식이 전면화되기 이전의 문학적 인식에 대한 탐색은 어떠한 과정을 거쳐야 하는가에 대한 해답이 아직 주어지지 않았다는 점이다. 사실 강은교에 대한 접근은 여성 시인으로서의 면모보다는 한 시인이 현실과 교호하는 방식에 대한 탐구에 초점이 맞추어져야 할 것이다. 물론 이 점에 있어서 강은교가 당시의 여타 여성 시인들과 변별된다는 지적은 사족에 불과하다. 하지만 여성이기 때문에 강은교가 가질 수 있었던 침착한 문학적 대응은 다른 시인들이 할 수 없었던 문학적 경로를 보여 주고 있다고 판단되는 점 또한 밝혀져야 할 대목이다.

1970년대의 시단에 있어서 강은교는 단연 돋보이는 존재이다. 하지만 그 뒤를 이을 만한 여성 시인들은 쉽게 나타나주지 않았다. 김승희(1973)·고정희(1975)·최승자(1979)·김혜순(1979) 등이 차례로 등장하지만 이들이 주목을 받기 시작한 때는 1970년대가 저물어갈 무렵 혹은 1980년대 초반 무렵이다. 따라서 이들은 1980년대 시인군에 묶여서 평가되어 온 것이 사실이다. 그런데 강은교의 세 번째 시집 『빈자일기』(민음사, 1977) 이후부터는 그의 시세계에 점진적인 변화가 엿보인다. 이른바 사회와 역사에 대한 관심이 시적으로 표현되기 시작하면서 『소리집』(창작과비평사, 1982)에서는 일정한 방향성을 갖게 되었다. 앞에서 열거한 김승희·고정희·최승자·김혜순 등의 활동 또한 이 시기에 비교적 활발히 이루어지게 된다. 이러한 사실은 어느 정도는 1970년대 후반의 사회적인 변화와 관련이 있을 것으로 추정된다. 여성 시인들의 대사회적인 발언의 욕구와 이를 필요로 하는 사회적 환경의 변화가 이러한 결과를 낳았다고 볼 수 있다. 이것은 대체적으로 여성 시인들의 시세계가 1970년대 후반 변화에 반응하면서 모색을 시도했다는 것을 의미한다. 이러한 변화의 모색이 결실을 맺는 것은 대체로 1980년대 초반기에 이르러서이다. 따라서 1970년대 여성 시인들의 궤적을 살펴보기 위해서는 1980년대 초반까지의 시작활동이 포함되지 않을 수 없다.2) 아울러 이들이 보여 주었던 1970년대의 문학적 자세를 살펴보는 것은 1970년대 시인들의 의식적인 지향을 점검하는 데 있어서도 필요한 사항이다. 결론적으로 말하자면 이러한 과정을 거치는 동안에 '여성' 혹은 '여류'의 수식을 그들이 떼어냈다. 특히 시인으로서의 개성을 인정받으려는 그들의 노력이 이 시기에 이루어졌다는 점은 특기할 만한 사항임에 틀림없다. 이것은 그들의 시세계가 여타 시인들과 견주어 손색이 없음을 의미하는데, 앞에서 열거한 개별 시인들의 경우를 보더라도 이 시기는 분명 이후의 문학적 행보의 단초를 제공해 주었다. 한편 이것은 그들이 여성이기에 가능했던 또 하나의 역설이라고 생각한다. 1980년대 초반의 변화를 이해하기 위해서는 무엇보다도 1970년대 의식의 궤적을 살펴보아야 하는데 이 글은 이러한 문제의식에서 비롯된 것이기도 하다.

---

2) 1970년대 강은교가 보여 주었던 여성시의 괄목할 만한 변화는 쉽게 동조세력을 찾지 못하고 있었다. 그 가운데 고정희는 1975년 「현대시학」으로 시단에 등장하여, 1979년 『누가 홀로 술틀을 밟고 있는가』(배개서관, 1979)와 『신라원 기행』(인문당, 1981)을 펴낸다. 김승희도 『태양미사』(고려원, 1979)와 『왼손을 위한 협주곡』(문학사상사, 1983)을 펴낸다. 최승자는 『이 시대의 사랑』(문학과지성사, 1981)을, 김혜순은 『또 다른 별에서』(문학과지성사, 1981)를 각각 펴낸다. 특히 최승자와 김혜순의 시집을 보면 이들은 1979년에 『문학과지성』에 시를 발표하면서 본격적인 시작 활동을 하게 되지만 작품의 제작시기가 1970년대 중·후반의 작품들도 같이 수록되어 있다. 이를 통해 이들 여성 시인들이 겪고 있었던 1970년대 의식의 궤적을 살펴보는데 도움을 주고 있다. 이 글에서는 위에 열거한 시인들 가운데 강은교·고정희·최승자를 중심으로 검토하겠다. 그 이유는 개인의 문학적 성취와는 별개의 시사적 위상에 초점을 맞추었다.

2. 허무와 반자의 꿈 - 강은교의 시

　강은교는 1969년『사상계』신인문학상에「순례자의 잠」이 당선되면서 시단에 첫발을 내딛는다. 그는 이 시에서 마틴 루터 킹 목사의 죽음이라는 소재를 통해 삶의 의미를 반추해 보고자 했다. 이 시의 특징은 "폐허의 햇빛 아래 전신(全身)을 말리고 있는" 허무의식이 "궁륭(穹窿) 밖으로 / 장미가시를 끌고 떨어진다"는 서구적인 이미지와 어울려 있다는 점에 있다. 그리하여 현실이라는 시·공간과 한발쯤 물러서 있고, 그의 감성만이 꿈속에서 몽환적으로 그려져 있다. 다분히 초현실의 공간에서 시작이 이루어지고 있다. 그의 이러한 시의식은 그의 첫 시집『허무집(虛無集)』(70년대동인회, 1971)에 그대로 이어진다.

> 門을 열면 모든 길이 일어선다.
> 새벽에 높이 쌓인 집들은 흔들리고
> 문득 달려나와 빈 가지에 걸리는
> 數世紀 낡은 햇빛들
> 사람들은 굴뚝마다 煙氣를 갈아 꽂는다.
> 길이 많아서 길을 잃어버리고
> 늦게 깬 바람이 서둘고 있구나.
> 작은 새들은
> 神經의 담너머 기웃거리거나
> 마을의 반대쪽으로 사라지고
> 핏줄 속에는 어제 마신 비
> 출렁이는 살의
> 흐린 신발소리
> 풀잎이 제가 입은 옷을 전부 벗어
> 맑은 하늘을 향해 던진다.

門을 열면 모든 길을 달려가는
한 사람의 視野
虛空에 투신하는 외로운 煙氣들
길은 일어서서 盡終日 나붓기고
꽃밭을 나온 사과 몇 알이
廢墟로 가는 길을 묻고 있다.

                                        ―「自轉 Ⅲ」전문

　이 시에서 시인은 자신의 의식을 정면으로 바라보고 있다. 무릇 시가
감성에 함몰되면 절제를 잃게 되고 감정에 호소하기 마련인데, 이 시는
한 발쯤 물러서서 이쪽 편에서 "廢墟로 가는 길"에 대하여 묻고 있다.
문을 열면 보이는 길에 대한 성찰은 곧 삶의 방향에 대한 질문이기도
하다. 그런데 그 방향의 끝에는 '폐허'가 있다. 이것은 앞에서 살펴본 것
처럼 염세적인 시의식이 가리키고 있는 방향이기도 하다. 하지만 이러
한 시의식을 절망으로부터 보호하고 있는 것은 '연기'와 '비' 혹은 '출
렁이는 살' 등의 이미지이다. 비교적 대담한 이미지를 제시함으로써 현
실과의 물질적인 연관을 유지하고 있다. 이것은 허무와 폐허로 가는 길
위에서 발견한 이미지들이 아니라 시인의 시의식에 자리 잡고 있었던
이미지들이다. 때문에 "꽃밭을 나온 사과 몇 알"이 "廢墟로 가는 길"을
묻고 있음에도 심리적인 동요는 쉽게 발견되지 않는다. 다만 삶의 이쪽
편에서 관조하고 있을 뿐이다. 그는 현실의 자리에서 감성의 시각으로
창 밖을 바라보고 있다. 그때 "문을 열다가 / 바람을 만났다. / 바람은 바
다로 가고 있었다. / 내가 따라 가려고 하였을 때 / 누군가 뒤에서 / 내 이
름을 불렀다. / 그것은 맨발 / 흔들리는 모래의 우주 / 그리고 나는 문안에
있었다. / 아무 것도 / 변한 것은 없었다."(「창의 이쪽」부분) 허무란 절망과
폐허로 가는 자신에게는 느껴지거나 나타날 수 없는 현상이다. 허무는
절망과 폐허를 '바라보는 자'에게만 인식되어질 따름이다. 따라서 창의
이쪽 편이 아닌 저쪽 편에도 또 다른 현실이 존재하는 것이다. 이 서로

다른 두 개의 현실을 어떻게 설명할 것인가는 시인에게 주어진 과제이다. 다시 말하면 이쪽 편에서 폐허를 바라보는 것을 허무한 것으로 본다면, 허무를 극복하기 위해서는 저쪽 편으로 건너가거나 이쪽 편에서 저쪽 편을 바라보고 있다는 사실 자체를 뇌리에서 없애는 방법이 있다. 그런데 강은교는 이쪽 편에 머물면서 저쪽 편의 다른 현실에 가 닿을 수 있는 방법을 모색한다.

우리가 물이 되어 만난다면
가문 어느 집에선들 좋아하지 않으랴
우리가 키 큰 나무와 함께 서서
우르르 우르르 비오는 소리로 흐른다면.

흐르고 흘러서 저물녘엔
저혼자 깊어지는 강물에 누워
죽은 나무뿌리를 적시기도 한다면.
아아, 아직 處女인
부끄러운 바다에 닿는다면.
그러나 지금 우리는
불로 만나려 한다.
벌써 숯이 된 뼈 하나가
세상에 불타는 것들을 쓰다듬고 있나니

萬里 밖에서 기다리는 그대여
저 불 지난 뒤에
흐르는 물로 만나자.
푸시시 푸시시 불꺼지는 소리로 말하면서
올 때는 人跡 그친 넓고 깨끗한 하늘로 오라.
　　　　　　　　　　　　　　—「우리가 물이 되어」 전문

이 시는 『허무집』 가운데에서 가장 호소력이 강한 시라고 할 수 있다. "虛空에 투신하는 외로운 煙氣들 "(「자전 Ⅲ」)이나 "운명적으로 오르는 연기"(「창의 이쪽」)라고 표현된 이미지는 대담한 반면 친절하지 못하다. 반면에 「우리가 물이 되어」는 '연기'가 현실의 이쪽 편에서 저쪽 편으로 가는 과정을 비교적 자세하게 설명하고 있다. 연기는 '불'이 '물'로 되어 가는 과정에서 나타난다. 우리가 '물'이 되어 만난다면 '비'로 전신(轉身)할 수도 있으며, '강물'이나 '바다'로 변화되는 것 또한 가능하다. '물'은 '나무'와 만나면서 제 소임을 다한다. 이러한 순환적인 이미지의 차용은 "벌써 숯이 된 뼈 하나가 / 세상에 불타는 것들을 쓰다듬고 있나니"에서처럼 폐허와 화해하는 자세를 보인다. '불'은 노여움이고 강인함을 모두 스러지게 하지만 "푸시시 푸시시" 쉽게 꺼지기도 한다. 불이 "푸시시 푸시시" 소리내어 꺼질 때, 공기 중으로 피어오르는 연기를 통해 불은 물이며, 다시 물은 불이라는 사실을 확인하게 된다. 그리하여 "넓고 깨끗한 하늘"에 '불'이 거처할 공간이 마련된다. 이때의 불은 대담하고 강건하며 자제력이 뛰어나다. 시인이 선천적으로 갖고 있다고 하기에는 상당히 귀기(鬼氣)스러운 그런 이미지라고 할 수 있다.

강은교의 이런 점을 김병익은 "허무에 대한 그의 발언의 중량은 다분히 사변적이며 선험을 통해 직관 또는 예감하는 것"[3]이라고 지적한 바 있다. 한 발 더 나아가 김광섭이나 서정주·고은 등의 시에서 허무의 목소리는, 죽음을 혹은 윤회(輪廻)를 투시하기까지, 시간과 삶의 존재들과 부단히 싸워오고 그 싸움에서 얻은 지혜와 진실로 얻어진 것이었다. 이런 점들과 비교할 때 강은교의 선험적인 허무는 그의 감성과 개성을 단적으로 지적한 말이라고 할 수 있다. 아울러 선배 시인들과의 차이를 굳이 지적한다면, 강은교의 시적 방법은 다분히 '수평적'이다. 즉 현실의 이쪽 편에서 저쪽 편의 또 다른 현실로 이월해가는 방법을 찾는 것이다. 이것이 바로 강은교의 시에서 자주 등장하는 이미지들이 현실성

---

3) 김병익, 「허무의 선험과 체험」, 『풀잎』 해설, 민음사, 1974, 17면.

을 갖게 되는 이유이다. 반면에 서정주나 고은이 허무와 죽음을 받아들이는 방식은 예지적이다. 저편의 또 다른 현실에 대한 검증이 완료됐으므로 순간적이고 찰나적이다. 이월해 갈 현실이 존재하지 않는다는 의미에서 시적인 것은 완성되어 있는 것이며, 때때로 이것은 계시된다. 수평적인 방법의 모색과 다른 수직적인 교호 방식의 차이가 여기에서 나타난다.

「우리가 물이 되어」는 수평적인 전이의 방식의 모색이라기보다는 이미지의 수직적인 서열을 보여 주고 있다. 따라서 현실적인 이미지로 구사된 '물'·'불'·'연기'의 이미지는 긴장이 떨어지는 측면도 있다. 이것은 강은교의 시적 인식과 시적 표현이 적절히 조화되지 않아서 나타나는 현상이다. 이러한 시인의 면모는 『허무집』 이후의 시집 『풀잎』(민음사, 1974)에서 많은 해결을 보인다. "떠나고 싶은 자 / 떠나게 하고 / 잠들고 싶은 자 / 잠들게 하고 / 그리고도 남는 시간은 / 침묵할 것"(「사랑법」)에서처럼 강은교는 허무의 공간을 메워 버리기 때문이다. 때문에 선배 시인들과의 영향 관계에서 비교적 자유로워질 수 있게 된다.

저혼자 부는 바람이
찬 머리맡에서 운다.
어디서 가던 길이 끊어졌는지
사람의 손은
빈 거문고 줄로 가득하고
창밖에는 구슬픈 승냥이 울음소리가
또 다시 萬里길을 달려갈 채비를 한다.

시냇가에서 대답하려므나
워이가이너 워이가이너

다음 날 더 큰 바다로 가면
晴天에 빛나는 저 이슬은

누구의 옷 속에서
다시 자랄 것인가.

사라지는 별들이
찬바람 위에서 운다.
萬里 길밖은
베옷 구기는 소리로 어지럽고
그러나 나는
시냇가에
끝까지 살과 뼈로 살아있다.

　　　　　　　　　—「비리데기의 여행노래 三曲·사랑」

　허무의 공간이 사랑으로 메워지는 과정에서 「비리데기의 여행노래」
를 만날 수 있다. 강은교에게서 허무와 폐허는 "윤회사상으로 발전하고,
윤회사상에 바탕을 둔 그의 시는 어느새 영매적·주술적 가락"[4]을 띠고
있는 듯하다. 하지만 자세히 들여다보면 그의 시에서 윤회사상 혹은 샤
머니즘적 기율(紀律)이 중심에 자리 잡고 있는 것은 아니다. 시인의 의식
을 바리데기 공주와 등치시켜 볼 수도 있지만, 바리데기는 폐허로 보이
는 저쪽 편의 또 다른 현실인 죽음의 확인을 위해서 차용된 방법이라고
보는 것이 더 정확하다. "그대 살 속의 오래 전에 굳은 날개와 / 흐르지
않는 강물과 / 누워있는 누워있는 구름, / 결코 잠깨지 않는 별"(「사랑법」)
은 죽지 않고 "다음 날 더 큰 바다로 가면 / 청천(晴天)에 빛나는 저 이슬
은 / 누구의 옷 속에서 / 다시 자랄 것"이라는 믿음을 안겨준다. 이것은 자
신에 대한 위무(慰撫)라기보다는 죽음과 접촉한 이후의 삶에 대한 확신이
다. 시인은 오히려 현실의 끈을 단단히 부여잡고 그는 더욱더 강인해진
다. "시냇가에 / 끝까지 살과 뼈로 살아있다"라는 결말은 시인이 느끼고
있었던 영향으로부터의 단호한 결별이면서 삶에 대한 의지로 읽힌다.

───────────────
　4) 신경림, 「강은교의 시세계」, 『빈자일기』 해설, 민음사, 1977, 86면.

땅위에 부서지는 살
부서져 모래가 되는 뼈
모래가 되어 한 서너달
견디다 견디다
또 아주 쓰러져
이번 여름 장마는 끈질기구나.
그래서 갯벌처럼 시꺼멓구나.

—「이번 여름」 전문

나를 넘어뜨린 땅에
나를 눕혀라.
나를 속인 풀잎 위에
내 살을 버려라.

하늘은 넓고 하늘은 없고

여기엔 지붕도 없고
한 잠의 고요도 없고
一具의 꽃이 다만
寂寞風景에 식은 자기 뿌리를 펼 뿐.

—「풍경제―지는 해」 부분

떠도는 것이 우리를
이끄는도다.
어두운 것이 우리를
눈뜨게 하는도다.
보이지 않는 것 가벼운 것 슬픈 것 영원히 사라지는 것
하나의 풀이 우리를
마시는도다.
우리가
풀이 되는도다.

사라질수록 우리는
사라질 수 없어
西쪽 하늘 밑
불타는 재로 되어.
떠도는 재가 우리를
살찌게 하는도다
우리가 재로 쉬는도다.

                        —「煉禱」 부분

    시인이 "어쩌면 그렇게도 어김없이 / 울며 떠나는 당신들이 보여요"
(「풀잎」)라고 말할 때, 떠나는 당신은 주검 혹은 죽음이다. 주검이 내가
아니어도 죽음이 우리의 것이라는 공유의식은 강은교의 체험에서 유추
할 수도 있다. 「이번 여름」에서처럼 죽음은 잔인할 것일 수도 있다. 풍
경에 놓여진 꽃묶음처럼 거역할 수도 없는 것이다. 풀의 이미지는 그렇
게 우리네 삶의 모습과 닮았다고 시인은 말하고 있다. 그리하여 풀은
우리와 등치된다. 우리의 살과 뼈는 불타서 재가 되고, 떠도는 재는 우
리의 자양분이 된다. 우리는 바로 풀이다. 앞에서 살펴본 「우리가 물이
되어」의 변주라고 할 수 있다. 하지만 여기에서 시인만의 독특한 개성
을 발견할 수 있다. 『풀잎』을 통해 강은교의 존재가 더 많이 알려지게
되었다는 것은 우연이 아니다. 그 감성의 정체를 확인함으로써 그동안
시인의 의식을 짓눌러오던 삶의 비애감은 어느 정도 극복이 되기도 한
다. 「연도(煉禱)」에서 보여 주는 활기찬 시적 표현은 이러한 과정이 빚어
낸 결과라고 할 수 있다.
    '풀'의 이미지는 낯설지 않다. 만약에 그렇다면 그것은 김수영의 「풀」
때문이다. "풀이 눕는다 / 바람보다도 더 빨리 눕는다 / 바람보다도 더 빨
리 울고 / 바람보다 먼저 일어난다"라고 표현된 '풀'에 대하여 김수영은
해석의 여지를 너무나 좁게 남겨 두었다. 따라서 김수영에게 있어서 '풀'
은 하나의 상징이 되었다. '풀'을 시인 자신과 등치시키거나 혹은 우리라

는 집단(민중)과 등치시키거나 그 상징이 의미하는 바에 대한 정확한 해석은 빗나가기 일쑤이다. 물론 김수영이 그러한 상징의 효과를 염두에 두고서 '풀'이라는 단어를 사용했다고는 생각되지 않는다. 그런 의미에서 '풀'은 지시적 의미에서 '풀' 그 자체이다. 지시적 의미에서 '풀'이라는 단어의 사용이, 즉 물질적인 언어가 그러한 효과를 유발시켰다고 보는 것이 합당하다. 일종의 환영(illusion)이 빚어지고 김수영은 그것을 시적인 것으로 보았을 것임에 틀림없다. 이것이 바로 김수영이 생각하는 현대성과 현실성이 조화 맺는 방식이기도 하다. 아무튼 김수영은 「풀」을 유작으로 남기고 세상을 떠났다.

김수영와 강은교의 '풀'의 이미지를 직접적으로 비교한다는 것은 무리가 따르는 작업이다. 하지만 이러한 유혹을 뿌리치지 못하는 것은 '풀'이라는 이미지의 비교를 통하여 1960년대와 1970년대의 시의 특성을 유추해볼 수는 없을까 하는 점 때문이다. 김수영의 '풀'은—'바람'도 마찬가지이지만—시적인 언어로 환원되지 않으면서 여러 해석을 낳는다는 점에서 상징적이다. 반면에 강은교의 '풀'은 제시적이다. 풀과 우리는 등치의 관계에 놓여 있다. 나는 풀이며, 풀은 우리이다. 따라서 나는 우리이고, 우리는 나인 것이다. 강은교가 『빈자일기』(민음사, 1977), 『소리집』(창작과비평사, 1982) 등의 시집에서 사회와 역사에 관심을 좀 더 확충시키는 징후는 이렇게 읽을 수도 있다. 그렇지만 강은교의 '풀'이라는 이미지가 1970년대의 시가 획득한 개성의 정점이었는가에 대한 판단은 아직 유보적이다. 「연도」에서 보이는 활기찬 시적 발언의 생명력에도 불구하고 "상투적인 애매성과 『허무집』에서 그가 보인 치열한 천착의 의지"가 희박해진다는 점은 간과할 수 없다. 「연도」에서 시인은 제시적인 '풀'의 이미지를 넘어서 지금껏 미루어져 온 현실과의 화해를 유도했던 것은 아닐까? 김수영은 '온몸'으로 밀고 나가면, 시마저도 부정하고 나면 '시적인 것'이 보인다고 했다. 하지만 이것은 상징과 비의에 감금되는 결과를 낳았다. 이것이 아마도 1960년대와 1970년대 시의 가장 중요한 차이라고 보여진다. 즉 산업화와 함께 현실에서 '시적인 것'을 찾으려 하는 시인들에게 그것은 하나의 시적 모험으로 여겨지지 않을 수 없었을 것이다. 강은교에게 보이는 다양한 영향의 모습은 그러한 시적 실험의 과정이었다고 판단된다.5)

그 다음 그에게는 감성적인(자신만의 혹은 개인적인) 현실을 벗어나지 않겠다는 시인으로서의 자세만이 그를 강제하고 있었다. 『빈자일기』에서도 초기 시에서 보여 주는 시적 태도가 큰 변화 없이 지속된다. 하지만 "희망을 위하여 / 재(灰)인 끝인 희망"(「虛塚歌」 5)을 확인하는 동안 현실이 그의 시에 틈입하는 것을 막을 수는 없었다. 그럴수록 '비'·'물'·'흙'·'피' 등의 이미지들은 점차 상투화되고 이를 제어할 능력을 상실한 듯 보인다. 그것은 이러한 이미지들이 초기 시에서는 강은교의 현실적인 인식을 지탱시켜 주고 있었지만, 현실이 시에 흡수되면서 그 이미지들은 점차 생명력을 잃게 된다. 다시 말하면 강은교가 견지하고자 하였던 현실의 내용이 드러나면서 그 이미지의 기능은 감소하지 않을 수 없었다. 그런 과정 중에서 작은 변화라면 '허무'에서 '소리'로 시인의 관심이 변화되었다는 사실이다. 『빈자일기』에서 "내 살던 곳에 / 빛 하나 소리 하나 / 기쁨 하나 살았네"(「정원」)에서 지시하는 소리는 "아버지······ / 하고 부르면 / 그래······ / 곧 달려오는 목소리"(「어둠이 한 손을 내밀 때」)로 구체화된다. 이제 시인은 어느덧 성숙해 버린 자신을 깨닫는다. 더 이상 현실의 책무에서 비켜설 수 없다고 느꼈을 때, 변화는 쉬운 것이었다. 그가 1970년대를 감성으로 버텨 낸 것은 다름이 아니라, 비록 개인적이지만 현실에서 벗어나지 잃으려는 노력이있다. 그것은 자신을 기성세대로 편입시키는 행위이며, 자신에게서 부성(父性)을 발견하는 과정이기도

---

5) 이영섭은 「강은교론 - 허무와 고독의 숨길」(『현역중진작가연구』 2, 국학자료원, 1998)에서 강은교의 「우리의 적」을 김수영의 「적」이라는 작품의 패러디로 보았다. 하지만 김수영의 '적'이 '주체의 인습과 행동'을 나타낸다면, 강은교의 '적'은 근대적 인간의 일상적 자아에서 소외된 근원적 존재성'을 지시한다(26면 참조). 그 차이에 대해서도 숙고할 필요가 있다.

하다. 이러한 면모를 시인 강은교에게서 발견할 수 있다는 것은 다행스러운 일이거니와, 1970년대 여성 시인으로서가 아닌 시인으로서의 정당한 위상에 값하는 과정이었다고 할 수 있다. 그것은 김수영과의 거리를 따져볼 때 그 차이로서 검증이 되고, 1970년대 시의 한 특성으로까지 지적할 수 있다. 한편 강은교의 『소리집』 이후의 시세계는 1980년대 시의 몫으로 여운을 남겨두고자 한다.

3. 변화하는 의식과 성장의 기록―고정희와 최승자의 시

1) 고정희의 경우

먼저 고정희의 경우는 현실과의 의식적인 대결이 눈에 뜨인다. 현실에 안주하거나, 강은교의 자세처럼 현실의 이쪽 편에서 다른 쪽을 바라보는 초기의 관조적인 모습과는 사뭇 다르다. 보다 직접적이고 의식적인 시작의 태도는 그의 초기 시부터 잘 드러난다.

첫눈 내린 골목 끝에서
검은 상복을 태우는 아름다운
여자들은 살 속 꿈틀이는 그늘을 본다
우리의 피 속에 우리의 도시 속에
햇살 한 번 들 수 없는 죽음의 그늘이
암세포처럼 누워 있는 겨울 오후
여자들은 품속에서 어둠을 만진다
품에 손을 찌르면
따뜻하게 만져지는 죽음의 살

그 진혼곡 한 소절이 별처럼 은은한
문 밖에서 여인들은 마저 상장을 태운다
그러나 노인은 보지 못하리
수유리에 고이는 새벽 약수가
그대 무덤 흘러온 무심한 피임을
그대 어둠 지나온 기나긴 목숨임을.

—「그늘」전문

　다소 추상적이지만 그늘과 어둠은 죽음을 지칭한다. 여자들은 자신의 품속에서 검은 상복과 상장을 꺼내 태운다. 죽음을 마무리하고 확인하고 정리하는 것은 마치 여자들의 몫이라는 것처럼 시인은 말을 건네고 있다. 그리고 여자들의 살과 품에는 죽음이 전염병처럼 감염되어 있다. 이것은 '죽음'이라고 표현할 수밖에 없는 시대적 상황에 대한 비유이다. 또한 이러한 비유는 역사적 상상력으로 이어진다. 즉 새벽약수가 무덤과 어둠을 통과한 것임을, 거기에는 피와 목숨이 숨겨져 있다는 사실을 깨닫는다. 그리고 역사는 노인이 아닌 젊은 세대의 몫이라는 것을 확인시켜 준다. "따뜻하게 만져지는 죽음의 살"은 모순적인 표현이지만, 시대적 모순이 역사적 상상력을 불러일으키게 하는 동력으로 작용하고 있음을 알 수 있다. 고정희는 여성으로서 또한 시인으로서 역사적인 책무에 대한 자각을 의도적으로 표현한다. "캄캄한 어둠이 우리를 덮는 밤에는／ 제 십자가 무거워 우는 소리 들리고／ 한 사람의 시인도 이 땅에는 없습니다"(「탄생되는 시인을 위하여─예술 진화론을 죽이며」)라는 도전적인 발언은 그런 의식을 전제하지 않으면 이해하기 어렵다. 앞의 시에서 "노인은 보지 못하리"라는 시구가 경솔하게 들릴 수도 있지만 사정이 그렇다면 그 진지한 자세만은 다시 고려하지 않을 수 없다.

너는 벌판에서 무엇을 보았느냐
길의 끝은 아무도 몰라라. 수 갈래

얼크러진 길, 그러나 모든 것은
두 갈래 길로 흐르고 있다
땅 버린 지주 땅 없는 저승길 가고
인정 버린 그대 이미 인정 없는 삶에
떤다 하나님 버린 목숨
하나님 밖에 산다 버린 것들 속에
이미 버림받음이 있다

살지만 실상은 죽어 있는 나 곁에
죽었지만 실상은 살아 있는 자,
형벌의 수액은 이미
우리 뿌리 곁에 있다
우리는 날마다 쓴 잔을 마시며
한 줄씩 한 줄씩 늙어간다
너는 광야에서 무엇을 보느냐?

——「아우슈비츠·2-심판의 날을 거두소서」 전문

  신에게도 의지할 수 없다는 비관적인 의식은 사회적인 의식의 형성에
단초를 이룬다. 사회적인 의식으로 구원되지도 않는다면 그것은 방황을
의미한다. 벌판과 광야에서 어떤 계시를 받을 수 없는 시인은 버려진 존
재이다. "버려진 존재" 안에는 "버림받(았)음"이 내재해 있다. 그것이 형
벌이라고 인식하는 순간, 삶(일상)은 고통이다. 고통을 포기하지 않는다는
조건하에만 삶은 지속된 뿐이다. 고정희는 시를 쓴다는 것은 의미에 대
하여 다음과 같이 말하고 있다. 시인이 "존재를 포기하지 않는 한 이 작
업은 내 삶을 휘어잡는 핵일 수밖에 없다. 그것은 일종의 멍에이며, 고통
이며, 눈물겨운 황홀이다. 나의 최선이며 부름에의 응답이다."[6]
  사회와 역사에 대한 의식적인 대결이 한 젊은 여성 시인을 탄생케 하

---

  6) 고정희, 「후기」, 『누가 홀로 술틀을 밟고 있는가』, 배재서관, 1979, 102면.

였다면 시는 구원이라기에는 너무나 고통스러운 작업이다. 시인이 외부에로 향하는 시선을 통해 고통을 극복하고자 할수록 내면의 고통은 더욱 더 심해진다. 『실락원 기행』에 이어 『초혼제』를 펴내면서 고정희는 다음과 같이 고백하기도 한다. "내심 크게 놀란 것 한 가지가 있었다. 그것은 내면이 무의식이든 의식이든 '희망'과 '죽음인식'이라는 대립관계 속에 깊이 침잠해 있다는 것이었다. 결국 나는 '죽어 있는 삶'과 '살아있는 죽음'에 대해 많은 콤플렉스를 숨기고 있었는지도 모른다."7) 위의 시 「아우슈비츠·2」는 시인의 고백 이전에 품고 있었던 콤플렉스의 실체를 단적으로 드러내주고 있다. 비록 당시의 사회적인 상황이 아니더라도 아우슈비츠의 잔혹과 한국전쟁을 통한 시인의 가족사를 거쳐(「카타콤베-6·25에게」) 역사와의 대결의식이 깊어질수록 내면의 대결도 그 정도는 심해지기만 한다. 이것은 고정희의 시작에 있어서 중심에 자리잡고 있는 하나의 화두인 셈이다. 강은교는 자신의 내면에서 현실과의 대결이 어느 정도 성숙되었을 때, 자신의 시를 현실에 투기할 수 있었다. 이와는 달리 고정희의 경우는 내면이 성숙할 겨를도 없는 상태에서 현실과의 대결에 마주치게 된다. 현실의 대결이 치열해질수록 내면의 갈등 또한 증폭되지 않을 수 없었다.

> 그리하여 우리가 속해 있던
> 믿음과 평화와 자유의 싸움터,
> 마을과 집단과 이 세계내의
> 갈등이 허용된 개개인도 죽었습니다.
> '흑'과 '백'의 깃발만이
> 두 줄기 길을 가리키는
> 무등산 중봉 허리에서 우리는
> 너나없이 칠성판에 누워버렸습니다

---

7) 고정희, 「후기」, 『초혼제』, 창작과비평사, 1983, 175면.

오오 그것은 우리들의 장례
우리들의 거울葬이었습니다

—「우리들의 순장」 일부

「우리들의 순장」은 비교적 긴 시이다. 그 내용은 이 시대의 마지막 선비가 죽었다고 부음이 들려왔을 때, 경향각지의 고관, 장관, 유명인사, 시민들이 영결례(永訣禮)에 참가했지만 모두 죽고 말았다는 다소 허황된 내용이다. 사회와의 대결이라는 역사적인 책무를 시인은 다소 풍자적으로 다루고 있다. 그런데 그 결말은 시인의 의도가 타락한 세계에 대한 풍자에만 있지 않다는 것을 보여 주고 있다. 역사와 개인사를 관통하는 무등산 중봉 허리에서 모두가 죽어 나갈 때, 시인 자신도 죽음을 자청하고 있기 때문이다. 우리 자신의 얼굴을 똑바로 볼 수 없음으로 인해서 우리는 살아도 죽어 있는 것이라는 '시적 전언'은 계속 타전되고 있다.

시인의 내면은 갈등이 채 해결되지 않았고 그 결과 고통은 끊임없이 시인을 괴롭힌다. 사회와 역사에 대한 자각이 심화될수록 시인의 고통이 깊어만 간다는 사실과 그 탈출구가 보이지 않았던 시대에 시가 방향을 잃고 있었던 점은 깊이 음미해볼 만한 사항이다. 강은교는 「비리데기의 여행노래」에서 죽음의 실체에 대한 확인과 사랑을 얻었다면, 고정희도 우리의 전통 무가에서 죽음을 확인하고 이를 통해 다시 태어나고 싶어했다. 하지만 그러한 죽음(허무)을 넘어서고자 하는 시도들은 시인의 내면 속으로 파고들었다. 시인 자신의 내면이 겪고 있는 갈등은 그대로 그의 시에서 시와 현실과의 거리로 나타났다. 고정희의 실험과 시도는 그런 면에서 한계를 가질 수밖에 없었다. 어떤 의미에서는 죽음이라는 시대적인 질곡이 시인의 상상력을 짓눌렀는지도 모른다. 그러나 시인에게 보다 더 절실했던 것은 화해와 평화였다.

살아남는다는 것은

보다 단순해지는 것이라고 너는 말했다
그러나 친구여
우리가 수유리를 떠나오고
누추한 출판사 혹은
잡지사 기자로 전전하는 동안
다치지 않으려고 패를 짜는 동안
달콤한 숙면에 길들고 있을 때
녹슨 우리의 망치를 들어
뒷등을 탕 치는 손은 누구?

결국 그랬지, 친구여
나는 수유리로 다시 돌아와
무교회주의자가 되고
수유리에 떠도는 칼바람 소리와 만나
칼바람과 살기로 약속하였다
오 수유리에
유엔 평화깃발을 꽂기로 했다
우렁우렁 사랑가 풀어내기로 했다
그렇게 해서라도
저 징그러운 바람소리 잠재우기로 했다

                             —「다시 수유리에서」전문

회색 하늘의 단단한 베니아판 속에는
지나간 날의 자유의 숨결이 무늬져 있다.
그리고 그 아래 청계천엔
내 허망의 밑바닥이 지하 도로처럼 펼쳐져 있다.
내가 밥먹고 사는 사무실과
헌책방들과 뒷골목의 밥집과 술집,
낡은 기억들이 고장난 엔진처럼 털털거리는 이 거리
내 온 하루를 꿰고 있는 의식의 카타콤.

꿈의 쓰레기더미에 파묻혀,
돼지처럼 살찐 권태 속에 뒹굴며
언제나 내가 돌고 있는 이 원심점,
때때로 튕겨져 나갔다가 다시
튕겨져 들어와 돌고 있는 원심점,
〈그것은 슬픔〉

—「청계천 엘레지」 전문

고정희에게 살아남기 위해서 단순해지려는 노력은 무모해 보인다. 단순해져서 편안히 살려고 해도 "녹슨 우리의 망치를 들어 / 뒷등을 탕 치는 손"이 존재하는 그의 의식세계는 복잡하게 얽혀질 수밖에 없다. 그것이 고통일지라도 그래서 수유리에 떠도는 '칼바람 소리'와 공존할 수밖에 없다는 것을 그는 누구보다도 더 잘 알고 있다. 그가 우렁우렁 풀어내기를 원하는 사랑가는 아직 불려지지 않았다. 그런 갈망은 현실의 저편에 있다. 그 사랑가가 울려 퍼지는 날 세상은 마지막이라도 되는 듯이 그는 쉽게 눈길을 주려고도 하지 않는다. 그리고 그것은 상처였다. "그 무시무시한 태양 앞에서도 / 현상과 인식은 화해하지 못했다 / 꿈의 절벽은 극복되지 못했다 / 나는 보았고 알았고 깨달았지만 / 결코 내 길과 결혼하지 못했다 / 나는 결혼하지 않았으므로 / '불임'의 고독을 상흔처럼 지녀야 했다."(「연좌기도회」)

2) 최승자의 경우

고정희에게 불임의 고독은 시대가 안겨준 지울 수 없는 상처였다면, 최승자에게 벗어날 수 없고 의식(儀式)이 되어 버린 일상은 그 자체가 슬픔이다. 생존하기 위해서라도 도시적 일상에서의 탈출은 허용되지 않는다. 고정희의 대결이 의식적이었고 그럴수록 의식의 내부에 자신이 스스로 갇히게 되었다면, 최승자는 엄연히 일상에 자리 잡은 현실이 자신을 규정하는 것은 아닌가 하는 질문을 끊임없이 반복한다. 이러한 사태를 권태롭게 바라보는 것이 하나의 저항일지라도 그 자체는 이미 비애의 씨앗을 내포한 것이다. 이 시대의 사랑을 "죽음이 죽음을 따르는"(「이 時代의 사랑」) 실로 무서운 것으로 인지할지라도 개인의 내면을 포기하지 않겠다는 또 다른 의식의 영역이 최승자의 시세계에서는 엄연히 존재한다. 그런 점에서 최승자는 고정희보다 쉽게 자신의 내면을 응시한다.

그리하여 최승자가 응시한 내면의 첫 관문은 '외로움'이다. 그리고 외로움이 폭력이라는 사실을 발견한다. 일반적인 의미에서 외로움에 대한 폭력은 자신이 스스로에게 가하는 위해(危害)이므로 자학(自虐)에 가깝지만 시인은 그것을 폭력이라고 규정한다. 누구로부터의 폭력이랄 것도 없이 "녹슨 내 외로움의 총구는 / 끝끝내 나의 뇌리를 겨누고 있다." 그것은 "죽음으로도 끌 수 없는 / 고독의 핏물은 흘러내려 / 언제나 내 골수 사이에서 출렁인다."(「외로움의 폭력」) 이때 외로움은 시인 자신의 것만이 아닐 것이다.[8] 최승자의 시적 포즈는 고독 혹은 외로움의 극한 상황에서 내면으로 침잠하지 않는다. 때문에 죽음으로부터의 위험을 차단시킬 수 있다. 다만 "우리들의 사랑"은 버림받았으며, 대상을 찾지 못한 사랑은 종기처럼 곪아터지려 하고, 괴로움·외로움·그리움으로 얼룩진 청춘이 가엽게 여겨질 뿐이다. 그리고 그는 가여운 우리들의 사랑을 노래한다. 그것은 자신을 규정한 현실을 노래하는 것이므로 정당하다. 그러한 노래마저도 차단된다면 현실은 비참할 따름이다. 최승자가 보여 준 삼성의 영역은 그러한 현실을 노래함으로써 현실을 견뎌내는 것이다. 시인이

---

8) 김주연은 이러한 최승자의 시세계를 '고아의식'이라고 명명한 바 있다(「현실과 꿈」, 『새로운 꿈을 위하여』, 지식산업사, 1983, 10면). 이러한 최승자의 고아의식은 김현이 장영수·김명인·정호승의 시를 두고 '고아의식의 시적 변용'이라고 칭한 부분과 겹치는데(「고아의식의 시적 변용」, 『문학과 유토피아』, 문학과지성사, 1980 참조), 이들의 시의식이 지향하는 바는 차후에 검토를 요한다.

"지난 여름 수액처럼 솟던 꿈 / 아직 남아도는 푸른 피와 함께 / 땅 속으로 땅 속으로 / 오래 전에 죽은 용암의 중심으로 / 부끄러움 더러움 모두데리고 / 터지지 않는 그 울음 속 / 한 점 무늬로 사라져야겠네"(「가을의 끝」)라고 말하는 것은 아직 오지 않은 끝에 대한 물구나무 선 기억일 뿐이다. 죽음은 그렇듯이 아름다운 것만은 아니기 때문이다. "허공에 그녀를 방임해 놓은 / 사랑의 저 무서운 손"(「사랑받지 못한 여자의 노래」)이 있는 한 그는 존재의 이유를 찾아야만 한다. 죽음은 아직 멀고 그는 꿈을 꾼다. "어떻게하면푸른콩으로눈떠다시푸른숨을쉴수있을까 / 어떻게해야고질적인꿈이자유로운꿈이될수있을까"(「다시 태어나기 위하여」)라고.

> 그 여자의 몸 속에는 스물 다섯에
> 내가 버린 童貞이 흐르고 있다.
> 오래 전에 떠나온 고향처럼
> 황량하게, 다시 늘 그리웁게.
>
> 그 여자의 두 손가락으로 쉽게 나는 열린다
> 무한을 향해 스스로 열리는 꽃봉오리처럼.
>
> 그 여자가 나를 만지면
> 스물 다섯 살 적의 꿈이 깨어나
> 물결처럼 나를 감싼다.
>
> ─ 「첫사랑의 여자」 전문

고독과 외로움의 관문을 거쳐서 최승자가 마주친 또 다른 장벽은 자신의 내면에 도사리고 있는 '악함'이다. 도덕적으로 규정된 악을 물리치기 위해서 윤리적인 호소를 행하는 것은 또 다른 악을 불러오지만 이와 함께 선도 따라오기 마련이다. 하지만 최승자가 마주친 것은 역설적인 의미에서 '순수한 악'과의 대면이다. 그것은 처음에 위장의 형태를 띤다. 여성 시인으로서 남성 시인의 가면을 쓰는 행위가 그것이다.

그리고 기억 속에서 첫사랑은 아름답고 그리운 것으로 치장된다. 그러나 여성 시인이 그 남성 시인의 가면 밑에서 자신을 들여다 볼 때, 그것은 여간 거북한 일이 아니다. 사랑할 대상이 없어서 사랑을 대상을 가장하여 연기를 한다는 것 그것은 자신과의 대면이다. 하지만 자신의 얼굴은 가면에 가려져 있다. 자신의 얼굴을 똑바로 바라볼 수 없기 때문에 나르시시즘에 빠질 수도 없고, 자기애를 가질 수도 없다는 사실에서 시인은 절망한다. 이때 감추어진 여성 시인의 자아는 말한다. "나를 만지면 / 스물 다섯 살 적의 꿈이 깨어"난다고 그렇지만 스물 다섯 살 적의 꿈은 있기나 한 것일까? 이런 연극적 상황에서 그 꿈은 혹시 포장된 꿈은 아닐까? 이러한 자기 위장과 가식은 시인에게 순수한 악을 가르친다. 악몽이라면 그것은 제대로 된 꿈인 동시에 부정되어야 할 꿈이다. 이런 것이 시인의 멍에는 아닐까 의심하는 사이에 버림받은 나는 사라지고, 대신 버림받은 세상과 죽음이 비로소 그의 시야에 들어온다. "혈관을 타고 흐르는 매독 균처럼 / 삶을 거머잡는 죽음처럼"(「네게로」) 너에게 가겠다는 다짐을 하는가 하면, "고독한 이빨을 갈고 있는 살의, 아니 그것은 사랑"(「사랑 혹은 살의랄까 자폭」)이라는 역설에 도달한다. 그리하여 세상은 살 만한 것이고 시인으로서 산다는 것 또한 그렇게 나쁘지만은 않다.

> 수영이 삼촌 별아저씨 오늘도 캄사캄사합니다. 아저씨들이 우리 조카들을 많이많이 사랑해 주신 덕분에 오늘도 우리는 코리아의 유구한 푸른 하늘 아래 꿈 잘 꾸고 하꽈 작 놀아났습니다, 아싸라비아 도로아미타불
> ──「즐거운 일기」 부분

오독을 감수하고 살펴본다면, 최승자는 김수영과 정현종을 선배 시인으로서 스승으로서 존경하고 있다. 물론 후배 시인으로서 어리광을 부리며 또 다시 그들을 부정하고 넘어서야만 한다는 중압감에 시달리는

것도 사실이다. 외로운 대결의 끝에서 자신이 가는 길이 혼자 가는 길만은 아니라는 것을 느꼈을 때의 안도감과 불안감은 위의 시구에서 충분히 드러난다. 오히려 그러한 시적 인식을 체득했다는 것이 사랑을 방법적으로 추구하는 한계로 작용할 것이다. 그렇지만 대상과의 화해가 자유롭지 못한 상태에서, 영혼과의 접촉이 성숙하지도 못한 상태에서 끊어졌거나 변형되었을 것으로 생각되었던 시적 전통에 대한 유대감을 확인한다는 것은 1970년대 시가 1980년대에 이월시켜 주고 있는 또 하나의 '선물'이다.

4. 사랑의 끝없는 변주

앞에서 1970년대의 여성 시인들 가운데 주목할 만한 시인으로 강은교·고정희·최승자의 시들을 살펴보았다. 이밖에도 김승희·김혜순·김옥영·강경화 등의 시인들을 거론할 수 있을 것이다. 이른바 여성 시인들은 이전의 시기에도 있어 왔고, 그 나름의 문학적 역할을 해왔던 것이 사실이다. 그러나 다른 한편으로 여성 시인이란 남성이 주류를 차지하고 있는 문학의 세계에서 이색적인 영역으로 남아 있던가 아니면 이를 보전하기 위해서 동호인 집단의 모양새를 취하고 있었던 것도 숨길 수 없는 사실이었다. 그런 면에서 1970년대 등장한 일군의 여성 시인들은 전 시대의 여성 시인들과는 차별적인 시인의 목소리를 내고 있다는 점에서 그 시사적인 위상이 주어져야 할 것이다.

이러한 시인의 목소리는 이들 시인들의 시에 대한 본질에 대한 탐구에서 비롯되었다는 것이 이 글의 입장이다. 이를테면 강은교의 경우 초기의 깊은 허무의식은 시인의 실존의식을 강화시켜 주었다. 이러한 실존의식은 시의식의 강화와 시언어의 발견을 그 목적으로 하게 된다. 강은교의 초기 시에서 보여 주는 의식의 초월적인 경사는 이에서 비롯되었다고 판단된다. 그러나 전시대의 서정주나 고은이 보여 주었던 샤머니즘적 세계 혹은 시인의 영매적 기능과는 다른 점이 있다. 그것은 수직적인 초월에 대한 방향이 아닌 수평적인 초월의 방향을 의도하였다는 점이다. 수평적인 초월은 그의 시세계를 비의적인 표현보다는 현실적인 관심을 촉발하는 계기로 작용한다. 이는 그의 이후의 시세계와 연결시켜 보면 그러한 판단의 타당성을 확인할 수 있다.

앞에서 열거한 시인들에게서 발견되는 공통의 문제의식은 유한한 존재로서의 인간이 마주치게 되는 죽음이라는 문제이다. 이러한 문제의식은 이들도 정당한 인간으로서 발언을 가능케 하였다. 만약 이들 시인들이 '여류' 혹은 '여성'이라는 수식어를 떼어내는데 적지 않은 역할을 하였다면 그것은 인간으로서 마주치는 보편적인 문제에 관심을 가졌기 때문이라고 할 수 있다. 이와 함께 이들은 자족적인 세계에 안주하지 않고 현실의 문제에도 깊은 관심을 가졌다는 점을 주목하지 않을 수 없다. 이것은 당시 현실이 산업화와 이에 따른 문학적 의식을 요구하였다는 정황을 전제해야만 한다. 그럼에도 불구하고 각자의 시인들이 갖고 있는 실존에 대한 의식이 선행되지 않고서는 이러한 현실의 문제가 시 속에 제대로 표현되지는 못했을 것이다. 이는 이들 시인들이 보여 준 각각의 시세계와도 관련이 있다고 보여 진다.

현실에 대한 의식의 성장은 시인의 의식 성장과도 밀접한 관련이 있다. 시인의 의식은 자기애에 도달하게 된다. 이는 타자에 대한 인성이 자기 혹은 실존에 대한 인정 혹은 개안으로 연결됨을 의미한다. 이러한 변화가 1970년대 말에 이르러서 또다시 변화를 겪게 된다. 어렵게 성취한 자기애의 동일시 과정이 부정되는 장면이다. 이는 특히 최승자에게서 발견될 수 있다. 그가 보여 준 충격은 여성 시인들이 대타적으로 존재하는 것이 아니라 이미 대사회적 발언을 할 수 있는 역량의 성취에 도달하였음을 의미한다. 그리고 이것은 귀중한 문학적 전언이기도 한데 자기애에 도취되어서는 문학적 진전이 이루어지지 않는다는 사실이다. 이러한 부정적 상상력을 우리는 김수영에게서 발견할 수 있다. 이러한 연관과 편린을 앞에서 다룬 시인들에게서 적지 않게 발견할 수 있었던 것은 우연이 아니다. 문학적 보편적인 주제 하나가 이들 1970년대의 여성 시인들을 통해 우회하고, 시사의 전면에 재등장하는 모습은 새로운 장면의 연출이라고 할 수 있다.

박애의 사상

1980년대 노동시에 대하여

1. 망각에 대하여

프로이트는 『일상생활의 정신병리학』에서 망각의 원인에 대하여 고찰한 바 있다. 망각이란 현실에서 주어진 억압을 회피하기 위한 수단으로서 기억이 강력한 억압에 의해 무의식으로 침잠하기 때문에 나타나는 현상이다. 무의식으로 내려간 기억은 때때로 의식의 층위로 현상하고자 하는 에너지를 집중시키는데 이 때문에 잘못 말하기와 잘못 쓰기 등의 왜곡과 변형이 나타난다. 문학에서의 잘못 읽기와 잘못 쓰기도 이러한 범주에서 크게 벗어나지 않는다고 볼 수 있다.

'노동시'라는 분류는 1980년대의 시대적 상황과 밀접한 관련을 맺고 있다. 이와 유사한 명명법의 사례를 찾아보면 저항시·참여시·민중시·농민시·리얼리즘시 등의 항목을 들 수 있을 것이다. 그런데 여타의 항목도 사정이 비슷하지만, 노동시의 개념적 내포를 정리한 기존의 연구 성과를 찾기란 쉽지 않다. 물론 노동시라는 명칭을 사용하여 유사한 부류의 작품들을 엮은 사화집이 출간된 바 있다.[1] 하지만 시대적 혹은 문학적 의미망에 대한 잠정적인 결산은 지금까지도 계속 유보되어 왔던 것은 아닐까 추측해 본다.

이렇듯 어떻게 보면 이제는 과거의 현상이 되어 버린 듯한 노동시에 대한 개념적 정리가 뒤미쳐진 현상의 원인은 무엇일까? 필자는 그 원인을 노동시가 갖고 있는 시대적 필연성과 함께 노동시라는 개념이 갖고 있는 과도한 억압에서 찾을 수 있을 것으로 본다. 물질문명이 고도화된 자본주의사회에서 노동이란 인간의 사물화를 야기하고 노동으로부터의 소외를 불러일으킴은 물론 인간성의 상실 혹은 파괴라는 양상으로 치닫는다. 따라서 노동이란 현시대의 인간이 삶을 영위하기 위한 불가피한 선택이면서 동시에 그 본원적 인간성의 박탈이라는 이중적인 양상을 드러내게 된다. 이 때문에 노동은 인간의 예속적 상황과 해방적 지향을 동시에 연출하고 있다.

그런데 과거의 시간을 되돌려보면 노동에 대한 당위적 시선이 우세를 펼쳤다. 이른바 노동 소외로부터의 해방이라는 명제는 거슬릴 수 없는 시대적 요구로 다가왔다. 전세계적인 좌파운동의 퇴조 속에서 한반도에 불어닥친 급진적인 진보에의 요구는 세계사의 시계를 거꾸로 돌리는 듯 했으나 이것은 당시의 현실이 그만큼 절박하고 특수했다는 것을 의미하기도 한다. 이때 문학에서도 진보적인 흐름과 보조를 같이하려는 움직임이 일어났는데 이러한 과정에서 노동시가 출현하게 되었다. 그리고 이 노동시의 문제는 1980년대 시문학의 한 정점을 이루고 있다는 점에서 그 의미를 지울 수는 없는 것이다. 단 현재 노동시가 어떤 기능적 활동을 잠시 멈추고 있다면, 그 원인은 현실이 요구한 또 다른 질서에

---

1) 채광석 편의 『노동시 선집』(실천문학사, 1985)과 박선욱 편의 『한국 민중 문학선 I―노동시 묶음』(형성사, 1985) 참조

의 욕망이 억압의 원인으로 작용했던 것에서 찾을 수 있을 것이다. 그 과정에 대한 탐색이 이 글을 의도이다.

2. 노동자 시인의 출현

1980년대를 흔히들 '시의 시대'라고 부른다. 가히 폭발적으로 시들이 생산되었고 시집으로 출판되었으며 또한 읽혀졌다. 개개 시편들의 우수성을 말하기 이전에 시대적 상황의 요구가 그 어떤 장르보다도 시라고 하는 특정 장르에 초점을 맞추게 하였다. 우선 시라고 하는 문학 장르는 다른 장르보다 메시지의 전달에 있어 훨씬 용이하다는 측면이 있다. 1980년대의 시작을 알리는 '광주'의 역사적 사건은 공식적인 언론에서 금기의 대상이었다. 더 나아가서 진실의 왜곡과 이념의 조작으로 이어지곤 했다. 얼어붙은 동토의 왕국을 연상하기에 충분한 시절이었다.

1980년대 초반의 시 동인들이 다수 출현하고 있다는 사실은 이러한 시대적 정황과 밀접한 관련이 있다. 〈오월시〉는 이름에서도 알 수 있는 것처럼 광주의 역사적 진상을 시적으로 표현한다는 뜻에서 출발하고 있다. 그밖에 〈시운동〉, 〈시와 경제〉 등이 이 무렵에 활동을 시작하게 된다. 또한 1970년대 후반에 결성된 〈반시〉는 착실하게 활동을 유지하고 있었는데 1980년대의 변화된 현실 속에서도 전시대의 시적 흐름과 연계시키는 역할을 맡게 된다. 1970년대의 주요한 시 동인으로 볼 수 있는 〈목요시〉, 〈자유시〉 등의 활동도 1980년대 시의 시대를 풍요롭게 하는데 일정한 역할을 하고 있다.

특히 '80년대적'이라고 할 때 주목되는 시 동인지로서는 〈오월시〉, 〈시운동〉, 〈시와 경제〉를 들 수 있다. 〈오월시〉가 역사적 상흔의 보고와 치유에 중점을 두고 있다면, 〈시운동〉은 시의 상상력을 강조하고 있다는 점에서 특징이 있을 것이다. 그 가운데 특별한 주목을 끄는 시 동인이 바로 〈시와 경제〉이다.

시의 귀족화를 초래한 본질적 요인의 하나도 시를 서정적 가락으로 국한하는 사전적 개념에서 한 치도 벗어나지 못했던 과거 시인들의 고지식한 자세에서 비롯되었다 해도 그릇된 판단은 아니다. 문학의 한 갈래로 전통적 기능을 많이 양보한 시의 영역을 다시 넓혀 보자는 것이 『시와 경제』 동인들의 욕심이다. 놀라운 속도로 변모하는 현대 사회의 성격을 제대로 구명하기 위해서는 고도의 복합적 인식이 요구되며 그 올바른 분석은 여러 분야의 축적된 성과를 통해서만 가능할 것이다. 시가 어느 때보다 사회과학의 도움을 필요로 함도 이와 같은 배경에서이다.[2]

전시대의 시와 차별성을 강조하는 집단의 움직임을 동인 활동에서 찾는다면 〈시와 경제〉 이외에도 1970년대의 〈반시〉에서 찾을 수 있다. 〈시와 경제〉는 〈반시〉가 언어질서의 새로운 모색이라는 측면에서는 비교적 근사한 흐름을 계승하면서도, 시의 귀족화를 거부한다거나 시의 영역을 다른 여타의 예술 장르와 교섭 확대하려는 의도를 보였다는 점에서 그 차이점이 있다. 특히 경세제민(經世濟民)이라는 경제의 원래의 뜻에서 시의 나아갈 바를 찾고 있다는 점은 그 실현을 차치하고서라도 시에 대한 인식의 새로운 모습을 보여 주고 있기에 충분하다. 이른바 사회를 바라보는 사회과학적 인식을 문학, 특히 시에 접목시키려는 의도로 볼 수 있기 때문이다.

〈시와 경제〉 동인의 면면을 살펴보면 1집에서는 홍일선·정규화·황지우·박승옥·나종영·김정환·김사인이 참여하고 있다. 홍일선과 김정환은 『창작과비평』(1980년 여름)을 통해서 등단하였으며, 나종영과 정규화는 『우리들의 그리움은』(창작과비평사, 1981)이라는 제목의 '13인 신작시

2) 김도연, 「언어 질서의 변혁을 바라며」, 『시와 경제』 1집, 육문사, 1981, 3면.

집'을 통해서 문단에 나오게 된다. 이들을 중심으로 황지우·박승옥·김사인 등이 동인을 결성한 것이다. 이러한 동인의 이력을 상세히 밝히는 것이 무익할 것처럼 보이지만 이러한 사정은 1980년대의 변화된 현실에 그 원인을 둘 수 있을 것 같다. 이를테면 기존의 문단 진출이 신춘문예나 기성 문인의 심사를 통한 추천을 통해 이루어졌다면, '신작시집'이나 '동인지'를 통해 신진 시인이 등장하는 것은 문단진출의 새로운 양상이라고 할 수 있을 것이다. 기존의 문학권위에 대한 도전은 변화된 현실의 제도적 권력이 도덕적으로 상당히 훼손된 것에서 찾을 수 있다는 말이다.

다시 『꺼지지 않는 횃불로』(창작과비평사, 1982)라는 제목의 '21인 신작시집'에서는 〈시와 경제〉 동인인 박승옥의 작품이 보이고, 「섬진강」의 시인 김용택의 처녀작이 선보이게 된다. 그 다음해 〈시와 경제〉 동인은 『시와 경제』 2집(육문사, 1983)을 출간하기에 이르는데 이때 동인으로서 김용택·채광석·선명한이 합류하고, 박노해와 조성우가 신인으로서 소개된다. 주지하는 바와 같이 「시다의 꿈」 등을 발표한 박노해의 출현은 그 반향이 매우 컸다. 드디어 박노해라는 '노동자 시인'의 출현 앞에서 '노동시'란 무엇인가에 대한 본격적인 질문을 할 단계에 이른다.

> 지금까지 우리는 민중시에 대해 자칫 벗어난 생각을 가졌던 것은 아닐까. 참다운 민중시란 '민중을 위한' 시가 아니라 '민중에 의한' 시일진대, 그리고 민중 자체가 그들을 묶고 있는 질곡과 사슬로부터 해방되기 위하여 시를 무기의 하나로 선택하는 것일진대, 이들의 시가 비로소 참다운 민중시일 것이다. 어떻게 보면 이제 더 이상 전문시인이 필요하지 않은 시대가 시작되고 있는 것인지도 모른다.[3]

'민중을 위한' 시에서 '민중에 의한' 시로의 변화는 1980년대 초반 시

---

3) 실천문학 편집위원회, 「책머리에」, 『시여 무기여』(14인 신인작품집), 실천문학사, 1984.

에 대한 인식의 흐름을 크게 변화시켰다. 여기에 가장 대표적인 시인으로서 박노해를 들 수 있을 것이다. 또한 '해방의 무기'로서의 시라는 도구성의 강조가 큰 흐름으로 자리 잡게 된다. 이것의 진위여부를 떠나서 전문시인의 불필요성에 대한 언급은 지나친 이상주의라고 볼 수 있지만 그러한 인식의 가능성에 대한 낙관이 점쳐지고 있었다. 이러한 인식상의 변화에 따라 노동 현장 출신의 시인들이 대거 등장하게 되었다. 고재종·권만기·김갑수·김교서·김명환·김석현·김종우·김해화·박광배·박광수·신연주·엄귀섭·서소로·이석영 등이 『시여 무기여』(실천문학사, 1983)를 통해 한꺼번에 등단하게 되는데 이들 중 다수가 생산현장에 종사하고 있다는 점이 변화된 지형을 실감케 한다. 여기에 더하여 『민중시』1(청사, 1984)을 통해 「지옥선」 연작을 발표하면서 등장한 백무산과 『그대가 밟고 가는 모든 길 위에』(창작과비평사, 1985)라는 신작시집을 통해 소개된 정명자 그리고 『공친 날』(실천문학사, 1987)의 김기홍 등을 열거할 수 있다. 이른바 노동자 출신의 시인, 이들 '노동자 시인'의 활동을 통해 1980년대 노동시는 하나의 뚜렷한 흐름으로 자리 잡게 된다.4)

> 아직은 시다
> 미싱대에 오르고 싶다
> 미싱을 타고
> 장군처럼 당당한 얼굴로 미싱을 타고
> 언 몸뚱아리 감싸 줄
> 따스한 옷을 만들고 싶다
> 찢겨진 살림을 깁고 싶다
>
> 떨려 오는 온몸을 소름치며
> 가위질 망치질로 다짐질하는
> 아직은 시다,

---

4) 김성수, 『통일의 문학, 비평의 논리』, 책세상, 2001, 238면.

미싱을 타고 미싱을 타고
갈라진 세상 모오든 것들을
하나로 연결하고 싶은
시다의 꿈으로
찬 바람 치는 공단거리를
허청이며 내달리는
왜소한 시다의 몸짓
파리한 이마 위으로
새벽별 빛나다

　　　　　　　　　　　　— 박노해, 「시다의 꿈」 부분

　　미싱사를 보조하는 역할을 맡고 있는 '시다'에게는 미싱사가 되는 것
이 꿈이다. 시다의 소망은 미싱사가 되어 자기도 한번 시다를 부려보는
것이리라. 「시다의 꿈」은 시다에게도 꿈이 있음을, 소망이 있음을, 욕망
이 있음을 표현하고 있다. 꿈과 소망 그리고 욕망이 있다는 것은 인간
의 본능에 가까운 측면이라고 한다면 이 시는 노동자도 인간이라는 것
을 강조하고 있는 셈이다. "노동자도 인간이다"라고 울부짖으며 산화한
'전태일'이라는 청년을 떠올린다면 「시다의 꿈」은 노동자의 오랜 꿈을
시적으로 표현하고 있다고 보아야 할 것이다.
　　그런데 「시다의 꿈」에서는 노동자의 꿈과 소망이 간접화되어 있다.
열악한 노동 현실을 고발한다는 차원을 훨씬 뛰어넘고 있는데 아마도
노동 현실과의 거리두기가 어느 정도 먹혀들고 있기 때문일 것이다. 그
래서 시다는 잠시의 몽상을 시도하고 있다. "장군처럼 당당한 얼굴로
미싱을 타고"서 "갈라진 세상 모오든 것들을 / 하나로 연결하고 싶은"
것이다. 그러나 이러한 몽상은 몽상에 머물지 않는다. 이 시에서 표현된
몽상은 지극히 현실적이며 도덕적이다. 왜냐하면 현실은 마땅히 그러해
야만 함에도 불구하고 시다가 처한 현실은 그렇지 않기 때문이다. 다분
히 시다가 처한 현실은 비현실적이며 비도덕적이다. 이러한 전도된 현

실에 대한 고발과 직시가 "시다의 꿈"과 대비되는 "시다의 몸짓"으로 제시되고, "파리한 이마 위으로 / 새벽별 빛나다"라는 시의 마지막 행에서는 노동자의 정서를 감성적으로 수렴해 내고 있다.

노동자의 글쓰기는 1970년대 후반부터 확대되어 왔다. 유동우의 『어느 돌맹이의 외침』(대화, 1978), 한윤수 편의 『비바람 속에 피어난 꽃』(청년사, 1980), 송효순의 『서울로 가는 길』(형성사, 1982), 석정남의 『공장의 불빛』(일월서각, 1984), 장남수의 『빼앗긴 일터』(창작과비평사, 1984) 등이 대표적인 사례들이다. 이러한 작품들은 주로 보고나 수기의 형태를 띠고 있다는 것이 주된 특색이다. 그 가운데에서 석정남의 『공장의 불빛』과 정명자의 「그날」이라는 시는 주목을 요한다. 이 두 작품은 동일방직노조 운동 과정에서 벌어진 '나체 시위'와 '똥물사건'을 다루고 있다.[5] 유신시대의 막바지에 벌어진 Y·H 여공들의 신민당사 점거농성사건을 떠올린다면 개발독재의 과정에서 노동자들이 자신의 표현 수단을 갖게 되는 과정은 지극히 당연한 결과이다. 이러한 사건들은 언론에 제대로 보도조차 되지 못하였는데, 이런 사건들을 사회에 알리는 과정에서 노동자의 글쓰기는 그 필요성이 요청되었던 것이다. 이 무렵 노동자들의 글쓰기를 위한 단체들이 여럿 출현하게 되었던 것도 이러한 흐름에서 이해된다.

> '勞動은 創造的 行爲'
> 교과서의 손끝이 판서를 하면
> 까르르 펜을 던지며
> 아이들의 허파가 다치고
> 창문이 한 차례 덜컹 울었지
> 열 여섯 살 객공 시다 그애
> 끼니 굶던 시절이란 나 몰라라고

---

5) 백진기, 「노동문학, 그 실천적 가능성을 향하여」, 『민중, 노동 그리고 문학』(김병걸·채광석 편), 지양사, 1985, 242면.

인동잎처럼이나 어여뻐진
그애의 가녀린 행복이
몰래 먹는 진통제로 키 늘이는 것을
정확한 교과서는 가르치지 않아
— 김갑수, 「들판교실」 부분

우리는 우리들을 지우고
그렇다 우리들의 비겁
우리들의 가난을 지우고
우리는 우리들을 그릴 수 있다
우리들의 길들지 않은 노동으로
건강한 혁명도 그릴 수 있다
어둠이여
어둠보다 깊은 체념이여
우리가 휘두르는 망치 아래 휘어지고 끊기는 철근
그것들과 함께 묶여
뼛속까지 스며서야 비로소 멈추는 아픔을
원색의 욕설과 독한 술로 지우듯
우리는 어둠을
어둠보다 체념을 지울 수 있다.
— 김해화, 「우리들은─인부수첩 1」 부분

때때로 지난 일들이 지금 진행되는 일처럼
생생하게 역력히 되살아난다
1970년 2월 21일 대의인 선거날
선거 한번 민주적으로 해보자 기대에 부풀었던 날 새벽
낯익은 동료들
술냄새를 풍기던 보전반 박씨의
촛점 없이 하얗게 변색된 얼굴을 뒤따라
"똥 먹고 싶지 않으면 썩 나가!"

부라리며 고함지르며 덤비던 광란의 눈동자
"아저씨 진정해요 이럴 때가 아니예요"
뜨거운 눈물 애절한 호소
"비켜! 니년들이 뭐 잘났다고………
시키는 대로 일하지 않고 까부는 년들에게는 똥물이 약이야"
—정명자, 「잊지 못할 1978년 2월 21일」부분

   첫 번째 시는 교실이라는 공간이 배경이다. 교육의 균등한 기회라는
측면에서 노동자들은 소외된다. 이때 나타난 것이 야학이라는 형태의
비정규적인 교육 공간이다. 교육의 문제는 어떤 경우에 있어서라도 지
식의 전달과 교육 수용자의 자발적인 성장이라는 이중적인 과제를 안고
있다. "勞動은 創造的 行爲"라는 명제에 대하여 교사의 역할을 떠맡고
있는 시적 화자는 등줄기에 식은땀이 흐르는 경험을 한다. 올바른 명제
의 제시 앞에서도 현실과의 차이가 현실의 전망을 가로막고 있다. 이때
지식인의 자의식이 노출되지만 현실적인 문제는 교사 노릇을 하고 있는
시인 자신의 판단에 맡겨지게 된다. 지식인의 노동에 대한 관심에도 불
구하고 노동 현실과의 거리감을 좁히지는 못하고 있다.
   두 번째의 시에서는 노동에 대한 낙관과 개인의식의 명암이 교차됨
을 볼 수 있다. "우리가 휘두르는 망치 아래 휘어지고 끊기는 철근 / 그
것들과 함께 묶여 / 뼛속까지 스며서야 비로소 멈추는 아픔"이라는 주된
비유는 노동이 노동을 하고 있는 개인의 의식을 억압하지 않을 수 있는
단서를 제공하고 있다. '건강한 혁명'이란 '어둠'을, '체념'을 없애는 차
원과 동시에 이루어져야 한다. 다만 현실적인 장애로서의 '어둠'을 괄호
로 치고 있다는 점에서 '체념'은 개인적인 의식에 또다시 수렴된다.
   세 번째의 시에서는 과거 사실의 폭로가 두드러지게 나타나고 있다.
구체적인 사건의 보고와 같은 구실을 하고 있는 위의 시에서 대화체의
사용은 객관적 상황의 생생함을 더해 주고 있다. 이른바 '똥물사건'이라

는 노동조합의 결성에서 벌어진 사건의 과정을 표현하고 있다. 이러한 사건의 경우는 언론에 제한적으로 보도되는 것이 일반적이었는데 노동자들은 이를 표현하기 위해서 다양한 방법을 동원하게 된다. 대외적으로 알리기 위한 수단으로서 유인물·팸플릿·수기 등이 제작되었다. 이러한 시도는 기존의 매체에 대한 비판적 시각을 갖게 하였으며, 특히 문학에서는 장르의 확산 혹은 현실을 전체적으로 담아낼 수 있는 매체의 개발로 이어진다. 시적 화자가 "생생하게 역력히 되살아나다"라고 되뇌이는 말의 이면에는 과거의 사건이 아직도 현재진행형임이 강조되어 있다. 이러한 의식적 조작은 노동자 개인의 의식이 전체로 확산됨과 동시에 이러한 확산을 가로막는 장애에 대한 구체적인 천착으로 이어진다. 앞에서 살펴본 세 가지의 시적 유형은 노동자 의식이 시로 표출되는 과정에서 나타나는 유형으로 볼 수 있다. 그리고 노동과 자본의 대립이 한층 더 강화되는 양상을 유추해낼 수 있다.

> 내 품속의 정형 손은
> 싸늘히 식어 푸르뎅뎅하고
> 우리는 손을 소주에 씻어 들고
> 양지바른 공장 담벼락 밑에 묻는다
> 노동자의 피땀 위에서
> 번영의 조국을 향락하는 누런 착취의 손들을
> 일 안하고 놀고 먹는 하얀 손들을
> 묻는다
> 프레스로 싹둑싹둑 짓찧다
> 원한의 눈물로 묻는다
> 일하는 손들이
> 기쁨의 손짓으로 살아날 때까지
> 묻고 또 묻는다.
>
> ― 박노해, 「손무덤」 부분

사업장에서 벌어지는 산업재해에 대한 보고와 문학적 표현은 이미 많이 이루어졌다. 그러나 박노해의 「손무덤」은 기존의 시적 표현을 뛰어넘는 공감을 연출하고 있다. 그 이유를 살펴보면 프레스에 잘려진 노동자의 손가락을 "양지바른 공장 담벼락 밑에 묻는다"는 행위에서 찾을 수 있을 것이다. 일종의 제의적인 행위를 통해서 공감대의 확산을 유도하고 있다. 그 공감대의 근저에는 기존의 노동자 의식을 땅에 묻는 행위와 과거의 의식과의 단절을 강조함으로써 새로운 노동자 의식의 미래적 출현이라는 '의식의 현현'을 암시하고 있다. 땅에 묻혀진 과거의 의식은 "기쁨의 손짓으로 살아날 때" 한 알의 밀알이 될 수 있다. 때문에 "양지바른 공장 담벼락"은 무의미한 일상의 한 귀퉁이에서 현재적 의미와 미래적 가능성까지를 포괄하는 '신성 공간'으로 변모된다. 그렇지만 그 공간을 채워야 할 것은 새로운 윤리와 새로운 가치라는 점을 박노해는 잊지 않고 있다. 이것이 바로 1980년대 중반 박노해라는 '노동자 시인'의 가져다 준 시사적 의미망이라고 생각된다. 이 시를 두고 채광석은 '80년대 민중시의 한 절정'으로 평가한다. 그 이유를 그는 "이제 노동은 단순한 절망과 슬픔의 행위, 원한과 분노의 행위가 아니라 이 모든 것이 어우러져 노동의 부활, 즉 노동의 해방이 이루어지기까지 '누런 손', '하얀 손' 들을 묻고 또 묻는 싸움의 행위"6)라고 파악된 현실적 의미에서 찾고 있다. 노동의 해방적 기능을 이처럼 감격적으로 표현한 작품은 그 예를 찾을 수 없을 것이다.

---

6) 채광석, 「노동현장의 눈동자」, 『노동의 새벽』 해설, 풀빛, 1984, 167면.

3. 저 평등의 땅에 ……

1980년대 전반기 동인지 중심의 시작 활동 가운데에서 싹튼 민중시 혹은 노동시는 놀라울 만큼 확대되었다. 이러한 변화의 한 가운데에는 박노해라는 '노동자 시인'의 출현이 중요한 역할을 하고 있음을 앞에서 살펴보았다. 이러한 추세에 힘입어 노동문학에 대한 집중적인 조명이 이루어지게 된다.

> 오늘의 역사에서 민중은 바로 삶과 노동의 관계에서 노동으로부터 소외의 대상이 되고 사회적 생산에의 정당한 참여에서 배제된 노동하는 사람, 그리고 노동하고자 하는 사람들이다. 이들에게 있어서 진정한 삶의 실현은 소외의 극복이다. 그것은 원초적인 삶과 노동의 관계를 되찾는 것이다. 인간의 역사는 이와 같은 삶과 노동의 관계에서 인간간의 사회적 관계 때문에 삶과 노동의 원초적 관점에서 점점 멀어지면서 동시에 인간의 사회적 실천에서는 소외의 극복을 위한 보다 더한 시도를 강화해 왔다. 역사에서 민중문학이 대두하는 것도 바로 이와 같은 보다 강화된 소외극복을 위한 시도의 하나로서이다.[7]

박현채는 문학과 경제적 현실, 이를테면 문학과 물화와 소외로부터의 해방이라는 문제가 어떻게 관련을 맺고 있는가를 탐색하고 있다. 경제학이 인간 소외와 물화를 극복하고 인간의 해방을 위해 노력해야 하듯이, 문학도 경제적 현실의 규정에서 벗어날 수 없다면, 인간 소외의 극복을 위해서는 전체적인 인간상을 그려내야 한다는 것이다. 박현채의 이러한 의견에 대하여 백낙청은 문제제기를 하였다. 요약하자면 민중문학의 과제로서 노동 현실의 문제는 마땅히 다루어야 할 '역사적 진실'임에도 불구하고 이를 어떤 '법칙'의 차원에서만 볼 수는 없지 않겠느냐는 것이다.[8] 백낙청의 지적은 일종의 과학으로서의 경제학이 추구하

---

7) 박현채, 「문학과 경제」, 『실천문학』 4호, 실천문학사, 1983, 134면.

는 인간의 미래상을 부정할 수는 없지만, 문학이 지나치게 되는 과정에서의 여러 문제점을 단순하게 접근하는 것은 경계해야 한다는 것이다. 이에 대하여 박현채는 동일 제목의 글을 재집필하여 발표하였다. 그러나 문학은 상부 구조에 속해 있고 그 관계가 특수하기 때문에 "밖으로부터의 인간소외가 낳은 자기 안에서의 인간소외까지를 다"루어야 한다는 명제에서 크게 진전을 보지는 못한다.[9] 삶의 진실성을 드러내는 문학의 과제가 '개념을 중시하는 엄밀한 의미의 과학'과는 다른 까닭이다.

앞서 살펴본 것처럼 채광석은 박노해의 시에 대하여 더욱 박진감 넘치는 '구체적 현실성'을 주문하고 있다. 현실의 재현 그 이상의 문학적 표현이 어떻게 가능한가의 문제점은 여전히 미답의 경지였던 것이다. 이에 대하여 노동문학에 대한 객관적 점검이 시도된다. 성민엽은 노동자 시인을 정의하여 "노동자 계층은 '문학적 생산과 유통 그리고 소비의 전 부면에서 구조적으로 소외'되어 있기 때문에 문학에의 접근의 기회가 적고 문학적 재능을 개발할 여건이 극히 불리하며 그리하여 전문문인의 배출가능성이 매우 미약하기 때문에 특히 그 점을 강조하여 노동자 시인이라고 부르는 것이다"라고 전제한 뒤에 "노동자 계층은 그 특수한 입장으로 인해 일반적인 것과는 다른 사상·감정·열망 및 세계인식을 가지리라 기대되기 때문에 그 점을 강조"하지 않을 수 없을 것이라는 예측을 시도하고 있다.[10] 성민엽이 강조하고 있는 것은 어떤 법칙을 통하여 민중문학을 설명할 수 없듯이 결정론적인 사고를 경계해야 한다는 것으로 볼 수 있다.

이상에서 문학과 경제 혹은 노동자 시인의 위상에 대하여 길게 인용한 것은 이후에 나타난 파장과 영향이 그만큼 컸기 때문이다. 이른바 민

---

8) 백낙청, 「1983년의 무크 운동」, 『한국문학의 현단계』 III, 창작과비평사, 1984, 42면.
9) 박현채, 「문학과 경제」, 『실천문학』 5호, 실천문학사, 1984, 432면.
10) 성민엽, 「문학과 계층의 목소리」, 『민중, 노동 그리고 문학』(김병걸·채광석 편), 지양사, 1985, 256면.

족문학 주체 논쟁이 들불처럼 번져 나가게 된다. 그런데 그 한가운데 시인 박노해가 있었다는 점은 매우 시사적이다. 성민엽의 말대로라면 1980년대 후반기의 박노해는 '노동자 시인'의 범주만으로는 설명되지 않는 존재로 훌쩍 커버렸던 것이다.

> 지식인은 지식 그 자체에 있어 가장 반동적일 수도 있고 가장 혁명적일 수도 있다. 한 개인 내에 반영되어 있는 상부구조(지식·이념)가 하부구조(물적 토대)의 부단한 간섭을 이겨내는 것이 지식인의 존재론적 비밀이자 장점이다. 그렇기 때문에 지식인들은 자신의 이념적 준거를 역사내의 어떤 인간집단에 설정하는가에 따라 역사의 발전에 스스로를 적응시켜 나갈 수 있게 된다. 결국 마지막 방법은 존재론적 결단을 통해 기존의 소시민적 준거를 포기하고 새로운 준거집단을 찾아나서는 것이다.11)

김명인이 말하고 있는 새로운 준거집단은 '노동하는 생산대중'이다. 이른바 지식인 문학의 항복만이 새로운 가치관의 문학을 일으켜 세우는 데 보탬이 된다는 말이다. 이러한 저간의 사정에는 민중문학 혹은 노동문학의 비약적 성장에서 그 원인을 찾을 수 있다. 그리고 노동문학이 제시한 문학의 해방적 비전에 대한 낙관이 시대를 관통하고 있었다는 점을 추가하지 않을 수 없다. 때문에 지식인의 '존재론적 결단'이 절실하게 요구된다는 점을 김명인은 표나게 강조하고 있다. '소시민적 준거의 포기'와 '새로운 준거집단의 포착'이라는 과제는 지식인의 양면성을 전면적으로 해체할 것을 요구한다는 점에서 세대적인 윤리로 자리 잡게 된다. 그러나 김명인의 이러한 논리에는 현상을 이원적으로 분리한다거나 노동자 집단의 세력화라는 현실적 변화에 즉자적으로 반응했다는 혐의를 감출 수 없다. 다시 말하면 지식인이 어쩔 수 없이 갖게 되는 허위의식의 면밀한 고찰이라거나 현실의 변화에 따른 결과의 예측과 전망에

---

11) 김명인, 「지식인문학의 위기와 새로운 민족문학의 구상」, 『희망의 문학』, 풀빛, 1990, 51면.

대해서는 둔감한 측면이 없지 않다. 하지만 시각을 달리해서 본다면 이러한 역사의식의 가속은 당시의 시대적 특성을 반영한다고 볼 수 있다.

조정환은 『노동의 새벽』(풀빛, 1984) 이후의 박노해 시를 점거하면서 그의 시세계가 슬로건주의로 나아가고 있는가 또는 좌익모험주의로 나아가고 있는가에 대하여 묻고 있다. 그는 박노해의 시가 슬로건주의나 좌익모험주의가 결코 아닌 역사의 필연적인 결과임을 강조하고 있다. 한 발 더 나아가서 그는 노동시의 올바른 방향에 대해서 다음과 같이 말하고 있다. "『노동의 새벽』에서 '노동자계급의 편으로 기울되 그것이 전사회적 전계급적 해방에 대해 실제로 책임지는 것으로 되지 못했다'는 의미에서 '노동자 계급적 경향성'에 머물던 것이 이제 '확고히 노동자계급의 입장에서 서면서도 우리 사회의 총체적 현실과 그것의 문제점 전체에 대해 책임을 지려는 태도로 되고 있다'는 의미에서 '노동자계급적 당파성'으로 발전"12)해야 한다.

이러한 시각에서 조정환은 「공장의 북」, 「무너진 탑」, 「배포자의 꿈」, 「못생긴 덕분에」, 「저 아이가」 등의 작품에 대하여 후한 점수를 주고 있다. 「허깨비」, 「마지막 부부싸움」, 「소를 찌른다」, 「방 구하러 가는 길」 등 『노동문학 1988』(실천문학사, 1988)에 실린 작품들이 『노동의 새벽』의 연장선상에서 이해를 구할 수 있으며 일정한 시적 성취를 이루어내고 있는 점을 도외시하고 있지는 않다. 하지만 앞으로의 방향은 노동자의 경향성에서 당파성으로의 변화에 초점이 맞추어져야 할 것이라는 점을 그는 특히 강조하고 있다. 이른바 노동해방문학론의 과도한 선명성이 드러나는 대목이라고 볼 수 있을 것이다. 그러한 입론이 가능했으며, 그것은 또 하나의 가능성으로 부각되었다. 이것은 박노해의 시작 경향이 급격하게 좌편향으로 기울면서 이루어진 현상이라고 볼 수 있다. 또한 당시의 시대적 억압의 강도를 어림짐작 할 수 있을 것이다.

---

12) 조정환, 「『노동의 새벽』과 박노해 시의 '변모'를 둘러싼 문학적 쟁점 비판」, 『노동해방문학의 논리』, 노동문학사, 1989, 216~217면.

박노해의 시작 경향에 대한 조정환의 긍정적인 평가에 비교한다면, 백무산의 『만국의 노동자여』(청사, 1988)에 대한 평가는 상당히 부정적이다. 가장 큰 이유는 백무산의 시에 나타나는 '상징주의 경향' 때문이다. 그는 상징을 "특수한 것을 통해 보편적인 것을 성찰토록 하는 시적 형상"이라고 정의한다. 그런데 상징화의 경향은 현실 지향성과 현실 도피성의 긴장된 대립 속에 존재하기 때문에 시인 자신이 과거 지향과 미래 지향의 두 갈래 길에서 흔들리게 한다.13) 뿐만 아니라 "지식인에 대한 비판이 반이성주의로 흘러가는 위험성이 있는가 하면 공해단지의 형상화에 있어 무가양식이 갖는 양식상의 샤머니즘적 한계를 척결하지 않은 채 내용만 바꿔치기 함으로써 공해현상의 진정한 원인과 본질을 인식시키는 데 실패하고 있다"는 지적 등에 이르러서는 고개를 갸우뚱거리게 한다.14) 백무산의 시집 『만국의 노동자여』에 실려 있는 「지식인이라는 완장」과 『만국의 노동자여』 4부에 실려 있는 작품들이 그 비판의 혐의에서 자유롭지 못한 작품들이다. 그러나 그런 비판의 적실성이 과연 옳았는가?

　　망자 망자 떠나간다 금일 망자 떠나간다 매맞아서 죽은 귀신 서방정토길 어이어이 화승총에 죽은 혼령 저승길도 어이어이 굶어서 죽은 영정 극락길도 어이어이 덧문을 열어라 망자를 배웅하자 동해바다 한바다 열어젖혀 극락선을 내보내자 갯가에서 굿쟁이로 장터에서 소모꾼에 굿판 돈으로 쌀가마 지고 산길 밝아 보리가마 지고 아전배 만나 죽창되고 진군이면 북쟁이로 벗님들 귓전에 하늘이여 열려라 두둥두둥 두둥두둥 망자 망자 벗님네야 금일 망자 벗님네야 죽은 벗님 혼백 앞에 바다여 열려라 살은 벗님 귓전에 하늘이여 널려라 죽창이 나서면 땅이여 열려라 함성이 열리면 강물이여 터져라 살은 벗님 귓전에 죽은 벗님 저승길에도 오백년 조선에 하늘이여 열려라 열려라 두둥두둥 하늘

　13) 조정환, 「백무산 시의 '두 가지'와 '하나의 뿌리' 〈현실주의적 지향〉과 〈상징주의적 경향〉」, 위의 책, 243~244면.
　14) 위의 글, 위의 책, 245면.

이여 열려라

                — 백무산, 「자진모리 — 화랭이 의병의 노래」 전문

   『만국의 노동자여』에는 무가 형식을 빌은 작품을 다수 발견할 수 있다. 대학가에서 탈춤이나 민중예술에 대한 관심이 증폭되던 시기가 있었다. 현실을 인식하는 하나의 출구로서 그러한 관심을 이해할 수 있다. 그런데 노동자 시인으로서 백무산이 사용한 무가 형식에는 독특한 성격이 있다. 그것은 전문시인이 썼다고 해도 손색이 없을 만큼 자연스러운 사용이 그것이다. 어떤 면에서는 전문시인과 노동자 시인의 경계를 허무는 듯한 시적인 의장이 그의 '무가 형식'에는 깃들어 있다. "짜장면처럼 까맣게 타서 거적에 쌓여 가는 친구의 얼굴이 / 어두운 날들, 질척이는 바닥에 핏물 되어"(「지옥선·5 — 조선소」, 『만국의 노동자여』, 38면) 흐를 때 시인이 선택한 정서적 위무의 한 방식이라고 보여 지기 때문이다. 무가 형식이 현실을 일정하게 초탈해서 표현케 한다면, 백무산의 경우에는 그러한 형식을 전도시켜서 자기화하는 능력도 있다. 「처용가 — 온산 공해단지에서」를 살펴보면 '처용가'를 차용하고 있지만 시의 후반부에서 제시한 '처용가'의 일절은 현실적인 의미로 전화되어 있다. 탄식과 비탄에만 머물 수는 없다는 일종의 역설적 표현을 가능케 하고 있는 것이다.

   백무산은 이후에 『동트는 미포만에 새벽을 딛고』(노동문학사, 1990)를 발간하게 된다. 울산 현대중공업의 파업투쟁을 다룬 이 시집에 대하여 조정환은 백무산의 시에 대하여 비로소 긍정적인 평가를 내린다. "『만국의 노동자여』에서 자주 구사되던 상징화의 수법이 줄어들고 전형화·객관화의 수법이 그 자리를 차지하게 되는 것은 백무산 시의 현실주의적 심화를 증거"하는 것으로 인정받게 된다.[15]

   1980년대 전반기가 노동자 시인의 출현을 기다리며 기존 문학 구도

---

15) 조정환, 「부르주아문학경향의 준동에 대한 경고와 '노동자계급현실주의' 문학의 옹호」, 위의 책, 169면.

의 변화를 원하고 있었다면 1980년대 후반기는 확충된 노동자 출신의 문인들을 통해 노동시뿐만이 아니라 노동소설과 노동문학 전반에 대한 방향성과 조직화에 그 초점을 맞추게 된다. 박노해의 경우 비교적 소규모의 사업장에서의 노조운동에 초점이 맞추어져 있었으며 이를 바탕으로 전위적 활동가로의 변신을 보여 주고 있다. 이에 반해 백무산의 출현은 그가 대규모 사업장의 노동자 출신이라는 문제와 함께 노동운동이 전국적으로 번져감에 따라 문학적 대응 양상도 변모되어야 함을 요구받게 된다. 『만국의 노동자여』에서 『동트는 미포만에 새벽을 딛고』의 변화는 그러한 변화를 노동자 시인인 백무산이 수용했다는 것을 의미한다. 조정환이 백무산에게 요구한 비평적 사안들은 이러한 현실의 변화에 보조를 함께 해야 한다는 현실적 요구의 연장선상에서 비롯된 것이다. 따라서 일면 문학적으로 모순되는 논리의 구사는 현실적인 원칙이 우선되지 않을 수 없음을 강조한 결과이다.

　그런데 시간이 지난 현재의 관점에서 보자면 비평적 논리의 일관성과 시작에 임하는 시인의 창작 욕구 사이에는 필연성 이외에도 불일치의 징후들이 발견된다. 1980년대의 말에 나타난 현실사회주의권의 붕괴라는 역사적 현상 앞에서 1980년대적 의미의 현실은 급격하게 퇴조하였다. 변화된 현실은 과거 현실의 체험이 '가현실'의 논리적 조작인 것처럼 비쳐지기도 했다. 대규모 사업장에서 벌어진 초유의 파업 시위와 진압의 과정, 진실과 허위를 구분치 못하게 하는 전사회적인 조작과 모반과 변신의 모습, 개인적인 희생에의 투신 속에서 변화는 변화를 낳고 있었다. 그 변화의 과정에서 노동시의 모습은 한동안 방향성의 상실을 경험하지 않을 수 없었다.

4. 노동시 이후

어느 덧 1990년대를 맞이하였다. 새로운 변화의 열망이 가득했던 시기였지만 세상은 온통 회색빛이었다. 1990년대의 벽두부터 '남한사회주의노동자동맹(사노맹)'에 대한 검거 열풍이 불어닥쳤다. 한동안 도피생활을 해야 했던 박노해는 검거 수감되었고 간간이 그에 대한 기사가 비중 있게 신문에 보도되었다. 1991년의 마지막 날에는 그에게 무기징역이 선고되었다는 짤막한 기사가 사회면에 실렸다. 같은 일자의 다른 지면에서는 "그해 겨울, 나의 패배는 참된 시작이었다"(「그해 겨울나무」, 『한겨레신문』, 1991.12.31)라고 마무리지어진 그의 시를 읽을 수 있다. 깊은 암전처럼 한 시대의 막이 내려지는 것처럼 느끼게 하기에 충분한 장면이었다. 박노해라는 노동자 시인이 일구어내었던 1980년대의 노동시는 그렇게 정리가 되는 듯 했다.

> 울퉁불퉁 참 지 맘대로 생겨뻗졌네
> 그래서인가 어째 이리 향기가 참한지
> 문풍지 우는 겨울 앞에서
> 그대에게 가져다줄 모과를 써네
> 회오리바람 머리채 끄는 위기의 시대에
> 서늘하게 스미어오는 향기도 슬픔이네
> 울퉁불퉁 참 지 맘대로 익어온 모과처럼
> 모순투성이 땅과 바람에 성숙해온 우리,
> 패인 가슴 험집마다 향즙 고여들 수 있다면
> 살마다 피마다 해맑은 투쟁의 향기
> 의연한 빛살처럼 뿜어오를 수 있다면
> 찬 시절도 참담함도 이리 뜨겁게 껴안는 것을
> 상처 위로 다시 찍혀오는 이 아픔마저도
> ― 박노해, 「모과향기」 전문

그러던 어느 날 아침 일간신문에 위의 시가 실려서 배달되었을 때 반신반의했다. 이 시가『노동의 새벽』을 쓴 박노해의 시인가? 긍정적인 측면에서도 그랬고 부정적인 측면에서도 그랬다. 대체적으로 그 날 아침 이 시를 읽은 사람들의 평가는 '괜찮던데'라는 정도로 기억한다. 박노해가 옥중에서 시를 보내왔다는 사실의 반가움에 연유한 반응으로 기억된다. 사실 필자의 느낌은 잘 모르겠다는 것이었다. 자신의 모습을 "울퉁불퉁 참 지 맘대로 익어온 모과처럼" 비유한 것은 알겠는데 모과향기가 슬픔처럼 다가오는데 왜 "살마다 피마다 해맑은 투쟁의 향기"가 되어야 하는지는 잘 모르겠다는 말이다. 그리고 그의「강철새잎」이 주는 '강철'의 이미지는 손끝을 쌩하니 저미는 듯한 야박함도 함께 섞여 있었다. 친근하게 접근하기에는 어떤 거리감이 느껴지지 않을 수 없었다.

그리고 약간의 시간이 흐른 후 박노해는『참된 시작』(창작과비평사, 1993)을 펴내기에 이른다. 이 시집에 대한 평가는 조심스러울 수밖에 없다. "『노동의 새벽』에서「머리띠를 묶으며」에 이르는 길이 가파르고 급격했다면"(3~4부) 이 시집에 실린 "1~2부의 옥중시로 넘어오는 길은 더욱 깊고 아스라하"기 때문이다.16) 전체적으로『참된 시작』은『노동의 새벽』이후에 가파르게 이어지던 그의 시적 행보가 이후에 펼쳐질 새로운 단계의 시적 도약을 의미한다. 아니 의미했었다. 적어도 박노해의『참된 시작』이 출간되자 일반 대중들은 다른 어떤 시인이나 소설가들보다도 관심 있게 그의 시세계에 열중했다. 그동안 '얼굴 없는 노동자 시인'에 대한 대중적 관심이 '박노해 현상'을 낳을 정도였다.

히지만 노동지 시인으로 출발한 박노해의 '시인탄생'은 지연되고 있는 것처럼 보였다. 왜냐하면 1993년 당시 박노해에게는 "자신을 정돈된 언어로 표현할 수 있는 시간"이 부족했기 때문이다.17) 그리고 그가 이후에 보여 준 변모에 대해서도 만족할 만한 평가가 주어지지는 않았다.

---

16) 이시영,「편집후기」,『참된 시작』, 창작과비평사, 1993, 250~251면.
17) 도정일,「한번은 다 바치고 다시」,『사람만이 희망이다』, 해냄, 1997, 310~311면.

그 이유를 찾자면 "우리의 역사적 진보가 체질적으로 조급증과 영웅주의 그리고 관념적 이상주의, 보편주의와 연결"되어 있기 때문이다.[18)]

> 경주 남산 자락에 파묻힌 이 침침한 관 속 같은 독방에서, 저는 매일 새벽 묵상 때마다 진평왕릉과 에밀레종과 감은사탑을 내 마음 속 부드러운 자리에 모시면서 성성한 화두처럼 궁글리는 것입니다. "모든 것은 변한다. 게으르지 말고 정진하라."(부처 최후의 말씀)[19)]

다시 그의 시를 접하면 접할수록 그의 세련된 글쓰기는 시적인 것에서 발원한다기보다는 산문적인 것에서 기인하는 것은 아닐까 생각이 되는 것이다. 그가 출옥하고 나서 여러 지면에서 '영성(靈性)'에 대하여 말하곤 하였는데 그가 말하는 '영성'에 짙은 공허가 배어 있는 것처럼 느낀 적이 있었다. 박노해의 「삶의 대지에 뿌리박은 팽창된 힘」이라는 산문은 비교적 그의 세계관을 정직하게 표현하고 있다. 현실의 주어진 선택 앞에서 최대치의 가능성에 주력하는 것, 이른바 성실한 삶의 자세가 그를 채찍질한다. "모든 것은 변한다. 게으르지 말고 정진하라"라는 부처의 말은 현실적인 측면을 극대화시킨 박노해의 해석일 따름이다. 어느 사이엔가 민중의 교사를 자처하는 박노해의 다소 권위적인 어투가 다시 생경하게 느껴진다.[20)]

그런데 박노해가 그의 산문에서 궁글리고 있던 진평왕릉과 에밀레종 그리고 감은사지는 낯익은 것이다. 백무산은 에밀레종에 대하여 "공장문을 나서면서 만나는 모든 쇠붙이에서 / 우리의 가난과 살이 섞인 쇠붙이에서 / 에밀레 종소리가 난다 / 악쓰며 울부짖는 에밀레 종소리가 난

---

18) 유성호, 「최근 진보적 진영 시의 변모에 관한 비판적 검토」, 『침묵의 파문』, 창작과비평사, 2002, 147면.
19) 박노해, 「삶의 대지에 뿌리박은 팽창된 힘」, 『참된 시작』, 창작과비평사, 1993, 229~230면.
20) 윤지관, 「80년대 노동시와 리얼리즘」, 『민족현실과 문학비평』, 실천문학사, 1990, 212~213면 참조.

다"(「에밀레 종소리」, 『만국의 노동자여』, 15면)라고 표현한 바 있다. 비록 상징
적인 수법이지만 비교적 자연스러운 시적 표현이라고 볼 수 있다. 십
여 년의 세월이 흐른 후 시인은 "벌건 쇳물에 / 백척 장대 끝에서 // 한걸
음 뛰어든 / 그 아이 // 드디어 세상의 모든 소리가 / 일어나는 자리를 보
느니"(「에밀레」, 『길은 광야의 것이다』, 창작과비평사, 1999)라고 변주시킨다. 에
밀레종에 대한 시인의 사유는 짐짓 거리를 두는 듯 했으나 이제 시인은
시인 자신을 그의 시세계에 적극적으로 밀어 넣고 있다. 그러한 변화의
지점에는 인간에 대한 생각의 변화가 자리하고 있다. 무엇보다도 인간
이 무너지는 현실에 대한 재인식이 시인의 변모로 이어지면서 그를 '경
계와 길 위의 시인'으로 재위치시켰다.

> 그러므로 인간은 존재가 아니라 '어떤 상태'라고 나는 믿습니다. 그러므로 인
> 간은 실체가 아니라 '어떤 종류의 성질'이라고 나는 믿습니다. '상태'와 '성질'
> 이 촉감할 수 있는 그림자를 만들 뿐이라고 나는 믿습니다. 그러므로 인간에게
> 부여된 모든 것은 자유의 영역입니다. 끝없는 대지입니다.
>
> ― 백무산, 「겨울 조정환」 부분

　한동안의 침잠을 거친 후에야 백무산은 『인간의 시간』(창작과비평사,
1996)과 『길은 광야의 것이다』(창작과비평사, 1999)라는 시집을 통해 한 시
대의 증언자로 자처하고 나설 수 있었다. 노동자 시인과 전문 시인의
사이에서 그 둘이 아니면서, 그 둘 다인 새로운 모습으로의 변화를 조
심스럽게 시험하고 있다. 박노해와 백무산은 1980년대 노동시를 대표
하는 '노동자 시인' 들이다. 그리고 이들은 현재에도 각자의 위치에서
변화된 현실에 맞추어 노동이 빚어낸 성찰을 시적으로 표현하는 데 게
을리 하지 않고 있다.[21] 그런데 이 두 시인에 초점을 맞추다 보면 1980
년대 노동시의 성과가 너무 단출하게만 여겨진다. 그렇다면 많은 수를

---

21) 박노해의 이후의 시세계에 대해서는 『겨울이 꽃핀다』(해냄, 1999) 참조

헤아리던 노동자 시인들은 지금 무엇을 하고 있을까 하는 점이 궁금해진다.

1990년대 전반기에도 노동시의 명맥은 나름대로 유지되고 있었다. 백무산과 정인화 등에 대한 관심이 그 예이다.[22] 하지만 변화된 문학 현실은 문학의 질적 차별성에 대한 요구를 동시에 주문하고 있었다. 노동시의 시적 변용에 대한 주문이 그것이다.[23] 분명한 것은 박노해가 수감되어 징역의 시간을 보내고 있는 동안에도 백무산은 착실하게 시적 성장을 이룩하고 있었다는 점이다. 한편 박노해가 '박기평'이라는 자신의 원래 이름을 되찾을 수 있었던 데 반하여 백무산은 아직 그렇지 못하고 있다. 본명을 찾는 것이 중요한 일은 아닐지라도, 그가 '백무산'이라는 퍼소나를 사용하는 한 그의 시세계는 끊임없이 노동과 시에 구속될 것이다. 백무산의 시세계는 그 소리 없는 구속과 해방의 이중주에서 비롯된 것이리라.

비평적 관점이나 작품의 평가에서 상대적으로 깊은 주목을 받지는 못했지만, 1980년대 노동시의 흐름에서 주된 활동을 펼쳤으며 이후에도 지속적으로 활동을 펼친 시인이 있다. 그가 박영근이다. 『반시』 6집(열쇠, 1981)에 「수유리에서」 연작시편을 발표하면서 등장한 그는 『취업공고판 앞에서』(청사, 1984)와 『대열』(풀빛, 1987)을 간행하면서 노동시의 흐름에 참가하게 된다. 그의 등단시편이 그렇듯이 그의 첫 번째 시집은 지식인 시인의 면모가 자주 엿보이는 것처럼 보였으며, 두 번째 시집에서는 노동 정의의 대의가 전면에 나타나 있지만 이른바 선진적 노동자의 투쟁의지가 추상적으로 표현되어 있는 것처럼 받아들여졌다. 아마도 시인의 이력에서 살필 수 있는 것처럼 놀이·민요·마당굿 등의 활동에서 비롯된 리드미컬한 표현이 가파른 현실과의 대결의지를 누그러트리게 했기 때문일 것이다.

---

22) 김사인, 「김남주 등의 노동시」(문학월평), 『한겨레신문』, 1992.9.29.
23) 장경렬, 「이 달의 시」, 『중앙일보』, 1993.9.28.

『김미순전』(실천문학사, 1993)은 박영근의 세 번째 시집이다. 프락치로 활동했던 한 여성 노동자의 욕망과 배반 그리고 참회를 판소리 형식으로 다루고 있는 장시 「김미순전」이 포함된 시집이 출간되었을 때 그의 시세계에 대한 관심은 예외 없이 빈곤함 그 자체였다. 첫째는 변화된 현실에서 아직도(?) 노동이라는 관점에서 시작을 하고 있다는 시대적 둔감함, 둘째 변화된 현실이 야기한 의식의 고도화에도 불구하고 노동자의 일상을 날것인 채로 그리려는 비속함, 셋째로 판소리 형식이라는 전시대적인 형식적 구사의 시대적 부정합 등이 어울려서 그의 시세계에 대한 평가는 "철창 너머 산날맹이 진달래도 / 저리 울며 뚝 뚝 떨어지는 것을"(「진달래」, 『김미순전』)과 같은 절창마저도 한 눈 감게 만들었다.

박영근의 시세계에서 노동이라는 문제는 많은 부분을 차지하고 있다. 그리고 이것을 어떻게 형식적으로 표현할 것인가의 문제에 그만큼 매달린 시인도 드물 것이다. 그가 일차적으로 택한 부분은 민요적인 형식의 차용이다. 그의 첫 시집에서 엿보이는 시인 자신의 고향, 농촌 정서의 표현은 대체로 진솔하게 느껴진다. 박영근은 진솔한 표현이라는 문제를 시에서의 리듬을 구사하는 방향으로 이끌어갔다. 그래서 농촌 공동체에 대한 기억과 시적 리듬의 표현 사이에는 깊은 관계가 있는 것처럼 여겨지는 것이다.

「김미순전」 같은 작품은 그의 두 번째 시집 『대열』에 실려 있는 「공장 비나리」 연작에서 이미 예비 되었다고 볼 수 있다. 노동자 생활의 모습을 있는 그대로 표현하고자 하는 시인의 욕구가 「김미순전」으로 이어지고 있는 것이다. 그런데 「김미순전」에서는 판소리사설에서 보이는 현실의 과장과 풍자가 얼비치고 있음에도 불구하고 현실의 화해와 행복한 결말은 연기처럼 사라지고 없다. 하지만 현실의 횡포에 희생된 노동자 '김미순'의 죽음 앞에서 드러난 비장미는 시인의 현실에 대한 진실성에 신뢰를 갖게 한다.

알몸에 한짝 들지를 못하고나
이리 육신에 죽음의 냄새가 풀풀 나는데
광채 하나가 번쩍 타는 곳이 있으니
홀로 흘린 눈물이 썩어나는 듯 버짐이 피고 있는
그 퀭한 눈 한자리
눈동자로구나

— 박영근, 「김미순전」 부분

어떤 의미에서 박영근은 노동이라는 문제보다는 역사의 조망이라는 측면에서 시작에 힘을 기울였던 것 같다. 자신은 노동자 시인이 아니라는 듯한 그의 언사들 속에서도 짐작을 할 수 있다. 위의 시에서 표현된 그 눈동자의 시선을 따라가다 보면 『지금도 그 별은 눈뜨는가』(창작과비평사, 1997)와 『저 꽃이 불편하다』(창작과비평사, 2002)와 마주치게 되는 것도 예사롭지 않다.

어디서 본 그림이었을까. 盲目鳥라는 그림, 조롱 속에서 어둑하게 허공을 보고 있는 눈먼 새, 몸은 자꾸만 말라가고, 제 울음소리도 잃은 채로 머지않아 죽어갈…… 돌아갈 집도, 밥상머리에 함께 둘러앉을 식구들도 나에겐 없었는데, 문득, 문득, 돌아갈 자리를 찾곤 했던가 봐요

— 박영근, 「겨울비」 부분

1930년대의 시인 백석은 가족과 고향의 터전을 잃어버리고 남신의주로 향했는데 그곳에서 작은 방 하나를 얻어 기거를 하면서 「남신의주유동박시봉방」(『학풍』, 1948.10)이라는 시를 남긴다. 현실의 절급함이 세월의 신산함을 휘발시키고 있는 그 경계까지 백석이라는 시인이 어떻게 가게 되었을까 하는 것은 하나의 의문이었다. 시인이 자신의 시 속에서 떠올리고 있는 '갈매나무'는 맹목 그 자체이다. 맹목은 삶의 본능이었지만 그 시선만으로는 삶을 유예시킬 수 없어서 또 뒤를 돌아보게 하였다. 또 다른 맹목인 '갈매나무'가 서 있었지만 시간을 버티고 서 있는 그 나

무는 시인에게 시선을 주지 않는다. 다만 "문득, 문득, 돌아갈 자리를 찾곤 했던가 봐요" 시인 자신은 목질의 인간으로 변신을 꿈꾸고 있는 것처럼 보인다. 하지만 이제 시인은 내면의 상처를 위무하고 타인과의 자리바꿈에 주저하지 않는다. 이전의 백석이 이루지 못한 세계이다.

5. 박애의 사상

우리는 새로운 세기를 맞이하고 있지만 그 변화의 조짐은 1980년대 후반에서 찾아야 할 것이다. 거대담론의 퇴조에 따른 일상과 미시담론에 대한 성찰은 또 다른 흐름을 이어나갔다. 온갖 포스트-주의의 혼란 속에서 확인한 개인의 존재는 또 얼마나 안온한 현실을 만끽할 수 있게 했던가? 하지만 그 반대편에는 신기루 같은 세계 자본의 횡포와 제도의 전횡 앞에서 개인은 무기력하게 현실에 노출되지 않을 수 없었으며, 또 고통의 시간을 보냈던 점 역시 잊을 수 없다. 노동과 자본의 대립은 이제 국경을 넘어 세계화되면서 외국인 노동자를 길거리에서 쉽게 마주치게 되었다. 사실 우리의 살림살이도 이러한 국경 없는 자본의 흐름 속에서 하나의 부속품으로 전락했다는 사실을 깨닫기까지는 그리 오랜 시간이 걸리지 않았다.

공동체 의식의 강력한 지향은 새로운 현실을 지각하게 하는 무기였다. 개인 혹은 집단의 자유가 초래한 불평등의 만연은 혁신을 요구하게 되었는데 공동체 의식의 이면에는 집단의 조직을 통한 항의의 목소리를 담게 되었다. 정치 의식화의 대의에 대한 전체적인 합의에 따라서 우선적인 목표가 정해지지 않을 수 없었다. 현실과 가장 밀접하게 연결되어 있으면서도 전체의 공통분모로 모아질 수 있는 대상의 선택 앞에서 '노동'은 당위로서 존재한다. 그 당위에 복무하면서 '노동'은 추상화된다. 이른바 그 노동의 잉여가 정치를 위해 쓰여지게 될 때 노동은 지상에서 한번도 존재한 적이 없는 존재가 된다. 구체적인 노동의 인식이 보편화 되면서 삶에 대한 성찰은 더욱 긴요한 과제로 떠오르게 되었다. 그리고 그 노동의 주변에 대한 성찰은 개인이 단독자로 삶을 영위할 수 없듯이 환경, 여성, 테크놀로지를 하나의 그물망으로 인식하는 것을 가능케 한 측면이 있다. 평등에 대한 요구가 박애의 사상으로 변화되는 지점이다. 평등이 사회의 모순을 횡적으로 가로지르려는 시도라는 점과 대비시켜 볼 때 박애의 사상은 그 방향성이 전(全)방위적이다. 이러한 '꽃사태'의 가장자리에서 1980년대의 노동시도 함께 발견할 수 있을 것이다. 이것이 1980년대 노동시가 한국 현대시에 끼친 긍정적인 영향이다.

이미지로의 귀환과 시간의 횡단성

김지하의 「중심의 괴로움」과 「화개」를 중심으로

1. 새로운 세기의 문턱에서

최근에 김지하는 『화개』(실천문학사, 2002)라는 시집을 간행하였다. 이 시집의 특성은 잘 읽힌다는 점이다. 수년 전에 간행한 『중심의 괴로움』(솔, 1994)과 비교한다면 그 차이를 느끼게 한다. 『중심의 괴로움』은 시인의 의도에도 불구하고, 시적 의미가 과녁을 빗나가고 있다는 인상을 지울 수는 없었다. 그러한 과성의 낯인시는 몰나도 이번의 『화개』에서는 그 의미망의 포착이 한결 쉽게 이루어진다. 그런 의미에서 이번 시집은 『중심의 괴로움』이 보여 준 변신의 의미망을 잇고 깁는데 도움을 주고 있다. '중심의 괴로움'이 어느 정도 중심을 찾아간 결과라고 볼 수 있겠다.

분명 『화개』는 『중심의 괴로움』이 보여 준 변화의 연장선상에 있는 시집이라고 할 수 있겠다. 그런데 『화개』는 『중심의 괴로움』 이전의 시집, 이를테면『애린』(실천문학사, 1986)이나『별밭을 바라보며』(동광출판사, 1989)와 같은 시집들과도 친연성이 있어 보인다.『중심의 괴로움』과 비교한다면 그 이전과 이후가 서로 같으면서도 다르고, 다르면서도 같은 변화의 모습을 보여 주고 있다. 시인이 말하는 '기우뚱한 균형'이 여기에서도 적용될 수 있는지는 모르겠으나,『화개』에 실린 시인의 서문을 통해서 살펴본다면, 어떤 뚜렷한 의도를 갖고서 시집을 엮지는 않은 듯하다. 그렇지만『중심의 괴로움』과 비교했을 때, 구체적인 의미의 맥락이 살펴진다는 측면에서 시적인 진일보를 이루고 있다.

이번 시집이 잉태하고 있는 아기는 '생명'이라는 꽃이다. 그 꽃의 개화는 담론의 차원에서 생명을 이야기하지 않으면서도 생명을 표현하고 있다는 점에 강조점이 두어져야 할 것이다. 사실 생명이라는 주제는 김지하에게 있어서 새로운 것은 아니다. 그는 지속적으로 생명에 대한 담론을 펼쳐온 장본인이다. 생명이라는 제목이 들어가 있는 제목의 책만도 그는 여러 권 갖고 있는 형편이다. 연원을 살펴본다면 그의 전 시작 과정을 관통하는 중심축이라고 해도 과언이 아닐 것이다. 그 가운데에서도 생명이라는 그의 중심된 화두가 그의 작품에서 본격적으로 다루어진 예는『대설 남』(창작과비평사, 1982~85)이라고 하는 미완의 장광설에서 찾을 수 있다.『대설 남』의 서장에서는 긴 여정의 시작을 '생명'에서 찾고 있기 때문이다.

김지하의 시에 대한 주된 생각이 '생명'으로 옮겨져 왔음에도 불구하고, 그의 시에 대한 일반 독자들의 기억은「황톳길」과「타는 목마름으로」에 머물러 있는 것 또한 사실이다. "살아오르는 자유의 저 푸르른 추억"이 주는 긴박과 전율은 분명 김지하 시의 절정이었다. 그 과도한 공감의 영역은 동시에 시인이 보여 준 고난의 시간이기도 했다. 1960년대의 끄트머리에서 출현한 김지하는 그의 작품이 세상에 알려지게 되었을 때 영어(囹圄)의 신세를 자처하고 있었다. 거의 20여 년이 지나서 바깥 세상에 나왔을 때도 그의 시집『타는 목마름으로』(창작과비평사, 1982)는 판금(販禁)의 울타리 안에 있었다. 안과 밖이 차단되어 있는 그런 시간들 속에서 그의 문학세계는 새로운 가치관을 모색케 하였는데 이것이 바로 생명이라는 주제였다.

하지만 그 생명의 실체에 대한 논의가 분분했던 것도 사실이다. 사실 시작품이 언어로 표현되는 예술이라면 그 언어의 구체성을 벗어나서 논의되는 여타의 것은 추상적인 담론에 종속된다. 김지하가 생명에 대해 말한 무수한 발언들이 시적인 구체성으로 이어지기를 바라는 것은 어제 오늘의 일은 아닐 것이다. 물론 그의 시가 갖고 있는 시대의 유의미성을 저버리자는 이야기는 아니지만 적어도 시사적 전통의 중심에서 비켜서 있었던 것 또한 사실이다. 그런 그가 『화개』를 갖고 돌아왔던 것이다.

『화개』에서 보이는 가장 큰 특징은 시적인 형식의 사용이다. 『중심의 괴로움』에서도 발견할 수 있는 특징이지만 언어의 절제와 형식의 구비는 김지하의 다른 시집에서 일견 발견하기 힘든 특징이다. 물론 그만의 독특한 시적 형식이 없는 것은 아니다. 하지만 그의 시적 출발은 시사적인 전통과 거리를 두고서 진행되어 왔다. 필자는 『화개』에서 보여 준 시적 형식의 가장 큰 특징을 이미지에서 찾고자 한다. 이미지의 구사란 이제 낡은 시적 기술처럼 여겨질지 모르겠지만 김지하 시에서 발견되는 이미지는 그의 시에 새로움과 활력을 주고 있다. 왜 그럴까? 대부분의 다른 시인들이 탈이미지의 전복적 상상력을 구사하려고 할 때 김지하는 이와는 다른 방향에서 이미지의 수법을 보여 주고자 한다. 이것은 김지하에게 있어 자기 시세계의 변화를 의미하는 동시에 동시대의 시문학에 대한 시적인 발언이라고 판단된다. 이때 선시대의 보너니픔에서 밀해시는 이미지와는 다른 정의가 보태어진다. 이것이 바로 김지하의 두 시집 『중심의 괴로움』과 『화개』를 살펴보고자 하는 이유이다.

이미지는 보여지는 것, 시각적인 특성을 갖고 있다. 이미지는 소리에 의해 들려지는 것, 즉 청각적인 것과는 구별된다. 소리가 감정적인 것에 호소하는 경향이 있다면, 시각은 구체적인 경험의 대상으로서 이미지를 선택한다. 이미저리는 이미지로 현상되는 원체험의 세계를 뜻한다. 그런데 이미지는 자신의 태반이기도 한 이미저리를 태생적으로 기억하지 못한다. 간신히 자신의 이미저리에 대한 지향만을 내포한 채, 이미지는 독자적인 삶을 영위해 나아간다. 이때 이미지는 삶의 구체적인 경험과 포개어진다.[1] 그리고 그 순간 이미지는 자신의 운명을 깨닫기 시작한다.

2. 다중심의 논리와 틈 혹은 여백의 시학

『중심의 괴로움』을 펴내면서 시인이 강조한 것은 '틈'이다. 중심의 괴로움이라는 의미는 "틈을 열어 중심을 벗어난다"든가 "수없이 많은 중심으로 분산된 그물 같은 큰 삶이 울려나도록"이라는 의도에 내재된 필연적인 수반 현상처럼 비쳐진다. 그런데 괴로운 것은 중심에 있기 때문도 아니고, 중심에서의 벗어남에 있는 것도 아닌 것 같다. 시인의 말에 따르자면 "수없이 많은 중심으로 분산된 그물 같은 큰 삶이 울려나도록" 하기 위해서는 말을 절약해야 하는데 그것은 "분명 괴로운 일"이라고 언표하고 있기 때문이다.[2] 그렇지만 그러한 '틈'에 대한 생각이 구체적으로 어떻게 표현되는가의 문제는 구별되어져야 한다.

아파트 사이사이
빈 틈으로
꽃샘 분다

---

1) 레지스 드브레, 정진국 역, 『이미지의 삶과 죽음』, 시각과언어, 1994, 32면.
2) 김지하, 「자서(自序)」, 『중심의 괴로움』, 솔, 1994.

아파트 속마다
사람 몸속에
꽃눈 튼다

갇힌 삶에도
봄오는 것은
빈 틈 때문

사람은
틈

새일은 늘
틈에서 벌어진다.

— 「틈」 전문

이 시에서 강조하고 있는 것은 "사람은 / 틈"이라는 생각이다. 추운 겨울이 지나고 삭막한 아파트 사이사이로 오지 않을 것 같은 봄도 꽃샘바람과 함께 온다. 이것은 자연의 질서이다. 마찬가지로 아파트에 살고 있는 사람들에게도 봄은 찾아와서 마음은 흥성스러워진다. 자연에는 봄이 돌아올 자리가 있었듯이 사람의 마음속에도 알지 못하는 그 자리가 있어 봄을 맞이하여 즐겁게 되는 이치인 것이다. 따라서 자연에 틈이 있듯이 사람에게도 틈은 있는 것이다. 그렇다면 아직 새로운 일도 언젠가는 올 것이다. 다만 그때를 사람이 모를 뿐이다.

주역에서는 이를 시중(時中)이라고 밀했으며, 구스타브 융은 그의 후기이론에서 이를 동시성의 원리를 통해 밝혀 보려고 하였다. 기실 김지하가 말하는 틈과 그늘은 구스타프 융이 분석심리학에서 말하고 있는 간격(gap)과 그림자 이론의 번역이라고 할 수 있다. 다만 김지하는 융의 이러한 생각을 우리 자신에서 발견하고자 한다. 수운 최제우와 동학을 통해서 이를 해명하고자 한 내용은 그의 저술에서 다수 발견된다. 그는 그 기원을 추적하여 최제우와 『정역』의 일부 김항 그리고 증산도의 강 증산에게 이론의 종자를 제공한 연담 이운규(李雲圭)를 거론하고 있다. 이운규가 말한 '영동천심월(影動天心月)'이라는 시구가 있는데 이는 "그 늘이 우주중심을 움직인다"[3]라고 풀이된다. 이때의 영(影)이란 그늘(그림 자)의 지시이면서 동시성의 시적 표현이라고 강조된다.

구스타프 융의 틈이 집단 무의식을 실체를 겨냥한 것이라면, 김지하 의 틈은 현상적인 자연과 내면적인 자연의 구분을 통한 자연의 일원적 모색에 그 중심이 두어져 있다. 이를 통해 김지하는 동양적 사유의 형이 상학적 단초를 마련하는 거점으로 활용하고 있다. 아무튼 "사람은 / 틈" 이라는 생각은 자연과 인간의 합일 내지는 존재적 명상으로 이어진다.

"이파리 사이사이 / 푸른 하늘 // 틈"(「틈」 1 부분)이라는 표현에서의 '틈' 은 더 이상 거리를 전제하지 않는다. 있는 그대로의 현상을 지시한 것 에 불과할 수도 있다. 그런데 그 현상에서 가장 큰 특징을 '틈'으로 규 정하고 있다. 의식과 무의식 사이에 틈이 있지만, 이러한 틈을 통해서 인간의 존재를 복원할 수 있듯이, 그 예를 일상의 자연에서 찾고자 하 는 것은 합일과 제시를 이루려고 하는 시적 의도의 결과인 것이다. 더 나아가 그는 "푸른 별자리들 기울어 / 이슬 내리고 // 사랑은 틈"(「틈」 2 부 분)이라고 말한다. 대상과의 거리가 어떤 심미안을 가능케 한다는 의도 가 "사랑은 틈"이라는 결과에 도달한다. 하지만 "사랑은 틈"이라는 말은 "사람은 틈"이라는 말보다는 의미의 내포가 적다. 사람에게서 틈이란 다른 말로 하면 육체와 정신으로 이루어진 사람이 생명을 유지하기 위 해서 가져야만 하는 필수적인 공간이기 때문이다. 그 절대적인 공간에 대한 확인과 그 틈을 메운다는 행위는 고통을 수반한 치유의 과정이라 고 볼 수 있다. 그럼에도 시인 자신이 틈을 강조한다면 그것은 일반인

---

3) 김지하, 『생명과 자치』, 솔, 1996, 73면.

에게 고통의 자극으로 비쳐질 수도 있다. 그러한 소외로부터 자유로운 사람은 없겠지만, 시인이란 그 소외 속에서 삶을 영위하는 존재라면 그리고 그 소임을 자처하는 것이 시인의 소명이라면 그것은 경외적인 존재로의 거듭남이고 시인의 탄생을 의미한다.

한편 말을 절약하는 것, 언어의 경제성을 통해서 메시지의 효과적이고 구체적인 표현을 이루어내는 것은 분명 김지하뿐만이 아니라 시를 업으로 삼는 모든 이들이 겪는 치유될 수 없는 고통일 것이다. 지천명의 나이에 이르러 김지하는 그런 시인의 고통을 수줍게 내비치고 있다.

나이 탓인가
눈 침침하다
눈은 넋그물
넋 컴컴하다
새벽마저 저물녘
어둑한 방안 늘 시장하고
기다리는 방안 늘 시장하고
기다리는 가위 소리 더디고
바퀴가 곁에 와
잠잠하다
밖에
서리 내리나
실 끓는 이 끝 시리다
단추 없는 작년 저고리
아직 님은 온기 밟고
밖에
눈 밝은 아내
돌아온다
가위 소린가.

　　　　　　　　　　　　　　　　　　　　─「쉰」전문

이 시는 연의 구분이 이루어지고 있지 않으나 네 단락으로 나누어 살펴볼 수 있다. 이 시는 첫 번째 단락에서 눈이 침침하니 넋마저 어둡다는 내용을 다루고 있으며(1~4행), 두 번째 단락에서는 방안을 지키는 시인의 모습을(5~10행), 세 번째 단락에서는 무료하게 지난해의 저고리를 수선하는 모습을(11~15행) 다루고 있다. 이어서 네 번째 단락에서는 "눈 밝은 아내"의 귀가와 기척을 감지하는 모습((16~19행)이 표현되어 있다. 이 시에서 시인이 전달하고자 하는 전언의 내용을 직접적으로 확인할 수 있는 것은 첫 번째 단락 정도이다. 나이가 들어서인지 눈이 침침한데, 예로부터 눈은 그 사람의 영혼의 밝고 어두움을 가리킨다고 했으니, 침침한 눈은 넋의 혼미가 아닐까 하는 자조 섞인 우려가 표현되어 있다. 이러한 시인의 생각은 이 시의 제목인 「쉰」과 쉽게 연결된다.

그런데 두 번째와 네 번째 단락의 "가위 소리"라는 시어는 매우 낯설게 느껴진다. 엿장수의 가위소리에서 느껴지는 친근함과 재단사의 가위에서 느껴지는 섬뜩함이 동시에 느껴지기 때문이다. 분명 '가위소리'는 기존의 것과의 결별을 뜻한다고 할 때 '가위소리'를 기다린다는 시인의 발언은 문제적임에 틀림없다. 또한 이 시의 후반부에서 "눈밝은 아내"의 귀소와 "가위 소리"가 오버랩 되는 장면에 이르면 '가위소리'의 의미는 애매성을 자극하기에 충분하다.

시의 세계를 전일적으로 해석하는 것은 불가능하다. 하지만 이 때문에 시를 잘못 읽게도 한다. 이 점을 감안하고 「쉰」의 표면적인 인상을 간추리면 다음과 같다. 아내가 없는 오후에 "단추없는 작년 저고리"를 꺼내어서 수선하고 있는데 아내의 기척을 확인한다. 이때 시인은 아내의 외향성과 남편인 자신의 내향성이 마주치게 되는 당혹감에서 어떤 굴욕을 느낀다. 그것은 이러한 뒤바뀐 전도(顚倒)의 생활을 끊고 싶다는 모종의 결의로 이어지는데 그것은 '가위소리'가 품고 있는 함의일 것이라는 추측이 가능하다.

그런데 이러한 장면의 설정이 시의 시간적인 설정이라는 측면에서 잘

들어맞지 않는다. 이 시의 5행에 표현된 "새벽마저 저물녘"이라는 표현은 '새벽이 저녁처럼 어둑하다'는 뜻이다. '저녁이 새벽처럼 어둑하다'라는 말의 어감과는 사뭇 다른데 사람의 시간관은 새벽에서 낮으로, 낮에서 다시 저녁과 밤으로 이어지는 것을 선호한다. 그 반대의 가역적인 순서에 익숙하지는 않기 때문이다. 이 시의 시간적인 배경이 새벽이라는 것은 다시 12행의 "서리 내리나"에서도 확인된다. 일반적으로 서리는 새벽녘 아침이 오기 전에 내린다. 시인은 새벽에 일어나 방안을 지키면서 옷 수선을 하고 있었던 것이다. 이때 그가 가위를 사용했는지는 불분명하다. 그런데 문제는 "눈 밝은 아내"가 "돌아온다". 아내는 낮에 출타했던 것이 아니라 밤 사이 출타했다가 밤의 어둠을 뚫고 밝은 눈으로 헤쳐 집으로 돌아왔단 말인가? 그런데 또 그 "가위 소리"는 무엇인가?

다시 "새벽마저 저물녘"의 해석처럼 "눈 밝은 아내"는 '아내'에게 강조점을 부여할 것이 아니라 '눈 밝은'에 강조점을 두어야 한다. 이를 다시 풀이하면 "아내처럼 눈이 밝다"는 것이다. 한 발 더 나아가서 "눈이 밝다"라는 것은 첫 번째 단락에서의 침침한 눈과 대비를 이루고 있다. 밝은 눈은 아내의 것이면서 동시에 현실적인 것을 의미한다. 이와 함께 눈은 눈[眼]이 아니라 눈[雪]으로 읽을 수도 있다. 이때 아내는 자신과의 대립적인 위치에서 자신과 동행하는 자리로 옮겨 앉으면서 자신이 보지 못한 세상과 현실을 인도하는 안내자의 역할을 담당한다. 이때 대립에서 화해로의 극적인 변화가 나타난다. 어둑한 새벽녘에 자신은 지난날의 웃옷을 수선하고 있는데 서리가 내릴 것 같은 밤의 매서운 추위에 대비하여 꺼어히고 있을 무렵 아내는 잠자리에서 일어나 세상이 온통 하얗게 눈으로 덮여 있음을 자신에게 고지(告知)한다.

이제 세상은 아마도 밝고 흰 빛으로 광채에 덮여 있을 것이다. 그러나 자신의 침침한 눈은 그 현실적인 외계를 사실대로 바라볼 시력을 점차 잃고 있다. 현실과의 결별을 준비해야 할 새로운 여행길을 준비해야 한다. 이제는 시인이 "가위 소리"가 더디다고 투정한 이유를 알 수 있고 세상이 온통 밝게 빛나고 있다는 것은 그러한 결별을 위해서 어떤 계기가 필요한데 "가위 소리"가 그것을 지시하고 있다.

이 시의 무대 위의 연극적 상황을 떠올리게 한다.[4] 무대 위에서 시인은 자신의 환상과 함께 메시지를 전달하고자 한다. 이것은 이전의 「무화과」에서 보여 준 극적 구성과 유사한 측면이 있는데 「무화과」의 '무화과'와 '고양이'가 품고 있었던 상징이 여기에서는 '가위소리'와 '아내'로 치환되어 사용되고 있다. 또한 무화과와 다른 것이 있다면 '눈/눈'의 은유적인 병치 혹은 환유적인 기법인데 이것은 김수영의 시에서 그 사용된 예를 찾을 수 있다. 김수영은 "시인이여 침을 뱉어라"라고 말하면서 땅위에 떨어진 생생한 눈을 묘사한 바 있다(「눈」, 1966). 이 살아 있는 눈(雪)이 형형한 시인의 눈(眼)을 연상시키게 한다면, 예의 김수영의 정신적 지향이 김지하에게 전염된 결과라고 볼 수 있을 것이다.

돌이켜보건대 김지하의 「풍자냐 자살이냐」(『시인』, 1970.6~7)는 김수영의 「신귀거래 7 ─ 누이야 장하고나!」(1961)에 대한 혹독한 비판이었다. 이제 김지하는 김수영의 시적 수법을 자신의 시에서 사용하고 있다. 극복의 대상이었던 선배 시인의 기법이 자신의 시에서 동서(同棲)하고 있다는 것은 분명 변화의 징후이다. 김지하는 그런 대립에서 화해로의 변화를 「쉰」이라는 시에서 시도하고 있는 것이다. 그리고 이것은 자신의 감정을 절제하고 보여 주기의 수법을 통한 이미지를 통해서 제시하고 있다는 점에서 다양한 해석을 이끌어낼 수 있는 단초를 제공하고 있다. 이것은 시인의 역설적 표현이면서 동시에 그 감정의 절제가 감지되는 대목이다. 아직 '가위소리'는 그에게 오지 않았으며, 그 '가위소리'와의 만남이 유예된 지금 감정은 절제되어야 하는 것이다. 아직도 깊은 겨울은 끝나지 않았으므로 눈이 햇살에 환하게 비치는 세상은 참혹한 겨울의 잠시 동안의 휴식이라는 듯이. 그 겨울이 지날 무렵 시인은 '틈'을

---

4) 김현, 「속꽃 핀 열매의 꿈」, 『분석과 해석』, 문학과지성사, 1988, 58~61면.

발견한다.

하늘과 땅 사이의 틈 사이에 놓여 있는 푸른 색채는 색채의 의미에
대한 회복을 의미한다. 이러한 색채의 표현이 의식적으로 이루어지고
있다는 것 또한 최근 김지하 시의 특성이라고 볼 수 있다.

> 내 몸 안에 캄캄한 허공
> 새파란 별 뜨듯
> 붉은 꽃봉오리 살풋 열리듯
>
> ―「화개」 부분

김지하의 초기 시에서 주된 색채는 붉은 색이었다. 이 붉은 색채의
이미지는 검은 색과 흰색의 이미지로 전이되었다. 『검은 산 하얀 방』(분
도출판사, 1986)은 검은 색과 흰색의 대조를 사용한 시집의 제목이기도 하
다. 그런데 다시 붉은 색으로 채색된 시적 표현이 그의 신작시집 『화개』
에서 보이고 있다. "새파란 별 뜨듯"에서 보이듯이 파란 색의 이미지도
함께 보인다. 이런 측면에서 살펴보자면 붉은 색과 파란 색이 드러내고
자 하는 것은 "내 몸 안에 캄캄한 허공"일 텐데 그 '허공'에 색채의 이
미지가 가미되어 있다. 이제 더 이상 허공은 검거나 희지 않다. 하지만
아직은 붉거나 푸르지도 않다.

> 흰 그늘
> 빛나는 한 편의
> 詩
>
> ―「詩」 중에서

> 겨울 흰 햇살
> 너른 들에 우뚝 선
> 검은 봉우리
>
> ―「가야의 산들」 중에서

흰 바다
눈부신 빛 뿐

—「가야의 흰 빛」 중에서

너는 환영처럼 거기 서 있다
희다

—「夷史」 중에서

  김지하는 자주 '흰 그늘'에 대하여 말한다. 융은 그늘이란 "인간의 의
식으로 승인되어 있지 않은, 어두운 또 다른 반쪽의 위험한 세계"[5]라고
말한다. 그런 위험한 영역의 대상을 김지하는 일러서 예술가에게 '그늘'
은 판소리에서의 '한'과 같은 것이면서 창조적인 내면세계의 밝음을 담
아내는 터전이라고 말한다. 그는 그것이 이루어내는 존재적인 의미가
'흰 그늘'이라고 '역전(逆轉)'시킨다.[6] 그리하여 '흰 그늘'은 한편의 시처
럼 빛난다. 그리고 시인은 '흰 그늘'을 산과 바다 그리고 자신의 환영
속에서 바라보고 있다. 이렇게 보여지는 것을 통해서, 시가 존재하는 것
처럼, 시인도 존재한다. 김지하는 가야가 있던 옛터를 둘러보고 떠올린
이미지의 색채는 흰 빛으로 둘러쳐져 있다. 「쉰」에서 암시적으로 비춰
지던 흰빛 영상이 가시적으로 드러난 것은 시인의 시적 의도가 하나의
균형을 갖추어 가는 것으로 이해해도 좋을 것이다. 그렇다면 그것의 의
미는 무엇일까라는 점이 궁금해진다.

---

5) 구스타프 융, 설영환 역, 『무의식 분석』, 선영사, 1986, 144면.
6) 김지하, 『옛 가야에서 띄우는 겨울 편지』, 두레, 2000, 242~243면.

3. 쓸쓸한 자유인의 초상

　시인의 가장 큰 강박관념은 시적 언어의 구사와 표현일 것이다. 시적 언어의 과도한 의식은 시에서 기교 혹은 기술주의의 혐의에서 자유롭지 못하게 하곤 한다. 이러한 기교와 기술을 멀리하는 시인에서 있어서 두드러지게 나타나는 현상은 의식의 전경화에 따른 시적 표현의 구체적 결정이 뒤미쳐진다는 사실에 있다. 반대로 시인이 자신의 의식적 지향을 제한하여 언어로 표현하고자 할 때 의식에서도 똑같은 길항이 나타나는데 의식이 언어의 표면에 있는 틈을 통해 분출하고자 욕망한다는 사실이다. 줄리아 크리스테바는 언어의 기호적인 차원이 어떻게 언어로 표현될 수 없는 상징적 차원의 '문지방'을 넘어서려 하는가에 대하여 논의한 바 있다.7) 이때 표현되는 언어는 언어의 지시적인 차원을 넘어서 있는 것은 분명하지만 언어의 물질적 차원을 넘어설 수 없다는 한계를 갖는다. 이것을 추동하는 근원은 코라에서 찾을 수 있지만, 그 코라의 서식처는 시인의 의식세계 속에서도 발견된다. 그리고 일상적 자아가 아닌 시적 자아의 세계에서 그러한 새로운 질서의 발견이란 다른 말로 하면 '고통' 그 자체인 것이다. 김지하의 시에서 이미지의 형상이 구체적으로 발견된다는 것은 고통의 차원을 투명하게 제시한다는 것을 의미한다. 투명한 고통의 표현은 시적 자아와의 거리를 전제하는 것이니만큼 시인에게는 '덜 고통'스러울 수 있다. 이것은 양가적인 의미를 갖는데 결정에 기는 생명에 대한 유예의 절규로 이어지는 시적 표현의 체손을 막는다는 기능이 동시에 수행된다.

　　길에서
　　조금

---

　7) 줄리아 크리스테바, 김인환 역, 『시적 언어의 혁명』, 동문선, 2000, 79면.

벗어나고 싶다

가득 찬 길
뻔한 길
화살 같은 길

길가
가로수 그늘
찻집이나 골목 어디

서성이고 싶다
더듬어
낯선 집 찾아가고 싶다

아직도 들리는
가위 소리

지금도 흐르는
물소리

달리는 차창
서늘한 유리에 가져다
고개 기댄다

길은
아무래도
내 길이 아닌가 보다.

—「길」 전문

　시인은 길 위에 서 있다. 동시에 시인은 길에서의 일탈을 꿈꾼다. 시인의 내밀한 소망은 "길에서 / 조금 / 벗어나고 싶"은 것이다. 시인의 이런 표현은 시를 읽는 이로 하여금 친근감을 갖게 한다. 누구라도 이러한 일상의 사소한 욕망은 갖게 마련이기 때문이다. 그리하여 길은 일상에서 매일 마주치는 길에서 사람이라면 누구나 겪게 마련인 "화살 같"이 빨리 지나가는 인생길에 비유된다.

화살같이 빨리 지나가고 세상 사람이면 누구나 지나치는 '뻔한' 길에서 시인은 잠시의 상념에 잠긴다. 이것은 일상의 길과 구분되는 길의 의미를 탐색하기 위한 행위이기도 하다. 시인이 길가에서 "서성이고 싶다"는 소망은 일상과 일상 안에 감추어진 의미의 구분을 전제한 행동이다. 그런데 시인은 그런 소망을 다른 식으로 표현한다. "낯선 집"을 찾아가고 싶다는 것이다.

"낯선 집"은 시를 읽는 사람에게 당혹감을 일으킨다. 일상의 길과 구분되는 일상 안에 내재된 심층적인 의미의 길은 알지 못할 두려움을 유발시킨다. 혹은 시인의 기억 속에 있는 현실적인 낯설고 두려운 집의 존재를 연상시킨다. 이때 시의 전반부에서 이루어진 시인과 독자와의 동일시는 일순 얼어붙는다. 아슬하게 유지되는 동일시 속에서 그 낯선 집은 시인 자신의 집일 수도 있다는 생각에 미치는 것은 그 다음이다.

시인은 '가위소리'와 '물소리'를 듣는다. 정신병리학적인 차원에서 이 소리들은 환청에 속한다. 이 환청은 이미 시인이 표현한 바 있어 낯설지 않다. 그는 "어둑한 방안 늘 시장하고 / 기다리는 가위 소리 더디고"라는 표현에 이어 "눈 밝은 아내 / 돌아온다 / 가위 소린가"(「쉼」)라고 말한 바 있다. 시인의 머리 속에 서걱이는 '가위소리'는 그를 짓누르는 공포와 두려움을 단적으로 드러내고 있다. 그렇지만 시인은 그 무거운 중압을 아내를 핑계로 물러서거나 개인적인 세계로 침잠해 버린다. 시인은 아마도 그 '가위소리'가 소통되지 못할 것이라는 체념에 도달한다. 여기에서 보여지는 시인의 모습은 외롭고도 쓸쓸하게 '가위소리'와 '물소리'를 머리 속에 지니고 살아야 하는 비애이다. 그리고 김지하는 "달리는 차창 / 서늘한 유리에 가져다 / 고개 기댄다"라고 말한다. 소통 불가능의 세계와의 유일한 가능성을 표현에서 찾는다면 "서늘한 유리"에 자신의 머리를 식히며 고개를 기대고 눈을 감고 있는 모습이다. 이런 장면은 달리는 차창 밖의 빠르게 지나가는 풍경과 대조된다. 시인은 드디어 자신의 길에 갇혀 있다. 그 길에 갇혀 있는 시인은 자신의 길을 찾았음에도 불구하고, 역설적으로 길을 잃고 헤매는 방랑자이다. 그리고 그 갇혀진 길은 시인 자신도 낯설게 느껴졌던 "낯선 집"의 심층적인 의미이다. 따라서 그 "낯선 집"은 시인의 환상이면서 지옥에 비유될 수 있을 것이다. 다시 말하면 그 "낯선 집"은 시인의 큰 집[宇宙]이기도 하다.

그리하여 이내 시인은 참회의 기록을 남긴다. '우주는 신의 몸'이다. 자신은 '신의 몸'에 기생하는 존재에 불과하다. 그리고 존재의 고통은 우주를 '사랑하지 않'고, 미물조차 공경하지 않은 탓에 기인한다는 인과론적인 설명을 가능케 한다. 매우 추상적인 '천지공심'에 대한 논리적인 해석을 가하려고 하는 것은 시인의 계산된 의도라고 할 수 있다. 그런데 그런 시인의 의도를 지탱시켜 주는 것은 이미지적인 효과이다. 언어의 표현을 통한 이미지의 물질화는 최근의 김지하 시의 큰 변화이다. 그리고 '유리창'에 머리를 기대고 있는 시인의 모습은 유리창에 입김을 불며 떠나간 자식을 그리워하는 정지용의 모습을 연상시킨다.

리듬은 떠나고
비만 내린다

내리는 빗속에
춤추며 하소하나

리듬은 떠나고
비만 내린다

내리는 빗속에

온갖 것 소리지른다

흙도 사금파리도
상추잎도 소리지른다

닫힌 몸 속에서
누군가 소리지른다

외침의 침묵

리듬은 떠나고
비만 내린다

—「비」 전문

옥타비오 파스에 따르면 리듬이란 현상되지는 않고 있지만 이 세상에 존재하는 시의 본원적인 질서이다. 리듬을 말할 때 음악의 표현으로서의 박자를 연상할 수 있으나 이것은 감추어진 리듬의 물질적인 표현이다.[8] 이데아의 영역에 존재하는 리듬은 시의 근원적 영역인 셈이다. 그런 근원적인 리듬의 상실을 현대인은 호소하고 있다.

시인은 "리듬은 떠나고/비만 내린다"라고 표현한다. 비가 내리는 어느 날, 떨어지는 빗소리는 리듬감 있게 들린다. 그런데 리듬은 떠나고, 리듬이 없는, 비만 내리고 있다. 리듬과 비의 대조는 이러한 결핍과 불만을 표현하고 있다. 그리하여 빗속에서 몸소 춤추면서 기원한다. 시인은 리듬이 돌아오기를 바라고 있다.

그런데 내리는 빗속에서 주위를 살펴보니 모든 것은 빗속에서 소리지른다. 그 소리 지르는 대상은 흙이며, 사금파리며, 상춧잎 등인데 이것을 보고 있는 시인 자신도 소리 지르고 있다. 시인은 이를 "닫힌 몸

---

8) 옥타비오 파스, 김홍근·김은중 역, 『활과 리라』, 솔, 1998, 77면.

속에서 누군가 소리지른다"라고 표현한다. "닫힌 몸"이란 앞서의 「길」이라는 시에서처럼 "낯선 집"과 맥락을 같이하고 있다. 자신을 타자화시켜 자신을 회복해 가는 여정이라고 볼 수 있다. 또한 시인은 이를 "외침의 침묵"이라고 개념화하고 있는데 시 표현상 적절한 표현은 아닌 것처럼 보인다. 그럼에도 불구하고 이를 적극적으로 해석하면 6연의 "닫힌 몸 속에서 / 누군가 소리지른다"라는 표현이 떠나간 리듬의 흔적을 표현하고 있다면, "외침의 침묵"은 비가 내려서 온갖 것을 소리지르게 하지만, 그 자신 소리지르지 못하는 '비'의 존재를 암시하고 있다. 이 상대적인 표현은 '리듬'과 '비'의 대조가 상호 소통할 수 있는 출구로서 작용하고 있음을 표현하고 있다.

그리하여 마지막 연에서 표현된 "리듬은 떠나고 / 비만 내린다"라는 표현에서는 앞서 두 번이나 반복되었지만 대조에 그친 의미가 상호 영향을 받고 있다. '떠나간 리듬'과 '내리는 비'가 이제는 세상에 존재하는 대상으로 비쳐진다. 그리고 떠나간 리듬의 흔적을 간직한 채 내리는 비를 맞고 있는 시인의 모습이 드러난다. 시인이 의도한 이미지 조작은 어쩔 수 없이 시를 영영 잃어버릴 지라도 비를 피하지는 않겠다는 의지의 표현처럼 읽힌다. "외침의 침묵"이라는 생경한 수사가 시의 위의(威儀)를 훼손시키는 것이라고 할지라도 그것이 자신의 모습이라면 어쩔 수 없는 것 아니겠느냐는 항변이 「비」를 통한 시인의 메시지라고 할 수 있다. 그리고 "빗소리 속엔 / 미래의 리듬이 / 사산된 채로 드러나"지만 "빗소리는 그러나 / 침묵을 연다"(「빗소리」)라고 말할 때 시적 감흥을 느끼기 어렵다. 시가 구체적인 결정의 순간에 잉태된다고 할 때, 그 생산의 순간은 시의 표현 그 너머에 있다고 보아야 할 것이다.

내 사랑의 압제를 벗어나
벌판에 홀로 섰을 때
바람은 더운 이마를 식히고

풀꽃들은 내 몸을 간지럽힌다
철쇄는 부쉈으나
갈 곳 없이 망연한
쓸쓸한 자유 속에서 때론
너의 압제를 그리워한다
아, 자유는 고달픈 방황,
그러나 자유는 내 삶의 조건이니
자유없이는
난 한낱 미치광이,
낮달을 씹어먹는 한 괴물일 뿐.

　　　　　　　　　　　　　　　　—「쓸쓸한 자유」전문

　사람이 자신의 기억에서 자유로울 수 없다면 시인도 마찬가지 일 것이다. 인간으로서의 시인은 뭇사람들이 의식하지 못하는 집단적인 기억을 회상시키는 존재인 것이다. 세상 사람들은 시인에게 회억(回憶)의 의무를 짐지게 하면서 자유로운 나날의 일상을 살아갈 수 있는 것인지도 모른다. 그런 시인에게도 사적인 영역은 존재한다. 시인은 또한 욕망하는 존재이기도 한데 현실적인 고통을 호소하면서 벗어나고 싶기도 할 것이다.

　시인은 사랑의 압제를 벗어나 자유로운 몸이 되는 순간 다시 압제를 그리워한다. 이는 분명 모순된 상황이다. 시인은 자유를 벗어버릴 수 없다. 만약 그 순간 시인은 공동체가 무의식적으로 부여한 시인의 능력과 자리를 내어주어야만 한다. 시인에게 있어 자유는 "고달픈 방황"이자 "삶의 조건"이기도 하다. 그리고 감지하는 시인의 존재를 "한낱 미치광이"라거나 "낮달을 씹어먹은 한 괴물"라고 비유적으로 표현한다. 시인은 공동체가 이해할 수 없게 된 미치광이와 괴물로서 자신을 표현하는 데 주저하지 않는다. 그리고 시인을 추방하고자 했던 사회에 역정을 내고 있다. 자신은 미치광이 혹은 괴물이지만 이렇게 보는 사회의 자유는 압제하에 있으며, 그만큼 자유는 쓸쓸할 수밖에 없다는 것이다.

> 횔덜린을 읽으며
> 운다
>
> '나는 이제 아무것도 아니다
> 즐거워서 사는 것도 아니다.'

―「횔더린」 부분

횔덜린은 정신병원에서 비극적인 생을 마감한 독일의 시인이다. 그런 횔덜린의 삶을 보면서 동일시의 감정을 표현하고 있다. 울음을 통한 강렬한 감정의 동일시는 "나는 이제 아무것도 아니다"라는 비참한 존재의 확인과 "즐거워서 사는 것도 아니다"라는 인생의 공허감을 통해서 극대화된다. 시인이 겪은 실제의 경험이 횔덜린에 대한 친근감을 가능케 하였을 것으로 추측할 수 있다. 횔덜린과의 친근감은 횔덜린이라는 이름의 인유(引喩)에만 머물러 있지 않다. 인용구로 사용된 인용구문은 한정된 시공간에 갇혀 있는 시인의 존재를 표현하고 있다. 그 한정된 시공간을 시인은 '환상' 혹은 '지옥'이라고 표현한다.

> 아
> 환상의 시작이었다.
> 이 지루한 지옥의 삶의 아련한
>
> 시작,
> 내 어린 날
> 그때.

―「그때」 부분

그리고 죽음에 대한 공포와 삶에 대한 권태를 이겨내는 방식에 도전한다. 시인은 자신의 기억 속으로 침잠한다. 그리고 어릴 적 울고 있는 '나'와 마주하게 된다. 자신의 의식적인 기억이 도달할 수 있는 때를 인생의 시작이라고 한다면 이 환상과도 같고 지옥과도 같은 공포와 권태가 얼룩진 인생의 낙착점도 확인이 가능하지 않겠는가라는 차원에서의 희망이 엿보인다.

이것은 김지하 자신이 강한 시인을 스스로 의식하는 하나의 흔적이라고 볼 수 있다. "낯달을 씹어먹는 괴물"에서 "달을 하나 씹어 먹고 울음을 울고 있는" 「문둥이」(서정주)의 시적 자아와 포개어지는 것도 마다할 수 없다. 한편 「쉰」에서, 이 작품은 다면적인 해석을 담고 있지만, 아내의 귀가에 화들짝 놀라는 모습은 이상의 모습과 우연치 않게 닮아 있다. 『화개』의 시편들이 쉽게 읽힌다면 관습적인 시적인 전통의 맥락에 김지하 자신이 귀소하려는 강한 의도로 볼 수 있다. 그렇다면 김지하는 시적 전통에 수렴되고 말 것인가?

> 내 몸 안에 캄캄한 허공
> 새파란 별 뜨듯
> 붉은 꽃봉오리 살풋 열리듯
>
> —「화개」 부분

『화개』에서 보이고 있는 별과 꽃의 대립은 파란과 붉음의 대립으로 채색되어 있다. 서정주가 파란과 붉음으로 생명성을 강조하고자 했던 것처럼, 김지하는 그 생명성을 "내 몸 안의 캄캄한 허공"이라고 표현한다. 그 본원적인 생명의 무채색의 발견을 통해서 그는 자신의 꽃을 피우고자 했던 것이다. 그 꽃의 실체를 김지하는 '눈물방울'이라고 말한다.

> 동상으로 부푼
> 빨간 귓밥을 무엇이 와 간질이는데
> 피 터진 손가락마다

따스한 것이 언뜻언뜻 스쳐가는데
가려운 발
문득 시원해
일어나 걸으며 곰곰이 생각한다
그것은 접견실 유리창에 뽀오얗게 서리던
네 입김, 글썽이던 네 두 눈의
눈물방울이라고
애린.

―「동상」 전문

『중심의 괴로움』 이전에도 『애린』에서 김지하는 유리창의 이미지를 사용하고 있다. 겨울철 그가 감옥에 갇혀 있을 때 그를 간질이는 동상은 그에게 생명의 실체를 부여잡게 하는 구체적인 계기가 된다. 인간은 원래 자신의 육체에 이상이 생기지 않으면 자신의 육체를 인식할 수 없는 것이다. 김수영은 인간은 자신이 죽을 때까지 '자신의 눈으로 자신을 볼 수 없다는 모순'에 직면하여 괴로움을 호소한 바 있다. 김지하는 그런 육체의 한계를 육박해 들어가 인식할 수 없는 생명을 인식하려 했는지 모른다. 그리고 그는 꽃의 화개를 맞이하여 그것을 생명이 성장하는 '틈'으로 인식하려 했다. 그 틈은 생명을 인식할 수 있는 상처이며 아픔이며 고통인 것이다. 그러나 김지하는 그 꽃의 개화를 통하여 꽃이 열매를 맺고 그 열매가 다시 새로운 생명을 잉태한다는 순환의 인식에는 둔감하다. 이것이 바로 시집의 제목을 '개화'라 하지 않고 '화개'라고 마무리한 연유일 것이다. 여기에 이르러서도 시인의 단독성은 자존으로 극대화된다. 그 자존의 극대화는 시적인 전통에 의지하여 이미지의 귀환을 탐색하면서도, 그 이미지의 '화개'를 촉진시키는 횡단성이라고 볼 수 있다. 횡단성―가로지르는 그의 시적 정신은 이미지를 통하여 보여주려고 했던 우리의 시적 전통이 형이상학적인 영역으로 초월해 버리거나 시적 언어의 갱신을 새롭게 하지 못했던 더러운 유산에 대한 반항이라고 할 수 있을 것이다. 그런데 김지하의 그런 시사적 전통에 대한 인식이 읽히지 못한다는 것은 그를 다시 외롭게 한다. 그리하여 당그렇게 혼자 꽃대에 얹혀 서리가 내리기만을 기다릴 수밖에 없다. 그는 정녕 열매를 맺지 않으려는가 보다. 이 도저한 관념성이 그를 또 다른 맹목으로 몰고 가는 듯하다.

4. 그리고 더불어 살기

사실 밀레니엄이란 서구적인 사유의 전통에서 배태된 하나의 편향이다. 물질적이고 직선적인 시간에 대한 반성이 밀레니엄을 통해서 증폭되었을 가능성이 크다. 현실사회를 지배하고 있는 선형적인 직선의 시간에 대한 반성의 반대편에는 순환론적인 시간관이 있다. 사계절의 순환과 같이 끊임없이 순화하며, 재생의 순간을 통과하는 순환론적인 시간관은 삶과 역사에 대한 해석의 기틀을 마련한다. 한편 환원론적인 시간에 대한 인식은 시간의 기준과 경계에 의미를 두기보다는 존재론적인 성찰에 강조점이 있다. 이러한 측면은 개인의 과거와 역사에 대한 기억을 되돌아보게 한다는 점에서 그 유의미성이 존재한다.

'시원으로의 회귀'라는 주제가 우리 문학에 주류적으로 등장하였던 것은 분명 1990년대적 현상이다. 이제 또 다른 세기를 맞이하면서 그 주제의 시효성은 반감된 듯하다. 시간에 대한 존재론적인 성찰이 결여된 공허한 수사가 이월되지 못한 것은 어쩌면 당연한 결과일 것이다. 반면 문학은 자신의 울타리를 넘어서 확장해 나아갔다. 문학적인 것과 비문학적인 것의 경계를 확인하려는 노력은 하나의 담론으로 자리를 잡았다. 이때 가장 유력하게 포착되는 대상은 아마도 생태론적 문학관 혹은 생명에 대한 담론이라고 할 수 있다. 위기를 인식하지 못하는 문학은 문학이 아닐 것이라는 판단에 따른 모험이 이러한 결과를 낳았다. 그렇다면 그 생명의 실체는 무엇인가를 살펴보아야 할 과제가 남아 있다.

그런 의미에서 김지하는 대단히 문제적인 개인이기도 하다. 기존의 질서에 대한 거부는 그의 천성이지 싶다. 그가 출현해서 행한 발언들은 항상 삐딱한 포즈로 어긋 자를 놓기에 충분한 것들이었다. 밥을 얘기하면서 똥을 얘기하듯이, 내용을 말하는 자리에서 형식을 강조하고, 죽음의 비장을 살림의 신명으로 바꾸어 이야기하는 것들을 예로 들 수 있다. 이후에 김지하는 이를 '기우뚱한 균형'이라고 정식화한다. 『동경대전』에서 보이는 '불연기연(不然其然)'이라는 네 글자를 그는 '아니다 그렇다'로 고쳐서 부른다. 이 '아니다 그렇다'의 수사가 갖고 있는 논리적인 함의을 그는 '기우뚱한 균형'이라고 개념화한다. 이것은 그는 "시천주 조화정 영세불망 만사지(侍天主 造化定 永世不忘 萬事知)"라는 동학의 주문을 "우주사회적 공공성"이라고 재규정하는 맥락과 일치한다. 이렇게 알 듯 모를 듯한 김지하의 애매성의 기반에는 '생명'이라는 화두가 자리하고 있다. 이 글에서 확인할 수 있는 것은 '시천주 조화정 영세불망 만사지'의 일견 신비주의적 주술이 갖고 있는 특징은 수직적인 신 혹은 생명과의 교류가 아닌 그것의 횡단성에 그 특징이 있다는 것이다. 우주사회적 공공성의 영역은 다른 말로 하면 '더불어 살기'의 개념적 총칭이다. 얼마만큼 그 더불어 살기가 어려운가는 시인의 외로움 속에서 잉태되는 것이다. 필자는 이를 잠정적으로 환원론적 시간관에 기반으로 있는 것으로 보고자 한다. 동시에 이것의 극복이라는 과제를 동시에 주문할 수 있을 것이다.